Verschmelzungen aus handelsbilanzieller Sicht unter Berücksichtigung betriebswirtschaftlicher und steuerlicher Aspekte

Schriften zu Theorie und Praxis der Rechnungslegung und Wirtschaftsprüfung

Herausgegeben von Hansrudi Lenz

Band 2

PETER LANG
Frankfurt am Main · Berlin · Bern · Bruxelles · New York · Oxford · Wien

Karin Fischer-Böhnlein

Verschmelzungen aus handelsbilanzieller Sicht unter Berücksichtigung betriebswirtschaftlicher und steuerlicher Aspekte

PETER LANG
Europäischer Verlag der Wissenschaften

Bibliografische Information Der Deutschen Bibliothek
Die Deutsche Bibliothek verzeichnet diese Publikation in der Deutschen Nationalbibliografie; detaillierte bibliografische Daten sind im Internet über <http://dnb.ddb.de> abrufbar.

Zugl.: Würzburg, Univ., Diss., 2004

D 20
ISSN 1612-135X
ISBN 3-631-52886-8

www.peterlang.de

Geleitwort

Der Schwerpunkt der vorliegenden Dissertation liegt auf einer Analyse der Probleme, die mit der Abbildung von Verschmelzungen in der handelsrechtlichen Rechnungslegung verbunden sind. Das Thema Verschmelzung wird jedoch aus fachübergreifender Sicht betrachtet. Neben betriebswirtschaftlichen werden auch handels- und gesellschaftsrechtliche Aspekte sowie steuerliche Fragestellungen konzentriert untersucht. Sowohl die Schlussbilanz der Überträgerin gem. § 17 Abs. 2 UmwG als Ausgangspunkt für die handelsrechtliche Rechnungslegung bei Verschmelzungen als auch die sog. „Übernahmebilanz" der Übernehmerin nach § 24 UmwG werden ausführlich gewürdigt. Für verschiedene Gegenleistungen der Übernehmerin wird gründlich und sorgfältig untersucht, wie diese bei Wahl der Buchwertverknüpfung oder des Anschaffungskostenansatzes bilanziell abzubilden sind.

Karin Fischer-Böhnlein hat sich mit dem Thema Verschmelzung sehr umfassend und detailliert auseinandergesetzt. Zahlreiche Abbildungen, Tabellen und z. T. aufeinander aufbauende und stringent entwickelte Beispiele tragen wesentlich zu einem besseren Verständnis bei.

Die vorliegende Dissertation liefert eine Fülle interessanter Resultate, die die Diskussion über die handelsbilanzielle Abbildung von Verschmelzungen in Wissenschaft und Praxis ohne Zweifel bereichern werden.

Hansrudi Lenz

Vorwort

Die vorliegende Arbeit ist während meiner Tätigkeit als wissenschaftliche Mitarbeiterin am Lehrstuhl für Betriebswirtschaftslehre, Wirtschaftsprüfungs- und Beratungswesen und später als Steuerberaterin entstanden. Sie wurde im April 2004 von der Wirtschaftswissenschaftlichen Fakultät der Bayerischen Julius-Maximilians-Universität Würzburg als Dissertation angenommen.

Für die wissenschaftliche Betreuung der Arbeit danke ich meinem Doktorvater Herrn Prof. Dr. Hansrudi Lenz, der mir die Freiheit und die fachliche Unterstützung gab, mich mit dem Thema Verschmelzung auseinander zu setzen. Herrn Prof. Dr. Wolfgang Freericks danke ich für die Übernahme und zügige Erstellung des Zweitgutachtens.

Meinen Freunden und Kollegen Dr. Barbara Selch, Dr. Markus Ostrowski, Dr. Jürgen Spanheimer und Dipl.-Kauffrau Elke Focken danke ich für die angenehme Arbeitsatmosphäre und die schöne gemeinsame Zeit am Lehrstuhl.

Herrn Dipl.-Betriebswirt (FH) Peter Hofmann, Steuerberater und Rechtsbeistand, danke ich für die mir gewährte zeitliche Flexibilität und Unterstützung bei der Bewältigung der Doppelbelastung von Beruf und Promotion.

Mein besonderer Dank gilt meinem lieben Mann Claus, der mir während der gesamten Zeit der Promotion und zeitweise paralleler Steuerberaterprüfung den Rücken freigehalten und gestärkt hat. Seine Geduld und Nervenstärke hat mir über manches Tief hinweg geholfen.

Schließlich danke ich meine Eltern für ihre großzügige Unterstützung bei allen Vorhaben auf meinem bisherigen Lebensweg.

Karin Fischer-Böhnlein

Inhaltsübersicht

Inhaltsverzeichnis

Abbildungsverzeichnis

Tabellenverzeichnis

Beispielverzeichnis

Abkürzungsverzeichnis

A.	Abschnitt
a. A.	anderer Ansicht
a. F.	alte Fassung (vor Reform des UmwG und des UmwStG)
a. o.	außerordentlich(er)
AB	Ausgabebetrag
Abb.	Abbildung
Abl. EG	Amtsblatt der Europäischen Gemeinschaften
Abs.	Absatz
AcP	Archiv für civilistische Praxis (Zeitschrift)
ADS	Adler / Düring / Schmaltz
AE	Anteilseigner
AG	Aktiengesellschaft(en); Die Aktiengesellschaft (Zeitschrift)
AHP	Analytischer Hierarchie Prozess
AK	Anschaffungskosten
AktG	Aktiengesetz
Alt.	Alternative
Anh.	Anhang
Anm.	Anmerkung
ant.	anteilig
AO	Abgabenordnung 1977
APB	Accounting Principles Board
APV	Adjusted-Present-Value
Art.	Artikel
AV	Anlagevermögen
BaFin	Bundesanstalt für Finanzdienstleistungsaufsicht
BAG	Bundesarbeitsgericht
BayOLG	Bayerisches Oberlandesgericht
BB	Der Betriebs-Berater (Zeitschrift)
BBK	Beck'scher Bilanzkommentar
Bd.	Band
BetrAVG	Gesetz zur Verbesserung der betrieblichen Altersversorgung
BetrVG	Betriebsverfassungsgesetz
BewG	Bewertungsgesetz
BFH	Bundesfinanzhof
BFH-NV	Nichtveröffentlichte Entscheidungen des BFH (Zeitschrift)
BFuP	Betriebswirtschaftliche Forschung und Praxis (Zeitschrift)
BGB	Bürgerliches Gesetzbuch
BGBl.	Bundesgesetzblatt
BGH	Bundesgerichtshof
BGHZ	Entscheidungen des Bundesgerichtshofes in Zivilsachen
BiRiLiG	Bilanzrichtliniengesetz
BMF	Bundesminister der Finanzen (Bundesfinanzminister)

BörsG	Börsengesetz
BörsZulV	Börsenzulassungsverordnung
BR-Drs.	Bundesrat-Drucksache
Bsp.	Beispiel
bspw.	beispielsweise
BStBl.	Bundessteuerblatt
BT-Drs.	Bundestag-Drucksache
BVerfG	Bundesverfassungsgericht
BVerfGE	Bundesverfassungsgerichts-Entscheidungen
BW	Buchwert
bzgl.	bezüglich
bzw.	beziehungsweise
c. p.	ceteris paribus
ca.	circa
CAPM	Capital Asset Pricing Model
Corp.	Corporation, US-amerikanische Kapitalgesellschaft
d. h.	das heißt
DB	Der Betrieb (Zeitschrift)
DBA	Doppelbesteuerungsabkommen
DBW	Die Betriebswirtschaft (Zeitschrift)
DCF	Discounted-Cash-Flow
DCFV	Discounted-Cash-Flow-Verfahren
DDR	Deutsche Demokratische Republik
DNotZ	Deutsche Notar-Zeitschrift
DRS	Deutscher Rechnungslegungsstandard
DRSC	Deutsches Rechnungslegungs Standards Committee
DStJG	Deutsche Steuerjuristische Gesellschaft
DStR	Deutsches Steuerrecht (Zeitschrift)
DStZ	Deutsche Steuerzeitung
e. G.	eingetragene Genossenschaft
e. V.	eingetragener Verein
EA	eigene Anteile
ED	Exposure Draft
EGHGB	Einführungsgesetz zum Handelsgesetzbuch
EG-Richtlinie	Europäische Gemeinschaft - Richtlinie
EGV	Vertrag zur Gründung der Europäischen Gemeinschaft
Einf.	Einführung
EJOR	European Journal of Operational Research (Zeitschrift)
EK	Eigenkapital
EK 45	mit 45% Körperschaftsteuer belastetes Eigenkapital
ErbStG	Erbschaftsteuer- und Schenkungsteuergesetz
ErbStR	Erbschaftsteuerrichtlinie
ErgBand	Ergänzungsband
EStG	Einkommensteuergesetz
EU	Europäische Union
EuGH	Europäischer Gerichtshof, Luxemburg

evtl.	eventuell(en)
EW	Ertragswert
EWG	Europäische Wirtschaftsgemeinschaft
EWGV	Europäische Wirtschaftsgemeinschaft Vertrag
EWiR	Entscheidungen zum Wirtschaftsrecht
EWIV	Europäische wirtschaftliche Interessenvereinigung
f.	folgende
ff.	fortfolgende
FAZ	Frankfurter Allgemeine Zeitung
FASZ	Frankfurter Allgemeine Sonntagszeitung
FB	Finanz-Betrieb (Zeitschrift)
FK	Fremdkapital
FGG	Gesetz über die Angelegenheiten der freiwilligen Gerichtsbarkeit
FGO	Finanzgerichtsordnung
FinMin	Finanzministerium
FKVO	Fusionskontrollverordnung
Fn.	Fußnote
FN-IDW	Fachnachrichten des Instituts der Wirtschaftsprüfer
FR	Finanzrundschau (Zeitschrift)
GAAP	Generally Accepted Accounting Principles
GBl. DDR	Gesetzblatt der DDR
GbR	Gesellschaft bürgerlichen Rechts
gem.	gemäß
GenG	Genossenschaftsgesetz
GewO	Gewerbeordnung
GewStG	Gewerbesteuergesetz
GewStR	Gewerbesteuerrichtlinie
GG	Grundgesetz
ggf.	gegebenenfalls
Ggs.	Gegensatz
GK	Gezeichnetes Kapital
GmbH	Gesellschaft(en) mit beschränkter Haftung
GmbH&CoKG	Kommanditgesellschaft, bei der eine GmbH Komplementär ist
GmbH&CoKGaA	Kommanditgesellschaft auf Aktien, bei der eine GmbH Komplementär ist
GmbHG	Gesetz betreffend die Gesellschaft mit beschränkter Haftung
GmbHR	GmbH Rundschau (Zeitschrift)
GoF	Geschäfts- oder Firmenwert
GPV	genossenschaftlicher Prüfungsverband
GrESt	Grunderwerbsteuer
GrEStG	Grunderwerbsteuergesetz
GuV	Gewinn- und Verlustrechnung
GWB	Gesetz gegen Wettbewerbsbeschränkungen
h. M.	herrschende Meinung
HB	Handelsbilanz
HdR	Handbuch der Rechnungslegung

HdS	Handbuch der Sozialwissenschaften
HFA	Hauptfachausschuss des Instituts der Wirtschaftsprüfer
HGB	Handelsgesetzbuch
Hrsg.	Herausgeber
Hs.	Halbsatz
i. d. F.	in der Fassung
i. d. R.	in der Regel
i. e. S.	im engeren Sinne
i. H. v.	in Höhe von
i. R. d.	im Rahmen des/der
i. R. v.	im Rahmen von
i. S. d.	im Sinne des
i. S. v.	im Sinne von
i. V. m.	in Verbindung mit
i. w. S.	im weiteren Sinne
IAS	International Accounting Standards
IASB	International Accounting Standards Board
IASC	International Accounting Standards Committee
IDW	Institut der Wirtschaftsprüfer
IDW RS HFA 1	IDW Stellungnahme zur Rechnungslegung: Aufstellung des Lageberichts
IDW S 1	IDW-Standard: Grundsätze zur Durchführung von Unternehmensbewertungen
INF	Die Information über Steuer und Wirtschaft (Zeitschrift)
inkl.	inklusive
insbes.	insbesondere
InsO	Insolvenzordnung
JÜ	Jahresüberschuss
JZ	Juristische Zeitschrift
KapAEG	Kapitalaufnahmeerleichterungsgesetz
KapErhG	Kapitalerhöhungsgesetz
KapGes	Kapitalgesellschaft
KG	Kommanditgesellschaft
KGaA	Kommanditgesellschaft auf Aktie
KRL	Kapitalrücklage
KostO	Kostenordnung
KSchG	Kündigungsschutzgesetz
KSt	Körperschaftsteuer
KStG	Körperschaftsteuergesetz
LG	Landgericht
LPG	Landwirtschaftliche Produktionsgenossenschaft
lt.	laut
max.	maximal
m. E.	meines Erachtens
m. w. N.	mit weiteren Nachweisen
mind.	mindestens

Mio.	Millionen
MitbestErgG	Mitbestimmungsergänzungsgesetz
MitbestG	Mitbestimmungsgesetz
Mögl.	Möglichkeit
MoMitbestG	Montanmitbestimmungsgesetz
Mrd.	Milliarden
nat. Pers.	natürliche Person
NW	Nennwert
NJW	Neue Juristische Wochenschrift
NJW-RR	NJW-Rechtsprechungs-Report Zivilrecht
No.	Nummer
Nr.	Nummer
NWB	Neue Wirtschafts Briefe
NZA	Neue Zeitschrift für Arbeitsrecht
NZG	Neue Zeitschrift für Gesellschaftsrecht
o. Ä.	oder Ähnliches
o. g.	oben genannte
ÖBA	Österreichisches Bank Archiv, Zeitschrift für das gesamte Bank- und Börsenwesen
OECD-MA	Organisation for Economic Co-Operation an Development – Musterabkommen
OFD	Oberfinanzdirektion
öff.	öffentlich
öGmbH	österreichische Gesellschaft mit beschränkter Haftung
OHG	Offene Handelsgesellschaft
o. J.	ohne Jahr
OLG	Oberlandesgericht
o. O.	ohne Ort
o. V.	ohne Verfasser
par.	Paragraph
PartG	Partnerschaftsgesellschaft
PartGG	Partnerschaftsgesellschaftsgesetz
PdR	Praxis des Rechnungswesen
PersGes	Personengesellschaft(en)
PHG	Personenhandelsgesellschaften
PublG	Publizitätsgesetz
R.	Richtlinie
Rat EG	Rat der Europäischen Gemeinschaften
RdA	Recht der Arbeit (Zeitschrift)
RGBl.	Reichsgesetzblatt
RIW	Recht der internationalen Wirtschaft (Zeitschrift)
RL	Richtlinie
RLEA	Rücklage für eigene Anteile
RST	Rückstellung(en)
RW	Rekonstruktionswert
Rz.	Randziffer(n)

S

S.	Seite(n); Satz
SBB	Sagasser, Bernd / Bula, Thomas / Brünger, Thomas R.
SEC	Security and Exchange Commission
SFAS	Statement of Financial Accounting Standards
SHS	Schmitt, Joachim / Hörtnagl, Robert / Stratz, Rolf-Christian
SIC	Standing Interpretations Committee
sog.	so genannte(r)
Sp.	Spalte
SpTrUG	Gesetz über die Spaltung der von der Treuhandanstalt verwalteten Unternehmen
St.	Steuer(n)
StB	Steuerbilanz, Steuerberater, Der Steuerberater (Zeitschrift)
StBMG	Steuermissbrauchsgesetz
Stbg	Die Steuerberatung (Zeitschrift)
StbJb	Steuerberater-Jahrbuch
SteuerStud	Steuer und Studium (Zeitschrift)
StSenkG	Steuersenkungsgesetz
StuW	Steuer und Wirtschaft
s. u.	siehe unten
Tab.	Tabelle
TW	Teilwert
Tz.	Textziffer(n)
u. a.	und andere / unter anderem
u. U.	unter Umständen
Umk.	Umkehrung
UmwBerG	Umwandlungsbereinigungsgesetz
UmwG	Umwandlungsgesetz
UmwStG	Umwandlungssteuergesetz
UN	Unternehmen
ÜN	Übernehmerin
US	United States
USA	United States of America
US-GAAP	United States - Generally Accepted Accounting Principles
UStG	Umsatzsteuergesetz
UStR	Umsatzsteuerrichtlinie
usw.	und so weiter
UT	Umtauschverhältnis
ÜT	Überträgerin
UV	Umlaufvermögen
UWG	Gesetz gegen unlauteren Wettbewerb
V.	Verschmelzung(s)
v. v.	vice versa
VAG	Versicherungsaufsichtsgesetz
vBP	vereidigter Buchprüfer
vBPG	vereidigte Buchprüfungsgesellschaft

Verb.	Verbindlichkeit(en)
Verm.	Vermögen
VermG	Gesetz zur Regelung offener Vermögensfragen
VG	Verschmelzungsgewinn
vgl.	vergleiche
Vol.	Volume
Vorb.	Vorbemerkung
vorl.	vorläufige
VV	Verlustvortrag, Verschmelzungsverlust
VVaG	Versicherungsverein auf Gegenseitigkeit
w. V.	wirtschaftlicher Verein
WACC	Weighted-Average-Cost-of-Capital
WiB	Wirtschaftsrechtliche Beratung (Zeitschrift)
WiSt	Wirtschaftswissenschaftliches Studium (Zeitschrift)
WM	Zeitschrift für Wirtschafts- und Bankrecht; Wertpapiermitteilungen (Zeitschrift)
WP	Wirtschaftsprüfer
WPg	Die Wirtschaftsprüfung (Zeitschrift)
WPG	Wirtschaftsprüfungsgesellschaft
WP-Handbuch	Wirtschaftsprüfer - Handbuch
WpHG	Wertpapierhandelsgesetz
WPO	Wirtschaftsprüferordnung
WpÜG	Wertpapiererwerbs- und Übernahmegesetz
z. B.	zum Beispiel
z. T.	zum Teil
ZBB	Zeitschrift für Bankrecht und Bankwirtschaft
ZfB	Zeitschrift für Betriebswirtschaft
zfbf	Zeitschrift für betriebswirtschaftliche Forschung
ZGR	Zeitschrift für Unternehmens- und Gesellschaftsrecht
ZHR	Zeitschrift für das gesamte Handels- und Wirtschaftsrecht
ZIP	Zeitschrift für Wirtschaftsrecht
ZPO	Zivilprozessordnung
ZSEG	Gesetz über die Entschädigung von Zeugen und Sachverständigen
ZW	Zeitwert

Symbolverzeichnis

$\Delta A_{ÜN}$	Anzahl der an die Anteilseigner der Überträgerin im Rahmen des Umtauschs zu gewährenden Anteile an der Übernehmerin
ΔW_K	Grenzertrag bzw. Grenz-Unternehmenswert der Verschmelzungskonstellation K infolge des Beitritts von j
σ	relativer Anteil am gesamten Synergiepotenzial S
σ_j	relativer Anteil des beteiligten Verschmelzungspartners j am gesamten Synergiepotenzial S
$\in$	Element aus
€	Euro
AB $\Delta A_{ÜN}$	Ausgabebetrag der zu gewährenden Anteile an der Übernehmerin
$A_{BET(ÜN)}$	Anteile, die die Überträgerin an der Übernehmerin hält und voll eingezahlt hat
$A_{KE(ÜN)}$	Kapitalerhöhung bei der Übernehmerin in Anteilen
$A^{nV}_{ÜT+ÜN}$	Anzahl der Anteile nach der Verschmelzung von Überträgerin und Übernehmerin
AS	absolut Anteil am gesamten Synergiepotenzial S
AS_j	absoluter Anteil des beteiligten Verschmelzungspartners j am gesamten Synergiepotenzial S
$AS_{ÜT}$	absoluter Anteil der Überträgerin am gesamten Synergiepotenzial
$A_{ÜN}$	Anzahl der Anteile der Übernehmerin vor Verschmelzung
$A_{ÜT}$	Anzahl der Anteile der Überträgerin vor Verschmelzung
BET(ÜN)	Beteiligung der Überträgerin an der Übernehmerin
BET(ÜT)	Beteiligung der Übernehmerin an der Überträgerin
BV(ÜN)	Betriebsvermögen der Übernehmerin
BV(ÜT)	Betriebsvermögen der Überträgerin
BW BET(ÜN)	Buchwert der Beteiligung der Überträgerin an der Übernehmerin
BW $EA_{ÜN}^{neu}$	Buchwert der neuen eigene Anteilen der Übernehmerin
$BW_{ÜT}$	Buchwert des übertragenen Überträgerin-Vermögens
BZ	bare Zuzahlung pro Anteil an der Überträgerin
$EA_{ÜN}^{neu}$	neue eigene Anteile der Übernehmerin
$EA_{ÜN}$	eigene Anteile der Übernehmerin
$EA_{ÜT}$	eigene Anteile der Überträgerin
g_K	Gewichtungsfaktor; Wahrscheinlichkeit, dass j als Letzter in die Verschmelzung eintritt
GK(d)	Anteiliges Gezeichnetes Kapital des deutschen Anteilseigners d
GK(n)	Anteiliges Gezeichnetes Kapital der Anteilseigner der Übernehmerin
GK(t)	Anteiliges Gezeichnetes Kapital der Anteilseigner der Überträgerin
GK(ÜN)	Anteiliges Gezeichnetes Kapital der Übernehmerin
GK(ÜT)	Anteiliges Gezeichnetes Kapital der Überträgerin
h	eine Synergiekomponente mit $h \in \{1,...,H\}$
H	Menge aller Synergiekomponenten
$HUT_{ÜN}$	Höchst-Umtauschverhältnis der Übernehmerin

$IW^{nV}_{ÜT+ÜN}$	innerer Wert pro Anteil nach der Verschmelzung von Überträgerin und Übernehmerin
$IW_{ÜN}$	innerer Wert pro Anteil der Übernehmerin vor Verschmelzung
$IW_{ÜT}$	innerer Wert pro Anteil der Überträgerin vor Verschmelzung
j	ein verschmelzungsbereiter Partner mit $j \in \{1,...,J\}$
J	Menge aller verschmelzungsbereiter Partner
k	kontrollierender Anteilseigner
K	Verschmelzungskonstellation aus P(J)
$\|K\|$	Anzahl der Partner in der Verschmelzungskonstellation K aus P(J)
$K_{EA(ÜN)}$	eigenes (Grund-) Kapital der Übernehmerin in €
$K_{KE(ÜN)}$	erforderliche Kapitalerhöhung bei der Übernehmerin in €
$K^{nV}_{ÜT+ÜN}$	(Grund-)Kapital nach der Verschmelzung von Überträgerin und Übernehmerin
$K_{ÜN}$	(Grund- oder Stamm-)Kapital der Übernehmerin vor der Verschmelzung
M	Mutterunternehmen
m	Anteilseigner des Mutterunternehmens
$MUT_{ÜT}$	Mindest-Umtauschverhältnis der Überträgerin
n	Anteilseigner der Übernehmerin
$NW_{ÜN}$	Nennwert pro Anteil der Übernehmerin
p	Beteiligungsquote der Überträgerin an der Übernehmerin
P(J)	Potenzmenge von J, d. h. die Menge aller möglichen Verschmelzungskonstellationen von J
P_{jh}	Erfolgspotenzial des beteiligten Rechtsträgers j an der einzelnen Synergiekomponente h
q	Beteiligungsquote der Übernehmerin an der Überträgerin
$r(P_{jh} \rightarrow S)$	Gesamte Einwirkungsintensität eines Erfolgspotenzials P_{jh} auf das gesamte Synergiepotenzial S
$r(P_{jh} \rightarrow S_h)$	Einwirkungsintensität eines Erfolgspotenzials P_{jh} auf die Synergiekomponente S_h
$r(S_h \rightarrow S)$	Einwirkungsintensität der Synergiekomponente S_h auf das gesamte Synergiepotenzial S
$RW(P_{jh})$	Rekonstruktionswert des Potenzials des beteiligten Rechtsträgers j an der einzelnen Synergiekomponente h
$RW(S_h)$	Rekonstruktionswert der einzelnen Synergiekomponente h
S	Wert des gesamten Synergiepotenzials
S_h	absoluter Anteil der Synergiekomponente h am gesamten Synergiepotenzial S
S_R	absoluter nicht zu einzelnen Komponenten zuordenbarer Rest am Synergiepotenzial
T	Tochterunternehmen
t	Anteilseigner der Überträgerin bzw. der Tochterunternehmen
$uA_{ÜT}$	ein bestimmter umzutauschender Anteil der gesamten Überträgerin-Anteile

UT	(exaktes, ggf. ungerades) Umtauschverhältnis
UT^*	abgerundetes gerades Umtauschverhältnis
W_j	Unternehmenswert des verschmelzungsbereiten Partners j bei getrennter Unternehmensfortführung
W_K	Unternehmenswert (nach Verschmelzung) der Verschmelzungssituation K infolge des Beitritts von j
W_{KJ}	Unternehmenswert nach der Verschmelzungssituation K, an der alle Verschmelzungspartner teilnehmen
$W_{K\setminus\{j\}}$	Unternehmenswert der Verschmelzungssituation K ohne den Beitritt von j
$W_{ÜN}^{nV}$	anteiliger Unternehmenswert, der nach der Verschmelzung auf die ursprünglichen Anteilseigner der Übernehmerin entfällt
$W_{ÜT}^{nV}$	anteiliger Unternehmenswert, der nach der Verschmelzung auf die Anteilseigner der Überträgerin entfällt
$W_{ÜT+ÜN}^{nV}$	Unternehmenswert nach der Verschmelzung von Überträgerin und Übernehmerin ohne Berücksichtigung eines Synergiepotenzials oder einer baren Zuzahlung
$W_{ÜN+BET(ÜT)}$	Unternehmenswert der Übernehmerin inklusive der Beteiligung an der Überträgerin zu ermitteln
$W_{ÜT+ÜN+S}^{nV}$	Unternehmenswert nach der Verschmelzung von Überträgerin und Übernehmerin unter Berücksichtigung des Synergiepotenzials
$W_{ÜT+ÜN+S-BZ}^{nV}$	Unternehmenswert nach der Verschmelzung von Überträgerin und Übernehmerin unter Berücksichtigung des Synergiepotenzials und der baren Zuzahlung
$W_{ÜN}$	Unternehmenswert der Übernehmerin vor Verschmelzung
$W_{ÜN+BET(ÜT)}$	Unternehmenswert der Übernehmerin inklusive dem Wert der Beteiligung an der Überträgerin
$W_{ÜT}$	Unternehmenswert der Überträgerin vor Verschmelzung
$W_{ÜT+BET(ÜN)}$	Unternehmenswert der Überträgerin inklusive dem Wert der Beteiligung an der Übernehmerin
Z_j	Shapley-Wert eines verschmelzungsbereiten Partners j
$ZW\ \Delta A_{ÜN}$	Zeitwert der zu gewährenden Anteile an der Übernehmerin
ZW BET(ÜN)	Zeitwert der Beteiligung der Überträgerin an der Übernehmerin
ZW BET(ÜT)	Zeitwert der Beteiligung der Übernehmerin an der Überträgerin
$ZW\ EA_{ÜN}^{neu}$	Zeitwert der neuen eigene Anteilen der Übernehmerin
$ZW_{ÜT}$	Zeitwert der Überträgerin

1 Einführung

Die Verschmelzung von Unternehmen stellt in einer dynamischen Wirtschaft ein nie an Aktualität einbüßendes Thema dar. Um in Zeiten zunehmender Globalisierung ihre Wettbewerbsfähigkeit zu stärken, entscheiden sich Unternehmen mit der Verschmelzung für die wirtschaftlich und rechtlich engste Form der Unternehmensverbindung.

Die Verschmelzung ist eingebettet in das Umwandlungsgesetz (UmwG) und das Umwandlungsteuergesetz (UmwStG), die beide nach einem langen Entwicklungsprozess 1994 tief greifend reformiert, zwischenzeitlich jedoch bereits wiederholt geändert wurden. Heute liegen praktische Erfahrungen, Entscheidungen der Zivil- und Steuergerichte, Schreiben der Finanzverwaltung sowie umfangreiche Literatur zu diesem Thema vor. Dennoch bleiben einzelne Aspekte ungeklärt, und die erhoffte Rechtssicherheit ist teilweise noch nicht eingetreten. Vor allem durch die Internationalisierung der Rechnungslegung sowie durch sich ständig ändernde steuerliche Rahmenbedingungen ist auch zukünftig mit einer dynamischen Fortentwicklung zu rechnen.

In dieser Arbeit wird das Thema Verschmelzung aus fachübergreifender Sicht betrachtet. Ziel ist es, neben betriebswirtschaftlichen auch handels- und gesellschaftsrechtliche Aspekte sowie steuerliche Fragestellungen zu untersuchen. Dabei bildet die handelsrechtliche Rechnungslegung bei Verschmelzungen den Schwerpunkt der Analyse.

Die Arbeit gliedert sich in 8 Kapitel. Der Gang der Untersuchung ist wie folgt angelegt: Kapitel 2 untersucht die wirtschaftliche und rechtliche Bedeutung der Verschmelzung. Zunächst wird der rechtliche Rahmen für Verschmelzung abgesteckt (Abschnitte 2.2 bis 2.4), um anschließend allgemeine betriebswirtschaftliche Aspekte, wie Motive, Alternativen, Vor- und Nachteile zu betrachten (Abschnitte 2.5 bis 2.8). Kapitel 2 endet mit einer Betrachtung der Schutzvorschriften für die an einer Verschmelzung beteiligten Personengruppen (Abschnitt 2.9).

Der Ablauf eines Verschmelzungvorgangs von der ersten Planung bis hin zur Eintragung und einem eventuellen Klage- oder Spruchverfahren wird im Kapitel 3 dargestellt. Als Basis für spätere Abschnitte zur Bilanzierung wird im Abschnitt 3.11 der Verschmelzungs- und Bilanzierungsstichtag betrachtet.

Das 4. Kapitel hat das Umtauschverhältnis zum Gegenstand. Zunächst wird aus der Sicht eines neutralen Gutachters auf die Bewertung der Verschmelzungspartner eingegangen, die die Grundlage zur Ermittlung des fairen Umtauschverhältnisses bildet. Dem Einfluss von Synergiepotenzialen auf die Berechnung des fairen Umtauschverhältnisses ist Abschnitt 4.3 gewidmet. Das faire Umtauschverhältnis wird in Abschnitt 4.4 auf seine Angemessenheit hin geprüft. Im Abschnitt 4.5 werden hingegen parteienspezifische Grenz-Umtauschverhältnisse und ein Einigungsbereich ermittelt. Abschließend geht Abschnitt 4.6 auf den tatsächlichen Umtausch und die ggf. erforderliche Kapitalerhöhung ein.

Aufbauend auf den Kapiteln 2, 3 und 4, in denen zum besseren Verständnis das Umfeld der Verschmelzung betrachtet wird, werden im Hauptteil der Arbeit (Kapitel 5) Handelsbilanzen im Zusammenhang mit Verschmelzungen untersucht. Abschnitt 5.1 betrachtet die Schlussbilanz der Überträgerin. Dabei wird auch auf eine mögliche Rechnungslegung der Überträgerin zwischen Verschmelzungsstichtag und Eintragung eingegangen. Der sog. „Übernahmebilanz" der Übernehmerin ist Abschnitt 5.2 gewidmet. Hierbei wird nach den Grundprinzipien Anschaffungskostenansatz (Abschnitt 5.2.2) und Buchwertverknüpfung (Abschnitt 5.2.3) unterschieden. Außerdem werden die Auswirkungen beider Grundprinzipien auf verschiedene Gegenleistungen untersucht, die die Übernehmerin für die Vermögensübertragung i. R. d. Verschmelzung den Anteilseignern der Überträgerin gewähren muss. Der Abschnitt 5.2.4 fasst die Ergebnisse in Tabellenform zusammen. Anschließend werden weitere Aspekte, wie bspw. die Beteiligung von Personenhandelsgesellschaften oder die Verschmelzung von Schwestergesellschaften sowie die Abbildung der Verschmelzung in der Bilanz des Anteilseigners betrachtet. In Abschnitt 5.4 wird kurz auf die Abbildung einer Verschmelzung im Konzernabschluss eingegangen. Die gesamte Untersuchung legt ausschließlich deutsches Handelsrecht zu Grunde. Internationale Rechnungslegungsvorschriften werden nur punktuell zur Unterstützung der Argumentation herangezogen.

Aufgrund des auch für Verschmelzungen diskutierten Maßgeblichkeitsgrundsatzes können handelsrechtliche Aspekte nicht losgelöst vom (Umwandlungs-)Steuerrecht (Kapitel 6) betrachtet werden. Nach einer kurzen Einführung zum UmwStG wird im Abschnitt 6.2 der Maßgeblichkeitsgrundsatz und das Verhältnis von UmwG und UmwStG kritisch gewürdigt. In der gebotenen Kürze geht der Abschnitt 6.3 auf steuerliche Folgen der Verschmelzung ein.

Grenzüberschreitende Unternehmenszusammenschlüsse gewinnen zunehmend an Bedeutung, weshalb das Kapitel 7 den damit verbundenen Problemen gewidmet ist.

Abschließend werden im Kapitel 8 die wichtigsten Ergebnisse zusammengefasst und die Bilanzierung in Handels-, Steuer- und Konzernbilanz ganzheitlich betrachtet. Zudem wird vor dem Hintergrund der derzeitigen Situation die mögliche künftige Entwicklung skizziert.

Die in dieser Arbeit genannten Rechtsnormen spiegeln die aktuelle Rechtslage mit Stand Dezember 2002 wider, sofern nicht ausdrücklich auf eine alte Fassung hingewiesen wird. Die Quellen aus Literatur und Rechtsprechung bis Ende 2002 sind ebenfalls berücksichtigt.

2 Wirtschaftliche und rechtliche Bedeutung der Verschmelzung

Im folgenden Kapitel wird nach einer Charakterisierung der Verschmelzung ihr rechtlicher Rahmen und ihre wirtschaftliche Bedeutung aufgezeigt.

2.1 Definition und Merkmale der Verschmelzung

Unter dem Begriff „Verschmelzung" werden in der vorliegenden Arbeit ausschließlich Vorgänge im Sinne der §§ 2 ff. UmwG verstanden. Die Verschmelzung dient der wirtschaftlichen und rechtlichen Vereinigung von zwei oder mehr[1] Rechtsträgern[2]. Die Vereinigung von mindestens zwei Rechtsträgern zu einem Rechtsgebilde erfolgt in einem einheitlichen Vorgang.[3] Mindestens eine Gesellschaft (Überträgerin) gibt durch die Verschmelzung ihre rechtliche und wirtschaftliche Selbstständigkeit auf und wird ohne Liquidation aufgelöst. Sie überträgt ihr gesamtes Vermögen (nicht jedoch ihre Rechtspersönlichkeit[4]) im Rahmen der Gesamtrechtsnachfolge auf eine einzige andere Gesellschaft (Übernehmerin),[5] die in die Rechtsposition des übertragenden Rechtsträgers eintritt. Als Gegenleistung für die Vermögensübertragung werden den Anteilseignern der Überträgerin Gesellschaftsrechte an der Übernehmerin gewährt.

Durch den Typenzwang des deutschen Gesellschaftsrechts bedarf es der ausdrücklichen gesetzlichen Zulässigkeit von Verschmelzungen.[6] Somit wird mit dem UmwG juristisch lediglich die „Fortsetzung" der freien Rechtsformwahl ermöglicht. In der Literatur wird hervorgehoben, dass durch das UmwG 1994 den Unternehmen Anpassungen ihrer Rechtsform an wirtschaftliche Bedürfnisse ermöglicht werden sollen, weil sich die bei Gründung festgelegte Form im Laufe einer dynamischen Entwicklung als ungeeignet erwiesen hat.[7]

Die Verschmelzung hat auch deshalb eine besondere Stellung innerhalb des UmwG inne, weil durch dessen Verweistechnik wesentliche Regelungen über Verschmelzungen auch auf übrige Umwandlungsformen Anwendung finden.[8]

---

1 Grundsätzlich wird in dieser Arbeit aus Vereinfachungsgründen nur von der Verschmelzung von zwei Rechtsträgern ausgegangen.

2 Unter „Rechtsträger" sind juristische Einheiten zu verstehen, die aktiv oder passiv an einer Verschmelzung beteiligt sein können; vgl. *Sagasser* in *SBB*, Umwandlungen, 2000, B, Rz. 12. Wegen ihrer geringen Bedeutung wird auf die Behandlung der KGaA verzichtet. Zu deren Vorteilen bei Familienunternehmen vgl. *Hartel*, Umwandlung, DB 1992, S. 2329.

3 Vgl. *Frotscher*, Umwandlung, 1997, Rz. 39.

4 Vgl. *Oelmann*, Bilanzierungsprobleme, 1993, S. 12 f.

5 Falls nur ein Teil des Vermögens übertragen wird oder die Übertragung auf mehr als eine Übernehmerin erfolgt, handelt es sich um einen Spaltungsvorgang; vgl. *Frotscher*, Verschmelzung, 1998, Rz. 16-17.

6 Vgl. *Ganske*, Reform, DStJG 1994, S. 44.

7 Vgl. zu diesem Absatz *Bundesregierung*, Begründung, BR-Drs. 75/94, S. 71; *Schwarz, H.-D.*, Umwandlungsrecht, DStR 1994, S. 1695 f.

8 Vgl. *Ott*, Bilanzierung, 1997, Rz. 15.

Der häufig synonym[9] zur Verschmelzung verwandte Begriff der „Fusion" oder „merger" umfasst hingegen wirtschaftliche und rechtliche Unternehmenszusammenschlüsse unabhängig von der Form des Vermögensübergangs, der Auflösung der Überträgerin und der Art der Gegenleistung.[10] So führt die Fusion im weiteren Sinne z. B. durch Konzernbildung lediglich zu einer wirtschaftlichen Einheit.[11] Die Fusion im engeren Sinne, die mit der Verschmelzung gleichzusetzen ist, führt indes auch zu einer rechtlichen Einheit.[12]

Die Verschmelzung wird durch die drei Merkmale Vermögensübertragung durch Gesamtrechtsnachfolge, Auflösung ohne Liquidation und Gegenleistung in Form von Gesellschaftsrechten gem. § 20 Abs. 1 UmwG charakterisiert, die zwingend erfüllt sein müssen, damit es sich um eine Verschmelzung i. S. d. § 2 UmwG handelt:

- Mittels der Gesamtrechtsnachfolge[13] gem. § 20 Abs. 1 Nr. 1 UmwG geht das gesamte Vermögen der Überträgerin in einem einzigen Übertragungsakt[14] auf die Übernehmerin über.[15] Die Übernehmerin tritt grundsätzlich[16] in alle Verträge – auch in Geschäftsbesorgungsverträge bei Dienstleistungsverhältnissen[17] – der Überträgerin ein. Anders wäre eine Vermögensübertragung nur mittels Einzelrechtsnachfolge durchzuführen, wie z. B. bei beweglichen Sachen durch Einigung und Übergabe gem. § 929 BGB, bei Grundstücken durch Auflassung und Eintragung gem. §§ 873, 925 BGB, durch Forderungsabtretungen gem. § 398 ff. BGB und durch Gläubigerzustimmung bei Schuldübernahmen gem. §§ 414 ff. BGB.[18] Durch die Gesamtrechtsnachfolge wird die Verschmelzung wesentlich erleichtert, da Beschränkungen, wie z. B. fehlende Übertragbarkeit und Erschwernisse, wie z. B. Formvorschriften der Einzelrechtsnachfolge wegfallen. Es bedarf nach der Übertragung eines Grundstücks keiner Eintragung ins Grundbuch, sondern dieses muss lediglich berichtigt werden; Gläubiger müssen dem Schuldnerwechsel gem. § 22 UmwG nicht zustimmen; Bankkonten werden lediglich umgeschrieben und Sachen herausgegeben.[19] Allerdings ist es als Konsequenz der Gesamtrechtsnachfolge nicht möglich, einzelne Vermögensgegenstände von der Übertragung im Rahmen der Verschmelzung auszuneh-

---

9 Vgl. z. B. *Brönner/Miller*, Fusionsbilanz, 1993, Spalte 688.

10 Vgl. *Oelmann*, Bilanzierungsprobleme, 1993, S. 6-7, 13, der die Verschmelzung als „Fusion i. e. S." bezeichnet. Vgl. auch *Küting*, Fusion, Handwörterbuch der Betriebswirtschaft, 1993, Sp. 1341; *Schmalenbach*, Aktiengesellschaft, 1950, S. 147; *Heckschen*, Verschmelzung, 1989, S. 1.

11 Vgl. *Schmalenbach*, Aktiengesellschaft, 1950, S. 147.

12 Vgl. *Ossadnik*, Aufteilung, 1995, S. 3.

13 Vgl. allgemein zur Gesamtrechtsnachfolge: *Hennrichs*, Formwechsel, 1995, Abschnitte D und E.

14 Im Gegensatz dazu ist z. B. bei der Sacheinlage oder Sachkapitalerhöhung als Umwandlungsform außerhalb des UmwG zwischen dem Verpflichtungsgeschäft, dessen Gegenstand das Unternehmen als Ganzes ist, und dem Verfügungsgeschäft über die einzelnen Bestandteile zu trennen. Vgl. *Ott*, Bilanzierung, 1997, Rz. 5-6.

15 Das UmwG kennt außerdem noch die partielle Gesamtrechtsnachfolge bei der Spaltung, durch die ein Teil des Vermögens als Ganzes in einem einheitlichen Vorgang übergeht. Vgl. *Hennrichs*, Formwechsel, 1995, S. 37 m. w. N.

16 Eine Ausnahme stellt § 21 UmwG dar.

17 Vgl. *Schmidt, K.*, Dienstleistungsunternehmen, DB 2001, S. 1019 ff.

18 Vgl. *Schmidt, K.*, Gesellschaftsrecht, 2002, S. 338 f., insbes. Bsp. 12, S. 356 f.

19 Vgl. *Frotscher*, Umwandlung, 1997, Rz. 37; *Schmidt, K.*, Gesellschaftsrecht, 2002, S. 338 f.

men.[20] Die Gesamtrechtsnachfolge verlangt indes nicht, dass „das Unternehmen (...) im Wesentlichen fortgeführt wird".[21]

- Ein weiteres Merkmal der Verschmelzung ist die Auflösung der Überträgerin gem. § 20 Abs. 1 Nr. 2 UmwG. Dies bedeutet erstens, dass der übertragende Rechtsträger seine rechtlich selbstständige Existenz verliert. Zweitens erfolgt die Auflösung ohne formelle Liquidation.
- Schließlich erfolgt die Gegenleistung in Form von Gesellschafterrechten gem. § 20 Abs. 1 Nr. 3 UmwG. Für die Vermögensübertragung bei der Verschmelzung werden den Anteilseignern der Überträgerin Gesellschafterrechte an der Übernehmerin gewährt. Das gilt jedoch nicht, soweit die Übernehmerin an der Überträgerin beteiligt ist oder die Überträgerin über eigene Anteile verfügt. Bei anderen Umstrukturierungen kann die Gegenleistung auch in Form von Geld erfolgen.

2.2 Verschmelzungsfähige Rechtsträger

Ein Ziel der Reform des UmwG bestand darin, sämtlichen Handelsgesellschaften und auch anderen Rechtsträgern, soweit sich ein Bedürfnis gezeigt hat, eine Umwandlung zu ermöglichen.[22] Nach § 3 Abs. 1 UmwG sind die abschließend aufgezählten Rechtsträger in der in Tab. 1 gekennzeichneten Weise miteinander verschmelzungsfähig.

Mischverschmelzungen zwischen Rechtsträgern unterschiedlicher Rechtsformen sind gem. § 3 Abs. 4 UmwG ebenso ausdrücklich zugelassen wie die gleichzeitige Verschmelzung von mehreren Rechtsträgern in einem Vorgang.[23]

Grundsätzlich muss es sich um bestehende Rechtsträger handeln. Teilweise wird z. B. die Verschmelzung von Vorgesellschaften ausgeschlossen.[24] Hingegen ist bereits eine Vorgründungsgesellschaft in Form einer OHG verschmelzungsfähig. Daher muss m. E. sowohl die Verschmelzung einer Vorgesellschaft als auch einer Vorgründungsgesellschaft möglich sein.[25]

---

20 Solche Vermögensgegenstände müssten demnach schon vor der Verschmelzung mit dinglicher Wirkung aus dem Vermögen ausscheiden.

21 *Pickhardt*, Behandlung, 1998, S. 3, 14-21. Davon ist zwar beim Formwechsel auszugehen, nicht jedoch bei der Verschmelzung, durch die sich auch der betriebswirtschaftliche Charakter von Überträgerin und Übernehmerin ändert.

22 Vgl. *Ganske*, Einführung, 1992, S. X; *Ganske*, Reform, DStJG 1994, S. 51.

23 Vgl. *Heckschen*, Entwicklung, DB 1998, S. 1387; a. A. OLG Frankfurt 10.03.1998, DB 1998, S. 917, das den Fall in mehrere Verschmelzungsvorgänge zerlegen will.

24 Vgl. *Streck/Mack/Schwedhelm*, Verschmelzung, GmbHR 1995, S. 162; *Lutter* in *Lutter*, UmwG, 2000, § 3, Rz. 5. A. A. mit dem Argument, dass die Vorgesellschaft mit der OHG vergleichbar ist: *Bayer*, Tage, ZIP 1997, S. 1614; *Schmidt, K.*, Gestaltung, ZGR 1990, S. 592; *Heckschen*, Alleingesellschafter, ZIP 1996, S. 452.

25 Vgl. indirekt für die Vorgesellschaft *Förschle/Hoffmann* in *Budde/Förschle*, Sonderbilanzen, 2002, I, Rz. 13.

Tab. 1: Verschmelzungsmöglichkeiten zwischen Rechtsträgern [26]

Übernehmerin / **Überträgerin**	**PHG/ PartG**	**GmbH**	**AG**	**KGaA**	**e.G.**	**e. V.**	**VVaG**	**GPV**	**nat. Pers.**[27]
PHG[28]**/ PartG**[29]	✓	✓	✓	✓	✓				
GmbH	✓	✓	✓	✓	✓				✓
AG	✓	✓	✓	✓	✓				✓
KGaA	✓	✓	✓	✓	✓				✓
e. G.	✓	✓	✓	✓	✓				
e. V. / w. V.	✓	✓	✓	✓	✓	✓			
VVaG			✓				✓		
GPV								✓	

Ausnahmsweise kann es sich bei der Überträgerin gem. § 3 Abs. 3 UmwG auch um eine bereits aufgelöste Gesellschaft handeln, sofern deren Fortsetzung noch beschlossen werden könnte.[30] Dies gilt für Personenhandelsgesellschaften aufgrund § 39 UmwG i. V. m. § 145 Abs. 1 HGB nur, wenn die Verschmelzung als Art der Auseinandersetzung im Gesellschaftsvertrag vereinbart wurde. Ziel dieser Vorschrift ist es, die Verschmelzung zu Sanierungszwecken zu erleichtern.[31] Mit der Verschmelzung muss gleichzeitig die Fortsetzung der aufgelösten Überträgerin beschlossen werden. Ist hingegen die Übernehmerin bereits aufgelöst, ist die Verschmelzung zum Zweck der gemeinsamen Liquidation mit der Überträgerin ausgeschlossen.[32] Die Verschmelzung

26 In Anlehnung an *Ossadnik/Maus*, Verschmelzung, DB 1995, S. 105. Vgl. dazu ausführlich: *Sagasser* in *SBB*, Umwandlungen, 2000, B, Rz. 12 ff.; *Sagasser/Ködderitzsch* in *SBB*, Umwandlungen, 2000, J, Rz. 4-5; *Frotscher*, Verschmelzung, 1998, Rz. 38-39. Folgende Abkürzungen werden verwendet: Personenhandelsgesellschaft (PHG), eingetragene Genossenschaft (e.G.), eingetragener/wirtschaftlicher Verein (e.V./w.V.), Versicherungsverein auf Gegenseitigkeit (VVaG), Genossenschaftlicher Prüfungsverband (GPV), Partnerschaftsgesellschaft (PartG), natürliche Person (nat. Pers.).

27 Aus der Natur der Sache ergibt sich, dass hier nur die Verschmelzung zur Aufnahme möglich ist. Vgl. auch *Frotscher*, Verschmelzung, 1998, Rz. 29.

28 Das UmwG erkennt hiermit - entsprechend der h. M. - die Rechtsträgerschaft von Personenhandelsgesellschaften gem. § 124 HGB an. Vgl. z. B. *Schmidt, K.*, Gesellschaftsrecht, 2002, S. 196 ff.

29 Partnerschaftsgesellschaft, seit 1998 in § 3 Abs. 1 Nr. 1 UmwG zusätzlich aufgenommen.

30 Z. B. wenn noch kein Insolvenzverfahren eröffnet oder noch nicht mit der Vermögensverteilung begonnen worden ist. Vgl. Rat EG 09.10.1978, Fusionsrichtlinie, Art. 3 Abs. 2.

31 Vgl. *Streck/Mack/Schwedhelm*, Verschmelzung, GmbHR 1995, S. 162; *Kallmeyer*, Neue, ZIP 1994, S. 1752; Amtsgericht Erfurt 25.10.1995, GmbHR 1996, S. 373.

32 Vgl. *Lutter* in *Lutter*, UmwG, 2000, § 3, Rz. 16; a. A. *Stratz* in *SHS*, UmwG, 2001, § 3 UmwG, Rz. 34; *Bayer*, Tage, ZIP 1997, S. 1614; *Heckschen*, Entwicklung, DB 1998, S. 1387.

einer ruhenden Kapitalgesellschaft ohne Geschäftstätigkeit oder einer nicht-gewerblichen GmbH wird hingegen als zulässig angesehen.[33]

Die Verschmelzung einer überschuldeten[34] Überträgerin ist nicht zulässig, sofern bei der Übernehmerin eine Kapitalerhöhung erforderlich ist.[35] Dies hat seinen Grund in dem Verbot einer Unter-pari-Emission,[36] weil auch bei einer Verschmelzung der *Zeit*wert[37] des eingebrachten Vermögens den Ausgabebetrag der neuen Anteile erreichen muss.[38] Eine reine Unterbilanz führt hingegen nicht zu einem Verlust der Verschmelzungsfähigkeit.[39] Die Überschuldung kann durch Kapitalzuführung oder sanierende Kapitalherabsetzung geheilt werden. Lediglich bei Konzernverschmelzung ergeben sich keine Probleme, da hier auch eine Verschmelzung ohne Kapitalerhöhung erfolgen kann.[40]

Falls die Übernehmerin überschuldet ist, ist eine Verschmelzung denkbar, allerdings wird der Wert der Anteile an der Überträgerin durch die Verschmelzung verwässert.[41]

Zusätzlich zu den Personenhandelsgesellschaften können seit 1998 auch Partnerschaftsgesellschaften (§ 3 Abs. 1 Nr. 1, §§ 45a ff. UmwG) als übertragende und übernehmende Rechtsträger an einer Verschmelzung teilnehmen.[42] Hierbei sind rechtsformspezifische und berufsrechtliche Besonderheiten gem. § 45a UmwG i. V. m. § 1 PartGG zu beachten.

Ohne besondere Nennung ist auch die Verschmelzung einer EWIV möglich, die der OHG gleichgestellt ist gem. § 1 EWIV Ausführungsgesetz.[43] Eine GmbH&CoKG wird ebenso wie eine KG verschmolzen unter der Voraussetzung, dass der persönlich haftende Gesellschafter eine GmbH ist, die allerdings nicht auch gleichzeitig Überträgerin

---

33 Vgl. *Kallmeyer*, Neue, ZIP 1994, S. 1751.

34 Siehe § 19 Abs. 2 InsO; vgl. *Heckschen*, Entwicklung, DB 1998, S. 1386 f.

35 Vgl. *Widmann* in *Widmann/Mayer*, Umwandlungsrecht, 2002, § 55 UmwG, Rz. 83; *Dehmer*, UmwG, 1996, § 55 UmwG, Rz. 30.

36 Siehe § 9 Abs. 1, § 27, § 34 Abs. 1 Nr. 2, § 36a Abs. 2, § 38 Abs. 2 S. 2, § 194 Abs. 4 AktG; § 9 Abs. 1, § 9c Abs. 1 S. 2 GmbHG; vgl. Abschnitte 5.2.2.3.1 und 5.2.3.3.1.

37 Der Begriff „Zeitwert" wird in dieser Arbeit im betriebswirtschaftlichen Sinn verstanden. Vereinfachend wird davon ausgegangen, dass er mit dem „beizulegenden Wert" nach HGB, dem „Teilwert" der Steuergesetze und dem „Verkehrswert" im juristischen Sinn übereinstimmt.

38 Siehe § 34 Abs. 1 Nr. 2 AktG; vgl. a. A., nach der die Buchwerte den Nennbetrag erreichen müssen: *Pohl*, Handelsbilanzen, 1995, S. 128 f.

39 Vgl. so auch *Förschle/Hoffmann* in *Budde/Förschle*, Sonderbilanzen, 2002, I, Rz. 93; *Widmann* in *Widmann/Mayer*, Umwandlungsrecht, 2002, § 24 UmwG, Rz. 322.

40 Siehe § 68 Abs. 1, § 54 Abs. 1 UmwG.

41 Vgl. *Mayer* in *Widmann/Mayer*, Umwandlungsrecht, 2002, § 55 UmwG, Rz. 83.10; *Limmer/Frenz/Harnacke,* Handbuch, 2001, Rz. 242.

42 Der Ausschluss von Partnerschaftsgesellschaften wurde heftig kritisiert. Vgl. *Bolk/Reiß*, Überblick, SteuerStud 1995, S. 255; *Wertenbruch*, Partnerschaftsgesellschaft, ZIP 1995, S. 712 ff.; *Neye*, Partnerschaft, ZIP 1997, S. 722; *Lutter* in *Lutter*, UmwG, 2000, § 3, Rz. 4 Abs. 2. Der Wechsel z. B. von einer GmbH in eine Partnerschaftsgesellschaft war aber möglich durch vorangehenden Formwechsel in eine GbR (§ 190 Abs. 1 Nr. 2 und Abs. 2 Nr. 1 UmwG) und anschließende Eintragung ins Partnerschaftsregister und damit verbundener Umfirmierung; vgl. *Seibert*, Partnerschaft, DB 1994, S. 2382.

43 Vgl. *Zöllner*, Bemerkungen, 1993, S. 340; *Lutter* in *Lutter*, UmwG, 2000, § 3, Rz. 4 Abs. 2 m. w. N.

sein darf, weil diese erlischt.[44] Ebenso ist die Verschmelzung einer GmbH&CoKGaA möglich.[45]

Ein Sonderfall der Verschmelzung einer Einmann-Kapitalgesellschaft auf den Alleingesellschafter[46] verdient besondere Betrachtung. Umstritten war die Zulässigkeit einer Verschmelzung einer Freiberufler- oder Kleingewerbe-GmbH auf den nicht ins Handelsregister eintragungsfähigen Alleingesellschafter, weil der Alleingesellschafter kein kaufmännisches Handelsgewerbe i. S. v. §§ 1 ff. HGB betreibt.[47] Fraglich war, ob der Eintragung ins Handelsregister konstitutive Bedeutung zukommt. Seit dem Handelsrechtsreformgesetz 1998 stellt § 122 Abs. 2 UmwG klar, dass eine Verschmelzung auf den nicht-eintragungsfähigen Alleingesellschafter bereits mit Eintragung bei der übertragenden Kapitalgesellschaft wirksam wird.

Bewusst aus dem Kreis der verschmelzungsfähigen Rechtsträger herausgenommen wurden z. B. Gesellschaften bürgerlichen Rechts (GbR), Partenreedereien, Erbengemeinschaften und Nicht-Kaufleute.[48] Wegen § 1 Abs. 2 UmwG darf das UmwG auf diese Unternehmensformen auch nicht analog angewandt werden. Insbesondere der Ausschluss der GbR[49] sowie das Fehlen von Stiftungen[50] wird kritisiert. Aufgrund des praktischen Bedürfnisses nach Umwandlung dieser Rechtsträger und im Hinblick auf das Analogieverbot des § 1 Abs. 2 UmwG sind die Rechtsträger gezwungen, auf Umwandlungsformen außerhalb des UmwG auszuweichen.

Die Verschmelzung von mehreren Einzelunternehmen zu einer Personenhandels- oder Kapitalgesellschaft ist nach dem UmwG nicht möglich.[51]

---

44 Vgl. *Frotscher*, Verschmelzung, 1998, Rz. 30.

45 Vgl. *Heckschen*, Entwicklung, DB 1998, S. 1394.

46 § 120 Abs. 1 UmwG bildet eine zusätzliche Verschmelzungsmöglichkeit zu denen des 1. bis 8. Teils des UmwG; vgl. *Bärwaldt/Schabacker;* Dauerbrenner, 1997, S. 95 f.

47 Vgl. zur Diskussion *Bärwaldt/Schabacker*, Dauerbrenner, 1997, S. 96 f. Unzulässigkeit vertreten: OLG Zweibrücken Urteil vom 27.12.1995, DB 1996, S. 418 f.; *Stratz* in *SHS*, UmwG, 2001, § 122 UmwG, Rz. 3; zur Argumentation vgl. *Wrenger*, Verschmelzung, BB 1997, S. 1905 ff.; *Wochinger/Dötsch*, UmwStG, DB 1994, Beilage 14, S. 31; LG Koblenz 07.11.1995, DB 1996, S. 267. Zulässigkeit und damit h. M. vertreten: *Heckschen*, Alleingesellschafter, ZIP 1996, S. 453; Amtsgericht Dresden 26.07.1996, DB 1996, S. 1813 f.; *Priester*, Umwandlung, DB 1996, S. 415; *Heckschen* in *Widmann/Mayer*, Umwandlungsrecht, 2002, § 120 UmwG, Rz. 19; *Trölitzsch*, Anmerkung, WiB 1996, S. 527 f.; *Lutter* in *Lutter*, UmwG, 2000, § 3, Rz. 11; *Felix*, Umwandlungssperre, DStR 1996, S. 658 ff.; *Ott*, Bilanzierung, 1997, Rz. 28; mit anderem Argument *Wrenger*, Verschmelzung, BB 1997, S. 1905 ff.

48 Vgl. *Brönner*, Umwandlungsrecht, 1996, S. 196; *Schmidt, K.*, Gesellschaftsrecht, 2002, S. 363 ff.; *Zöllner*, Bemerkungen, 1993, S. 340.

49 Für die Verschmelzungsfähigkeit der GbR sind *Lutter*, Reform, ZGR 1990, S. 399 f.; *Zöllner*, Bemerkungen, ZGR 1993, S. 340; *Schmidt, K.*, Gestaltung, ZGR 1990, S. 591. Nach moderner Lehre stellt die GbR keinen einfachen gesamthänderischen Zusammenschluss dar, sondern ein Rechtssubjekt, das selbst Träger von Rechten und Pflichten sein kann (vgl. *Schmidt, K.*, Gesellschaftsrecht, 2002, S. 196 ff.; *Bayer*, Tage, ZIP 1997, S. 1626). In § 191 Abs. 2 Nr. 1 UmwG ist die GbR ausdrücklich als Rechtsträger anerkannt. Ein Ausschluss käme allenfalls wegen fehlender Registerpublizität der GbR in Betracht. Die sich daraus ergebenden Haftungsprobleme ließen sich durch eine Identifikation der GbR-Gesellschafter lösen (vgl. *Mertens, K.*, Umwandlung , 1993, S. 263 f. m. w. N.).

50 Vgl. *IDW*, Diskussionsentwurf, WPg 1989, S. 342.

51 Vgl. zu Alternativen Abschnitt 2.6.1.

In dieser Arbeit werden – der praktischen Relevanz folgend und der Übersichtlichkeit dienend – die betrachteten Rechtsträger grundsätzlich auf Unternehmen in Form von Kapitalgesellschaften und Personenhandelsgesellschaften eingegrenzt, bei denen die Verschmelzung zulässig ist.

2.3 Formen und Arten der Verschmelzung

Im UmwG werden die Verschmelzung durch Aufnahme und die Verschmelzung durch Neugründung unterschieden.[52] Es wird von folgender Situation vor der Verschmelzung ausgegangen: Zwei Gesellschaften ÜT und ÜN sind voneinander völlig unabhängig und werden von den Anteilseignern t und n gehalten (vgl. Abb. 1).

Abb. 1: Ausgangssituation vor Verschmelzung

Bei der Verschmelzung durch Aufnahme gem. § 2 Nr. 1 UmwG überträgt die übertragende Gesellschaft (ÜT) ihr Vermögen auf eine bereits bestehende übernehmende Gesellschaft (ÜN). Nach der Verschmelzung besteht nur noch die Gesellschaft ÜN, die das Vermögen der Gesellschaft ÜT enthält, und an der neben den Anteilseignern n auch die Anteilseigner t beteiligt sind (vgl. Abb. 2). Von diesem Grundfall wird in den folgenden Ausführungen ausgegangen. Als Beispiel[53] für die Verschmelzung durch Aufnahme sei hier nur genannt die Verschmelzung der VIAG AG auf die VEBA AG, die sich in E.ON AG umbenannt hat.

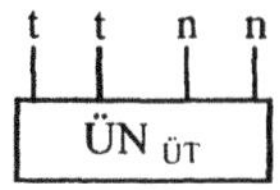

Abb. 2: Situation nach Verschmelzung durch Aufnahme

Hingegen übertragen im Fall der Verschmelzung durch Neugründung gem. § 2 Nr. 2 UmwG mindestens zwei Gesellschaften (ÜT1 und ÜT2) ihr Vermögen auf eine neu zu gründende übernehmende Gesellschaft (ÜN), d. h. zusätzlich zum Verschmelzungsvor-

[52] In dieser Arbeit wird – analog zum UmwG – im Wesentlichen auf die Verschmelzung durch Aufnahme Bezug genommen. Auf Besonderheiten der Verschmelzung durch Neugründung wird gesondert eingegangen.

[53] Vgl. zu Beispielen der Verschmelzung durch Aufnahme Tab. im Anhang. Außerdem ausführliche Auflistung bei *Ahlers*, Verschmelzung, 2001, S. 242 ff.

gang muss ein neuer Rechtsträger errichtet werden (vgl. Abb. 3).[54] An der neuen Gesellschaft $ÜN_{ÜT1+ÜT2}$ sind alle bisherigen Anteilseigner t1 und t2 beteiligt. Für diesen Sonderfall der Verschmelzung regeln eigene Gesetzesvorschriften (z. B. §§ 36-38 UmwG) die Einzelheiten, insbesondere sind gem. § 36 Abs. 2 UmwG die jeweiligen Gründungsvorschriften zu beachten. In der Praxis wird die Verschmelzung durch Neugründung selten von den Beteiligten gewählt, bspw. von der Badenwerk Holding AG und der EVS Holding AG auf die neu gegründete Energie Baden-Württemberg AG.[55]

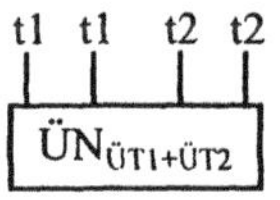

Abb. 3: Situation nach Verschmelzung durch Neugründung

Bei beiden Verschmelzungsarten kommt es bei fehlender Beteiligungsidentität (sog. Konzentrationsverschmelzung) zu einem Interessengegensatz, weil einerseits die Anteilseigner der Überträgerin bestrebt sind, zumindest Anteile entsprechend ihrem bisherigen Anteilswert zu erhalten und ein möglichst hohes Umtauschverhältnis zu erzielen. Andererseits versuchen die Anteilseigner der Übernehmerin eine Verwässerung ihres Anteilswerts zu verhindern und ein möglichst niedriges Umtauschverhältnis zu erzielen.[56]

Bei Konzernverschmelzungen kollidieren dagegen die Interessen der Konzernleitung und der Minderheitsgesellschafter, die an der rechtlich selbstständigen Gesellschaft festhalten wollen.[57] Für Konzernverschmelzungen sind diverse Erleichterungen im Verschmelzungsverfahren vorgesehen (vgl. Abschnitt 3.7). Die Ausgangslage vor der Verschmelzung kann wie folgt dargestellt werden: An dem Mutterunternehmen M sind die Anteilseigner m beteiligt. M hält zwei Tochterunternehmen T1 und T2, an der außer M noch die Minderheitsgesellschafter t1 und t2 beteiligt sind (vgl. Abb. 4).

---

54 Im Zusammenhang mit der Verschmelzung durch Neugründung wird unter dem Begriff „Übernehmerin" der neu gegründete Rechtsträger verstanden.

55 Bei einigen Verschmelzungen, die auf den ersten Blick wie Verschmelzungen durch Neugründung wirken, handelt es sich um Verschmelzungen durch Aufnahme auf eine inaktive und extra für die Verschmelzung neu gegründete oder erworbene Übernehmerin, vgl. Degussa, Merger, 2000, S. 46; AGIV, Verschmelzungsbericht, 2002, S. 50 f.

56 Vgl. *Bayer*, Informationsrechte, AG 1988, S. 324.

57 Vgl. *Bayer*, Informationsrechte, AG 1988, S. 323.

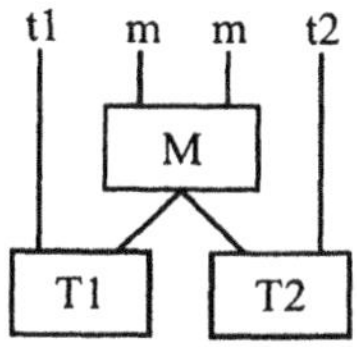

Abb. 4: Ausgangssituation vor Konzernverschmelzung

In der Praxis sind konzerninterne Verschmelzungen des Tochterunternehmens auf das Mutterunternehmen (Up-stream Merger) am häufigsten, bei der das Tochterunternehmen (T1) auf das Mutterunternehmen (M) verschmolzen wird (vgl. Abb. 5).[58]

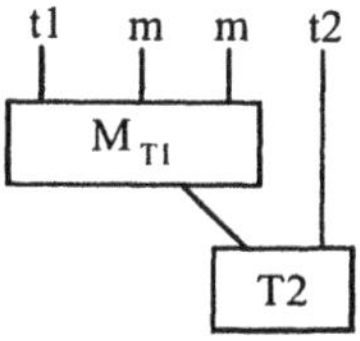

Abb. 5: Situation nach Up-stream Merger

Der umgekehrte Fall des Down-stream Merger ist im UmwG nicht ausdrücklich geregelt, aber indirekt über § 68 Abs. 1 S. 1 Nr. 3 und S. 2 Nr. 2 UmwG[59] zugelassen.[60] Auch der Numerus Clausus des § 2 Abs. 1 UmwG steht dem nicht entgegen. Nach neuem Umwandlungsrecht ist ein Down-stream Merger nicht mehr aus steuerlichen Gründen notwendig, um steuerliche Verlustvorträge des Tochterunternehmens zu nutzen, sondern wird lediglich aus taktischen Überlegungen durchgeführt.[61] Gründe finden sich bspw. in der Einsparung von Grunderwerbsteuer oder im Erhalt des börsennotierten Tochterunternehmens.[62] Beim Down-stream Merger wird das Mutterunternehmen (M) auf ein Tochterunternehmen (T1) verschmolzen. Dieser Fall ist insofern kompliziert, als die Anteilseigner (m) des Mutterunternehmens an dem Tochterunternehmen (T1) be-

---

[58] Vgl. *Küting/Zündorf*, Verschmelzung, BB 1994, S. 1383; *Sagasser/Ködderitzsch* in *SBB*, Umwandlungen, 2000, I Rz. 2 und J vor, Rz. 151; Anhang Spalte „Konzern“. Nach Meinung von *Bayer* „erfolgt die Verschmelzung typischerweise nur dann, wenn bereits ein (faktisches) Konzernverhältnis (...) vorliegt“, *Bayer*, Informationsrechte, AG 1988, S. 323.

[59] Für die GmbH gem. § 54 Abs. 1 S. 1 Nr. 3 und S. 2 Nr. 2 UmwG. Für die Geltung bei Personenhandelsgesellschaften vgl. *Hannemann*, Merger, DB 2000, S. 2497 f.

[60] Vgl. *Bula/Schlösser* in *SBB*, Umwandlungen, 2000, K, Rz. 58.

[61] Vgl. zur Verlustnutzung Abschnitt 6.3 jeweils unter der Überschrift „Übernahmebilanz und ertragsteuerliche Folgen der Übernehmerin“; *Sagasser/Ködderitzsch* in *SBB*, Umwandlungen, 2000, J, Rz. 156.

[62] Vgl. *Bula/Schlösser* in *SBB*, Umwandlungen, 2000, K, Rz. 43; *Fischer, M.*, Verschmelzung, DB 1995, S. 490.

teiligt werden müssen.[63] Nach der Verschmelzung ist die übernehmende Tochtergesellschaft (T1) Mutterunternehmen für T2 (vgl. Abb. 6).

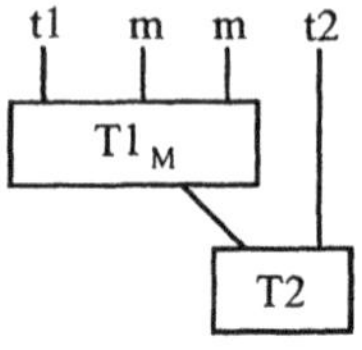

Abb. 6: Situation nach Down-stream Merger

Die Anteilsübergabe beim Down-stream Merger kann durch Direkterwerb oder mittels Durchgangserwerb erfolgen. Beim Durchgangserwerb übernimmt das übernehmende Tochterunternehmen zunächst – für eine logische Sekunde – die Anteile, die das Mutterunternehmen an dem Tochterunternehmen gehalten hat, als eigene Anteile. Unmittelbar danach gibt sie diese nunmehr eigenen Anteile an die Anteilseigner des übertragenden Mutterunternehmens weiter. Hingegen erhalten beim Direkterwerb die Anteilseigner des Mutterunternehmens unmittelbar von dem Mutterunternehmen deren Anteile am Tochterunternehmen.[64] Die h. M. spricht sich für den Direkterwerb aus, weil das Mutterunternehmen wirtschaftlich betrachtet seine Anteile an dem Tochterunternehmen an seine Anteilseigner auskehrt, ohne dass der Jahresabschluss der Übernehmerin berührt wird, und weil § 20 Abs. 1 Nr. 3 UmwG vorsieht, dass die Anteilseigner der Überträgerin solche der Übernehmerin werden.[65] § 20 UmwG kann jedoch auch als Argument für den Durchgangserwerb herangezogen werden, weil nach § 20 Abs. 1 Nr. 1 UmwG das Vermögen der Überträgerin – und dazu gehört auch die Beteiligung an der Übernehmerin – auf die Übernehmerin übertragen wird. Zudem verlangt § 20 Abs. 1 Nr. 3 UmwG nicht den direkten Übertritt der Anteilseigner. Um später (vgl. Abschnitt 5.2.2.3.4) das Vermögen der Überträgerin zu Anschaffungskosten in der Übernahmebilanz abbilden zu können, behelfen sich die Vertreter des Direkterwerbs dann doch wieder mit der Annahme, dass zur Ermittlung der Anschaffungskosten die Übernehmerin so betrachtet wird, als hätte sie von den Anteilseignern der Überträgerin deren Anteile – quasi als eigene Anteile – übernommen.[66] Dem Ablauf einer Verschmelzung wird der Durchgangserwerb besser gerecht, da die Überträgerin ihr gesamtes Vermögen überträgt und die Übernehmerin deren Gesamtrechtsnachfolgerin wird. Insofern

---

63 Vgl. *Schmidt, K.*, Gesellschaftsrecht, 2002, S. 386.

64 Vgl. *Sagasser/Ködderitzsch* in *SBB*, Umwandlungen, 2000, J, Rz. 157 m. w. N.; *Bula/Schlösser* in *SBB*, Umwandlungen, 2000, K, Rz. 60.

65 Vgl. *Grunewald* in *Lutter*, UmwG, 2000, § 20, Rz. 53; *Winter* in *Lutter*, UmwG, 2000, § 54, Rz. 13; *Mayer* in *Widmann/Mayer*, Umwandlungsrecht, 2002, § 5 UmwG, Rz. 38; *IDW*, Änderung, FN-IDW 2000, S. 157; *Müller, W.*, Zweifelsfragen, WPg 1996, S. 865; *Pfitzer*, WP-Handbuch, 2002, Bd. II, Teil E, Rz. 82; *Bula/Schlösser* in *SBB*, Umwandlungen, 2000, K, Rz. 60; *Kahling*, Bilanzierung, 1999, S. 82. A. A. (Durchgangserwerb): *Bärwald* in *Haritz/Benkert*, UmwStG, 2000, Vor §§ 11-13, Rz. 10; *Fischer, M.*, Verschmelzung, DB 1995, S. 490 f.

66 Vgl. *IDW*, Änderung, FN-IDW 2000, S. 157.

ist dem Durchgangserwerb m. E. der Vorzug zu geben. Allerdings ist der Erwerb und das Halten eigener Anteile für Personenhandelsgesellschaften nicht möglich,[67] weshalb in diesem Fall von quasi-eigenen Anteilen ausgegangen werden sollte, die zwingend an die Anteilseigner der Überträgerin auszugeben sind.

Weiterhin können Schwestergesellschaften miteinander verschmolzen werden (sog. Sidestep Merger), obwohl dieses im UmwG nicht ausdrücklich geregelt ist. Von Schwestergesellschaften i. e. S. spricht man, wenn zwei Gesellschaften von einem identischen Anteilseigner bzw. einer identischen Anteilseigner-Gruppe gehalten werden, beide also zu 100 % Tochterunternehmen eines gemeinsamen Mutterunternehmens sind.[68] I. w. S. liegt bereits dann eine Schwestergesellschaft vor, wenn der gemeinsame Anteilseigner im Verhältnis zu beiden Gesellschaften Mutterunternehmen i. S. v. § 290 Abs. 1-2 HGB ist, also bspw. über mehr als 50 % der Stimmrechte verfügt. Abb. 7 zeigt die Situation nach der Verschmelzung von T1 als Überträgerin auf ihre Schwestergesellschaft T2 als Übernehmerin.

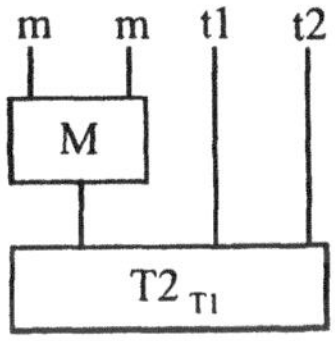

Abb. 7: Situation nach Verschmelzung von Schwestergesellschaften, Sidestep Merger

Sowohl bei der Konzentrations- als auch bei der Konzernverschmelzung ist eine sog. „Kettenverschmelzung" denkbar, bei der die Übernehmerin sich noch vor Wirksamkeit der ersten Verschmelzung selbst als Überträgerin an einer zweiten Verschmelzung beteiligt.[69]

Bei der formidentischen (oder rechtsformwahrenden) Verschmelzung sind Überträgerin und Übernehmerin beide jeweils Personenhandelsgesellschaften oder Kapitalgesellschaften, so dass nach der Verschmelzung die gleiche Unternehmensform bzw. -struktur erhalten bleibt. Hingegen werden bei der formumwandelnden (oder rechtsformübergreifenden, -ändernden) Verschmelzung eine Personenhandelsgesellschaft und eine Kapitalgesellschaft verschmolzen, wodurch sich die Rechtsform der Überträgerin in ihrer Struktur ändert und das Vermögen den Gesellschaftsstatus wechselt. Deshalb sind

---

67 Vgl. *Hannemann*, Merger, DB 2000, S. 2498.

68 Vgl. z. B. *Lutter* in *Lutter*, UmwG, 2000, § 5, Rz. 82. Verschmelzungen von Schwestergesellschaften finden in praxi häufig statt, vgl. Anhang Spalte „Konzern".

69 Vgl. *Grunewald* in *Lutter*, UmwG, 2000, § 65, Rz. 3; *Sagasser/Ködderitzsch* in *SBB*, Umwandlungen, 2000, J, Rz. 167. In dieser Arbeit problematisiert in Abschnitt 3.5.

Schutzvorschriften erforderlich, um zu verhindern, dass Gründungs- und Kapitalerhaltungsvorschriften durch die Verschmelzung umgangen werden.[70]

Schließlich wird nach den wirtschaftlichen Zielen einer Verschmelzung unterschieden. Eine horizontale Verschmelzung verbindet Unternehmen der gleichen Branche und gleichen Produkt-/Handelsstufe,[71] eine vertikale Verschmelzung führt aufeinander folgende Handelsstufen in der gleichen Branche zusammen[72] und eine diagonale Verschmelzung vereint Unternehmen, die weder der gleichen Branche noch der gleichen Handelsstufe angehören.[73]

2.4 Einbettung der Verschmelzung in das UmwG

Verschmelzungen sind handels- und steuerrechtlich eingebettet in den Bereich der Umwandlungen, deren gesetzliche Regelungen sich im UmwG und Umwandlungssteuergesetz (UmwStG) befinden.

Der Begriff „Umwandlung" ist nicht gesetzlich definiert. Unter „Umwandlung i. w. S." sind Rechtsinstitute zu verstehen, mit denen Rechtsträger ihre Rechtsform ändern.[74] Gesetzlich definiert sind lediglich die im UmwG 1994 festgelegten Arten der Umwandlung, wie Verschmelzung, Spaltung, Vermögensübertragung und Formwechsel. Für diese Umwandlungsarten hat sich der Oberbegriff „Umwandlung i. e. S." gebildet.[75] Im Folgenden werden die Begriffe streng i. S. d. UmwG 1994 verwendet.

2.4.1 Entwicklung des Umwandlungsrechts bis 1994

Die Anfänge vor 1969[76]

Bereits 1861 regelte das Allgemeine Deutsche Handelsgesetzbuch in Art. 215 Abs. 2 und Art. 247 einen Vorläufer der Verschmelzung von Aktiengesellschaften. Das erste UmwG 1934 beschränkte sich ebenfalls auf die Umwandlung von Kapitalgesellschaften und wurde in den Jahren 1956 und 1969 neu gefasst. Eine „moderne"[77] Verschmelzung findet sich erstmals in §§ 233 ff. AktG 1937, die später wiederholt geändert wurden.

---

70 Vgl. *Frotscher*, Verschmelzung, 1998, Rz. 22-23.

71 In nahezu allen im Anhang aufgeführten Fällen verschmelzen Unternehmer derselben Branche.

72 Bspw. die Verschmelzung von Heidelberger Druckmaschinen AG und Linotype-Hell AG, vgl. Heidelberger, Verschmelzung, 1997, S. 11 f.

73 Vgl. *Olfert/Körner/Langenbeck*, Sonderbilanzen, 1994, S. 179.

74 Dazu gehört z. B. auch die Anwachsung; vgl. Abschnitt 2.6.

75 Vgl. *Kallmeyer*, Neue, ZIP 1994, S. 1747.

76 Vgl. hierzu ausführlich *Ahlers*, Verschmelzung, 2001, S. 14-17.

77 *Schmidt, K.*, Gesellschaftsrecht, 1991, S. 321. Die Verschmelzung zur Neugründung wurde erstmals im AktG 1937 zugelassen.

Das UmwG 1969 im Einzelnen

Seit 1969 wurden Umwandlungen ohne Liquidation in übertragende und formwechselnde Umwandlung unterteilt.[78] Bei der von *Schmidt* als „lupenreine“[79] Umwandlung bezeichneten formwechselnden Umwandlung besteht das Unternehmen in seiner Identität fort und ändert lediglich seine Rechtsform, ohne dass eine Vermögensübertragung erfolgt.[80]

Die im UmwG 1969 geregelte übertragende Umwandlung bewirkt einen Übergang des Unternehmens von einem alten auf einen neuen Rechtsträger mittels Gesamtrechtsnachfolge, wobei der alte Rechtsträger ohne Liquidation erlischt. Die zwei Formen der übertragenden Umwandlung, die errichtende und die verschmelzende[81] Umwandlung, haben lt. *Schmidt* den Charakter einer „vereinfachte(n) Sachgründung“ bzw. einer „vereinfachte(n) Sachkapitalerhöhung“[82]. Bei der errichtenden Umwandlung wird das Vermögen von Gesellschaften oder ins Handelsregister eingetragenen Einzelunternehmen auf eine neu zu errichtende Gesellschaft übertragen. Die verschmelzende Umwandlung regelt die Vermögensübertragung einer AG oder GmbH auf ein bereits bestehendes Unternehmen. Beide Formen der übertragenden Umwandlung erfordern eine Kapitalbeteiligung von über 90 % gem. §§ 9, 3 UmwG 1969. Außenstehende Anteilseigner werden in der Regel bar gem. §§ 12 f. UmwG 1969 – in Sonderfällen wahlweise auch in Form von Aktien gem. § 15 Abs. 1 S. 2 UmwG 1969 – abgefunden.

Im Gegensatz zur Umwandlung setzt die Verschmelzung gem. §§ 339 ff. AktG a. F. bzw. §§ 19 ff. KapErhG a. F. keine Beteiligung am übertragenden Unternehmen voraus, ist aber nur für Kapitalgesellschaften eröffnet. Im Verschmelzungsbeschluss wird lediglich eine Dreiviertelmehrheit gem. § 340c Abs. 2 AktG a. F. bzw. § 20 Abs. 2 KapErhG a. F. verlangt. Anteilseigner der Überträgerin erhalten Anteile an der übernehmenden Gesellschaft nach § 339 Abs. 1 AktG a. F. bzw. § 19 Abs. 1 KapErhG a. F.

Das historische Wachstum des UmwG bedingt die häufig kritisierte Uneinheitlichkeit und Lückenhaftigkeit, welche die Umstrukturierung von Unternehmen erschwert hat.[83]

Für die im alten UmwG nicht geregelten Formen der Umwandlung wurden Hilfskonstruktionen entwickelt, denen zufolge die Vermögensübertragung mittels Einzelrechtsnachfolge, Liquidation und in getrennten Rechtsakten erfolgte.[84]

---

78 Vgl. *Schmidt, K.*, Gesellschaftsrecht, 1991, S. 294-296; *Olfert/Körner/Langenbeck*, Sonderbilanzen, 1994, S. 132.

79 *Schmidt, K.*, Gesellschaftsrecht, 1991, S. 294.

80 Vgl. *Hennrichs*, Formwechsel, 1995, S. 33 f.

81 Siehe § 16 und § 3 UmwG 1969.

82 *Schmidt, K.*, Gesellschaftsrecht, 1991, S. 295; vgl. zur übertragenden Umwandlung auch *Barz*, Gesellschaftsrecht, 1972, S. 255.

83 Vgl. *App/Hörtnagl/Stratz*, Überblick, NWB 1995, S. 3371.

84 Vgl. *Schmidt, K.*, Gesellschaftsrecht, 1991, S. 324 f.; *Barz*, Gesellschaftsrecht, 1972, S. 262 f. Die Verschmelzung von Personen- oder Kapitalgesellschaften auf Personenhandelsgesellschaften wurde bspw. möglich, indem zunächst die Gesellschafter der Überträgerin Gesellschafter der Übernehmerin wurden und die Überträgerin ihr Vermögen durch Einzelrechtsnachfolge übertrug (Sacheinlage). Nach einer anderen Gestaltungsform wurde die Überträgerin Gesellschafterin in der Übernehmerin, so dass ihr Anteil bei ihrem Ausscheiden den übrigen Gesellschaftern durch Anwachsung zuwächst.

Entwicklung zwischen 1969 und 1994

In der Zeit zwischen dem UmwG 1969 und der Reform 1994 können drei Entwicklungsströme unterschieden werden:

- In der europäischen Entwicklung[85] war für die Verschmelzung die 3. gesellschaftsrechtliche EG-Richtlinie, sog. Fusionsrichtlinie, vom 09.10.1978 von Bedeutung. Ihr sind Verbesserungen des Anteilseigner- und Gläubigerschutzes zu verdanken.[86] Die Umsetzung im deutschen Verschmelzungsrichtliniengesetz[87] erfolgte im Jahr 1982. Das Rechtsinstitut der Spaltung wurde durch die 6. gesellschaftsrechtliche EG-Richtlinie vom 17.12.1982 eingeführt.[88]
- Nach der deutschen Wiedervereinigung[89] wurden Umwandlungen von Wirtschaftseinheiten der DDR nötig.[90] Die Spaltung wurde erstmals 1991 für bestimmte Rechtsträger in das (bundes-)deutsche Recht durch das Landwirtschaftsanpassungsgesetz und das Gesetz über die Spaltung der von der Treuhandanstalt verwalteten Unternehmen eingeführt.[91]
- In Westdeutschland[92] sorgte die GmbH-Novelle 1980 für die Verschmelzungsmöglichkeiten von GmbH im KapErhG.

Bereits am 03.08.1988 wurde der Diskussionsentwurf eines Gesetzes zur Bereinigung des Umwandlungsrechts vorgelegt. Auf dem Weg zur Reform des UmwG wurde am 14.04.1994 ein Referentenentwurf veröffentlicht.[93] Im Diskussionsentwurf war noch von „Unternehmen" die Rede, wohingegen die endgültige Fassung von „Rechtsträgern" spricht.[94]

2.4.2 Reform des UmwG 1994

Bei der Reform des UmwG handelt es sich um den „Plan, aus einem, obendrein unvollständigen, Flickenteppich ein in sich geschlossenes Ganzes zu machen"[95]. Durch die

Ein der Ausgliederung nahe kommender Vorgang konnte durch Gründung eines Tochterunternehmens hergestellt werden, auf das ein Unternehmensteil unter Wahrung des Bestimmtheitsgrundsatzes (vgl. *Crezelius*, Grundsätzliches, Stbg 1995, S. 442 m. w. N.) eingebracht wurde.

85 Vgl. *Ganske*, Umwandlung, DB 1992, S. 125.

86 Zur geschichtlichen Entwicklung vgl. *Schmidt, K.*, Gesellschaftsrecht, 1991, S. 296 ff., 321; *Hennrichs*, Formwechsel, 1995, S. 27-30; *Ganske*, Umwandlung, DB 1992, S. 125 f.

87 Vgl. hierzu ausführlich *Ahlers*, Verschmelzung, 2001, S. 17 f.

88 Vgl. zu den europarechtlichen Vorgaben *Schwarz, H.-D.*, Umwandlungsrecht, DStR 1994, S. 1696 f.; *Bundesregierung*, Begründung, BR-Drs. 75/94, S. 75.

89 Vgl. *Ganske*, Umwandlung, DB 1992, S. 126.

90 Umgesetzt durch Ministerrat DDR 01.03.1990, Umwandlung.

91 Vgl. auch Gesetz zur Regelung offener Vermögensfragen.

92 Vgl. *Ganske*, Umwandlung, DB 1992, S. 125.

93 Vgl. zur Vorgeschichte und zum Gesetzgebungsverfahren *Ganske*, Umwandlungsrecht, WM 1993, S. 1117 f.; *Schwarz, H.-D.*, Umwandlungsrecht, DStR 1994, S. 1694 f.; *Neye*, Reform, DB 1994, S. 2069 f.

94 Vgl. dazu *Bundesregierung*, Begründung, BR-Drs. 75/94, S. 71.

95 *Schmidt, K.*, Gläubigerschutz, ZGR 1993, S. 368.

grundlegende Reformierung des UmwG (und auch das UmwStG) 1994 wurde die praktische Durchführung wesentlich erleichtert und die Akzeptanz in der Praxis verstärkt.[96]

Die Umwandlung nach dem UmwG erfolgt in einem einzigen Rechtsakt durch Verschmelzung, Spaltung, Vermögensübertragung oder Formwechsel gem. § 1 UmwG. Das UmwG unterscheidet nach Art der Umwandlung und nach Wirkung auf die beteiligten Rechtsträger, nicht jedoch nach den verschiedenen Rechtsträgern selbst. [97] Tab. 2 gibt einen Überblick über die Unterschiede der einzelnen Umwandlungsformen.

Tab. 2: Arten der Umwandlung lt. UmwG 1994[98]

<table>
<tr><th colspan="5">Umwandlungen mit Vermögensübertragung</th><th>Umwandlung ohne Vermögensübertragung</th></tr>
<tr><th>Verschmelzung</th><th colspan="3">Spaltung §§ 123 ff.</th><th>Vermögensübertragung</th><th>Formwechsel</th></tr>
<tr><th rowspan="2">§§ 2 ff.</th><th>§ 123 Abs. 1</th><th>§ 123 Abs. 2</th><th>§ 123 Abs. 3</th><th rowspan="2">§§ 174 ff.</th><th rowspan="2">§§ 190 ff.</th></tr>
<tr><th>Aufspaltung</th><th>Abspaltung</th><th>Ausgliederung</th></tr>
<tr><td>• Auflösung der ÜT ohne Liquidation
• Gesamtrechtsnachfolge auf ÜN
• Anteilstausch: AE der ÜT erhalten Beteiligungen an ÜN</td><td>• Auflösung der ÜT ohne Liquidation
• Sonderrechtsnachfolge auf mind. 2 ÜN
• Anteilstausch: AE der ÜT erhalten Beteiligungen an ÜN</td><td>• ÜT bleibt bestehen, überträgt nur einen Vermögensteil auf ÜN
• Sonderrechtsnachfolge auf ÜN
• Anteilstausch: AE der ÜT erhalten Beteiligungen an ÜN</td><td>• ÜT bleibt bestehen, überträgt nur einen Vermögensteil auf ÜN
• Sonderrechtsnachfolge auf ÜN
• Anteilstausch: die ÜT erhält Beteiligung an ÜN
• Grenzfall zu Einzelrechtsnachfolge § 738 BGB</td><td>• Gesamtrechtsnachfolge
• kein Anteilstausch, sondern andere Gegenleistung, z. B. Geld
• Auflösung der ÜT ohne Liquidation</td><td>• Beibehaltung der rechtlichen Identität
• Rechtsformänderung
• keine Vermögensübertragung
• Beibehaltung der Gesellschafterrechte
• Bilanzkontinuität durch BW-Fortführung</td></tr>
<tr><td colspan="4">1. Mögl.: Im Wege der Aufnahme auf bestehenden Rechtsträger (Übernehmerin)
2. Mögl.: Im Wege der Neugründung auf neu zu gründenden Rechtsträger (Übernehmerin)</td><td>Nur für KapGes auf öff. Hand oder bei Versicherungen</td><td>• Unter PHG
• zwischen PHG und KapGes
• unter KapGes</td></tr>
</table>

96 Vgl. *Ossadnik/Maus*, Verschmelzung, DB 1995, S. 108. Zum Aufbau des UmwG vgl. *Ott*, Bilanzierung, 1997, Rz. 14. Kritisch zur Reform vgl. *Kallmeyer*, Neue, ZIP 1994, S. 1746 f.

97 Vgl. *Frotscher*, Umwandlung, 1997, Rz. 1, 8, 14 f.

98 §§ des UmwG; hier und im Folgenden verwendete Abkürzungen: Anteilseigner (AE), Buchwert (BW), Kapitalgesellschaft (KapGes), mindestens (mind.), öffentliche (öff.), Personenhandelsgesellschaft (PHG).

Mit dem neuen UmwG wird das Ziel verfolgt, rechtsbereinigend bereits bestehende Umwandlungsmöglichkeiten zusammenzufassen und neu zu strukturieren. Anstelle der Vorschriften in fünf Einzelgesetzen[99] wurden Umwandlungen systematisch und transparent in einem Gesetz geregelt. Daneben werden neue Umwandlungsmöglichkeiten geschaffen[100] und Gesetzeslücken geschlossen. Schließlich soll der Schutz insbesondere der Minderheits-Anteilseigner und der Gläubiger verstärkt werden, wobei auffällig ist, dass in der Gesetzesbegründung der Schutz der Arbeitnehmer nicht als Ziel festgeschrieben ist. Für die Öffentlichkeit werden Umwandlungen sicherer und transparenter. Durch eingeschränkte Anfechtungsmöglichkeiten und vorrangige Umwandlung erreicht das UmwG eine gewisse Stabilität für Umwandlungsvorgänge. Durch die Einführung der Gesamtrechtsnachfolge wird die Umwandlung wesentlich gegenüber der Einzelrechtsnachfolge, Liquidation und Neugründung vereinfacht. [101]

Das UmwG tritt neben das allgemeine Recht, das bestimmte andere Formen der Umwandlung zulässt, die allerdings komplizierter sind.[102] Gesetzliche Umwandlungsformen von Personenhandelsgesellschaften auf GbR oder umgekehrt finden sich in § 705 BGB, §§ 105 Abs. 1, 161 Abs. 2 HGB und in der Anwachsung gem. § 105 Abs. 2 HGB i. V. m. § 738 BGB.[103] Umwandlungen kraft Rechtsgeschäft außerhalb des UmwG erfolgen i. d. R. durch Liquidation, Gründung und Einbringung.[104] Insofern stellt das UmwG lediglich eine Erleichterung dar, da statt der außerhalb des UmwG erforderlichen Einzelschritte die Umwandlung in einem Vorgang mit Gesamtrechtsnachfolge erfolgen kann.[105]

Bei der Reform diente das aktienrechtliche Verschmelzungsrecht als Grundlage des neuen Umwandlungsrechts, insbesondere für die §§ 2-38 UmwG.[106] Diese allgemeinen Vorschriften sind durch die Verweistechnik des UmwG grundsätzlich auf alle Umwandlungsarten anzuwenden.[107]

Die frühere verschmelzende Umwandlung[108] zwischen Kapitalgesellschaften und Personenhandelsgesellschaften ist im neuen UmwG als Verschmelzung geregelt, wohingegen einzelne Fälle der errichtenden Umwandlung unter den Formwechsel bzw. die

---

99 UmwG 1969, AktG a. F., KapErhG, GenG, VAG. Vgl. *Bundesregierung*, Begründung, BR-Drs. 75/94, S. 72 f.

100 Neu eingeführt wurden bspw. die Verschmelzung von Personenhandelsgesellschaften, das Rechtsinstitut der Spaltung und Umwandlungen von bisher ausgeschlossenen Rechtsträgern, wie Vereinen und Stiftungen. Insgesamt wurden die 44 Umwandlungsmöglichkeiten nach dem UmwG 1969 durch die Reform auf 119 erweitert; vgl. *Bundesregierung*, Begründung, BR-Drs. 75/94, S. 75. Die Unübersichtlichkeit wird kritisiert von *Küller*, Mitbestimmung, 1993, S. 134; *Zöllner*, Bemerkungen, ZGR 1993, S. 341 f.

101 Vgl. *Crezelius*, Grundsätzliches, Stbg 1995, S. 438.

102 Vgl. dazu Abschnitt 2.6.2 und 2.6.3; *Ganske*, Umwandlungsrecht, WM 1993, S. 1119; *Bundesregierung*, Begründung, BR-Drs. 75/94, S. 80.

103 Vgl. *Schmidt, K.*, Gesellschaftsrecht, 2002, S. 335 ff.; zur Anwachsung Abschnitt 2.6.3.

104 Vgl. dazu Abschnitt 2.6.3.

105 Vgl. *Ott*, Bilanzierung. 1997, Rz. 11.

106 Vgl. *Schöne*, Aktienrecht, GmbHR 1995, S. 327.

107 Umstritten ist, ob die Auslegung des Allgemeinen Teils stets einheitlich für alle Umwandlungsvorgänge zu erfolgen hat (so z. B. *Schwarz, H.-D.*, Umwandlungsrecht, DStR 1994, S. 1697; *Schmidt, H.*, Verschmelzung , 1995, S. 63) oder rechtsformspezifisch Unterschiede gemacht werden müssen (so *Schöne*, Aktienrecht, GmbHR 1995, S. 327 f.).

108 Vgl. *Ahlers*, Verschmelzung, 2001, S. 10 f.

Spaltung (Ausgliederung) nach neuem Recht fallen.[109] Unter Beachtung der gravierenden Unterschiede lässt sich die verschmelzende Umwandlung grundsätzlich mit der Verschmelzung durch Aufnahme nach neuem Recht vergleichen[110] und die errichtende Umwandlung mit der Verschmelzung durch Neugründung.[111] Im Bereich der Verschmelzung wurde das Verbot des § 1 Abs. 2 S. 1 UmwG 1969, eine GmbH auf eine GmbH&CoKG zu verschmelzen, aufgehoben.

Die Spaltung, die nach dem UmwG 1969 nicht möglich war, ist im UmwG 1994 für alle im UmwG bezeichneten Rechtsträger zulässig.[112] Im UmwG werden drei Spaltungsformen unterschieden: Aufspaltung, Abspaltung und Ausgliederung. Bei der Aufspaltung (§ 123 Abs. 1 UmwG) wird das Vermögen der Überträgerin durch Sonderrechtsnachfolge auf mindestens zwei Übernehmerinnen übertragen, die Überträgerin erlischt ohne Liquidation, und ihre Anteilseigner erhalten Beteiligungen an den Übernehmerinnen. Bei der Abspaltung und Ausgliederung hingegen bleibt die Überträgerin bestehen und gibt nur einen Teil ihres Vermögens ab. Im Fall der Abspaltung (§ 123 Abs. 2 UmwG) erhalten die Anteilseigner der Überträgerin Beteiligungen an der Übernehmerin, wohingegen bei der Ausgliederung (§ 123 Abs. 3 UmwG) die Überträgerin selbst Anteilseignerin der Übernehmerin wird. Mit der Ausgliederung wurde erstmals auch die Umwandlung eines einzelkaufmännischen Unternehmens in Personenhandels- oder Kapitalgesellschaften möglich (§ 124 Abs. 1 UmwG).[113] Der Streit darüber, ob die Spaltung das Gegenstück zur Verschmelzung bzw. deren „Spiegelbild“ darstellt[114] oder mit ihr strukturell verwandt ist[115], soll hier vernachlässigt werden.

Beim Formwechsel bleiben die rechtliche Identität der Gesellschaft und die Gesellschafterrechte erhalten. Eine Vermögensübertragung findet nicht statt, sondern es ändert sich lediglich die Rechtsform. Die Möglichkeit zum Formwechsel zwischen Kapitalgesellschaften und Personenhandelsgesellschaften im neuen UmwG zeigt, dass die moderne Auffassung von der Natur der Personenhandelsgesellschaft im UmwG ihren Niederschlag gefunden hat, nach der die Personenhandelsgesellschaft selbst Rechtsträger ist.[116] Die in §§ 362 ff. AktG a. F. nur für Kapitalgesellschaften geregelte Umwandlung lässt sich mit dem heutigen Formwechsel nach §§ 190 ff. UmwG vergleichen.

---

109 Vgl. *Schwarz, H.-D.*, Umwandlungsrecht, DStR 1994, S. 1695 und 1699; *Brönner*, Umwandlungsrecht, 1996, S. 193.

110 Vgl. *Priester* in *Scholz*, GmbHG, 1988, Anh. UmwG, Einf., Rz. 8; *Mertens, K.*, Umwandlung, 1993, S. 21; *Schmidt, K.*, Gesellschaftsrecht, 1991, S. 324; *Schwarz, H.-D.*, Umwandlungsrecht, DStR 1994, S. 1695.

111 Vgl. *Ossadnik/Maus*, Verschmelzung, DB 1995, S. 105.

112 Mit Einführung der Spaltung wurde auch die 6. EG-Richtlinie ins deutsche Gesetz übernommen. Für sie gab es keine Umsetzungspflicht, solange das Rechtsinstitut der Spaltung noch nicht eingeführt war. Vgl. Rat EG 17.12.1982, Spaltung; *Schmidt, K.*, Gesellschaftsrecht, 1991, S. 326 ff.; *Schwarz, H.-D.*, Umwandlungsrecht, DStR 1994, S. 1696 f.; *Bundesregierung*, Begründung, BR-Drs. 75/94, S. 75; *Zöllner*, Bemerkungen, 1993, S. 342.

113 Bspw. gefordert von *Barz*, Gesellschaftsrecht, 1972, S. 264 f.

114 *Ganske*, Umwandlungsrecht, WM 1993, S. 1118; vgl. so auch *Geck*, Spaltung, DStR 1995, S. 416; *Teichmann*, Spaltung, AG 1980, S. 85.

115 So insbes. *Impelmann*, Verschmelzung, 1995, S. 769; *Teichmann* in *Lutter*, UmwG, 2000, § 123, Rz. 18 nennt die Spaltung gar einen „parallelen Vorgang“ zur Verschmelzung.

116 Vgl. *Bundesregierung*, Begründung, BR-Drs. 75/94, S. 136; *Schmidt, K.*, Gesellschaftsrecht, 2002, S. 196-206.

Bei der Vermögensübertragung nach §§ 174 ff. UmwG wird das Vermögen der Überträgerin durch Gesamtrechtsnachfolge übertragen,[117] und die Überträgerin erlischt ohne Liquidation. Allerdings besteht die Gegenleistung nicht in Anteilen, sondern in Geld o. Ä. Der Kreis der Rechtsträger, für den eine Vermögensübertragung möglich ist, beschränkt sich auf Vermögensübertragungen von Kapitalgesellschaften auf die öffentliche Hand und auf Vermögensübertragungen zwischen Versicherungsunternehmen gem. § 175 UmwG, denen es aufgrund ihrer Struktur nicht möglich ist, einen Anteilstausch durchzuführen.[118]

2.4.3 Grenzen des neuen UmwG

§ 1 Abs. 1 UmwG enthält eine abschließende Aufzählung der möglichen Umwandlungsformen, den sog. Numerus clausus. Durch diese Strenge droht bei einer anderen Umwandlungsform die Unwirksamkeit einer bereits eingetragenen Umwandlung.[119] Insbesondere beschränkt § 1 Abs. 1 UmwG die Umwandlungsmöglichkeiten nach dem neuen UmwG auf Rechtsträger mit Sitz im Inland,[120] d. h. es besteht ein Typenzwang, nach dem sowohl die Überträgerin als auch die Übernehmerin Rechtsformen deutschen Rechts sein müssen (§ 3 Abs. 1 UmwG). Ein Rechtsträger hat dann seinen „Sitz“ im Inland, wenn sich nach der in Deutschland herrschenden Sitztheorie der tatsächliche Verwaltungssitz in Deutschland befindet.[121]

§ 1 Abs. 2 UmwG[122] lässt über § 1 Abs. 1 UmwG hinaus andere, im allgemeinen Handels- und Zivilrecht geregelte Formen der Umwandlung nebenher zu.[123] Besondere Beachtung findet ein in § 1 Abs. 2 UmwG gesehenes Analogieverbot. Einerseits soll mit dieser Vorschrift die Eröffnung neuer Umwandlungsmöglichkeiten verhindert wer-

---

117 Möglich ist auch eine teilweise Übertragung mittels Sonderrechtsnachfolge.

118 Vgl. *Sagasser/Ködderitzsch* in *SBB*, Umwandlungen, 2000, V, Rz. 2.

119 Vgl. *Heckschen*, Entwicklung, DB 1998, S. 1386; *Schmidt, K.*, Einschränkung, ZIP 1998, S. 185 und BGH 07.11.1997, ZIP 1997, S. 2134 ff. zur Umwandlung zweier LPGs in eine GmbH&CoKG.

120 Vgl. zu „internationalen Verschmelzungen“ Abschnitt 7.

121 Vgl. *Frotscher*, Verschmelzung, 1998, Rz. 35 m. w. N.; *Sagasser* in *SBB*, Umwandlungen, 2000, B, Rz. 28 ff. m. w. N; ausführlich zur Sitz- und der gegenüber stehenden Gründungstheorie vgl. Abschnitt 7.1.

122 Vgl. zu § 1 Abs. 2 UmwG insbes. *Bundesregierung*, Begründung, BR-Drs. 75/94, S. 80; *Brönner*, Umwandlungsrecht, 1996, S. 197 f.; *Barz*, Gesellschaftsrecht, 1972, S. 262 f.; *Schmidt, K.*, Gesellschaftsrecht, 2002, S. 363 ff.

123 Neben der Umwandlung nach UmwG sind für Personengesellschaften weiterhin die Anwachsung gem. § 105 Abs. 2 HGB i. V. m. § 738 BGB, die Einbringung von Anteilen im Wege der Kapitalerhöhung bzw. der Sacheinlage (Anteilsübertragung) oder die Umwandlung durch Rechtsformzwang der §§ 105, 161, HGB und § 705 BGB möglich, und für alle Gesellschaften die Vermögensübertragung durch Einzelrechtsnachfolge mit Liquidation und Neugründung, sowie der Unternehmenskauf. Vgl. dazu *Brönner*, Umwandlungsrecht, 1996, S. 197 f.; *Crezelius*, Grundsätzliches, Stbg 1995, S. 447-499; *Kallmeyer*, Neue, ZIP 1994, S. 1748; Abschnitt 2.6.3. Die Verschmelzung und andere Umwandlungen von rechtsfähigen Vereinen und freien Sparkassen regeln §§ 99 ff., § 3 Abs. 1 Nr. 4 UmwG; vgl. *Bundesregierung*, Begründung, BR-Drs. 75/94, S. 73. Vgl. zu wirtschaftlich ähnlichen Vorgängen und zur Ausstrahlung des UmwG: *Sagasser* in *SBB*, Umwandlungen, 2000, H, Rz. 1-3; *Ganske*, Weg, 1993, S. 21.

den.[124] Andererseits wird auch die Analogiebildung innerhalb des UmwG und die Rechtsfortbildung untersagt.[125] § 1 Abs. 2 UmwG wird heftig kritisiert:[126] Ein Rechtsformwechsel ist nach h. M. ohnehin nur mit einem entsprechenden Gesetz möglich.[127] Außerdem haben sich Analogieverbote in der Rechtsgeschichte bisher nicht bewährt.[128] Das Rechtsfortbildungsverbot ist mit Inkrafttreten des UmwG nur noch mittels Art. 3 GG überwindbar.[129] Weiterhin ist es möglich, auf Umwandlungsformen außerhalb des UmwG zurückzugreifen, da kein Umgehungsschutz besteht.[130] Bezüglich der Schutzrechte z. B. von Anteilseignern ist dennoch zukünftig davon auszugehen, dass die Schutzvorschriften des UmwG auf andere Umwandlungsformen analog angewandt werden.[131]

§ 1 Abs. 3 UmwG besagt, dass das UmwG zwingendes Recht darstellt, d. h. Abweichungen müssen ausdrücklich zugelassen sein.[132] Erstmals besteht damit eine Einschränkung der Vertragsfreiheit von Personenhandelsgesellschaften und GmbH, denn Ergänzungen sind nur zulässig, falls das UmwG keine abschließende Regelung enthält.[133] *Heckschen* hält die Auslegung des UmwG zu dem Zweck der Ausfüllung von Regelungslücken für zulässig.[134]

2.5 Motive und Ziele für Verschmelzungen

Durch keine andere Form des Unternehmenszusammenschlusses lässt sich eine derart enge Zusammenarbeit von zwei Unternehmen herstellen.[135] Übergeordnetes Ziel einer Verschmelzung ist „Wachstum und Zukunftssicherung durch Wahrnehmung von Chancen und Bereinigung von Strukturen".[136] Neben Kostenersparnis als Hauptmotiv[137]

---

124 Vgl. *Ganske*, Umwandlungsrecht, WM 1993, S. 1120; *Schwarz, H.-D.*, Umwandlungsrecht, DStR 1994, S. 1698, der aber davon ausgeht, dass es „meist" keine Regelungslücke gibt.

125 Vgl. *Schmidt, K.*, Gesellschaftsrecht, 2002, S. 363 ff. Zur historischen Entwicklung der Analogiefrage vgl. *Mertens, K.*, Umwandlung, 1993, S. 38 ff. Für Analogieverbot: LG Hamburg 21.01.1997, DB 1997, S. 516 f.; *Heckschen*, Entwicklung, DB 1998, S. 1386.

126 Vgl. *Schmidt, K.*, Gesellschaftsrecht, 2002, S. 363 ff; *Schmidt, K.*, Anforderungen, 1993, S. 49 ff., *Schmidt, K.*, Gestaltung, ZGR 1990, S. 590 ff.; *Zöllner*, Bemerkungen, ZGR 1993, S. 340 f.; *Neye*, Umwandlungsrecht, ZIP 1994, S. 920.

127 Vgl. *Arbeitskreis Umwandlungsrecht*, Vorschläge, ZGR 1993, S. 322.

128 Vgl. *Arbeitskreis Umwandlungsrecht*, Vorschläge, ZGR 1993, S. 322; *Schmidt, K.*, Anforderungen, 1993, S. 50 f.

129 Vgl. *Schmidt, K.*, Gesellschaftsrecht, 2002, S. 364; *Arbeitskreis Umwandlungsrecht*, Vorschläge, ZGR 1993, S. 322.

130 Vgl. *Schmidt, K.*, Gesellschaftsrecht, 2002, S. 366 ff. In §§ 251, 252 des Diskussionsentwurfs war noch ein Umgehungsschutz enthalten, wie er sich auch im Holzmüller-Urteil (BGH 25.2.1982, BGHZ 83, S. 136 ff.) und im § 179a Abs. 1 AktG findet.

131 Vgl. BGH 25.2.1982 , BGHZ 83, S. 136 ff.; *Sagasser* in *SBB*, Umwandlungen, 2000, H, Rz. 3.

132 Vgl. *Bundesregierung*, Begründung, BR-Drs. 75/94, S. 80.

133 Vgl. *Ott*, Bilanzierung, 1997, Rz. 14.

134 Vgl. *Heckschen*, Verschmelzung, ZIP 1996, S. 454.

135 Vgl. *Heckschen*, Verschmelzung, 1989, S. 5.

136 *Börsig*, Unternehmenswert, zfbf 1993, S. 79.

137 Vgl. *Jansen/Körner*, Fusionsmanagement, S. 6; *Arbeitskreis Hax*, Synergie, zfbf 1992, S. 971 f. Alle im Anhang aufgeführten Verschmelzungsfälle nennen als Grund für den Zusammenschluss die Absicht, Kostensynergien zu erzielen und beziffern teilweise die erhofften Synergiepotenziale; vgl. im Anhang Spalte „SY".

werden auch Steigerung des Shareholder value[138] und eine Stärkung der Wettbewerbsposition[139] genannt.

Motive für die Verschmelzung von Konzernunternehmen liegen in der Möglichkeit, Arbeitnehmer und Vermögen zu verschieben,[140] Zwischenholdings zu beseitigen,[141] Tätigkeiten zu integrieren,[142] Verwaltungskosten zu verringern[143] und Einzelinformationen über das Tochterunternehmen in der Bilanz des (übernehmenden) Mutterunternehmens zu verstecken.[144] Betriebswirtschaftlich lässt sich durch die Konzernverschmelzung eine Spartengliederung herstellen.[145] *Heckschen* bezeichnet die Konzernverschmelzung sogar als „Endpunkt der Konzernierung".[146]

Bei der Verschmelzung von fremden Gesellschaften ist eine Konzentration gewollt, so dass sie den Charakter einer Übernahme bekommt.[147] Die wirtschaftliche Kooperation wird durch eine gesellschaftsrechtliche Gestaltung verstärkt. Motive, wie z. B. die Erschließung neuer Kapitalquellen,[148] Finanzierungsvorteile durch vermindertes Insolvenzrisiko[149] oder gesellschaftsinterne Gründe,[150] spielen eine Rolle. Weiterhin lassen sich durch eine Verschmelzung Minderheiten ausschalten, Prüfungs- und Offenlegungsvorschriften oder Mindestkapitalvorschriften umgehen[151] oder eine „lautlose" und kostengünstige Liquidation herbeiführen.[152] Gelegentlich ist mit der Verschmelzung auch die Hoffnung verbunden, durch die neue Größe in einen Aktienindex aufzusteigen.[153] Motive für die Verschmelzung können auch darin liegen, die Überträgerin zu einem unterbewerteten Marktpreis aufzunehmen oder deren unfähiges Management zu ersetzen. Für das Management der Übernehmerin könnten größere Macht und erhöhtes Prestige eine Rolle spielen.[154] Steuerliche Motive sollten wegen der Unbeständigkeit des

---

138 Vgl. METRO, Verschmelzung, 1996, S. 43; ERGO, Verschmelzung, 1997, S. 37.

139 Vgl. bspw. Frankfurter, Verschmelzung, 1995, B S. 19; ERGO, Verschmelzung, 1997, S. 34; AXA, Verschmelzung, 1999; E.ON, Verschmelzung , 2000, S. 94 ff.; Degussa, Merger, 2000, S. 51 ff.

140 Vgl. *Heckschen*, Fusion, WM 1990, S. 377 f.

141 Vgl. METRO, Verschmelzung, 1996, S. 35.

142 Vgl. *Frotscher*, Verschmelzung, 1998, Rz. 10.

143 Vgl. *Sagasser/Ködderitzsch* in *SBB*, Umwandlungen, 2000, I, Rz. 2. Dieses Motiv wird ebenfalls von allen im Anhang aufgeführten Unternehmen genannt.

144 Vgl. *Heckschen*, Verschmelzung, 1989, S. 9.

145 Vgl. *Lüttge*, Umwandlung, NJW 1995, S. 418.

146 *Heckschen*, Verschmelzung, 1989, S. 8.

147 Vgl. *Sagasser/Ködderitzsch* in *SBB*, Umwandlungen, 2000, I, Rz. 2.

148 Dies gilt insbesondere, wenn die Verschmelzung zur Vorbereitung eines Börsengangs dient und dadurch handelbare Anteile entstehen; vgl. *Heidemann*, Möglichkeiten, BB 1996, S. 558.

149 Vgl. *Bühner*, Reaktionen, zfbf 1990, S. 295.

150 Dazu gehören bspw. Nachfolgeprobleme oder Veränderungen im Gesellschafterkreis; vgl. *Höflacher/Wendlandt*, Überlegungen, DStR 1996, S. 530; *Eisele/Renner*, Grundzüge, WiSt 1996, S. 170; *Eisele*, Technik, 2002, S. 893.

151 Vgl. *Eisele/Renner*, Grundzüge, WiSt 1996, S. 170; *Eisele*, Technik, 2002, S. 893; *Heckschen*, Verschmelzung, 1989, S. 8 f.; *Heckschen*, Fusion, WM 1990, S. 377 f.

152 Vgl. *Heckschen*, Verschmelzung, 1989, S. 8 f.; *Heckschen*, Fusion, WM 1990, S. 377 f.

153 Vgl. Lahmeyer, Verschmelzung , 1997, S. 46; AGIV, Verschmelzungsbericht, 2002, S. 45 f.; Heidelberger, Verschmelzung, 1997, S. 13.

154 Vgl. *Bühner*, Reaktionen, zfbf 1990, S. 295.

Steuerrechts für die Entscheidung zur Verschmelzung nur eine untergeordnete Rolle spielen.[155]

Allen Verschmelzungen steht vermutlich das Ziel voran, durch Bündelung von Ressourcen in verschiedenen Unternehmensbereichen in erheblichem Maß Kosten zu sparen. Bereits 1969 schrieb *Weston*: „The economic basic for a merger is the prospect of net gains from the transaction. The effects of the merger must be multiplicative rather than simply additive; or, put another way, the merger must involve synergy."[156] Ebenso stellt *Poeche* ein „einheitliches Grundmotiv" fest mit dem Ziel „Verbesserung der Wettbewerbs- und Leistungsfähigkeit zur Sicherung und Erhöhung des Unternehmensertrags, d. h. Nutzung des synergetischen Effekts nach dem der Gesamtgewinn der konzentrierten Unternehmen größer ist als die Addition der Gewinne der bisher unabhängigen Unternehmen".[157] Der Ausdruck „Das Ganze ist mehr als die Summe seiner Teile",[158] welcher auf *Aristoteles* zurückgeführt wird, drückt dieses Grundmotiv plastisch aus.

Positive Synergieeffekte werden definiert als Vorteile, die entstehen, wenn das Ergebnis bei Zusammenwirken einzelner Teile größer ist als die Summe der Einzelergebnisse.[159] Übertragen auf die Verschmelzung verkörpert der Synergieeffekt die Differenz zwischen dem Unternehmenswert des verschmolzenen Gebildes gegenüber der Summe der Unternehmenswerte aller Beteiligten bei separater Unternehmensfortführung.[160] Im Zeitpunkt der Verschmelzung ist die Realisierung von Synergieeffekten jedoch keineswegs sicher. Bestenfalls lassen sich vorhandene Synergie*potenziale* identifizieren, die nach der Verschmelzung durch organisatorisches Handeln und tatsächliche Ausnutzung zu realisierten Synergie*effekten* werden. Im Folgenden geht diese Arbeit daher von möglicherweise zu realisierenden Synergie*potenzialen* aus.[161]

Von den sog. „echten" Synergiepotenzialen, die durch das Zusammenwirken bestimmter Verschmelzungspartner entstehen, werden sog. „unechte" Synergiepotenziale unterschieden, bei denen es sich um reine Einsparungspotenziale handelt, die jedes beteiligte Unternehmen auch allein bzw. mit beliebigen anderen Partnern realisieren könnte.[162] Tatsächlich dürfte eine Verschmelzung nicht zustande kommen, wenn negative Synergiepotenziale von vornherein erwartet werden, so dass diese außer Betracht bleiben können.[163]

---

155 Vgl. *Barz*, Gesellschaftsrecht, 1972, S. 258; *Ott*, Verschmelzung, INF 1995, S. 557. Beispiele für steuerliche Motive bei *Höflacher/Wendlandt*, Überlegungen, DStR 1996, S. 530.

156 *Weston*, Determination, 1969, S. 130.

157 *Poeche*, Zielsetzungen, 1972, S. 21. Vgl. auch *Küting*, Bedeutung, BFuP 1981, S. 176.

158 Vgl. dazu sekundär: *Nagel*, Aussage, 1980, S. 241 ff.

159 Vgl. *Ansoff*, Management-Strategie, 1966, S. 97.

160 Vgl. *Ossadnik*, Aufteilung, 1995, S. 5; *IDW*, Unternehmensbewertungen, WPg 2000, S. 830.

161 Der Begriff „Synergie" setzt sich aus dem griechischen „syn" (zusammen) und „ergon" (wirken) zusammen. Vgl. *Ossadnik*, Aufteilung, 1995, S. 5 ff.; *Sagasser/Ködderitzsch* in *SBB*, Umwandlungen, 2000, I, Rz. 1. Zu dem Einfluss von Synergiepotenzialen auf das Umtauschverhältnis siehe Abschnitt 4.3.

162 Vgl. *Siepe*, WP-Handbuch, 2002, Bd. II, Teil A, Rz. 112 ff.; *IDW*, Unternehmensbewertungen, WPg 2000, S. 830; *Werner*, Behandlung, 1990, S. 314; OLG Düsseldorf 11.04.1988, WM 1988, S. 1056.

163 Vgl. auch *Siepe/Dörschell/Schulte*, Standard, WPg 2000, S. 957.

Im Folgenden werden Synergiepotenziale nach Unternehmensfunktionen in modifizierter Anlehnung an *Ansoff* systematisiert.[164]

1. Das verschmolzene Unternehmen kann auf Beschaffungsmärkten seine Stellung stärken, indem es sich langfristig die Lieferung von Rohstoffen, Vor-, Zwischenprodukten und Produktionsfaktoren sichert, durch verbesserte Markttransparenz günstigere Einkaufspreise und Konditionen aushandelt, Frachtkosten einspart, eine gemeinsame Wareneingangskontrolle durchführt und ein zentrales Lager unterhält.[165]

2. Im Bereich der Finanzwirtschaft verfügt das verschmolzene Unternehmen über eine breitere Eigenkapital- und Finanzierungsbasis, höhere Kreditwürdigkeit, neue Kapitalbeschaffungs- und Sanierungsmöglichkeiten, Mittel zur Bereinigung eines finanziellen Engpasses bzw. Risikoausgleichs, so dass die Kapitalbasis des Unternehmens insgesamt gestärkt wird.[166]

3. Durch Arbeitsteilung, Rationalisierung, gemeinsame innerbetriebliche Aus- und Weiterbildung, Know-how-Transfer über das gesamte Wissen lassen sich im Personalbereich erhebliche Einsparungen realisieren.[167] Möglicherweise kann das verschmolzene Unternehmen hoch qualifizierte Spezialisten und ein leistungsfähigeres Management gewinnen, weil z. B. der Vorstand einer AG über höheres Ansehen verfügt als ein OHG-Prokurist.[168]

4. Die Stellung des Unternehmens wird durch gemeinsame Forschung und Entwicklung und gemeinsame Nutzung von Patenten erheblich gestärkt.[169] Kosten und Risiken bei der Produktentwicklung können gesenkt werden.[170]

5. In der Produktion resultieren aus Arbeitsteilung, Rationalisierung und gemeinsamer Nutzung oder Erweiterung von Produktionsprogrammen sowie aus besserer Ausnutzung von Produktionsfaktoren[171] in erheblichem Maß Synergiepotenziale. Durch Massenproduktion werden Effekte der Economies of Scale

---

164 Vgl. *Ansoff*, Management-Strategie, 1966, S. 101 und zu den Systematisierungsansätzen *Ossadnik*, Aufteilung, 1995, S. 5 ff. Die genannten Ansätze zur Einteilung von Synergieeffekten sind für diese Arbeit nur von untergeordneter Bedeutung.

165 Vgl. *Poeche*, Zielsetzungen, 1972, S. 39 ff.; *Olfert/Körner/Langenbeck*, Sonderbilanzen, 1994, S. 180; *Pausenberger*, Unternehmenszusammenschlüsse, 1993, Sp. 4443; *Küting*, Bedeutung, BFuP 1981, S. 182.

166 Vgl. *Olfert/Körner/Langenbeck*, Sonderbilanzen, 1994, S. 180; *Kallmeyer*, Neue, ZIP 1994, S. 1747.

167 Vgl. *Ossadnik/Maus*, Verschmelzung, DB 1995, S. 108.

168 Vgl. *Poeche*, Zielsetzungen, 1972, S. 46 f.; *Werner/Kindermann*, Umwandlung, ZGR 1981, S. 22; *Knoll*, Merger, 2000, S. 35.

169 Vgl. *Olfert/Körner/Langenbeck*, Sonderbilanzen, 1994, S. 180; *Küting*, Bedeutung, BFuP 1981, S. 181.

170 Vgl. *Bühner/Träger*, Verschmelzung, 2002, Sp. 2548.

171 Vgl. *Küting*, Bedeutung, BFuP 1981, S. 182.

nutzbar.[172] Dem gegenüber steht der Effekt der Economies of Scope, der Wirtschaftsvorteile durch Produktionsvielfalt beschreibt.[173]

6. Die Investitionspolitik kann optimiert werden, indem einerseits durch gemeinsame Mittelaufbringung ein größerer Investitionsspielraum entsteht, das Risiko gestreut wird und sich andererseits Doppelinvestitionen vermeiden lassen.[174]

7. Auf Absatzmärkten kann das verschmolzene Unternehmen seine Marktposition verbessern, indem es neue Märkte erschließt, die Exportfähigkeit steigert, sein Angebotsprogramm erweitert oder bereinigt, durch Diversifikation das Risiko streut, und vor allem eine gemeinsame effiziente Vertriebsorganisation einsetzt.[175] Die gewonnene Marktmacht erlaubt dem Unternehmen, Konditionen zu gestalten[176] und die Markteintrittsbarrieren für Konkurrenten zu erhöhen.[177] Wenn aus Konkurrenten im Zuge der Verschmelzung Partner werden, verringert sich der Wettbewerb.[178]

8. Schließlich lassen sich Verwaltungskosten, wie z. B. Management-, Jahresabschluss- und Prüfungskosten insbesondere bei konzerninternen Verschmelzungen, wie dem Up-stream Merger, einsparen.[179] Eine Kostenersparnis lässt sich durch verbesserte Informations-, Organisations-, Planungs- und Kontrollmethoden und durch Datenverarbeitungssysteme, die erst ab einer bestimmten Unternehmensgröße rentabel sind, erzielen.[180]

9. Bei Erreichen einer allokationseffizienten Unternehmensgröße lassen sich durch die Verschmelzung Transaktionskosten einsparen.[181]

Ausführungen zur Messung von Synergiepotenzialen und deren Einbeziehung in die Unternehmenswerte und damit in das Umtauschverhältnis folgen in Abschnitt 4.3.

Nach der Verschmelzung müssen Synergiepotenziale jedoch erst in der Unternehmenswirklichkeit umgesetzt werden, damit die Verschmelzung erfolgreich ist. Insbesondere organisatorische Aspekte bei der Integration der verschmolzenen Unternehmen entscheiden über Erfolg oder Misserfolg der Verschmelzung.[182]

---

172 Auch „(Stück-)Kostendegressionseffekt“: Je größer die produzierte Menge ist, desto kleiner sind die Stückkosten. Vgl. *Pausenberger*, Unternehmenszusammenschlüsse, 1993, Sp. 4442 f.

173 Auch „Auflagendegression“: Bei gemeinsamer Produktion eines diversifizierten bereinigten Produktionsprogramms sind die Kosten kleiner als bei getrennter Produktion. Vgl. *Pausenberger*, Unternehmenszusammenschlüsse, 1993, Sp. 4443 f.; *Bühner*, Strategie, 1993, S. 34, 142 f.

174 Vgl. *Poeche*, Zielsetzungen, 1972, S. 18, 24 ff.; *Pausenberger*, Unternehmenszusammenschlüsse, 1993, Sp. 4444 f.; *Küting*, Bedeutung, BFuP 1981, S. 11 f.

175 Vgl. *Poeche*, Zielsetzungen, 1972, S. 33 ff.; *Olfert/Körner/Langenbeck*, Sonderbilanzen, 1994, S. 180.

176 Vgl. *Pausenberger*, Unternehmenszusammenschlüsse, 1993, Sp. 4443.

177 Vgl. *Bühner/Träger*, Verschmelzung, 2002, Sp. 2548.

178 Vgl. *Ossadnik*, Aufteilung, 1995, S. 7.

179 Vgl. *Sagasser/Ködderitzsch* in *SBB*, Umwandlungen, 2000, I, Rz. 2.

180 Vgl. *Poeche*, Zielsetzungen, 1972, S. 45 f.

181 Vgl. *Pausenberger*, Unternehmenszusammenschlüsse, 1993, Sp. 4445; *Sagasser* in *SBB*, Umwandlungen, 2000, C, Rz. 4-5.

182 Vgl. weiterführend *Schewe/Gerds*, Erfolgsfaktoren, ZfB 2001, S. 75 ff. *Jansen/Körner*, Fusionsmanagement, S. 7 ff.

2.6 Alternativen zur Verschmelzung

Betriebswirtschaftlich gehört die Verschmelzung zu den Unternehmenszusammenschlüssen, deren engste Form sie bildet (vgl. Abb. 8). *Poeche* definiert Konzentration als „auf Dauer ausgerichtete wirtschaftliche und/oder rechtliche Vereinigung mehrerer Unternehmen unter einheitlicher Leitung".[183] Anders als im englischsprachigen Raum Merger and Acquisition werden in Deutschland die Verschmelzung und der Unternehmenskauf weitgehend getrennt behandelt.

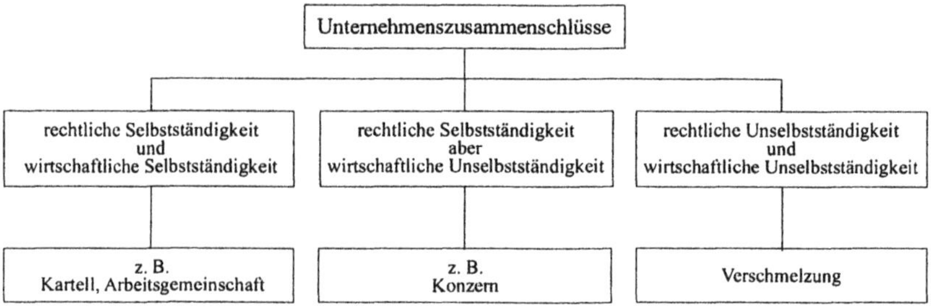

Abb. 8: Unternehmenszusammenschlüsse[184]

An dieser Stelle soll untersucht werden, mit welchen Alternativen zur Verschmelzung sich deren Ziele oder wirtschaftlich ähnliche Ergebnisse ebenfalls erreichen lassen.[185] Die Alternativen sollen hier systematisiert werden nach anderen Umwandlungsmöglichkeiten des UmwG, Konzernbildung und Sonderformen außerhalb des UmwG. Ausgeklammert werden sollen betriebsinterne[186] Maßnahmen.

2.6.1 Alternativen im UmwG[187]

Obwohl es bei der Spaltung um die Aufteilung von Vermögen geht, kann sie eine Alternative zur Verschmelzung darstellen, wenn Vermögensteile „verschmolzen" werden sollen.[188] Durch die gleichzeitige Abspaltung von Vermögensteilen mehrerer Überträgerinnen kann wirtschaftlich ein Ergebnis wie bei der Verschmelzung erzielt werden, allerdings nur bezogen auf diese Vermögensteile. Die Vereinigung von mehreren Ein-

---

183 *Poeche*, Zielsetzungen, 1972, S. 17.

184 Vgl. dazu: *Pausenberger*, Unternehmenszusammenschlüsse, 1993, Sp. 4439 ff., *Pellens*, Internationale, 2001, S. 172; *Benisch*, Kooperationen, 1972, S. 151 ff.

185 *Kallmeyer* nennt diese Vorgänge „wirtschaftliche Verschmelzung", vgl. *Kallmeyer*, Neue, ZIP 1994, S. 1747.

186 Vgl. *Poeche*, Zielsetzungen, 1972, S. 17.

187 Vgl. *Frotscher*, Verschmelzung, 1998, Rz. 22-26.

188 Vgl. dazu *Teichmann* in *Lutter*, UmwG, 2000, § 123, Rz. 18.

zelunternehmen zu Personenhandels- oder Kapitalgesellschaften wird durch die partielle Gesamtrechtsnachfolge der Ausgliederung (§ 123 Abs. 3, § 124 Abs. 1 UmwG) erst ermöglicht.[189]

Für die Gruppe von Rechtsträgern, für die aus strukturellen Gründen ein Anteilstausch nicht möglich ist,[190] wird mit der Vermögensübertragung eine Umwandlung mittels Gesamtrechtsnachfolge ermöglicht (§§ 174 ff. UmwG).

2.6.2 Alternativen durch Konzernbildung

Die wohl wichtigste Form des Unternehmenszusammenschlusses bildet der Konzern,[191] bei dem die Unternehmen zwar rechtlich selbstständig bleiben, aber wirtschaftlich eine Einheit bilden. Ein beherrschendes und ein abhängiges (vgl. § 17 AktG) Unternehmen sind unter einheitlicher Leitung des herrschenden Unternehmens zusammengefasst (§ 18 Abs. 1 S. 1 AktG). Die einheitliche Leitung wird durch Unternehmensverträge i. S. d. §§ 291 f. AktG abgesichert. Insbesondere bei Vorliegen eines Beherrschungsvertrags gem. § 291 Abs. 1 S. 1 Hs. 1 AktG, der i. d. R. – aber nicht zwingend – zusammen mit einem Gewinnabführungsvertrag gem. § 291 Abs. 1 S. 1 Hs. 2 AktG abgeschlossen wird, gilt unwiderlegbar die Konzernvermutung.[192]

Im Konzern wird zwar die wirtschaftliche, aber niemals die rechtliche Einheit von zwei Unternehmen erreicht. Auch das abhängige Konzernunternehmen bleibt rechtlich selbstständig bestehen. Eine Konzernbildung ist ab einer Mehrheit der Stimmrechte gem. § 17 Abs. 2 AktG möglich. Auf Verlangen der außenstehenden Anteilseigner sind deren Anteile am abhängigen Unternehmen vom beherrschenden Unternehmen gegen eine angemessene Abfindung zu erwerben, die in Gesellschaftsrechten an dem beherrschenden Unternehmen oder in einer Barzahlung bestehen kann (§ 305 AktG). Eine Anfechtung der Abfindung hat weder die Nichtigkeit des Beherrschungs- oder Gewinnabführungsvertrags noch des Hauptversammlungsbeschlusses zur Folge.[193] Außerdem erhalten Minderheitsgesellschafter wiederkehrende Ausgleichszahlungen bzw. Gewinnanteile von der beherrschenden Gesellschaft gem. § 304 AktG. Aufgrund der rechtlichen Selbstständigkeit fallen für jedes einzelne Konzernunternehmen Management-, Jahresabschluss- und Prüfungskosten an; zusätzlich verursacht die ggf. gebildete Holding Verwaltungskosten, und außerdem ist ein Konzernabschluss nach §§ 290 ff. HGB oder §§ 11 ff. PublG zu erstellen. Das beherrschende Unternehmen ist weisungsbefugt gem. § 308 Abs. 1 S. 1 AktG, muss aber auch Verluste nach § 302 Abs. 1 AktG ausgleichen.

---

189 Vgl. *Felix*, Fusion, BB 1995, S. 1509.

190 Vgl. *Bundesregierung*, Begründung, BR-Drs. 75/94, S. 133. Die Vermögensübertragung erfolgt von Kapitalgesellschaften auf die öffentliche Hand und zwischen Versicherungsunternehmen.

191 Vgl. *Baetge/Kirsch/Thiele*, Konzernbilanzen, 2002, S. XI.

192 Im Rahmen dieser Arbeit soll nur der Vertragskonzern dargestellt werden. Die Eingliederung wird als stärkerer Verbund separat betrachtet. Vorschriften zum Konzernrecht finden sich nur im AktG, werden aber für die GmbH analog angewandt und auf Personenhandelsgesellschaften übertragen. Vgl. *Hüffer*, AktG, 2002, § 15, Rz. 4 und § 291, Rz. 6 f. Vgl. zu den verschiedenen Konzernformen *Baetge/Kirsch/Thiele*, Konzernbilanzen, 2002, S. 1-7.

193 Vgl. *Hüffer*, AktG, 2002, § 305, Rz. 29.

Den Gläubigern haftet grundsätzlich allein das einzelne Konzernunternehmen.[194] Die Größe der einzelnen Unternehmen wird durch die Konzernbildung nicht beeinflusst, so dass keine negativen Auswirkungen bezüglich Prüfungspflicht, Offenlegung und Mitbestimmung zu erwarten sind. Der Konzernabschluss mit Lagebericht muss allerdings separat nach § 316 Abs. 2 HGB und § 325 Abs. 3 HGB[195] geprüft und offen gelegt werden. Außerdem unterliegen Konzerne nach § 5 MitbestG 1976 der unternehmerischen Mitbestimmung von Arbeitnehmern im Aufsichtsrat. Wie auch bei der Verschmelzung liegt ein wirtschaftliches Argument für die Konzernbildung in der Realisierung von Synergiepotenzialen.

Die Eingliederung gem. §§ 319 ff. AktG ist der Verschmelzung in ihren Auswirkungen wirtschaftlich sehr nah[196] und stellt zugleich den engsten wirtschaftlichen Verbund von Konzernunternehmen[197] her. Zwar bleibt die rechtliche Selbstständigkeit des eingegliederten Unternehmens erhalten, sie ist aber „lediglich formaler Natur".[198] Ein Vermögensübergang auf das Mutterunternehmen, das fortgeführt wird, findet nicht statt. Die Eingliederung kann ab einer Mindestbeteiligung von 95 % am Grundkapital einer AG (§ 320 Abs. 1 S. 1 AktG) beschlossen werden und führt gem. § 320a AktG zum Ausscheiden gegen Abfindung in Form von Anteilen an der Hauptgesellschaft oder Barzahlung der Minderheitsgesellschafter.[199] Durch die Abfindung in Form von Anteilen wirkt die Eingliederung ähnlich wie eine Verschmelzung.[200] Allerdings setzt die Eingliederung zwei inländische AG voraus,[201] so dass der Kreis der verschmelzungsfähigen Rechtsträger[202] wesentlich größer ist. Außerdem kann eine Verschmelzung bereits mit einer Dreiviertelmehrheit auch gegen den Willen von Minderheiten durchgesetzt werden. Der früher genannte Vorteil der Eingliederung, dass sie leicht lösbar sei, hat sich durch das neue UmwG insofern nivelliert, als dass auch eine Verschmelzung durch eine Spaltung rückgängig gemacht werden kann.[203] Bei Klageerhebung tritt gem. § 319 Abs. 5 AktG eine Registersperre in Kraft. Wird die Eingliederung dennoch ins Handelsregister eingetragen (§ 319 Abs. 6 AktG), kann der Kläger u. U. nach § 319 Abs. 6 S. 6 AktG Schadenersatz geltend machen.

---

194 Vgl. statt vieler zu gläubigerschützenden Regelungen wie Verlustausgleichspflichten im Vertragkonzern und qualifizierten faktischen Konzern *Baetge/Kirsch/Thiele*, Konzernbilanzen, 2002, S. 40.

195 Bzw. nach § 15 Abs. 1 S. 1 oder § 14 Abs. 1 S. 1 PublG.

196 Vgl. *Bundesregierung*, Begründung, BR-Drs. 75/94, S. 80; *Kallmeyer*, Neue, ZIP 1994, S. 1746.

197 Bei eingegliederten Unternehmen wird unwiderlegbar ein Konzern vermutet gem. § 18 Abs. 1 S. 2 AktG.

198 *Oelmann*, Bilanzierungsprobleme, 1993, S. 4.

199 Insofern besteht ein Unterschied zwischen der Eingliederung und einem Squeeze-out, bei dem ausschließlich eine Barabfindung gewährt wird. Vgl. zum Squeeze-out *Kraft*, WP-Handbuch, 2002, Bd. II, Teil M, Rz. 103 ff.

200 Die Vorschriften zur Eingliederung in §§ 319 ff. AktG wurden durch das UmwBerG dem Umwandlungsrecht angeglichen. Vgl. zur Eingliederung: *Hüffer*, AktG, 2002, § 319, Rz. 2.

201 Vgl. *Hüffer*, AktG, 2002, § 319, Rz. 4. Selbst eine KGaA erfüllt die Voraussetzungen nicht.

202 Vgl. dazu Abschnitt 2.2.

203 Vgl. *Heckschen*, Fusion, WM 1990, S. 378; *Sagasser/Ködderitzsch* in *SBB*, Umwandlungen, 2000, I, Rz. 11.

2.6.3 Alternativen außerhalb des UmwG[204]

Das neue UmwG schließt weitere nach anderen Gesetzen mögliche Umwandlungsformen nicht aus.[205] Im Folgenden werden die daran beteiligten Rechtsträger analog zur Verschmelzung als „Überträgerin" und „Übernehmerin" bezeichnet, obwohl die korrekten Bezeichnungen sich davon unterscheiden.

Eine Alternative zur Verschmelzung stellt die Betriebsübertragung (Einbringung) dar, bei der die Überträgerin ihren Betrieb als Sacheinlage im Wege der Kapitalerhöhung einbringt[206] bzw. im Wege der Sachgründung die Übernehmerin neu gründet. Die Vermögensübertragung vollzieht sich durch Einzelrechtsnachfolge gegen Gewährung von Anteilen an der Übernehmerin, die der Überträgerin selbst und nicht deren Anteilseignern zustehen. Zunächst bleibt die Überträgerin bestehen und ändert ihren Unternehmenszweck, indem sie zur Holding wird.[207] In einer anschließenden Liquidation wird ihr Vermögen, das nur noch in der Beteiligung an der Übernehmerin besteht, an ihre Anteilseigner verteilt. Die Überträgerin gibt damit ihre rechtliche und wirtschaftliche Selbstständigkeit auf. Nachteile der Einbringung sind vor allem in der aufwendigen Einzelrechtsnachfolge zu sehen. Falls die Überträgerin eine Kapitalgesellschaft ist, wird außerdem eine formelle Liquidation der übertragenden Gesellschaft erforderlich, und es entstehen relativ hohe Kosten durch die beiden notwendigen notariellen Verträge (Kapitalerhöhungsbeschluss und Übernahmevertrag).

Als Sonderform der Einbringung gilt der Anteilstausch bzw. die Anteilsübertragung, bei der die Anteilseigner der Überträgerin ihre Beteiligungen auf die Übernehmerin übertragen, um als Gegenleistung unmittelbar Anteile an dieser zu erhalten.[208] Formal erfolgt kein Vermögensübergang, sondern ein Erwerb von Anteilen an der Überträgerin. Bis zur Liquidation behält die Überträgerin ihre rechtliche und wirtschaftliche Selbstständigkeit. Ist die Überträgerin eine Kapitalgesellschaft, geht erst nach formeller Abwicklung deren Vermögen auf die Übernehmerin über. Hingegen erlischt eine Personenhandelsgesellschaft als Überträgerin automatisch, weil die Übernehmerin deren einzige Gesellschafterin wird und das Vermögen durch Gesamtrechtsnachfolge übernimmt (Anwachsung).[209]

Ein Zusammenschluss mit anderen Unternehmen lässt sich auch durch deren Kauf realisieren. Bei der Akquisition unterscheidet man Asset deal und Share deal. Beim Asset deal werden Vermögensgegenstände und Schulden im Wege der Einzelrechtsnachfolge übertragen. Die Überträgerin erlischt anschließend durch Liquidation. Hingegen erfolgt

---

204 Vgl. *Frotscher*, Verschmelzung, 1998, Rz. 4, 162.

205 Vgl. *Bundesregierung*, Begründung, BR-Drs. 75/94, S. 80.

206 Vgl. zur Einbringung *Sagasser* in *SBB*, Umwandlungen, 2000, H, Rz. 9-11; *Kallmeyer*, Neue, ZIP 1994, S. 1747; *Herzig/Förster*, Verschmelzung, DB 1994, S. 2 f.

207 Für eine Kapitalgesellschaft als Übernehmerin wird eine Kapitalerhöhung unter Bezugsrechtsausschluss der Altaktionäre erforderlich, wofür außer der Dreiviertelmehrheit weitere sachliche Wirksamkeitsvoraussetzungen nötig sind, wie Interesse der Gesellschaft, Erforderlichkeit, Verhältnismäßigkeit und Angemessenheit. Vgl. *Sagasser/Ködderitzsch* in *SBB*, Umwandlungen, 2000, I, Rz. 4.

208 Vgl. *Sagasser* in *SBB*, Umwandlungen, 2000, H, Rz. 12; *Kallmeyer*, Neue, ZIP 1994, S. 1747; *Herzig/Förster*, Verschmelzung, DB 1994, S. 2 f.

209 Vgl. *Schmidt, K.*, Gesellschaftsrecht, 2002, S. 207 f.

beim Share deal kein Vermögensübergang, sondern Anteile an der Überträgerin, die ihre rechtliche Selbstständigkeit behält, werden erworben. Die Gegenleistung für deren Anteilseigner besteht i. d. R. in Geld. Die Wirkungen der Einzelrechtsnachfolge und der Liquidation lassen die Akquisition gegenüber der Verschmelzung nachteilig erscheinen.

Das sog. „Kombinationsmodell"[210] erreichte vor der Reform des Umwandlungsrechts eine verschmelzungsähnliche Wirkung zwischen einer übertragenden Kapitalgesellschaft und einer aufnehmenden Personenhandelsgesellschaft. Im ersten Schritt erwirbt die übernehmende Personenhandelsgesellschaft eine Beteiligung an der Überträgerin in Form eines Share deal. Dem folgt im zweiten Schritt ein interner Asset deal, durch den die Übernehmerin die Aktiva und Passiva der Kapitalgesellschaft erwirbt. Das dadurch erzielte Ergebnis der Überträgerin wird an die Übernehmerin ausgeschüttet, die ihrerseits über Abschreibungspotenzial verfügt und zusätzlich eine Teilwertabschreibung auf die Anteile vornimmt, so dass sich die Steuerbelastung in Einkommen- und Körperschaftsteuer neutralisiert.[211] Vorteile dieser Gestaltung sind die Verwandlung von Anschaffungskosten in Abschreibungspotenzial und die Realisierung miterworbener Körperschaftsteuer-Guthaben der Überträgerin, die keine Zwischenfinanzierung erforderlich macht.[212] Seit der Reform des Umwandlungsrechts bestehen neben dem Kombinationsmodell noch das sog. „Verschmelzungsmodell", bei dem im zweiten Schritt eine Verschmelzung erfolgt, und weitere „Umwandlungsmodelle".[213]

Zusammenarbeit zwischen Unternehmen kann auch durch eine strategische Allianz erreicht werden, die von einzelnen Projekten bis hin zur gegenseitigen Beteiligung reichen kann. Hierbei finden weder ein Vermögensübergang noch eine Änderung des Gesellschafterbestands noch eine Auflösung der Überträgerin statt. Die Unternehmen geben ihre wirtschaftliche Selbstständigkeit nur in Teilbereichen auf, nicht jedoch die rechtliche Selbstständigkeit. Dies kann zur Folge haben, dass nur ein begrenzter Austausch von Wissen zwischen den Unternehmen erfolgt.[214]

Insbesondere lassen sich durch Anwachsung gem. § 105 Abs. 2, § 161 Abs. 2 HGB i. V. m. § 738 BGB ähnliche Wirkungen wie mit der Verschmelzung von Personenhandelsgesellschaften auf Kapitalgesellschaften oder Einzelkaufleute erzielen. Scheiden alle bis auf einen Gesellschafter gegen Abfindung und Schuldbefreiung aus einer Personenhandelsgesellschaft aus, wächst die Beteiligung dem verbleibenden Gesellschafter ohne besonderen Übertragungsakt durch Gesamtrechtsnachfolge kraft Gesetz zu. Aus einer Personenhandelsgesellschaft wird ein Einzelunternehmen, aus einer GmbH&CoKG entsteht eine GmbH, weil sonst mit der Kapitalgesellschaft als einziger

---

210 *Sagasser/Pfaar* in *SBB*, Umwandlungen, 2000, L, Rz. 112.

211 Keine Entlastung in der Gewerbeertragsteuer aufgrund von § 8 Nr. 10 GewStG a. F.

212 Vgl. *Rödder*, Neues, 1996, S. 151 ff.; *Frotscher*, Umwandlung, 1997, Rz. 161 ff.; *Höflacher/Wendlandt*, Überlegungen, DStR 1996, S. 531. Vgl. zur aktuellen steuerlichen Behandlung der Verschmelzung einer Kapitalgesellschaft auf eine Personenhandelsgesellschaft und zum sog. Step-up-Modell Abschnitt 6.3.3.

213 Vgl. *Rödder*, Neues, 1996, S. 148 f.; *Sagasser/Pfaar* in *SBB*, Umwandlungen, 2000, L, Rz. 112; *Höflacher/Wendlandt*, Überlegungen, DStR 1996, S. 531.

214 Vgl. *Ossadnik/Maus*, Verschmelzung, DB 1995, S. 108.

Gesellschafterin eine „unzulässige `Ein-Mann-Personenhandelsgesellschaft'"[215] entstehen würde.[216]

2.7 Vorteile der Verschmelzung

Um dem Rechtsinstitut der Verschmelzung seine Berechtigung aus betriebswirtschaftlicher Sicht zu geben, sollen an dieser Stelle die durch die Verschmelzung nach neuem Umwandlungsrecht erreichten Vorteile, insbesondere gegenüber den oben dargestellten Alternativen und dem alten Recht, dargestellt werden.[217]

1. Durch keine andere Form des Unternehmenszusammenschlusses lässt sich eine derart enge Zusammenarbeit von zwei Unternehmen herstellen, denn die Überträgerin und Übernehmerin verschmelzen zu einer rechtlichen und wirtschaftlichen Einheit. Die wirtschaftliche Kooperation wird durch eine gesellschaftsrechtliche Gestaltung verstärkt, indem die Übernehmerin in die Rechtsstellung der Überträgerin eintritt und sie fortsetzt.
2. Im Vergleich zur Einzelrechtsnachfolge ist die Gesamtrechtsnachfolge einfacher und kostengünstiger.[218]
3. Ein weiterer Vorteil ist darin zu sehen, dass die Überträgerin ohne Liquidation aufgelöst wird.
4. Durch die Gegenleistung in Form von Anteilen an der Übernehmerin wird weniger Liquidität benötigt, was die Durchführung der Verschmelzung im Vergleich zum Kauf erleichtert.[219]
5. Gleichzeitig lässt sich durch die Anteilsgewährung die Verschmelzung leichter vereinbaren, weil die Anteilseigner der Überträgerin weiterhin ihre Gesellschafterstellung behalten.[220]
6. Das UmwG 1994 hat durch seine systematische, transparente, übersichtliche und konkrete Neuregelung die Durchführung der Verschmelzung erleichtert[221] und den Kreis von verschmelzungsfähigen Rechtsträgern erweitert, so dass heute die Verschmelzung auch für den Mittelstand eine mögliche Umstrukturierungsform darstellt und dessen Wettbewerbsfähigkeit stärkt.
7. Große Vorteile der Verschmelzung liegen in der Einsparung von Kosten. Durch die neu erworbene Größe kann sich das verschmolzene Unternehmen stärker an

---

215 *Frotscher*, Umwandlung, 1997, Rz. 165; vgl. auch *Schmidt, K.*, Gesellschaftsrecht, 2002, S. 209 f.

216 Vgl. *Ott*, Bilanzierung, 1997, Rz. 6-8; *Hennrichs*, Formwechsel, 1995, S. 13; *Kallmeyer*, Neue, ZIP 1994, S. 1748.

217 Vgl. *Ossadnik/Maus*, Verschmelzung, DB 1995, S. 108.

218 Vgl. *Sagasser/Ködderitzsch* in *SBB*, Umwandlungen, 2000, I, Rz. 4.

219 Vgl. *Ossadnik/Maus*, Verschmelzung, DB 1995, S. 107 f.; *Sagasser/Ködderitzsch* in *SBB*, Umwandlungen, 2000, I, Rz. 10.

220 Vgl. *Ossadnik/Maus*, Verschmelzung, DB 1995, S. 108.

221 Vgl. *Ossadnik/Maus*, Verschmelzung, DB 1995, S. 108.

Großaufträgen beteiligen und erzielt ein höheres öffentliches Interesse.[222] Eigene Akquisitionen werden erleichtert, während die Gefahr einer Übernahme sinkt.

8. Insbesondere die Konzernverschmelzung wird durch das neue UmwG organisatorisch erleichtert, indem auf Verschmelzungsbericht und Verschmelzungsprüfung verzichtet werden kann.[223]

9. Im Gegensatz zur Eingliederung erfordert die Verschmelzung nur eine Dreiviertelmehrheit, so dass sie gem. § 16 Abs. 3 S. 6 Hs. 2 UmwG auch gegen den Willen von Minderheiten durchgesetzt werden kann.[224]

10. Selbst die Erhebung einer Anfechtungsklage verhindert u. U. die Verschmelzung nicht: Die Verschmelzung wird trotzdem ins Handelsregister[225] eingetragen, wenn die Klage vom Gericht für unzulässig oder offensichtlich unbegründet erklärt wird oder in der Interessenabwägung unterliegt gem. § 16 Abs. 3 S. 1-2 UmwG. Selbst bei begründeter Klage ist der beklagte Rechtsträger lediglich zum Schadenersatz verpflichtet, nicht jedoch zur Beseitigung der Wirkungen der Handelsregistereintragung gem. § 16 Abs. 3 S. 6 UmwG.[226]

11. Die Anteilseigner der Überträgerin können unter bestimmten Voraussetzungen gem. §§ 29 ff. UmwG Widerspruch gegen den Verschmelzungsbeschluss erklären, wodurch ihnen ein Austrittsrecht gegen Barabfindung gewährt wird, d. h. ihre Anteile werden an die Anteilseigner der Übernehmerin veräußert, so dass im Vorfeld bereits Klagen und dadurch Verzögerungen vermieden werden.[227]

12. Ein Vorteil in der praktischen Durchführung der Verschmelzung liegt in der eindeutigen Weisungsbefugnis der Organe der Übernehmerin.[228]

13. Hingegen tragen das Risiko einer Fehlinvestition alle beteiligten Rechtsträger, nicht nur die Übernehmerin, wie z. B. beim Unternehmenskauf.[229]

14. Der heute in der Literatur genannte Vorteil der Verschmelzung, dass sie einfach durch Spaltung wieder aufzulösen sei, ist unter historischen Gesichtspunkten zu sehen, weil nach altem Recht die Auflösung nahezu unmöglich war.[230]

15. Möglicherweise kann das verschmolzene Unternehmen ein leistungsfähigeres Management beschäftigen, weil z. B. der Vorstand einer AG über höheres Ansehen verfügt als ein OHG-Prokurist. Außerdem besitzt ein Großunternehmen

---

222 Vgl. *Poeche*, Zielsetzungen, 1972, S. 18.

223 Vgl. Abschnitte 3.3 und 3.4.

224 Vgl. *Heckschen*, Fusion, WM 1990, S. 378; *Sagasser/Ködderitzsch* in *SBB*, Umwandlungen, 2000, I, Rz. 5, 11.

225 Der Begriff „Handelsregister“ steht in dieser Arbeit stellvertretend auch für das Partnerschaftsregister.

226 Vgl. hierzu Abschnitt 3.10.

227 Vgl. *Ossadnik/Maus*, Verschmelzung, DB 1995, S. 108.

228 Vgl. *Sagasser/Ködderitzsch* in *SBB*, Umwandlungen, 2000, I, Rz. 9.

229 Vgl. *Sagasser/Ködderitzsch* in *SBB*, Umwandlungen, 2000, I, Rz. 11; *Ossadnik/Maus*, Verschmelzung, DB 1995, S. 108.

230 Vgl. *Sagasser/Ködderitzsch* in *SBB*, Umwandlungen, 2000, I, Rz. 11; *Geck*, Spaltung, 1995, S. 417. Vgl. zum altem Recht *Koppensteiner* in *Zöllner*, Kölner Kommentar, 1987, Vorb. § 319, Rz. 3; *Oelmann*, Bilanzierungsprobleme, 1993, S. 6.

eine höhere Anziehungskraft für Arbeitnehmer und kann hoch qualifizierte Spezialisten gewinnen.[231]

16. Häufig werden Steuervorteile als Argument für die Verschmelzung vorgebracht, allerdings oft leichtfertig, ohne diese konkret zu benennen.[232] Wegen des sich ständig ändernden Steuerrechts besteht immer die Gefahr, dass sich vermeintliche Steuervorteile nicht realisieren lassen. Zu nennen sind hier deshalb nur Vorteile für Personenhandelsgesellschaften[233] und der sofortige Verlustausgleich.[234]

17. Die Nutzung eines steuerlichen Verlustvortrags durch das Gewinnunternehmen führt zu finanziellen Vorteilen.[235] Die nach altem UmwStG zur Nutzung des steuerlichen Verlustabzugs notwendige und wirtschaftlich oft nicht sinnvolle Verschmelzung von der Gewinngesellschaft auf die übernehmende Verlustgesellschaft wurde aufgehoben.[236] Die Versagung des Verlustvortrags durch die Rechtsprechung[237] wurde als unbefriedigend empfunden.[238] Bereits der Vorschlag zur Fusionsrichtlinie vom 16.1.1969[239] hat den Verlustabzug vorgesehen.[240] Dennoch kann erst seit der Reform des Umwandlungs(steuer)rechts 1994 ein Verlustunternehmen auf ein Gewinnunternehmen unter Beibehaltung des steuerlichen Verlustvortrags gem. § 12 Abs. 3 S. 2 UmwStG unter bestimmten Voraussetzungen verschmolzen werden.[241]

18. Es besteht die Möglichkeit, sowohl unter dem Namen der Übernehmerin zu firmieren, als auch die Firma der Überträgerin fortzuführen (§ 18 Abs. 1 UmwG).[242] Außerdem kann eine Neufirmierung, z. B. durch Zusammenfassung der Namen beider Unternehmen, erfolgen. Die Beibehaltung der Firma der Überträgerin kann wirtschaftlich sinnvoll erscheinen, wenn z. B. die Übernehmerin neu gegründet wurde und der Name der Überträgerin einen Wert beinhaltet. Vor der Reform des UmwG ging mit der Überträgerin auch deren

---

231 Vgl. *Poeche*, Zielsetzungen, 1972, S. 18, 46 f.; *Werner/Kindermann*, Umwandlung, ZGR 1981, S. 22.

232 Vgl. bspw. *Schmidt, K.*, Gesellschaftsrecht, 2002, S. 334.

233 Z. B. niedrigere Gewerbesteuer nach §11 GewStG, Anrechnung der Gewerbesteuer nach § 35 EStG und niedrigere Wertansätze in der Erbschaftsteuer gem. § 12 Abs. 2 und 5 ErbStG.

234 § 19 Abs. 2, § 121 Abs. 3 S. 2 UmwStG.

235 Die Nutzung von Verlustvorträgen als Verschmelzungsgrund geben bspw. an METRO, Verschmelzung, 1996, S. 39; Walter Bau, Heilit, 2000, S. 58; Heidelberger, Verschmelzung, 1997, S. 12.

236 Vgl. *Dehmer*, UmwG, 1996, § 12 UmwStG, Rz. 113; *Schmalz* in *Goutier*, Umwandlungsrecht, 1996, § 12 UmwStG, Rz. 18; *Hörger/Neumayer*, Übergang, DStR 1996, S. 41; *Kröner*, Verlustverwertung, GmbHR 1996, S. 257.

237 Vgl. BFH 08.04.1964, BStBl. III 1964, S. 306 f.; BFH 17.07.1991, BStBl. II 1991, S. 899 f.

238 Vgl. *Knobbe-Keuk*, Bilanz, 1993, S. 597 f.

239 Vgl. Rat EG 16.01.1969, Vorschlag, Art. 6.

240 Vgl. *Knobbe-Keuk*, Bilanz, 1993, S. 598.

241 Vgl. *Sagasser/Ködderitzsch* in *SBB*, Umwandlungen, 2000, I, Rz. 6; *Hörger/Endres*, Verlustnutzung, DB 1998, S. 388; ausführliche Bearbeitung in Abschnitt 6.3.

242 § 18 Abs. 1 UmwG und die Vorschriften zum Firmenrecht im HGB wurden durch das Handelsrechtsreformgesetz geändert, so dass viele bisher aufgetretene Probleme heute gegenstandslos geworden sind. Vgl. *Kögel*, Besonderheiten, GmbHR 1996, S. 168 ff.

Firmenbezeichnung unter, weil die Firma kein „Vermögen“ darstellt, das auf die Übernehmerin übergeht gem. § 346 Abs. 3 S. 1, Abs. 4 S. 1-2 AktG a. F.[243]

19. Die Verschmelzung durch Neugründung erweist sich als vorteilhaft gegenüber der durch Aufnahme, weil durch diese Gestaltung oft erst die Verschmelzung von zwei gleich starken Partnern (Merger of Equals) möglich wird.[244] Außerdem erhalten beide Gesellschaften ein Nachbesserungsrecht in Form von baren Zuzahlungen oder Barabfindungen gem. §§ 15, 29 UmwG, weil beide Gesellschaften als Überträgerinnen gelten. Gleichzeitig wird die Gefahr einer Anfechtung wegen eines zu niedrigen Umtauschverhältnisses verringert. Diese Vorteile lassen sich jedoch auch durch die Verschmelzung durch Aufnahme von zwei Überträgerinnen auf eine zuvor neu gegründete Übernehmerin erreichen.[245]

2.8 Nachteile der Verschmelzung

Trotz aller Vorteile können Verschmelzungen zu betriebswirtschaftlichen Nachteilen bis hin zu Misserfolgen führen, denn die beteiligten Rechtsträger vereinen sich nicht nur bezüglich Wertsteigerungen von Vermögen und Gewinnen, sondern eben auch hinsichtlich Verlusten, Überschuldung und Insolvenz.[246] Positive Synergiepotenziale können möglicherweise nicht realisiert werden, oder es entstehen unerwartete negative Synergieeffekte.

1. Ursachen für negative Synergieeffekte können bereits darin liegen, dass durch eine nachlässige Analyse das Partnerunternehmen vor der Verschmelzung überschätzt wird. Möglicherweise sind die Verschmelzungspartner, zwischen denen eine Verschmelzung tatsächlich zustande kommt, auch optimistischer bezüglich erwarteter Synergiepotenziale als Marktteilnehmer, die eine Verschmelzung mit einem der beiden Partner angelehnt haben.[247]

2. Die neu erworbene Unternehmensgröße kann Verluste an Effizienz mit sich bringen, wenn das Betriebsoptimum überschritten wird, unübersichtliche Informations- und Kommunikationssysteme, Inflexibilität, lange Entscheidungsprozesse, Verbürokratisierung und mangelnde Innovationsbereitschaft entstehen.[248]

---

243 Ungenau bei *Sagasser/Ködderitzsch* in *SBB*, Umwandlungen, 2000, I, Rz. 6, die Firmenfortführung mit Goodwill gleichzusetzen. Zu früher notwendigen Gestaltungen vgl. *Heckschen*, Fusion, WM 1990, S. 381; *Heckschen*, Verschmelzung, 1989, S. 9; *Koppensteiner* in *Zöllner*, Kölner Kommentar, 1987, Vorb. § 319, Rz. 3.

244 Als Merger of Equals bezeichnen ihren Zusammenschluss bspw. ERGO, Verschmelzung, 1997, S. 38; E.ON, Verschmelzung, 2000, S. 83; Daimler, Chrysler, 1998, S. 34; ENBW, Unterlagen, 1997, 1 S. 109. Dennoch handelt es sich bei ERGO und E.ON um Verschmelzungen durch Aufnahme.

245 Vgl. *Sagasser/Ködderitzsch* in *SBB*, Umwandlungen, 2000, J, Rz. 8; *Schiessl*, Aktienrecht, AG 1999, S. 446; *o. V.*, Fusion, FAZ vom 26.02.1997, S. 16; AGIV, Verschmelzungsbericht, 2002, S. 50 f.

246 Vgl. *Kallmeyer*, Neue, ZIP 1994, S. 1747.

247 Vgl. zum sog. Winner's Curse-Phänomen *Kräkel*, Winner, WiSt 1996, S. 462 ff.; *Knoll*, Fusionen, FB 2001, S. 245; Abschnitt 4.5.

248 Vgl. *Poeche*, Zielsetzungen, 1972, S. 18.

3. Durch das Zusammentreffen verschiedener Unternehmenskulturen können Reibungsverluste entstehen. Umorganisation, Integration, Sozialpläne, geringere Motivation der Mitarbeiter und soziale Konflikte führen zu erhöhten Kosten.[249]

4. Um Vorteile durch eine Verschmelzung zu erreichen, müssen zunächst sog. Strukturkosten[250] aufgebracht werden, die aus betriebswirtschaftlicher, steuerlicher und rechtlicher Beratung und aus Rechnungslegung resultieren.[251]

5. Vielfach als nachteilig wurden die hohen deutschen Notargebühren angesehen.[252] In diesem Zusammenhang stellt sich die Frage, ob Beurkundungen durch einen ausländischen Notar vorgenommen werden dürfen.[253] Zwar hat sich das Problem 1997 durch die Einführung einer Obergrenze des Geschäftswerts in die KostO, so dass die Höchstgebühr 15.114 € beträgt,[254] etwas entschärft, aber noch immer sind Beurkundungsgebühren in Österreich[255] niedriger.

6. Durch eine Verschmelzung einer grundbesitzenden Überträgerin entsteht Grunderwerbsteuer i. H. v. 3,5 % des Grundbesitzwerts,[256] so dass sich aus Gründen der Steuerersparnis die Verschmelzung auf die Gesellschaft empfiehlt, die über mehr Grundvermögen verfügt.[257]

7. Schließlich können hohe Abfindungen an ehemalige Organmitglieder den Erfolg einer Verschmelzung mindern.[258] Insbesondere für Manager der Überträgerin sind in den Anstellungsverträgen Entschädigungsklauseln vereinbart.[259] Zudem können künftige Manager oft deutlich höhere Bezüge nach der Verschmelzung erzielen.[260]

---

249 Vgl. für Akquisitionen *Coenenberg/Sautter*, Bewertung, DBW 1988, S. 692.

250 Vgl. Frankfurter, Verschmelzung, 1995, B S. 22 f.

251 Vgl. *Ossadnik*, Aufteilung, 1995, S. 6, 8; *Küting*, Bedeutung, BFuP 1981, S. 182 ff.; *Weber*, Berücksichtigung, 1991, S. 111 f. Durch die Größe des verschmolzenen Unternehmens fällt die Gesellschaft ggf. unter die Offenlegungspflichten der §§ 267, 325 ff. HGB oder des PublG.

252 Vgl. bspw. *Sagasser/Ködderitzsch* in *SBB*, Umwandlungen, 2000, J Rz. 7.

253 Für eine ausländische Beurteilung vgl. BGH 16.02.1981, BGHZ 80, S. 78; LG Kiel 25.04.1997, DB 1997, S. 1223 f. Dagegen vgl. LG Augsburg 04.06.1996, ZIP 1996, S. 1872 f.; *Goette*, Auslandsbeurkundungen, DStR 1996, S. 712 f.; *Zimmermann* in *Kallmeyer*, UmwG, 2001, § 6, Rz. 10 f.; kritisch: *Randenborgh van/Kallmeyer*, Beurkundung, GmbHR 1996, S.908 ff. Bspw. wurde der Verschmelzungsvertrag zwischen der Deutschen Centralbodenkredit-AG und der Frankfurter Hypothekenbank AG von einem Schweizer Notar beurkundet, vgl. Frankfurter, Verschmelzung, 1995, A S. 1.

254 Der für die Gebührenberechnung maßgebende Geschäftswert für Beschlüsse nach dem UmwG gem. § 27 Abs. 2 S. 1 KostO - Wert des Aktivvermögens der Überträgerin - wurde durch § 39 Abs. 4 KostO auf maximal 5 Mio. € begrenzt. Nach § 32 KostO und dessen Anlage beträgt die einfache Höchstgebühr 1.557 € + 400 · 15 € = 7.557 €. Der Höchstsatz beläuft sich auf 20/10 (§ 36 Abs. 2 KostO), so dass sich eine Höchstgebühr von 15.114 € errechnet. Vgl. auch *Lutter* in *Lutter*, UmwG, 2000, § 6 Rz. 10.

255 Höchstgebühr bei max. Geschäftswert von 10.105,30 € gem. § 18 Abs. 1 Notariatstarifgesetz, die sich gem. § 4 Notariatstarifsgesetz um bis zu 50% ermäßigen kann; vgl. schriftliche Auskunft der Österreichischen Notariatskammer vom 31.01.2003.

256 Vgl. Abschnitt 6.3.6.2.

257 Vgl. bspw. Walter Bau, Heilit, 2000, S. 38.

258 Vgl. *Hockemeier*, Auswirkung, 1990, S. 25; *Knoll*, Fusionen, FB 2001, S. 245.

259 Vgl. *Knoll*, Fusionen, FR 2001, S. 245.

260 Vgl. *Knoll*, Fusionen, FB 2001, S. 245.

8. Nachteile sind ebenfalls durch umfangreiche Informationen im Verschmelzungsbericht zu erwarten, wenn der Konkurrenzschutz des § 8 Abs. 2 UmwG so ausgelegt wird, dass eine Schädigung des Unternehmens durch mangelnde Geheimhaltung denkbar ist.[261]
9. Weiterhin kann die Börsenzulassung für den Aktienhandel (bspw. ein American Depository Receipt-Programm[262]) einer bestehenden AG untergehen. Darin liegt insofern ein Nachteil, als ein erneutes Zulassungsverfahren kompliziert und langwierig ist.[263]
10. Die Verschmelzung durch Neugründung erweist sich als nachteilig gegenüber der Verschmelzung durch Aufnahme durch höhere Notarkosten und höhere Grunderwerbsteuer.[264] Zudem sind bei AG die Beschränkungen des § 52 AktG zu berücksichtigen.[265]
11. Fehlanreize für Manager und Investmentbanker, die vom Abschluss deutlich stärker profitieren als von einem Abbruch der Verhandlungen, sorgen möglicherweise für das Zustandekommen einer wirtschaftlich für die Anteilseigner nicht sinnvollen Verschmelzung.[266]
12. Durch die Verschmelzung entsteht ein Haftungsverbund und damit ein höheres Risiko der beteiligten Unternehmen.

2.9 Schutzvorschriften

Die Verschmelzung beeinträchtigt die Rechte der an ihr beteiligten Personenkreise z. T. erheblich. Demzufolge wird bereits in den Zielen des 1994 grundlegend reformierten UmwG der Schutz insbesondere der Minderheits-Anteilseigner und der Gläubiger festgeschrieben. Im Folgenden wird untersucht, inwieweit diese Ziele erreicht worden sind, bevor auf das in der Gesetzesbegründung fehlende Ziel des Arbeitnehmerschutzes und den Schutz Dritter näher eingegangen wird.[267]

2.9.1 Schutz der Anteilseigner[268]

Die Verschmelzung führt auf Seiten der Anteilseigner zu Eingriffen in die Mitgliedschafts-, Herrschafts- und Vermögensrechte.[269] Daher ist insbesondere ein Schutz von

---

261 Vgl. *Sagasser/Ködderitzsch* in *SBB*, Umwandlungen, 2000, I, Rz. 8.

262 Vgl. dazu *Pellens*, Internationale, 2001, S. 95-99; *Spanheimer*, Internationale, 2002, S. 89 ff.

263 Vgl. E.ON, Verschmelzung , 2000, S. 107.

264 Vgl. *Stratz* in *SHS*, UmwG, 2001, § 56 UmwG, Rz. 24-25; *Sagasser/Ködderitzsch* in *SBB*, Umwandlungen, 2000, J, Rz. 7; *o. V.*, Fusion, FAZ vom 26.02.1997, S. 16; E.ON, Verschmelzung, 2000, S. 107, 120. Vgl. Abschnitt 2.7 und § 1 Abs. 1 Nr. 3 GrEStG.

265 Vgl. Degussa, Merger, 2000, S. 70.

266 Vgl. *Knoll*, Fusionen, FR 2001, S. 245 f.

267 Vgl. *Bundesregierung*, Begründung, BR-Drs. 75/94, S. 71.

268 Vgl. zu diesem Abschnitt insbes. *Schwarz, H.-D.*, Umwandlungsrecht, DStR 1994, S. 1701; *Lüttge*, Umwandlung, NJW 1995, S. 423; *Sagasser* in *SBB*, Umwandlungen, 2000, C, Rz. 7 ff.

Minderheiten erforderlich. Durch Mehrheitsentscheidungen können Minderheitsgesellschaftern ihre Anteile gegen ihren Willen umgestaltet, ausgehöhlt oder gar entzogen werden. Entschädigungen dafür werden ebenfalls nicht frei am Markt ausgehandelt, sondern einseitig von der Mehrheit festgelegt.[270] Ziel der Anteilseigner-Schutzrechte ist es, einerseits einen ausreichenden Rechtsschutz zu gewähren, aber andererseits auch eine effektive Umwandlung zu ermöglichen.[271] Grundsätzlich muss jeder Anteilseigner vor und nach der Verschmelzung über Mitgliedschaftsrechte gleicher Natur und gleichen Werts bzw. über eine angemessene Kompensation verfügen.

Im Prozess der Entscheidungsfindung werden die Anteilseigner umwandlungsrechtlich zunächst durch Informationsrechte, die Verschmelzungsprüfung sowie ein Austrittsrecht geschützt. Beim Verschmelzungsbeschluss sind besondere Zustimmungserfordernisse zu berücksichtigen. Nach der Entscheidung über die Verschmelzung ist dem Anteilseigner die Möglichkeit eines Klage- oder Spruchverfahrens eröffnet. Die Eintragung der Verschmelzung ins Handelsregister steht zudem unter registergerichtlicher Kontrolle. Daneben ergibt ein Minderheitenschutz sich aus dem seit 01.01.2002 anzuwendenden WpÜG, das in bestimmten Verschmelzungsfällen parallel zum UmwG anzuwenden ist.

Über das Zustandekommen einer Verschmelzung entscheidet die Versammlung der Anteilseigner aufgrund von Informationsunterlagen, wie z. B. des Verschmelzungsberichts.[272] Anteilseigner werden in der Regel nicht direkt in den Verschmelzungsplan einbezogen, sondern ihnen wird von den Organen ein fertiges Konzept zur Abstimmung vorgelegt. Durch verschiedene frühzeitige Informationsrechte sollen sie aber den wirtschaftlichen Sinn und die Folgen der Verschmelzung beurteilen können.[273] Der Verschmelzungsvertrag muss über einen bestimmten Mindestinhalt verfügen und den Anteilseignern zugänglich gemacht werden.[274] Zudem ist der Verschmelzungsvertrag bei Aktiengesellschaften mündlich auf der beschlussfassenden Hauptversammlung nach § 64 Abs. 1 S. 2, Abs. 2 UmwG zu erläutern.[275] Diese Erläuterung tritt neben die schriftliche. Es sollen neben der wirtschaftlichen und rechtlichen Bedeutung der Verschmelzung die wesentlichen Inhalte des Vertrags erläutert werden. Zudem sind neue Entwicklungen aufzuzeigen, die nicht im Verschmelzungsbericht enthalten sind. Auf Anfrage der Anteilseigner § 64 Abs. 2 UmwG müssen auch wesentliche Angelegenheiten des Verschmelzungspartners dargelegt werden.[276] Die übertragenen Anteile der Übernehmerin müssen insbesondere den gleichen Wert wie die untergegangenen Anteile der

---

269 Vgl. *Bayer*, Informationsrechte, AG 1988, S. 324; *Sagasser* in *SBB*, Umwandlungen, 2000, C, Rz. 7.

270 Vgl. *Lutter/Bezzenberger*, Spruchverfahren, AG 2000, S. 435.

271 Vgl. *Schmidt, K.*, Anforderungen, 1993, S. 45 ff.

272 Vgl. Abschnitt 3.3.

273 Vgl. *Hommelhoff*, Minderheitenschutz, ZGR 1993, S. 454; *Sagasser* in *SBB*, Umwandlungen, 2000, C, Rz. 14; *Streck/Mack/Schwedhelm*, Verschmelzung, GmbHR 1995, S. 162. BGH 22.05.1989, BGHZ 107, S. 296 ff., insbes. S. 303.

274 Siehe § 5 Abs. 1,§§ 42, 47, 63 UmwG.

275 Vgl. *Grunewald* in *Geßler*, AktG, 1991, § 340d, Rz. 14.

276 Damit wird das Auskunftsrecht gegenüber dem eigenen Vorstand gem. § 131 Abs. 1 AktG wesentlich erweitert. Vgl. auch *Stratz* in *SHS*, UmwG, 2001, § 64 UmwG, Rz. 5 f.

Übertrágerin verkörpern.[277] Die Relation des Anteilsumtausches wird anhand des Umtauschverhältnisses ermittelt, das im Verschmelzungsvertrag, -bericht und -prüfungsbericht Berücksichtigung findet.[278]

Eine unabhängige Verschmelzungsprüfung[279] untersucht insbesondere das Umtauschverhältnis, die bare Zuzahlung und die Barabfindung gem. §§ 12, 30 Abs. 2 UmwG. Trotz der umfangreichen Prüfung des Umtauschverhältnisses sind Anteilseigner nicht vor Wertverlusten geschützt, wie das Beispiel HypoVereinsbank AG zeigt.[280]

Aufgrund der negativen Vereinigungsfreiheit kann niemandem eine Mitgliedschaft in einem Verein aufgezwungen werden, dem er nicht beigetreten ist. Werden durch die Verschmelzung Verwaltungs- und Herrschaftsrechte der Anteilseigner der Überträgerin verletzt,[281] können sie gegen den Verschmelzungsbeschluss Widerspruch[282] einlegen. Ihnen steht dann binnen zwei Monaten ein Austrittsrecht gegen Barabfindung gem. §§ 29 ff. UmwG zu.[283] Die Abgabe eines konkreten angemessenen Barabfindungsangebots für Anteilseigner der Überträgerin, die ihren Widerspruch gegen den Verschmelzungsbeschluss erklären, ist nach § 29 Abs. 1 S. 4 UmwG im Verschmelzungsvertrag zwingend vorgeschrieben, wenn es sich um eine Mischverschmelzung handelt[284] oder wenn die Anteile an der Übernehmerin einer Verfügungsbeschränkung[285] unterliegen. Bei Kapitalgesellschaften übernimmt die Übernehmerin die Anteile der widersprechenden Anteilseigner der Überträgerin als eigene Anteile gegen Barabfindung. Ist der Erwerb eigener Anteile nicht möglich, wie z. B. bei Personenhandelsgesellschaften, scheidet der betreffende Anteilseigner gem. § 29 Abs. 1 S. 3 UmwG gegen Barabfindung aus. Bei einer Verschmelzung mit Rechtsformwechsel von einer Kapitalgesellschaft auf eine Personenhandelsgesellschaft ist der Anteilseigner hierdurch besonders geschützt. Das Barabfindungsangebot muss gem. § 31 UmwG innerhalb von zwei Monaten nach Eintragung der Verschmelzung ins Handelsregister der Übernehmerin angenommen werden. Die Angemessenheit des Barabfindungsangebots wird nach den Grundsätzen zur Unternehmensbewertung beurteilt.[286]

---

277 Vgl. *App/Hörtnagl/Stratz*, Überblick, NWB 1995, S. 3375.

278 Siehe §§ 5 Abs. 1 Nr. 3, 8 Abs. 1, 12 UmwG. Vgl. zum Umtauschverhältnis auch Abschnitt 4.

279 Vgl. Abschnitt 3.4.

280 Vgl. bspw. *him*, Kleinaktionäre sehen noch großen Klärungsbedarf, FAZ vom 18.12.1999, S. 16; *o. V.*, Festnahme, FASZ vom 21.03.1999, S. 33.

281 Vgl. dazu Abschnitt 3.2.

282 Gegen das Erfordernis eines Widerspruchs wendet sich der *Arbeitskreis Umwandlungsrecht*, der eine „bloße Anmeldung" befürwortet, durch die ein Anteilseigner eine Austrittsmöglichkeit erhält, ohne gegen die Verschmelzung stimmen zu müssen. Vgl. *Arbeitskreis Umwandlungsrecht*, Vorschläge, ZGR 1993, S. 325; und auch *Hommelhoff*, Minderheitenschutz, ZGR 1993, S. 470 f.

283 Vgl. *Sagasser* in *SBB*, Umwandlungen, 2000, C, Rz. 12. Auch möglich ist eine anderweitige Veräußerung der Anteile nach § 33 UmwG.

284 Siehe § 29 Abs. 1 S. 1 UmwG.

285 § 29 Abs. 1 S. 2 UmwG erweitert durch das Gesetz zur Änderung des Umwandlungsgesetzes, des Partnerschaftsgesellschaftsgesetzes und anderer Gesetze vom 22.07.1998, BGBl. I S. 1878 ff.

286 Vgl. Abschnitt 4.1. Kritisch zur Angemessenheit der Barabfindung *Schöne*, Aktienrecht, GmbHR 1995, S. 329 f.

Bei Kapitalgesellschaften wird der Verschmelzung mit einer Dreiviertelmehrheit zugestimmt, wodurch Stimmrechte von Minderheiten keine Wirkungen zeigen.[287] Hier ist das Umwandlungsrecht weniger streng als z. B. das GmbH-Konzernrecht[288] oder die Kapitalerhöhung unter Bezugsrechtsausschluss.[289] Individuelle Zustimmung ist erforderlich z. B. bei vinkulierten Namensaktien gem. § 13 Abs. 2 UmwG.[290] Minderheitsrechte werden bei Beeinträchtigung besonders geschützt: Verringert sich die Beteiligungsquote von z. B. 8 % vor auf 3 % nach der Verschmelzung, kann die Minderheit nach der Verschmelzung nicht mehr gem. § 122 Abs. 1 AktG eine Hauptversammlung einberufen. Um die Verschmelzung nicht zu sehr zu beeinträchtigen, wurde ein Quorum von ca. 5 % vorgeschlagen, ab dem ein Vetorecht greifen soll.[291] Ein derartiges Quorum fand indes keine Berücksichtigung im Gesetz. Werden Rechte an der Geschäftsführung und andere gesellschaftsvertragliche Minderheitsrechte (z. B. Entsendungsrecht in den Beirat, Bestellung der Abschlussprüfer) beeinträchtigt, steht dem betroffenen Anteilseigner nach § 50 Abs. 2 UmwG ein Vetorecht zu.[292] Bei Aktiengesellschaften stimmt jede Aktiengattung separat gem. § 65 Abs. 2 UmwG ab. Inhabern von Sonderrechten ohne Stimmrecht[293] an der Überträgerin muss gem. § 23 UmwG ein neues gleichwertiges Sonderrecht an der Übernehmerin eingeräumt werden, sog. „Verwässerungsschutz".[294] Vorzugsaktionäre sind insofern geschützt, als dass nach § 141 AktG ein Sonderbeschluss notwendig ist, wenn ihre Rechte beeinträchtigt werden; § 65 Abs. 2 UmwG bleibt unberührt. Vorzugsaktien ohne Stimmrecht aber mit Dividendenvorzug fallen zwar unter den Schutzbereich des § 23 UmwG, der hier allerdings ins Leere geht, weil die Vorschriften zur Angemessenheit des Umtauschverhältnisses Vorrang genießen.[295]

Bei Personenhandelsgesellschaften hingegen muss die Verschmelzung grundsätzlich einstimmig gem. § 43 Abs. 1 UmwG beschlossen werden, so dass jeder Personenhan-

---

287 Im legendären „Feldmühle"-Urteil des BVerfG wurde die Verfassungsmäßigkeit einer Umwandlung bestätigt, in der eine Gesellschaftergruppe über 79 % der Anteile verfügte. Der Minderheitenschutz trat nach Auffassung des BVerfG hinter den Interessen des Unternehmens und der Allgemeinheit zurück, so dass kein Verstoß gegen Art. 2, 3, 14 GG gesehen wurde; vgl. BVerfG 07.08.1962, BVerfGE 1962, S. 263 ff. Zur materiellen Beschlusskontrolle vgl. *Sagasser* in *SBB*, Umwandlungen, 2000, C, Rz. 9.

288 Das GmbH-Konzernrecht verlangt für Unternehmensverträge eine 100 % Zustimmung. Vgl. *Priester*, Bildung, ZGR 1986, S. 160 und Fn. 44; *Ulmer* in *Hachenburg/Ulmer*, GmbHG, 1997, § 53, Rz. 145; a. A. *Lutter/Hommelhoff*, GmbHG, 1995, § 13, Rz. 44.

289 Vgl. *Hommelhoff*, Minderheitenschutz, ZGR 1993, S. 457 ff. Eine Kapitalerhöhung unter Bezugsrechtsausschluss bedarf der sachlichen Rechtfertigung; vgl. *Hüffer*, AktG, 2002, § 186, Rz. 25 ff. Lt. Begründung wird eine derartige Rechtfertigung bei einer Verschmelzung mit Kapitalerhöhung nicht verlangt, vgl. *Bundesregierung*, Begründung, BR-Drs. 75/94, S. 186.

290 Vgl. zur Bedeutung des § 13 Abs. 2 UmwG: *Schöne*, Aktienrecht, GmbHR 1995, S. 331 f.

291 Vgl. *Hommelhoff*, Minderheitenschutz, ZGR 1993, S. 459 f. Für den Fall der nicht verhältniswahrenden Spaltung sieht § 128 UmwG ein Vetorecht für die Minderheiten vor.

292 Insofern wurde die geforderte Gleichbehandlung umgesetzt. Vgl. *Hommelhoff*, Minderheitenschutz, ZGR 1993, S. 461 f.; *Arbeitskreis Umwandlungsrecht*, Vorschläge, ZGR 1993, S. 325 f.

293 Zu den mitgliedsähnlichen Rechten ohne Stimmrecht gehören bspw. die des § 221 AktG, wie Wandel-, Gewinnschuldverschreibungen und Genussrechte. § 5 Abs. 1 Nr. 7 UmwG geht etwas weiter und erfasst auch Vorzugs- und Sonderstimmrechte; vgl. *Lutter* in *Lutter*, UmwG, 2000, § 5, Rz. 33 ff.; *Grunewald* in *Lutter*, UmwG, 2000, § 23, Rz. 2 ff.

294 *Bundesregierung*, Begründung, BR-Drs. 75/94, S. 92. Vgl. auch *Schwarz, H.-D.*, Umwandlungsrecht, DStR 1994, S. 1701. Weiterer Schutz durch § 5 Abs. 1 Nr. 7 und § 15 UmwG.

295 Vgl. zur Stellung der Vorzugsaktionäre *Kiem*, Stellung, ZIP 1997, S. 1627 ff.

delsgesellschafter durch ein Vetorecht geschützt ist.[296] Somit könnte ein Gesellschafter allein die Verschmelzung blockieren, was in praxi dadurch verhindert werden könnte, dass die übrigen Gesellschafter den Anteil des Betreffenden hinzuerwerben. Falls gesellschaftsvertraglich nach § 43 Abs. 2 UmwG eine Dreiviertelmehrheit vorgesehen ist, sind besondere Zustimmungserfordernisse nach § 40 Abs. 2, § 43 Abs. 2 UmwG zu beachten. Dem persönlich unbeschränkt haftenden Gesellschafter einer Personenhandelsgesellschaft wird bei Widerspruch gegen die Verschmelzung eine Stellung als Kommanditist gem. § 43 Abs. 2 S. 3 UmwG gewährt.[297] Ihm werden jedoch weder ein Austrittsrecht noch eine Barabfindung nach § 29 UmwG eingeräumt.

Anteilseigner erhalten einen an das AktG angelehnten Rechtsschutz zur Kontrolle der Verschmelzungsbeschlüsse durch Klagemöglichkeit und Spruchverfahren.[298] Die Eintragung ins Handelsregister erfolgt erst nach einer registergerichtlichen Kontrolle gem. § 16 Abs. 2 und 3, § 17 UmwG. Ein Schadenersatzanspruch der Anteilseigner besteht durch §§ 25 bis 27 UmwG. Danach wird ihnen die unmittelbare gesamtschuldnerische Haftung der Organmitglieder der Überträgerin zugesichert, die insofern gem. § 25 Abs. 2 UmwG als fortbestehend gilt. Gleiches gilt für die Organe im Fall der Verschmelzung durch Aufnahme gem. § 36 Abs. 1 S. 1 UmwG. Die Verschmelzungsprüfer haften gegenüber der Gesellschaft und deren Anteilseignern nach § 11 Abs. 2 UmwG i. V. m. § 323 Abs. 1 S. 3-4 HGB für vorsätzliche oder fahrlässige Pflichtverletzung. Die gesetzliche Haftungssumme für fahrlässige Pflichtverletzung ist bei börsennotierten AG auf 4 Mio. € begrenzt und verjährt nach fünf Jahren.[299]

Dem Minderheitenschutz steht die Gefahr gegenüber, dass die Minderheitsgesellschafter ihre Position ausnutzen könnten, so dass sich die Verschmelzung verzögert und die beteiligten Rechtsträger Schaden nehmen.[300]

Nach einer aktuellen Untersuchung von *Ahlers* ist ein hinreichender Minderheitenschutz für Anteilseigner der Überträgerin bei einer großen Anzahl in Deutschland durchgeführter Verschmelzungen nicht gegeben. So fällt das Umtauschverhältnis aus ihrer Sicht in einer Vielzahl von Fällen nicht angemessen hoch aus. Dies gilt insbesondere für solche Überträgerinnen, bei denen die Minderheitsanteilseigner die Verschmelzung auch theoretisch nicht mit ihren Stimmen verhindern können, sowie bei Fällen, in denen die Überträgerin bereits vor Bekanntgabe der Verschmelzungsabsicht mit einem Unternehmensvertrag an die Übernehmerin oder ein mit ihr verbundenes Unternehmen gebunden war.[301] Zur Verbesserung des Minderheitenschutzes schlägt *Ahlers* u. a. ein öffentliches Übernahmeangebot nach britischem Vorbild vor, dem 90 % der freien

---

[296] Siehe § 13 Abs. 1 i. V. m. §§ 50 Abs. 1, 65 Abs. 1, 43 Abs. 1 UmwG.

[297] Der *Arbeitskreis Umwandlungsrecht* schlägt vor, ihm alternativ ein Austrittsrecht einzuräumen, damit er nicht zum Verbleib gezwungen werden kann; vgl. *Arbeitskreis Umwandlungsrecht*, Vorschläge, ZGR 1993, S. 325; *Hommelhoff*, Minderheitenschutz, ZGR 1993, S. 472. Vgl. zur materiellen Beschlusskontrolle z. B. *Sagasser/Ködderitzsch* in *SBB*, Umwandlungen, 2000, C, Rz. 9.

[298] Vgl. Abschnitt 3.10.

[299] Siehe § 323 Abs. 2, 4 und 5 HGB. Vgl. weiterführend statt vieler *Kaminski*, WP-Handbuch, 2000, Bd. I, Teil A Rz. 450.

[300] Vgl. Abschnitt 3.10.

[301] Vgl. *Ahlers*, Verschmelzung, 2001, S. 207-215.

Anteilseigner zustimmen müssen, damit die Übernahme erfolgen kann.[302] Zudem spricht er sich für verbesserte Informationsrechte und die stärkere Einbeziehung von Börsenkursen (soweit vorhanden) bei der Ermittlung des angemessenen Umtauschverhältnisses aus.[303]

Das neue WpÜG regelt sämtliche öffentliche Angebote zum Erwerb von Aktien einer börsennotierten inländischen AG.[304] Dabei unterscheidet es „normale" öffentliche Angebote (§§ 10 ff. WpÜG), freiwillige Übernahmeangebote, die auf den Erwerb der Kontrolle zielen (§§ 29 ff. WpÜG), sowie Pflichtangebote, bei denen die Kontrolle bereits erlangt wurde (§§ 35 ff. WpÜG). § 29 Abs. 2 WpÜG definiert Kontrolle als das Halten von mindestens 30 % der Stimmrechte.[305]

Durch die Verschmelzung erlangt ggf. ein neuer Anteilseigner die Kontrolle i. S. v. § 29 Abs. 2 WpÜG an einer börsennotierten inländischen Übernehmerin.[306] Somit gehören Verschmelzungen zu dem Bereich der Pflichtangebote nach §§ 35 ff. WpÜG.[307] Da gleichzeitig das UmwG parallel anzuwenden ist, kommt es zu einer Regelungskonkurrenz zwischen den Schutzvorschriften des UmwG und des WpÜG, die allerdings nicht ausdrücklich gesetzlich geregelt ist.[308] Das WpÜG schützt Minderheiten mit Informationspflichten im Verfahrensablauf, mit Austrittsrechten, Gegenleistungen und Rechtsschutz.[309]

Ein Kontrollerwerb erfolgt erst mit Eintragung der Verschmelzung ins Handelsregister der Übernehmerin (§ 35 Abs. 1 S. 1 WpÜG i. V. m. § 20 Abs. 1 UmwG). Mit Kenntnis der Anteilseigner über den Kontrollerwerb werden diverse Mitteilungs- und Veröffentlichungspflichten ausgelöst.[310] Zuvor muss die Finanzierbarkeit der Übernahme gesichert sein (§§ 39, 13 Abs. 1 WpÜG). Der Kontrollerwerber erstellt ein Pflichtangebot an die Anteilseigner der Zielgesellschaft nach § 35 Abs. 2 i. V. m. § 14 Abs. 4 WpÜG. Mit der Angebotsunterlage und anderen nach den WpÜG erforderlichen Dokumenten muss der Kontrollerwerber weiteren Informationspflichten nachkommen, die er teilweise bereits in zentralen umwandlungsrechtlichen Dokumenten, wie im Verschmelzungsvertrag und -bericht erfüllt hat. Diese Mehrfachinformationspflicht erscheint im

---

302 Vgl. *Ahlers*, Verschmelzung, 2001, S. 217 ff.

303 Vgl. *Ahlers*, Verschmelzung, 2001, S. 223 ff. Vgl. zum Börsenkurs Abschnitt 4.1.

304 Vgl. zum WpÜG *Kraft*, WP-Handbuch, 2002, Bd. II, Teil M, Rz. 61 ff.

305 Im Gegensatz dazu: *Übernahmekommission*, Übernahmekodex, i. d .F. vom 01.01.1998, Art. 16 sah die Kontrolle erst bei mindestens 50 % der Stimmrechte als gegeben an. Dadurch konnten Ende 2001 noch Beteiligungen über 30 % ohne Pflichtangebote erworben werden. In 2002 besteht dann bereits eine Kontrolle, so dass das WpÜG für neue Erwerbe nicht greift. Vgl. zum Übernahmekodex *Ahlers*, Verschmelzung, 2001, S. 86 ff.

306 In diesem Zusammenhang ist strittig, ob die Kontrolle mittels Kapitalanteil an der Übernehmerin selbst (Share deal) oder an deren Vermögen (Asset deal) erlangt wird; vgl. *Seibt/Heiser*, Regelungskonkurrenz, ZHR 2001, S. 468; *Kalss/Winner*, Übernahmerecht, ÖBA 2000, S. 52; *Altmeppen*, Neutralitätspflicht, ZIP 2001, S. 1080 f. A. A., nach der das WpÜG nicht auf Verschmelzungsfälle anwendbar ist *Weber-Rey/Schütz*, Verhältnis, AG 2001, S. 328 ff.

307 Vgl. auch *Kraft*, WP-Handbuch, 2002, Bd. II, Teil M, Rz. 100.

308 Vgl. *Bundesregierung*, WpÜG, BT-Drs. 14/7034, S. 31; *Kraft*, WP-Handbuch, 2002, Bd. II, Teil M, Rz. 71.

309 Vgl. ausführlicher *Kraft*, WP-Handbuch, 2002, Bd. II, Teil M, Rz. 66.

310 Siehe § 35 Abs. 1, § 39 i. V. m. § 10 Abs. 2-5 WpÜG.

Verschmelzungsfall entbehrlich, wenngleich das WpÜG noch keine Erleichterungen für diesen Fall vorsieht.[311]

Neben das umwandlungsrechtliche Austrittsrecht des § 29 UmwG tritt das übernahmerechtliche Austrittsrecht aus § 35 Abs. 1 WpÜG. Danach muss jeder Kontrollerwerber ein Angebot auf Erwerb aller Anteile an der kontrollierten Gesellschaft gegen eine „angemessene Gegenleistung" nach § 31 Abs. 1 S. 1 WpÜG abgeben. Die Austrittsrechte nach UmwG und WpÜG sollen für zwei Fallvarianten gegenübergestellt werden: Vor der Verschmelzung bestehen zwei unabhängige Gesellschaften ÜT und ÜN mit den Anteilseignern t, k und n, wobei k den kontrollierenden Anteilseigner symbolisiert.

Fall 1: Die Gesellschaft ÜT als Überträgerin wird auf die börsennotierte Gesellschaft ÜN als Übernehmerin verschmolzen. An der Überträgerin ist k als kontrollierender Anteilseigner beteiligt (vgl. Abb. 9).

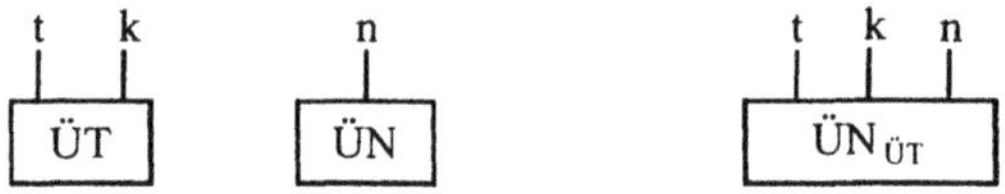

Abb. 9: Verschmelzung zur Aufnahme mit kontrollierendem Überträgerin-Anteilseigner

Einerseits muss unter den Bedingungen des § 29 UmwG die Übernehmerin den Anteilseignern der Überträgerin, also t und k, ein Abfindungsangebot unterbreiten. Andererseits erhält der Anteilseigner k durch die Verschmelzung erstmals die Kontrolle an der börsennotierten Gesellschaft ÜN. Deshalb muss k an die Alt-Anteilseigner n der Übernehmerin ein Pflichtangebot nach § 35 WpÜG richten. Die Anteilseigner t der Überträgerin wurden bereits vor der Verschmelzung durch k kontrolliert. Daher ist es m. E. nicht erforderlich, auch den Anteilseignern t ein Pflichtangebot nach § 35 WpÜG zu unterbreiten. Auch wenn § 29 UmwG und § 35 WpÜG verschiedene Schutzzwecke verfolgen, sind die Anteilseigner t m. E. bereits hinreichend durch die Barabfindungsmöglichkeit unter den Voraussetzungen des § 29 UmwG geschützt. In diesem Fall 1 sind WpÜG und UmwG nebeneinander anzuwenden, überschneiden sich aber nicht.[312]

Fall 2: Die Überträgerin ÜT wird auf die von k kontrollierte und börsennotierte Übernehmerin ÜN verschmolzen, so dass der Kontrollanteilseigner k die Kontrolle – wenn auch verwässert – behält (vgl. Abb. 10).

---

311 Vgl. *Seibt/Heiser*, Regelungskonkurrenz, ZHR 2001, S. 474 f.

312 Vgl. *Seibt/Heiser*, Regelungskonkurrenz, ZHR 2001, S. 478-480.

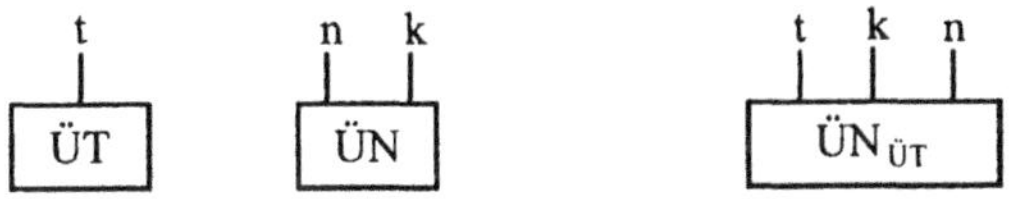

Abb. 10: Verschmelzung zur Aufnahme mit kontrollierendem Übernehmerin-Anteilseigner

Die Anteilseigner n werden nicht erstmals der Kontrolle durch einen neuen Kontrollanteilseigner unterworfen, so dass § 35 WpÜG für sie nicht greift.

Handelt es sich bei der Überträgerin nicht um eine börsennotierte Gesellschaft, wird dem unstrittigen Schutzbedürfnis der Anteilseigner t durch die Vorschriften zur Ermittlung des Umtauschverhältnisses und durch das Austrittsrecht des § 29 UmwG Rechnung getragen. Das WpÜG ist mangels Börsennotierung nicht anzuwenden, obwohl die Anteilseigner t der Überträgerin nach der Verschmelzung erstmals der Kontrolle durch k ausgesetzt sind.

Falls es sich bei der Überträgerin um eine börsennotierte AG handelt, deren Anteilseigner grundsätzlich in den Schutzbereich des WpÜG fallen, greift § 35 WpÜG für t vom Wortlaut her nicht. Allerdings sollte § 35 WpÜG im Wege der Analogie auf die Anteilseigner t der Überträgerin erweitert werden, weil es nicht entscheidend sein kann, ob nur Anteilseigner der Zielgesellschaft oder andere schützenswerte Anteilseigner von der Beherrschung betroffen sind. Eine analoge Anwendung von § 35 WpÜG würde das Austrittsrecht nach § 29 UmwG jedoch entbehrlich machen, weil es nur greifen würde, wenn die Anteile an der Übernehmerin Verfügungsbeschränkungen unterlägen (§ 29 Abs. 1 S. 2 UmwG). Das (analoge) Austrittsrecht nach § 35 WpÜG, das § 29 UmwG einschließt, sollte auf eine Barabfindung beschränkt werden und unabhängig vom Widerspruch der Anteilseigner sein.[313]

Dasselbe sollte für die Verschmelzung der börsennotierten Überträgerin auf die – in Abwandlung des 2. Falls – nicht börsennotierte Gesellschaft ÜN gelten, wenn dadurch die Anteilseigner t der börsennotierten Überträgerin erstmals unter die Kontrolle des Kontrollanteilseigners k fallen. Der Kontrollerwerb vollzieht sich jedoch erst mit Eintragung der Verschmelzung ins Handelsregister, womit gleichzeitig die Überträgerin ohne Liquidation erlischt und die Börsennotierung der Überträgerin endet.[314] Für diesen Fall des automatischen Delisting sehen weder das Kapitalmarkt- noch das Gesellschaftsrecht ein Abfindungsangebot vor. Diese Lücke im Anlegerschutz könnte durch das allgemeine Austrittsrecht aus wichtigem Grund[315] oder durch Analogie zu § 29 UmwG bzw. zu § 35 WpÜG geschlossen werden. Die Analogiebildung setzt jedoch voraus, dass die Regelungslücke planwidrig besteht, was *Seibt/Heiser* verneinen.[316]

---

313 Vgl. *Seibt/Heiser*, Regelungskonkurrenz, ZHR 2001, S. 481-483; *Kalss/Winner*, Übernahmerecht, ÖBA 2000, S. 54, 56; *Karollus/Geist*, Übernahmegesetz, NZG 2000, S.1146, 1149; a. A. *Weber-Rey/Schütz*, Verhältnis, AG 2001, S. 329.

314 Vgl. *Seibt/Heiser*, Regelungskonkurrenz, ZHR 2001, S. 486; *Groß*, Delisting, ZHR 2001, S. 149; kritisch: *Steck*, Going private, AG 1998, S. 462 ff.

315 Vgl. *Seibt/Heiser*, Regelungskonkurrenz, ZHR 2001, S. 487, Fn. 63 m. w. N.

316 Vgl. *Seibt/Heiser*, Regelungskonkurrenz, ZHR 2001, S. 487 f.

Insofern wäre eine Gesetzesänderung in § 29 UmwG oder § 35 WpÜG notwendig. § 29 UmwG greift zwar grundsätzlich, ist aber faktisch auf Fälle beschränkt, in denen die Anteile an der Übernehmerin Verfügungsbeschränkungen unterliegen (§ 29 Abs. 1 S. 2 UmwG). Der Wechsel von einer börsennotierten in eine nicht börsennotierte Gesellschaft ist von ähnlicher Qualität wie ein Rechtsformwechsel oder Verfügungsbeschränkungen durch die Verschmelzung. Der Wortlaut von § 35 Abs. 1 S. 1 WpÜG könnte insofern geändert werden in „Wer (...) die Kontrolle über 'in den Schutzbereich des WpÜG einzubeziehende (...) Personen'[317] erlangt, (...)".

Dasselbe Problem stellt sich im Fall der Verschmelzung durch Neugründung, wenn die Börsenzulassung der neuen Gesellschaft erst nach Eintragung der Verschmelzung ins Handelsregister erfolgt.

Pflichtangebote sind gem. § 35 WpÜG auch abzugeben, wenn zunächst ein Kontrollerweb erfolgt und erst anschließend die Verschmelzung mit der kontrollierten Gesellschaft vollzogen wird.[318]

Die Gegenleistung nach § 35 Abs. 2 WpÜG kann in Geld oder in Aktien bestehen. Angemessen ist die Gegenleistung nur, wenn sie mindestens dem höchsten gewährten oder vereinbarten Preis für Aktien an der Zielgesellschaft und mindestens dem gewichteten durchschnittlichen Börsenkurs dieser Aktien während der letzten drei Monate vor der Veröffentlichung der Angebotsunterlage entspricht.[319] Im Verschmelzungsfall ist die Zielgesellschaft regelmäßig die Übernehmerin, so dass deren Börsenkurse oder Kaufpreise maßgeblich sind. Dies gilt zweifellos für die erste beschriebene Fallvariante, bei der die Anteilseigner n der Übernehmerin auf Basis des Börsenkurses oder Kaufpreises der Gesellschaft ÜT ein Pflichtangebot erhalten. In der zweiten Fallvariante greift § 35 WpÜG analog für die Anteilseigner t der Überträgerin. Deren Gegenleistung wird gem. dem Wortlaut des § 35 Abs. 2 WpÜG nach dem Börsenkurs oder Kaufpreis der Übernehmerin bestimmt. Dies auf den ersten Blick erstaunliche Ergebnis ist dennoch zutreffend, weil zum einen die Anteilseigner der Überträgerin über das Umtauschverhältnis gleichwertig an der Übernehmerin beteiligt werden und sich der Kontrollerwerb zum anderen erst bei der Übernehmerin vollzieht.[320] Abschließend sind die Unterschiede bezüglich Höhe und Art der Gegenleistung zwischen angemessenen Pflichtangeboten nach § 35 WpÜG und angemessenen Barabfindungen nach § 29 UmwG zu beachten, denn § 29 UmwG sieht lediglich Barabfindungen nach Grundsätzen der Unternehmensbewertung vor.

Für individuellen übernahmerechtlichen Rechtsschutz der Anteilseigner besteht – im Gegensatz zum umwandlungsrechtlichen Rechtsschutz über Klage- und Spruchverfahren[321] – kein Raum. Zur Überwachung der Einhaltung der Vorschriften des WpÜG ist die Bundesanstalt für Finanzdienstleistungsaufsicht (BaFin) gem. § 4 Abs. 1 S. 1

317 *Seibt/Heiser*, Regelungskonkurrenz, ZHR 2001, S. 482.
318 Im Gegensatz zu: *Übernahmekommission*, Übernahmekodex, i. d .F. vom 01.01.1998, Art. 16.
319 Siehe § 31 Abs. 1 S. 2 WpÜG; BMF 27.12.2001, WpÜG-Angebotsverordnung, § 4 und § 5 Abs. 1.
320 Vgl. *Seibt/Heiser*, Regelungskonkurrenz, ZHR 2001, S. 483 f.
321 Vgl. Abschnitt 3.10.

WpÜG zuständig.[322] Sie nimmt Überwachungsaufgaben jedoch lediglich im öffentlichen Interesse und zum Schutz der Funktionsfähigkeit des Wertpapiermarkts wahr gem. § 4 Abs. 2 WpÜG.[323]

2.9.2 Schutz der Gläubiger

Durch die Verschmelzung, über die allein die Anteilseigner entscheiden, und die damit verbundene Gesamtrechtsnachfolge wird in die vertraglichen Rechte Dritter – hier der Gläubiger der beteiligten Gesellschaften – eingegriffen.

Bei Verschmelzungen steht den Gläubigern grundsätzlich dieselbe oder sogar eine größere Haftungsmasse zur Verfügung.[324] Nach der Verschmelzung konkurrieren jedoch die Gläubiger der Übernehmerin mit denen der Überträgerin:[325] Altgläubigern droht ein Enthaftungsproblem, wohingegen für Neugläubiger die Kapitalsicherung im Vordergrund steht.[326] *Schmidt* unterscheidet insofern einen präventiven, allgemein gültigen „institutionellen" Gläubigerschutz von einem individuellen Gläubigerschutz zugunsten einzelner Gläubigergruppen.[327]

Der institutionelle Schutz aller nach der Verschmelzung entstandenen Ansprüche dient vor allem dazu, dass den Gläubigern nicht durch Ausschüttungen an Anteilseigner Haftungsmasse entzogen wird.[328] Erreicht wird der Gläubigerschutz durch Anwendung der rechtsformspezifischen Vorschriften zur Gründung bzw. der Vorschriften über Sacheinlagen und Kapitalerhöhung.[329] So gilt bspw. die Überträgerin selbst, nicht deren Anteilseigner, bei der Verschmelzung durch Neugründung als Gründerin gem. § 36 Abs. 2 S. 2 UmwG. Erleichterungen sind für die Verschmelzung von Kapitalgesellschaften auf Kapitalgesellschaften in § 75 Abs. 2 und § 58 Abs. 2 UmwG vorgesehen.

Weitgehenden Schutz erreichen Gläubiger durch §§ 25 bis 27 UmwG, welche ihnen die unmittelbare gesamtschuldnerische Haftung der Organmitglieder der Überträgerin und Übernehmerin (nur bei der Verschmelzung durch Aufnahme) zusichern. Dies setzt voraus, dass die Organe bei der Prüfung der Vermögenslage oder des Verschmelzungs-

---

322 Die BaFin wurde zum 1. Mai 2002 gegründet, vereint die Geschäftsbereiche der ehemaligen Bundesaufsichtsämter für das Kreditwesen, für das Versicherungswesen sowie für den Wertpapierhandel in sich und führt diese weiter.

323 Vgl. *Seibt/Heiser*, Regelungskonkurrenz, ZHR 2001, S. 484 f.

324 Vgl. *Schwarz, H.-D.*, Umwandlungsrecht, DStR 1994, S. 1701; *Ganske*, Reform, DStJG 1994, S. 56. Probleme ergeben sich insbesondere in Spaltungsfällen, vgl. *Bolk/Reiß*, Überblick, SteuerStud 1995, S. 257.

325 Vgl. *Schmidt, K.*, Gesellschaftsrecht, 2002, S. 349; *Sagasser* in *SBB*, Umwandlungen, 2000, C, Rz. 30; *Grunewald* in *Lutter*, UmwG, 2000, § 22, Rz. 3.

326 Vgl. *Schmidt, K.*, Anforderungen, 1993, S. 47 ff.

327 Vgl. *Schmidt, K.*, Gläubigerschutz, ZGR 1993, S. 367 f.

328 Vgl. *Impelmann*, Verschmelzung, DStR 1995, S. 770; *Bolk/Reiß*, Überblick, SteuerStud 1995, S. 256.

329 Siehe § 36 Abs. 2, § 53, § 55 Abs. 1 und 2, § 58 Abs. 2, § 66, § 67, § 69 Abs. 1 und 2, § 75 Abs. 2 UmwG. Vgl. *Ihrig*, Gläubigerschutz, GmbHR 1995, S. 622 ff.; *Naraschewski*, Gläubigerschutz, GmbHR 1998, S. 356 ff.

vertrags ihre Pflichten verletzt haben, und den Gläubigern dadurch ein Schaden entstanden ist.[330]

Weder Verschmelzungsbericht noch -prüfung bieten – im Gegensatz zu Gründungsbericht und -prüfung nach §§ 32 f. AktG – den Gläubigern direkten Schutz.[331] Sie werden indirekt jedoch über die Kontrolle der Unternehmensbewertung und des angemessenen Umtauschverhältnisses geschützt.

Im individuellen Gläubigerschutz sind zunächst die Altgläubiger der Überträgerin schützenswert. Durch die Gesamtrechtsnachfolge gehen gem. § 20 Abs. 1 Nr. 1 UmwG ihre Verbindlichkeiten, soweit die Ansprüche bereits vor der Verschmelzung entstanden sind, ohne weiteres auf die Übernehmerin über. Somit lassen sich die Altgläubiger der Überträgerin durch die Verschmelzung zwar nicht „abschütteln“, ihre rechtlichen bzw. wirtschaftlichen Interessen können jedoch beeinträchtigt sein, wenn die Übernehmerin eine andere Rechtsform als die Überträgerin hat bzw. über eine schlechtere finanzielle Ausstattung oder höhere Schulden verfügt.[332] Nachteile für die Gläubiger der Überträgerin ergeben sich insbesondere in den Fällen, in denen durch die Verschmelzung von einer Personenhandelsgesellschaft mit vollhaftenden natürlichen Personen auf eine Kapitalgesellschaft Haftungsbeschränkungen erreicht werden. Diesem Problem begegnet das neue UmwG[333] durch § 45 (für Altschulden i. V. m. § 319) UmwG, der den Altgläubigern persönliche Haftung der alten Überträgerin-Anteilseigner für die folgenden fünf Jahre nach der Verschmelzung zusichert in Anlehnung an die §§ 159, 160 HGB.[334]

Außerdem müssen – gemessen an den §§ 414 ff. BGB – die im UmwG fehlenden Mitwirkungsrechte der Gläubiger durch Sicherheitsleistungen gem. § 22 UmwG ersetzt werden.[335] Danach können Altgläubiger der Überträgerin und der Übernehmerin für noch nicht fällige ungesicherte Forderungen Sicherheit verlangen, wenn sie glaubhaft machen, dass durch die Verschmelzung die Erfüllung ihrer Forderung gefährdet ist. Dies könnte bspw. der Fall sein, wenn das Aktivvermögen nicht zur Deckung aller Verbindlichkeiten ausreicht, oder Rechte der Gläubiger an den Anteilen der Überträgerin durch die Verschmelzung untergehen.[336] Weil in § 22 UmwG kein Ausschüttungsverbot

---

330 Vgl. *Sagasser* in *SBB*, Umwandlungen, 2000, C, Rz. 32-34; *Grunewald* in *Lutter*, UmwG, 2000, § 25, Rz. 9, 15.

331 Vgl. *Schmidt, K.*, Gläubigerschutz, ZGR 1993, S. 374 f.

332 Vgl. *Mertens, K.*, Umwandlung, 1993, S. 142 .

333 Ebenso das UmwG 1969 in §§ 45, 49 Abs. 4, 56, 56f Abs. 2.

334 §§ 26, 28, 159, 160 HGB wurden 1994 durch das Nachhaftungsbegrenzungsgesetz geändert. Vgl. *Ossadnik/Maus*, Verschmelzung, DB 1995, S. 109; *Neye*, Regierungsentwurf, 1994, S. 168.

335 Vgl. *Mertens, K.*, Umwandlung, 1993, S. 121, 140. *Hockemeier* lehnt den Bezug auf das BGB mit der Begründung ab, dass im BGB im Gegensatz zum UmwG vorausgesetzt wird, dass der Altgläubiger (hier die Überträgerin) fortbesteht. Vgl. *Hockemeier*, Auswirkung, 1990, S. 29 m. w. N. Vgl. zur Sicherheitsleistung *Sagasser* in *SBB*, Umwandlungen, 2000, C, Rz. 31.

336 Diese Einschränkung beruht auf Rat EG 09.10.1978, Fusionsrichtlinie, Art. 13 Abs. 2. So wird verhindert, dass z. B. Inhaber von Immobiliarsicherheiten oder von über Pensionssicherungsvereine gesicherten Pensionsansprüchen zusätzliche Sicherheiten verlangen können. Vgl. *Sagasser/Ködderitzsch* in *SBB*, Umwandlungen, 2000, C, Rz. 31; *Streck/Mack/Schwedhelm*, Verschmelzung, GmbHR 1995, S. 167; *Lutter*, Reform, ZGR 1990, S. 411. Kritisch dazu *Arbeitskreis Umwandlungsrecht*, Vorschläge, ZGR 1993, S. 327.

wie im Fall der Sicherheitsleistung bei einer Kapitalherabsetzung nach § 225 Abs. 2 AktG vorgesehen ist, wird dessen Wirksamkeit als unzureichend angesehen.[337]

Die Gruppe der Arbeitnehmer als Gläubiger ist ebenso wie andere Gläubiger durch die Vorschriften im UmwG geschützt. § 22 UmwG greift jedoch nicht für Lohnforderungen, die die Voraussetzung „bereits entstanden aber noch nicht fällig" regelmäßig nicht erfüllen. § 613a Abs. 2 BGB greift ebenfalls nicht. Eine vorzugsweise Befriedigung z. B. ihrer Versorgungsansprüche erhalten Arbeitnehmer im Insolvenzfall nach §§ 7 ff. BetrAVG.[338]

Bei einer konzerninternen Verschmelzung können Gläubiger der übertragenden Konzerngesellschaft gefährdet sein, wenn die Übernehmerin ihr Grundkapital nicht oder nicht in Höhe des vollen Grundkapitals der Überträgerin erhöhen muss (§ 68 UmwG). Diese Vorschrift greift jedoch nicht bei der Verschmelzung von Schwestergesellschaften, bei der zwingend eine Kapitalerhöhung notwendig ist.[339] Den Gläubigern steht jedoch auch bei Konzernverschmelzungen das Instrument der Sicherungsleistung nach § 22 UmwG zur Verfügung.[340]

2.9.3 Schutz der Arbeitnehmer [341]

Arbeitsrechtliche Schutzregeln im UmwG betreffen zwar überwiegend Spaltungen, sind aber auch für die Verschmelzung notwendig. Sie sind nicht nur für Arbeitnehmer[342] und deren Vertreter von besonderer Bedeutung, sondern auch für die beteiligten Rechtsträger, weil von ihrer Einhaltung das Schicksal der Verschmelzung abhängen kann. Im Gesetzgebungsverfahren wurde um diese Vorschriften besonders gerungen.[343] Ziel war die Vermeidung von Widersprüchen zwischen dem UmwG und dem Arbeits- und Europarecht[344] sowie die Förderung des sozialen Friedens.[345]

Anstelle des Rechtsträgers im Gesellschaftsrecht ist im Bereich des Arbeitsrechts der Betrieb als arbeitsorganisatorische Einheit maßgeblich.[346] Im Fall der Verschmelzung bleiben die Betriebe als solche zunächst unverändert bestehen; eine Betriebsänderung

---

337 Vgl. *Naraschewski*, Gläubigerschutz, GmbHR 1998, S. 358 f.

338 Vgl. zu Arbeitnehmern als Gläubiger *Sagasser/Schmidt, M.* in *SBB*, Umwandlungen, 2000, F, Rz. 25 ff.; *Boecken*, Unternehmensumwandlung, 1996, Rz. 211 ff.; *Wlotzke*, Aspekte, DB 1995, S. 43; *Lutter*, Reform, ZGR 1990, S. 411.

339 Vgl. dazu Abschnitt 5.2.7.

340 Vgl. *Sagasser/Ködderitzsch* in *SBB*, Umwandlungen, 2000, J, Rz. 160-162; *Knott*, Gläubigerschutz, DB 1996, S. 2424 f.; a. A. *Naraschewski*, Gläubigerschutz, GmbHR 1998, S. 358 f.

341 Vgl. dazu: *Erdmann*, Aspekte, 1972, S. 509-513; *Hanau*, Arbeitsrecht, ZGR 1990, S. 548-559; *Sagasser/Schmidt, M.* in *SBB*, Umwandlungen, 2000, F.

342 Nach Auffassung von *Joost* dienen die Vorschriften allerdings nicht den einzelnen Arbeitnehmern, sondern den betriebsverfassungsrechtlichen Organen und dem Kollektivschutz; vgl. *Joost*, Angaben, ZIP 1995, S. 978 f.

343 Vgl. zur Entwicklung *Wlotzke*, Aspekte, DB 1995, S. 41; *Däubler*, Arbeitsrecht, RdA 1995, S. 136; *Neye*, Reform, DB 1994, S. 2069 f.

344 Vgl. *Willemsen*, Anforderungen, 1993, S. 106.

345 Vgl. *Bundesregierung*, Begründung, BR-Drs. 75/94, S. 83; *Däubler*, Arbeitsrecht, RdA 1995, S. 137.

346 Vgl. *Hanau*, Arbeitsrecht, ZGR 1990, S. 549.

kann zwar geplant werden, entfaltet ihre Wirkung aber erst nach der Verschmelzung.[347] Dennoch sind Verschmelzungen, bei denen die Betriebe erhalten bleiben, von solchen zu unterscheiden, die bisherige Organisationsstrukturen auflösen und neue Betriebe bilden.[348]

Zunächst wird der allgemeine Arbeitnehmerschutz durch Informationspflichten besprochen, bevor für den einzelnen Arbeitnehmer wichtige Fragen, wie Übergang der Arbeitsverhältnisse, Widerspruchsrecht, Kündigungsschutz und Anwendung von § 613a BGB erläutert werden. Schließlich wird auf kollektivrechtliche Aspekte des Tarifrechts, Betriebsrat und Mitbestimmung im Aufsichtsrat eingegangen.

2.9.3.1 Informationspflichten

Auf der ersten Stufe erfährt der Arbeitnehmerschutz besondere Berücksichtigung durch die Verpflichtung, dass der Verschmelzungsvertrag für Arbeitnehmer wichtige Informationen gem. § 5 Abs. 1 Nr. 9 UmwG enthalten muss.[349] Über die mit der Verschmelzung an sich verbundenen Folgen soll informiert werden, ohne dass damit weitere Ansprüche oder Rechte eingeräumt werden.[350] Insofern wären die Informationspflichten dogmatisch besser in den Verschmelzungsbericht eingebunden worden.[351] Mit der frühen Information der Arbeitnehmer soll eine sozial verträgliche Durchführung der Verschmelzung erreicht werden.[352]

Allerdings erscheint zweifelhaft, was genau unter „Folgen" zu verstehen ist.[353] Einerseits sind *unmittelbare* Folgen[354] zwingend im Verschmelzungsvertrag anzugeben, wie z. B. Übergang der Arbeitsverhältnisse, Wechsel von Tarifzuständigkeit, Geltung von Betriebsvereinbarungen, betriebliche und unternehmerische Mitbestimmung sowie Einteilung von Betrieben.[355] Andererseits ist strittig, ob auch *mittelbare* Folgen zu nennen sind,[356] die sich erst nach Vollzug der Verschmelzung ergeben. Dazu gehören bspw.

---

347 Vgl. *Wlotzke*, Aspekte, DB 1995, S. 41, 45.

348 Vgl. *Bachner*, Auswirkungen, NJW 1995, S. 2882.

349 Vgl. zur Informationspflicht ausführlich: *Drygala*, Reichweite, ZIP 1996, S. 1365 ff.; *Bayer*, Tage, ZIP 1997, S. 1618; *Joost*, Angaben, ZIP 1995, S. 976 ff.; kritisch *Lutter* in *Lutter*, UmwG, 2000, § 5, Rz. 39.

350 Vgl. *Joost*, Angaben, ZIP 1995, S. 978, 985 f.; *Priester*, Spaltungsvertrag, 1995, S. 114; *Bungert*, Unternehmensvertragsbericht, DB 1995, S. 1391; *Willemsen*, Arbeitsrecht, NZA 1996, S. 796. Allerdings besteht die Möglichkeit, dass im Verschmelzungsvertrag auf vertraglicher Grundlage ausnahmsweise Rechte und Ansprüche eingeräumt werden oder auf anderer Grundlage (z. B. Interessenausgleich, Sozialplan) als geplant angekündigt werden.

351 Vgl. *Sagasser/Ködderitzsch* in *SBB*, Umwandlungen, 2000, J, Rz. 68; *Bungert*, Darstellungsweise, DB 1997, S. 2209. Sämtliche im Anhang untersuchten Verschmelzungsfälle erläutern die Arbeitnehmerfolgen zusätzlich im Verschmelzungsbericht.

352 Vgl. *Bundesregierung*, Begründung, BR-Drs. 75/94, S. 83.

353 Vgl. zu Beispielen aus der Praxis *Drygala*, Reichweite, ZIP 1996, S. 1366.

354 Begriff von *Bermel/Hannappel* in *Goutier*, Umwandlungsrecht, 1996, § 5 UmwG, Rz. 67; *Joost*, Angaben, ZIP 1995, S. 979.

355 Vgl. *Joost*, Angaben, ZIP 1995, S. 979, 984; *Boecken*, Unternehmensumwandlungen, 1996, Rz. 321-329; *Engelmeyer*, Informationsrechte, DB 1996, S. 2542. *Willemsen*, Arbeitsrecht, NZA 1996, S. 796 f. spricht sich gar für eine rein „summarische" Darstellung aus.

356 Für die Angabe: *Wlotzke*, Aspekte, DB 1995, S. 45; *Grunewald*, Verschmelzung, 1995, S. 21 ff.; *Schwarz* in *Widmann/Mayer*, Umwandlungsrecht, 2002, Einf. UmwG, Rz. 17; abgeschwächt:

Werkschließung oder Zusammenlegung von Abteilungen, Angaben darüber, auf welche Weise ein erforderlicher Arbeitsplatzabbau sozialverträglich gestaltet wird,[357] Dienstzeitanrechnung und Eintritt in betriebliche Altersversorgungsprogramme.[358] Gelegentlich werden Details, wie schwerere Arbeit, Verdienstminderung, Personalrabatte, längere Anfahrtswege, Nutzung öffentlicher Verkehrsmittel, doppelte Haushaltsführung oder Umzug sowie Kurzarbeit, genannt.[359]

Im Hinblick darauf, dass der Betriebsrat bereits nach BetrVG über mittelbare Folgen der Verschmelzung zu unterrichten ist (s. u.), reicht es m. E. aus, in den Verschmelzungsvertrag nur *un*mittelbare Folgen gem. § 5 Abs. 1 Nr. 9 UmwG aufzunehmen.[360] Einerseits muss der Betriebsrat sich anhand der Angaben eine eigene Meinung bilden können, andererseits ist es dem Vorstand aber tatsächlich nicht möglich, alle Einzelheiten rechtlich abschließend zu beurteilen.[361] Wird hingegen bereits im Vorfeld ein Interessenausgleich und ein Sozialplan mit dem Betriebsrat vereinbart, könnte es ausreichen, darauf in dem Verschmelzungsvertrag Bezug zu nehmen.[362] Mit „nichts sagenden Leerformeln" des Inhalts, es seien noch keine konkreten Beschlüsse über Rationalisierungsmaßnahmen o. Ä. erfolgt, wird eindeutig gegen § 5 Abs. 1 Nr. 9 UmwG verstoßen, zumal sie vor dem Hintergrund der bereits berechneten Synergiepotenziale unglaubhaft erscheinen.[363]

Fehlen die Angaben des § 5 Abs. 1 Nr. 9 UmwG im Verschmelzungsvertrag oder sind sie unvollständig oder falsch, sind die Rechtsfolgen umstritten. Einerseits dient der Verschmelzungsvertrag u. a. als Anlage zur Anmeldung zum Handelsregister. Das Registergericht kann daher bei fehlenden Angaben nach § 5 Abs. 1 Nr. 9 UmwG die Eintragung verweigern.[364] Falls die Mängel nicht beseitigt werden, kann dadurch die Frist des § 17 Abs. 2 UmwG ablaufen.[365] Andererseits könnten unrichtige Angaben nach § 5 Abs. 1 Nr. 9 UmwG zur Anfechtbarkeit bzw. zur Nichtigkeit des Verschmelzungsvertrags führen und ein Klagerecht der Anteilseigner gegen den Verschmelzungsbeschluss nach

---

Däubler, Arbeitsrecht, RdA 1995, S. 138; *Stratz* in *SHS*, UmwG, 2001, § 5 UmwG, Rz. 47; *Joost*, Angaben, ZIP 1995, S. 979, 984, 986; *Boecken*, Unternehmensumwandlungen, 1996, Rz. 319 f., 331; dagegen: *Sagasser/Ködderitzsch* in *SBB*, Umwandlungen, 2000, J, Rz. 69; *Drygala*, Reichweite, ZIP 1996, S. 1368 ff.; *Mayer* in *Widmann/Mayer*, Umwandlungsrecht, 2002, § 5 UmwG, Rz. 180 ff.; *Lutter* in *Lutter*, UmwG, 2000, § 5, Rz. 40-61.

357 Bspw. durch Sozialplan, Interessenausgleich, Abfindungen, Vorruhestand, Versetzungen, Umschulungen. Vgl. *Wlotzke*, Aspekte, DB 1995, S. 41, 45.

358 Vgl. bspw. METRO, Verschmelzung, 1996, § 6 Abs. 2-5 Vertrag ASKO AG, § 6 Abs. 2-4 Vertrag DSBK AG; E.ON, Verschmelzung, 2000, § 7 Abs. 2 Vertrag; ERGO, Verschmelzung, 1997, § 7 Abs. 2-3 Vertrag.

359 Vgl. *Drygala*, Reichweite, ZIP 1996, S. 1366 f.; *Bachner*, Auswirkungen, NJW 1995, S. 2886; *Boecken*, Unternehmensumwandlungen, 1996, Rz. 319 f.; *Stratz* in *SHS*, UmwG, 2001, § 5 UmwG, Rz. 47; METRO, Verschmelzung, 1996, § 7 Abs. 5 Vertrag Kaufhof AG; Degussa, Merger, 2000, § 6 Abs. 7. *Engelmeyer*, Informationsrechte, DB 1996, S. 2542 und *Joost*, Angaben, ZIP 1995, S. 979 unterscheiden zusätzlich „tatsächliche Folgen".

360 So auch *Sagasser/Ködderitzsch* in *SBB*, Umwandlungen, 2000, J, Rz. 69; *Drygala*, Reichweite, ZIP 1996, S. 1368 ff.

361 Vgl. *Joost*, Angaben, ZIP 1995, S. 984.

362 Vgl. *Drygala*, Reichweite, ZIP 1996, S. 1366.

363 Vgl. *Drygala*, Reichweite, ZIP 1996, S. 1366; *Däubler*, Arbeitsrecht, RdA 1995, S. 138.

364 Vgl. *Bermel/Hannappel* in *Goutier*, Umwandlungsrecht, 1996, § 5 UmwG, Rz. 105; a. A. (nur Anfechtbarkeit) *Lutter* in *Lutter*, UmwG, 2000, § 5, Rz. 92.

365 Vgl. Amtsgericht Duisburg 04.01.1996, GmbHR 1996, S. 372.

§ 14 UmwG auslösen.[366] Für die Arbeitnehmer selbst oder den Betriebsrat ist hingegen bei unrichtigen Angaben im Verschmelzungsvertrag keine Sanktionsmöglichkeit durch das UmwG vorgesehen.[367] Schadenersatzansprüche nach §§ 25-26 UmwG können die Arbeitnehmer nicht geltend machen.[368] Wenn der Betriebsrat auf sein Informationsrecht verzichtet, wird der Fehler geheilt.[369] Die Informationspflicht findet ihre Grenze jedoch in einem Geheimhaltungsinteresse analog § 8 Abs. 2 UmwG.

Auf der zweiten Stufe muss der gesamte Verschmelzungsvertrag nach § 5 Abs. 3 UmwG einen Monat vor der beschlussfassenden Versammlung an die zuständigen Betriebsräte[370] geleitet werden, andernfalls wird die Nichteinhaltung mit einer Eintragungssperre gem. § 17 Abs. 1 UmwG sanktioniert.[371] Der Zugang beim Betriebsratsvorsitzenden ist mittels Empfangsbestätigung oder Übersendungsschreiben nachzuweisen.[372] Wenn kein Betriebsrat vorhanden ist, entfällt die Zuleitungspflicht, nicht jedoch die zwingenden Angaben in § 5 Abs. 1 Nr. 9 UmwG.[373]

Neben den umwandlungsrechtlichen Informationspflichten bestehen noch betriebsverfassungsrechtliche Informationspflichten:[374] Nach § 80 Abs. 2 S. 1 BetrVG ist eine allgemeine Unterrichtung des Betriebsrats nötig.[375] Gem. §§ 106 Abs. 3 Nr. 8, 111 BetrVG müssen die Unternehmen unabhängig von der Regelung im UmwG „rechtzeitig", d. h. nach h. M.[376] bereits bei Planung der Verschmelzung oder dem Entschluss hierzu, den Betriebsrat informieren und mit dem Wirtschaftsausschuss beraten, sofern die Voraussetzungen, wie Betriebsgröße, Betriebsänderung und Arbeitnehmeranzahl, vorliegen.[377] Der Informationspflicht steht mit § 106 Abs. 2 BetrVG ein Recht auf Geheimhaltung entgegen. Die Nichteinhaltung der Informationspflichten über mittelbare Folgen der Verschmelzung wird durch § 113 BetrVG streng sanktioniert. [378] Wenn Einigung erzielt werden kann, kommt es zu einem Interessenausgleichsverfahren gem.

---

366 Vgl. Abschnitt 3.10.

367 Vgl. *Drygala*, Reichweite, ZIP 1996, S. 1370 f.; *Priester*, Spaltungsvertrag, 1995, S. 114; OLG Naumburg 06.02.1997, DB 1997, S. 466 f.

368 Vgl. *Sagasser/Ködderitzsch* in *SBB*, Umwandlungen, 2000, J, Rz. 70 Abs. 3.

369 Vgl. *Heidinger*, Gutachten, 1998, S. 67 ff.

370 Jedem beteiligten Betriebsrat muss der Vertrag zugeleitet werden gem. *Engelmeyer*, Informationsrechte, DB 1996, S. 2544; *Joost*, Angaben, ZIP 1995, S. 984. A. A. *Wlotzke*, Aspekte, DB 1995, S. 45; *Sagasser/Ködderitzsch* in *SBB*, Umwandlungen, 2000, J, Rz. 71; *Däubler*, Arbeitsrecht, RdA 1995, S. 138; *Bundesregierung*, Begründung, BR-Drs. 75/94, S. 83, nach denen die Zuleitung nur an den Gesamt- bzw. Konzernbetriebsrat erfolgen muss.

371 Vgl. hierzu *Sagasser/Schmidt, M.* bzw. *Ködderitzsch* in *SBB*, Umwandlungen, 2000, F, Rz. 49 ff. bzw. J, Rz. 70.

372 Vgl. *Bundesregierung*, Begründung, BR-Drs. 75/94, S. 90.

373 Vgl. *Engelmeyer*, Informationsrechte, DB 1996, S. 2543 ff.; *Sagasser/Ködderitzsch* in *SBB*, Umwandlungen, 2000, J, Rz. 70.; a. A. jedoch *Joost*, Angaben, ZIP 1995, S. 985; LG Stuttgart 29.03.1996, DNotZ 1996, S. 701 f.

374 Vgl. hierzu *Sagasser/Schmidt, M.* in *SBB*, Umwandlungen, 2000, F, Rz. 54 f. Zum Verhältnis von UmwG und BetrVG vgl. *Willemsen*, Arbeitsrecht, NZA 1996, S. 795.

375 Vgl. *Däubler*, Arbeitsrecht, RdA 1995, S. 138.

376 Vgl. *Fitting u. a.*, BetrVG, 2000, § 111, Rz. 98 ff.; *Fabricius/Oetkers* in *Fabricius u. a.*, BetrVG, 1998, § 111, Rz. 147 ff.

377 Vgl. *Drygala*, Reichweite, ZIP 1996, S. 1368 ff.; *Däubler*, Arbeitsrecht, RdA 1995, S. 138; *Gaul*, Beteiligungsrechte, DB 1995, S. 2265 ff.

378 Vgl. *Drygala*, Reichweite, ZIP 1996, S. 1370 f.

§ 112 Abs. 2, 3 BetrVG. Ein Sozialplan kann gem. § 112 Abs. 4 BetrVG erzwungen werden.[379]

Schließlich sieht der mit Wirkung vom 01.04.2002 neu eingeführte § 613a Abs. 5 BGB eine Unterrichtung der Arbeitnehmer durch den bisherigen Arbeitgeber oder den neuen Betriebsinhaber vor.

2.9.3.2 Individualarbeitsrecht

Für den einzelnen Arbeitnehmer ist der Kündigungsschutz von besonderer Bedeutung. Die schuldrechtlichen Arbeitsverträge/-verhältnisse mit der Überträgerin gehen auf die Übernehmerin über.[380] Der Übergang der Arbeitsverhältnisse kann nach § 20 Abs. 1 Nr. 1 UmwG durch die Gesamtrechtsnachfolge oder nach § 613a Abs. 1 BGB (i. V. m. § 324 UmwG)[381] durch Betriebsübergang erfolgen. Eine Kündigung mit dem Grund „Betriebsübergang" oder „Verschmelzung" ist unwirksam gem. § 324 UmwG i. V. m. § 613a Abs. 4 S. 1 BGB.

Grundsätzlich kann davon ausgegangen werden, dass Arbeitnehmer ein Interesse am Übergang des Arbeitsverhältnisses haben, wenngleich Dienste nicht übertragbar sind und ihnen kein anderer Vertragspartner aufgezwungen werden kann.[382] Dem Arbeitnehmer steht innerhalb eines Monats nach Information gem. § 613a Abs. 5 BGB ein Widerspruchsrecht gegen den Übergang des Arbeitsverhältnisses zu, das seit dem 01.04.2002 in § 613a Abs. 6 BGB gesetzlich normiert ist.[383] Der Widerspruch könnte nach bisher h. M. ins Leere laufen, weil die Überträgerin erlischt und der Arbeitnehmer somit keine Wahl zwischen mehreren Arbeitgebern hat.[384] Im Ergebnis ist der Wider-

---

379 Vgl. dazu *Bachner*, Auswirkungen, NJW 1995, S. 2886 m. w. N.

380 Vgl. *Erdmann*, Aspekte, 1972, S. 500; *Hennrichs*, Formwechsel, 1995, S. 48, 50 ff.; *Schmalz-Brüggemann*, Auswirkungen, 1993, S. 51; *Hockemeier*, Auswirkung, 1990, S. 28 f., 58.

381 § 324 UmwG bestimmt, dass § 613a Abs. 1 und 4 BGB „unberührt" bleibt, also ohnehin gilt. Dennoch ist die Anwendung des § 613a BGB auf Umwandlungsfälle nicht eindeutig geklärt, da die Wortwahl „durch Rechtsgeschäft" in § 613a Abs. 1 S. 1 BGB nach einer bisherigen Meinung nur für Fälle der allgemeinen rechtsgeschäftlichen Übertragung durch Einzelrechtsnachfolge gilt, vgl. z. B. *Richardi/Annuß* in *Staudinger/Strätz*, BGB, 1999, § 613a, Rz. 82 ff.; *Seiter*, Betriebsinhaberwechsel, 1980, S. 146; BAG 08.11.1988, DB 1989, S. 1527. Der neueren h. M. folgend ist § 613a BGB jedoch so auszulegen, dass er auch für die Gesamtrechtsnachfolge gilt, vgl. *Hanau*, Arbeitsrecht, ZGR 1990, S. 551, 553 ff., 557; *Schmidt, K.*, Universalsukzession, AcP 1991, S. 515 ff.; *Joost*, Umwandlungsrecht, 1995, S. 317 ff.; *Wlotzke*, Aspekte, DB 1995, S. 42; *Däubler*, Arbeitsrecht, RdA 1995, S. 139. Diese Auslegung entspricht dem Willen des Gesetzgebers und dem Zweck des UmwG, die nicht zwischen Einzel- und Gesamtrechtsnachfolge differenzieren. Allerdings ist § 613a BGB nur als Auffangtatbestand anzuwenden, wenn sich ein Arbeitnehmerschutz nicht bereits aus anderen Vorschriften ergibt, vgl. *Bachner*, Auswirkungen, NJW 1995, S. 2882; *Kreßel*, Aspekte, BB 1995, S. 928; *Sagasser/Schmidt, M.* in *SBB*, Umwandlungen, 2000, F, Rz. 6 letzter Satz m. w. N., und Rz. 18.

382 Siehe § 613 S. 2 BGB. Vgl. dazu *Hockemeier*, Auswirkung, 1990, S. 28 f.; *Rieble*, Verschmelzung, ZIP 1997, S. 306; EuGH 16.12.1992, NZA 1993, S. 170 Tz. 32.

383 Zuvor war das Widerspruchsrecht bereits ständige Rechtsprechung des BAG und des EuGH vgl. *Richardi/Annuß* in *Staudinger/Strätz*, BGB, 1999, § 613a, Rz. 117 ff.; *Boecken*, Unternehmensumwandlungen, 1996, Rz.80 f.; *Sagasser/Schmidt, M.* in *SBB*, Umwandlungen, 2000, F, Rz. 9.

384 Vgl. *Bachner*, Auswirkungen, NJW 1995, S. 2882; *Boßmann*, Fragen, INF 1996, S. 433; *Hanau*, Arbeitsrecht, ZGR 1990, S. 557; *Wlotzke*, Aspekte, DB 1995, S. 43; *Willemsen*, Anforderungen, 1993, S. 121; EuGH 16.12.1992, NZA 1993, S. 169 ff., insbes. S. 170. Vgl. zum Meinungsstand

spruch als außerordentliche Kündigung des Arbeitnehmers zu interpretieren.[385] Kündigungsfristen oder ein vertragliches Wettbewerbsverbot müsste der ausscheidende Arbeitnehmer damit nicht mehr einhalten.

Die Übernehmerin muss allerdings auch nach der Verschmelzung eine betriebsbedingte Kündigung, z. B. wegen Betriebsstilllegung gem. § 1 Abs. 2 KSchG oder andere sozial gerechtfertigte Kündigungen (z. B. personenbezogen oder verhaltensbedingt), vornehmen können, falls diese auch für die Überträgerin möglich gewesen wären, da ansonsten ein verfassungsrechtlich bedenklicher Eingriff in die unternehmerische Gestaltungsfreiheit vorläge.[386] Eine Kündigung ist als sozial ungerecht unwirksam, wenn der Arbeitnehmer in irgendeinem Betrieb der beteiligten Rechtsträger weiterbeschäftigt werden könnte.[387] Andere Kündigungsgründe bleiben gem. § 613a Abs. 4 S. 2 BGB bestehen.[388]

§ 613a Abs. 1 BGB regelt, dass im Rahmen des Betriebsübergangs nicht nur das Arbeitsverhältnis an sich, sondern auch dessen Inhalt übergeht, sog. Inhaltsschutz. Rechte und Pflichten aus dem Arbeitsverhältnis können nur durch eine spätere Änderungskündigung geändert werden. Ansprüche aus betrieblicher Altersversorgung gehen ebenfalls nach § 613a Abs. 1 BGB für noch aktive Arbeitnehmer bzw. nach § 20 Abs. 1 Nr. 1 UmwG für ausgeschiedene Arbeitnehmer und Versorgungsempfänger über.[389]

Gem. § 323 Abs. 2 UmwG soll auch bei Verschmelzungen ein Interessenausgleich dergestalt stattfinden, dass Arbeitnehmer bestimmten Betriebsteilen zugeordnet werden, um potenzielle arbeitsrechtliche Streitigkeiten von vornherein sachlich einzuschränken.[390] Der Interessenausgleich selbst hat keine unmittelbare Wirkung, sondern wird durch den Verschmelzungsvertrag umgesetzt.[391] Das Arbeitsgericht prüft nur grobe Fehlerhaftigkeit bei der Zuordnung. Allerdings darf keine Eintragung in das Handelsregister erfolgen, wenn dem Gericht ein laufendes Interessenausgleichsverfahren bekannt ist.[392]

Besonderheiten ergeben sich bei Vorständen und Geschäftsführern, bei denen formal die organrechtliche Beziehung von dem schuldrechtlichen Dienstvertrag zu trennen ist,[393] obwohl inhaltlich beide Rechtsverhältnisse weitgehend deckungsgleich sind.[394]

Boßmann, Fragen, INF 1996, S. 433. A. A. *Boecken*, Unternehmensumwandlungen, 1996, Rz. 80 f., 84.

385 Vgl. so auch *Däubler*, Arbeitsrecht, RdA 1995, S. 140; *Rieble*, Verschmelzung, ZIP 1997, S. 306.

386 Vgl. *Erdmann*, Aspekte, 1972, S. 501; *Boßmann*, Fragen, INF 1996, S. 434 f.; *Willemsen*, Arbeitsrecht, NZA 1996, S. 795.

387 Siehe § 1 Abs. 2 S. 1 Nr. 1 b) KSchG. Vgl. *Wlotzke*, Aspekte, DB 1995, S. 44.

388 Vgl. *Däubler*, Arbeitsrecht, RdA 1995, S. 140.

389 Vgl. *Sagasser/Schmidt, M.* in *SBB*, Umwandlungen, 2000, F, Rz. 42.

390 Vgl. *Neye*, Umwandlungsrecht, ZIP 1994, S. 919. A. A. *Sagasser/Schmidt, M.* in *SBB*, Umwandlungen, 2000, F, Rz. 13, denen der Anwendungsbereich von § 323 Abs. 2 UmwG unverständlich ist, da die Vorschrift nachrangig gegenüber § 613a BGB sei.

391 Vgl. *Baumann*, Aspekte, DStR 1995, S. 892.

392 Vgl. *Bachner*, Auswirkungen, NJW 1995, S. 2886 f.

393 Vgl. *Schneider* in *Scholz*, GmbHG, 2000, § 35, Rz. 149 ff.; *Mertens, H.-J.* in *Zöllner*, Kölner Kommentar, 1995, § 84, Rz. 2; *Hüffer*, AktG, 2002, § 84, Rz. 11, § 76, Rz. 6; *Hockemeier*, Auswirkung, 1990, S. 22.

394 Vgl. *Schmalz-Brüggemann*, Auswirkungen, 1993, S. 65.

Während Arbeitsverhältnisse mittels Gesamtrechtsnachfolge übergehen,[395] enden Organstellungen der Vorstände und Geschäftsführer ebenso wie Prokura und andere Vertretungsberechtigungen, wenn die Überträgerin erlischt.[396] Die Überträgerin fällt nach der Verschmelzung unter die Geschäftsführung der Übernehmerin.[397]

Bei der Verschmelzung durch Aufnahme wird es von den besonderen Fähigkeiten und der Persönlichkeit des Vorstandsmitglieds[398] sowie von der erwünschten Repräsentanz der Überträgerin im Vorstand der Übernehmerin abhängen, ob das ehemalige Vorstandsmitglied neu in den Vorstand der Übernehmerin bestellt wird. Gleiches gilt für den bei der Verschmelzung durch Neugründung stets neu zu bildenden Vorstand.[399] Das Dienstverhältnis kann aber auch durch eine auflösende Bedingung, Aufhebungsvertrag, Änderungskündigung oder ordentliche bzw. außerordentliche Kündigung enden.[400] Kündigt nach der Verschmelzung die Übernehmerin den Dienstvertrag mit einem früheren Organträger der Überträgerin und hat die Überträgerin seinerzeit den Dienstvertrag nicht ordnungsgemäß gekündigt, so gilt Arbeitnehmerrecht und u. U. lebt der nicht gekündigte Vertrag mit der inzwischen erloschenen Überträgerin wieder auf.[401] Das Organmitglied kann in diesem Fall ggf. einen Schadenersatzanspruch gegenüber der Übernehmerin durchsetzen.[402]

Das KSchG versagt gesetzlichen Vertretern von Kapitalgesellschaften einen Kündigungsschutz.[403] Bei Vorständen einer AG ist das Dienstverhältnis während des max. Fünf-Jahres-Zeitraums gem. § 84 Abs. 1 S. 5 AktG nicht ordentlich zu kündigen, endet aber zwingend mit Fristablauf gem. § 620 Abs. 1 BGB.[404] Für nicht befristet beschäftigte GmbH-Geschäftsführer ist eine ordentliche Kündigung nach § 621 BGB möglich, nach Umwandlung in ein leitendes Angestelltenverhältnis nach § 622 BGB, § 14 Abs. 2 KSchG. Eine Verschmelzung stellt nach h. M. keinen wirtschaftlichen Grund für eine außerordentliche Kündigung nach §§ 626 f. BGB durch die Gesellschaft dar.[405] Andererseits wird dem Organmitglied ein außerordentliches Kündigungsrecht eingeräumt.[406]

---

395 Vgl. *Sagasser/Schmidt, M.* in *SBB*, Umwandlungen, 2000, F, Rz. 47; *Hockemeier*, Auswirkung, 1990, S. 28 f., 58; *Schmalz-Brüggemann*, Auswirkungen, 1993, S. 20; *Röder/Lingemann*, Schicksal, DB 1993, S.1344 f.

396 Vgl. *Streck/Mack/Schwedhelm*, Verschmelzung, GmbHR 1995, S. 167; *Hennrichs*, Formwechsel, 1995, S. 48; *Schmalz-Brüggemann*, Auswirkungen, 1993, S. 46 ff., 54. Vgl. dazu auch *Hockemeier*, Auswirkung, 1990, S. 23 f.; a. A. bzgl. Prokura *Sagasser/Schmidt, M.* in *SBB*, Umwandlungen, 2000, F, Rz. 47.

397 Vgl. *Schmalz-Brüggemann*, Auswirkungen, 1993, S. 64. *Röder/Lingemann*, Schicksal, DB 1993, S. 1341 weisen darauf hin, dass die Organstellung der Übernehmerin-Organe unberührt bleibt.

398 Aus Vereinfachungsgründen wird im Folgenden nur von „Vorstand" gesprochen, weil Gleiches analog auch für Geschäftsführer gilt.

399 Vgl. *Hockemeier*, Auswirkung, 1990, S. 29 ff.

400 Vgl. zu auflösender Bedingung, Aufhebungsvertrag und Änderungskündigung *Hockemeier*, Auswirkung, 1990, S. 29 ff., 133 f.; *Röder/Lingemann*, Schicksal, DB 1993, S. 1344 ff., 1348.

401 Vgl. BAG 21.02.1994, ZIP 1994, S. 1044 ff.; BAG 12.03.1987, ZIP 1988, S. 91 ff.

402 Vgl. *Neflin*, Anstellungsvertrag, AG 1960, S. 218.

403 Siehe § 14 Abs. 1 Nr. 1 KSchG. Vgl. *Hockemeier*, Auswirkung, 1990, S. 65; *Schmalz-Brüggemann*, Auswirkungen, 1993, S. 67.

404 Vgl. *Schmalz-Brüggemann*, Auswirkungen, 1993, S. 69 f.; *Neflin*, Anstellungsvertrag, AG 1960, S. 217 f.

405 Vgl. *Schmalz-Brüggemann*, Auswirkungen, 1993, S. 57 ff., 71 ff. Eingeschränkt: *Hueck*, Einfluss, DB 1957, S. 1260 f.; *Neflin*, Anstellungsvertrag, AG 1960, S. 217. Nach Auffassung von *Hocke-*

Bei Fortbestehen der Dienstleistungspflicht muss über deren Form und Inhalt eine Einigung erzielt werden. Das ehemalige Organmitglied muss bei nicht fortbestehender Organschaft keine derartigen Dienste mehr leisten, sondern eine andere angemessene und zumutbare Tätigkeit annehmen.[407]

Unabhängig von einer andauernden Beschäftigung ist der Entgeltanspruch zu klären. Der Vergütungsanspruch besteht nach h. M. – allerdings mit unterschiedlichen Begründungen – unabhängig von einer tatsächlichen Tätigkeit für die Übernehmerin fort.[408]

Auch die Organstellung des Aufsichtsrates der Überträgerin endet i. d. R. mit der Verschmelzung. Der Vergütungsanspruch erlischt mit dem Amt.[409]

2.9.3.3 Kollektivarbeitsrecht

Tarifverträge (insbesondere Firmentarifverträge[410]) und Betriebsvereinbarungen[411] gehen mit der Gesamtrechtsnachfolge auf die Übernehmerin über, sofern die Betriebe erhalten bleiben. Falls ein neuer Betrieb gebildet wird oder ein Verbandstarifvertrag[412] besteht, ist die Verbandsmitgliedschaft der Übernehmerin zu prüfen, weil es nicht zu einer Gesamtrechtsnachfolge kommt. Stattdessen greift § 613a Abs. 1 S. 2-4 BGB, d. h. inhaltlich wird die Vereinbarung in Individualarbeitsrecht transformiert, wofür ein befristeter Bestandsschutz von einem Jahr gewährt wird.[413]

Auch die betriebliche Mitbestimmung[414] der Arbeitnehmer durch den sie vertretenden Betriebsrat[415] ist von der Verschmelzung betroffen. Regelungen im UmwG finden sich allerdings explizit nur für die Spaltung in § 321 Abs. 2 UmwG. Nach § 321 Abs. 2 S. 2 UmwG ist diese Vorschrift auch gültig, wenn „Betriebe zu einem neuen Betrieb zusam-

---

meier besteht diese Möglichkeit zumindest dann, wenn das Vorstandsmitglied eine zumutbare und angemessene Tätigkeit ablehnt, wobei die rechtlichen Grundlagen und Voraussetzungen umstritten sind; vgl. *Hockemeier*, Auswirkung, 1990, S. 62, 129 ff. m. w. N.; *Röder/Lingemann*, Schicksal, DB 1993, S. 1346.

406 Vgl. *Hockemeier*, Auswirkung, 1990, S. 63 f., 130 f. m. w. N.; *Böttcher/Meilicke*, Umwandlung, 1958, § 5 UmwG, Rz. 28; *Hueck*, Einfluss, DB 1957, S. 1262; *Schmalz-Brüggemann*, Auswirkungen, 1993, S. 73 ff.

407 Vgl. *Hockemeier*, Auswirkung, 1990, S. 61 m. w. N.; *Hueck*, Einfluss, DB 1957, S. 1261 f.; *Röder/Lingemann*, Schicksal, DB 1993, S. 1347. Gegen eine Dienstverpflichtung: *Godin/Wilhelmi*, AktG, 1971, § 346, Anm. 16.

408 Vgl. *Hockemeier*, Auswirkung, 1990, S. 61 f.; *Hueck*, Einfluss, DB 1957, S. 1261; BGH-Urteil vom 09.02.1978, WM 1978, S. 319 f.; *Schmalz-Brüggemann*, Auswirkungen, 1993, S. 72 f.

409 Vgl. *Schmalz-Brüggemann*, Auswirkungen, 1993, S. 13-42.

410 Vgl. *Sagasser/Schmidt, M.* in *SBB*, Umwandlungen, 2000, F, Rz. 23.

411 Vgl. *Boecken*, Unternehmensumwandlungen, 1996, Rz. 154 ff.; *Sagasser/Schmidt, M.* in *SBB*, Umwandlungen, 2000, F, Rz. 19 ff.

412 Vgl. *Boecken*, Unternehmensumwandlungen, 1996, Rz. 180 ff.

413 Vgl. *Hanau*, Arbeitsrecht, ZGR 1990, S. 553 ff.; *Kreßel*, Aspekte, BB 1995, S. 928 f.; *Joost*, Angaben, ZIP 1995, S. 979 f.; *Engelmeyer*, Informationsrechte, DB 1996, S. 2543; *Seiter*, Betriebsinhaberwechsel, 1980, S. 148; *Hennrichs*, Formwechsel, 1995, S. 52; *Boßmann*, Fragen, INF 1996, S. 436; *Däubler*, Arbeitsrecht, RdA 1995, S. 139 f.; *Joost*, Umwandlungsrecht, 1995, S. 311 f., 317.

414 Vgl. *Erdmann*, Aspekte, 1972, S. 513 ff.

415 Vgl. zum Gesamt- und Konzernbetriebsrat sowie zu Wirtschafts- und Sprecherausschuss *Joost*, Angaben, ZIP 1995, S. 982 ff.

mengefasst werden". Deshalb hält ein Teil der Literatur § 321 Abs. 2 UmwG auch bei der Verschmelzung für anwendbar.[416]

Die Betriebsräte bleiben im Amt, solange die Betriebe unverändert bestehen bleiben. Der Gesamtbetriebsrat der Überträgerin fällt allerdings weg.[417] Fraglich ist, ob er über ein Übergangsmandat verfügt.[418] In der Übernehmerin ist ggf. nach der Verschmelzung ein neuer Gesamtbetriebsrat zu bilden.

Wird der Betrieb der Überträgerin hingegen mit dem der Übernehmerin zusammengelegt, verliert der Betriebsrat der Überträgerin seine Funktion, so dass § 613a BGB gilt. Der zuständige Betriebsrat der Übernehmerin hat ein Restmandat und muss schließlich neu gewählt werden.[419] Wenn bei Zusammenfassung von Betriebsteilen ein betriebsratloser Betrieb entsteht, nimmt der Betriebsrat mit den zum Zeitpunkt der Verschmelzung meisten wahlberechtigten Arbeitnehmern das Übergangsmandat gem. § 321 Abs. 2 UmwG wahr, mit dem er insbesondere die Neuwahl einzuleiten hat.[420]

Im Gesetzgebungsverfahren ergaben sich heftige Diskussionen über die Regelungen zur Arbeitnehmer-Mitbestimmung in den Unternehmensorganen,[421] woraufhin das UmwG schließlich auf gesetzliche Eingriffe in die Mitbestimmung verzichtet, was *Ossadnik/Maus* zu der Aussage veranlasst, „das neue Verschmelzungsrecht (sei) keinesfalls mitbestimmungsfeindlich"[422].

Mit Erlöschen der Überträgerin enden die Organstellung des Aufsichtsrats und damit auch die Ämter der Arbeitnehmervertreter.[423] Die Mitbestimmung richtet sich allein nach den Verhältnissen bei der Übernehmerin nach der Verschmelzung.[424] Bei der Verschmelzung durch Neugründung wird ein neuer Aufsichtsrat ohne Arbeitnehmervertreter gem. § 30 Abs. 2 AktG gebildet, der jedoch nur eine kurze Amtszeit nach § 30 Abs. 3 AktG hat.[425] Hingegen bleibt nach einer Verschmelzung durch Aufnahme der bisherige Aufsichtsrat der Übernehmerin bestehen.[426]

Im eher seltenen[427] Fall kann die bei einer Kapitalgesellschaft vorher bestehende Mitbestimmung durch die Verschmelzung auf eine Personenhandelsgesellschaft mit einer

---

416 Vgl. *App/Hörtnagl/Stratz*, Überblick, NWB 1995, Fach 18, S. 3381; *Bachner*, Auswirkungen, NJW 1995, S. 2885; *Sagasser/Schmidt, M.* in *SBB*, Umwandlungen, 2000, F, Rz. 57.

417 Vgl. *Däubler*, Arbeitsrecht, RdA 1995, S. 140; a. A. *Hanau*, Arbeitsrecht, ZGR 1990, S. 558.

418 Vgl. zum Übergangsmandat *Joost*, Umwandlungsrecht, 1995, S. 299 ff.; Vgl. hierzu *Sagasser/Schmidt, M.* in *SBB*, Umwandlungen, 2000, F, Rz. 56 ff.

419 Vgl. *Bachner*, Auswirkungen, NJW 1995, S. 2882; *Erdmann*, Aspekte, 1972, S. 517 f.; *Engelmeyer*, Informationsrechte, DB 1996, S. 2543; *Kreßel*, Aspekte, BB 1995, S. 928 f.; *Joost*, Angaben, ZIP 1995, S. 981; *Hanau*, Arbeitsrecht, ZGR 1990, S. 558.

420 Vgl. *Wlotzke*, Aspekte, DB 1995, S. 46 für die Spaltung; *Däubler*, Arbeitsrecht, RdA 1995, S. 141. Vgl. zu Übergangs- und Restmandat *Kreßel*, Aspekte, BB 1995, S. 927; *Joost*, Angaben, ZIP 1995, S. 982; *Wlotzke*, Aspekte, DB 1995, S. 45 f., *Kallmeyer*, Neue, ZIP 1994, S. 1757.

421 Vgl. allgemein dazu *Erdmann*, Aspekte, 1972, S. 502 ff.

422 *Ossadnik/Maus*, Verschmelzung, DB 1995, S. 10; vgl. *Bartodziej*, Reform, ZIP 1994, S. 580, 582.

423 Vgl. *Erdmann*, Aspekte, 1972, S. 511 f.; *Schmalz-Brüggemann*, Auswirkungen, 1993, S. 15; *Däubler*, Arbeitsrecht, RdA 1995, S. 141.

424 Vgl. *Joost*, Angaben, ZIP 1995, S. 983.

425 Vgl. *Mertens, K.*, Umwandlung, 1993, S. 187 ff.; *Erdmann*, Aspekte, 1972, S. 512.

426 Vgl. *Mertens, K.*, Umwandlung, 1993, S. 187 ff.

427 Vgl. *Bartodziej*, Reform, ZIP 1994, S. 582.

natürlichen Person als Vollhafter aufgehoben werden.[428] Die entfallende Mitbestimmung gehört zu den Informationspflichten im Verschmelzungsvertrag gem. § 5 Abs. 1 Nr. 9 UmwG.[429]

Weitaus häufiger fallen vorher nicht mitbestimmungspflichtige Unternehmen durch die neu erworbene Größe oder die Zusammensetzung der Betriebszwecke nach der Verschmelzung unter die unternehmerische Mitbestimmung im Aufsichtsrat nach BetrVG, MitbestG 1976 oder MoMitbestG 1951.[430]

Die arbeitnehmerfreundlichste Mitbestimmung ist im MoMitbestG von 1951 verankert, das gem. § 2 MoMitbestG und § 1 Abs. 2 MitbestG vorrangig für Kapitalgesellschaften der Montanindustrie[431] mit mehr als 1000 Arbeitnehmern gilt. Der elf Personen umfassende Aufsichtsrat ist gem. § 4 Abs. 1 MoMitbestG mit fünf Vertretern der Anteilseigner, von denen einer nicht einem Arbeitgeberverband angehören darf, vier Arbeitnehmervertretern plus einem Arbeitnehmer, der nicht Gewerkschaftsmitglied ist und einem neutralen Mitglied besetzt. Betriebsfremde Gewerkschaftsangehörige überwiegen in praxi als Arbeitnehmervertreter.[432]

Für Kapitalgesellschaften und unter bestimmten Voraussetzungen für GmbH&CoKG[433] sowie für Konzerne[434] mit mehr als 2000 Arbeitnehmern gilt gem. § 1 Abs. 1 das MitbestG, das zwar auch eine paritätische Besetzung vorsieht, aber Gewerkschaftsvertreter nicht wie das MoMitbestG begünstigt: Von sechs Arbeitnehmervertretern sind zwei Gewerkschaftsrepräsentanten und vier Arbeiter und Angestellte im Unternehmen (§ 6 Abs. 1 MitbestG).

Die Mitbestimmung nach §§ 76, 77 BetrVG 1952 gelangt über den Verweis in § 129 BetrVG 1972 in geltendes Recht. Sie sieht für Kapitalgesellschaften mit mehr als 500 Arbeitnehmern eine Mitbestimmungsquote im Aufsichtsrat von einem Drittel vor, wobei Angehörige des Unternehmens bevorzugt werden.[435]

Die unterschiedlichen Ausgestaltungen der Mitbestimmungsgesetze allein können bereits zu Konflikten führen, wie der Fall Krupp-Thyssen zeigt: Die Thyssen AG unterlag dem MoMitbestG 1951, die Friedr. Krupp AG Hoesch-Krupp (Krupp AG) dagegen dem MitbestG 1976. Im Fall der Verschmelzung der Krupp AG im Wege der Verschmelzung durch Aufnahme auf die Thyssen AG hätte ein Anteil von mindestens 10 %

---

428 Vgl. *Ossadnik/Maus*, Verschmelzung, DB 1995, S. 108; allgemein zur Mitbestimmung: *Bartodziej*, Reform, ZIP 1994, S. 583; *Bundesregierung*, Begründung, BR-Drs. 75/94, S. 75 f. Da die Möglichkeiten zur Umwandlung in die Personenhandelsgesellschaft bereits vor der Bereinigung des UmwG bestanden haben, ist erwähnenswert, dass die Anzahl der mitbestimmungspflichtigen Unternehmen gestiegen ist, und somit keine Gefahr der Flucht aus der Mitbestimmung besteht, wie sie von Gewerkschaftsseite naturgemäß gesehen wird, vgl. *Küller*, Mitbestimmung, 1993, S. 136; *Wlotzke*, Aspekte, DB 1995, S. 47.

429 Vgl. *Sagasser/Ködderitzsch* in *SBB*, Umwandlungen, 2000, J, Rz. 69 letzter Absatz.

430 Vgl. *Sagasser/Ködderitzsch* in *SBB*, Umwandlungen, 2000, I, Rz. 7; *Ossadnik/Maus*, Verschmelzung, DB 1995, S. 108; *Bartodziej*, Reform, ZIP 1994, S. 581 f.; *Erdmann*, Aspekte, 1972, S. 510 f.; *Wlotzke*, Aspekte, DB 1995, S. 47.

431 Für Holdings gilt das MitbestErgG von 1956.

432 Vgl. *ank*, Krupp, FAZ vom 13.12.1997, S. 23.

433 Siehe § 4 Abs. 1 MitbestG.

434 Siehe § 5 MitbestG.

435 Vgl. zur Mitbestimmung *Wöhe*, Einführung, 2000, S. 112-118.

Montanprodukten zur Erhaltung der Montanmitbestimmung ausgereicht. Mit der tatsächlich durchgeführten Verschmelzung durch Neugründung wäre die Mitbestimmung nach dem MoMitbestG für das neue Unternehmen nur erhalten geblieben, wenn über 50 % Montanprodukte erzeugt worden wären.[436]

2.9.4 Schutz von unternehmensbezogenen Vertragspartnern

Neben Anteilseignern, Gläubigern und Arbeitnehmern sind auch unternehmensbezogene Vertragspartner von der Verschmelzung beeinflusst.

Es sind folgende unternehmensbezogene Verträge zu unterscheiden:

1. Unternehmensverträge, wie z. B. Beherrschungs- Gewinnabführungs-, Verlustübernahmeverträge,
2. Kartellverträge, Preisbindungen, Wettbewerbsverbote und ähnliche Verträge über das Marktverhalten und
3. Risikoverträge, wie z. B. Bürgschaften und Versicherungsverträge.

Hatte die Überträgerin als abhängige AG Unternehmensverträge (vgl. Nr. 1.) mit Dritten abgeschlossen, erlöschen diese. War die Überträgerin hingegen herrschende AG, bestehen die Verträge fort. Unternehmensverträge, die die Übernehmerin als abhängige oder herrschende AG mit Dritten abgeschlossen hat, bestehen ebenfalls fort.[437] Beim Fortbestand der Verträge ist stets ein Kündigungsrecht aus wichtigem Grund oder eine Vertragsanpassung zu prüfen.[438] Auch bei Kartell- und Risikoverträgen (vgl. Nr. 2. und 3.) erscheint nur eine Vertragsanpassung oder sogar eine Auflösung des Vertrags sinnvoll.[439]

Absolute Rechte, wie Störungsbeseitigungs- oder -abwehrrechte (Herausgabe nach § 985 BGB), gewerbliche Schutzrechte (Namensrecht gem. § 12 BGB, Firmenschutz gem. § 37 Abs. 2 HGB, Marken-, Urheberrechte sowie Schutzrechte gegen unlauteren Wettbewerb nach UWG), verlangen eine weitere Unterscheidung. Der Anspruch auf Störungsbeseitigung oder -abwehr geht im Rahmen der Gesamtrechtsnachfolge auf die Übernehmerin über. Auf der anderen Seite ist auch eine Rechtsnachfolge in die Verursacherhaftung nach h. M. möglich, soweit es sich nicht um eine Handlungsstörung handelt.[440]

---

436 Vgl. *ank*, Krupp, 1997, S. 23; BVerfG 02.03.1999, BVerfGE 1999, S. 367 ff. In dem gemeinsamen Verschmelzungsbericht wird das Thema nicht problematisiert, vgl. Thyssen AG, Verschmelzung, 1998, S. 28 f., 46, 117.

437 Vgl. *Krieger*, Konzern, ZGR 1990, S. 533-540.

438 Vgl. *Sagasser/Ködderitzsch* in *SBB*, Umwandlungen, 2000, J, Rz. 164-166. m. w. N.; *Grunewald* in *Lutter*, UmwG, 2000, § 20, Rz. 35.

439 Vgl. *Rieble*, Verschmelzung, ZIP 1997, S. 311 f. m. w. N.

440 Vgl. *Rieble*, Verschmelzung, ZIP 1997, S. 313 m. w. N.

2.9.5 Schutz des Wettbewerbs

Schließlich kann eine Verschmelzung zu gesamtwirtschaftlichen Nachteilen für Markt und Wettbewerb führen. Eine Verschmelzung unterliegt daher grundsätzlich europäischer bzw. deutscher Zusammenschlusskontrolle.[441] In beiden Fällen ist zu untersuchen, welche Voraussetzungen zur Anmeldungspflicht führen, welche Formalitäten bei der Anmeldung zu beachten sind, welche Bedeutung das Vollzugsverbot hat, was im Prüfverfahren geprüft wird und welche Entscheidungen getroffen werden können. Zwar genießt die europäische Fusionskontrolle Vorrang vor dem deutschen Kartellrecht,[442] dennoch werden beide Bereiche in einem Zug erläutert, da sich die Verfahren stark ähneln.

Zu einer Anmeldepflicht der Verschmelzung nach europäischem und deutschem Kartellrecht führt, dass die Verschmelzung den Tatbestand „Zusammenschluss"[443] des Art. 3 Abs. 1 FKVO[444] bzw. des § 37 Abs. 1 GWB[445] erfüllt. Nach Art. 1 Abs. 2-3 FKVO bzw. nach § 35 Abs. 1-2 i. V. m. § 38 GWB müssen außerdem bestimmte Umsatzschwellen überschritten sein,[446] damit es zu einer Anmeldepflicht kommt.[447]

Die Anmeldung der Verschmelzung bei der Europäischen Kommission muss innerhalb einer Woche nach Vertragsschluss auf einem besonderen Formblatt erfolgen,[448] wohingegen die Anmeldung beim Bundeskartellamt lediglich die Angaben des § 39 Abs. 3 GWB enthalten muss. Verstöße gegen die Anmeldepflicht können mit Geldbußen geahndet werden.[449]

Vor einer Entscheidung der Europäischen Kommission bzw. des Bundeskartellamts darf der Zusammenschluss nicht vollzogen werden. Verstöße gegen das Vollzugsverbot

- können zur schuldrechtlichen und dinglichen – schwebenden – Unwirksamkeit der Verschmelzungsverträge führen,
- bergen das Risiko der Entflechtung und
- können mit Geldbußen geahndet werden.[450]

---

441 Das Wettbewerbsrecht verfolgt den Zweck, einer „Vermachtung der Märkte (...) entgegenzuwirken" (*Schmidt, K.*, Gesellschaftsrecht, 1991, S. 318). Mit der 6. GWB-Novelle erfolgte mit Wirkung zum 01.01.1999 eine Anpassung des GWB an das europäische Wettbewerbsrecht.

442 Vgl. Art. 21 Abs. 2 FKVO und klarstellend § 35 Abs. 3 GWB; *Hense*, WP-Handbuch, 2002, Bd. II, Teil K, Rz. 163 ff.

443 Vgl. zum Zusammenschlussbegriff *Emmerich*, Fusionskontrolle, AG 2000, S. 533 f.; *Karl*, Zusammenschlussbegriff, 1996.

444 Vgl. *Sagasser/Maier* in *SBB*, Umwandlungen, 2000, G, Rz. 68.

445 Vgl. *Sagasser/Maier* in *SBB*, Umwandlungen, 2000, G, Rz. 9 ff., 19-21; *Hense*, WP-Handbuch, 2002, Bd. II, Teil K, Rz. 178 ff. Die Verschmelzung fällt i. d. R. gleichzeitig unter § 37 Abs. 1 Nr. 1 GWB Vermögenserwerb und unter Nr. 3 Anteilserwerb.

446 Vgl. *Sagasser/Maier* in *SBB*, Umwandlungen, 2000, G, Rz. 34-35 und 73-75; *Hense*, WP-Handbuch, 2002, Bd. II, Teil K, Rz. 169 und 180.

447 Nach deutschem Recht kommt der „Vorrang der europäischen Fusionskontrolle" sowie „Besonderheiten für bereits bestehende Unternehmensverbindungen" gem. § 37 Abs. 2 GWB hinzu.

448 Vgl. *Sagasser/Maier* in *SBB*, Umwandlungen, 2000, G, Rz. 77 f.

449 Vgl. *Sagasser/Maier* in *SBB*, Umwandlungen, 2000, G, Rz. 36-41 und 63-83; *Hense*, WP-Handbuch, 2002, Bd. II, Teil K, Rz. 184.

450 Vgl. *Sagasser/Maier* in *SBB*, Umwandlungen, 2000, G, Rz. 42-55, 80, 84; *Hense*, WP-Handbuch, 2002, Bd. II, Teil K, Rz. 184 f., 192.

Das Bundeskartellamt untersucht im Einzelfall, ob die Verschmelzung eine marktbeherrschende Stellung i. S. d. § 19 Abs. 2-3 GWB begründet oder verstärkt oder gesamtwirtschaftliche Nachteile durch Wettbewerbsbeschränkungen erwartet werden.[451] In diesem Fall wird die Verschmelzung im Regelfall untersagt, § 36 Abs. 1 GWB. Auf europäischer Ebene wird die Verschmelzung nach Art. 2 Abs. 3 FKVO untersagt, wenn eine beherrschende Stellung den Wettbewerb im gemeinsamen Markt erheblich behindern würde.

Innerhalb eines Monats nach Eingang der vollständigen Anmeldung kann die Europäische Kommission (bzw. innerhalb von vier Monaten das Bundeskartellamt) die Verschmelzung untersagen[452] oder sie mit oder ohne Bedingungen und Auflagen freigeben.[453] Läuft die Frist ohne Entscheidung ab, gilt die Verschmelzung als freigegeben.[454]

Gegen eine Entscheidung des Bundeskartellamts bzw. der Europäischen Kommission steht einerseits dem Antragsteller selbst gegen eine Untersagung des Zusammenschlusses Rechtsschutz zu und andererseits können Dritte unter bestimmten Voraussetzungen die Freigabe anfechten.[455]

Die Ausführungen haben gezeigt, dass allein mit dem UmwG die Probleme der Schutzrechte für von der Verschmelzung betroffene Marktteilnehmer nicht zu lösen sind. Anteilseigner erfahren zwar durch das UmwG weitgehenden Schutz, können jedoch das unternehmerische Risiko, ob eine Verschmelzung erfolgreich ist, nicht ausschließen. Gläubiger sichern i. d. R. ihre Forderungen so ab, dass sie des Schutzes aus dem UmwG nicht bedürfen. Für Arbeitnehmer sind weder der Arbeitsplatz noch die Mitbestimmung unmittelbar durch die Verschmelzung gefährdet. Das darf jedoch nicht darüber hinwegtäuschen, dass i. d. R. nach der Verschmelzung bei der Übernehmerin Arbeitsplätze abgebaut werden. Schließlich schützt die Zusammenschlusskontrolle den Markt vor Beherrschung und Wettbewerbsbeschränkung.

---

451 Vgl. *Kahlenberg*, Kartellrecht, BB 1998, S. 1599; *Bechtold*, Entwicklung, NJW 1997, S. 1960 ff.; *Olfert/Körner/Langenbeck*, Sonderbilanzen, 1994, S. 180; *Hense*, WP-Handbuch, 2002, Bd. II, Teil K, Rz. 190 ff.; *Emmerich*, Fusionskontrolle, AG 2000, S. 530 ff., 534 ff.

452 Untersagungsverfügungen in der Fusionskontrolle gab es 1999/2000 vom Bundeskartellamt bspw. für Henkel/Luhns, Bentz/Schultink und von der Europäischen Kommission für Meinl/Rewe, First Choice/Airtours, Scania/Volvo; vgl. *Emmerich*, Fusionskontrolle, AG 2000, S. 529 f. m. w. N. In diesen Fällen handelte es sich jedoch ausnahmslos um Übernahmen oder die Gründung von Gemeinschaftsunternehmen.

453 So z. B. durch die Europäische Kommission am 13.06.2000 für die Verschmelzung von VEBA AG und VIAG AG und durch das Bundeskartellamt für die Verschmelzung RWE AG und VEW AG; vgl. *Emmerich*, Fusionskontrolle, AG 2000, S. 530 m. w. N.

454 Siehe Art. 10 Abs. 1 und 6 FKVO bzw. § 40 GWB. Vgl. *Hense*, WP-Handbuch, 2002, Bd. II, Teil K, Rz. 176, 186.

455 Siehe §§ 54, 63 GWB bzw. Art. 18 Abs. 3 und 4 FKVO. Vgl. *Kahlenberg*, Kartellrecht, BB 1998, S. 1599; *Körber*; Drittschutz, BB 2000, S. 1535 f.; *Montag/Leibenath*, Rechtsschutzmöglichkeiten, ZHR 2000, S. 176 ff.; *Hense*, WP-Handbuch, 2002, Bd. II, Teil K, Rz. 177. Das Anfechtungsrecht Dritter besteht erst seit der 6. GWB-Novelle, gültig ab 1999.

3 Chronologie der Verschmelzung

3.1 Phasen der Verschmelzung

Der zeitliche Ablauf der Verschmelzung wird durch § 17 Abs. 2 UmwG vorgegeben. Zur Eintragung ins Handelsregister – und damit zum Wirksamwerden der Verschmelzung – wird danach verlangt, dass der Anmeldung eine Schlussbilanz der Überträgerin beigefügt wird, die auf einen höchstens acht Monate zurückliegenden Bilanzstichtag aufgestellt worden ist. Die einzelnen Schritte laufen bei der Überträgerin und der Übernehmerin weitgehend parallel ab. Der Ablauf wird im folgenden 3. Kapitel beispielhaft an der Verschmelzung durch Aufnahme von zwei Aktiengesellschaften dargestellt. Andere Verschmelzungsfälle werden nur bezüglich ihrer Besonderheiten erwähnt, weil die Verschmelzungen von GmbH und Personenhandelsgesellschaften im Regelfall erleichterten Anforderungen unterliegen.[456] Es werden die Planungs-, Vorbereitungs-, Beschluss- und Vollzugsphase unterschieden (vgl. Abb. 11).

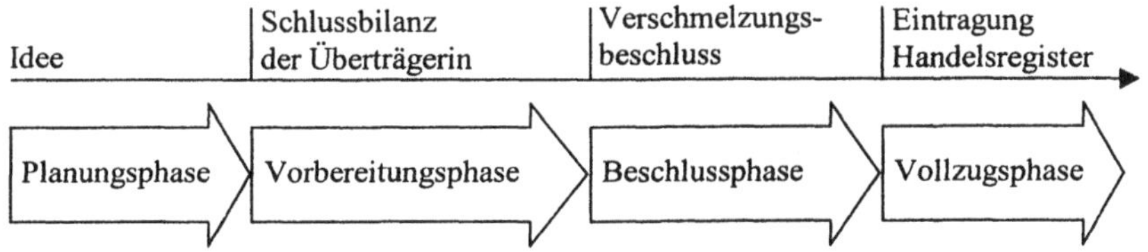

Abb. 11: Verschmelzungsphasen

Nach einer kurzen Charakterisierung dieser Phasen werden von Abschnitt 3.2. an wichtige Elemente genauer erläutert.

3.1.1 Planungsphase

Nachdem der Entschluss zur Verschmelzung gefasst ist, muss ein Zeitplan unter Einbeziehung aller Beteiligten festgelegt werden, um die Acht-Monats-Frist des § 17 Abs. 2 UmwG einhalten zu können.[457] Gleichzeitig wählen die Beteiligten ihre Berater, Wirtschaftsprüfer und Notare aus.

---

456 Vgl. zum Ablauf der Verschmelzung: *Sagasser/Ködderitzsch* in *SBB*, Umwandlungen, 2000, J, Rz. 9 ff.

457 Vgl. zu einem möglichen Ablaufplan das Schaubild in *Sagasser/Ködderitzsch* in *SBB*, Umwandlungen, 2000, J, Rz. 11.

3.1.2 Vorbereitungsphase

Die sicherlich arbeitsintensivste Phase der Verschmelzung stellt die Vorbereitungsphase dar, in der alle für die Verschmelzung erforderlichen Anforderungen in acht Monaten erfüllt werden müssen.

1. Zunächst muss die Schlussbilanz der Überträgerin aufgestellt und geprüft werden, § 17 Abs. 2 UmwG.
2. Falls die Unternehmensbewertung zu diesem Bilanzstichtag erfolgen soll, muss auch für die Übernehmerin auf denselben Stichtag eine Jahresabschlussbilanz (bzw. bei abweichendem Wirtschaftsjahr eine Zwischenbilanz) aufgestellt, geprüft und offen gelegt werden.
3. Parallel erfolgen die Unternehmensbewertungen bei der Überträgerin und der Übernehmerin, aufgrund derer schließlich das Umtauschverhältnis, mögliche Barabfindungen und ggf. bare Zuzahlungen festgelegt werden.
4. Ein gemeinsamer Verschmelzungsvertrag wird entworfen, §§ 4-5 UmwG.
5. Die beteiligten Rechtsträger erstellen eigenständige Entwürfe oder einen gemeinsamen Entwurf des Verschmelzungsberichts.
6. Bei der Verschmelzung durch Neugründung muss außerdem ein Gesellschaftsvertrag für die neu zu gründende Übernehmerin aufgestellt werden.
7. Wenn die Zustimmung zur Verschmelzung als relativ sicher anzunehmen ist, kann der Verschmelzungsvertrag bereits nach § 6 UmwG notariell beurkundet werden.
8. Die Arbeitnehmervertreter werden über die Folgen der Verschmelzung für Arbeitnehmer durch Zusendung des Verschmelzungsvertrags mindestens einen Monat vor den beschlussfassenden Hauptversammlungen unterrichtet, § 5 Abs. 3 UmwG.
9. Die Vorstände oder das Gericht bestellen eigenständige oder einen gemeinsamen Verschmelzungsprüfer, § 10 UmwG.
10. Wirtschaftsprüfer[458] führen die Verschmelzungsprüfung durch und erstellen einen Prüfungsbericht, §§ 9-12, 60 UmwG. Aufgrund der Prüfungsergebnisse erfolgt ggf. eine Korrektur des Umtauschverhältnisses, der Barabfindungen und der baren Zuzahlungen.
11. Falls erforderlich, ist bei der Übernehmerin eine Kapitalerhöhung vorzubereiten, §§ 66, 69 UmwG.
12. Die Anteilseigner werden mit dem Tagesordnungspunkt „Verschmelzung" zur Hauptversammlung eingeladen. Verschmelzungsvertrag und -bericht sind mit zu versenden, bekannt zu machen oder auszulegen, § 61 UmwG. Zusätzlich müssen die letzten drei Jahresabschlüsse, die Verschmelzungs- und Prüfungsberichte

[458] Oder andere Verschmelzungsprüfer, vgl. Abschnitt 3.4.

gem. § 63 UmwG ausgelegt werden. Gleichzeitig ist eine Ad hoc-Mitteilung über die Verschmelzung gem. § 15 WpHG abzugeben.

3.1.3 Beschlussphase

Die Anteilseigner der Überträgerin und der Übernehmerin entscheiden gesondert in ihren Hauptversammlungen über die Verschmelzung (§ 13 Abs. 1 UmwG). Die seit der Einladung ausliegenden Unterlagen stehen den Aktionären auch noch während der Hauptversammlung zur Verfügung. Die Organe der Gesellschaften müssen die Verschmelzung und den Vertrag zu Beginn der Hauptversammlung erläutern, § 64 UmwG.

Für die Abstimmung verlangt das UmwG für AG und GmbH mindestens eine Dreiviertelmehrheit der anwesenden Stimmen, § 50 Abs. 1 bzw. § 65 Abs. 1 UmwG. Besondere Zustimmungserfordernisse bestehen für verschiedene Aktiengattungen und bestimmte Anteilseigner-Gruppen. Bei Personenhandelsgesellschaften muss grundsätzlich Einstimmigkeit herrschen, § 43 UmwG.[459] Falls gesellschaftsvertraglich nach § 43 Abs. 2 UmwG eine Dreiviertelmehrheit vorgesehen ist, sind besondere Zustimmungserfordernisse nach § 40 Abs. 2, § 43 Abs. 2 UmwG zu beachten. Der Verschmelzungsbeschluss verlangt eine notarielle Beurkundung.

Zusätzlich muss ggf. eine Kapitalerhöhung beschlossen werden, § 69 UmwG. Die Beschlüsse sind notariell zu beurkunden, § 13 Abs. 3 UmwG. Falls lediglich über den Entwurf des Verschmelzungsvertrags abgestimmt wurde, muss dieser Entwurf jetzt notariell beurkundet werden, § 6 UmwG.

In dem Zustimmungsbeschluss zum Verschmelzungsvertrag ist ein Angebot zu sehen, das nur so lange gültig ist, wie das Umtauschverhältnis als angemessen gilt.[460]

3.1.4 Vollzugsphase

Nach Zustimmung der Hauptversammlungen kann die Verschmelzung vollzogen werden. Dazu ist zuerst die Eintragung einer evtl. Kapitalerhöhung erforderlich, § 66 UmwG. Die Vorstände der beteiligten Rechtsträger melden die Verschmelzung vor Ablauf der Acht-Monats-Frist zur Eintragung ins Handelsregister an, §§ 16-17 UmwG.

Außerdem müssen ggf. ein Börsenzulassungsprospekt, der spätestens 15 Tage vor der erwarteten Handelsregistereintragung von der Börse zu billigen ist, und ein Zulassungsantrag für neue Aktien (§ 36 BörsG, § 48 BörsZulV) gestellt werden.

Zunächst erfolgt die Eintragung der Verschmelzung ins Handelsregister der Überträgerin. Erst danach wird die Verschmelzung auch ins Handelsregister der Übernehmerin eingetragen, § 19 UmwG. Mit der Eintragung der Verschmelzung in das Handelsregister der Übernehmerin treten die Wirkungen der Verschmelzung ein: die Übernehmerin wird Gesamtrechtsnachfolgerin der Überträgerin, die Überträgerin erlischt und die An-

---

459 Vgl. dazu ausführlich Abschnitt 3.5.

460 Vgl. *Sagasser/Ködderitzsch* in *SBB*, Umwandlungen, 2000, J, Rz. 79.

teilseigner der Überträgerin werden solche der Übernehmerin, § 20 UmwG. Die Parteien können vereinbaren, dass schuldrechtlich im Innenverhältnis ein anderer Verschmelzungsstichtag (§ 5 Abs. 1 Nr. 6 UmwG) innerhalb der Acht-Monats-Frist gelten soll.[461]

Mit Eintragung der Verschmelzung ins Handelsregister erlangen die Anteilseigner Kenntnis von einem eventuellen Kontrollerwerb nach § 35 Abs. 1 WpÜG.[462]

3.2 Entwurf des Verschmelzungsvertrags

Die Verschmelzung kommt durch Rechtsgeschäft zustande, so dass ein Verschmelzungsvertrag stets notwendig ist. Er erfüllt die Funktionen eines

- schuldrechtlichen Verpflichtungsgeschäfts, das den Rechtsgrund für die Verschmelzung bildet[463] und eines
- Organisationsvertrags, in dem die neue Verfassung der Übernehmerin geregelt ist.[464]

Eine dingliche Wirkung hat der Verschmelzungsvertrag indes nicht, weil diese erst mit Eintragung der Verschmelzung ins Handelsregister erfolgt. Der Verschmelzungsvertrag selbst findet seine Rechtsgrundlage für die Verschmelzung durch Aufnahme in § 4 Abs. 1 UmwG.[465] Beim Abschluss des Vertrags werden die Rechtsträger durch ihre gesetzlichen Vertretungsorgane vertreten.[466] Den Zustimmungsbeschluss zum Verschmelzungsvertrag erteilen die Anteilseigner in der Hauptversammlung.

Der Vertrag(-sentwurf) muss die Mindestangaben des § 5 Abs. 1 UmwG[467] beinhalten, die sicherstellen sollen, dass die Anteilseigner, welche über die Verschmelzung entscheiden, über die wesentlichen Informationen verfügen.[468] Eine wörtliche Verwendung des Gesetzestexts ist zwar nicht zwingend,[469] wird aber teilweise empfohlen.[470]

Als Mindestinhalt verlangt § 5 Abs. 1 UmwG:

1. Namen oder Firma und der Sitz der an der Verschmelzung beteiligten Rechtsträger, also von Übernehmerin und Überträgerin, sind anzugeben.
2. Die Übertragung des Vermögens der Überträgerin als Ganzes gegen Gewährung von Anteilen an der Übernehmerin muss vereinbart werden. Die Gesamtrechtsnachfolge muss sämtliche Vermögensgegenstände und Schulden umfassen, an-

---

461 Vgl. zum Verschmelzungsstichtag Abschnitt 3.11.
462 Vgl. Abschnitt 2.9.1.
463 Vgl. *Lutter* in *Lutter*, UmwG, 2000, § 4 Rz. 4.
464 Vgl. *Peter/Crezelius/Borggreve*, Gesellschaftsverträge, 1995, Rz. 2429; *Lutter* in *Lutter*, UmwG, 2000, § 4 Rz. 2.
465 Für die Verschmelzung durch Neugründung siehe § 36 Abs. 1 i. V. m. § 4 Abs. 1 UmwG.
466 Vgl. *Sagasser/Ködderitzsch* in *SBB*, Umwandlungen, 2000, J, Rz. 24.
467 Als Vorbild dienten §§ 339 ff. AktG a. F., vgl. *Schöne*, Aktienrecht, GmbHR 1995, S. 327.
468 Vgl. *Bermel/Hannappel* in *Goutier*, Umwandlungsrecht, 1996, § 5 UmwG, Rz. 2.
469 Vgl. *Sagasser/Ködderitzsch* in *SBB*, Umwandlungen, 2000, J, Rz. 27; *Heckschen*, Fusion, WM 1990, S. 380; LG Mannheim 03.03.1988, AG 1988, S. 248.
470 Vgl. *Stratz* in *SHS*, UmwG, 2001, § 5 UmwG, Rz. 4; *Heckschen*, Fusion, WM 1990, S. 380.

dernfalls droht Nichtigkeit nach § 139 BGB.[471] Die Gegenleistung muss zwingend in Anteilen an der Übernehmerin bestehen.[472]

3. Der Verschmelzungsvertrag muss das Umtauschverhältnis der Anteile und bare Zuzahlungen enthalten. Die Festlegung einer angemessenen Wertrelation, nach der die Anteile an der Überträgerin in solche der Übernehmerin umgetauscht werden, ist der wichtigste aber auch schwierigste Teil der Verschmelzung. Zusätzlich zum Umtauschverhältnis ist eine bare Zuzahlung festzulegen, um ungerade Umtauschverhältnisse auszugleichen.[473]

4. Einzelheiten für die Anteilsübertragung sind zu nennen.[474] Im Verschmelzungsvertrag müssen Angaben über die Art der zu gewährenden Anteile gemacht werden.

5. Der Zeitpunkt der Gewinnbeteiligung an der Übernehmerin ist mit seinen Besonderheiten zu regeln. Der Zeitpunkt, ab dem die Anteilseigner der Überträgerin am Gewinn der (verschmolzenen) Übernehmerin beteiligt sind, kann frei bestimmt werden.[475] In Betracht kommt der Tag der Hauptversammlung, der Eintragung ins Handelsregister oder ein späterer Zeitpunkt:[476] Der Tag der Hauptversammlung erscheint ungeeignet, weil die Gefahr einer rückwirkenden Anfechtung und damit von zu hoher Gewinnbeteiligung droht. Der Tag der Eintragung ins Handelsregister ist nicht vorhersehbar und führt zu Problemen bei der Berechnung der Gewinnanteile. Vorgeschlagen wird ein variabler Stichtag als Zeitpunkt der Gewinnberechtigung.[477] M. E. ist der Tag der Schlussbilanz der Überträgerin nach Zustimmung der Hauptversammlung zur Verschmelzung zweckmäßig. Falls Klagen erhoben werden, sollte sich der Zeitpunkt der Gewinnberechtigung auf den Tag der Schlussbilanz der Überträgerin nach Eintragung der Verschmelzung ins Handelsregister der Übernehmerin verschieben. Bis zu dem Stichtag nach § 5 Abs. 1 Nr. 5 UmwG sind die Anteilseigner ausschließlich am Gewinn der Überträgerin beteiligt.

Die Angaben nach § 5 Abs. 1 Nr. 2-5 UmwG entfallen gem. § 5 Abs. 2 UmwG, wenn die Übernehmerin 100 % der Anteile an der Überträgerin besitzt. Für Nicht-Kapitalgesellschaften werden anstelle von Anteilen Mitgliedschaften übertragen.

Weiterhin verlangt § 5 Abs. 1 UmwG folgenden Mindestinhalt im Verschmelzungsvertrag:

6. Der Verschmelzungsstichtag ist festzulegen. Ab diesem frei bestimmbaren Zeitpunkt werden Handlungen der Überträgerin im Innenverhältnis für Rechnung der Übernehmerin vorgenommen.[478] Der Zeitpunkt der Gewinnbeteiligung (§ 5

471 Vgl. *Marsch-Barner* in *Kallmeyer*, UmwG, 2001, § 5, Rz. 4.
472 Vgl. *Lutter* in *Lutter*, UmwG, 2000, § 5, Rz. 9; „Ausnahmen" bei *Marsch-Barner* in *Kallmeyer*, UmwG, 2001, § 5, Rz. 5.
473 Vgl. ausführlich Abschnitt 4.
474 Vgl. dazu Kapitalerhöhung in Abschnitt 4.6.
475 Vgl. *Bundesregierung*, Begründung, BR-Drs. 75/94, S. 82.
476 Vgl. hierzu *Sagasser/Ködderitzsch* in *SBB*, Umwandlungen, 2000, J, Rz. 62.
477 Vgl. hierzu *Sagasser/Ködderitzsch* in *SBB*, Umwandlungen, 2000, J, Rz. 62.
478 Vgl. Abschnitt 3.11.

Abs. 1 Nr. 5 UmwG) kann vom Verschmelzungsstichtag abweichen,[479] sollte jedoch m. E. zweckmäßigerweise auf ein einheitliches Datum festgesetzt werden.

7. Rechte, die die Übernehmerin einzelnen Anteilseignern sowie den Inhabern von Sonderrechten[480] gewährt oder für diese vorsieht, müssen im Verschmelzungsvertrag enthalten sein. Dies findet seine Rechtfertigung in gesellschaftsrechtlichen Sonderrechten oder schuldrechtlichen Sondervorteilen, und gilt für Anteilseigner der Überträgerin und der Übernehmerin gleichermaßen.[481]

8. Besondere Vorteile, die einem Mitglied eines Vertretungs- oder Aufsichtsorgans der an der Verschmelzung beteiligten Rechtsträger[482] oder einem Abschluss- oder Verschmelzungsprüfer gewährt werden, müssen offen gelegt werden. Indem Vergünstigungen, wie z. B. Abfindungen an diesen Personenkreis im Verschmelzungsvertrag aufgeführt sind, kann der Anteilseigner deren Unabhängigkeit einschätzen.[483]

9. Folgen der Verschmelzung für die Arbeitnehmer und ihre Vertretungen sowie die insoweit vorgesehenen Maßnahmen sind im Verschmelzungsvertrag zu nennen.[484]

Der Katalog des § 5 Abs. 1 UmwG enthält nur die Mindestangaben des Verschmelzungsvertrags. Darüber hinaus sind folgende Angaben nach dem UmwG verpflichtend:

- Zwingend vorgeschrieben ist nach § 29 Abs. 1 UmwG die Abgabe eines konkreten angemessenen Barabfindungsangebots für Anteilseigner der Überträgerin, die ihren Widerspruch gegen den Verschmelzungsbeschluss erklären.[485] Zudem ist ein Hinweis auf die Frist nach § 31 UmwG in den Vertrag aufzunehmen.[486]
- Im Fall einer Verschmelzung durch Neugründung muss der Verschmelzungsvertrag zusätzlich gem. § 37 UmwG den Gesellschaftsvertrag[487] der neu gegründeten Gesellschaft enthalten. Der neue Gesellschaftsvertrag einer Kapitalgesellschaft muss nach § 36 Abs. 2 UmwG den jeweiligen Gründungsvorschriften entsprechen und Sondervorteile, Gründungsaufwand, Sacheinlagen usw. der Überträgerinnen gem. §§ 57, 74 UmwG übernehmen. Außerdem sind nach § 30 Abs. 1 AktG der erste Aufsichtsrat und der erste Abschlussprüfer zu bestellen.

---

479 Vgl. *Hoffmann-Becking* in *Heidenhain*, Münchener Vertragshandbuch, 1996, Bd. 1 X.1 Anm. 7; a. A. *Priester*, Verschmelzungsrecht, NJW 1983, S. 1461 Fn. 48.

480 Anteile ohne Stimmrecht, Vorzugsaktien, Mehrstimmrechtsaktien, Schuldverschreibungen und Genussrechte.

481 Vgl. *Sagasser/Ködderitzsch* in *SBB*, Umwandlungen, 2000, J, Rz. 64-66.

482 Gleiches gilt für geschäftsführende Gesellschafter oder Partner.

483 Gegen die Aufnahme von Vorteilen für Vorstandsmitglieder spricht sich *Hockemeier* aus, der einen gesonderten Zusatzvertrag präferiert; vgl. *Hockemeier*, Auswirkung, 1990, S. 25 f.

484 Vgl. Abschnitt 2.9.3.1.

485 Vgl. Abschnitt 2.9.1.

486 Vgl. *Sagasser/Ködderitzsch* in *SBB*, Umwandlungen, 2000, J, Rz. 72 Abs. 3.

487 Bzw. in Abhängigkeit von der Rechtsform die Satzung oder den Partnerschaftsvertrag.

- Schließlich schreibt das UmwG für bestimmte Rechtsträger besondere Elemente des Verschmelzungsvertrags vor, die überwiegend § 5 Abs. 1 Nr. 4 UmwG „Einzelheiten für die Anteilsübertragung" betreffen.[488]

Weitere Vereinbarungen können fakultativ im Verschmelzungsvertrag geregelt werden. Davon wird in praxi Gebrauch gemacht und bspw. die Kostentragung – auch im Fall des Scheiterns der Verschmelzung – sowie vertragliche Kündigungs- und Rücktrittsrechte geregelt. Denkbar wäre auch eine Fristsetzung für die Kapitalerhöhung bei der Übernehmerin bzw. zur Anmeldung beim Handelsregister. Weiterhin lassen sich bereits im Verschmelzungsvertrag die künftige Firmierung und betriebliche Organisation regeln. Verhältnisse zu anderen bestehenden Unternehmensverträgen oder kartellrechtliche Regelungen können ebenfalls Gegenstand des Vertrags sein.[489]

Der Verschmelzungsvertrag unterliegt dem Formerfordernis des § 6 UmwG. Auch, wenn nur Personenunternehmen an der Verschmelzung beteiligt sind, ist eine notarielle Beurkundung vorzunehmen. Die Beurkundung kann bereits vor, muss aber spätestens nach der Beschlussfassung erfolgen. Umstritten ist, ob die Beurkundung durch einen ausländischen Notar vorgenommen werden darf,[490] um hohe Notargebühren in Deutschland zu umgehen.[491] Die Beurkundung durch einen ausländischen Notar muss einer Prüfung der Gleichwertigkeit mit einer inländischen Beurteilung standhalten.[492] Wird die Unzulässigkeit der ausländischen Beurteilung festgestellt, kann – solange keine Nachbeurkundung im Inland erfolgt ist – keine Anmeldung zum Handelsregister erfolgen und die Acht-Monats-Frist wird ggf. nicht eingehalten. Aufgrund des Risikos sollte deshalb von einer ausländischen Beurkundung abgesehen werden.

Mängel im Verschmelzungsvertrag lassen sich in Inhalts- und Abschlussmängel unterteilen.[493] Bei Inhaltsmängeln, wie z. B. fehlenden Angaben, ist zu unterscheiden:

- Fehlen zwingende Angaben des § 5 Abs. 1 Nr. 1-3 UmwG, führt das zur Nichtigkeit des Vertrags; eine Heilung durch Eintragung ist dann nicht möglich.[494]
- Bei offensichtlichen Mängeln wird das Registergericht die Eintragung verweigern.[495] Andernfalls droht ein Amtshaftungsanspruch. Schadenersatzansprüche bleiben von der Eintragung unberührt.[496]

---

488 Vgl. dazu Abschnitt 4.6.

489 Vgl. zu diesem Absatz *Lutter* in *Lutter*, UmwG, 2000, § 5, Rz. 74 ff. m. w. N. Vgl. zur Firmierung Abschnitt 2.5 und zum Kartellrecht Abschnitt 2.9.5.

490 Für eine ausländische Beurteilung vgl. BGH 16.02.1981, BGHZ Band 80, S. 78; LG Kiel 25.4. 1997, DB 1997, S. 1223 f. Dagegen vgl. LG Augsburg 04.06.1996, ZIP 1996, S. 1872 f.; *Goette*, Auslandsbeurkundungen, DStR 1996, S. 711 ff.; *Zimmermann* in *Kallmeyer*, UmwG, 2001, § 6, Rz. 11.

491 Vgl. dazu Abschnitt 2.8.

492 Vgl. *Lutter* in *Lutter*, UmwG, 2000, § 6, Rz. 8.

493 Vgl. zur fehlerhaften Verschmelzung *Schmidt, K.*, Gesellschaftsrecht, 2002, S. 157 f., 393.

494 Vgl. *Lutter* in *Lutter*, UmwG, 2000, § 5, Rz. 91-92; *Bermel/Hannappel* in *Goutier*, Umwandlungsrecht, 1996, § 5 UmwG, Rz. 105-106.

495 Vgl. *Marsch-Barner* in *Kallmeyer*, UmwG, 2001, § 5, Rz. 63; *Bermel/Hannappel* in *Goutier*, Umwandlungsrecht, 1996, § 5 UmwG, Rz. 105-106.

496 Vgl. *Sagasser/Ködderitzsch* in *SBB*, Umwandlungen, 2000, J, Rz. 78; *Bermel/Hannappel* in *Goutier*, Umwandlungsrecht, 1996, § 5 UmwG, Rz. 110.

- Das Fehlen anderer Angaben nach § 5 Abs. 1 UmwG führt hingegen lediglich zur Anfechtbarkeit des Vertrags; durch Eintragung der Verschmelzung ins Handelsregister wird der Mangel geheilt.[497]

Abschlussmängel werden zwar durch die Eintragung ins Handelsregister nach § 20 Abs. 1 Nr. 4, Abs. 2 UmwG geheilt, können jedoch angefochten werden.[498] Unrichtige Angaben im Verschmelzungsvertrag führen zur Nichtigkeit der Zustimmungsbeschlüsse bei Personenhandelsgesellschaften bzw. zur Anfechtbarkeit bei Kapitalgesellschaften, weil dadurch der Zustimmungsbeschluss selbst mangelbehaftet ist.[499]

Der Verschmelzungsvertrag kann nach § 7 UmwG gekündigt werden, falls eine aufschiebende Bedingung, die im Vertrag vereinbart wurde, nicht innerhalb von höchstens fünf Jahren eingetreten ist.[500] Die Kündigungsfrist beträgt ein halbes Jahr zum Geschäftsjahresende.

3.3 Verschmelzungsbericht des Vorstands

Die Vertretungsorgane der beteiligten Rechtsträger sind gem. § 8 Abs. 1 UmwG verpflichtet, einen schriftlichen Verschmelzungsbericht[501] zu erstellen, in dem die Verschmelzung an sich und der Vertrag erläutert und begründet werden. Damit soll den Anteilseignern vor der Beschlussfassung eine Entscheidungsgrundlage zur Verfügung gestellt werden, damit sie selbst entscheiden können, ob sie der Verschmelzung zustimmen oder nicht.[502] Das darf indes nicht darüber hinwegtäuschen, dass Verschmelzungsberichte „Plädoyers in eigener Sache"[503] der Gesellschaften sind, die der Anteilseigner kritisch hinterfragen sollte. Grundsätzlich muss für jeden beteiligten Rechtsträger ein gesonderter Bericht aufgestellt werden. Zulässig, sinnvoll und in praxi überwiegend ist hingegen die Erstellung eines gemeinsamen Berichts aller Beteiligten.[504]

Ein Verschmelzungsbericht muss ausnahmsweise nach § 8 Abs. 3 UmwG nicht aufgestellt werden, wenn ein 100 %-Tochterunternehmen auf sein Mutterunternehmen verschmolzen wird, oder wenn alle Anteilseigner sämtlicher beteiligten Rechtsträger notariell auf einen Bericht verzichten. Ebenso kann die Erstellung eines Verschmelzungsberichts unterbleiben, wenn in einer Personenhandelsgesellschaft alle Gesellschafter geschäftsführungsberechtigt sind, § 41 UmwG.

---

497 Vgl. *Lutter* in *Lutter*, UmwG, 2000, § 5, Rz. 92, 94; a. A. *Bermel/Hannappel* in *Goutier*, Umwandlungsrecht, 1996, § 5 UmwG, Rz. 110.

498 Vgl. *Lutter* in *Lutter*, UmwG, 2000, § 5, Rz. 89, 94.

499 Vgl. *Bermel/Hannappel* in *Goutier*, Umwandlungsrecht, 1996, § 5 UmwG, Rz. 108; *Lutter* in *Lutter*, UmwG, 2000, § 5, Rz. 93.

500 Dispositiv, d. h. im Vertrag kann eine kürzere Frist vereinbart werden.

501 Erstmals seit 1983 in § 340a AktG a. F. geregelt; vorher rein mündliche Erläuterung gem. § 340 Abs. 3 S. 4 AktG 1965.

502 Vgl. *Marsch-Barner* in *Kallmeyer*, UmwG, 2001, § 8, Rz. 1; BGH 18.12.1989, AG 1990, S. 260; *Bundesregierung*, Begründung, BR-Drs. 75/94, S. 84.

503 *Lutter/Bezzenberger*, Spruchverfahren, AG 2000, S. 438.

504 In nahezu allen im Anhang untersuchten Verschmelzungsfällen wurde ein gemeinsamer Verschmelzungsbericht erstellt; vgl. im Anhang Spalte „V.Bericht".

Umstritten ist, ob dieser Grundsatz auch auf eine personalistisch strukturierte GmbH übertragen werden kann.[505] Unternehmenspolitische Grundsatzentscheidungen werden regelmäßig von den Gesellschaftern bereits im Vorfeld getroffen und an die Geschäftsführer lediglich delegiert. Nach § 51a GmbHG verfügen die Gesellschafter über ein derart umfangreiches Informationsrecht, dass ein Verschmelzungsbericht entbehrlich erscheint. Dennoch dient der Verschmelzungsbericht z. B. Minderheitsgesellschaftern als Entscheidungsgrundlage. Der Einwand, auf einen Verschmelzungsbericht zu verzichten, weil er Minderheitsgesellschaftern eine Angriffsfläche und Klagemöglichkeit bietet,[506] führt m. E. jeden Minderheitenschutz ad absurdum. Zudem ist die Pflicht zur Aufstellung eines Verschmelzungsberichts in § 8 Abs. 1 UmwG für alle Rechtsformen festgeschrieben; eine Ausnahme für die GmbH ist nicht gegeben. Insofern muss m. E. auch im Fall der personalistisch strukturierten GmbH ein Verschmelzungsbericht erstellt werden. Aus denselben Gründen kann auch für die GmbH, deren Gesellschafter alle zugleich Geschäftsführer sind, nichts anderes gelten.[507] Den Gesellschaftern steht jedoch der notarielle Verzicht auf einen Verschmelzungsbericht offen.

Strittig ist auch der Fall, in dem eine mindestens 90 %-Tochter-Kapitalgesellschaft auf ihre Mutter-AG verschmolzen wird. In diesem Fall ist nach § 62 UmwG ein Verschmelzungsbeschluss nicht erforderlich, sofern nicht 5 % der Anteilseigner der Überträgerin dies verlangen. Dennoch ist nach dem Gesetzeswortlaut in § 63 Abs. 3 S. 1 i. V. m. § 63 Abs. 1 Nr. 4 UmwG die Aufstellung eines Verschmelzungsberichts erforderlich, so dass hier m. E. kein Raum für einen Verzicht besteht.

Inhaltlich soll der Verschmelzungsbericht die Verschmelzung an sich und den Verschmelzungsvertrag mit besonderer Berücksichtigung des Umtauschverhältnisses bzw. der Mitgliedschaft bei der Übernehmerin sowie der Barabfindung rechtlich und wirtschaftlich erläutern und begründen, § 8 Abs. 1 S. 1 UmwG. Abgesehen von § 8 Abs. 1 S. 2-3 UmwG (Schwierigkeiten bei der Unternehmensbewertung und die daraus resultierenden Folgen sowie Angaben über verbundene Unternehmen i. S. v. § 15 AktG) gibt das UmwG keinen Mindestinhalt für den Verschmelzungsbericht vor. In Literatur und Rechtsprechung[508] hat sich – unter Berücksichtigung der Tatsache, dass für alle Unternehmensformen ein Verschmelzungsbericht notwendig ist[509] und im Hinblick auf den Zweck des Berichts – der nachfolgend beschriebene Inhalt herausgebildet.

Zunächst ist die Verschmelzung an sich rechtlich und wirtschaftlich in ihren Einzelheiten zu erläutern und zu begründen. Insbesondere sind betriebswirtschaftliche Ziele, erwartete Vorteile, aber auch Risiken darzulegen, damit die Anteilseigner diese beurteilen und abwägen können.[510] Daneben muss der Verschmelzungsvertrag in seinen unver-

---

505 Vgl. dafür: *Schöne*, Aktienrecht, GmbHR 1995, S. 333 f.; dagegen: *Bayer*, Tage, ZIP 1997, S. 1620; *Winter*, Verschmelzung, 1995, S. 25 f.

506 Vgl. *Schöne*, Aktienrecht, GmbHR 1995, S. 334.

507 A. A. vgl. *Lutter* in *Lutter*, UmwG, 2000, § 8, Rz. 53.

508 Vgl. OLG Karlsruhe 30.06.1989, ZIP 1989, S. 988 ff.

509 Vgl. *Winter*, Verschmelzung, 1995, S. 25.

510 Vgl. *Lutter* in *Lutter*, UmwG, 2000, § 8, Rz. 16 f.; *Bula/Schlösser* in *SBB*, Umwandlungen, 2000, J, Rz. 83. Vgl. zu den Zielen Abschnitt 2.5. Auf mit der Verschmelzung verbundene Risiken wird in den im Anhang untersuchten Verschmelzungsfällen regelmäßig nicht eingegangen.

ständlichen Bestimmungen erläutert und in seinen nicht selbstverständlichen Bestimmungen begründet werden. Im Einzelnen sind erläuterungsbedürftig: Vereinbarungen, z. B. über Stichtage für Gewinnberechtigung oder Verschmelzung, veränderte Rechtspositionen, Sitzveränderungen und Vorteile für einzelne Personen.[511]

Schwerpunkt des Verschmelzungsberichts sind jedoch die Erläuterungen zum Umtauschverhältnis bzw. der Mitgliedschaft bei der Übernehmerin.[512] Welche Angaben zur Ermittlung des Umtauschverhältnisses zu machen sind, reicht von einer allgemeinen Darstellung der Ergebnisse[513] bis hin zu so umfangreichen Informationen, dass die Anteilseigner das Umtauschverhältnis selbst nachrechnen und begutachten können.[514] Die inzwischen h. M. verlangt eine hinreichende Erläuterung, damit die Anteilseigner die Ermittlung nachvollziehen und das Umtauschverhältnis auf Plausibilität und Angemessenheit prüfen können.[515] Dazu gehören:

1. Tatsächliche Angaben zur Ermittlung der Wertverhältnisse und der Methode der Unternehmensbewertung sind zu machen. Die gewählte Methode der Unternehmensbewertung ist ausführlich in ihrer Vorgehensweise und den unternehmensspezifischen Besonderheiten zu beschreiben. Die Wahl ist zu begründen, indem alternative Methoden dargestellt werden.[516]

2. Aussagekräftige Plandaten zur künftigen Entwicklung und die herangezogenen Zahlungsüberschüsse bzw. Cash-flows müssen offen gelegt werden. Die Plandaten ergeben sich aus der Extrapolation von bereinigten Vergangenheitsdaten. Diese sind zahlenmäßig anzugeben, und ihre Bereinigung ist zu erläutern. Die Prämissen über die künftige Entwicklung einzelner Plangrößen, wie z. B. Umsatz, Aufwendungen und Investitionen, sind vorzustellen. Der Anteilseigner soll auch hier in die Lage versetzt werden, die Angaben nachzuvollziehen und sie einer Plausibilitätsprüfung zu unterziehen.[517]

3. Die Ermittlung des Kapitalisierungszinssatzes ist zu erläutern. Allein die Angabe der Höhe des der Unternehmensbewertung zugrunde gelegten Zinssatzes reicht nicht aus. Vielmehr muss dessen Berechnung erläutert werden. Wenn das

---

511 Vgl. *Sagasser/Ködderitzsch* in *SBB*, Umwandlungen, 2000, J, Rz. 84.

512 Ausgehend von den Informationsinteressen der Anteilseigner ist die Erläuterung des Umtauschverhältnisses bei der Verschmelzung von AG ausreichend, bei Beteiligung von GmbH und Personenhandelsgesellschaften sind jedoch zusätzlich Angaben über die Mitgliedschaften notwendig. Vgl. *Schöne*, Aktienrecht, GmbHR 1995, S. 330 f.

513 Vgl. LG Mannheim 03.03.1988, AG 1988, S. 248 ff., insbes. S. 250; *Nirk*, Verschmelzungsbericht, 1990, S. 199 m. w. N.; Rat EG 09.10.1978, Fusionsrichtlinie, Art. 9.

514 Vgl. *Winter*, Verschmelzung, 1995, S. 30; OLG Karlsruhe 30.06.1989, ZIP 1989, S. 990 f.; LG Köln 14.12.1987, AG 1988, S. 145 f.

515 Vgl. *Lutter* in *Lutter*, UmwG, 2000, § 8, Rz. 22; *Bundesregierung*, Begründung, BR-Drs. 75/94, S. 84; BGH 22.05.1989, BGHZ Band 107, S. 296, 300 ff.; BGH 29.10.1990, AG 1991, S. 102 f.; BGH 18.12.1989, AG 1990, S. 260 f.; OLG Hamm 20.06.1988, WM 1988, S. 1167; OLG Karlsruhe 30.06.1989, ZIP 1989, S. 988 ff.; *Mertens, H.-J.*, Geltung, AG 1992, S. 322 f.; OLG Hamm 04.03.1999, BB 1999, S. 1234 ff.

516 Vgl. *Sagasser/Ködderitzsch* in *SBB*, Umwandlungen, 2000, J, Rz. 88. In den im Anhang untersuchten Fällen sind nur allgemeine Erläuterungen zu verschiedenen Methoden als „Pflichtübung" wiedergegeben.

517 Vgl. *Sagasser/Ködderitzsch* in *SBB*, Umwandlungen, 2000, J, Rz. 89.

Capital Asset Pricing Model (CAPM) angewandt wurde, ist der Beta-Faktor zu bezeichnen. Wenn alternativ der Zinssatz ausgehend von einem Basiszins (z. B. der Durchschnittsrendite langfristiger staatlicher Anleihen), bereinigt um Risikozu- bzw. Inflationsabschläge, berechnet wird, sind die zugrunde liegenden Annahmen zu erläutern.[518]

Schließlich sind die Ergebnisse zur Unternehmensbewertung für die beteiligten Rechtsträger zusammenzufassen und die Unternehmenswerte zur Berechnung des Umtauschverhältnisses in Relation zu setzen.

Analog sind die anzubietende Barabfindung und Mitgliedschaften bei der Überträgerin zu erläutern. Auf besondere Schwierigkeiten bei der Unternehmensbewertung (wie z. B. Sanierung oder Aufbau des beteiligten Unternehmens) und deren Auswirkungen ist gesondert einzugehen, § 8 Abs. 1 S. 2 UmwG. Außerdem ist auf verbundene Unternehmen i. S. v. § 15 AktG einzugehen, die nicht direkt an der Verschmelzung beteiligt sind, zu denen aber im Regelfall die Unternehmensverträge fortbestehen. Dabei ist explizit auf die aus diesen Unternehmensverträgen resultierenden Risiken und Chancen sowie auf die wirtschaftliche Lage des verbundenen Unternehmens einzugehen.[519] Die Anteilseigner sollen die Chancen und Risiken aus den hinzukommenden verbundenen Unternehmen erkennen.[520]

Ihre Grenzen finden die Erläuterungspflichten in § 8 Abs. 2 UmwG, wodurch Tatsachen, deren Veröffentlichung nicht unerhebliche Nachteile bewirken können[521] und für die somit ein Geheimhaltungsinteresse besteht, nicht in den Verschmelzungsbericht aufgenommen werden müssen. Die Nicht-Offenlegung ist zu begründen, indem gem. § 8 Abs. 2 S. 2 UmwG konkrete Angaben zu möglichen Nachteilen gemacht werden,[522] damit eine Plausibilitätskontrolle möglich ist. Es lässt sich aber nicht verhindern, dass Dritte durch die Auskunftsverweigerungsgründe Informationen beziehen.[523]

Bei der Verschmelzung durch Neugründung ist nach § 75 Abs. 1 UmwG i. V. m. § 32 AktG bzw. § 58 Abs. 1 UmwG i. V. m. § 5 Abs. 4 GmbHG grundsätzlich ein (Sach-) Gründungsbericht aufzustellen. Soweit jedoch die Überträgerin eine Kapitalgesellschaft ist, kann auf einen Gründungsbericht verzichtet werden, §§ 75 Abs. 2, 58 Abs. 2 UmwG.

Fehlt der Verschmelzungsbericht oder erfüllt er die genannten Voraussetzungen nicht, ist ein dennoch gefasster Verschmelzungsbeschluss anfechtbar gem. § 243 Abs. 1 AktG bzw. § 14 UmwG.[524]

---

518 Vgl. *Sagasser/Ködderitzsch* in *SBB*, Umwandlungen, 2000, J, Rz. 90; OLG Düsseldorf 02.08.1994, WM 1995, S. 761 f.

519 Vgl. *Bula/Schlösser* in *SBB*, Umwandlungen, 2000, J, Rz. 91; *Priester* in *Lutter*, UmwG, 2000, § 8, Rz. 40, 42.

520 Vgl. *Bula/Schlösser* in *SBB*, Umwandlungen, 2000, J, Rz. 91.

521 Dazu gehören bspw. steuerliche Wertansätze, stille Reserven, detaillierte Prognosen und Planungen zur Ermittlung des Umtauschverhältnisses; vgl. *Stratz* in *SHS*, UmwG, 2001, § 8 UmwG, Rz. 24.

522 Vgl. BGH 29.10.1990, AG 1991, S. 103; BGH 18.12.1989, AG 1990, S. 261.

523 Vgl. kritisch *Schöne*, Aktienrecht, GmbHR 1995, S. 334 f.

524 Vgl. *Stratz* in *SHS*, UmwG, 2001, § 8 UmwG, Rz. 31 f.; Abschnitt 3.10.

3.4 Externe Verschmelzungsprüfung durch Wirtschaftsprüfer

Das Umtauschverhältnis und seine Angemessenheit bilden das Kernstück der Verschmelzungsprüfung. Bei dieser formalisierten Prüfung ist der Verschmelzungsvertrag nach § 9 Abs. 1 UmwG durch einen oder mehrere unabhängige Sachverständige zu prüfen. Damit liegt ein weiteres Schutzinstrument für die Anteilseigner vor.[525]

In den §§ 9-12 UmwG wird lediglich das Institut „Verschmelzungsprüfung" gesetzlich geregelt. In welchen Fällen tatsächlich Prüfungspflicht besteht, normiert das UmwG in den besonderen Vorschriften für die einzelnen Rechtsformen der beteiligten Rechtsträger. Daher ist es sowohl für die Überträgerin als auch für die Übernehmerin die Verpflichtung, sich einer Verschmelzungsprüfung zu unterziehen, separat zu prüfen und bei einer sog. Mischverschmelzung ggf. unterschiedlich zu beurteilen.[526]

Bei Personenhandelsgesellschaften und Partnerschaftsgesellschaften kommt es nur dann zu einer Prüfungspflicht, wenn im Fall der Mehrheitsentscheidung mindestens ein Gesellschafter dies verlangt.[527] Das Widerspruchsrecht aus § 43 Abs. 2 S. 3 UmwG bleibt unberührt. Ebenso findet bei einer GmbH nur auf Verlangen eines Gesellschafters eine Prüfung statt. In Abgrenzung von diesen sog. Antragsprüfungen spricht man von Pflichtprüfungen mit und ohne Verzichtsmöglichkeit bei AG.[528] Verzichtsmöglichkeiten bestehen nach § 9 Abs. 2 UmwG für die Überträgerin, wenn sich 100 % der Anteile an der Überträgerin in der Hand der Übernehmerin befinden (Verschmelzung der Tochter- auf die Muttergesellschaft).[529] Weiterhin sieht § 9 Abs. 3 i. V. m. § 8 Abs. 3 UmwG keine Prüfungspflicht vor, wenn alle Anteilseigner des Rechtsträgers notariell beurkundet auf die Verschmelzungsprüfung verzichten. Eine weitere Verzichtsmöglichkeit ist in § 30 Abs. 2 S. 3 UmwG normiert, die jedoch faktisch nicht besteht: Der Verzicht ist vorgesehen, wenn die Anteilseigner gem. § 29 Abs. 1 UmwG dem Verschmelzungsbeschluss der Überträgerin widersprechen und gegen eine Barabfindung ausscheiden. Dies erfolgt zeitlich jedoch nach der Aufstellung eines Prüfungsberichts, so dass die Verschmelzungsprüfung regelmäßig bereits stattgefunden hat.[530] Vgl. zur Verschmelzungsprüfungspflicht in Abhängigkeit von der Rechtsform Tab. 3.

---

525 Vgl. *Ganske*, Regelungen, WPg 1994, S. 159; *Bundesregierung*, Begründung, BR-Drs. 75/94, zu § 9, S. 84; *Mayer* in *Widmann/Mayer*, Umwandlungsrecht, 2002, § 9 UmwG, Rz. 15; *Pfitzer*, WP-Handbuch, 2002, Bd. II, Teil D, Rz. 13; *Budde/Zerwas* in *Budde/Förschle*, Sonderbilanzen, 2002, F, Rz. 140; BGH 22.05.1989, BGHZ 107, S. 296 ff.

526 Vgl. *Mayer* in *Widmann/Mayer*, Umwandlungsrecht, 2002, § 9 UmwG, Rz. 6.

527 Vgl. dazu *Hommelhoff*, Minderheitenschutz, ZIP 1993, S. 464 f.

528 Vgl. *Bula/Schlösser* in *SBB*, Umwandlungen, 2000, J, Rz. 96.

529 Vgl. *Bula/Schlösser* in *SBB*, Umwandlungen, 2000, J, Rz. 96 Abs. 3.

530 Vgl. *Lutter* in *Lutter*, UmwG, 2000, § 9, Rz. 7.

Tab. 3: Verschmelzungsprüfungspflicht[531]

Beteiligte Rechtsträger	Verschmelzungsprüfungspflicht besteht ...
AG	... grundsätzlich, § 60 Abs. 1 UmwG (bei der Verschmelzung durch Neugründung i. V. m. § 73 UmwG).
GmbH	... auf Verlangen eines Gesellschafters, § 48 UmwG (bei der Verschmelzung durch Neugründung i. V. m. § 56 UmwG).
PHG	... auf Verlangen eines Gesellschafters, falls der Gesellschaftsvertrag eine Mehrheitsentscheidung vorsieht, § 44 i. V. m. § 43 Abs. 2 UmwG.
PartG	... auf Verlangen eines Partners, falls der Partnerschaftsvertrag eine Mehrheitsentscheidung vorsieht, § 45e S. 2 i. V. m. §§ 45d Abs. 2, 44, UmwG.
Kapitalgesellschaft, die mit dem Verm. einer nat. Pers. als Alleingesellschafter verschmolzen wird	... nicht, § 121 i. V. m. § 9 Abs. 2 UmwG.

Verschmelzungsprüfer werden grundsätzlich von dem Vertretungsorgan[532] des beteiligten Rechtsträgers bestellt, § 10 Abs. 1 S. 1 Alt. 1 UmwG.[533] Des Weiteren ist auf schriftlichen Antrag des Vertretungsorgans eine Bestellung durch das zuständige Landgericht möglich.[534] In der gerichtlichen Bestellung liegt eine „Befriedigungsfunktion"[535], denn dadurch wird die Unabhängigkeit des Prüfers aus Sicht der Anteilseigner deutlicher, und das Ergebnis der Verschmelzungsprüfung dürfte stärkere Anerkennung finden.[536] Grundsätzlich bestellt jeder beteiligte Rechtsträger, der einer Prüfungspflicht unterliegt, einen Verschmelzungsprüfer. Jedoch ist auch die gemeinsame Bestellung nach § 10 Abs. 1 S. 2 UmwG zulässig. Bei der Verschmelzung von AG ist ein gemeinsamer Prüfer aufgrund eines gemeinsamen Antrags der Vorstände vom Gericht zu bestellen, § 60 Abs. 3 UmwG. Die gemeinsame Prüfung ist zweckmäßig und in praxi überwiegend anzutreffen.[537]

Zur Bestellung des Prüfers gehören die Auswahl, die Auftragserteilung sowie der Abschluss des Geschäftsbesorgungsvertrags.

---

531 Tabelle ist angelehnt an: *Ossadnik/Maus*, Verschmelzung, DB 1995, S. 106; *Bula/Schlösser* in *SBB*, Umwandlungen, 2000, J, Rz. 95; *Pfitzer*, WP-Handbuch, 2002, Bd. II, Teil D, Rz. 17.

532 Vgl. zur GmbH *Schöne*, Aktienrecht, GmbHR 1995, S. 335.

533 Siehe im Gegensatz dazu § 318 Abs. 1 HGB für die Jahresabschlussprüfung.

534 § 10 Abs. 1 S. 1 Alt. 2, § 10 Abs. 2 UmwG.

535 *Rieger* in *Widmann/Mayer*, Umwandlungsrecht, 2002, § 60 UmwG, Rz. 11.

536 Vgl. *Bula/Schlösser* in *SBB*, Umwandlungen, 2000, J, Rz. 98 Abs. 1; *Lutter* in *Lutter*, UmwG, 2000, § 10, Rz. 10, 14; *Lutter/Bezzenberger*, Spruchverfahren, AG 2000, S. 439. In nahezu allen im Anhang untersuchten Fällen wurde der Verschmelzungsprüfer gerichtlich bestellt; vgl. Anhang Spalte „V.Prüfer".

537 In nahezu allen im Anhang untersuchten Verschmelzungsfällen wurde eine gemeinsame Verschmelzungsprüfung durchgeführt; vgl. Anhang Spalte „V.Prüfer".

Bezüglich der Auswahl verweist § 11 Abs. 1 UmwG für alle Rechtsformen auf § 319 Abs. 1 HGB, so dass im Regelfall Wirtschaftsprüfer und Wirtschaftsprüfungsgesellschaften als Verschmelzungsprüfer bestellt werden. Lediglich zur Prüfung mittelgroßer GmbH und Personenhandelsgesellschaften i. S. v. § 264a Abs. 1 HGB sind auch vereidigte Buchprüfer und Buchprüfungsgesellschaften zugelassen. Für an der Verschmelzung beteiligte Rechtsträger, die nicht der Jahresabschlussprüfungspflicht unterliegen, gilt § 319 Abs. 1 HGB einschließlich der Größenklassen des § 267 HGB analog, § 11 Abs. 1 S. 2-3 UmwG. Andere Personenhandelsgesellschaften und kleine Kapitalgesellschaften dürfen demnach wohl auch von vereidigten Buchprüfern und Buchprüfungsgesellschaften geprüft werden.[538] Vgl. zum Verschmelzungsprüfer in Abhängigkeit von Rechtsform und Größe des zu prüfenden Rechtsträgers Tab. 4.

Andere Vorschriften des HGB bzw. der WPO zur Auswahl des Prüfers gelten für die Verschmelzungsprüfung analog. So sind die Ausschlusskriterien des § 319 Abs. 2-3 HGB zu beachten, um die Unabhängigkeit des Verschmelzungsprüfers sicherzustellen.[539] Das Auskunftsrecht des Prüfers aus dem HGB[540] wurde im UmwG insofern erweitert, als es gegenüber allen an der Verschmelzung beteiligten Rechtsträgern und gegenüber Konzernunternehmen sowie abhängigen oder beherrschenden Unternehmen gilt. Ein Verschmelzungsprüfer ist wie ein Jahresabschlussprüfer zur Unparteilichkeit, Gewissenhaftigkeit, Verschwiegenheit und zur Haftung verpflichtet.[541]

Tab. 4: Verschmelzungsprüfer in Abhängigkeit von Rechtsform und Größe des zu prüfenden Rechtsträgers

<table>
<tr><th></th><th>groß (§ 267 Abs. 3 HGB)</th><th>mittelgroß (§ 267 Abs. 2 HGB)</th><th>klein (§ 267 Abs. 1 HGB)</th></tr>
<tr><td>AG</td><td>WP/WPG (§ 319 Abs. 1 S. 1 HGB)</td><td>WP/WPG (§ 319 Abs. 1 S. 1 HGB)</td><td rowspan="2">Keine Prüfungspflicht nach § 316 Abs. 1 S. 1 HGB.</td></tr>
<tr><td>GmbH</td><td>WP/WPG (§ 319 Abs. 1 S. 1 HGB)</td><td>vBP/vBPG (§ 319 Abs. 1 S. 2 HGB)</td></tr>
<tr><td>PHG i. S. v. § 264a HGB</td><td>WP/WPG (§ 319 Abs. 1 S. 1 HGB)</td><td>vBP/vBPG (§ 319 Abs. 1 S. 2 HGB)</td><td>Verschmelzungsprüfer nach § 11</td></tr>
<tr><td>andere Personengesellschaften</td><td colspan="3">Abs. 1 S. 2-3 UmwG WP/WPG oder vBP/vBPG.</td></tr>
</table>

538 Vgl. *Bula/Schlösser* in *SBB*, Umwandlungen, 2000, J, Rz. 101; *Ossadnik/Maus*, Verschmelzung, DB 1995, S. 106; *Schaal*, Wirtschaftsprüfer, 2001, S. 373 ff.; a. A. *Ganske*, Regelungen, WPg 1994, S. 160.

539 Vgl. *Schaal*, Wirtschaftsprüfer, 2001, S. 377 ff.

540 Siehe § 11 Abs. 1 S. 4 UmwG i. V. m. § 320 Abs. 1 S. 2 und Abs. 2 S. 1-2 HGB.

541 Siehe § 11 Abs. 2 UmwG i. V. m. § 323 HGB.

Die Auftragserteilung nimmt das Vertretungsorgan des zu prüfenden Rechtsträgers vor. Falls ein gemeinsamer Prüfer bestellt wird, ist auch der Auftrag von den Vertretungsorganen gemeinsam zu erteilen. Bei gerichtlicher Bestellung wird auch der Prüfungsauftrag vom Gericht erteilt.

Der Geschäftsbesorgungsvertrag wird hingegen – auch bei gerichtlicher Bestellung – stets zwischen dem Vertretungsorgan des Rechtsträgers und dem Verschmelzungsprüfer abgeschlossen. Das Vertretungsorgan ist jedoch im Innenverhältnis an Weisungen bzw. Widersprüche von weisungsbefugten Anteilseignern gebunden.[542]

Mit der Verschmelzungsprüfung durch unabhängige Prüfer soll ein Schutz der Anteilseigner[543] bereits im Vorfeld der Verschmelzung erreicht werden. Anteilseignerschutz ist jedoch nur bei wirklicher Unabhängigkeit und Neutralität der Wirtschaftsprüfer gewährleistet. In mangelnder Unabhängigkeit und Neutralität der Verschmelzungsprüfer liegt demnach auch der Hauptkritikpunkt der Verschmelzungsprüfung.[544] Die gesetzlichen Regelungen im HGB und der WPO[545] werden in der Praxis nicht verhindern, dass das Vertretungsorgan der dominanten Gesellschaft den gemeinsamen Verschmelzungsprüfer letztlich auswählen wird.[546] Die bestellten Wirtschaftsprüfer sind von den Gesellschaften als Mandanten abhängig und werden daher insbesondere von Minderheitsgesellschaftern nicht als unparteiisch wahrgenommen.[547] Zudem ist die Verschmelzungsprüfung aus Sicht der Wirtschaftsprüfer ein gewinnbringendes Geschäft, da es sich um eine einmalige Sonderprüfung handelt,[548] und Fehler vom Markt im Vergleich zu solchen bei Abschlussprüfungen kaum sanktioniert werden.[549] Somit sollten nicht die gesetzlichen Vertreter den Verschmelzungsprüfer auswählen, sondern die Anteilseigner, da von einer Interessenidentität zwischen Vertretungsorgan und Anteilseignern nicht ausgegangen werden kann.[550] Um eine Gefährdung von Anteilseignern und insbesondere von Minderheiten zu vermeiden, schlägt *Schaal* folgende Lösungsmöglichkeiten vor:

- einstimmige Bestellung des Verschmelzungsprüfers durch die Anteilseigner,
- eine gerichtliche Ersetzungsbefugnis ähnlich zu § 318 Abs. 3 HGB oder
- eine obligatorische gerichtliche Bestellung.[551]

---

542 Vgl. *Schaal*, Wirtschaftsprüfer, 2001, S. 356 f.

543 Vgl. dazu Abschnitt 2.9.1.

544 Vgl. BayOLG 29.09.1998, DB 1998, S. 2316; *Lutter/Bezzenberger*, Spruchverfahren, AG 2000, S. 439; *Hecker*, Regulierung I, 2000, S. 418 ff.

545 Vgl. dazu *Söder*, Unternehmensbewertung, 1998, S. 102 ff. m. w. N.

546 Vgl. *Ossadnik*, Verschmelzungsprüfung, BfuP 1985, S. 158 f.; *Ahlers*, Verschmelzung, 2001, S. 36 f. m. w. N.

547 Überzeugende empirische Belege für mangelnde Unabhängigkeit von Wirtschaftsprüfern fehlen jedoch, vgl. *Lenz*, Unabhängigkeit, BB 2001, S. 304.

548 Im Gegensatz zur Abschlussprüfung, bei der zugunsten erwarteter Folgeaufträge das Ersthonorar unter den Kosten liegen kann, sind nach einer Verschmelzungsprüfung nur selten Folgeaufträge zu erwarten. Vgl. zum sog. Low-balling-Effekt bei Abschlussprüfungen: *Lenz*, Low-balling-Effekt, WiSt 1991, S. 181 ff.; *Ostrowski/Söder*, Einfluß, BfuP 1999, S. 554 ff.

549 Vgl. *Ahlers*, Verschmelzung, 2001, S. 37.

550 Vgl. *Schaal*, Wirtschaftsprüfer, 2001, S. 359 ff; *Ossadnik*, Verschmelzungsprüfung, BfuP 1985, S. 159.

551 Vgl. *Schaal*, Wirtschaftsprüfer, 2001, S. 362 ff.

Das Fordern von Einstimmigkeit erscheint sehr streng und wird in praxi nur schwer zu erreichen sein. Auch eine obligatorische gerichtliche Bestellung ginge m. E. einerseits zu weit und würde andererseits zumindest dann keinen Vorteil bringen, wenn das Gericht einer Empfehlung des Vertretungsorgans der dominanten Gesellschaft folgt. Die gerichtliche Ersetzungsbefugnis hat schon für die Wahl des Abschlussprüfers kaum praktische Relevanz erlangt. Daher sollten die Anteilseigner den Verschmelzungsprüfer mit der für den Verschmelzungsbeschluss vorgesehenen Quorum bestellen können, also bspw. mit einer Dreiviertelmehrheit.[552]

Bei der Verschmelzung durch Neugründung ist für die neu gegründete AG grundsätzlich eine Gründungsprüfung nach § 33 Abs. 2 Nr. 4 AktG durchzuführen, auf die jedoch nach § 75 Abs. 2 UmwG verzichtet werden kann.

Die Verschmelzungsprüfer haften den Anteilseignern nach § 11 Abs. 2 UmwG.[553]

Inhalt der Verschmelzungsprüfung ist ausschließlich der Verschmelzungsvertrag bzw. dessen Entwurf, § 9 Abs. 1 UmwG. Zu prüfen ist zunächst die materielle und formelle Vollständigkeit des Verschmelzungsvertrags. Dies gilt nur für den Mindestinhalt nach § 5 Abs. 1 UmwG, nicht jedoch für fakultative Bestandteile.[554] Weiterhin ist die sachliche Richtigkeit und Widerspruchsfreiheit der Regelungen im Vertrag zu prüfen. Kernstück der Verschmelzungsprüfung ist jedoch die Angemessenheit des Umtauschverhältnisses sowie der baren Zuzahlung.[555] Dabei ist das Umtauschverhältnis nicht neu zu berechnen,[556] sondern lediglich zu beurteilen. Da einerseits erhebliche Bewertungsspielräume bestehen, aber andererseits Detailprüfungen praktisch nicht durchführbar sind,[557] liegen in diesem Prüfungsfeld besondere Risiken. Kriterien für die Beurteilung sind die Gleichbehandlung aller Anteilseigner sowie die Anwendung gleicher Parameter, Bewertungsmethoden und Stichtage bei den beteiligten Rechtsträgern.[558] Die Gleichbehandlung aller, auch der ausscheidenden Anteilseigner stellt eine Selbstverständlichkeit dar. Die Unternehmensbewertungsmethode selbst muss bei allen beteiligten Rechtsträgern ebenso identisch sein wie der Bewertungsstichtag und die Parameter für Chancen und Risiken. So sind einheitliche Kalkulationszinsfüße und Inflationsabschläge anzuwenden. Als „geeignet" sind insbesondere das Ertragswert- und das Discounted Cash-flow-Verfahren zu beurteilen.[559]

Nicht vom Verschmelzungsprüfer zu prüfen ist, ob die Verschmelzung an sich sinnvoll ist und ob die Interessen der Anteilseigner gewahrt sind. Dennoch muss der Prüfer auf

---

552 Vgl. zum Verschmelzungsbeschluss Abschnitt 3.5.

553 Vgl. Abschnitt 2.9.1.

554 Vgl. *Bula/Schlösser* in *SBB*, Umwandlungen, 2000, J, Rz. 106.

555 Siehe § 12 Abs. 2 und § 30 Abs. 2 S. 1 UmwG. Ebenso zu prüfen ist die Angemessenheit der Mitgliedschaft bei der Übernehmerin als Gegenwert. Dies wird im Folgenden unter „Umtauschverhältnis" mit einbezogen.

556 Vgl. *IDW*, Verschmelzungsprüfung, WPg 1989, S. 43.

557 Vgl. OLG Düsseldorf 17.02.1984, DB 1984, S. 821.

558 Vgl. *Bitzer*, Probleme, 1987, S. 34 ff.

559 Vgl. *Bula/Schlösser* in *SBB*, Umwandlungen, 2000, J, Rz. 109, 114; *Pfitzer*, WP-Handbuch, 2002, Bd. II, Teil D, Rz. 48-49, 70; ausführlich in Abschnitt 4.1.

besondere Risiken und wesentliche negative Synergiepotenziale hinweisen. Außerdem sind die Grundsätze der Gründungsprüfung nach §§ 33, 34 AktG analog anzuwenden.[560]

Der Verschmelzungsbericht der Vertretungsorgane ist ebenfalls nicht Gegenstand der Prüfung.[561] Allerdings kann im Verschmelzungsprüfungsbericht auf Erläuterungen im Verschmelzungsbericht verwiesen werden.[562]

Das Ergebnis der Verschmelzungsprüfung ist gem. § 12 Abs. 1 UmwG schriftlich im Prüfungsbericht festzuhalten. Wird ein gemeinsamer Prüfer bestellt, kann auch ein gemeinsamer Bericht verfasst werden. In § 12 Abs. 2 S. 2 UmwG ist lediglich der Mindestinhalt des Verschmelzungsprüfungsberichts festgeschrieben. Demnach ist anzugeben,

1. nach welchen Methoden das Umtauschverhältnis ermittelt worden ist und
2. aus welchen Gründen die Anwendung dieser Methoden angemessen ist. Hierzu genügt ein Verweis darauf, dass es sich sowohl bei dem Ertragswert-Verfahren als auch bei der Discounted Cash-flow-Methode um anerkannte Standardverfahren handelt.[563] Kommt der Prüfer bei Anwendung einer anderen Unternehmensbewertungsmethode zum Ergebnis, dass das Umtauschverhältnis angemessen ist, muss er seine Entscheidung ausführlich begründen.[564] Ebenso sollte kurz darauf eingegangen werden, dass Methode, Stichtag und Parameter identisch angewandt wurden.
3. Weiterhin muss erläutert werden, welche Alternativergebnisse sich bei Anwendung anderer Methoden ergeben hätten, wie die Methoden gewichtet wurden und welche besonderen Schwierigkeiten bei der Bewertung aufgetreten sind, wenn eine Kombination mehrerer Bewertungsmethoden angewandt wurde.[565] Diese Anforderung darf nicht darüber hinweg täuschen, dass in praxi andere Methoden nur sehr allgemein und formelhaft beschrieben werden.

Zusätzlich ist darüber zu berichten, ob der Verschmelzungsvertrag die gesetzlichen Anforderungen erfüllt.[566] Stets ist auf besondere Schwierigkeiten bei der Unternehmensbewertung einzugehen, wie z. B. schwebende Rechtsstreitigkeiten, Sanierungsmaßnahmen und Umweltrisiken.[567] Der Bericht endet mit einer Erklärung darüber, ob das Umtauschverhältnis bzw. die bare Zuzahlung angemessen ist, § 12 Abs. 2 UmwG. Vom Berufsstand werden sowohl Musterformulierungen für Testate als auch Mustergliederungen für Verschmelzungsprüfungsberichte vorgeschlagen.[568] Tatsachen, die Nachteile bewir-

---

560 Vgl. *Bula/Schlösser* in *SBB*, Umwandlungen, 2000, J, Rz. 107.

561 Vgl. *IDW*, Verschmelzungsprüfung, WPg 1989 S. 43; a. A. *Bayer*, Tage, ZIP 1997, S. 1621.

562 Vgl. *Müller* in *Kallmeyer*, UmwG, 2001, § 12, Rz. 6.

563 Vgl. *Pfitzer*, WP-Handbuch, 2002, Bd. II, Teil D, Rz. 70.

564 Vgl. *Mayer* in *Widmann/Mayer*, Umwandlungsrecht, 2002, § 12 UmwG, Rz. 19.

565 Vgl. *Bula/Schlösser* in *SBB*, Umwandlungen, 2000, J, Rz. 115.

566 Vgl. *Pfitzer*, WP-Handbuch, 2002, Bd. II, Teil D, Rz. 67.

567 Dies gilt entgegen der Stellung in § 12 Abs. 2 S. 2 Nr. 3 Hs. 2 UmwG nicht nur für den Fall der Kombination von Bewertungsmethoden, sondern für alle Verschmelzungsfälle. Vgl. zu Schwierigkeiten bei der Bewertung auch *Bula/Schlösser* in *SBB*, Umwandlungen, 2000, J, Rz. 116.

568 Vgl. *IDW*, Verschmelzungsprüfung, WPg 1989 S. 43 f.; *Pfitzer*, WP-Handbuch, 2002, Bd. II, Teil D, Rz. 77.

ken könnten, müssen nicht in den Prüfungsbericht aufgenommen werden, § 12 Abs. 3 i. V. m. § 8 Abs. 2 UmwG. Adressaten des Prüfungsberichts sind alle beteiligten Rechtsträger.

Ein fehlender oder fehlerhafter Verschmelzungsprüfungsbericht führt regelmäßig zur Anfechtbarkeit des Verschmelzungsbeschlusses.[569]

3.5 Verschmelzungsbeschluss

Die Verschmelzung wird nur wirksam, wenn die Anteilseigner ihr in einem Verschmelzungsbeschluss, der in einer (Haupt-/Gesellschafter-)Versammlung der Anteilseigner erfolgen muss, zustimmen, § 13 Abs. 1 UmwG.

Die rechtzeitige Ladung zur Hauptversammlung enthält den Tagesordnungspunkt „Verschmelzung". Einen Überblick über die notwendigen Unterlagen zur beschlussfassenden Versammlung je nach Rechtsform der beteiligten Gesellschaften gibt Tab. 5.

Tab. 5: Unterlagen zur beschlussfassenden Versammlung bei verschiedenen beteiligten Rechtsträgern

	AG	GmbH	PHG, PartG
Verschmelzungs-vertrag	Auslage §§ 63, 64 Abs. 1 S. 1 UmwG; Bekanntgabe § 61 UmwG; Erläuterung § 64 Abs. 1 S. 2, Abs. 2 UmwG	Übersendung § 47 UmwG	Übersendung § 42 PartGG i. V. m. § 45c UmwG
Verschmelzungs-bericht	Auslage §§ 63, 64 Abs. 1 S. 1 UmwG	Übersendung § 47 UmwG	Übersendung § 42 PartGG i. V. m. § 45c UmwG
Verschmelzungs-prüfungsbericht	Auslage §§ 63, 64 Abs. 1 S. 1 UmwG	Auskunft auf Verlangen § 49 Abs. 3 UmwG	
Jahresabschlüsse der letzten 3 Jahre nebst Lageberichten	Auslage §§ 63, 64 Abs. 1 S. 1 UmwG	Auslage § 49 Abs. 2 UmwG	

569 Vgl. *Stratz* in *SHS*, UmwG, 2001, § 12 UmwG, Rz. 18; *Müller* in *Kallmeyer*, UmwG, 2001, § 12, Rz. 15 Abs. 2; *Lutter* in *Lutter*, UmwG, 2000, § 12, Rz. 17. Vgl. Abschnitt 3.10 zum Klage- und Spruchverfahren. Ausnahme im Fall des § 8 Abs. 3 UmwG.

Auf der Hauptversammlung müssen Verschmelzungsvertrag, -bericht und -prüfungsbericht sowie die letzten drei Jahresabschlüsse nebst Lageberichten gem. § 63 UmwG ausgelegt werden. Auf Verlangen der Anteilseigner sind ihnen nach § 63 Abs. 3 UmwG Abschriften zu erteilen. Der Verschmelzungsvertrag ist nach § 61 UmwG beim Handelsregister bekannt zu geben und den Anteilseignern zusätzlich mündlich gem. § 64 Abs. 1 S. 2 und Abs. 2 UmwG zu erläutern.[570] Bei der Verschmelzung von GmbH oder Personenhandelsgesellschaften sind Verschmelzungsvertrag und -bericht den Anteilseignern gem. §§ 42, 47 UmwG zu übersenden. Informationspflichten sind hierbei abhängig vom Verlangen der Anteilseigner, §§ 42, 50 UmwG.

Mängel der Ladung oder in der Tagesordnung werden gem. § 51 Abs. 3 GmbHG, §§ 121 Abs. 6, 241 Nr. 1 AktG geheilt, indem alle Anteilseigner zur Versammlung erscheinen und nicht widersprechen.

Bei der Beschlussfassung einer AG ist mindestens eine Dreiviertelmehrheit der anwesenden Stimmen erforderlich, § 65 UmwG.[571] Falls mehrere Aktiengattungen vorhanden sind, muss jede stimmberechtigte Aktiengattung für sich gesondert abstimmen und eine Dreiviertelmehrheit erreichen.[572] Enthaltungen und ungültige Stimmen werden nach h. M. nicht in das vertretene Grundkapital einbezogen.[573] Umstritten ist die Methode der Einberechnung von Mehrfachstimmrechten.[574] Für die GmbH ist neben der Dreiviertelmehrheit (§ 50 Abs. 1 UmwG) der abgegebenen Stimmen eine gesonderte Zustimmungspflicht von Anteilseignern der Überträgerin zu berücksichtigen, deren Rechte beschnitten werden (§§ 50 Abs. 2, 13 Abs. 2 UmwG) oder deren Haftungsrisiko sich vergrößert (§ 51 UmwG). Für Kapitalgesellschaften darf weder die Grenze der Dreiviertelmehrheit verringert noch darf auf die Abstimmung komplett verzichtet werden.[575] Die Bestimmung einer höheren Mehrheit und weitere Abstimmungserfordernisse, wie bspw. eine geheime Abstimmung, sind jedoch zulässig.[576] Kritisch anzumerken bleibt, dass bei börsennotierten AG das auf der beschlussfassenden Hauptversammlung vertretene Grundkapital deutlich unter 100 % liegt. Verstärkt durch das Depotstimmrecht der Banken kann bereits ein deutlich unter 75 % liegender Teil des Grundkapitals die Verschmelzung herbeiführen.[577]

Bei Personenhandelsgesellschaften muss aufgrund des Prinzips der Selbstorganschaft[578] grundsätzlich Einstimmigkeit aller Gesellschafter herrschen, § 43 Abs. 1 UmwG. Falls gesellschaftsvertraglich nach § 43 Abs. 2 UmwG eine Dreiviertelmehrheit der abgege-

---

570 Insbesondere sollen neue Entwicklungen sowie auf Anfrage wesentliche Angelegenheiten des Verschmelzungspartners dargelegt werden. Vgl. *Grunewald* in *Geßler*, AktG, 1991, § 340d AktG, Rz. 14.

571 Mit der Reform des UmwG wurde die Vereinfachungsregelung in § 352b AktG abgeschafft, nach der bei einer mindestens 90 %-Beteiligung kein Beschluss notwendig war.

572 § 65 Abs. 2 UmwG. Stimmrechtslose Vorzugsaktien berechtigten nicht zur Abstimmung.

573 Vgl. *Stratz* in *SHS*, UmwG, 2001, § 65 UmwG, Rz. 8.

574 Möglich ist die Einberechnung nach Kapitalbetrag oder nach Kapitalmacht. Vgl. zum Diskussionsstand *Stratz* in *SHS*, UmwG, 2001, § 65 UmwG, Rz. 5 f.

575 Vgl. *Stratz* in *SHS*, UmwG, 2001, § 65 UmwG, Rz. 2; *Priester* in *Lutter*, UmwG, 2000, § 65, Rz. 4.

576 Siehe § 65 Abs. 1 S. 2 bzw. § 50 Abs. 1 S. 2 UmwG.

577 Vgl. *Ahlers*, Verschmelzung, 2001, S. 41.

578 Vgl. *Schmidt, K.*, Gesellschaftsrecht, 2002, S. 409 ff.

benen Stimmen vorgesehen ist, sind besondere Zustimmungserfordernisse nach § 40 Abs. 2, § 43 Abs. 2 UmwG zu beachten. Die Zustimmung von Vorstandsmitgliedern, Geschäftsführern, Aufsichtsratsmitgliedern und Arbeitnehmern ist nicht erforderlich, soweit sie nicht selbst Anteilseigner sind.

Vgl. zusammenfassend zu den Zustimmungserfordernissen in Abhängigkeit von der Rechtsform Tab. 6.

Tab. 6: Zustimmungserfordernisse bei verschiedenen beteiligten Rechtsträgern

	UmwG	Gesellschaftsvertrag, Satzung
AG	¾-Mehrheit § 65 Abs. 1 S. 1 UmwG	größere Mehrheit § 65 Abs. 1 S. 2 UmwG
GmbH	¾-Mehrheit § 50 Abs. 1 S. 1 UmwG	größere Mehrheit § 50 Abs. 1 S. 2 UmwG
PHG **PartG**	Einstimmigkeit § 43 Abs. 1 UmwG; PartG i. V. m. § 45d Abs. 1 UmwG	¾- oder größere Mehrheit § 43 Abs. 2 UmwG; PartG i. V. m. § 45d Abs. 2 UmwG

Der Sonderfall einer Verschmelzung einer Ein-Mann-Kapitalgesellschaft auf ihren Alleingesellschafter verlangt keinen Zustimmungsbeschluss des Alleingesellschafters, jedoch von der Kapitalgesellschaft (§§ 120 f. UmwG).[579]

Bei der Verschmelzung durch Neugründung wird mit dem Verschmelzungsbeschluss gem. § 37 UmwG gleichzeitig der neue Gesellschaftsvertrag festgestellt.

Fraglich ist die Zulässigkeit einer sog. „Kettenverschmelzung", bei der die Übernehmerin vor Wirksamkeit der ersten Verschmelzung sich selbst als Überträgerin an einer zweiten Verschmelzung beteiligt.[580] Minderheitsgesellschafter der Überträgerin in der ersten Verschmelzung könnten nach der zweiten Verschmelzung ihre Sperrminorität verlieren. Gesetzlich ist die Kettenverschmelzung zwar nicht definiert, aber auch nicht unzulässig. Der Beschluss zur zweiten Verschmelzung wird allein von den zu diesem Zeitpunkt beteiligten Anteilseignern getroffen, zu denen die Anteilseigner der ersten Überträgerin noch nicht gehören. Der zweite Verschmelzungsvertrag ist daher ohne die Beteiligung künftiger Anteilseigner wirksam.[581]

579 Vgl. *Heckschen*, Entwicklung, DB 1998, S. 1395; LG Dresden 14.11.1996, DB 1997, S. 88 f.; *Zimmermann* in *Kallmeyer*, UmwG, 2001, § 13, Rz. 5; *Karollus* in *Lutter*, UmwG, 2000, § 121, Rz. 12.

580 Beispiel: In der Ausgangslage bestehen drei voneinander unabhängige Kapitalgesellschaften A, B und C. A (als Überträgerin) und B (als Übernehmerin) beschließen eine Verschmelzung zur Aufnahme. Bevor diese erste Verschmelzung wirksam wird, beteiligt sich B als Überträgerin an einer zweiten Verschmelzung auf C (Übernehmerin). An dem Beschluss zur zweiten Verschmelzung der Überträgerin B sind die Minderheitsgesellschafter der A nicht beteiligt, weil sie noch nicht Anteilseigner der B sind.

581 Vgl. *Sagasser/Ködderitzsch* in *SBB*, Umwandlungen, 2000, J, Rz. 167 ff., die Schadenersatzansprüche der Anteilseigner der ersten Überträgerin für gerechtfertigt halten.

Die Verschmelzung an sich stellt keine Satzungsänderung dar.[582] Wenn jedoch die Satzung der Überträgerin z. B. durch eine Änderung der Firma oder des Sitzes geändert wird, sind die Vorschriften zur Satzungsänderung einzuhalten.

Fraglich ist, ob höhere Nebenpflichten, wie z. B. ein Wettbewerbsverbot oder eine Nachschusspflicht für Anteilseigner der Überträgerin, zu einer besonderen Zustimmungspflicht führen. Das UmwG sieht dafür keinen Anlass, weil derartige Nebenpflichten im Umtauschverhältnis und dessen gerichtlicher Nachprüfung berücksichtigt werden.[583] Darin sieht ein Teil der Literatur keine Lösung, sondern will einen Ausgleich über die analoge Anwendung von § 29 UmwG oder von § 707 BGB bzw. § 53 Abs. 3 GmbHG erreichen.[584] M. E. kann von einer besonderen Zustimmung abgesehen werden, wenn die Nebenpflichten für alle Anteilseigner der Überträgerin gleichermaßen gelten und bei der Ermittlung des Umtauschverhältnisses berücksichtigt wurden.

Der Verschmelzungsbeschluss bedarf der notariellen Beurkundung, § 13 Abs. 3 UmwG.[585] In unstrittigen Fällen ist es zur Beschleunigung des Verfahrens sinnvoll, sogleich einen Anfechtungsverzicht mit zu beurkunden.[586]

3.6 Kapitalerhöhungsbeschluss

Zusätzlich zum Verschmelzungsbeschluss muss ggf. eine Kapitalerhöhung bei der Übernehmerin beschlossen werden, wenn diese eine Kapitalgesellschaft ist, §§ 53-55, 66-69 UmwG. Das Verfahren richtet sich grundsätzlich nach §§ 55 ff. GmbHG bzw. §§ 182 ff. AktG, ist aber deutlich vereinfacht.[587] Mittels Kapitalerhöhung werden auskehrbare Anteile geschaffen, die den Anteilseignern der Überträgerin als Gegenleistung dafür übertragen werden, dass sie das Vermögen der Überträgerin als Sacheinlage in die Übernehmerin einbringen. Insofern sind besondere Vorschriften für Sacheinlagen zu beachten.[588] Zudem ist eine Unter-pari-Emission unzulässig, so dass eine überschuldete Überträgerin nicht gegen Kapitalerhöhung auf eine Übernehmerin verschmolzen werden kann.[589]

---

582 Vgl. *Grunewald* in *Geßler*, AktG, 1991, § 340c, Rz. 11; *Sagasser/Ködderitzsch* in *SBB*, Umwandlungen, 2000, J, Rz. 122; a. A. *Heckschen*, Verschmelzung, Stuttgart 1989, S. 29; *Lutter* in *Lutter*, UmwG, 2000, § 13, Rz. 21 m. w. N.

583 Vgl. *Bundesregierung*, Begründung, BR-Drs. 75/94, S. 86.

584 Vgl. *Mayer* in *Widmann/Mayer*, Umwandlungsrecht, 2002, § 50 UmwG, Rz. 111 ff.; *Lutter* in *Lutter*, UmwG, 2000, § 13, Rz. 29-30; *Winter*, Verschmelzung, 1995, S. 47 f.; *Schmidt, H.*, Verschmelzung, 1995, S. 84; *Sagasser/Ködderitzsch* in *SBB*, Umwandlungen, 2000, J, Rz. 123.

585 Vgl. zur Auslandsbeurkundung bereits Abschnitt 3.2.

586 Vgl. *Heckschen*, Verschmelzung, 1989, S. 30.

587 Vgl. *Sagasser/Ködderitzsch* in *SBB*, Umwandlungen, 2000, J, Rz. 128-130.

588 Siehe § 9 i. V. m. § 56 GmbHG und §§ 183, 188 Abs. 2 S. 1 i. V. m. § 36a Abs. 2 S. 3 AktG. Vgl. *Mayer* in *Widmann/Mayer*, Umwandlungsrecht, 2002, § 55 UmwG, Rz. 12; *Winter* in *Lutter*, UmwG, 2000, § 55, Rz. 8; *Bermel* in *Goutier*, Umwandlungsrecht, 1996, § 69 UmwG, Rz. 31; a. A. *Grunewald* in *Lutter*, UmwG, 2000, § 69, Rz. 27.

589 Vgl. dazu Abschnitt 2.4.3.

Der Umfang der Kapitalerhöhung richtet sich nach dem Umtauschverhältnis der Anteile. Durch die Mindeststückelung ist zusätzlich zur Ausgabe neuer Anteile eine bare Zuzahlung erforderlich, die nach §§ 54 Abs. 4, 68 Abs. 3 UmwG nicht über 10 % der gewährten Anteile betragen darf. Die Berechnung der erforderlichen Kapitalerhöhung aufgrund von § 68 Abs. 1 UmwG wird in Abschnitt 4.6 erläutert.

Für den Sonderfall, dass parallel zur Verschmelzung ein Rückkauf eigener Anteile durch die Überträgerin gem. § 71 Abs. 1 Nr. 8 AktG erfolgt, kann keine feste Kapitalerhöhung im Verschmelzungsvertrag vereinbart werden. *Bungert/Hentzen* schlagen zur Lösung des Problems vor, einen Höchstbetrag für die Kapitalerhöhung im Kapitalerhöhungsbeschluss und den exakten Betrag erst kurz vor Eintragung ins Handelsregister festzusetzen.[590]

Mängel im Verfahren zur Kapitalerhöhung werden durch die Eintragung der Verschmelzung gem. § 20 Abs. 2 UmwG geheilt.[591] Schwerwiegende Verstöße, z. B. gegen das Verbot der Unter-pari-Emission, sind jedoch nicht heilbar und führen zur Nichtigkeit der Kapitalerhöhung.[592]

3.7 Vereinfachungen für konzerninterne Verschmelzungen

Im Bereich der Konzernverschmelzung sind drei Fallgruppen zu unterscheiden: die Verschmelzung des Tochterunternehmens auf das Mutterunternehmen (Up-stream Merger), die Verschmelzung des Mutterunternehmens auf das Tochterunternehmen (Down-stream Merger) sowie die Verschmelzung von Schwestergesellschaften.

Die meisten Vereinfachungen sind für die Verschmelzung des 100 %-Tochterunternehmens auf das Mutterunternehmen – unabhängig von der Rechtsform[593] – vorgesehen. So ist der Verschmelzungsvertrag zwar erforderlich, aber um die Angaben des § 5 Abs. 1 Nr. 2-5, Abs. 2 UmwG verkürzt.[594] Sowohl Verschmelzungsbericht (§ 8 Abs. 3 UmwG) als auch Verschmelzungsprüfung mit Prüfungsbericht (§ 9 Abs. 2-3 UmwG) entfallen komplett. Diese Erleichterungen gelten nicht, wenn das Mutterunternehmen die 100 % an dem Tochterunternehmen erst nach Einleitung des Verschmelzungsverfahrens erlangt (sog. zweistufige Verschmelzung).[595] Zwingend erforderlich ist indes grundsätzlich der Verschmelzungsbeschluss, es sei denn, die Überträgerin ist eine Kapitalgesellschaft und die Übernehmerin eine AG (§ 62 Abs. 1 UmwG).[596] Ist das Mutterunternehmen nur mehrheitlich an dem Tochterunternehmen beteiligt, sind die Erleichterungen auf den Verschmelzungsbeschluss beschränkt. Ein Verschmelzungsbeschluss ist bei

---

590 Vgl. *Bungert/Hentzen*, Kapitalerhöhung, DB 1999, S. 2502 ff.

591 Vgl. *Winter* in *Lutter*, UmwG, 2000, § 55, Rz. 30.

592 Vgl. *Stratz* in *SHS*, UmwG, 2001, § 55 UmwG, Rz. 38.

593 Vgl. *Lutter* in *Lutter*, UmwG, 2000, § 5, Rz. 81.

594 Vgl. für einen Verzicht auf einen notariellen Vertrag *Krieger*, Konzern, ZGR 1990, S. 519 f.

595 Vgl. OLG Karlsruhe 09.08.1991 (Südzucker), ZIP 1991, S. 1148 zu § 352b Abs. 2 AktG a. F.; *Sagasser/Ködderitzsch* in *SBB*, Umwandlungen, 2000, J, Rz. 155.

596 Vgl. für einen einfachen Beschluss *Krieger*, Konzern, ZGR 1990, S. 519 f.

der übernehmenden AG nicht erforderlich, wenn sie mindestens 90 % am Tochterunternehmen (Kapitalgesellschaft) besitzt. Minderheitsaktionäre, die mindestens ein Quorum von 5 % am Grundkapital der Übernehmerin halten, können die Einberufung der Hauptversammlung verlangen, § 62 Abs. 2 UmwG. Die Anteilseigner werden über § 62 Abs. 3 UmwG durch Bekanntmachung und Auslage der Unterlagen informiert. Beim reinen Up-stream Merger findet insofern weder ein Anteilstausch statt noch kommt es zu einer Kapitalerhöhung (§ 5 Abs. 2, § 54 Abs. 1 S. 1 Nr. 1 und § 68 Abs. 1 S. 1 Nr. 1 UmwG), soweit das Mutterunternehmen am Tochterunternehmen beteiligt ist.[597]

Ausdrückliche Vereinfachungen sieht das UmwG für den Fall einer Verschmelzung des Mutterunternehmens auf das Tochterunternehmen nicht vor, so dass nur bei notariellem Verzicht der Verschmelzungsbericht (§ 8 Abs. 3 UmwG) und die Verschmelzungsprüfung mit Prüfungsbericht (§ 9 Abs. 3 UmwG) unterbleiben können. Eine Kapitalerhöhung muss nur insoweit erfolgen, als das Mutterunternehmen nicht am Tochterunternehmen beteiligt ist (§ 54 Abs. 1 S. 1 Nr. 3, S. 2 Nr. 2 und § 68 Abs. 1 S. 1 Nr. 3, S. 2 Nr. 2 UmwG).[598]

Auch bei der Verschmelzung von Schwestergesellschaften sieht das UmwG keine Erleichterungen vor. So sind für beide Tochterunternehmen Verschmelzungsbeschlüsse erforderlich. Auch Verschmelzungsbericht (§ 8 Abs. 3 UmwG) und Verschmelzungsprüfung mit Prüfungsbericht (§ 9 Abs. 3 UmwG) können nur bei notariellem Verzicht entfallen.[599]

Unternehmensverträge, wie z. B. Beherrschungs- und Ergebnisabführungsverträge, behindern eine Verschmelzung nicht. Bestehen solche Verträge zwischen der Überträgerin und der Übernehmerin, erlöschen die Schuldverhältnisse durch Konfusion.[600]

3.8 Anmeldung

Die Vertretungsorgane jedes der beteiligten Rechtsträger haben die Verschmelzung durch Aufnahme am jeweils zuständigen Registergericht anzumelden, § 16 Abs. 1 S. 1 UmwG. Außerdem ist das Vertretungsorgan der Übernehmerin gem. § 16 Abs. 1 S. 2 UmwG berechtigt, auch beim Register der Überträgerin die Verschmelzung anzumelden. Bei der Verschmelzung durch Neugründung müssen Vertretungsorgane aller Überträgerinnen die Verschmelzung jeweils bei ihrem Registergericht und alle gemeinsam bei dem Registergericht des neuen Rechtsträgers anmelden, § 38 UmwG.[601]

---

597 Vgl. *Kahling*, Bilanzierung, 1999, S. 34 ff.

598 Vgl. *Kahling*, Bilanzierung, 1999, S. 34 ff.

599 Vgl. *Lutter* in *Lutter*, UmwG, 2000, § 9, Rz. 17; für einen Verzicht *Krieger*, Konzern, ZGR 1990, S. 522 f. Zu bilanziellen Problemen und der Frage der notwendigen Kapitalerhöhung bei der Verschmelzung von Schwestergesellschaften vgl. Abschnitt 5.2.7.

600 Vgl. *Grunewald* in *Lutter*, UmwG, 2000, § 20, Rz. 39; *Budde/Zerwas* in *Budde/Förschle*, Sonderbilanzen, 2002, F, Rz. 34.

601 Vgl. zur Vertretungsberechtigung insbes. von Personenhandelsgesellschaften *Schöne*, Aktienrecht, GmbHR 1995, S. 332 f.

Der Anmeldung sind diverse Positiv- und Negativerklärungen beizufügen, wie z. B. die Erklärung, dass besondere Zustimmungen nach §§ 52 Abs. 1, 51 UmwG erteilt wurden, oder dass keine Anfechtungsklagen gem. § 16 Abs. 2 UmwG anhängig sind.[602]

Weiterhin sind der Anmeldung folgende Anlagen nach § 17 UmwG beizufügen:

- der Verschmelzungsvertrag in notariell beurkundeter Ausfertigung oder öffentlich beglaubigter Abschrift,
- die Verschmelzungsbeschlüsse in notariell beurkundeter Ausfertigung oder öffentlich beglaubigter Abschrift,
- besondere Zustimmungserklärungen einzelner Anteilseigner in notariell beurkundeter Ausfertigung oder öffentlich beglaubigter Abschrift,
- der Verschmelzungsbericht in Urschrift oder Abschrift oder die Verzichtserklärung in notariell beurkundeter Ausfertigung oder öffentlich beglaubigter Abschrift,
- der Prüfungsbericht in Urschrift oder Abschrift oder die Verzichtserklärung(en) in notariell beurkundeter Ausfertigung oder öffentlich beglaubigter Abschrift,
- der Nachweis über rechtzeitige Zuleitung des Verschmelzungsvertrags an den Betriebsrat in Urschrift oder Abschrift,
- ggf. staatliche Genehmigungsurkunden nach GWB oder GewO in notariell beurkundeter Ausfertigung oder öffentlich beglaubigter Abschrift und
- die höchstens acht Monate alte Schlussbilanz der Überträgerin.

Weitere Unterlagen sind rechtsformspezifisch erforderlich, wie z. B. die Treuhandererklärung nach § 71 UmwG für die AG, eine berichtigte Gesellschafterliste für die GmbH nach § 52 Abs. 2 UmwG oder der Nachweis über die Bekanntmachung nach § 62 Abs. 3 S. 4 UmwG.

Das Registergericht erfüllt im Verschmelzungsverfahren eine gewisse Kontrollfunktion: Zunächst kontrolliert es die Vollständigkeit der dem Gericht einzureichenden Unterlagen. Das Gericht trägt die Verschmelzung nicht ins Handelsregister ein, wenn eine älter als acht Monate alte Schlussbilanz der Überträgerin eingereicht wird (§ 17 Abs. 2 UmwG), oder wenn die erforderliche Kapitalerhöhung noch nicht ins Handelsregister eingetragen ist (§§ 53, 66 UmwG).

Zudem hat das Registergericht eine materiell-rechtliche Überprüfung dahingehend vorzunehmen, ob eine Anmeldepflicht nach Kartellrecht besteht. Weiterhin muss es die Eintragung verweigern, wenn trotz der Anmeldepflicht keine Anmeldung erfolgt, § 40 Abs. 1 GWB. Hinsichtlich der inhaltlichen Richtigkeit der Verschmelzungsunterlagen ist nur in besonderen Fällen, wie z. B. § 5 Abs. 1 Nr. 2 UmwG, von einer materiellen

---

602 Die Organe erklären nach § 16 Abs. 2 S. 1 UmwG, dass eine Klage nicht oder nicht fristgerecht erhoben wurde, rechtskräftig abgewiesen oder zurückgenommen wurde. Ersatzweise kann die notarielle Verzichtserklärung der Anteilseigner gem. § 16 Abs. 2 S. 2 Hs. 2 UmwG vorgelegt werden. Ebenso gültig ist ein rechtskräftiger Beschluss des Prozessgerichts nach § 16 Abs. 3 UmwG, dass die erhobene Klage der Eintragung nicht entgegensteht.

Prüfungspflicht auszugehen.[603] Ansonsten kann das Registergericht auf die Angaben der beteiligten Rechtsträger zurückgreifen, vgl. § 16 Abs. 2 UmwG.[604]

Der Verschmelzungsbeschluss ist nichtig, und das Registergericht ist befugt, die Eintragung zu verweigern, wenn er zwingende gesetzliche Normen verletzt und seine Beseitigung im öffentlichen Interesse liegt.[605]

3.9 Eintragung und Bekanntmachung

Bei der Verschmelzung durch Aufnahme erfolgt die Eintragung in drei Schritten:

1. Eintragung der Kapitalerhöhung bei der Übernehmerin in deren Handelsregister, §§ 53, 66 UmwG. Dabei sind neben den erforderlichen Unterlagen nach GmbHG bzw. AktG bereits der Verschmelzungsvertrag und die Verschmelzungsbeschlüsse beizulegen.
2. Eintragung der Verschmelzung in das Handelsregister der Überträgerin, § 19 Abs. 1 S. 1 UmwG mit dem Vermerk, dass ihre Wirksamkeit von der Eintragung der Verschmelzung bei der Übernehmerin abhängt.
3. Eintragung der Verschmelzung in das Handelsregister der Übernehmerin, § 19 Abs. 1 S. 1 UmwG.

Mit der Eintragung der Verschmelzung in das Handelsregister der Übernehmerin ist die Verschmelzung nach § 17 Abs. 1 S. 2 UmwG wirksam. Das Registergericht der Übernehmerin schickt eine Kontrollmitteilung an das Registergericht der Überträgerin, so dass dieses das Datum der Wirksamkeit vermerken kann. Sämtliche die Verschmelzung betreffenden Unterlagen werden an das Registergericht der Übernehmerin übersandt.[606]

Daraufhin hat jedes Registergericht die Verschmelzung im Bundesanzeiger und mindestens einem weiteren Blatt bekannt zu machen. Mit Erscheinen des letzten Blatts ist die Bekanntmachung erfolgt und verschiedene Fristen beginnen.[607]

Durch die Eintragung ins Handelsregister wird die Verschmelzung vollzogen und folgende Rechtswirkungen treten ein (§ 20 Abs. 1 UmwG):

1. Vermögen und Verbindlichkeiten der Überträgerin gehen auf die Übernehmerin durch Gesamtrechtsnachfolge über,
2. die Überträgerin erlischt ohne Liquidation und
3. die Anteilseigner der Überträgerin werden Anteilseigner der Übernehmerin.

---

603 Vgl. *Lüke*, Verhältnis, ZGR 1990, S. 657 ff.

604 Vgl. *Sagasser/Ködderitzsch* in *SBB*, Umwandlungen, 2000, J, Rz. 142 m. w. N.; a. A. *Bork* in *Lutter*, UmwG, 2000, § 16, Rz. 5.

605 Schluss aus § 144 Abs. 2 FGG.

606 Siehe § 19 Abs. 2 UmwG.

607 Siehe § 19 Abs. 3 UmwG. Bspw. beginnt die Frist für Gläubiger zur Anmeldung ihrer Ansprüche gem. § 22 Abs. 1 UmwG mit der Bekanntgabe.

Rechte Dritter an den Anteilen der Überträgerin bestehen an den neuen Anteilen der Übernehmerin fort, § 20 Abs. 1 Nr. 3 S. 2 UmwG. Werden jedoch keine neuen Anteile herausgegeben, entfallen die Rechte Dritter. Ihnen steht jedoch ein Schadenersatzanspruch zu.[608]

Außerdem werden sämtliche Form-, Verfahrens- und andere Mängel durch die Eintragung geheilt, so dass eine „Entschmelzung" nicht stattfindet.[609]

Die Rechtsfolgen treten ebenso im Fall der Verschmelzung einer Kapitalgesellschaft auf den eintragungsfähigen Alleingesellschafter mit der Eintragung in das Handelsregister des übernehmenden Alleingesellschafters ein.[610] Erfolgt die Verschmelzung auf den nicht-eintragungsfähigen Alleingesellschafter, tritt die Wirksamkeit der Verschmelzung bereits mit Eintragung bei der übertragenden Kapitalgesellschaft gem. § 122 Abs. 2 UmwG ein.

3.10 Klage- und Spruchverfahren

Die Anteilseigner erfahren einen a-posteriori-Rechtsschutz durch das Klageverfahren nach § 14 Abs. 1 UmwG und das Spruchverfahren[611] nach § 14 Abs. 2, § 15 i. V. m. § 305 ff. UmwG.

Klageverfahren

Mit der Klage gem. § 14 Abs. 1 UmwG steht den Anteilseignern – nicht jedoch außenstehenden Dritten, wie z. B. Gläubigern oder Arbeitnehmern[612] – die Möglichkeit offen, gegen die Wirksamkeit des Verschmelzungsbeschlusses vorzugehen. Verschmelzungsbeschlüsse können nichtig oder anfechtbar sein. Insofern erfolgen Klagen gegen Verschmelzungsbeschlüsse bei Kapitalgesellschaften in Form von Anfechtungs- oder Nichtigkeitsklagen gem. §§ 241 ff. AktG,[613] bei Personenhandelsgesellschaften hingegen durch Feststellungsklagen.[614] Das Verfahren richtet sich – soweit nicht §§ 246 ff. AktG greifen – nach allgemeinem Prozessrecht.[615] Nach erfolgter Eintragung der Verschmelzung in das Handelsregister ist eine Klage gegen den Verschmelzungsbeschluss der Überträgerin gegen die Übernehmerin zu richten (§ 28 UmwG). Die Klage ist mit

---

608 Vgl. *Grunewald* in *Lutter*, UmwG, 2000, § 20, Rz. 63; *Winter* in *Lutter*, UmwG, 2000, § 55, Rz. 30.

609 Siehe § 20 Abs. 1 Nr. 4 und Abs. 2 UmwG.

610 Vgl. Amtsgericht Dresden 26.07.1996, DB 1996, S. 1813 f.; BGH 04.05.1998, BB 1998, S. 1602 f.; LG Tübingen 17.07.1997, GmbHR 1997, S. 849 f.; a. A. *Heckschen* in *Widmann/Mayer*, Umwandlungsrecht, 2002, § 121 UmwG, Rz. 48 f.; *Priester*, Umwandlung, DB 1996, S. 414 f.

611 Gelegentlich auch synonym als Spruchstellenverfahren bezeichnet.

612 Vgl. *Bork* in *Lutter*, UmwG, 2000, § 14, Rz. 3.

613 Für GmbH analog, vgl. BGH 09.12.1968, BGHZ 51, S. 210 f. Zur Anfechtungsklage, die die Nichtigkeit des Verschmelzungsbeschlusses ex nunc herbeiführt, siehe §§ 245, 246 AktG. Die Nichtigkeitsklage ist in den Fällen des § 241 AktG zulässig und führt zur Nichtigkeit ex tunc, siehe § 249 AktG.

614 Vgl. *Bundesregierung*, Begründung, BR-Drs. 75/94, S. 87.

615 Vgl. *Bork* in *Lutter*, UmwG, 2000, § 14, Rz. 4.

einer Ausschlussfrist von einem Monat (§ 14 Abs. 1 UmwG) einzureichen und muss die Mindestanforderungen nach § 253 Abs. 2 ZPO erfüllen.

Die Klage gegen den Verschmelzungsbeschluss der Überträgerin kann gem. § 14 Abs. 2 UmwG nicht darauf gestützt werden, dass das Umtauschverhältnis, die baren Zuzahlungen oder die Barabfindungen zu niedrig bemessen sind bzw. nicht ordnungsgemäß angeboten wurden oder die Anteile an der Übernehmerin keinen angemessenen Gegenwert für die hingegebenen Anteile darstellen. In diesen Fällen ist das sog. Spruchverfahren gem. §§ 14 Abs. 2, 15, 305 ff. UmwG anzuwenden.

Die Gründe für eine Klage ergeben sich aus den Vorschriften für die einzelnen Rechtsträger[616] und wurden bereits in umfangreicher Rechtsprechung konkretisiert.[617] So führen bspw. Verfahrensmängel – wie nicht fristgemäße Einladung zur beschlussfassenden Versammlung oder Mängel im Verschmelzungsvertrag – zur Anfechtbarkeit,[618] ein nicht getroffener Verschmelzungsbeschluss zur Nichtigkeit.[619] Grundsätzlich müssen die Kläger die Verletzung ihrer Informations- und sonstigen Rechte als Anteilseigner schlüssig darlegen.[620] So können unabhängig von § 14 Abs. 2 UmwG die Anteilseigner der Überträgerin als Anfechtungsgrund vorbringen, das Umtauschverhältnis sei im Verschmelzungsbericht nicht hinreichend erläutert worden[621] oder die Anteilseigner seien unterschiedlich behandelt worden.[622] Verfügt der Verschmelzungsvertrag über Mängel durch unvollständige oder unrichtige Angaben in § 5 Abs. 1 Nr. 9 UmwG, ist das Klagerecht der Anteilseigner umstritten, weil mit der Vorschrift Arbeitnehmer geschützt werden sollen.[623]

---

616 Vgl. *Marsch-Barner* in *Kallmeyer*, UmwG, 2001, § 14, Rz. 7.

617 Vgl. LG Frankfurt 29.07.1997, BB 1998, S. 179 ff.; OLG Naumburg 06.02.1997, DB 1997, S. 466 f.; OLG Stuttgart 17.12.1996, ZIP 1997, S. 75 ff.; BayOLG 05.07.1996, AG 1996, S. 468 f.; OLG Hamm 04.03.1999, BB 1999, S. 1234 ff.; BGH 07.11.1997, ZIP 1998, S. 1245 f.; weitere Nachweise bei *Heckschen* in *Widmann/Mayer*, Umwandlungsrecht, 2002, § 13 UmwG, Rz. 163.3 ff.

618 Vgl. *Heckschen*, Entwicklung, DB 1998, S. 1391.

619 Vgl. LG Hamburg 05.03.1996, AG 1996, S. 281 f.; *Heckschen*, Entwicklung, DB 1998, S. 1390 f.

620 Vgl. BGH 02.07.1990, BGHZ 112, S. 24.

621 Vgl. BGH 18.12.1989, AG 1990, S. 259 ff. A. A. für den Formwechsel: BGH 18.12.2000, BB 2001, S. 275 ff. Danach ist anstelle des Klage- das Spruchverfahren anzuwenden, wenn Informationspflichten verletzt sind.

622 Vgl. *Bork* in *Lutter*, UmwG, 2000, § 14, Rz. 15.

623 Klagerecht abgelehnt: *Priester*, Spaltungsvertrag, 1995, S. 113 ff.; *Bungert*, Unternehmensvertragsbericht DB 1995, S. 1391; *Bungert*, Darstellungsweise, DB 1997, S. 2212 ff.; *Schwarz* in *Widmann/Mayer*, Umwandlungsrecht, 2002, Einf. UmwG, Rz. 17.1; *Bermel/Hannappel* in *Goutier*, Umwandlungsrecht, 1996, § 5, Rz. 109; Klagerecht befürwortet: *Drygala*, Reichweite, ZIP 1996, S. 1367 f. mit dem Argument, dass das Anfechtungsrecht keine persönliche Interessensverletzung voraussetzt, sondern der allgemeinen Rechtmäßigkeitskontrolle dient und weil die Verletzung der Vorschrift sonst sanktionslos bliebe. Unrichtige Angaben nach § 5 Abs. 1 Nr. 9 UmwG sollen bei Kapitalgesellschaften zur Anfechtbarkeit (vgl. *Lutter* in *Lutter*, UmwG, 2000, § 13, Rz. 44), bei Personenhandelsgesellschaften zur Nichtigkeit des Verschmelzungsvertrags führen (vgl. BGH 13.12.1995, ZIP 1995, S. 461). Klagerecht eingeschränkt: *Sagasser/Ködderitzsch* in *SBB*, Umwandlungen, 2000, J, Rz. 70; *Stratz* in *SHS*, UmwG, 2001, § 5 UmwG, Rz. 49. Schließlich bleibt unsicher, ob das Gericht Arbeitnehmerinteressen gegenüber Vollzugsinteressen der Gesellschaft als vorrangig ansieht, vgl. *Drygala*, Reichweite, ZIP 1996, S. 1367. Vgl. ausführlich *Engelmeyer*, Informationsrechte, DB 1996, S. 2544.

Die Anteilseigner der Übernehmerin können – im Gegensatz zu denen der Übertrĝerin[624] – den Verschmelzungsbeschluss mit der Begründung anfechten, das Umtauschverhältnis sei zu niedrig.[625] Um die Gefährdung des Verschmelzungsvorhabens bereits im Vorfeld zu verhindern, kann eine Verschmelzung durch Neugründung sinnvoll sein.[626] Teilweise wird, wenn die Anteilseigner der Übernehmerin das Umtauschverhältnis gerichtlich überprüfen lassen wollen, in der Literatur das Spruchverfahren anstelle einer Anfechtungsklage befürwortet, weil das Spruchverfahren die Durchführung der Verschmelzung nicht gefährdet.[627]

Jeder Anteilseigner ist unabhängig von seiner Beteiligungshöhe klageberechtigt.[628] In der Vergangenheit kam es dadurch wiederholt zu Fällen von Rechtsmissbrauch, in denen sog. „räuberische“[629] Aktionäre mit dem Ziel Klage erhoben, die Gesellschaft zu einer ungerechtfertigten Zahlung zu veranlassen, wenn die Klage zurückgenommen wird.[630] Aufgrund der hohen Kosten ist es aus Sicht der beteiligten Gesellschaft wirtschaftlich sinnvoll, den Kläger gegen eine Geldleistung zur Rücknahme der Klage zu bewegen.[631] In diesem Zusammenhang wurde diskutiert, aber nicht im UmwG umgesetzt, die Klagemöglichkeiten einzuschränken, indem bspw. Mindestbeteiligung und/oder eine Mindestbehaltefrist vorausgesetzt wird,[632] der Kläger persönlich nachteilig betroffen und in seinem schutzwürdigen Eigeninteresse verletzt sein muss, oder die Klage an den Grundsatz der Verhältnismäßigkeit gebunden wird. Weitergehend wird vertreten, Kleinaktionären einen wirksamen Anlegerschutz anstelle eines Gesellschafterschutzes zukommen zu lassen.[633] Minderheitsaktionäre werden jedoch schon aufgrund des hohen Kostenrisikos eines Zivilprozesses eine Klage scheuen.[634] Die formale Gleichbehandlung von Gesellschaft und Anteilseigner führt zu Ungerechtigkeiten, weil erstens der Anteilseigner über das Gesellschaftsvermögen an den Kosten der Gesellschaft beteiligt ist und zweitens die Klage die Funktion einer Kapitalmarktkontrolle

---

624 Bis 1982 hatten die Aktionäre von Überträgerin und Übernehmerin identische Rechte, vgl. *Grunewald* in *Geßler*, AktG, 1991, § 352c, Rz. 1.

625 Vgl. LG Mühlhausen 15.08.1996, DB 1996, S. 1967 f.; *Bork* in *Lutter*, UmwG, 2000, § 14, Rz. 14 (m. w. N.); BGH 02.07.1990, BGHZ 112, S. 19; *Hoffmann-Becking*, Gesellschafterschutz, ZGR 1990, S. 484 f.; *Hommelhoff*, Minderheitenschutz, ZGR 1993, S. 470; *Wiesen*, Gesellschafterschutz, ZGR 1990 S. 506 f.; *Bayer*, Informationsrechte, AG 1988, S. 325; a. A. OLG Hamm 20.06.1988, WM 1988, S. 1169.

626 Vgl. *Schiessl*, Aktienrecht, AG 1999, S. 446.

627 Vgl. *Bayer*, Informationsrechte, AG 1988, S. 325; *Hoffmann-Becking*, Gesellschafterschutz, ZGR 1990, S. 484 f. Gegen das Spruchverfahren, aber für eine Einschränkung der Anfechtungsbefugnis *Wiesen*, Gesellschafterschutz, ZGR 1990, S. 507.

628 Bei AG ist die Anfechtungsbefugnis an weitere Voraussetzungen gem. § 245 AktG geknüpft, z. B. müssen die Aktionäre auf der Hauptversammlung Widerspruch erklärt haben.

629 *Lutter*, Abwehr, 1988, S. 193.

630 Vgl. *Heckschen* in *Widmann/Mayer*, Umwandlungsrecht, 2002, § 13 UmwG, Rz. 163.2; BGH 22.05.1989, BGHZ 107, S. 297 ff., 308 ff.; BGH 18.12.1989, AG 1990, S. 262 f.; *Mertens, K.*, Umwandlung, 1993, S. 194 ff.

631 Vgl. *Schiessl*, Aktienrecht, AG 1999, S. 445; *Lutter/Bezzenberger*, Spruchverfahren, AG 2000, S. 433, 435 f.

632 Vgl. *Wiesen*, Gesellschafterschutz, ZGR 1990, S. 507; *Schiessl*, Aktienrecht, AG 1999, S. 446; a. A. *Hommelhoff*, Kontrolle, ZGR 1990, S. 452 ff.

633 Vgl. *Schiessl*, Aktienrecht, AG 1999, S. 445.

634 Die Prozesskosten werden auch im Obsiegensfall nicht voll erstattet; siehe § 91 ZPO; vgl. *Hecker*, Regulierung I, 2000, S. 418; *Baums*, Prozesskosten, 2000, S. 284.

übernimmt.[635] Um einerseits von vornherein aussichtslose Klagen zu verhindern, aber andererseits Anteilseigner nicht durch hohe Kostenbelastung mittelbar des Rechtsschutzes zu berauben, diskutiert *Baums* folgende Alternativen zu § 91 ZPO:[636]

- Trotz des öffentlichen Interesses an einer Kapitalmarktaufsicht soll der Kläger nicht von allen Kosten befreit werden, um keine falschen Anreize zu setzen.
- Da die Gesellschaft bei erfolglosen Klagen benachteiligt ist, wird auch die US-amerikanischen Lösung abgelehnt. Danach trägt jede Partei die Kosten ihres Anwalts, der i. d. R. jedoch nur im Obsiegensfall ein Erfolgshonorar erhält. Sämtliche Gerichtskosten trägt der Unterlegene. Wenn sich für die Mitaktionäre substantial benefits ergeben, muss die Gesellschaft die Kosten übernehmen.
- Sinnvoller wäre, auch für das Klageverfahren ein Vorprüfungsverfahren ähnlich dem Unbedenklichkeitsverfahren nach § 16 Abs. 3 UmwG im Spruchverfahren[637] durchzuführen. Dem Kläger stünde bei erfolgversprechender Klage ein Anspruch gegenüber der Gesellschaft auf Kostenerstattung zu.
- Alternativ könnte der Richter bei Abweisung der Klage die Kosten abweichend von § 91 ZPO nach eigenem Ermessen auf die Parteien verteilen.

Um Erpressungsversuche sog. „räuberischer“ Aktionäre einzudämmen, hat das UmwG in § 16 Abs. 2 UmwG eine (überwindbare) Registersperre eingeführt, die mit Erhebung einer Klage eintritt. Liegen weder eine Erklärung der Vertretungsorgane (sog. „Negativattest“) noch eine notarielle Verzichtserklärung aller klageberechtigten Anteilseigner i. S. v. § 16 Abs. 2 UmwG vor, wird die Verschmelzung nicht in das Handelsregister eingetragen und damit nicht wirksam.

Die Registersperre kann durch ein sog. Unbedenklichkeitsverfahren überwunden werden, wenn auf Antrag des beklagten Rechtsträgers das Prozessgericht den rechtskräftigen Beschluss fasst, dass die anhängige Klage der Eintragung nicht entgegensteht, § 16 Abs. 3 S. 1 UmwG. Dies setzt die Unzulässigkeit bzw. offensichtliche Unbegründetheit der Klage oder ein vorrangiges Eintragungsinteresse voraus. Fälle von Unzulässigkeit oder offensichtlicher Unbegründetheit der Klage gem. § 16 Abs. 3 S. 2 Alt. 1-2 UmwG wurden bereits in umfangreicher Rechtsprechung klargestellt.[638] Die Vorschrift wird restriktiv ausgelegt, so dass ein Beschluss nur ergeht, wenn die Unbegründetheit ohne weiteres erkennbar ist und keine sachlichen Zweifel bestehen.[639] Hingegen soll ein Beschluss nicht ergehen, wenn nur nach Erörterung schwieriger Rechtsfragen entschieden werden kann.[640] Darüber hinaus kann das Gericht – bei zulässiger und begründeter Klage – den Unbedenklichkeitsbeschluss gem. § 16 Abs. 3 S. 2 Alt. 3 UmwG auch fas-

---

635 Vgl. *Baums*, Prozesskosten, 2000, S. 284 ff.

636 Vgl. *Baums*, Prozesskosten, 2000, S. 287 ff.

637 Vgl. dazu unten.

638 Vgl. BGH 02.07.1990, BGHZ 112, S. 24; OLG Stuttgart 17.12.1996, ZIP 1997, S. 75; LG Heilbronn 02.08.1996, EWiR 1997, S. 43.

639 Vgl. OLG Frankfurt 17.02.1998, DB 1998, S. 1222; OLG Frankfurt 09.06.1997, ZIP 1997, S. 1291; *Bork* in *Lutter*, UmwG, 2000, § 16, Rz. 18 f.; *Bundesregierung*, Begründung, BR-Drs. 75/94, S. 89. Kritisch, *Timm*, Zweifelsfragen, ZGR 1996, S. 259.

640 Vgl. *Bayer*, Abschied, ZGR 1995, S. 625; OLG Frankfurt 09.06.1997, ZIP 1997, S. 1291; LG Hanau 05.10.1995, AG 1996, S. 90 f.; a. A. *Heckschen*, Entwicklung, DB 1998, S. 1392.

sen, wenn eine Interessenabwägung zu dem Ergebnis kommt, dass die baldige Wirksamkeit der Verschmelzung gegenüber den Nachteilen des Klägers vorrangig ist. Das Eintragungsinteresse überwiegt, wenn schwerwiegende wirtschaftliche Nachteile für alle beteiligten Rechtsträger und deren Anteilseigner glaubhaft dargelegt werden.[641] Tatsächlich führen Verzögerungen zu erheblichen Kosten und zu Verunsicherungen bei Geschäftspartnern. In der Praxis wird es den Vertretungsorganen der beteiligten Rechtsträger wohl leicht gelingen, ihr wirtschaftliches Interesse durch die Nutzung von Synergiepotenzialen oder steuerlicher Verlustvorträge[642] deutlich zu machen.[643]

Der Unbedenklichkeitsbeschluss ist durch sofortige Beschwerde anfechtbar (§ 16 Abs. 3 S. 5 UmwG).[644] Erweist sich die Klage später als begründet und führt zum Erfolg, so hat der beklagte Rechtsträger unabhängig von einem Verschulden dem Kläger Schadenersatz zu leisten. Die Wirkung der Eintragung der Verschmelzung ins Handelsregister bleibt jedoch unangetastet, § 16 Abs. 3 S. 6 UmwG.

Über die Klage nach § 14 UmwG hinaus besteht nach allgemeinem Recht eine Klagemöglichkeit gegen den Kapitalerhöhungsbeschluss und gegen die Nichtigkeit des Verschmelzungsbeschlusses durch Dritte nach § 256 ZPO.

Spruchverfahren

Das Spruchverfahren ist für die in § 305 UmwG abschließend aufgeführten Ansprüche zwingend und abschließend vorgeschrieben[645] und führt zu einer gerichtlichen Überprüfung des Umtauschverhältnisses und der Abfindung. Ist eine Gegenleistung unangemessen, kann im Spruchverfahren gem. § 14 Abs. 2, § 15 i. V. m. § 305 ff. UmwG eine Korrektur nach oben erreicht werden. Das Spruchverfahren lässt das Umtauschverhältnis selbst unverändert und schafft die „Nachbesserung“[646] über bare Zuzahlungen. Die Verschmelzungsbeschlüsse bleiben wirksam, so dass weder die Eintragung noch die Durchführung der Verschmelzung behindert werden.
Antragsberechtigt sind nur Anteilseigner der Überträgerin in Fällen, in denen

- das Umtauschverhältnis zu niedrig bemessen ist (§ 15 Abs. 1 i. V. m. § 14 Abs. 2 UmwG),
- die Anteile an der Übernehmerin keinen angemessenen Gegenwert für die hingegebenen Anteile darstellen (§ 15 Abs. 1 i. V. m. § 14 Abs. 2 UmwG),
- die baren Zuzahlungen (§ 15 Abs. 1, § 14 Abs. 2 UmwG i. V. m. § 54 Abs. 4 bzw. § 68 Abs. 3 UmwG) zu niedrig sind oder

---

641 Vgl. OLG Karlsruhe 18.02.1998, EWiR 1998, S 469 mit Anm. *Bayer*; OLG Frankfurt 22.12.1995, ZIP 1996, S. 379 ff. Kritisch *Timm*, Zweifelsfragen, ZGR 1996, S. 259 f.

642 Vgl. OLG Frankfurt 22.12.1995, ZIP 1996 S. 381.

643 Vgl. ausführlich und kritisch zur Anwendung bzw. Aushebelung der Registersperre *Ahlers*, Verschmelzung, 2001, S. 49-53.

644 Vgl. *Schmidt, K.*, Anforderungen, 1993, S. 46.

645 Vgl. *Meister/Klöcker* in *Kallmeyer*, UmwG, 2001, § 305, Rz. 4.

646 *Ganske*, Umwandlungsrecht, WM 1993, S. 1124.

- die Barabfindungen bei Austritt (§ 34 i. V. m. § 29 UmwG) zu niedrig sind bzw. nicht ordnungsgemäß angeboten wurden.

Der Antrag ist gem. § 305, § 19 Abs. 3 UmwG bis zu einer Ausschlussfrist von zwei Monaten nach Bekanntgabe der Verschmelzung zu stellen.

Das Antragsrecht zur Verbesserung des Umtauschverhältnisses nach § 15 Abs. 1 UmwG setzt nicht voraus, dass der Anteilseigner gegen den Verschmelzungsbeschluss gestimmt hat oder Widerspruch erklärt hat. Ebenfalls unerheblich ist, wann der Anteilseigner die Anteile an der Überträgerin erworben hat.[647]

Einen Antrag auf Nachprüfung der Barabfindungen aus § 34 UmwG können hingegen grundsätzlich nur diejenigen Anteilseigner stellen, die nach § 29 Abs. 1 UmwG Widerspruch zum Verschmelzungsbeschluss erklärt haben.[648]

Die Anträge im Spruchverfahren sind bekannt zu machen, so dass sich andere Anteilseigner diesen Anträgen anschließen können, § 307 Abs. 3 UmwG. Für übrige außenstehende Anteilseigner wird nach § 308 UmwG von Amts wegen ein gemeinsamer Vertreter bestellt. Ziel dieser Regelung ist es zu verhindern, dass die beteiligten Rechtsträger ein zu niedriges Umtauschverhältnis durchsetzen können, indem sie einzelne Anteilseigner mittels einer Zahlung zur Rücknahme ihres Antrags veranlassen.[649] Wenn in einem Spruchverfahren sowohl ein Ausgleich durch bare Zuzahlung als auch durch Barabfindung beantragt wird, sind zwei gemeinsame Vertreter zu bestellen.[650] § 311 UmwG stellt klar, dass das Ergebnis des Spruchverfahrens für und gegen alle wirkt, wodurch auch bereits ausgeschiedene Anteilseigner der Überträgerin über einen Zahlungsanspruch verfügen.[651]

Ist der Antrag erfolgreich, setzt das Gericht einen Ausgleich in Form einer baren Zuzahlung (§ 15 Abs. 1 UmwG) oder einer angemessenen Barabfindung (§ 34 UmwG) fest. Die bare Zuzahlung darf 10 % vom Gesamtnennbetrag der gewährten Anteile nicht übersteigen (§ 15 Abs. 1 letzter Hs. UmwG) und ist wie auch die Barabfindung vom Tag der Bekanntgabe der Verschmelzungen mit 2 % über dem Diskontsatz zu verzinsen (§ 15 Abs. 2, § 19 Abs. 3 ggf. i. V. m. § 30 Abs. 1 S. 2 UmwG). Ein weiterer Schadenersatzanspruch ist nicht ausgeschlossen, § 15 Abs. 2 S. 2 UmwG. Der Zahlungsanspruch der Anteilseigner könnte gefährdet sein, wenn die Übernehmerin durch ihre Auszahlung gegen den Grundsatz der Kapitalerhaltung verstoßen würde, indem sie Einlagen zurück gewährt. In diesem Fall bliebe den Anteilseignern lediglich ein An-

---

647 Vgl. *Krieger*, Spruchverfahren, 1995, S. 278 f.

648 Vgl. *Ganske*, Weg, 1993, S. 23 f.; *Hoffmann-Becking*, Gesellschafterschutz, ZGR 1990, S. 486 ff.; *Krieger*, Spruchverfahren, 1995, S. 278; kritisch: *Wiesen*, Gesellschafterschutz, ZGR 1990, S. 505. Zu den Ausnahmen vgl. § 29 Abs. 2 UmwG.

649 Vgl. *Lutter/Bezzenberger*, Spruchverfahren, AG 2000, S. 440 f.

650 Siehe § 308 Abs. 1 S. 3 UmwG. Vgl. kritisch *Lutter/Bezzenberger*, Spruchverfahren, AG 2000, S. 441, die einen einzigen gemeinsamen Vertreter befürworten, weil die Interessen der Anteilseigner weitgehend parallel laufen.

651 Vgl. *Lutter/Bezzenberger*, Spruchverfahren, AG 2000, S. 442; *Hoffmann-Becking*, Gesellschafterschutz, ZGR 1990, S. 499 f.

spruch auf Schadenersatz gegenüber den Vertretungsorganen oder Verschmelzungsprüfern.[652]

Zur Überprüfung des Umtauschverhältnisses zieht das Gericht Sachverständige hinzu, die nicht mit den Verschmelzungsprüfern identisch sein dürfen.[653] Anhand von Stichproben werden die Bewertungsmethoden auf ihre Angemessenheit beurteilt. Eine reine Plausibilitätsprüfung reicht nicht aus.[654] Die Sachverständigen werden deshalb häufig mit einer kompletten vergleichenden Unternehmensbewertung von Überträgerin und Übernehmerin beauftragt, wodurch allein Jahre vergehen können, insbesondere, wenn spätere Ergänzungsgutachten notwendig werden.[655] Kritisch ist festzuhalten, dass auch die Sachverständigen auf Unterlagen angewiesen sind, über die nur die Beklagten verfügen. Durch diese Informationsungleichheit können die Beklagten das Verfahren verzögern, indem sie Unterlagen stückweise erst nach gerichtlicher Beitreibung herausgeben.[656] Zudem werden, wenn sich die Parteien nicht auf höhere Honorare einigen, die Sachverständigen nur mit bis zu 78 Euro pro Stunde entlohnt.[657] Durch einen Vergütungsstreit kann die Beklagte die Einholung eines Sachverständigengutachtens be- oder gar verhindern.[658]

Auf das Spruchverfahren findet das FGG Anwendung.[659] Die Kosten sind grundsätzlich von dem übernehmenden bzw. neuen Rechtsträger zu tragen (§ 308 Abs. 2, § 312 Abs. 4 UmwG).[660] Dafür spricht das Ungleichgewicht der Mächtigkeit der Interessen und der finanziellen Potenz zwischen der Gesellschaft und dem einzelnen Anteilseigner. Dieser wird nur dann ein Spruchverfahren anstreben, wenn die damit verbundenen finanziellen Risiken überschaubar sind. Dass dieses Ziel erreicht ist, zeigt die Häufigkeit von Spruchverfahren in der Praxis.[661] Um jedoch sinnlose Spruchverfahren „ins Blaue hinein" zu vermeiden oder rechtzeitig beenden zu können, wird über eine Kostenbeteiligung der Antragsteller (z. B. bezüglich ihrer eigenen außergerichtlichen Kosten) diskutiert.[662]

Das zuständige Gericht entscheidet durch Beschluss, gegen den die Beschwerde gegeben ist (§§ 306, 307 Abs. 5, 309 UmwG).

Gegen die Entscheidung des Landgerichts im Spruchverfahren kann Beschwerde innerhalb von zwei Wochen eingereicht werden.[663] Das zuständige Oberlandesgericht muss den Fall in rechtlicher und tatsächlicher Hinsicht neu aufrollen, wodurch sich eine wei-

---

652 Vgl. *Sagasser* in *SBB*, Umwandlungen, 2000, C, Rz. 28.
653 Vgl. *Grunewald* in *Geßler*, AktG, 1991, § 352c, Rz. 18.
654 Vgl. *Grunewald* in *Geßler*, AktG, 1991, § 352a, Rz. 17.
655 Vgl. *Lutter/Bezzenberger*, Spruchverfahren, AG 2000, S. 433, 436 f.
656 Vgl. *Lutter/Bezzenberger*, Spruchverfahren, AG 2000, S. 436 f.
657 Siehe §§ 3, 7 ZSEG
658 Vgl. BayOLG 29.09.1998, DB 1998, S. 2315 f.; *Lutter/Bezzenberger*, Spruchverfahren, AG 2000, S. 437.
659 Vgl. kritisch *Lutter/Bezzenberger*, Spruchverfahren, AG 2000, S. 437, die das Spruchverfahren als echtes Streitverfahren der freiwilligen Gerichtsbarkeit vorsichtig an die ZPO annähern wollen.
660 Vgl. *Krieger*, Spruchverfahren, 1995, S. 294 ff.
661 Vgl. *Ahlers*, Verschmelzung, 2001, S. 59 f.
662 Vgl. *Lutter/Bezzenberger*, Spruchverfahren, AG 2000, S. 442 f. m. w. N.
663 Siehe § 309 UmwG.

tere Verfahrensverzögerung ergibt.[664] Da die weitere Beschwerde ausgeschlossen ist, ist der Rechtsweg somit auf zwei Instanzen beschränkt.

Kritisiert wird die unverhältnismäßig lange Dauer des Spruchverfahrens, durch die auf der einen Seite Minderheitsgesellschafter jahrelang auf ihre angemessenen Ausgleichsleistungen warten müssen, auf der anderen Seite die Übernehmerin hohen finanziellen Risiken ausgesetzt ist. Auf beide Seiten wirkt sich die lange Verfahrensdauer und die damit verbundene Unsicherheit bezüglich der Höhe der Ausgleichsbeträge demnach nachteilig aus.[665]

Weil einerseits der angestrebte Minderheitenschutz verbesserungswürdig ist, andererseits Missbrauch und Überkompensationen durch „räuberische" Aktionäre verhindert werden sollen, wird über eine Reform des Spruchverfahrens diskutiert.[666] *Lutter/Bezzenberger* schlagen insbesondere vor:

- Verschmelzungsprüfer vorgerichtlich in das Spruchverfahren einzubeziehen. Dies setzt einerseits unabhängige und neutrale Verschmelzungsprüfer und andererseits aussagekräftige und gründliche Verschmelzungsprüfungsberichte voraus. Die Verschmelzungsprüfer sollen keinesfalls als „Obergutachter in eigener Sache",[667] sondern als Auskunftsperson dienen.[668]
- Zudem sollten gerichtlich bestellte Sachverständige nur zur Klärung spezieller und streitiger Einzelfragen herangezogen werden. Sie sollen Richter zur Vorbereitung der mündlichen Verhandlung beraten. Ein komplettes Unternehmensbewertungsgutachten erscheint entbehrlich. Stärkere Motivation soll durch Anreize, wie marktübliche Vergütung und Sanktionsdrohung, z. B. durch Fristsetzung, erreicht werden.[669]
- Schließlich könnte die örtliche Zuständigkeit der Gerichte gebündelt werden. Durch ein zuständiges Landgericht für alle Spruchverfahren in Deutschland könnte bspw. Spezialwissen besser genutzt werden.[670]

Den Anteilseignern der Übernehmerin steht das Spruchverfahren nicht zu und kann auch nicht freiwillig eingerichtet werden.[671] Dies wird damit begründet, dass nur die Anteilseigner der Überträgerin ihre Mitgliedschaft wechseln und eine Leistung erbringen.[672] Insofern sind die Anteilseigner der Übernehmerin m. E. benachteiligt, wenn ein die Überträgerin begünstigendes Umtauschverhältnis ermittelt wurde. Allerdings steht ihnen die Möglichkeit der Klage offen.

---

664 Vgl. kritisch *Lutter/Bezzenberger*, Spruchverfahren, AG 2000, S. 441, die den Rechtsweg auf eine reine Rechtsbeschwerde beschränken wollen.

665 Vgl. *Lutter/Bezzenberger*, Spruchverfahren, AG 2000, S. 433, 436; *Sagasser* in *SBB*, Umwandlungen, 2000, C, Rz. 26-27; *Schiessl*, Aktienrecht, AG 1999, S. 446; *Krieger*, Spruchverfahren, 1995, S. 277.

666 Vgl. *Lutter/Bezzenberger*, Spruchverfahren, AG 2000, S. 433 ff.

667 *Lutter/Bezzenberger*, Spruchverfahren, AG 2000, S. 439.

668 Vgl. *Lutter/Bezzenberger*, Spruchverfahren, AG 2000, S. 434, 438 f.

669 Vgl. *Lutter/Bezzenberger*, Spruchverfahren, AG 2000, S. 439 f.

670 Vgl. *Lutter/Bezzenberger*, Spruchverfahren, AG 2000, S. 440.

671 Vgl. E.ON, Verschmelzung, 2000, S. 107 f.

672 Vgl. *Bundesregierung*, Begründung, BR-Drs. 75/94, S. 169.

3.11 Verschmelzungs- und Bilanzierungsstichtag

Ab dem Verschmelzungsstichtag gelten die Handlungen der Überträgerin im Innenverhältnis als für Rechnung der Übernehmerin vorgenommen. Der Verschmelzungsstichtag wird im Verschmelzungsvertrag (§ 5 Abs. 1 Nr. 6 UmwG) frei festgelegt, bspw. auf den 1.1.02.[673] Der Verschmelzungsstichtag wird regelmäßig nicht mehr als acht Monate vor dem Tag der Anmeldung und nicht mehr als einen Monat nach dem Tag der Eintragung ins Handelsregister liegen.[674]

In der Literatur wird teilweise empfohlen, einen variablen Stichtag im Verschmelzungsvertrag zu vereinbaren, vor allem wenn Komplikationen zu erwarten sind. Wenn die Verschmelzung bis zu einem bestimmten Tag (z. B. bis zum 31.12.02) nicht im Handelsregister eingetragen ist, verschiebt sich der Stichtag auf einen späteren Zeitpunkt (z. B. den 01.01.03).[675] Als variabler Stichtag könnte auch der Tag nach der Jahresabschlussbilanz der Überträgerin beschlossen werden, der nach der Zustimmung der Hauptversammlung zur Verschmelzung liegt.

Vom Verschmelzungsstichtag nach § 5 Abs. 1 Nr. 6 UmwG abzugrenzen ist der Stichtag für die Schlussbilanz der Überträgerin nach § 17 Abs. 2 UmwG und die handelsrechtlichen Jahresabschlussstichtage nach § 242 HGB.

Zur Anmeldung der Verschmelzung beim Handelsregister der Überträgerin ist gem. § 17 Abs. 2 S. 4 UmwG eine auf einen höchstens acht Monate[676] zurückliegenden Stichtag aufgestellte Schlussbilanz beizufügen, die im Regelfall mit der letzten Jahresabschlussbilanz identisch ist. Innerhalb der Acht-Monats-Frist kann auch die Hauptversammlung einer AG abgehalten werden, in der der Jahresabschluss entgegengenommen und der Gewinnverwendungs- sowie der Verschmelzungsbeschluss gefasst wird.[677] Nach überwiegender Auffassung stimmt der Verschmelzungsstichtag mit dem Stichtag der Schlussbilanz nach § 17 Abs. 2 UmwG überein,[678] weil ab diesem Zeitpunkt die Geschäfte für Rechnung der Übernehmerin geführt werden. Daher wird in der

---

673 Vgl. *Bundesregierung*, Begründung, BR-Drs. 75/94, S. 82 und zu diesem Absatz: *Sagasser/Ködderitzsch* bzw. *Bula/Schlösser* in *SBB*, Umwandlungen, 2000, J, Rz. 63 bzw. K, Rz. 5.

674 Falls der Stichtag der Schlussbilanz gem. § 17 Abs. 2 S. 4 UmwG mit dem Verschmelzungsstichtag identisch ist. Vgl. *Widmann* in *Widmann/Mayer*, Umwandlungsrecht, 2002, § 24 UmwG, Rz. 174.

675 Vgl. *Hoffmann-Becking*, Verschmelzungsrecht, 1988, S. 119 f.; *Mayer* in *Widmann/Mayer*, Umwandlungsrecht, 2002, § 5 UmwG, Rz. 146; *Sagasser/Ködderitzsch* in *SBB*, Umwandlungen, 2000, J, Rz. 63; *Pfitzer*, WP-Handbuch, 2002, Bd. II, Teil E, Rz. 27; *Budde/Zerwas* in *Budde/Förschle*, Sonderbilanzen, 2002, F, Rz. 38. Gegen die Zulässigkeit eines variablen Verschmelzungsstichtags, sondern nur für einen variablen Stichtag für die Schlussbilanz: *Müller, W.*, Zweifelsfragen, WPg 1996, S. 859. Bei einem variablen Stichtag ergeben sich ggf. Nachteile durch die steuerliche Rückwirkung, vgl. *Pfitzer*, WP-Handbuch, 2002, Bd. II, Teil E, Rz. 27.

676 Vgl. zur Acht-Monats-Frist *Widmann* in *Widmann/Mayer*, Umwandlungsrecht, 2002, § 24 UmwG, Rz. 68 f.

677 Siehe § 175 Abs. 1 S. 2 AktG. Vgl. *Widmann* in *Widmann/Mayer*, Umwandlungsrecht, 2002, § 24 UmwG, Rz. 46.

678 Vgl. *Sagasser/Ködderitzsch* in *SBB*, Umwandlungen, 2000, J, Rz. 63; *Bula/Schlösser* in *SBB*, Umwandlungen, 2000, K, Rz. 5; *Bermel* in *Goutier*, Umwandlungsrecht, 1996, § 17 UmwG, Rz. 13; *Lutter* in *Lutter*, UmwG, 2000, § 5, Rz. 31; a. A. *Müller, W.*, Zweifelsfragen, WPg 1996, S. 859; *Aha*, Zweifelsfragen, BB 1996, S. 2559; *Hoffmann-Becking* in *Heidenhain*, Münchener Vertragshandbuch, 1996, Bd. 1 X.1 Anm. 7.

Literatur auch die Auffassung vertreten, die Verschmelzung sei der letzte Geschäftsvorfall im Jahr 01 der Überträgerin und der erste im Jahr 02 der Übernehmerin.[679] Im Beispiel ergibt sich, dass die Überträgerin für den Schluss des dem Verschmelzungsstichtag vorangegangenen Tages, also für den 31.12.01, eine Schlussbilanz nach § 17 Abs. 2 UmwG und einen Jahresabschluss aufstellt.[680] Der Gleichklang von Verschmelzungs-, umwandlungsrechtlichem Schlussbilanz- und Jahresabschlussstichtag ist als zweckmäßig zu befürworten und vermeidet in der Praxis überflüssige Rechenwerke. Dies darf jedoch nicht darüber hinwegtäuschen, dass mit Aufstellung der Schlussbilanz die Rechnungslegungspflicht noch nicht auf die Übernehmerin übergeht.

Mehrere Überträgerinnen können durchaus zu verschiedenen Stichtagen ihre Schlussbilanzen nach § 17 Abs. 2 UmwG aufstellen.[681]

Wenn der letzte Jahresabschluss hingegen mehr als acht Monate zurückliegt, muss eine besondere umwandlungsrechtliche Schlussbilanz für die Verschmelzung erstellt werden.[682] Ist ein variabler Stichtag vereinbart und verzögert sich die Eintragung, ist eine zweite Schlussbilanz zu erstellen, die auf den neuen Verschmelzungsstichtag bezogen ist und nicht älter als acht Monate sein darf.[683]

Zusätzlich ist in bestimmten Fällen eine umwandlungsrechtliche Zwischenbilanz aufzustellen.[684] Für Kapitalgesellschaften als Überträgerin bzw. als Übernehmerin sind die letzten drei Jahresabschlüsse auszulegen.[685] Liegt der Stichtag der letzten handelsrechtlichen Bilanz mehr als sechs Monate vor dem Abschluss oder Entwurf des Verschmelzungsvertrags, ist eine Zwischenbilanz nach § 63 Abs. 1 Nr. 3 UmwG aufzustellen. Der Stichtag dieser Zwischenbilanz darf nicht vor dem ersten Tag des dritten Monats liegen, der dem Vertragabschluss oder -entwurf vorausgeht. Ist die letzte Jahresabschlussbilanz bspw. auf den 31.12.01 aufgestellt, erfolgt der Abschluss des Verschmelzungsvertrags jedoch erst am 15.07.02, muss auf den 01.04.02 (oder auf einen späteren Termin) eine Zwischenbilanz erstellt werden. Diese Zwischenbilanz besteht nur aus Bilanz und Anhang, enthält also weder eine Gewinn- und Verlustrechnung noch einen Lagebericht.[686] Für die Zwischenbilanz sind weder eine Inventur (§ 63 Abs. 2 S. 2 UmwG) noch eine

---

679 Vgl. *Bermel* in *Goutier*, Umwandlungsrecht, 1996, § 17 UmwG, Rz. 15; *Pfitzer*, WP-Handbuch, 2002, Bd. II, Teil E, Rz. 25; *Bula/Schlösser* in *SBB*, Umwandlungen, 2000, K, Rz. 5.

680 Vgl. *Lutter* in *Lutter*, UmwG, 2000, § 5, Rz. 31; *Bula/Schlösser* in *SBB*, Umwandlungen, 2000, K, Rz. 5; *IDW*, Zweifelsfragen, FN-IDW 1997, S. 176; *Bermel* in *Goutier*, Umwandlungsrecht, 1996, § 17, Rz. 13; *Müller* in *Kallmeyer*, UmwG, 2001, § 17, Rz. 13; *Aha*, Zweifelsfragen, BB 1996, S. 2559; *Budde/Zerwas* in *Budde/Förschle*, Sonderbilanzen, 2002, F, Rz. 38-40. Ausnahmen vgl. *Müller, W.*, Zweifelsfragen, WPg 1996, S. 859. A. A. *Widmann* in *Widmann/Mayer*, Umwandlungsrecht, 2002, § 24 UmwG, Rz. 64 f. Zur Schlussbilanz vgl. Abschnitt 5.1.

681 Vgl. *Widmann* in *Widmann/Mayer*, Umwandlungsrecht, 2002, § 24 UmwG, Rz. 63.

682 Vgl. *Pohl*, Handelsbilanzen, 1995, S. 20. Dadurch wird aber kein Rumpfgeschäftsjahr gebildet, so dass keine handelsrechtliche Bilanz aufzustellen ist; vgl. *Meilicke*, Stichtag, BB 1986, S. 1958 f.; *Widmann* in *Widmann/Mayer*, Umwandlungsrecht, 2002, § 24 UmwG, Rz. 48; *Pfitzer*, WP-Handbuch, 2002, Bd. II, Teil E, Rz. 28.

683 Vgl. *IDW*, Zweifelsfragen, FN-IDW 1997, S. 177.

684 Zwischenabschlüsse wurden bspw. aufgestellt von Liontype-Hell AG, Hamburg-Mannheimer AG, Degussa-Hüls AG und SKW Trostberg AG; vgl. Heidelberger, Verschmelzung, 1997, S. 15; ERGO, Verschmelzung, 1997, S. 39; Degussa, Merger, 2000, S. 164 f.

685 Siehe §§ 49 Abs. 2, 63 Abs. 1 Nr. 2 i. V. m. 62 Abs. 3 UmwG.

686 Vgl. *Stratz* in *SHS*, UmwG, 2001, § 63 UmwG, Rz. 5; *Pfitzer*, WP-Handbuch, 2002, Bd. II, Teil E, Rz. 55 m. w. N.; *Widmann* in *Widmann/Mayer*, Umwandlungsrecht, 2002, § 24 UmwG, Rz. 190.

Prüfung[687] und Bekanntmachung[688] vorgesehen. Vielmehr können sogar die Werte aus der letzten Jahresabschlussbilanz übernommen werden, wenn Abschreibungen, Wertberichtigungen, Rückstellungen und wesentliche Wertänderungen ergänzt werden.[689]

Handelsrechtliche Jahresabschlüsse sind gem. § 242 HGB auf den Schluss eines Geschäftsjahrs oder eines Rumpfgeschäftsjahrs aufzustellen. Weder durch den Verschmelzungsbeschluss[690] noch durch den Verschmelzungsstichtag[691] oder den Stichtag der Schlussbilanz nach § 17 Abs. 2 UmwG[692] entsteht jedoch ein Rumpfgeschäftsjahr,[693] das eine separate Handelsbilanz notwendig macht.

Für künftige Jahresabschlussstichtage ist zu beachten, dass die Überträgerin zivilrechtlich bis zum Wirksamwerden der Verschmelzung durch Eintragung ins Handelsregister fortbesteht. Daher besteht auch die Rechnungslegungspflicht der Überträgerin bis zur Eintragung weiter.[694] In den Jahresabschlüssen nach dem Verschmelzungsstichtag muss indes zum Ausdruck kommen, dass die Überträgerin ihre Geschäfte für Rechnung der Übernehmerin vornimmt.[695]

Liegt zwischen dem Verschmelzungsstichtag und dem Tag der Eintragung ein weiterer Jahresabschlussstichtag der Überträgerin, ist auch auf diesen ein Jahresabschluss nach allgemeinen Grundsätzen aufzustellen.[696] Erfolgt im Ausgangsbeispiel die Eintragung erst am 15.09.03, ist auf den 31.12.02 ein handelsrechtlicher Jahresabschluss aufzustellen. Die Pflicht zur Aufstellung des Jahresabschlusses geht nach Eintragung der Verschmelzung auf die Organe der Übernehmerin über.[697] Abzulehnen ist m. E. die Auffassung, nach der die Aufstellungspflicht für alle bis zur Eintragung noch nicht aufgestellten Jahresabschlüsse entfällt.[698]

---

687 Vgl. *Pfitzer*, WP-Handbuch, 2002, Bd. II, Teil E, Rz. 55; *Widmann* in *Widmann/Mayer*, Umwandlungsrecht, 2002, § 24 UmwG, Rz. 190.

688 Vgl. *Widmann* in *Widmann/Mayer*, Umwandlungsrecht, 2002, § 24 UmwG, Rz. 190.

689 Siehe § 63 Abs. 2 S. 3-4 UmwG; vgl. *Pfitzer*, WP-Handbuch, 2002, Bd. II, Teil E, Rz. 56.

690 Vgl. *Meilicke*, Stichtag, BB 1986, S. 1958.

691 Vgl. *Meilicke*, Stichtag, BB 1986, S. 1958; *Widmann* in *Widmann/Mayer*, Umwandlungsrecht, 2002, § 24 UmwG, Rz. 4; *Budde/Zerwas* in *Budde/Förschle*, Sonderbilanzen, 2002, F, Rz. 55.

692 Vgl. *Pfitzer*, WP-Handbuch, 2002, Bd. II, Teil E, Rz. 28; *Widmann* in *Widmann/Mayer*, Umwandlungsrecht, 2002, § 24 UmwG, Rz. 7, 48; *Bula/Schlösser* in *SBB*, Umwandlungen, 2000, K, Rz. 22 Abs. 1; *Bermel* in *Goutier*, Umwandlungsrecht, 1996, § 17 UmwG, Rz. 18; *Meilicke*, Stichtag, BB 1986, S. 1958.

693 Vgl. *ADS*, Rechnungslegung, 1998, § 240 HGB, Rz. 69.

694 Vgl. *Müller* in *Kallmeyer*, UmwG, 2001, § 17, Rz. 15; *IDW*, Zweifelsfragen, FN-IDW 1997, S. 177; *Bula/Schlösser* in *SBB*, Umwandlungen, 2000, K, Rz. 21; *Pfitzer*, WP-Handbuch, 2002, Bd. II, Teil E, Rz. 46; *Budde/Zerwas* in *Budde/Förschle*, Sonderbilanzen, 2002, F, Rz. 40. A. A. *Lutter* in *Lutter*, UmwG, 2000, § 5, Rz. 31; *Sagasser/Ködderitzsch* in *SBB*, Umwandlungen, 2000, J, Rz. 63.

695 Vgl. *Müller, W.*, Zweifelsfragen, WPg 1996, S. 861.

696 Vgl. *Meilicke*, Stichtag, BB 1986, S. 1959; *Müller* in *Kallmeyer*, UmwG, 1997, § 17, Rz. 20; *Bula/Schlösser* in *SBB*, Umwandlungen, 2000, K, Rz. 22; *Hörtnagl* in *SHS*, UmwG, 2001, § 17 UmwG , Rz. 8.

697 Vgl. so auch *Widmann* in *Widmann/Mayer*, Umwandlungsrecht, 2002, § 24 UmwG, Rz. 13; a. A. *Pfitzer*, WP-Handbuch, 2002, Bd. II, Teil E, Rz. 46; *Müller* in *Kallmeyer*, UmwG, 2001, § 17, Rz. 20; *Müller, W.*, Zweifelsfragen, WPg 1996, S. 861.

698 Vgl. aber *Müller, W.*, Zweifelsfragen, WPg 1996, S. 861; *Budde/Zerwas* in *Budde/Förschle*, Sonderbilanzen, 2002, F, Rz. 56.

Durch die Eintragung bildet sich ein Rumpfgeschäftsjahr,[699] so dass auf diesen Tag – im Beispiel am 15.09.03 – grundsätzlich gem. § 242 Abs. 1 S. 1 HGB die letzte handelsrechtliche Jahresabschlussbilanz der Überträgerin aufzustellen ist. Allerdings erlischt die Überträgerin gleichzeitig durch die Eintragung, weshalb für die Überträgerin die Aufstellung einer Inventur und einer Jahresabschlussbilanz auf den Tag der Eintragung entfällt.[700] Insofern kann die Gegenmeinung, nach der durch die Eintragung kein Rumpfgeschäftsjahr begründet wird,[701] unberücksichtigt bleiben, da sie zum selben Ergebnis führt. Die Aufstellung eines Jahresabschlusses auf den Eintragungstag entfällt im Ergebnis, nicht jedoch die Buchführungspflicht.[702]

M. E. sollte die Buchführung der Überträgerin möglichst über den Verschmelzungsstichtag hinaus getrennt von der Übernehmerin fortgeführt werden.[703] Dadurch ist es möglich, einerseits separate umwandlungsrechtliche Zwischen- oder handelsrechtliche Jahresabschlussbilanzen für die Überträgerin zu erstellen, wenn dies notwendig werden sollte. Andererseits kann ebenso gut die gesamte Buchführung rückwirkend ab dem Verschmelzungsstichtag auf die Übernehmerin übergeleitet werden, wenn die Verschmelzung rechtswirksam geworden ist. Die Überträgerin ist nach § 259 BGB ohnehin zu einer getrennten Aufzeichnung ihrer Geschäftsvorfälle verpflichtet, weil sie diese ab dem Verschmelzungsstichtag für Rechnung der Übernehmerin vornimmt.[704] Eine doppelte Rechnungslegung für die Überträgerin sollte indes vermieden werden. Außerdem erscheint es nicht sinnvoll, die Geschäftsvorfälle der Überträgerin in der Buchführung der Übernehmerin mit zu erfassen, damit die Rechenwerke beim Scheitern der Verschmelzung nicht rückwirkend wieder getrennt werden müssen.

Die hier behandelten Stichtage haben auch Auswirkungen auf die Rechnungslegung der Übernehmerin. Bei der Verschmelzung durch Aufnahme kann die Übernehmerin eine separate Verschmelzungsbilanz aufstellen, wozu sie gesetzlich jedoch nicht verpflichtet ist. Alternativ kann sie den Vorgang als laufenden Geschäftsvorfall in ihrer Jahresabschlussbilanz behandeln, § 2 Nr. 1 UmwG.[705] In der Literatur wird, soweit ersichtlich, keine Stellung zu der Frage genommen, ob der Geschäftsvorfall bzw. der Stichtag für eine freiwillige Verschmelzungsbilanz auf den – zufälligen – Tag des Wirksamwerdens der Verschmelzung durch Eintragung ins Handelsregister oder auf den Verschmelzungsstichtag fällt. Diese Frage ergibt sich dadurch, dass mit der Eintragung ins Handelsregister die Wirkungen der Verschmelzung und der zivilrechtliche Vermögens-

---

699 Vgl. *Widmann* in *Widmann/Mayer*, Umwandlungsrecht, 2002, § 24 UmwG, Rz. 2; *Hörtnagl* in *SHS*, UmwG, 2001, § 17 UmwG, Rz. 8.

700 Vgl. *Widmann* in *Widmann/Mayer*, Umwandlungsrecht, 2002, § 243 UmwG, Rz. 3, 15; *IDW*, Zweifelsfragen, FN-IDW 1997, S. 177; *Meilicke*, Stichtag, BB 1986, S. 1959; a. A. *Hörtnagl* in *SHS*, UmwG, 2001, § 17 UmwG, Rz. 8, der eine Null-Bilanz verlangt.

701 Vgl. *Pfitzer*, WP-Handbuch, 2002, Bd. II, Teil E, Rz. 28; *IDW*, Zweifelsfragen, FN-IDW 1997, S. 177; *Müller, W.*, Zweifelsfragen, WPg 1996, S. 861; *Budde/Zerwas* in *Budde/Förschle*, Sonderbilanzen, 2002, F, Rz. 55.

702 Vgl. *Widmann* in *Widmann/Mayer*, Umwandlungsrecht, 2002, § 24 UmwG, Rz. 3, 516.

703 Vgl. so auch *Budde/Zerwas* in *Budde/Förschle*, Sonderbilanzen, 2002, F, Rz. 50; *IDW*, Zweifelsfragen, FN-IDW 1997, S. 177, 179.

704 Vgl. *Meilicke*, Stichtag, BB 1986, S. 1959.

705 Vgl. *Widmann* in *Widmann/Mayer*, Umwandlungsrecht, 2002, § 24 UmwG, Rz. 280; *IDW*, Zweifelsfragen, FN-IDW 1997, S. 179; *Naumann*, Anwendung, 1996, S. 685.

übergang eintreten (§ 20 Abs. 1 Nr. 1 UmwG) und damit rückwirkend alle Handlungen der Überträgerin ab dem Verschmelzungsstichtag für Rechnung der Übernehmerin vorgenommen wurden (§ 5 Abs. 1 Nr. 6 UmwG). Gegen den Tag der Eintragung als Stichtag für eine freiwillige Verschmelzungsbilanz spricht auch die beim Anschaffungskostenansatz vorzunehmende Bewertung zu anteiligen Unternehmenswerten.[706] § 24 UmwG knüpft unmittelbar an die Schlussbilanz der Überträgerin nach § 17 Abs. 2 UmwG an. Daher kommt m. E. nur der Stichtag der Schlussbilanz und damit der Verschmelzungsstichtag als maßgebender Zeitpunkt in Frage, weil das wirtschaftliche Eigentum entscheidend ist.[707]

Hingegen ist bei der Verschmelzung durch Neugründung von der Übernehmerin eine Eröffnungsbilanz gem. § 2 Nr. 2 UmwG i. V. m. § 242 Abs. 1 HGB aufzustellen, in der die Vermögensgegenstände und Schulden der Überträgerinnen bilanziert werden.[708] Dabei ist einerseits umstritten, ob die Eröffnungsbilanz auf den Tag des Wirksamwerdens der Verschmelzung durch Eintragung ins Handelsregister[709] oder auf den Verschmelzungsstichtag[710] aufzustellen ist, und andererseits, ob ggf. bereits die übernehmende Vorgesellschaft bilanzierungspflichtig ist.[711] Die gegen den Eintragungsstichtag sprechenden Argumente wurden bereits vorgebracht. Mit Erlangen der wirtschaftlichen Verfügungsmacht über das Vermögen der Überträgerinnen am Verschmelzungsstichtag beginnt die übernehmende Vorgesellschaft ihr Handelsgewerbe nach § 242 Abs. 1 HGB. Gegen den Verschmelzungsstichtag könnten jedoch die Aufstellungsfristen der § 243 Abs. 3, § 242 Abs. 1 S. 2 i. V. m. § 264 Abs. 1 S. 2-3 HGB sprechen, nach denen auch die Gründungsbilanz innerhalb der einem ordnungsgemäßen Geschäftsgang entsprechenden Zeit aufzustellen ist.[712] Innerhalb der für Kapitalgesellschaften vorgeschriebenen drei oder sechs Monate dürfte der Ablauf der Verschmelzung kaum so weit vorangeschritten sein, dass sie als sicher angesehen werden kann. Insofern muss m. E. die einem ordnungsgemäßen Geschäftsgang entsprechende Zeit bis zum Verschmelzungsbeschluss verlängert werden bzw. sollten die Fristen für Kapitalgesellschaften analog § 264 Abs. 1 S. 3 Hs. 2 HGB auf zehn bis zwölf Monate[713] verlängert werden. Frühestens nach Abschluss des Verschmelzungsvertrags kann m. E. die Vorgesellschaft auf den Verschmelzungsstichtag die Eröffnungsbilanz aufstellen.

Steuerliche Gestaltungsüberlegungen knüpfen ebenfalls an den Verschmelzungsstichtag und die handelsrechtliche Bilanzierung an, § 2 Abs. 1 UmwStG.[714] Der steuerliche

---

706 Vgl. dazu Abschnitt 5.2.2 und *Widmann* in *Widmann/Mayer*, Umwandlungsrecht, 2002, § 24 UmwG, Rz. 474; *Schulze-Osterloh*, Vorbelastungsbilanz, 1987, S. 536.

707 Vgl. *Widmann* in *Widmann/Mayer*, Umwandlungsrecht, 2002, § 24 UmwG, Rz. 225. Vgl. zum wirtschaftlichen Eigentum Abschnitt 5.1.5.

708 Vgl. *Naumann*, Anwendung, 1996, S. 685 f.

709 Vgl. *Bula/Schlösser* in *SBB*, Umwandlungen, 2000, K, Rz. 27; *Priester* in *Lutter*, UmwG, 2000, § 24, Rz. 22; *Bieg* in *Castan*, Beck'sches HdR, 2002, A 100, Rz. 6.

710 Vgl. *Priester* in *Lutter*, UmwG, 2000, § 24, Rz. 22; *Pfitzer*, WP-Handbuch, 2002, Bd. II, Teil E, Rz. 63.

711 Vgl. dafür: *Pohl*, Handelsbilanzen, 1995, S. 133 f., der sogar zwei Eröffnungsbilanzen erstellen will; dagegen: *Priester* in *Lutter*, UmwG, 2000, § 24, Rz. 22.

712 Vgl. *Förschle/Kropp* in *Budde/Förschle*, Sonderbilanzen, 2002, B 64, C 40, D 82 ff.

713 Vgl. BFH 25.04.1978, BStBl. II 1978, S. 525 f.; BFH 28.10.1981, BStBl. II 1982, S. 488.

714 Vgl. Abschnitt 6.3.1.

Übertragungsstichtag ist zwingend der Tag, auf den die Schlussbilanz der Überträgerin aufgestellt wird, im Beispiel also auf den 31.12.01.[715] Demnach ist das steuerliche Einkommen und Vermögen von Überträgerin und Übernehmerin so zu ermitteln, als ob mit Ablauf des Übertragungsstichtags das Vermögen übergegangen wäre. An diesem Tag endet die Steuerpflicht der Überträgerin. Durch das zivilrechtliche Fortbestehen der Überträgerin kommt es zur sog. steuerlichen Rückwirkung.[716] Sowohl ein Übertragungs- als auch ein Übernahmegewinn entsteht noch im selben Jahr; im Ausgangsbeispiel im Veranlagungszeitraum 01.[717] Bei der Verschmelzung durch Neugründung beginnt die Steuerpflicht der neu gegründeten Übernehmerin am 31.12.01, so dass ihr einziger Geschäftsvorfall im Jahr 01 in der Verschmelzung besteht.

In Abb. 12 ist der ideale Ablauf einer Verschmelzung dargestellt.

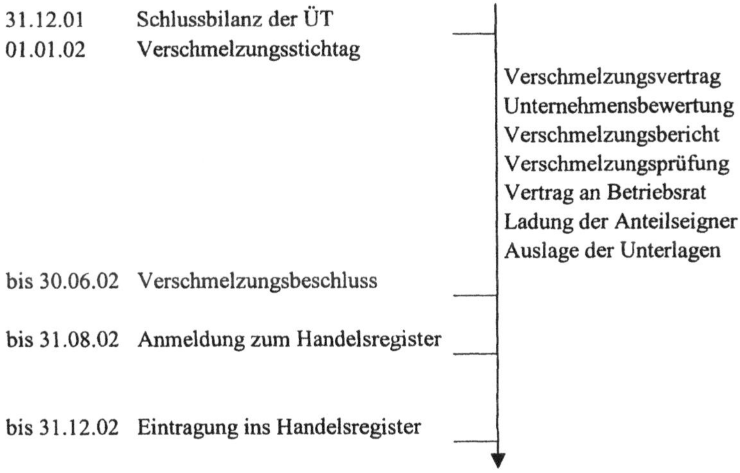

Abb. 12: Idealer Ablauf einer Verschmelzung

715 Vgl. BMF 25.03.1998, UmwSt-Erlass, Tz. 02.03.

716 Für Kapitalgesellschaften nach § 2 Abs. 1 S. 1 UmwStG, für Personenhandelsgesellschaften nach §§ 2 Abs. 2, 20 Abs. 7-8, 24 Abs. 4 Hs. 2 UmwStG.

717 Vgl. BMF 25.03.1998, UmwSt-Erlass, Tz. 02.04-02.07; Abschnitt 6.3.1.

4 Umtauschverhältnis

Das Umtauschverhältnis ist einerseits Bestandteil des Verschmelzungsvertrags und -berichts und andererseits Gegenstand der Verschmelzungsprüfung. Ihm kommt eine zentrale Rolle bei jeder Verschmelzung zu. Festgelegt wird, in welchem Verhältnis die Anteilseigner der Überträgerin ihre alten Anteile an der Überträgerin in Anteile an der Übernehmerin tauschen können. In diesem Kapitel wird vereinfachend angenommen, dass sämtliche Überträgerin-Anteile umgetauscht werden, und dass bei der Übernehmerin in voller Höhe der zu gewährenden Anteile eine Kapitalerhöhung durchgeführt wird.[718] Der Umtausch vollzieht sich dadurch, dass die Anzahl der Anteile an der Überträgerin vor der Verschmelzung ($A_{\text{ÜT}}$) mit dem Umtauschverhältnis (UT) multipliziert wird. Das Produkt bildet die Anzahl der Anteile, die den alten Überträgerin-Anteilseignern an der verschmolzenen Gesellschaft, also der aufnehmenden Übernehmerin, gewährt werden müssen ($\Delta A_{\text{ÜN}}$). Formal lässt sich der Umtausch folgendermaßen darstellen:

$$\Delta A_{\text{ÜN}} = A_{\text{ÜT}} \cdot UT \qquad (1)$$

mit UT Umtauschverhältnis
$A_{\text{ÜT}}$ Anzahl der Anteile der Überträgerin vor Verschmelzung
$\Delta A_{\text{ÜN}}$ zu gewährende Anteile an der Übernehmerin

Das UmwG schreibt jedoch nicht vor, *wie* das Umtauschverhältnis zu berechnen ist, sondern verlangt lediglich dessen „Angemessenheit“.[719] Der Weg zu einem angemessenen Umtauschverhältnis führt über die Problembereiche Unternehmensbewertung und Berücksichtigung und Aufteilung von Synergiepotenzialen, die im Folgenden erläutert werden (vgl. Abb. 13).

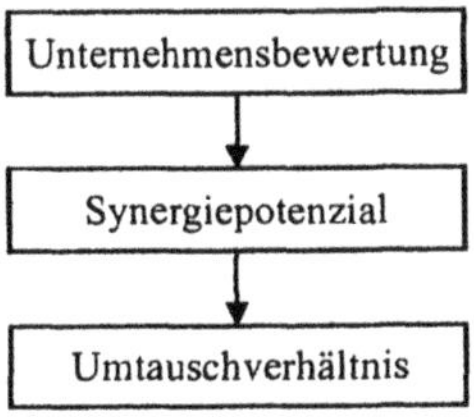

Abb. 13: Weg von der Unternehmensbewertung zum Umtauschverhältnis

[718] Im folgenden Abschnitt 4.6 wird diese Einschränkung aufgegeben.
[719] Vgl. zur Angemessenheit des Umtauschverhältnisses Abschnitt 4.4.

4.1 Unternehmensbewertung

Grundlage der Ermittlung des Umtauschverhältnisses sind die Unternehmensbewertungen.[720] Dies darf jedoch nicht darüber hinwegtäuschen, dass es keine allgemeingültigen Unternehmenswerte gibt, sondern diese stets subjektive Wertvorstellungen widerspiegeln.[721]

In der Betriebswirtschaftslehre werden Anlässe[722] der Unternehmensbewertung in Entscheidungssituationen und Nicht-Entscheidungssituationen, die keine Änderung der Eigentumsverhältnisse an dem bewerteten Unternehmen zur Folge haben, unterteilt. Im Zusammenhang mit Verschmelzungen liegen stets Entscheidungssituationen vor, die zu einer Änderung der Eigentumsverhältnisse führen. Weiterhin sind nicht dominierte und dominierte Entscheidungssituationen zu unterscheiden. In einer freiwilligen, nicht dominierten Entscheidungssituation erfolgt eine Einigung nur durch Verhandlung, deren Abbruch durch alle Parteien jederzeit möglich ist. Grenzpreise werden als Entscheidungshilfe ermittelt. Die Verschmelzung kommt nur zustande, wenn in der Verhandlung ein fairer Einigungspreis erzielt wird. Als Beispiel für nicht dominierte Entscheidungssituationen ist die Verschmelzung von unabhängigen Gesellschaften zu nennen. Hingegen kann in einer unfreiwilligen, dominierten Entscheidungssituation die dominierende Partei ihren Willen durchsetzen. Beispielsweise liegt eine dominierte Entscheidungssituation vor, wenn Mehrheitsgesellschafter die Verschmelzung allein durchsetzen und Unternehmenswerte und Umtauschverhältnis bestimmen können. Der Grenzpreis hat für die dominierte Partei nur noch die Funktion eines Erfolgsmaßstabs. Daher unterliegen derartige Fälle einer gerichtlichen Kontrolle, z. B. für bare Zuzahlung (§ 15 Abs. 1 UmwG) oder Barabfindung (§ 34 UmwG).

Entsprechend den Anlässen der Unternehmensbewertung kommt dem Unternehmensbewerter neben der Funktion des neutralen Gutachters eine Beratungs- oder Vermittlungsfunktion[723] zu. Als neutraler Gutachter agiert der Unternehmensbewerter bspw., wenn ihn die Verschmelzungspartner gemeinsam mit der unparteiischen Unternehmensbewertung der zu verschmelzenden Gesellschaften beauftragen.[724] In seiner Beratungsfunktion legt er parteienspezifische Grenzpreise oder sog. „subjektive Entscheidungswerte“[725] fest, wie z. B. Grenz-Umtauschverhältnisse. Ist er hingegen als Vermittler

---

[720] Vgl. *Heurung*, Anwendung, DB 1997, S. 837 f. Gelegentlich wird in der Literatur die Erstellung von sog. „Verschmelzungsbilanzen“ zu Zeitwerten vorgeschlagen, um anhand derer das Umtauschverhältnis zu ermitteln. Vgl. *Fischer, M.*, Verschmelzung, DB 1995, S. 488; *Budde/Zerwas*, in *Budde/Förschle*, Sonderbilanzen, 2002, F 78; *Priester* in *Lutter*, UmwG, 2000, § 24, Rz. 25; *Widmann* in *Widmann/Mayer*, Umwandlungsrecht, 2002, § 24 UmwG, Rz. 470, 192 ff. Letztlich entspricht dies aber einer Unternehmensbewertung zu Substanzwerten, die abzulehnen ist.

[721] Vgl. *Börsig*, Unternehmenswert, zfbf 1993, S. 82. Gerade weil kein objektiver Unternehmenswert existiert, wird die Unternehmensbewertung aus juristischer Sicht als Schätzung nach § 287 ZPO gewertet; *Großfeld*, Börsenkurs, BB 2000, S. 265.

[722] Vgl. zu diesem Absatz *Siepe*, WP-Handbuch, 2002, Bd. II, Teil A, Rz. 11 ff.; *Drukarczyk*, Unternehmensbewertung, 2001 S. 118 ff.; *IDW*, Unternehmensbewertungen, WPg 2000, S. 826 f.

[723] Vgl. *Siepe*, WP-Handbuch, 2002, Bd. II, Teil A, Rz. 31 ff.; *IDW*, Unternehmensbewertungen, WPg 2000, S. 827.

[724] Gemeinsame Gutachten zur Unternehmensbewertung überwiegen in den im Anhang untersuchten Verschmelzungsfällen; vgl. Anhang Spalte „UN-Bew.“.

[725] Vgl. *IDW*, Unternehmensbewertungen, WPg 2000, S. 829-831.

tätig, sucht er einen Kompromiss in Form eines neutralen Einigungspreises bzw. eines angemessenen Umtauschverhältnisses.

Der Wert, den das *IDW* als „objektivierten Unternehmenswert"[726] bezeichnet, soll im Folgenden als fairer Ausgleichswert bzw. angemessenes Umtauschverhältnis bezeichnet werden. Damit soll zum Ausdruck kommen, dass auch in einer dominierten Situation Minderheiten fair behandelt werden.[727] Die folgenden Ausführungen bis zum Abschnitt 4.4 gehen von einen neutralen Gutachter aus, der faire Unternehmenswerte und ein angemessenes Umtauschverhältnis ermittlet. Lediglich Abschnitt 4.5 betrachtet die Verhandlungssituation zwischen den potenziellen Verschmelzungspartnern.

Wegen der Berechnung eines Umtauschverhältnisses ist nicht die Genauigkeit der absoluten Unternehmenswerte von Bedeutung,[728] sondern die exakte Ermittlung der Relation der beiden. Insofern ist streng darauf zu achten, dass sowohl derselbe Bewertungsstichtag als auch dieselbe Methode der Unternehmensbewertung mit identischen Annahmen für alle an der Verschmelzung beteiligten Rechtsträger gewählt wird, um eine vergleichbare Basis zu schaffen.

Bereits die Festlegung eines Bewertungsstichtags[729] wirft Probleme auf. Nach h. M. kann ein Bewertungsstichtag einheitlich für alle beteiligten Rechtsträger frei bestimmt werden, sofern er gem. § 5 Abs. 3 UmwG mindestens einen Monat vor der Beschlussfassung liegt.[730] Man nimmt in Kauf, dass zwischen Unternehmensbewertung und Beschlussfassung einerseits und Wirksamwerden der Verschmelzung durch Eintragung ins Handelsregister andererseits einige Zeit vergeht. *Hoffmann-Becking* spricht sich hingegen für den Tag der Eintragung als Bewertungsstichtag aus.[731] Dies ist m. E. abzulehnen, weil die Anteilseigner in der Beschlussfassung über ein vorläufig ermitteltes Umtauschverhältnis abstimmen müssten. Über das endgültige Umtauschverhältnis auf den Tag der Eintragung wäre hingegen nicht abgestimmt worden. Abgesehen von den notwendigen zwei Unternehmensbewertungen und den damit verbundenen höheren Kosten würde der Verschmelzungsbeschluss unter großer Rechtsunsicherheit leiden. Auch das Ideal, die Unternehmensbewertung möglichst zeitnah zum Tag des Verschmelzungsbeschlusses durchzuführen, dürfte nicht realisierbar sein, weil die Unternehmensbewertung einige Zeit in Anspruch nimmt. In praxi dürfte wohl der Verschmelzungsstichtag für Überträgerin und Übernehmerin als Bewertungsstichtag herangezogen werden.[732]

---

726 Vgl. *IDW*, Unternehmensbewertungen, WPg 2000, S. 829-831; kritisch: *Schildbach*, Kölner, BFuP 1993, S. 30 ff.

727 In der Realität haben Unternehmensbewerter tendenziell Anreize, die Bewertung im Sinne des beherrschenden Anteilseigners bzw. des Auftraggebers durchzuführen. Vgl. *Hecker*, Regulierung I, 2000, S. 418 ff.

728 Zur Berechnung einer Barabfindung hingegen ist entscheidend, dass der Unternehmenswert selbst zutreffend ist. Sonderprobleme, wie z. B. ein erhöhtes Haftungsrisiko für die Gesellschafter der übertragenden Personenhandelsgesellschaft bei einer Verschmelzung auf eine Kapitalgesellschaft, lassen sich im Unternehmenswert kaum berücksichtigen.

729 Vgl. *IDW*, Unternehmensbewertungen, WPg 2000, S. 828.

730 Vgl. *Lutter* in *Lutter*, UmwG, 2000, § 5, Rz. 21; *Engelmeyer*, Spaltung 1995, S. 38 f.; noch: *Dörner*, WP-Handbuch, 1998, Bd. II, Teil D, Rz. 47.

731 Vgl. *Hoffmann-Becking*, Verschmelzungsrecht, 1988, S. 114 ff.

732 Dafür: *Lutter* in *Lutter*, UmwG, 2000, § 5, Rz. 21; *Seetzen*, Bestimmung, WM 1994, S. 46.

Maßgebend für die Berechnung des Unternehmenswerts sind die zukünftig erwarteten Zahlungsüberschüsse aus dem Unternehmen und ihre Risikostruktur. Daneben ist das ökonomische und rechtliche Umfeld sowie die steuerliche Belastung für Unternehmen und Anteilseigner im Sitzland des zu bewertenden Unternehmens zu beachten,[733] was insbesondere bei grenzüberschreitenden Verschmelzungen zum Tragen kommt.

Neben einem einheitlichen Bewertungsstichtag ist für alle beteiligten Rechtsträger eine einheitliche Methode der Unternehmensbewertung anzuwenden. Das UmwG gibt keine Methode vor, sondern überlässt es der Betriebswirtschaftslehre, Methoden zur Unternehmensbewertung zu entwickeln und zu differenzieren.[734] Unstrittig ist der Buchwert der Anteile nicht als Bewertungsmaßstab geeignet. Ungeeignet ist außerdem der Substanzwert,[735] der angibt, zu welchem Preis das Unternehmen identisch neu aufgebaut werden könnte, denn dies entspricht gerade nicht den Zielen, die bei einer Verschmelzung verfolgt werden. Gleiches gilt für den Liquidationswert,[736] weil eine Verschmelzung nicht auf die Auflösung eines Unternehmens gerichtet ist. Er kann lediglich als Wertuntergrenze berücksichtigt werden.[737] Das sog. Stuttgarter Verfahren ist als rein steuerliche Bemessungsgrundlage für die Übertragung von nicht börsennotierten Anteilen an Kapitalgesellschaften ebenfalls abzulehnen.[738]

Nach bisher h. M. wurde der Börsenkurs ebenfalls als Bewertungsmaßstab abgelehnt.[739] In Rechtsprechung und Literatur hat der Börsenkurs indes in jüngerer Zeit zur Ermittlung eines aktienrechtlichen Abfindungsanspruchs als Mindestwert neben dem Ertragswert eine Rehabilitation erfahren.[740] Fraglich ist, ob die höchstrichterliche Rechtsprechung auf Verschmelzungen zu übertragen ist und der Börsenkurs als Wertuntergrenze heranzuziehen ist.[741] Grundlegende Bedeutung hat der Börsenkurs im Handels-

---

733 Vgl. *IDW*, Unternehmensbewertungen, WPg 2000, S. 830 f.; *Siepe/Dörschell/Schulte*, Standard, WPg 2000, S. 957 f.

734 Vgl. *Ganske*, Umwandlungsrecht, WM 1993, S. 1120 Fn. 36; kritisch: *Ränsch*, Bewertung, AG 1984, S. 202 ff.

735 Vgl. *Ballwieser*, Methoden, 1993, S. 169 f.; *IDW*, Unternehmensbewertungen, WPg 2000, S. 826, 841; *Sieben*, Substanzwert, 1963, S. 77 f.; *Moxter*, Methode, Die Unternehmung 1976, S. 191 f., 200; *Pfitzer*, WP-Handbuch, 2002, Bd. II, Teil D, Rz. 49; *Siepe*, WP-Handbuch, 2002, Bd. II, Teil A, Rz. 5, 393 ff.

736 Vgl. *Pfitzer*, WP-Handbuch, 2002, Bd. II, Teil D, Rz. 49. Zur Ermittlung vgl. *Siepe*, WP-Handbuch, 2002, Bd. II, Teil A, Rz. 343 ff.

737 Vgl. *IDW*, Unternehmensbewertungen, WPg 2000, S. 826, 838.

738 Vgl. R. 96 ff. ErbStR.

739 Vgl. statt vieler: BVerfG 07.08.1962, BVerfGE 1962, S. 284 f.; noch *Dörner*, WP-Handbuch, 1998, Bd. II, Teil D, Rz. 49; *Dehmer*, UmwG, 1996, § 5 UmwG, Rz. 24; *Bula/Schlösser* in *SBB*, Umwandlungen, 2000, J Rz. 32.

740 Vgl. statt vieler: BVerfG 27.04.1999, DB 1999, S. 1693 ff.; *Rodolff*, Börsenkurs, DB 1999, S. 1149 ff.; *Hertlein*, Fusion, HdS 1965, S. 197 f.; *Hüttemann, R.*, Börsenkurs, ZGR 2001, S. 454 ff.; *Busse von Colbe*, Vernunft, 2000, S. 1053 ff.; *Lutter* in *Lutter*, UmwG, 2000, § 5, Rz. 23a; *Hecker/ Wenger*, Schutz, 1995, S. 339 f.; *Drukarczyk*, Problem, AG 1973, S. 361-365; *Lutter/Bezzenberger*, Spruchverfahren, AG 2000, S. 438; *Luttermann*, Börsenkurs, ZIP 1999, S. 51 f.

741 Vgl. bejahend: Vgl. *Pfitzer*, WP-Handbuch, 2002, Bd. II, Teil D, Rz. 70 Abs. 2; *Erb*, Börsenkurs, DB 2001, S. 523 f.; *Piltz*, Börsenkurs, ZGR 2001, S. 205 ff.; verneinend: *Siepe*, WP-Handbuch, 2002, Bd. II, Teil A, Rz. 65; *Riegger*, Börsenkurs, DB 1999, S. 1889 ff.; *Bungert/Eckert*, Unternehmensbewertung, BB 2000, S. 1845 ff.; *Bungert*, DAT/ Atlanta, BB 2001, S. 1166; *Hüttemann, R.*, Börsenkurs, ZGR 2001, S. 465; *Wilsing/Kruse*, Maßgeblichkeit, DStR 2001 S. 991 ff.; *Ahlers*, Verschmelzung, 2001, S. 70-81; *Großfeld*, Börsenkurs, BB 2000, S. 264 ff.

bilanz- und Steuerrecht.[742] Der Börsenkurs zeigt, wie der Kapitalmarkt das Unternehmen bewertet, so dass Börsenkurse Marktpreise widerspiegeln.[743] Einwendungen gegen den Börsenkurs liegen in mangelnder Transparenz des Kapitalmarkts, nicht ökonomischen Einflussfaktoren, möglichen Manipulationen der Kurse durch Ankäufe zur Durchführung der Verschmelzung[744] und im Zufallscharakter[745] von Börsenkursen. M. E. muss nach einer kurzen Würdigung des Börsenkurses für den Verschmelzungsfall danach unterschieden werden, ob beide oder nur ein Verschmelzungspartner börsennotiert sind. Wenn sowohl Übernehmerin als auch Überträgerin börsennotiert sind, können m. E. für beide die Börsenkurse zur Unternehmensbewertung und letztlich zur Ermittlung des Umtauschverhältnisses herangezogen werden.[746] Ein Unternehmensbewerter wird kaum in der Lage sein, den Unternehmenswert besser zu ermitteln als der Markt. Zudem darf ein einzelner Aktionär durch die Verschmelzung nicht schlechter gestellt werden, als hätte er den Umtausch durch Verkauf und Kauf von Aktien an der Börse vollzogen.[747] Einigen sich voneinander unabhängige Parteien auf die beiderseitige Anwendung von Börsenkursen, können daraus zutreffende Unternehmenswerte und ein angemessenes Umtauschverhältnis gebildet werden. Selbstverständlich müssen anstelle zeitpunktbezogener Kurse Durchschnittswerte herangezogen werden, um den Zufallscharakter von Börsenkursen zu vermindern. Dazu müsste der durchschnittliche Börsenkurs während eines Referenzzeitraums *vor* Bekanntgabe oder Bekanntwerden der Verschmelzung herangezogen werden,[748] weil der Kurs z. B. am Tag der Hauptversammlung bereits verzerrt sein kann.[749] Eine aktuelle empirische Studie zeigt jedoch keine regelmäßigen signifikanten Kursveränderungen durch die Ankündigung von Verschmelzungsvorhaben.[750] Letztlich wird sich bei unabhängigen Verschmelzungspartnern der Börsenkurs jedoch auf das veröffentlichte Umtauschverhältnis einspielen, so dass Spekulationen im Vorfeld der Verschmelzung wieder korrigiert werden.[751] Wenn nur ein Verschmelzungspartner börsennotiert ist, kommt wegen der offensichtlichen Ungleichbehandlung nicht in Betracht, das Umtauschverhältnis aufgrund des Börsenkurses des einen beteiligten Rechtsträgers und des Ertragswerts des anderen zu berechnen.[752] Insofern stellt der Börsenkurs im Verschmelzungsfall m. E. keine Wert*unter*grenze für den

---

742 Siehe bspw. § 253 Abs. 3 S. 1 HGB, § 11 Abs. 1 S. 1 BewG.

743 Vgl. BVerfG 27.04.1999, DB 1999, S. 1696; BayOLG 29.09.1998, DB 1998, S. 2315 f.; *Ahlers*, Verschmelzung, 2001, S. 75.

744 Vgl. *Beckmann/Pausenberger*, Gründungen, 1961, S. 72; *Ahlers*, Verschmelzung, 2001, S. 76-81.

745 Vgl. *Warneke*, Frage, WPg 1964, S. 448 ff.; OLG Düsseldorf 27.11.1962, WPg 1963, S. 451.

746 Vgl. *Pfitzer*, WP-Handbuch, 2002, Bd. II, Teil D, Rz. 70 Abs. 2, 72.

747 Vgl. auch *Busse von Colbe*, Vernunft, 2000, S. 1062, 1064-1066.

748 Vgl. zur Dauer des Referenzzeitraums *Bungert/Eckert*, Unternehmensbewertung, BB 2000, S. 1849; *Bungert*, DAT/Atlanta, BB 2001, S. 1164 ff.; BGH 12.03.2001, ZIP 2001, S. 738 f. *Ossadnik*, Aufteilung, 1995, S. 74 ff. sieht als Referenzzeitraum die Zeit zwischen Ankündigung der Verschmelzung und Beschluss. Für einen reinen Stichtagskurs plädieren OLG Düsseldorf 25.05.2000, ZIP 2000, S. 1525; *Hüttemann, R.*, Börsenkurs, ZGR 2001, S. 461 ff. Weiterhin ist nicht geklärt, welcher Kurs (z. B. Schluss- oder Einheitskurs) welcher Börsen Verwendung findet.

749 Vgl. *Bühner*, Reaktionen, zfbf 1990, S. 295 ff.

750 Vgl. *Ahlers*, Verschmelzung, 2001, S. 156-159; Überblick über weitere Studien S. 125-134 m. w. N.

751 Vgl. *Ahlers*, Verschmelzung, 2001, S. 77.

752 Vgl. *Pfitzer*, WP-Handbuch, 2002, Bd. II, Teil D, Rz. 72; *Bungert/Eckert*, Unternehmensbewertung, BB 2000, S. 1846 f.; *Hüttemann, R.*, Börsenkurs, ZGR 2001, S. 464 f.; *Piltz*, Börsenkurs, ZGR 2001, S. 209 ff.

Unternehmenswert dar. Nicht die Richtigkeit des Unternehmenswerts eines Partners ist entscheidend, sondern das Verhältnis beider Unternehmenswerte zueinander, die auf denselben Grundlagen ermittelt werden. Allerdings dienen Börsenkurse zumindest als Anhaltspunkt dafür, ob der Unternehmenswert realistisch ermittelt wurde, und sollten stets zur Plausibilitätsprüfung herangezogen werden, wie es das *IDW* vorschlägt.[753] In praxi geschah dies bislang in der Vergangenheit selten,[754] durchgehend wurde der Börsenkurs als Maßstab für das Umtauschverhältnis abgelehnt.[755] Bei dem Zusammenschluss zur DaimlerChrysler AG wurde der Börsenkurs lediglich „als rhetorisches Plausibilitätsargument"[756] verwendet, jedoch nicht in die tatsächliche Berechnung des Umtauschverhältnisses einbezogen.[757] Befremden löst der Fall aus, bei dem die VEBA AG vor der Verschmelzung für 23 € VIAG-Aktien erworben hat, für die Berechnung des Umtauschverhältnisses aber von einem inneren Ertragswert von 37,44 € pro Aktie ausgeht.[758] Keineswegs zulässig ist ein „bunter Cocktail"[759] aus Börsenkurs und Discounted-Cash-Flow-Verfahren (DCF-Verfahren), wie er beim grenzüberschreitenden Zusammenschluss zu Aventis S. A. angewandt wurde.[760]

Ebenfalls zur vorsichtigen Plausibilitätsbeurteilung dienen nach dem *IDW* Standard S 1 „Unternehmensbewertungen" vereinfachte Preisfindungen, wie z. B. Umsatz- oder Ergebnismultiplikatoren, die in der Praxis herangezogen werden und auf Erfahrungswerten und vereinfachenden Typisierungen beruhen.[761] Sofern sich größere Abweichungen ergeben, müssen deren Ursachen identifiziert werden. So können bspw. im Ertragswertverfahren (EW-Verfahren) zukünftige Überschüsse oder Kapitalisierungszinsfüße auf unrealistischen Annahmen beruhen, oder der Umsatzmultiplikator kann nicht auf das zu bewertende Unternehmen übertragen werden. Bleiben begründete Abweichungen nach dieser Überprüfung bestehen, ist m. E. der nach EW- oder DCF-Verfahren ermittelte Unternehmenswert zur Ermittlung des Umtauschverhältnisses heranzuziehen.

Sofern nicht für alle Verschmelzungspartner Börsenkurse vorliegen, sollte zur Unternehmensbewertung auf das EW- oder das DCF-Verfahren zurückgegriffen werden (vgl. Abb. 14). Bereits seit der *IDW*-Stellungnahme HFA 2/1983 wird als „wahrer" bzw. „objektivierter" Unternehmenswert[762] nur der innere Wert anerkannt, der sich als Barwert künftiger Nettozuflüsse an den Anteilseigner ergibt und mittels EW-Verfahren

---

753 Vgl. *IDW*, Unternehmensbewertungen, WPg 2000, S. 827 f., 839.

754 Vgl. bspw. Walter Bau, Heilit, 2000, S. 85 ff.; Degussa, Merger, 2000, S. 113 ff.

755 So von allen im Anhang untersuchten Verschmelzungsfällen; vgl. Anhang Spalte „UN-Bew.".

756 *Großfeld*, Börsenkurs, BB 2000, S. 262.

757 Vgl. Daimler, Chrysler, 1998, S. 35, 89.

758 Vgl. E.ON, Verschmelzung , 2000, S. 84, 191; ähnlich: RWE, Lahmeyer, S. 35.

759 *Großfeld*, Börsenkurs, BB 2000, S. 263. Anhand von durchschnittlichen Börsenkursen wurde eine Bandbreite von Umtauschverhältnissen ermittelt. Weitere Berechnungen der Unternehmenswerte nach dem DCF-Verfahren, mittels Multiplikatoren aus Transaktionen oder Kaufabsichten potenzieller Interessenten vergleichbarer Unternehmen begründen die Angemessenheit des innerhalb dieser Bandbreite realisierten Umtauschverhältnisses.

760 Vgl. Hoechst, Bericht, 1999, S. 102-104.

761 Vgl. *IDW*, Unternehmensbewertungen, WPg 2000, S. 839, 840 f.; *Siepe*, WP-Handbuch, 2002, Bd. II, Teil A, Rz. 372; *Siepe/Dörschell/Schulte*, Standard, WPg 2000, S. 956 f.

762 Vgl. kritisch *Busse von Colbe*, Vernunft, 2000, S. 1055 ff.; *Schildbach*, Kölner, BFuP 1993, S. 30 ff.

oder DCF-Verfahren ermittelt wird.[763] Der in jüngerer Zeit in der Theorie entwickelte Residualgewinn-Ansatz zur Unternehmensbewertung soll in dieser Arbeit nicht weiter verfolgt werden.[764] Sowohl EW- als auch DCF-Verfahren bilden einen Zukunftserfolgswert ab, der sich aus künftigen finanziellen Überschüssen unter der Prämisse der Unternehmensfortführung und Liquidation des nicht betriebsnotwendigen Vermögens[765] ergibt. Beide Methoden werden auch den bei einer Verschmelzung verfolgten Zielen des künftigen gemeinsamen wirtschaftlichen Erfolgs gerecht und sollen hier knapp in ihren Grundzügen dargestellt werden. Die in der Theorie der Betriebswirtschaftslehre untermauerten Verfahren zur Unternehmensbewertung finden vermehrt auch in der Bewertungspraxis Anwendung.[766] Der neutrale Gutachter wird i. d. R. die Vorgaben des Standard S 1 „Unternehmensbewertungen" des *IDW* beachten. Dies darf jedoch nicht darüber hinwegtäuschen, dass der errechnete Wert nicht mit dem theoretisch richtigen Unternehmenswert übereinstimmen muss.

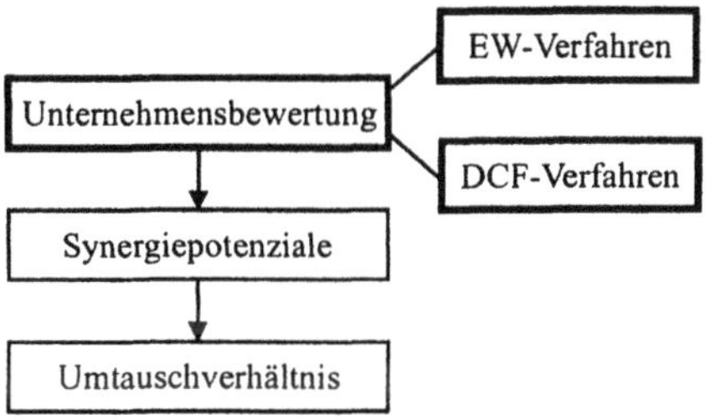

Abb. 14: Unternehmensbewertungsverfahren

4.1.1 Ertragswertverfahren

In sämtlichen im Anhang untersuchten Verschmelzungsfällen wurde der Unternehmenswert anhand der Ertragswertmethode nach der Phasenmethode des *IDW*[767] berechnet. Im EW-Verfahren[768] wird der Wert des Eigenkapitals für einen spezifischen Investor ermit-

---

763 Vgl. *IDW*, Grundsätze, WPg 1983, S. 469, 472 f.; *IDW*, Unternehmensbewertungen, WPg 2000, S. 826; BayOLG 11.12.1995, NJW-RR 1996, S. 1126; OLG Zweibrücken 09.03.1995, WM 1995, S. 981; OLG Düsseldorf, 12.02.1992, WM 1992, S. 990 ff.; BGH 16.12.1991, WM 1992, S. 268; BVerfG 07.08.1962, BVerfGE 1962, S. 284 f.

764 Vgl. weiterführend *Penman*, Financial, 2001; *Henselmann*, Economic, 2000; *Hüfner, Bernd:* Fundamentale Aktienbewertung und Rechnungslegung – Eine konzeptionelle Eignungsanalyse, Frankfurt a.M. u.a. 2000.

765 Vgl. *IDW*, Unternehmensbewertungen, WPg 2000, S. 831 f.

766 Bereits 1994 wurde in einer deutschen Studie ein Anteil von EW- und DCF-Methode an den Unternehmensbewertungen von zusammen 72 % empirisch nachgewiesen. Vgl. *Peemöller/Bömelburg/ Denkmann*, Unternehmensbewertung, WPg 1994, S. 742, 747.

767 Vgl. *IDW*, Unternehmensbewertungen, WPg 2000, S. 832 f.; vgl. *IDW*, Grundsätze, WPg 1983, S. 471.

768 Vgl. *Drukarczyk*, Unternehmensbewertung, 2001, S. 300 ff.

telt.[769] Zur Herleitung des Ertragswerts werden künftige finanzielle Überschüsse, die annahmegemäß vollständig an die Anteilseigner ausgeschüttet werden,[770] mit einem Kapitalisierungszinsfuß auf den Bewertungsstichtag abgezinst.[771] Um den Ertragswert (EW) festzustellen, wird den abgezinsten Überschüssen der Liquidationswert des nicht betriebsnotwendigen Vermögens hinzugerechnet.[772]

	Barwert künftiger Einnahmenüberschüsse	
+	Liquidationswert des nicht betriebsnotwendigen Vermögens	
=	Unternehmenswert (EW-Verfahren)	(2)

Beim EW-Verfahren ergeben sich mithin zwei wesentliche Problembereiche: die Prognose der künftigen Überschüsse und die Festsetzung eines Kapitalisierungszinsfußes. Für beide Elemente werden im Folgenden Nominalwerte betrachtet.[773]

Zur Ermittlung der ausschüttbaren finanziellen Überschüsse kann von bereinigten vergangenheitsbezogenen handelsrechtlichen Erfolgen ausgegangen werden,[774] womit eine sorgfältige Analyse der Vergangenheit notwendig wird.[775] Bei der darauf aufbauenden Prognose zukünftig entziehbarer Überschüsse ist die Kapitalerhaltung bzw. Ausschüttungsfähigkeit ebenso zu beachten, wie die Finanzierbarkeit und steuerliche Vorschriften.[776] Insofern müssen Plan-Bilanzen, Plan-Gewinn- und Verlustrechnungen (Plan-GuV) sowie Finanzplanungen bzw. Kapitalflussrechnungen aufgestellt werden. Durch Investitions- und Finanzierungspläne wird eine langfristig kapitalwertmaximierende Unternehmensfortführung unterstellt. Um Chancen und Risiken angemessen zu berücksichtigen, könnten alternative Zahlungsreihen für verschiedene Zukunftserwartungen aufgestellt und durch Multiplikation mit einem Wahrscheinlichkeitswert zu einer Zahlungsreihe vereint werden.[777]

Die Prognose von Zukunftserfolgen wird umso schwieriger und ungenauer, je weiter in die Zukunft geplant wird, denn die Unternehmensbewertung geht grundsätzlich von einer unbegrenzten Lebensdauer des Unternehmens aus. Das *IDW* empfiehlt zur Lösung des Unsicherheitsproblems, den Prognosezeitraum in zwei[778] Abschnitte zu unterteilen

---

769 Vgl. *Drukarczyk*, Unternehmensbewertung, 2001, S. 128, 132 ff.; *Siepe*, WP-Handbuch, 2002, Bd. II, Teil A, Rz. 246 ff.

770 Vgl. *IDW*, Unternehmensbewertungen, WPg 2000, S. 830; *Ränsch*, Bewertung, AG 1984, S. 207; kritisch zur Vollausschüttungshypothese: *Löhr*, Unternehmensbewertung, WPg 1992, S. 525 ff.; *Schmidt, J. G.*, DCF-Methode, zfbf 1995, S. 1092; *Ränsch*, Bewertung, AG 1984, S. 207.

771 Zur formelhaften Herleitung vgl. *Drukarczyk*, Unternehmensbewertung, 2001, S. 132 ff.; *Kohl/ Schulte*, Ertragswertverfahren, WPg 2000, S. 1148 ff.

772 Vgl. BayOLG 19.10.1995, AG 1996, S. 127 ff.; OLG Zweibrücken 09.03.1995, WM 1995, S. 981; OLG Düsseldorf 11.04.1988, WM 1988, S. 1055; *Seetzen*, Bestimmung, WM 1994, S. 46.

773 Vgl. zur Nominalrechnung statt vieler *Drukarczyk*, Unternehmensbewertung, 2001, S. 429 f.; *IDW*, Unternehmensbewertungen, WPg 2000, S. 834 f.

774 Vgl. *Börsig*, Unternehmenswert, zfbf 1993, S. 84.

775 Vgl. *Siepe*, WP-Handbuch, 2002, Bd. II, Teil A, Rz. 159 ff.

776 Vgl. *IDW*, Unternehmensbewertungen, WPg 2000, S. 828 f., 832; *Drukarczyk*, Unternehmensbewertung, 2001, S. 140 ff.

777 Vgl. *Ballwieser*, Methoden, 1993, S. 155 ff.; *Ränsch*, Bewertung, AG 1984, S. 210; bereits *Moxter*, Grundsätze, a. F. 1976, S. 142 f.

778 Im HFA 2/1983 wurden noch drei Phasen angesetzt; vgl. *IDW*, Grundsätze, WPg 1983, S. 471.

(sog. Phasenmethode).[779] Die vom Bewertungsstichtag ausgehende erste Phase von ca. drei bis fünf Jahren wird detailliert geplant (z. B. bzgl. Umsatzerlösen, Aufwendungen, Abschreibungen, Zinsen) und zukunftsbezogen ein Überschuss ermittelt.[780] In der zweiten Phase wird der jährliche Überschuss aus der ersten Phase mittels eines Trends pauschal fortgeführt.[781] In der Praxis fand man bislang in der Vergangenheit die sog. Pauschalmethode, bei der ein konstanter jährlicher Durchschnittserfolg auf Basis von bereinigten vergangenen Erfolgen geschätzt wird,[782] sowie Mischverfahren von Phasen- und Pauschalmethode.[783] Aufgrund der erhöhten Fehleranfälligkeit der Prognose sollte eine Plausibilitätskontrolle der Pläne in sich und im Verhältnis zueinander erfolgen.[784]

Zudem sind zu zahlende Ertragsteuern des Unternehmens (Gewerbeertragsteuer, Körperschaftsteuer, Solidaritätszuschlag) und des Anteilseigners (Einkommensteuer, Solidaritätszuschlag, ggf. Kirchensteuer) mindernd zu berücksichtigen, um die Nettozuflüsse zu bestimmen.[785] Die Einbeziehung persönlicher Steuern der Anteilseigner – von der Theorie seit Jahrzehnten gefordert[786] und von der Praxis bereits betrieben[787] – wird erst mit dem *IDW*-Standard S1 in die Verlautbarungen des Berufsstands der Wirtschaftsprüfer eingeführt.[788] Bei Kapitalgesellschaften kann bei der Ermittlung der Nettozuflüsse mit Geltung des Halbeinkünfteverfahrens von einem Ausschüttungs-Steuersatz von 17,5 % ausgegangen werden, wohingegen bei Personenhandelsgesellschaften durch die Gewerbesteueranrechnung ein Steuersatz von 26 % gerechtfertigt erscheint.[789] Hingegen führen Körperschaftsteuerguthaben nach § 37 KStG zu künftigen Steuerminderungen, die entsprechend in die Ermittlung der finanziellen Überschüsse einzubeziehen sind.

Die Überschüsse sind auf den Bewertungsstichtag mit einem Kapitalisierungszinsfuß abzuzinsen. Der Kapitalisierungszinsfuß gibt den Zins der besten Alternativinvestition

---

779 Vgl. *IDW*, Unternehmensbewertungen, WPg 2000, S. 832 f.; *Siepe*, WP-Handbuch, 2002, Bd. II, Teil A, Rz. 180 ff., 200 ff.

780 Vgl. *IDW*, Unternehmensbewertungen, WPg 2000, S. 835 f.

781 Vgl. *IDW*, Unternehmensbewertungen, WPg 2000, S. 832 f., *Helbling*, Unternehmensbewertung, 1998, S. 103.

782 Vgl. *Bula/Schlösser* in *SBB*, Umwandlungen, 2000, J, Rz. 41; OLG Celle 01.07.1980, AG 1981, S. 234 f.; OLG Düsseldorf 17.02.1984, DB 1984 S. 818; *Seetzen*, Bestimmung, WM 1994, S. 47.

783 Der Durchschnittserfolg berechnet sich bspw. als (gewichteter) Durchschnitt der Erträge aus den letzten drei Jahren vor und den Planergebnissen von zwei Jahren nach dem Bewertungsstichtag. Vgl. *Bula/Schlösser* in *SBB*, Umwandlungen, 2000, J, Rz. 43; *Seetzen*, Bestimmung, WM 1994, S. 47 f.

784 Vgl. *IDW*, Unternehmensbewertungen, WPg 2000, S. 833.

785 Vgl. *IDW*, Unternehmensbewertungen, WPg 2000, S. 829, 830; *Bula/Schlösser* in *SBB*, Umwandlungen, 2000, J, Rz. 37; *Siepe/Dörschell/Schulte*, Standard, WPg 2000, S. 952 f., 958 ff.; *Siepe*, WP-Handbuch, 2002, Bd. II, Teil A, Rz. 104 ff., 127 ff., 147, 217 ff., 272 ff., 281 f.

786 Vgl. statt vieler *Wagner*, Einfluß, 1972, S. 1637 ff.; *Siegel*, Grundlagen, WiSt 1991, S. 235 f.; *Ballwieser*, Steuern, 1995, S. 18 f. m. w. N.

787 In allen im Anhang aufgeführten Verschmelzungsfällen (1995 bis 2002) wurden Steuern pauschaliert bei der Ermittlung des Unternehmenswerts berücksichtigt.

788 Vgl. *IDW*, Unternehmensbewertungen, WPg 2000, S. 829; zur Behandlung bisher: *IDW*, Grundsätze, WPg 1983, S. 478 f.

789 Vgl. *Siepe/Dörschell/Schulte*, Standard, WPg 2000, S. 959 f. Die typisierte Vollbesteuerung legt einen Steuersatz von 35 % zugrunde. Aufgrund des Halbeinkünfteverfahrens ist dieser bei Kapitalgesellschaften nur zur Hälfte anzusetzen. Bei Personenunternehmen reduziert er sich um die GewSt-Anrechnung nach § 35 EStG von pauschal 9 %.

wieder, die durch die Verschmelzung verdrängt wird.[790] Der Kapitalisierungszinsfuß wird i. d. R. vereinfachend durch einen bereinigten Basiszinssatz öffentlicher Anleihen bestimmt. Die Ausgangsbasis dafür bildet die höchste Rendite inländischer öffentlicher langfristiger Anleihen am Bewertungsstichtag.[791]

Im Gegensatz zur Basisanlage besteht bei der Sachwertanlage in einem Unternehmen kaum die Gefahr von Geldentwertung. Um eine Vergleichbarkeit zwischen dem nominellen Zinssatz von Anleihen und dem nominellen Kapitalisierungszinsfuß in der Unternehmensbewertung zu schaffen, wird der Basiszins um einen Inflationsabschlag gemindert.[792] Dieser Abschlag lag in der Vergangenheit in Abhängigkeit von der Preiselastizität der Branche zwischen 0,5 % und 3 %.[793]

Andererseits birgt die Investition in ein Unternehmen stets ein Unternehmerrisiko,[794] das im Kapitalisierungszinsfuß durch einen Zuschlag Berücksichtigung findet. Durch den pauschalen Zuschlag wird das Risiko vom neutralen Gutachter eher willkürlich bzw. nach bestem Wissen berücksichtigt. Bei Ermittlung des Risikozuschlagsatzes ist darauf zu achten, dass dieses Risiko nicht bereits als Sicherheitsäquivalent (Ergebnisabschlag) bei der Berechnung des Zukunftserfolgs berücksichtigt wurde.[795] Die Risikozuschlagsmethode und die Berücksichtigung eines Unternehmerrisikos entspricht auch internationalen Grundsätzen.[796] Die Werte für den Zuschlagsatz betrugen in der Vergangenheit

---

790 Vgl. *IDW*, Unternehmensbewertungen, WPg 2000, S. 836; *Ballwieser*, Unternehmensbewertung, 1993, S. 169; *Drukarczyk*, Unternehmensbewertung, 2001, S. 343 ff.; *Siepe*, WP-Handbuch, 2002, Bd. II, Teil A, Rz. 287 ff.

791 Die alternativ mögliche Ermittlung mittels des CAPM wird im DCF-Verfahren erläutert. Insbesondere wird eine durchschnittliche Aktienrendite nicht als Basiszins herangezogen; vgl. BGH 30.09.1981, DB 1982, S. 107. Durch die Wahl langfristig erzielbarer Zinssätze wird die Prognose der Zinsentwicklung entbehrlich; vgl. aber *Ränsch*, Bewertung, AG 1984, S. 210 f. In der Vergangenheit wurde eine Rendite von ca. 7 % bis 7,5 % von der Rechtsprechung für angemessen gehalten; vgl. *Söder*, Unternehmensbewertung, 1998, S. 68 f.; OLG Stuttgart 04.02.2000, DB 2000, S. 710; *IDW*, Unternehmensbewertungen, WPg 2000, S. 836 f.; *Seetzen*, Bestimmung, WM 1994, S. 48; *Bula/Schlösser* in *SBB*, Umwandlungen, 2000, J, Rz. 45. Ende 2002 betrug der Zinssatz für zehnjährige Inhaber-Schuldverschreibungen 4,42 - 4,44 %, für fünfjährige Bundesschatzbriefe 4,25 %; vgl. Handelsblatt 02.01.2003, S. 29.

792 Vgl. *IDW*, Unternehmensbewertungen, WPg 2000, S. 834 f.; *Siepe*, WP-Handbuch, 2002, Bd. II, Teil A, Rz. 228 ff., 299 ff.; ablehnend: *Ränsch*, Bewertung, AG 1984, S. 212. Zum Zusammenhang zwischen Nominal- und Realzins – $Zins_{real} = ((1+ Zins_{nom.}) / (1+Geldentwertungsrate)) - 1$ – vgl. statt vieler *Siegel*, Grundlagen, WiSt 1991, S. 234; *Drukarczyk*, Unternehmensbewertung, 2001, S. 429 f.

793 Vgl. *Helbling*, Unternehmensbewertung, 1998, S. 428 ff.; *Seetzen*, Bestimmung, WM 1994, S. 48; OLG Düsseldorf 12.02.1992, WM 1992, S. 991; BayOLG 11.12.1995, NJW-RR 1996, S. 1128 f.; BGH 13.03.1978, AG 1978, S. 199.

794 Im HFA 2/1983 wurde noch zwischen speziellem und generellem Unternehmerrisiko unterschieden, vgl. *IDW*, Grundsätze, WPg 1983, S. 470 ff. Der IDW S1 verzichtet auf eine derartige Unterscheidung, vgl. *IDW*, Unternehmensbewertungen, WPg 2000, S. 833 f. Vgl. zum Risiko *Siepe/Dörschell/Schulte*, Standard, WPg 2000, S. 951; *Ränsch*, Bewertung, AG 1984, S. 211.

795 Vgl. *IDW*, Unternehmensbewertungen, WPg 2000, S. 833 f.; *Drukarczyk*, Unternehmensbewertung, 2001, S. 326 ff.

796 Vgl. *Siepe*, WP-Handbuch, 2002, Bd. II, Teil A, Rz. 208 ff.

abhängig von der Branche und der wirtschaftlichen Situation des Unternehmens ca. 0,5 % bis 2 %.[797]

Schließlich müssten im Kapitalisierungszinsfuß noch die persönlichen Ertragsteuern der Anteilseigner mindernd berücksichtigt werden,[798] was jedoch bei der Vielzahl von Anteilseignern im Verschmelzungsfall nur pauschal möglich ist.[799] Vereinfachend hält das *IDW* einen pauschalen Steuersatz von 35 % für vertretbar.[800]

Unter Einbeziehung der o. g. einzelnen Elemente lassen sich Kapitalisierungszinsfüße berechnen. Diese sind jedoch nur als Schätzwerte zu verstehen, mit denen sehr vorsichtig umgegangen werden muss. In den im Anhang untersuchten Verschmelzungsfällen reichen die Kapitalisierungszinsfüße von 4,55 % bis zu 10 %.[801] In überhöhten Kapitalisierungszinsfüßen liegt einer der häufigsten Fehler in der Praxis der Unternehmensbewertung, welcher sich in der Konsequenz sehr stark auf die absolute Höhe des Ertragswerts auswirkt.[802]

	Basiszins	
-	Inflationsabschlag	
+	Risikozuschlag	
=	Zwischenergebnis	
-	Steuerbelastung pauschal 35 % vom Zwischenergebnis	
=	Kapitalisierungszinsfuß	(3)

4.1.2 Discounted-Cash-Flow-Verfahren

Beim DCF-Verfahren sind die zwei Entity- bzw. Brutto-Varianten Adjusted-Present-Value (APV)-Ansatz und Weighted-Average-Cost-of-Capital (WACC)-Ansatz sowie der Equity- bzw. Netto-Ansatz zu unterscheiden (vgl. Abb. 15).

Alle genannten Verfahren führen grundsätzlich zum gleichen Wert des Eigenkapitals bzw. Unternehmens. Zunächst soll der in den USA übliche WACC-Ansatz in seinen Grundzügen vorgestellt werden, bevor anschließend kurze Ausführungen zum APV- und Equity-Ansatz folgen. Aufgrund des US-amerikanischen Ursprungs des DCF-Verfahrens muss in Deutschland darauf geachtet werden, das Verfahren an spezifische Gegebenheiten des deutschen Wirtschaftsraums, sowie an das deutsche Rechts- und Steuersystem anzupassen. Allgemeine Ausführungen zum EW-Verfahren sind auch auf das DCF-Verfahren anzuwenden und werden hier nicht nochmals erläutert.

---

797 Vgl. *Bula/Schlösser* in *SBB*, Umwandlungen, 2000, J, Rz. 47; *Siepe*, Kapitalisierungszinssatz, WPg 1998, S. 327; *Seetzen*, Bestimmung, WM 1994, S. 49. Auch der Risikozuschlag kann durch CAPM bestimmt werden; vgl. dazu Abschnitt 4.1.2.

798 Vgl. *Siepe*, WP-Handbuch, 2002, Bd. II, Teil A, Rz. 224 ff.

799 Vgl. *IDW*, Unternehmensbewertungen, WPg 2000, S. 834; *Siepe/Dörschell/Schulte*, Standard, WPg 2000, S. 952 f., 958 f.

800 Vgl. *IDW*, Unternehmensbewertungen, WPg 2000, S. 830. Auf eine Diskussion der Probleme im Zusammenhang mit der Pauschalierung wird in dieser Arbeit verzichtet.

801 Vgl. Anhang Spalte „Zins".

802 Vgl. *Ahlers*, Verschmelzung, 2001, S. 68.

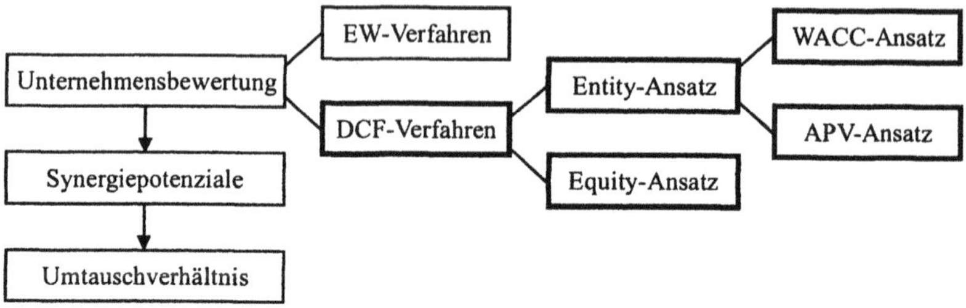

Abb. 15: Ansätze des DCF-Verfahrens

In dem WACC-Ansatz[803] wird zunächst ein Unternehmensgesamtwert ermittelt, der unabhängig von der Finanzierungsstruktur des Unternehmens ist. Zur Berechnung des Unternehmensgesamtwerts werden zukünftig erwartete Zahlungsüberschüsse, sog. Free Cash-flows mit dem gewogenen Kapitalkostensatz auf den Bewertungsstichtag abgezinst. Aus diesem errechnet sich der Wert des Eigenkapitals, indem üblicherweise vom Unternehmensgesamtwert – in den der Wert des nicht betriebsnotwendigen Vermögens einbezogen wird[804] – der Wert des Fremdkapitals abgezogen wird.[805]

Der Free Cash-flow ist definiert als operativer Cash-flow nach Steuern und Investitionen aber vor Zinsen, aus dem Zahlungen des Unternehmens sowohl an Anteilseigner als auch an Fremdkapitalgeber (Zinsen und Tilgung) bestritten werden können.[806] Insofern gehen Finanzierungswirkungen durch Abschreibungen und langfristige Rückstellungen ebenso in die Bewertung ein wie Investitionsauszahlungen.[807] Der Free Cash-flow wird i. d. R. für fünf Jahre in die Zukunft detailliert geplant. Für die anschließende zweite Phase wird ein Residualwert festgesetzt. Dazu wird der jeweils höhere Wert aus der Unternehmensfortführung bei gleich bleibendem Cash-flow (Perpetuity Value) oder aus der Veräußerung des Unternehmens nach fünf Jahren zum Marktpreis (Exit Value) angesetzt.[808] Steuern werden bei Ermittlung des Free Cash-flow berücksichtigt, indem erstens Körperschaft- und Gewerbesteuer den handelsrechtlichen Jahresüberschuss mindern, zweitens persönliche Ertragsteuern der Anteilseigner den Free Cash-flow mindern und drittens die Steuerersparnis auf Unternehmensebene durch Fremdfinan-

---

803 Vgl. *Drukarczyk*, Unternehmensbewertung, 2001, S. 215 ff., 273 ff.; *Siepe*, WP-Handbuch, 2002, Bd. II, Teil A, Rz. 307 ff. Zur formelhaften Herleitung vgl. *Kohl/Schulte*, Ertragswertverfahren, WPg 2000, S. 1148 ff; *Drukarczyk*, Unternehmensbewertung, 2001, S. 305 ff.

804 Vgl. *IDW*, Unternehmensbewertungen, WPg 2000, S. 837.

805 Alternativ wird der Unternehmensgesamtwert mit der Eigenkapitalquote multipliziert. Vgl. *Ballwieser*, DCFV, WPg 1998, S. 84; *Schmidt, J. G.*, DCF-Methode, zfbf 1995, S. 1090 f.

806 Vgl. *Börsig*, Unternehmenswert, zfbf 1993, S. 86; *Sieben*, Unternehmensbewertung, 1995, S. 718; *Ballwieser*, DCFV, WPg 1998, S. 85 f.

807 Vgl. *Börsig*, Unternehmenswert, zfbf 1993, S. 85.

808 Vgl. *Börsig*, Unternehmenswert, zfbf 1993, S. 87; *IDW*, Unternehmensbewertungen, WPg 2000, S. 838.

zierung das sog. Tax Shield[809] rückgängig gemacht wird.[810] Die Berechnung des Free Cash-flow erfolgt zu:[811]

	Umsatzerlöse
±	Bestandsänderungen
+	aktivierte Eigenleistungen
+	sonstige betriebliche Erträge
-	Materialaufwand
-	Personalaufwand
-	Abschreibungen
-	sonstige betriebliche Aufwendungen
±	Finanzergebnis
=	Ergebnis der gewöhnlichen Geschäftstätigkeit
±	außerordentliche Erträge/Aufwendungen
=	außerordentliches Ergebnis
-	Steuern
=	Handelsrechtlicher Jahresüberschuss/-fehlbetrag nach Gesamtkostenverfahren
+	Fremdkapitalzinsen
-	Steuerentlastungseffekt durch Fremdfinanzierung (Tax Shield)
±	Abschreibungen/Zuschreibungen
±	andere zahlungsunwirksame Aufwendungen/Erträge (z. B. Erhöhung/Verminderung von Rückstellungen, Sonderposten mit Rücklageanteil und Rechnungsabgrenzungsposten)
-	Investitionsauszahlungen
±	Erhöhung/Verminderung des Net Working Capital
=	Free Cash-flow (4)

Der Free Cash-flow wird mit einem Kapitalkostensatz abgezinst, der sich aus einem gewichteten Durchschnitt der Eigenkapital- und Fremdkapitalkosten (WACC) ergibt.[812]

Der Fremdkapitalkostensatz lässt sich noch relativ leicht ermitteln, indem ein gewichteter Durchschnitt der fristadäquaten Fremdkapitalkosten gebildet wird.[813] Fremdkapitalkosten sind von der steuerlichen Bemessungsgrundlage abzugsfähig, wodurch ein Steuerentlastungseffekt der Fremdfinanzierung für Unternehmenssteuern und Ertragsteuern des Anteilseigners eintritt. Der WACC-Ansatz berücksichtigt diesen Steuerentlastungseffekt bei der Berechnung des Fremdkapitalkostensatzes.[814]

---

809 Vgl. *Siepe/Dörschell/Schulte*, Standard, WPg 2000, S. 955.

810 Vgl. *Ballwieser*, DCFV, WPg 1998, S. 86; *Siepe*, WP-Handbuch, 2002, Bd. II, Teil A, Rz. 314.

811 Eigene Formel in Anlehnung an *Ballwieser*, DCFV, WPg 1998, S. 86; *IDW*, Unternehmensbewertungen, WPg 2000, S. 837.

812 Vgl. *Ballwieser*, DCFV, WPg 1998, S. 86 f.

813 Vgl. *IDW*, Unternehmensbewertungen, WPg 2000, S. 838; *Siepe*, WP-Handbuch, 2002, Bd. II, Teil A, Rz. 326.

814 Vgl. *IDW*, Unternehmensbewertungen, WPg 2000, S. 838; *Siepe*, WP-Handbuch, 2002, Bd. II, Teil A, Rz. 308.

Hingegen ist die Ermittlung des Eigenkapitalkostensatzes aufwendiger: Üblicherweise wird die Eigenkapitalrendite über das kapitalmarktgestützte CAPM berechnet.[815] Dabei wird der Eigenkapitalkostensatz durch die Rendite risikofreier Kapitalanlagen und einer Risikoprämie bestimmt. Die allgemeine Risikoprämie wird durch die Differenz zwischen der risikofreien Kapitalanlage und einer Aktienmarktrendite – gemessen an einem Marktindex – abgebildet.[816] Zusätzlich ist ein unternehmensspezifisches Risiko zu berücksichtigen, das nicht durch Diversifikation beseitigt werden kann. Dieser sog. Beta-Faktor verkörpert das Ausmaß der Renditeschwankungen einer individuellen Aktie gegenüber den Aktien des Index.[817] Trotz des finanzmathematischen Ansatzes darf nicht übersehen werden, dass meist nur auf Vergangenheitswerten beruhende Schätzwerte vorliegen. Der Eigenkapitalkostensatz wird um den persönlichen Ertragsteuersatz des Anteilseigners für Alternativinvestitionen gemindert.[818]

In der Praxis sind Kapitalkosten und -struktur jedoch von gegenseitigen Abhängigkeiten geprägt, die sich auf die Höhe des Kapitalkostensatzes und den Marktwert des Kapitals auswirken. So führt insbesondere ein hoher Verschuldungsgrad zu einem höheren Fremdkapitalzinssatz und mittelbar über die Risikoprämie auch zu einem erhöhten Eigenkapitalkostensatz.[819] Den so veränderten Kapitalkosten könnte durch Anpassung des Beta-Faktors mittels Gearing-Formeln Rechnung getragen werden.[820] In der Praxis werden derartige Effekte aber als vernachlässigbar gewertet und demzufolge nicht berücksichtigt.[821] Zur Ermittlung des Marktwerts des Fremdkapitals wird zumindest in der zweiten Phase bei der Ermittlung des Perpetuity Value eine konstante Kapitalstruktur angenommen. Im Detailprognosezeitraum lässt sich die gegenseitige Abhängigkeit zwischen Eigen- und Fremdkapitalkosten einerseits und der Kapitalstruktur andererseits iterativ lösen.[822]

Beim WACC-Ansatz berechnet sich der Wert des Eigenkapitals demnach wie folgt:

	Unternehmensgesamtwert unabhängig von der Finanzierung (durch Abzinsung der Free Cash-flows mit WACC-Zinssatz)	
-	Wert des Fremdkapitals	
=	Wert des Eigenkapitals/Unternehmenswert	(5)

815 Vgl. *Drukarczyk*, Unternehmensbewertung, 2001, S. 350 ff.; *Ballwieser*, DCFV, WPg 1998, S. 82 f.

816 Vgl. *IDW*, Unternehmensbewertungen, WPg 2000, S. 838.

817 Vgl. *Schmidt, J. G.*, DCF-Methode, zfbf 1995, S. 1103; *Franke/Hax*, Finanzwirtschaft, 1999, S. 343 ff.; *IDW*, Unternehmensbewertungen, WPg 2000, S. 838; *Siepe*, WP-Handbuch, 2002, Bd. II, Teil A, Rz. 213 ff.

818 Vgl. *Siepe*, WP-Handbuch, 2002, Bd. II, Teil A, Rz. 308.

819 Vgl. *Börsig*, Unternehmenswert, zfbf 1993, S. 88; *Drukarczyk*, Unternehmensbewertung, 2001, S. 176 ff.

820 Vgl. *Siepe/Dörschell/Schulte*, Standard, WPg 2000, S. 954, insbes. Fn. 106; *Drukarczyk*, Unternehmensbewertung, 2001, S. 367 ff.; *Siepe*, WP-Handbuch, 2002, Bd. II, Teil A, Rz. 215, Fn. 439.

821 Vgl. *IDW*, Unternehmensbewertungen, WPg 2000, S. 838, Rz. 136; *Siepe/Dörschell/Schulte*, Standard, WPg 2000, S. 955.

822 Vgl. *Siepe*, WP-Handbuch, 2002, Bd. II, Teil A, Rz. 310.

Beim APV-Verfahren[823] (Konzept des angepassten Barwerts) handelt es sich ebenfalls um einen Brutto-Ansatz, der jedoch den Unternehmensgesamtwert komponentenweise ermittelt. Die Cash-flows eines zunächst fiktiv unverschuldeten Unternehmens werden entsprechend dem WACC-Ansatz ermittelt und mit dem Eigenkapitalkostensatz eines fiktiv unverschuldeten Unternehmens abgezinst. Zu dem Marktwert des unverschuldeten Unternehmens wird der diskontierte Wertbeitrag des Fremdkapitals addiert, wodurch sich der Unternehmensgesamtwert ergibt. Von diesem wird der Marktwert des Fremdkapitals subtrahiert, so dass im Ergebnis der Marktwert des Eigenkapitals verbleibt.

Um den Wert des Eigenkapitals eines Unternehmens zu berechnen, wird beim Equity-Ansatz[824] unmittelbar der Barwert der den Anteilseignern zufließenden Zahlungsströme ermittelt, indem der um Fremdkapitalkosten geminderte Cash-flow mit der Eigenkapitalrendite abgezinst wird.[825] Dafür werden Cash-flows zugrunde gelegt, die den Überschuss aus Ein- und Auszahlungen zwischen dem Unternehmen und Dritten abbilden, der den Anteilseignern zur Verfügung steht. Nach Auffassung des *IDW* sind stets auch gesellschaftsrechtliche Beschränkungen und die Finanzierbarkeit von Ausschüttungen zu beachten,[826] wodurch Plan-Bilanzen, Plan-GuV und Finanzpläne erforderlich werden. Der Steuerentlastungseffekt wird in die Ermittlung des Cash-flow einbezogen.[827] Zur Berechnung des Unternehmenswerts sind beim Equity-Ansatz die Cash-flows mit dem Eigenkapitalkostensatz abzuzinsen, der über das kapitalmarktgestützte CAPM berechnet wird.

Tab. 7 zeigt eine Gegenüberstellung der Ansätze des DCF-Verfahrens.

Beide Unternehmensbewertungsverfahren ermitteln den Unternehmenswert durch Abzinsung von Einzahlungsüberschüssen. Die wesentlichen Unterschiede liegen in der Berücksichtigung des Risikos, das im EW-Verfahren eher pauschal berücksichtigt, im DCF-Verfahren hingegen über das Kapitalmarktmodell CAPM objektiviert wird. Theoretisch sollen beide Verfahren zu annähernd demselben Unternehmenswert führen.[828]

Unabhängig davon, welche Unternehmensbewertungs-Methode angewandt wird, ist streng darauf zu achten, dass alle Plandaten und Prämissen bei den beteiligten Rechtsträgern einheitlich sein müssen. So müssen die künftig dem Unternehmen entziehbaren finanziellen Überschüsse nach den gleichen Grundsätzen prognostiziert werden[829] und identische Investitions- und Finanzierungsannahmen getroffen werden. Für alle an der Verschmelzung beteiligten Rechtsträger muss derselbe Basis-Kapitalisierungszinssatz

---

823 Vgl. *Drukarczyk*, Unternehmensbewertung, 2001, S. 231 ff.; *Siepe*, WP-Handbuch, 2002, Bd. II, Teil A, Rz. 332 ff.; *Siepe/Dörschell/Schulte*, Standard, WPg 2000, S. 955; *IDW*, Unternehmensbewertungen, WPg 2000, S. 838; *Kohl/Schulte*, Ertragswertverfahren, WPg 2000, S. 1155.

824 Vgl. *Drukarczyk*, Unternehmensbewertung, 2001, S. 204 f., 300 ff.; *Siepe*, WP-Handbuch, 2002, Bd. II, Teil A, Rz. 337 ff.

825 Vgl. *IDW*, Unternehmensbewertungen, WPg 2000, S. 838.

826 Vgl. *Siepe/Dörschell/Schulte*, Standard, WPg 2000, S. 954; *IDW*, Unternehmensbewertungen, WPg 2000, S. 829.

827 Vgl. *Siepe*, WP-Handbuch, 2002, Bd. II, Teil A, Rz. 338.

828 Vgl. *Sieben*, Unternehmensbewertung, 1995, S. 721 ff.

829 Vgl. *IDW*, Unternehmensbewertungen, WPg 2000, S. 832.

zugrunde gelegt werden.[830] Der Risikozuschlag ist hingegen von dem jeweiligen Unternehmensrisiko und der Inflationsabschlag von der Preiselastizität der Branche des jeweiligen Verschmelzungspartners abhängig. Falls ein einziger Gutachter mit der Unternehmensbewertung von Übernehmerin und Überträgerin beauftragt wird, besteht die Gefahr, dass die dominierende Gesellschaft den Gutachter auswählt und ihn durch gezielte Informationen zu einem Ergebnis zu ihren Gunsten beeinflusst.[831] Um einen fairen Ausgleichswert ermitteln zu können, müssen in beiden Verfahren individuelle Entscheidungskriterien einzelner Anteilseigner unberücksichtigt bleiben.[832] Die umstrittene Einbeziehung von Synergiepotenzialen in die Unternehmenswerte wird in Abschnitt 4.3.1 diskutiert.

Tab. 7: Gegenüberstellung der Ansätze des DCF-Verfahrens

	WACC-Ansatz	**APV-Ansatz**	**Equity-Ansatz**
1. Schritt	Ermittlung des Unternehmensgesamtwerts	Komponentenweise Ermittlung des Unternehmensgesamtwerts	Ermittlung des Eigenkapitalwerts
Cash-flows	dem Unternehmen entziehbare Free Cash-flows bei fiktiver Eigenfinanzierung	dem Unternehmen entziehbare Free Cash-flows bei fiktiver Eigenfinanzierung	den Anteilseignern zufließende Cash-flows unter Beachtung der Finanzierungsart
Diskontierungssatz	durchschnittliche gewogene Kapitalkosten (WACC)	Kosten des Eigenkapitals bei fiktiver vollständiger Eigenfinanzierung	Kosten des Eigenkapitals
Berücksichtigung des Steuerentlastungseffekts bei Fremdfinanzierung	bei Berechnung des Fremdkapitalkostensatzes	beim Wertbeitrag der Fremdfinanzierung	bei Ermittlung der Cash-flows
2. Schritt	Ermittlung des Eigenkapitalwerts durch Subtraktion des Fremdkapitalwerts vom Unternehmensgesamtwert	Ermittlung der Effekte aus der realisierten Kapitalstruktur (Wertbeitrag des Fremdkapitals)	
3. Schritt		Ermittlung des tatsächlichen Unternehmensgesamtwerts durch Addition der Ergebnisse aus 1. und 2. Schritt	
4. Schritt		Ermittlung des Eigenkapitalwerts durch Subtraktion des Fremdkapitalwerts vom Unternehmensgesamtwert aus 3. Schritt	

830 Vgl. *IDW*, Unternehmensbewertungen, WPg 2000, S. 833 ff.

831 Vgl. kritisch *Ahlers*, Verschmelzung, 2001, S. 67 f.

832 Vgl. *Heurung*, Anwendung, DB 1997, S. 839; *Ränsch*, Bewertung, AG 1984, S. 207; *Treptow*, Wertermittlung, 1993, S. 163.

4.2 Zwischenergebnis: Einfache Berechnung des Umtauschverhältnisses

Ausgangspunkt für die Ermittlung des Umtauschverhältnisses sind die Stand-alone-Unternehmenswerte von Überträgerin und Übernehmerin, die wie in Abschnitt 4.1 beschrieben berechnet werden. Die Einbeziehung eines Synergiepotenzials bleibt zunächst außer Betracht.[833]

Die Unternehmenswerte für die Überträgerin und die Übernehmerin sind zunächst zu der Anzahl ihrer Anteile[834] ins Verhältnis zu setzen. Hierdurch ergibt sich der sog. innere Wert, der durch einen Anteil repräsentiert wird. Schließlich werden die inneren Werte von Überträgerin und Übernehmerin ins Verhältnis gesetzt. Aus Sicht der Anteilseigner der Überträgerin dividiert man den inneren Wert der Überträgerin durch den inneren Wert der Übernehmerin. Das Umtauschverhältnis UT besagt, wie viele Anteile der Übernehmerin den Anteilseignern der Überträgerin als Gegenleistung bei der Verschmelzung für genau einen Anteil an der Überträgerin zustehen.[835]

$$UT = \frac{IW_{ÜT}}{IW_{ÜN}} = \frac{\frac{W_{ÜT}}{A_{ÜT}}}{\frac{W_{ÜN}}{A_{ÜN}}} = \frac{W_{ÜT} \cdot A_{ÜN}}{W_{ÜN} \cdot A_{ÜT}} \qquad (7)$$

mit
- $W_{ÜN}$ Unternehmenswert der Übernehmerin vor Verschmelzung
- $W_{ÜT}$ Unternehmenswert der Überträgerin vor Verschmelzung
- $A_{ÜN}$ Anzahl der Anteile der Übernehmerin vor Verschmelzung
- $A_{ÜT}$ Anzahl der Anteile der Überträgerin vor Verschmelzung
- $IW_{ÜN}$ innerer Wert pro Anteil der Übernehmerin vor Verschmelzung
- $IW_{ÜT}$ innerer Wert pro Anteil der Überträgerin vor Verschmelzung

Bsp. 1: Einfache Berechnung des Umtauschverhältnisses[836]

Zwei AG sollen zum 01.01.01 im Wege der Verschmelzung durch Aufnahme zusammengeführt werden. Die Überträgerin-AG verfügt über 100.000 Aktien ($A_{ÜT}$). Der Unternehmenswert ($W_{ÜT}$) wird zutreffend mit 400.000 € ermittelt. Die Übernehmerin-AG hingegen besitzt 160.000 Aktien ($A_{ÜN}$). Ihr Unternehmenswert ($W_{ÜN}$) wird zutreffend auf 320.000 € festgesetzt.

---

833 Vgl. dazu Abschnitt 4.3.2.

834 Nennwertaktien oder Stückaktien gem. § 8 AktG, GmbH-Stammeinlagen gem. § 5 Abs. 1, 3 GmbHG.

835 Entgegen der hier verwendeten Formel wird in der Literatur auch das Umtauschverhältnis aus Sicht der Übernehmerin ermittelt. In diesem Fall drückt das Umtauschverhältnis aus, wie viele Anteile an der Überträgerin die Übernehmerin für einen Anteil an der Übernehmerin erhalten muss. Entsprechend ändern sich alle folgenden Formeln. Vgl. bspw. *Bermel/Hannappel* in *Goutier*, Umwandlungsrecht, 1996, § 5 UmwG, Rz. 35 ff.

836 Die im Laufe der Arbeit vorgestellten Beispiele bauen in ihrer Mehrzahl aufeinander auf und unterscheiden sich im Wesentlichen in dem jeweils erläuterten Aspekt. Dadurch wird es möglich, die jeweiligen Angaben knapp zu halten, allerdings lassen sich Querverweise nicht vermeiden.

Der innere Wert der Überträgerin pro Aktie ($IW_{ÜT}$) berechnet sich wie folgt:

$IW_{ÜT} = \frac{W_{ÜT}}{A_{ÜT}} = \frac{400.000\ €}{100.000\ €} = 4$; analog ergibt sich für $IW_{ÜN}$ der Wert 2. Beide inneren Werte werden jetzt ins Verhältnis gesetzt, in dem der $IW_{ÜT}$ durch den $IW_{ÜN}$ dividiert wird, so dass sich als Ergebnis das (gerade) Umtauschverhältnis zu $UT = \frac{IW_{ÜT}}{IW_{ÜN}} = \frac{4}{2} = 2$ ergibt. Das Umtauschverhältnis bedeutet, dass ein Anteilseigner der Überträgerin für eine Aktie an der Überträgerin genau zwei Aktien an der Übernehmerin durch die Verschmelzung erhält.

Anstelle der Berechnung auf Basis von Anteilen können die Unternehmenswerte ebenso auf einen Euro Grund- oder Stammkapital bezogen werden. Ist eine Personenhandelsgesellschaft an der Verschmelzung beteiligt, ist im Verschmelzungsvertrag genau festzusetzen, auf welches Kapital sich die Berechnung beziehen soll.[837]

4.3 Einfluss von Synergiepotenzialen

Synergiepotenziale haben einen maßgeblichen Einfluss auf das Zustandekommen einer Verschmelzung. Insofern ist im nächsten Schritt zu entscheiden, ob und wie Synergiepotenziale in der fairen Unternehmensbewertung (Abschnitt 4.3.1) oder erst bei Ermittlung des angemessenen Umtauschverhältnisses (Abschnitte 4.3.2 bis 4.3.4) zu berücksichtigen sind.

In der Praxis werden sehr hohe Synergiepotenziale prognostiziert, damit die Verschmelzung leichter erreicht wird. Es gilt zunächst die Frage zu klären, *ob* künftig durch die Verschmelzung auftretende Synergiepotenziale überhaupt bei der Ermittlung des Unternehmenswertes oder des Umtauschverhältnisses berücksichtigt werden sollen. Daran schließt sich – wenn man die erste Frage bejaht – das Problem an, *wie* sie einbezogen werden sollen, insbesondere wie die Synergiepotenziale gemessen und aufgeteilt werden (vgl. Abb. 16).

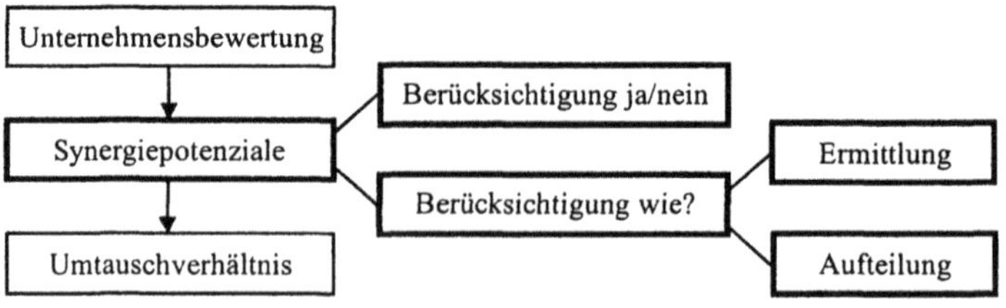

Abb. 16: Problematik der Synergiepotenziale

837 Vgl. *Müller* in *Kallmeyer*, UmwG, 2001, § 5, Rz. 20.

Bereits in Abschnitt 2.5 wurden Synergieeffekte einer Verschmelzung definiert als Differenz zwischen dem Unternehmenswert des verschmolzenen Gebildes gegenüber der Summe der Unternehmenswerte aller Beteiligten bei separater Unternehmensfortführung. Dieser Vor- oder Nachteil entsteht erst durch die Verschmelzung, also durch das Zusammenwirken der Beteiligten. Im Zeitpunkt der Unternehmensbewertung und Ermittlung des Umtauschverhältnisses liegen jedoch noch keine Aussagen über tatsächlich realisierte Synergieeffekte vor. Insofern lassen sich lediglich Synergie*potenziale* schätzen.[838] Neben positiven sind auch negative Synergiepotenziale zu berücksichtigen. Falls jedoch die erwarteten negativen Synergiepotenziale überwiegen sollten, wird es i. d. R. nicht zu einer Verschmelzung kommen. Daher soll der eher unrealistische Fall einer Verschmelzung bei überwiegend negativem Synergiepotenzial außer Betracht bleiben. Bei Vorliegen eines positiven Synergiepotenzials sind beide Parteien grundsätzlich am Zustandekommen der Verschmelzung interessiert, und es kann eine Einigung erzielt werden.[839] In diesem Abschnitt wird die Berücksichtigung von Synergiepotenzialen aus Sicht eines neutralen Gutachters ermittelt, der ein faires Einigungs-Umtauschverhältnis berechnet.

4.3.1 Berücksichtigung des Synergiepotenzials in der fairen Unternehmensbewertung

Fraglich ist, ob nur die am Bewertungsstichtag bereits vorhandene Ertragskraft berücksichtigt werden soll, oder ob auch unechte bzw. echte Synergiepotenziale in der Unternehmensbewertung Eingang finden sollen.[840] Dazu wird die Definition aus Abschnitt 2.5 aufgegriffen, wonach *echte* Synergiepotenziale nur durch das Zusammenwirken bestimmter Verschmelzungspartner entstehen, während *unechte*[841] Synergiepotenziale reine Einsparungsmöglichkeiten abbilden, die jedes beteiligte Unternehmen auch allein bzw. mit beliebigen anderen Partnern realisieren könnte.[842] Die unechten Synergiepotenziale sind weiterhin danach zu unterscheiden, ob es sich um bereits eingeleitete oder lediglich geplante Maßnahmen handelt. Vgl. zur Unterteilung von Synergiepotenzialen Abb. 17.

---

838 Vgl. auch *Weber*, Berücksichtigung, 1991, S. 104.

839 Vgl. Abschnitt 4.5 zum Kalkül der Verschmelzungspartner.

840 Vgl. Abschnitt 2.5.

841 Vgl. *Werner*, Behandlung, 1990, S. 314.

842 Vgl. *Siepe*, WP-Handbuch, 2002, Bd. II, Teil A, Rz. 112 ff.; *IDW*, Unternehmensbewertungen, WPg 2000, S. 830; *Siepe/Dörschell/Schulte*, Standard, WPg 2000, S. 949; *Werner*, Behandlung, 1990, S. 314; OLG Düsseldorf 11.04.1988, WM 1988, S. 1056.

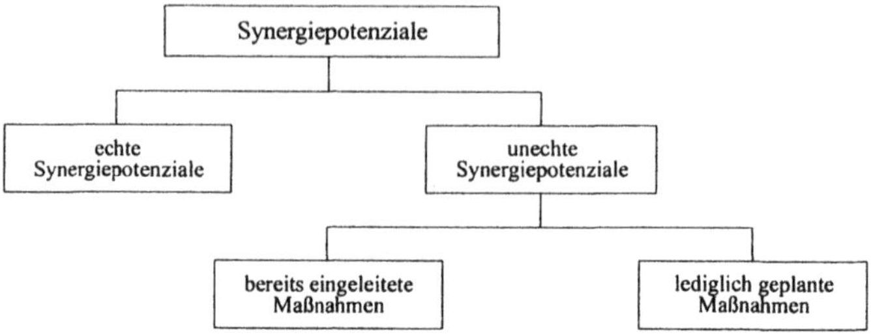

Abb. 17: Unterteilung von Synergiepotenzialen

Das *IDW* vertritt die Auffassung, neben der am Bewertungsstichtag bereits vorhandenen Ertragskraft auch *unechte* Synergiepotenziale in Form bereits eingeleiteter Maßnahmen in den fairen Ausgleichswert einzubeziehen.[843] Dies entspricht der vom BGH entwickelten Wurzeltheorie, nach der nur solche Erkenntnisse in den Unternehmenswert einbezogen werden dürfen, deren Wurzeln bereits vor dem Bewertungsstichtag liegen.[844] Da der Ertragswert gerade künftige Zahlungsüberschüsse abbildet, sind m. E. bereits eingeleitete Maßnahmen zu berücksichtigen.

Ernsthaft für die Zukunft geplante und voraussichtlich realisierbare Maßnahmen, die von beliebig vielen Parteien problemlos verwirklicht werden können, sollten m. E. ebenfalls in die Unternehmensbewertung einfließen. Dagegen spricht nicht, dass noch keine Maßnahmen eingeleitet wurden, denn betriebswirtschaftlich sinnvolle Umstrukturierungen haben Auswirkungen auf künftige Zahlungsüberschüsse.[845] Es müssen jeweils die Stand-alone-Werte mit der besten Anpassung an künftige Entwicklungen einbezogen werden.[846]

Umstritten ist, ob steuerliche Verlustvorträge zu den sog. unechten Synergiepotenzialen gehören und ob sie bei der Ermittlung des Unternehmenswerts zu berücksichtigen sind.[847] Unbestritten haben Verlustvorträge ihre Wurzeln in der Vergangenheit und damit verbundene Vorteile lassen sich mit einer beliebigen Vielzahl von Partnern verwirklichen.[848] Die Nichtberücksichtigung von Verlustvorträgen zur Ermittlung des Unternehmenswerts stellt nach *Ahlers* einen der häufigsten Fehler in Bewertungsgutachten dar.[849]

---

843 Vgl. *IDW*, Unternehmensbewertungen, WPg 2000, S. 829 f.; *Pfitzer*, WP-Handbuch, 2002, Bd. II, Teil D, Rz. 55 ff.

844 Vgl. BGH 17.01.1973, DB 1973, S. 563 ff.

845 Vgl. *Mertens, H.-J.*, Geltung, AG 1992, S. 330 f.; für den sog. subjektiven Entscheidungswert *IDW*, Unternehmensbewertungen, WPg 2000, S. 831; kritisch: *Busse von Colbe*, Berücksichtigung, ZGR 1994, S. 605; *Siepe*, WP-Handbuch, 2002, Bd. II, Teil A, Rz. 108,115 f.

846 Vgl. *Knoll*, Merger, 2000, S. 34 f.; *Knoll*, Fusionen, FB 2001, S. 244. In allen im Anhang untersuchten Verschmelzungsfällen wurden Synergiepotenziale bei Ermittlung des Unternehmenswerts außer Acht gelassen.

847 Vgl. dafür: *Pfitzer*, WP-Handbuch, 2002, Bd. II, Teil D, Rz. 55; OLG Düsseldorf 11.04.1988, WM 1988, S. 1056; OLG Stuttgart 04.02.2000, DB 2000, S. 712 f. dagegen: *Mertens, H.-J.*, Geltung, AG 1992, S. 334 f.

848 Vgl. *Siepe/Dörschell/Schulte*, Standard, WPg 2000, S. 949, Fn. 44.

849 Vgl. *Ahlers*, Verschmelzung, 2001, S. 68 f.

M. E. kann der Wert, den steuerlich wirksame Verlustvorträge verkörpern, und für den auf dem Markt ein Preis gezahlt wird, in der Unternehmensbewertung nicht außer Acht gelassen werden.[850] Eine Einbeziehung in den Unternehmenswert kann indes nur erfolgen, wenn sich aus der Nutzung von steuerlichen Verlustvorträgen für die Anteilseigner ein zukünftiger Vermögensvorteil ergibt. Ein direkter Vermögensvorteil entsteht nicht, weil die Anteilseigner Verlustvorträge der Gesellschaft nicht selbst steuerlich nutzen können, denn deutsche Steuergesetze sehen eine Übertragung von Verlustvorträgen von der Kapitalgesellschaft auf den Anteilseigner nicht vor. Die Übernehmerin kann hingegen Verlustvorträge der Überträgerin unter den strengen Voraussetzungen des § 12 Abs. 3 S. 2 UmwStG geltend machen.[851] Eine Bewertung steuerlicher Verlustvorträge mit der diskontierten Steuerersparnis in Körperschaft- und Gewerbesteuer führt nicht zu sinnvollen Ergebnissen.[852] Für die Anteilseigner ergibt sich eine niedrigere Gewinnausschüttung, was unter dem Aspekt der Vollausschüttungshypothese[853] für die Berechnung des Unternehmenswerts nachteilig ist.[854] Dieser Effekt wird zumindest teilweise kompensiert durch die höhere Ausschüttung, soweit auf den erzielten Gewinn keine Körperschaft- und Gewerbesteuer zu zahlen sind. Die h. M. gibt die Vollausschüttungshypothese zu Gunsten der Ertragswertvergleichsmethode auf. Die Verlustvorträge werden als Differenz zwischen dem Unternehmenswert mit Verlustvortrag und einem Vergleichs-Unternehmenswert ohne Verlustvortrag bzw. mit dem Barwert der durch Bestände an Finanzanlagen ermöglichten zusätzlichen Ausschüttungen bewertet.[855]

Zur Ermittlung einer Barabfindung für ausscheidende Anteilseigner, die nicht mehr an den verschmolzenen Unternehmen beteiligt sind, sollten m. E. unechte Synergiepotenziale in vollem Umfang in die Unternehmensbewertung einbezogen werden.[856]

Für die Einbeziehung *echter* Synergiepotenziale in die Unternehmenswerte der Beteiligten besteht keine Veranlassung, da diese typischerweise nur gemeinsam erreicht werden können.[857] Nach der Verschmelzung verfügen alle Anteilseigner der beteiligten Rechtsträger über Anteile an der neuen Gesellschaft und partizipieren somit ohnehin an den künftigen Synergiepotenzialen.[858] Zudem könnten bei isolierter Unternehmens-

---

850 Verlustvorträge wurden in folgenden Verschmelzungsfällen bei Ermittlung des Unternehmenswerts berücksichtigt: METRO, Verschmelzung, 1996, S. 114 f., 117; Walter Bau, Heilit, 2000, S. 98 f.; Heidelberger, Verschmelzung, 1997, S. 38 f.

851 Vgl. Abschnitt 6.3.

852 Vgl. so aber OLG Düsseldorf, 11.04.1988, WM 1988, S. 1052 ff.; *Siepe*, WP-Handbuch, 2002, Bd. II, Teil A, Rz. 117; *Popp*, Unternehmensbewertung, BB 1999, S. 1154 ff.; *Peemöller/Popp*, Unternehmensbewertung, BB 1997, S. 303 ff.

853 Vgl. *Mertens, H.-J.*, Geltung, AG 1992, S. 334 f.

854 Unter den Voraussetzungen, dass keine Gewinnvorträge und -rücklagen bestehen, eine Kapitalrücklage vernachlässigt wird und der Bilanzgewinn der steuerlichen Bemessungsgrundlage entspricht: Jahresüberschuss - Verlustvortrag = Bilanzgewinn - Definiv-Körperschaftsteuer von 25 % = Gewinnausschüttung.

855 Vgl. *Ostrowski*, Verlustvorträge, BB 2000, S. 87 ff.; *Lutz*, Wert, BFuP 1993, S. 66 f.; *Drukarczyk*, Unternehmensbewertung, 2001, S. 446 ff.; *Oesterle*, Verlustvorträge, BB 1998, S. 835 ff.; *Siepe*, Berücksichtigung, WPg 1997, S. 39-41; *König/Zeidler*, Behandlung, DStR 1996, S. 1098 ff.

856 Vgl. *Bula/Schlösser* in *SBB*, Umwandlungen, 2000, J, Rz. 36; *Bayer*, Tage, ZIP 1997, S. 1617 f.

857 Vgl. *Siepe*, WP-Handbuch, 2002, Bd. II, Teil A, Rz. 116; a. A. *Pfitzer*, WP-Handbuch, 2002, Bd. II, Teil D, Rz. 56. Etwas anderes gilt für die Ermittlung parteienspezifischer Grenz-Umtauschverhältnisse, vgl. Abschnitt 4.5.

858 Vgl. *Siepe*, WP-Handbuch, 2002, Bd. II, Teil A, Rz. 113.

bewertung sowohl Überträgerin als auch Übernehmerin das gleiche Synergiepotenzial berücksichtigen, so dass es zu einer Doppelerfassung käme. Charakteristisch ist aber gerade, dass das Synergiepotenzial nur einmal und zwar von den Beteiligten gemeinsam erzielt werden kann. Aus den genannten Argumenten ist m. E. die Berücksichtigung des echten Synergiepotenzials in der Unternehmensbewertung abzulehnen.

Einerseits wird vertreten, zur Ermittlung einer Barabfindung für ausscheidende Anteilseigner, die nicht mehr an dem verschmolzenen Unternehmen beteiligt sind, echte Synergiepotenziale zu berücksichtigen.[859] Andererseits wird § 30 Abs. 1 S. 1 UmwG dahingehend ausgelegt, dass im Fall der Barabfindung künftige echte Synergiepotenziale nicht berücksichtigt werden, weil ausscheidende Anteilseigner daran nicht mehr teilhaben.[860] M. E. dürfen echte Synergiepotenziale ebenso wenig in den Unternehmenswert, wie in eine Barabfindung für ausscheidende Anteilseigner einbezogen werden.

4.3.2 Berücksichtigung des Synergiepotenzials beim angemessenen Umtauschverhältnis

Wie bereits gezeigt, wird nach der hier vertretenen Auffassung die Berücksichtigung des *echten* Synergiepotenzials als Teil des Unternehmenswerts abgelehnt. Dennoch stellt sich die Frage der Einbeziehung eines gesonderten Postens „echtes Synergiepotenzial“ bei der Berechnung des Umtauschverhältnisses. In Rechtsprechung und Literatur wird dies kontrovers diskutiert.[861]

Insbesondere *Mertens* spricht sich dafür aus, die Berechnung des Umtauschverhältnisses allein aufgrund der Stand-alone-Werte aus der Unternehmensbewertung vorzunehmen.[862] Er begründet seine Auffassung mit den vergleichbaren Fällen in § 305 Abs. 3 S. 1-2 und § 320b Abs. 1 S. 4-5 AktG, nach denen eine Abfindung aufgrund der Verhältnisse im Zeitpunkt der Beschlussfassung angemessen ist. Außerdem gebe es keinen Anlass, die Anteilseigner der Überträgerin überproportional – also mit einem höheren Anteil als es ihrem Unternehmenswert entspricht – an dem Synergiepotenzial zu beteiligen. Insbesondere diene das Angemessenheitserfordernis allen Beteiligten gleichermaßen und stelle keinen Minderheitenschutz dar.[863] Ein weiterer Vorteil in der Vernachlässigung des Synergiepotenzials liegt in praxi in einer deutlichen Vereinfachung, weil weder das Synergiepotenzial berechnet, noch der Anteil der Beteiligten daran ermittelt werden muss. Das Hauptargument liegt jedoch darin, dass nach der Verschmelzung sowohl die Anteilseigner der Überträgerin als auch die der Über-

---

859 Vgl. *Bula/Schlösser* in *SBB*, Umwandlungen, 2000, J, Rz. 36; *Bayer*, Tage, ZIP 1997, S. 1617 f.

860 Vgl. *Mertens, H.-J.*, Geltung, AG 1992, S. 332; *Bayer*, Tage, ZIP 1997, S. 1617 f.

861 Vgl. für die Einbeziehung aller Synergiepotenziale zumindest indirekt *Nonnenmacher*, Umtauschverhältnis, AG 1982, S. 155 f.; *Ossadnik*, Angemessenheit, DB 1985, S. 1955 f.; *Dirrigl*, Angemessenheit, WPg 1989, S. 461 f.; *Dirrigl*, Synergieeffekte, DB 1990, S. 186.

862 Vgl. *Mertens, H.-J.*, Geltung, AG 1992, S. 330 ff. Diese Unternehmenswerte beinhalten aber bereits sog. „unechte“ Synergiepotenziale, die von beliebig vielen Parteien problemlos verwirklicht werden können; vgl. *Siepe*, WP-Handbuch, 2002, Bd. II, Teil A, Rz. 112 ff.

863 Vgl. *Mertens, H.-J.*, Geltung, AG 1992, S. 331.

nehmerin an den tatsächlich realisierten Synergieeffekten partizipieren.[864] Die Auffassung von *Mertens* wird teilweise in Literatur und Rechtsprechung geteilt.[865]

Gegen die Nicht-Berücksichtigung des echten Synergiepotenzials bei der Ermittlung des Umtauschverhältnisses wird eingewandt, das Synergiepotenzial bleibe bei der Überträgerin unberücksichtigt und werde im Ergebnis allein den Anteilseignern der Übernehmerin zugerechnet.[866] Allerdings tritt diese Folge bei einer Verschmelzung gerade nicht ein, wenn beide Verschmelzungspartner auf Basis von Stand-alone-Werten bewertet werden. Sowohl die Anteilseigner der Überträgerin als auch die der Übernehmerin partizipieren in jedem Fall an künftig realisierten Synergieeffekten, allerdings eben im Verhältnis ihrer originären Stand-alone-Unternehmenswerte und dem sich daraus berechneten Umtauschverhältnis. Zutreffend spricht sich *Ossadnik* ausdrücklich für eine Beteiligung aller Verschmelzungspartner am Synergiepotenzial aus, denn nur durch eine Beteiligung am Synergiepotenzial erhalten die Anteilseigner einen Anreiz, der Verschmelzung zuzustimmen.[867] Das Argument ist insofern richtig, als eine einseitige Berücksichtigung des Synergiepotenzials tatsächlich nicht angemessen wäre.

Im Ergebnis stellen echte Synergiepotenziale zwar keinen Teil des Unternehmenswerts dar, sind aber als eigenständiger Posten in das Umtauschverhältnis einzubeziehen. Im Folgenden wird daher das echte Synergiepotenzial aus der Sicht eines neutralen Gutachters als eigenständiger Posten ermittelt und auf die Verschmelzungspartner aufgeteilt.

4.3.3 Ermittlung des echten Synergiepotenzials

Will man das echte Synergiepotenzial als eigenständiger Posten in die Berechnung des Umtauschverhältnisses einbeziehen, muss man es zuvor bewerten. Der Weg führt über das Erkennen von Synergiepotenzialen und deren Realisierungsmöglichkeiten schließlich zur Bewertung.[868] Zur Ermittlung von Synergiepotenzialen werden zwei Methoden unterschieden, die synoptische und die inkrementale Synergieermittlungsmethode.[869]

Nach der synoptischen Synergieermittlungsmethode wird eine Vergleichsrechnung über die Unternehmenswerte von Überträgerin und Übernehmerin bei getrennter Unternehmensfortführung und dem Unternehmenswert des verschmolzenen Unternehmens aufgestellt. Der Wert des Synergiepotenzials berechnet sich leicht durch Subtraktion der

---

864 Vgl. *Mertens, H.-J.*, Geltung, AG 1992, S. 328, 330, 331; OLG Düsseldorf 17.02.1984, DB 1984, S. 819.

865 Vgl. OLG Stuttgart 04.02.2000, DB 2000, S. 710; BayOLG 19.10.1995, AG 1996, S. 127 f.; OLG Hamburg 17.08.1979, AG 1980, S. 163, 165 (für Verlustvorträge); OLG Düsseldorf 17.02.1984, DB 1984, S. 819; LG Frankfurt 01.10.1986, WM 1987, S. 561 f.; BGH 13.03.1978, AG 1978, S. 199 f.; *Seetzen*, Bestimmung, WPg 1994, S. 49; *Werner*, Behandlung, 1990, S. 314 ff.; *Ränsch*, Bewertung, AG 1984, S. 206 f.

866 Vgl. *Drukarczyk*, Problem, AG 1973, S. 360 f.; *Dirrigl*, Synergieeffekte, DB 1990, S. 190; *Ossadnik*, Aufteilung, 1995, S. 55.

867 Vgl. *Ossadnik*, Aufteilung, 1995, S. 34 f.

868 Vgl. *Weber*, Berücksichtigung, 1991, S. 103.

869 Vgl. *Ossadnik*, Aufteilung, 1995, S. 13.

einzelnen Unternehmenswerte von Überträgerin und Übernehmerin von dem Unternehmenswert der verschmolzenen Gesellschaft.[870]

$$S = W^{nV}_{ÜT+ÜN+S} - W_{ÜN} - W_{ÜT} \quad (8)$$

bzw.

$$W^{nV}_{ÜT+ÜN+S} = W_{ÜN} + W_{ÜT} + S \quad (9)$$

mit $W^{nV}_{ÜT+ÜN+S}$ Unternehmenswert nach der Verschmelzung von Überträgerin und Übernehmerin unter Berücksichtigung des Synergiepotenzials

S Wert des gesamten Synergiepotenzials

Für den Fall von mehr als zwei Verschmelzungspartnern lässt sich das Synergiepotenzial aus der Differenz des Unternehmenswerts nach der Verschmelzung aller Verschmelzungspartner $j \in \{1, ..., J\}$ und der Summe der einzelnen Unternehmenswerte aller Verschmelzungspartner j bei getrennter Unternehmensfortführung ermitteln.

$$S = W_{KJ} - \sum_{j=1}^{J} W_j \quad (10)$$

mit W_j Unternehmenswert des Verschmelzungspartners j bei getrennter Unternehmensfortführung

j ein verschmelzungsbereiter Partner mit $j \in \{1,...,J\}$

J Menge aller verschmelzungsbereiter Partner

W_{KJ} Unternehmenswert nach der Verschmelzungssituation K, an der alle Verschmelzungspartner teilnehmen

Es gilt also zur Berechnung von Synergiepotenzialen neben den Stand-alone-Unternehmenswerten der einzelnen Beteiligten auch den Unternehmenswert der verschmolzenen Gesellschaft zu ermitteln. Die Zukunftsprognose bezüglich der Zahlungsüberschüsse nach der Verschmelzung gestaltet sich dabei noch schwieriger als bei der Berechnung von Stand-alone-Werten. Es gilt z. B. nicht nur abzuwägen, wie hoch das Einsparpotenzial bei den Mitarbeitern ist, sondern auch, wie sich deren Produktivität und Effizienz entwickelt. Zudem müssen Kapazitätsauslastung und Anpassungsmaßnahmen einbezogen werden.[871] Bei Berechnung der Cash-flows für die Ermittlung des Synergiepotenzials nach der synoptischen Methode (vgl. Tab. 8) sind für alle einzelnen Positionen die Annahmen und Prognosen zu begründen.

Ansoff und *Coenenberg/Sautter* stellen sowohl für die Überträgerin als auch für die Übernehmerin Profilmatrizen auf, in denen beide ihre jeweiligen Fähigkeiten in bestimmten Funktionsbereichen einschätzen. Anhand des Vergleichs beider Profile lassen sich Synergiepotenziale erkennen, die in einer Synergiematrix zusammengefasst werden.[872]

---

870 Vgl. *Ossadnik*, Aufteilung, 1995, S. 13; *Weber*, Berücksichtigung, 1991, S. 100 f.; *Arbeitskreis Hax*, Synergie, zfbf 1992, S. 971; *Picot/Lange*, Synoptische, zfbf 1979, S. 570 ff.

871 Vgl. *Arbeitskreis Hax*, Synergie, zfbf 1992, S. 971 f.

872 Vgl. *Ansoff*, Management-Strategie, 1966, S. 110; *Coenenberg/Sautter*, Bewertung, DBW 1988, S. 701 f.

Für die synoptische Methode spricht nach Meinung von *Ossadnik*, dass sie gegenüber der inkrementalen Methode mit weniger Arbeitsaufwand verbunden ist. Die höhere Komplexität dürfte in praxi für Bewertungsexperten kein Problem darstellen.[873] Ein weiterer Vorteil liegt in der Überprüfbarkeit der Prämissen und Prognosen durch den Verschmelzungsprüfer.[874]

Tab. 8: Vorlage zur Berechnung der Free Cash-flows[875] für die Ermittlung des Synergiepotenzials nach der synoptischen Methode

		Stand-alone Überträgerin	**Stand-alone Übernehmerin**	**verschmolzenes Unternehmen**
	Handelsrechtlicher Jahresüberschuss/-fehlbetrag lt. HGB			
+	Fremdkapitalzinsen			
-	Steuerentlastungseffekt durch Fremdfinanzierung			
±	Abschreibungen/Zuschreibungen			
±	andere zahlungsunwirksame Aufwendungen/Erträge			
-	Investitionsauszahlungen			
±	Erhöhung/Verminderung des Net Working Capital			
=	Free Cash-flow			

Nach der inkrementalen Methode wird das Synergiepotenzial unmittelbar bewertet. Ausgehend von den Planungsrechnungen der beteiligten Rechtsträger zur Unternehmensbewertung werden die Mehr- oder Minderüberschüsse, die durch die Integration und den strategischen Umbau der Unternehmen hervorgerufen werden, ermittelt. Aus diesen werden unmittelbar Synergiepotenziale berechnet.[876] Das Bewertungsproblem wird dazu in einzelne Teilprobleme zerlegt, die auch in Teilschritten gelöst werden.

Als Beispiel für die inkrementale Methode soll die Vorgehensweise von *Weber* kurz vorgestellt werden, der den Bewertungsvorgang in vier Schritte zerlegt:[877]

1. Zuerst müssen wesentliche, latent vorhandene Synergiepotenziale vollständig erfasst und präzise formuliert werden.

2. Es ist eine Untersuchung durchzuführen, welche Voraussetzungen zur Realisierung der Synergiepotenziale geschaffen werden müssen. Durch eine Abwägung

---

873 Vgl. *Ossadnik*, Aufteilung, 1995, S. 14.
874 Vgl. *Weber*, Berücksichtigung, 1991, S. 100 f.
875 Vgl. hierzu Abschnitt 4.1.2.
876 Vgl. *Ossadnik*, Aufteilung, 1995, S. 13; *Weber*, Berücksichtigung, 1991, S. 106 ff.; *Ansoff*, Management-Strategie, 1966, S. 108 ff.
877 Vgl. *Weber*, Berücksichtigung, 1991, S. 106 ff.; *Picot/Lange*, Synoptische, zfbf 1979, S. 570 ff.

der bereits vorhandenen Ressourcen und dem Verdeutlichen der noch notwendigen Maßnahmen können genauere Angaben über die Realisierungswahrscheinlichkeit getroffen werden.

3. Eine Abschätzung der quantitativen Auswirkungen der Synergiepotenziale auf künftige Zahlungsüberschüsse muss getroffen werden. Dabei müssen neben positiven auch negative Synergiepotenziale sowie Kosten für deren Realisierung berücksichtigt werden. Außerdem sollten zeitliche Parameter zwischen Verschmelzungsbeschluss und vollständiger Realisierung der Synergiepotenziale einbezogen werden.[878]
4. Schließlich sind die Eintrittswahrscheinlichkeiten für die Synergiepotenziale festzulegen. Dabei werden Unsicherheiten mit Risikoabschlägen erfasst.

Der Vorteil liegt darin, dass dieses Planungsmodell durch die Lösung in Teilschritten auf kurzfristige Entwicklungen reagieren kann. *Ossadnik* befürchtet eine Pseudogenauigkeit, hervorgerufen durch einen tiefen Detaillierungsgrad und unvollkommene Information.[879] Das Synergiepotenzial kann nach der inkrementalen Methode bspw. mit Hilfe einer Tabelle ermittelt werden (vgl. Tab. 9).

Tab. 9: Vorlage zur Messung der Synergiepotenziale nach der inkrementalen Methode[880]

		Beitrag ÜT	**Beitrag ÜN**	**gemeinsame Wirkungen**	**Summe Synergiepotenziale**
1. Beschaffungsmarkt	Lieferung sichern, günstigere Einkaufspreise, Lagerung				
2. Finanzwirtschaft	höhere Kreditwürdigkeit				
3. Personalbereich	Arbeitsteilung, Rationalisierung, Aus- und Weiterbildung				
4. Forschung und Entwicklung	Kosteneinsparung Forschung und Entwicklung, höhere Ausnutzung von Patenten				
5. Produktion	höhere Ausnutzung von Produktionsfaktoren und -programmen				
6. Investitionen	größerer Investitionsspielraum, Risikostreuung, höhere Ausnutzung von Investitionen				
7. Absatzmarkt	höhere Marktmacht, Erschließung neuer Märkte, Verbesserung des Angebots				
8. Verwaltung	Kostenersparnis				
9. Transaktionskosten	Ersparnis				

878 Vgl. *Weber*, Berücksichtigung, 1991, S. 109 ff.
879 Vgl. *Ossadnik*, Aufteilung, 1995, S. 14.
880 In Anlehnung an *Coenenberg/Sautter*, Bewertung, DBW 1988, S. 701.

Die synoptische und die inkrementale Methode führen bei identischen Ausgangsbedingungen und Annahmen zu demselben Ergebnis.[881]

Bei börsennotierten Verschmelzungspartnern könnte das echte Synergiepotenzial möglicherweise anhand der Börsenkurse ermittelt werden. Vertraut man auf die Informationseffizienz von Börsenkursen, spiegelt sich nur das unechte Synergiepotenzial, das in dem Unternehmen inhärent vorhanden ist, in den Börsenkursen vor Ankündigung der Verschmelzung wider. Solange keine Gerüchte über eine mögliche Verschmelzung in der Öffentlichkeit diskutiert werden, enthalten Börsenkurse deshalb allenfalls zufällig echte Synergiepotenziale. Das echte Synergiepotenzial ließe sich nur ex post ermitteln, indem vom Börsenkurs des verschmolzenen Unternehmens (einschließlich echtem Synergiepotenzial) die Börsenkurse von Überträgerin und Übernehmerin vor Ankündigung der Verschmelzung subtrahiert würden. Da aber der Wert des echten Synergiepotenzials zur Berechnung des Umtauschverhältnisses und damit vor der eigentlichen Verschmelzung benötigt wird, sollten Börsenkurse nicht zur Quantifizierung des Synergiepotenzials herangezogen werden.[882]

Probleme bei der Bewertung von Synergiepotenzialen ergeben sich insbesondere in den Bereichen Informationen, Prognose und Quantifizierung.

Besonderes Gewicht kommt Art, Umfang und Qualität der zugrunde liegenden Daten zu.[883] Informationen, aus denen sich Synergiepotenziale berechnen lassen, sind i. d. R. vertraulich.[884] Insbesondere im Hinblick auf ein mögliches Scheitern des Verschmelzungsvorhabens werden beide Parteien Zurückhaltung üben. In praxi wird jedoch die detaillierte Unternehmensbewertung zur Berechnung des angemessenen Umtauschverhältnisses erst erfolgen, wenn die Geschäftsführungs- und Aufsichtsorgane bereits eine Einigung erzielt haben. Ein Scheitern der Verschmelzung in der Hauptversammlung einer deutschen börsennotierten AG, dem eigentlichen Entscheidungsorgan, ist zumindest in Deutschland eher eine theoretische Gefahr.[885] Das Problem der unterschiedlichen Bewertung von Synergiepotenzialen wird dann erheblich gemildert, wenn ein einziger Unternehmensbewerter für die Bewertung von Überträgerin *und* Übernehmerin eingesetzt wird.[886] Verschiedene Gutachter gehen von unterschiedlichen Annahmen aus und haben unterschiedliche Zukunftserwartungen, so dass deren Werte nicht vergleichbar sind. Durch einen gemeinsamen Bewerter würde zwar der Gefahr einer Verzerrung begegnet, nicht vermeidbar ist jedoch die Gefahr einer Einflussnahme des stärkeren Partners.

---

881 Vgl. *Ossadnik*, Aufteilung, 1995, S. 14.

882 Vgl. Abschnitt 4.1; *Ossadnik*, Aufteilung, 1995, S. 77.

883 Vgl. *Weber*, Berücksichtigung, 1991, S. 103.

884 Vgl. *Arbeitskreis Hax*, Synergie, zfbf 1992, S. 964; *Küting*, Bedeutung, BFuP 1981, S. 184. Vgl. zum Problem des Datenschutzes im Zusammenhang mit Verschmelzungen: *Marsch-Barner/ Mackenthun*, Schicksal, ZHR 2001, S. 426 ff.; *Zöllner*, Datenschutz, ZHR 2001, S. 440 ff.; *Simitis*, Umwandlungen, ZHR 2001, S. 453 ff.

885 Vgl. Beteiligungsquoten der im Anhang aufgeführten Verschmelzungsfälle und zum Depotstimmrecht der Banken *Wenger*, Universalbankensystem, 1992, S. 79.

886 Diese Vorgehensweise dürfte analog zu § 8 Abs. 1 S. 1 Hs. 2 und § 10 Abs. 1 S. 2 UmwG zulässig sein.

Wie bei jeder Art von zukunftsbezogenen Bewertungen besteht auch bei der Bemessung von Synergiepotenzialen ein Unsicherheitsproblem.[887] Erschwerend kommt hinzu, dass für die Schätzung des Synergiepotenzials keine Erfahrungswerte aus der Vergangenheit zur Verfügung stehen.[888] Weder Höhe, Eintrittszeitpunkt, Dauerhaftigkeit noch Realisierungsgrad von Synergien lassen sich zuverlässig vorhersagen.[889] Dieses Problem kann durch die Einbeziehung von Wahrscheinlichkeiten gemildert werden.

Ob Synergiepotenziale tatsächlich umgesetzt werden, ist zumindest zweifelhaft. *Kitching* kommt in seiner Untersuchung zu dem Ergebnis, dass amerikanische Manager dies für nahezu unmöglich halten.[890]

Wenn Verschmelzungen zur Sanierung oder Rettung eines Unternehmens durchgeführt werden, erfolgen sämtliche Bewertungen unter hohem Zeitdruck, wodurch Fehleinschätzungen verstärkt werden können.[891]

Das Hauptproblem steckt gleichwohl in der notwendigen Quantifizierung von echten Synergiepotenzialen. Die im Rahmen der Unternehmensbewertung und Berechnung des Umtauschverhältnisses erfassten wertmäßigen bzw. monetären Synergiepotenziale[892] sind anschließend auf die Verschmelzungspartner aufzuteilen.

4.3.4 Aufteilung des echten Synergiepotenzials auf beteiligte Rechtsträger

Das quantitativ ermittelte echte Synergiepotenzial muss in einem weiteren Schritt auf die beteiligten Rechtsträger verteilt werden. Da Überträgerin und Übernehmerin einen unterschiedlichen Anteil am Synergiepotenzial haben könnten, der nicht dem Umtauschverhältnis entspricht, stellt sich das Folgeproblem, *wie* die ermittelten Synergiepotenziale auf Überträgerin und Übernehmerin aufgeteilt werden können.[893] Oberstes Ziel jeder Aufteilungsmethode muss sein, das echte Synergiepotenzial angemessen auf Überträgerin und Übernehmerin zu verteilen.[894] Dahinter verbergen sich zwei Hauptanforderungen: Erstens darf kein Beteiligter (insbesondere keine Minderheit[895]) gänzlich vom Synergiepotenzial ausgeschlossen werden.[896] Zweitens muss die Aufteilung möglichst verursachungsgerecht erfolgen.

---

887 Vgl. *Reißner*, Synergiemanagement, 1992, S. 131 f.; *Knoll*, Merger, 2000, S. 33 f.

888 Vgl. *Weber*, Berücksichtigung, 1991, S. 100 f.

889 Vgl. *Reißner*, Synergiemanagement, 1992, S. 135; *Weber*, Berücksichtigung, 1991, S. 100 f.

890 „Don't think it's hard to release synergy; it's not. It's damn near impossible." *Kitching*, Mergers, Harvard Business Review 1967, S. 94.

891 Vgl. *Peter-Schärer*, Synergien, io Management Zeitschrift 1992, S. 36.

892 Vgl. *Grote*, Messung, WiSt 1991, S. 261 ff.

893 Vgl. *Pfitzer*, WP-Handbuch, 2002, Bd. II, Teil D, Rz. 58 ff.; *Ossadnik*, Synergieverteilung, DB 1997, S. 886; *Busse von Colbe*, Berücksichtigung, ZGR 1994, S. 605.

894 Vgl. *Dirrigl*, Synergieeffekte, DB 1990, S. 189, 190.

895 Vgl. *Dirrigl*, Synergieeffekte, DB 1990, S. 190.

896 Vgl. *Ossadnik*, Zurechnung, BFuP 1990, S. 467.

Ossadnik versucht vergeblich, formal willkürfreie und plausible Kriterien für eine theoretisch begründete Verteilung des Synergiepotenzials herzuleiten,[897] kommt jedoch anschließend zu Surrogatkriterien für die Aufteilung. Danach müssen die verschiedenen Aufteilungsmethoden folgenden Kriterien genügen, um einen theoretisch begründeten Aufteilungsmaßstab abzubilden:[898]

- Die synergieentstehungsrelevanten Informationen müssen verarbeitet werden. Es soll sichergestellt sein, dass die „Verdienste" eines Partners am Entstehen des Synergiepotenzials berücksichtigt werden. In diesem Punkt verbergen sich die Unterkriterien Partizipation und Synergieentstehungsrelevanz. Partizipation bedeutet, dass keine Partei von der Beteiligung am Synergiepotenzial ausgeschlossen werden darf. Synergieentstehungsrelevanz hingegen verlangt eine möglichst verursachungsgerechte Aufteilung des Synergiepotentials.
- Das Resultat muss nachprüfbar sein. Insbesondere der Verschmelzungsprüfer muss in der Lage sein, die Angemessenheit des Umtauschverhältnisses nachzuvollziehen, in das die Synergiepotenziale eingegangen sind.
- Die Aufteilungsmethode muss praktikabel sein. Einerseits soll sie formal durchführbar sein und andererseits darf sie nicht zu hohe Kosten, z. B. für die Informationsgewinnung und -verarbeitung, verursachen.

Im Folgenden werden die in der Literatur vorgeschlagenen Methoden zur Aufteilung des Synergiepotenzials auf Überträgerin und Übernehmerin anhand der folgenden vier Kriterien auf ihre Vor- und Nachteile hin untersucht:

- Partizipation,
- Synergieentstehungsrelevanz,
- Nachprüfbarkeit und
- Praktikabilität.

Die Summe der absoluten Anteile AS_j aller Verschmelzungspartner $j \in \{1, ..., J\}$ muss stets das gesamte Synergiepotenzial S ergeben, damit das Synergiepotenzial vollständig ohne Rest aufgeteilt ist.

$$S = \sum_{j=1}^{J} AS_j \tag{11}$$

mit AS_j absoluter Anteil des beteiligten Verschmelzungspartners j am gesamten Synergiepotenzial S

Zudem lässt sich zwischen dem absoluten und dem relativen Anteil eines Verschmelzungspartners am Synergiepotenzial folgende Beziehung herstellen:

$$\sigma_j = \frac{AS_j}{S} \quad \text{mit } 0 < \sigma < 1 \tag{12}$$

bzw.

$$AS_j = S \cdot \sigma_j \tag{13}$$

---

897 Vgl. *Ossadnik*, Aufteilung, 1995, S. 39-50.

898 Vgl. *Ossadnik*, Aufteilung, 1995, S. 51 ff.

mit σ_j relativer Anteil des beteiligten Verschmelzungspartners j am gesamten Synergiepotenzial S

Egalitäre Aufteilung

Sicherlich eine der einfachsten Aufteilungsmethoden ist die hälftige oder – bei mehreren Verschmelzungspartnern – die egalitäre Aufteilung des Synergiepotenzials auf Übernehmerin und Überträgerin. Hier sind J Verschmelzungspartner an der Verschmelzung beteiligt. Somit ergibt sich für jeden ein relativer Anteil am Synergiepotenzial von

$$\sigma = \frac{1}{J} \tag{14}$$

und ein absoluter anteiliger Betrag i. H. v.

$$AS = \frac{S}{J} \tag{15}$$

mit AS absoluter Anteil am gesamten Synergiepotenzial S
σ relativer Anteil am gesamten Synergiepotenzial S

Die Angemessenheit dieser Methode wird damit begründet, dass nur durch ein Zusammenwirken beider Parteien das Synergiepotenzial realisiert werden kann.[899] Außerdem könnten keine Aussagen zu den „Verdiensten" eines Partners am Entstehen des Synergiepotenzials getroffen werden.[900] Insofern sind die Kriterien Nachprüfbarkeit und Praktikabilität zweifellos erfüllt. Zudem werden sowohl Überträgerin als auch Übernehmerin an dem Synergiepotenzial beteiligt. Kritisiert wird jedoch, dass die egalitäre Aufteilung das Synergiepotenzial nicht verursachungsgerecht zuordnet und damit willkürlich und unangemessen ist.[901] Außerdem erfordert auch diese einfache Methode die quantitative Ermittlung des Synergiepotenzials. In nahezu allen Fällen werden durch eine egalitäre Aufteilung des Synergiepotenzials einige Anteilseigner zu Lasten der anderen benachteiligt. An sich schwächere Partner werden durch die Begünstigung einen erhöhten Anreiz zur Verschmelzung haben. Die Anteilseigner der stärkeren Gesellschaft erhalten ein zu schlechtes Umtauschverhältnis.

---

899 Vgl. *Eisenführ*, Preisfindung, zfbf 1971, S. 475; *Nonnenmacher*, Umtauschverhältnis, AG 1982, S. 157; *Ossadnik*, Zurechnung, BFuP 1990, S. 467; *Ahlers*, Verschmelzung, 2001, S. 66; für den Fall gegensätzlicher Interessen plausibel: *Dirrigl*, Synergieeffekte, DB 1990, S. 191.

900 Vgl. *Dirrigl*, Synergieeffekte, DB 1990, S. 191.

901 Vgl. *Ossadnik*, Aufteilung, 1995, S. 57 f.; kritisch auch: *Mertens, H.-J.*, Geltung, AG 1992, S. 329.

Bsp. 2: Egalitäre Aufteilung des Synergiepotenzials

Das Beispiel 1 wird um ein Synergiepotenzial von 100.000 € erweitert. Das gesamte Synergiepotenzial i. H. v. 100.000 € würde bei egalitärer Aufteilung jeweils zur Hälfte auf Übernehmerin und Überträgerin verteilt, $\sigma = \frac{1}{2}$ bzw. AS = 50.000 €. Damit ergäbe sich ein Umtauschverhältnis von

$$UT = \frac{\frac{(W_{ÜT} + \frac{1}{2}S)}{A_{ÜT}}}{\frac{(W_{ÜN} + \frac{1}{2}S)}{A_{ÜN}}} = \frac{\frac{(400.000\ € + 50.000\ €)}{100.000}}{\frac{(320.000\ € + 50.000\ €)}{160.000}} = \frac{4{,}5}{2{,}3125} = 1{,}946.$$

Weitere einfache Aufteilungsmethoden

Als weitere einfache Aufteilungsmethoden sind die Aufteilung des Synergiepotenzials nach Eigenkapital-Quoten oder nach Arbeitsplätzen denkbar. In diesen Fällen ist eine verursachungsgerechte Zuordnung ebenfalls nicht gegeben. Da diese Verfahren in Literatur und Praxis nahezu keine Bedeutung haben, werden sie nicht weiter diskutiert.

Die hundertprozentige Zuordnung des Synergiepotenzials zur Übernehmerin ist eigentlich keine *Aufteilungs*methode. Denn hier ist bereits die erste Anforderung der Partizipation der Überträgerin nicht erfüllt, so dass dieses Verfahren als unangemessen angesehen werden muss. Das sich dadurch ergebende Umtauschverhältnis entspricht dem Grenz-Umtauschverhältnis der Überträgerin (Mindest-Umtauschverhältnis) wie in Abschnitt 4.5 beschrieben.

Das sog. Mittelwertverfahren[902] teilt Synergiepotenziale ebenfalls nicht verursachungsgerecht auf. Die Summe der Grenz-Umtauschverhältnisse, bei denen das Synergiepotenzial jeweils einer Partei zugerechnet wurde, wird durch die Anzahl der beteiligten Rechtsträger dividiert.[903]

Bsp. 3: Aufteilung des Synergiepotenzials nach dem Mittelwertverfahren

Unter Fortsetzung des Beispiels 2 und mit Vorgriff auf die Beispiele 11 und 12 im Abschnitt 4.5 betrage das Mindest-Umtauschverhältnis der Überträgerin $MUT_{ÜT}$ = 2,5 und das Höchst-Umtauschverhältnis der Übernehmerin $HUT_{ÜN}$ = 1,524. Nach dem Mittelwertverfahren ergäbe sich unter Aufteilung des Synergiepotenzials ein Umtauschverhältnis von

$$UT = \frac{(MUT_{ÜT} + HUT_{ÜN})}{2} = \frac{(2{,}5 + 1{,}524)}{2} = 2{,}012.$$

902 Vgl. *Pfitzer*, WP-Handbuch, 2002, Bd. II, Teil D, Rz. 62.

903 Vgl. zu Grenz-Umtauschverhältnissen Abschnitt 4.5.

Falls beide beteiligten Rechtsträger börsennotierte Aktiengesellschaften sind, könnte das echte Synergiepotenzial auch nach den Börsenkursen aufgeteilt werden.[904] Allerdings spiegeln Börsenkurse allenfalls zufällig die Synergieentstehungsrelevanz von Überträgerin und Übernehmerin wider. Daher sollten Börsenkurse nicht zur verursachungsgerechten Verteilung des echten Synergiepotenzials herangezogen werden.[905] Die weiteren Kriterien Partizipation, Nachprüfbarkeit und Praktikabilität zur Beurteilung der angemessenen Aufteilung des Synergiepotenzials anhand von Börsenkursen sind erfüllt.

Will man den Börsenkurs als Aufteilungsmaßstab heranziehen, wäre eine Aufteilung des Synergiepotenzials nach Börsenkurs*entwicklungen* möglicherweise aussagekräftiger. Man müsste die Entwicklung der separaten Börsenkurse vor Ankündigung der Verschmelzung bis zum Tag des Abschlusses des Verschmelzungsvertrags vergleichen und aus deren Entwicklung den Anteil eines Partners am Synergiepotenzial ermitteln. Steigt der Börsenkurs der Übernehmerin z. B. im Untersuchungszeitraum um 100 %, der der Überträgerin hingegen nur um 50 %, müsste das zuvor ermittelte Synergiepotenzial im Verhältnis 2 : 1 auf Übernehmerin und Überträgerin aufgeteilt werden. In der Praxis erweisen sich solche Überlegungen indes als unrealistisch, denn der Markt kennt bzw. schätzt das Umtauschverhältnis und bewertet die Verschmelzungspartner nicht mehr Stand-alone. Zwar erfüllt diese Aufteilungsmethode die Kriterien Partizipation, Nachprüfbarkeit und Praktikabilität, jedoch bildet die Börsenkursentwicklung nicht die Synergieentstehungsrelevanz ab.

Shapley-Wert[906]

Eine weitere Methode zur Aufteilung des Synergiepotenzials lässt sich aus der Spieltheorie herleiten. Danach ist eine Verschmelzung ein „kooperatives n-Personenspiel",[907] bei dem die Spieler durch Kooperation ein Gesamtergebnis erzielen, das über dem der Gleichgewichtslösung liegt. Die Bereitschaft der Spieler zur Kooperation setzt voraus, dass jeder Spieler einen Anteil am Gesamtergebnis erhält, der sein Gleichgewichtsergebnis übertrifft oder zumindest erreicht. Für die Verteilung des Kooperationsvorteils ist entscheidend, wie viel jeder Spieler erhalten kann, wenn er nicht kooperiert, sondern alleine operiert oder mit nur einem Teil der Spieler eine Koalition bildet. Wenn die Zurechnungslösung stabil ist, hat der einzelne Spieler keinen Anreiz, die Kooperation zu verweigern.

Dies soll im Folgenden übertragen auf die Verschmelzung näher untersucht werden: Die Verschmelzung kommt nur zustande, wenn der Unternehmenswert nach Verschmelzung die Summe der einzelnen Unternehmenswerte übersteigt, also ein positives echtes Synergiepotenzial erzielt wird. Die potenziellen Verschmelzungspartner erwarten einen Anteil am gemeinsamen Unternehmenswert nach Verschmelzung, der mindestens ihrem

---

904 Vgl. *Hertlein*, Fusion, HdS 1965, S. 197 f.

905 Vgl. Abschnitt 4.3.3; *Ossadnik*, Aufteilung, 1995, S. 77.

906 Vgl. zu folgendem Abschnitt *Ossadnik*, Aufteilung, 1995, S. 77-83 m. w. N.; *Hax*, Entscheidungsmodelle, 1974, S. 218-222. Benannt nach *Shapley*, Value, 1953, S. 307 ff.

907 *Ossadnik*, Aufteilung, 1995, S. 78.

Unternehmenswert bei getrennter Unternehmensfortführung entspricht. Letztlich will jede Partei einen Anteil am Synergiepotenzial dazugewinnen. Damit schließlich alle Partner der Verschmelzung zustimmen, muss die Lösung zur Aufteilung des Unternehmenswerts nach Verschmelzung auf die einzelnen Verschmelzungspartner stabil sein, d. h. die Bedingungen individueller, kollektiver und Gruppen-Rationalität müssen erfüllt sein.[908] Insbesondere die Bedingungen der Gruppen-Rationalität werden häufig nicht erfüllt, so dass eine völlig stabile Lösung nicht erreicht werden kann.

Als Ausweg aus der Instabilität bestimmt der Shapley-Wert die Unternehmenswertzurechnung für die einzelnen Verschmelzungspartner, indem als Kompromiss auf die Erfüllung der Bedingung der Gruppen-Rationalität verzichtet wird.

Bsp. 4: Aufteilung des Synergiepotenzials nach dem Shapley-Wert

Es sind drei potenzielle Verschmelzungspartner A, B und C gegeben. Folglich besteht die Menge verschmelzungsbereiter Partner J aus |J|=3. Kombinatorisch sind folgende Möglichkeiten denkbar: Kein Unternehmen beteiligt sich (0), es beteiligt sich genau ein Unternehmen, das getrennt fortbesteht (A, B oder C), oder es können sich A+B, A+C, B+C oder A+B+C mittels einer Verschmelzung zusammenschließen. Somit bestehen acht mögliche Verschmelzungskonstellationen oder formal ausgedrückt P(J)=8.[909] In der speziellen Verschmelzungskonstellation K=A+B beträgt die Anzahl der Partner |K|=2. Bevor anhand dieses Beispiels die Shapley-Werte und die relativen Anteile am Synergiepotenzial für A, B und C berechnet werden, sind die theoretischen Grundlagen zu legen.

Zunächst werden folgende neue Symbole eingeführt:

g_K	Gewichtungsfaktor; Wahrscheinlichkeit, dass j als Letzter in die Verschmelzung eintritt
K	eine Verschmelzungskonstellation aus P(J)
|K|	Anzahl der Partner in der Verschmelzungskonstellation K aus P(J)
P(J)	Potenzmenge von J, d. h. die Menge aller möglichen Verschmelzungskonstellationen von J

908 Individuelle Rationalität ist gegeben, wenn jedem Verschmelzungspartner mindestens so viel zugestanden wird, wie er bei isolierter Unternehmensfortführung zu erwarten hätte. In der kollektiven Rationalität muss die Summe der Unternehmenswertanteile nach Verschmelzung aller Verschmelzungspartner dem Unternehmenswert des verschmolzenen Gebildes entsprechen. Die Bedingungen der Gruppenrationalität verhindern, dass eine Teilmenge von potenziellen Verschmelzungspartnern die Verschmelzung verweigert und stattdessen untereinander eine Koalition bildet, ohne die übrigen potenziellen Verschmelzungspartner einzubeziehen. Daher müssen die Partner, die in jeder Teilmenge möglicher Verschmelzungskonstellationen enthalten sind, zusammen einen Wert erhalten, der mindestens dem Wert einer Koalition dieser Partner entspricht. Vgl. ausführlich *Ossadnik*, Aufteilung, 1995, S. 78 f. m. w. N.

909 0, A, B, C, A+B, A+C, B+C, A+B+C.

ΔW_K Grenzertrag bzw. Grenz-Unternehmenswert der Verschmelzungskonstellation K infolge des Beitritts von j

W_K Unternehmenswert (nach Verschmelzung) der Verschmelzungssituation K infolge des Beitritts von j

$W_{K\setminus\{j\}}$ Unternehmenswert der Verschmelzungssituation K ohne den Beitritt von j

Z_j Shapley-Wert eines verschmelzungsbereiten Partners

Der Shapley-Wert bildet den anteiligen Unternehmenswert an dem verschmolzenen Gebilde ab, der einem einzelnen Verschmelzungspartner j zugerechnet wird. Dazu wird für jede Verschmelzungskonstellation K, an der j beteiligt ist, ein Grenzertrag ΔW_K ermittelt, der dieser Verschmelzungskonstellation durch den Beitritt von j erwächst (bzw. durch das Verlassen entgeht). Der Grenzertrag ΔW_K der Verschmelzungskonstellation K infolge des Beitritts von j beträgt

$$\Delta W_K = W_K - W_{K\setminus\{j\}}, j \in K. \qquad (16)$$

Es werden also stets die Grenzerträge der verschiedenen Verschmelzungskonstellationen „mit-und-ohne-j"[910] ermittelt. Sodann werden die Grenzerträge aller Verschmelzungskonstellationen K, an denen j beteiligt ist, mit der Wahrscheinlichkeit des Auftretens der jeweiligen Verschmelzungskonstellation gewichtet. Unterstellt, dass alle Verschmelzungskonstellationen gleich wahrscheinlich sind, beträgt die Wahrscheinlichkeit g, dass j als Letzter in die Verschmelzung eintritt

$$g_K = \frac{(|K|-1)!(J-|K|)!}{J!}. \qquad (17)$$

Die Summe der gewichteten Grenzerträge ergibt schließlich den Shapley-Wert. Somit berechnet sich der Shapley-Wert Z für den Verschmelzungspartner j mit

$$Z_j = \sum_{K \in P(j)} g \cdot \Delta W_K .^{911} \qquad (18)$$

Mit Hilfe des Shapley-Werts lässt sich der Anteil σ_j des beteiligten Unternehmens j am Synergiepotenzial S berechnen zu:

$$\sigma_j = \frac{(Z_j - W_j)}{S} \qquad (19)$$

---

910 *Ossadnik*, Aufteilung, 1995, S. 81.

911 Vgl. zur mathematischen Herleitung *Ossadnik*, Aufteilung, 1995, S. 79 ff. Auf die von *Ossadnik* vorgenommene Verteilung des Synergiepotenzials auf die einzelnen Gesellschafter (i) der beteiligten Rechtsträger wird in dieser Arbeit verzichtet.

Fortsetzung Bsp. 4: Anhand des oben begonnenen Beispiels mit drei verschmelzungsbereiten Partnern A, B und C soll dies konkretisiert werden. Folgende Unternehmenswerte liegen für die verschiedenen Situationen vor:

$W_0 = 0$ €	$W_{A+B} = 450.000$ €
$W_A = 150.000$ €	$W_{A+C} = 600.000$ €
$W_B = 250.000$ €	$W_{B+C} = 800.000$ €
$W_C = 400.000$ €	$W_{A+B+C} = W_J = 1.000.000$ €

Der Shapley-Wert für den verschmelzungsbereiten Partner A lässt sich ermitteln aus der Summe der gewichteten Grenzerträge aller Verschmelzungskonstellationen, an denen A beteiligt ist:

$Z_A = g_A \cdot \Delta W_A + g_{A+B}\, \Delta W_{A+B} + g_{A+C} \cdot \Delta W_{A+C} + g_{A+C+B} \cdot \Delta W_{A+C+B}$

$$Z_A = \frac{(|K|-1)!(J-|K|)!}{J!} \cdot (W_A - W_0) + \frac{(|K|-1)!(J-|K|)!}{J!} \cdot (W_{A+B} - W_B) +$$
$$\frac{(|K|-1)!(J-|K|)!}{J!} \cdot (W_{A+C} - W_C) + \frac{(|K|-1)!(J-|K|)!}{J!} \cdot (W_{A+B+C} - W_{B+C})$$

$$Z_A = \frac{(1-1)!(3-|1|)!}{3!} \cdot (150.000 - 0) + \frac{(|2|-1)!(3-|2|)!}{3!} \cdot (450.000 - 250.000) +$$
$$\frac{(|2|-1)!(3-|2|)!}{3!} \cdot (600.000 - 400.000) + \frac{(|3|-1)!(3-|3|)!}{3!} \cdot (1.000.000 - 800.000)$$

$$Z_A = \frac{0!\ 2!}{3!} \cdot 150.000 + \frac{1!\ 1!}{3!} \cdot 200.000 + \frac{1!\ 1!}{3!} \cdot 200.000 + \frac{2!\ 0!}{3!} \cdot 200.000$$

$$Z_A = \frac{1}{3} \cdot 150.000 + \frac{1}{6} \cdot 200.000 + \frac{1}{6} \cdot 200.000 + \frac{1}{3} \cdot 200.000 \approx 183.333\ €.$$

Das gesamte Synergiepotenzial beträgt

$$S = W_{KJ} - \sum_{j=1}^{n} W_j = 1.000.000 - (150.000 + 250.000 + 400.000) = 200.000\ €.$$

Sodann lässt sich der relative Anteil von A am Synergiepotenzial berechnen zu

$$\sigma_A = \frac{(Z_A - W_A)}{S} = \frac{(183.333 - 150.000)}{200.000} \approx 16{,}66\%.$$

Analog berechnen sich die Shapley-Werte für die verschmelzungsbereiten Partner B und C zu $Z_B \approx 333.333$ € und $Z_C \approx 483.334$ € sowie die relativen Anteile am Synergiepotenzial zu $\sigma_B \approx 41{,}67$ % und $\sigma_C \approx 41{,}67$ %.

Für den häufigsten Fall der Verschmelzung von genau zwei Rechtsträgern führt der Shapley-Wert zu einer Aufteilung des Synergiepotenzials von je ½.[912] Somit führt die Anwendung der Aufteilungsmethode nach dem Shapley-Wert im Fall der Verschmelzung von zwei Rechtsträgern zum gleichen Ergebnis wie die hälftige Aufteilung.
Fraglich ist, ob eine Aufteilung des Synergiepotenzials nach Shapley die zuvor aufgestellten Kriterien erfüllt. Nach der aus der Spieltheorie entnommenen Aufteilungsmethode partizipieren alle Parteien am Synergiepotenzial und die Ergebnisse sind nachprüfbar. Die Aufteilung erfolgt aber eher nach taktischen Gesichtspunkten und Verhandlungsgeschick, weniger nach Synergieentstehungsrelevanz. Außerdem müssen nicht nur die Unternehmenswerte der einzelnen Rechtsträger bekannt sein, sondern zusätzlich die aller möglichen Verschmelzungskonstellationen und des Synergiepotenzials.

Heuristische Methoden

Aus der Erkenntnis heraus, dass bestimmte Ertragspotenziale von den Partnern in eine Verschmelzung eingebracht werden, lässt sich deren Auswirkung auf das gemeinsame Synergiepotenzial untersuchen. Dazu wird das Synergiepotenzial in positive und negative Komponenten zerlegt, die jeweils durch eine Kombination von Erfolgspotenzialen der Verschmelzungspartner bedingt sind. Das innovative Produkt der Überträgerin lässt sich bspw. durch das ausgebaute Vertriebsnetz der Übernehmerin besser nutzen. Zur Aufteilung des Synergiepotenzials müssen Zahlungsströme zunächst dem gesamten Synergiepotenzial, dann dessen Komponenten und schließlich den Erfolgspotenzialen der einzelnen Partner zugeordnet werden. Die Zuordnung ist in der Investitionstheorie durch Grenzbetrachtungen grundsätzlich lösbar. Dennoch eignet sich dieser Ansatz für die Aufteilung des Synergiepotenzials nur bedingt, weil erstens das einzelne Erfolgspotenzial nur schwer bestimmbar ist und zweitens für die richtigen Werte der Ertragspotenziale der Aufteilung des Synergiepotenzials bereits bekannt sein muss.[913] Dem Zirkelschluss versucht man durch heuristische Methoden, wie die Aufteilung auf Basis von Rekonstruktionswerten und Anwendung des Analytischen Hierarchie Prozesses zu entkommen, indem anstelle der „richtigen" Werte Ersatzgrößen angesetzt werden. Auf diese Weise kann ein von allen Seiten akzeptierter Aufteilungsmodus gefunden wer-

---

912 Bei zwei verschmelzungsbereiten Partner (n = J = 2) besteht nur eine Verschmelzungskonstellation K. Die Wahrscheinlichkeit w, dass j als Letzter in die Verschmelzung eintritt beträgt
$$w = \frac{(|K|-1)!(n-|K|)!}{n!} = \frac{(|1|-1)!(2-|1|)!}{2!} = \frac{0!\ 1!}{2!} = \frac{1}{2}.$$
Die Shapley-Werte berechnen sich im Fall der Verschmelzung von zwei Gesellschaften als
$$Z_{ÜT} = \tfrac{1}{2} E_{ÜT} + \tfrac{1}{2}(E_{ÜT+ÜN} - E_{ÜN}) = \tfrac{1}{2}(E_{ÜT} + E_{ÜT+ÜN} - E_{ÜN}) \text{ und}$$
$$Z_{ÜN} = \tfrac{1}{2} E_{ÜN} + \tfrac{1}{2}(E_{ÜT+ÜN} - E_{ÜT}) = \tfrac{1}{2}(E_{ÜN} + E_{ÜT+ÜN} - E_{ÜT}).$$
Der Anteil am Synergiepotenzial beträgt für die Überträgerin
$$\sigma_{ÜT} = \frac{(Z_{ÜT} - E_{ÜT})}{S} = \frac{(\tfrac{1}{2}(E_{ÜT} + E_{ÜT+ÜN} - E_{ÜN}) - E_{ÜT})}{E_{ÜT+ÜN} - E_{ÜN} - E_{ÜT}} = \frac{\tfrac{1}{2}(-E_{ÜT} + E_{ÜT+ÜN} - E_{ÜN})}{E_{ÜT+ÜN} - E_{ÜN} - E_{ÜT}} = \frac{1}{2}$$
und analog für die Übernehmerin ½.

913 Bspw. aufgrund der Stellung des einzelnen Erfolgspotenzials innerhalb der den Unternehmenswert bildenden Struktur der Kombination von Erfolgspotenzialen. Vgl. *Ossadnik*, Aufteilung, 1995, S. 85.

den.[914] Im Folgenden werden die Methoden Rekonstruktionswerte und Analytischer Hierarchie Prozess kurz vorgestellt:

Rekonstruktionswerte

Grundgedanke für die Zurechnung des Synergiepotenzials auf Basis von Rekonstruktionswerten ist, dass zu dem Erfolgspotenzial des einen Partners das des anderen hinzukommen muss.

Folgende neue Symbole werden benötigt:

h	eine Synergiekomponente mit $h \in \{1,\ldots,H\}$
H	Menge aller Synergiekomponenten
P_{jh}	Erfolgspotenzial des beteiligten Rechtsträgers j an der einzelnen Synergiekomponente h
$RW(P_{jh})$	Rekonstruktionswert des Erfolgspotenzials des beteiligten Rechtsträgers j an der einzelnen Synergiekomponente h
$RW(S_h)$	Rekonstruktionswert der einzelnen Synergiekomponente h
S_h	absoluter Anteil der Synergiekomponente h am gesamten Synergiepotenzial S
S_R	absoluter nicht zu einzelnen Komponenten zuordenbarer Rest am Synergiepotenzial

Zunächst wird das Synergiepotenzial S möglichst weitgehend in die Anteile einzelner Komponenten daran (S_h) zerlegt:

$$S = \sum_{h=1}^{H} S_h \tag{20}$$

Jede Synergiekomponente wird außerdem in einzelne Erfolgspotenziale P_{jh} unterteilt, die den Anteil des Verschmelzungspartners j an der Synergiekomponente h bestimmen.

Als Ersatzmaßstab für den Wert des Anteils der einzelnen Synergiekomponente am Synergiepotenzial wird dessen Rekonstruktionswert $RW(S_h)$ herangezogen. Im Gegensatz zur Unternehmensbewertung geht es nicht darum, die vorhandene Substanz wieder zu beschaffen, so dass die gegen den Substanzwert als Unternehmenswert vorgebrachte Kritik vernachlässigt werden kann.[915] Zur Aufteilung des Synergiepotenzials gibt der Rekonstruktionswert an, wie viel ein Partner aufwenden müsste, um allein über die gesamte Synergiekomponente, die sich aus Erfolgspotenzialen aller Verschmelzungspartner ergibt, verfügen zu können. Der Rekonstruktionswert bildet die Ausgaben des einen Verschmelzungspartners ab, die er noch leisten müsste, um den Anteil des anderen Verschmelzungspartners am gemeinsamen Synergiepotenzial zu erhalten.[916] Auch für die einzelnen Erfolgspotenziale P_{jh} der Verschmelzungspartner lassen sich Rekon-

914 Vgl. *Eisenführ*, Preisfindung, zfbf 1971, S. 477.
915 Vgl. *Siepe*, WP-Handbuch, 2002, Bd. II, Teil A, Rz. 393 ff. m. w. N.
916 Vgl so zum Substanzwert in der Unternehmensbewertung *Sieben*, Substanzwert, 1963, S. 80.

struktionswerte $RW(P_{jh})$ berechnen. So ergeben sich für die Erfolgspotenziale der Verschmelzungspartner und damit für deren Synergierelevanz Maßstäbe, nach denen das gesamte Synergiepotenzial aufgeteilt werden kann.[917] Unter der Prämisse, dass sich das gesamte Synergiepotenzial ohne Rest in einzelne Komponenten zerlegen lässt, gilt für den Anteil des Verschmelzungspartners j am Synergiepotenzial S (AS_j):

$$AS_j = \sum_{h=1}^{H} \left(S_h \bullet \frac{RW(P_{jh})}{RW(S_h)} \right) \tag{21}$$

Bsp. 5: Aufteilung des Synergiepotenzials nach Rekonstruktionswerten

Zwei Verschmelzungspartner verfügen über Erfolgspotenziale, die sie in ihre Verbindung einbringen. Die Überträgerin hat ein marktreifes Produkt ($P_{ÜT1}$) in ihrer innovativen Forschungsabteilung ($P_{ÜT2}$) entwickelt. Die Übernehmerin hingegen hat ein überragendes Vertriebsnetz ($P_{ÜN1}$) und einen modernen Produktionsbereich mit freien Kapazitäten ($P_{ÜN2}$) aufgebaut. Die Synergiekomponente „Umsatz" (S_1) entsteht dadurch, dass das innovative Produkt der Überträgerin über das Vertriebsnetz der Übernehmerin erfolgreich abgesetzt werden kann, also durch Kombination der Erfolgspotenziale $P_{ÜT1}$ und $P_{ÜN1}$. Weiterhin können neue innovative Produkte aus der Forschungsleistung der Überträgerin durch die Produktion bei der Übernehmerin schneller an den Markt gebracht werden. Somit entsteht die Synergiekomponente „Zukunft" (S_2) durch die Erfolgspotenziale $P_{ÜT2}$ und $P_{ÜN2}$. Das gesamte Synergiepotenzial von S = 100.000 € setzt sich zusammen aus S_1 = 60.000 € und S_2 = 40.000 €. Die Rekonstruktionswerte der einzelnen Erfolgspotenziale betragen $RW(P_{ÜT1})$ = 100.000 €, $RW(P_{ÜN1})$ = 60.000 €, $RW(P_{ÜT2})$ = 30.000 € und $RW(P_{ÜN2})$ = 50.000 €.

Anhand der obigen Formel (21) berechnet sich der absolute Anteil der Überträgerin am gesamten Synergiepotenzial folgendermaßen:

$$\begin{aligned} AS_{ÜT} &= \left(S_1 \cdot \frac{RW(P_{ÜT1})}{RW(S_1)}\right) + \left(S_2 \cdot \frac{RW(P_{ÜT2})}{RW(S_2)}\right) \\ &= \left(60.000\ € \cdot \frac{100.000\ €}{160.000\ €}\right) + \left(40.000\ € \cdot \frac{30.000\ €)}{80.000\ €}\right) \\ &= 37.500\ € + 15.000\ € \\ &= 52.500\ €. \end{aligned}$$

Aufgrund dieser Angaben lassen sich die Beiträge von Überträgerin und Übernehmerin zum gesamten Synergiepotenzial S ermitteln:

[917] Vgl. *Ossadnik*, Aufteilung, 1995, S. 85 ff.

Erfolgspotenziale	Synergie-komponenten	Überträgerin	Übernehmerin
Produkt ($P_{ÜT1}$) mit $RW(P_{ÜT1})$ = 100.000 €		$\frac{100}{160} \cdot 60.000€ = 37.500€$	
Vertriebsnetz ($P_{ÜN1}$) mit $RW(P_{ÜN1})$ = 60.000 €			$\frac{60}{160} \cdot 60.000€ = 22.500€$
$RW(S_1)$ = 160.000 €	„Umsatz" S_1 = 60.000 €		
Forschung ($P_{ÜT2}$) mit $RW(P_{ÜT2})$ = 30.000 €		$\frac{30}{80} \cdot 40.000€ = 15.000€$	
Produktion ($P_{ÜN2}$) mit $RW(P_{ÜN2})$ = 50.000 €			$\frac{50}{80} \cdot 40.000€ = 25.000€$
$RW(S_2)$ = 80.000 €	„Zukunft" S_2 = 40.000 €		
	gesamtes Synergie-potenzial S = 100.000 €	$AS_{ÜT}$ = 52.500 €	$AS_{ÜN}$ = 47.500 €
		$\sigma_{ÜT}$ = 52,5 %	$\sigma_{ÜN}$ = 47,5 %

Falls sich bei der Aufteilung des Synergiepotenzials ein nicht zu einzelnen Komponenten zuordenbarer Rest (S_R) ergibt, wird dieser nach Maßgabe der (insoweit vorläufigen) Anteile des Partners j am Synergiepotenzial (AS_j) aufgeteilt. Dabei sollte gelten

$$\frac{S_R}{S} < 0{,}5 . \qquad (22)$$[918]

Bei der Aufteilungsmethode nach den Rekonstruktionswerten sind die Kriterien Partizipation und Nachprüfbarkeit erfüllt. Auch wird das Synergiepotenzial mittels der Rekonstruktionswerte als Ersatzgrößen für die Synergieentstehungsrelevanz weitgehend verursachungsgerecht zugeordnet. Allerdings ist das Verfahren sehr arbeitsintensiv, weil das Synergiepotenzial in einzelne Komponenten und Erfolgspotenziale zerlegt werden muss.[919]

918 Vgl. *Ossadnik*, Aufteilung, 1995, S. 86 f. Ein verbleibender Restbetrag sollte nicht über 50 % des gesamten Synergiepotenzials ausmachen.

919 Vgl. zur Beurteilung auch *Ossadnik*, Aufteilung, 1995, S. 89 f.

Analytischer Hierarchie Prozess[920]

Bei der Aufteilung des Synergiepotenzials wäre eine stärkere Berücksichtigung von synergieentstehungsrelevanten Informationen aus betriebswirtschaftlicher Sicht wünschenswert. Dem versucht die zweite heuristische Methode zur Aufteilung des Synergiepotenzials, der Analytische Hierarchie Prozess (AHP), zu entsprechen.

AHP wird u. a. in Unternehmen zur Analyse komplexer Entscheidungssituationen genutzt, bei denen viele Aspekte und Informationen gleichzeitig zu beachten sind. AHP ist eine Rangbestimmungstechnik bzw. eine Entscheidungsmethode, bei der durch paarweisen Vergleich von standardisierten Kriterien schließlich die beste Lösung ermittelt werden kann (sog. Multi-Attribute-Decision-Making-Verfahren).[921]

Zur Verteilung des Synergiepotenzials geht der AHP davon aus, dass Bewertungsexperten differenzierte Aussagen zu der Einwirkung der einzelnen Verschmelzungspartner auf bestimmte Komponenten des Synergiepotenzials treffen können. Die Zurechnung erfolgt letztlich nach dem Verhältnis der Einwirkungsintensität. Dabei geht der AHP von folgenden Prämissen aus:[922]

1. Zwei oder mehr unabhängige Unternehmensbewerter kommen zu einem (annähernd) gleichen Ergebnis in der ordinalen Werteskala.
2. Das Gesamtsynergiepotenzial lässt sich in mehrere Komponenten zerlegen.
3. Die beteiligten Unternehmen sind durch einzubringende Erfolgspotenziale charakterisierbar.
4. Zwischen den Kombinationen von Erfolgspotenzialen einerseits und Synergiekomponenten andererseits lassen sich Beziehungen herstellen.
5. In diesen Beziehungsstrukturen können relative Einwirkungsintensitäten einzelner Erfolgspotenziale auf die Synergiekomponenten angegeben werden.[923]

Zur Durchführung des Verfahrens untersuchen mehrere Unternehmensbewerter in einem ersten Schritt, welche Intensität das Erfolgspotenzial des jeweiligen Partners (P_{jh}) auf einzelne Synergiekomponenten (S_h) hat. Im zweiten Schritt wird jede Synergiekomponente im Verhältnis zum Gesamtsynergiepotenzial (S) gewichtet. In beiden Schritten werden die Werte durch einen paarweisen Vergleich ermittelt und mit einer ordinalen Werteskala von 1 bis 9 in Matrizen abgebildet (vgl. Tab. 10).[924] Diese Matrizen haben stets dieselbe Struktur: die Elemente der Diagonale haben den Wert 1 und die übrigen Elemente der Matrix spiegeln sich an der Diagonalen, sind also reziprok zueinander. So werden bspw. dann, wenn dem Erfolgspotenzial der Übernehmerin $P_{ÜNh}$ eine „spürbar höhere" relative Einwirkungsintensität auf die Synergiekomponente S_h als dem Erfolgs-

920 Vgl. zu diesem Abschnitt: *Ossadnik*, Aufteilung, 1995, S. 90 ff. m. w. N.; *Harker/Vargas*, Theory, Management Science 1987, S. 1383 ff.; *Saaty*, Decision, EJOR 1990, Vol. 48, S. 9 ff.

921 Vgl. *Ossadnik*, Aufteilung, 1995, S. 90 ff. m. w. N.; *Harker/Vargas*, Theory, Management Science 1987, S. 1383 f., 1401 f.

922 Vgl. *Ossadnik*, Aufteilung, 1995, S. 90 f. und S. 98.

923 Vgl. insbes. zu den Schwierigkeiten *Ossadnik*, Aufteilung, 1995, S. 99 ff.

924 In Anlehnung an aus *Ossadnik*, Aufteilung, 1995, S. 92.

potenzial der Überträgerin $P_{\ddot{U}Th}$ zugeordnet wird, dem Paar die Werte 5 bzw. 1/5 zugeordnet.

Tab. 10: Ordinale Werteskala relativer Einwirkungsintensitäten

Werte	**P_{jh}/S_h**	**S_h/S**
1	gleich	
2 (1/2)		
3 (1/3)	etwas höher (niedriger)	
4 (1/4)		
5 (1/5)	spürbar höher (niedriger)	
6 (1/6)		
7 (1/7)	viel höher (niedriger)	
8 (1/8)		
9 (1/9)	extrem höher (niedriger)	

Es wird die Intensität $r(P_{jh} \rightarrow S)$ ermittelt, mit der die einzelnen Komponenten (P_{jh}) auf das gesamte Synergiepotenzial (S) einwirken:

$$r(P_{jh} \rightarrow S) = r(P_{jh} \rightarrow S_h) \cdot r(S_h \rightarrow S) \qquad (23)$$

mit
- $r(P_{jh} \rightarrow S)$ Gesamte Einwirkungsintensität eines Erfolgspotenzials P_{jh} auf das gesamte Synergiepotenzial S,
- $r(P_{jh} \rightarrow S_h)$ Einwirkungsintensität eines Erfolgspotenzials P_{jh} auf die Synergiekomponente S_h,
- $r(S_h \rightarrow S)$ Einwirkungsintensität der Synergiekomponente S_h auf das gesamte Synergiepotenzial S.

Schließlich lässt sich ein absoluter und eindeutiger Synergiebeitrag für jeden Partner am gesamten Synergiepotenzial errechnen:

$$AS_j = \sum r(p_j \rightarrow S) \cdot S \qquad (24)$$

bzw.

$$\sigma_j = \sum r(p_{jh} \rightarrow S) \qquad (25)$$

Die tatsächliche Berechnung des anteiligen Synergiepotenzials für den einzelnen Verschmelzungspartner im AHP-Verfahren ist von komplexen mathematischen Problemen begleitet, deren Darstellung den Rahmen dieser Arbeit sprengen würde.

Das AHP-Verfahren erfüllt die Beurteilungskriterien Partizipation, Synergieentstehungsrelevanz und Nachprüfbarkeit. Lediglich an der Praktikabilität lässt sich bei diesem arbeitsintensiven Verfahren zweifeln. Kritisch anzumerken ist außerdem, dass ggf. Widersprüche und Inkonsistenzen auftreten, denn in der Realität sind keine vollkommenen Informationen vorhanden, so dass auf Schätzungen zurückgegriffen werden muss. Daher werden zwei Unternehmensbewerter wohl nicht zu ähnlichen Ergebnissen kommen. Zudem muss das gesamte Synergiepotenzial ohne Rest in einzelne Komponenten zerlegt werden. Die größte Schwierigkeit dürfte sich bei der Ermittlung von relativen Einwirkungsintensitäten einzelner Erfolgspotenziale auf die Synergiekomponenten ergeben.[925]

Aufteilung nach Unternehmenswerten

Als weitere Methode findet die Aufteilung des Synergiepotenzials nach den Unternehmenswerten[926] von Übernehmerin und Überträgerin weite Verbreitung in Theorie und Praxis.[927] Es soll vereinfachend von Synergiepotenzialen abgesehen werden, so dass der Unternehmenswert nach der Verschmelzung ($W^{nV}_{\ddot{U}T+\ddot{U}N}$) den addierten Stand-alone-Werten entspricht.

$$W^{nV}_{\ddot{U}T+\ddot{U}N} = W_{\ddot{U}T} + W_{\ddot{U}N} \tag{26}$$

Die Anteile am Synergiepotenzial werden automatisch im Verhältnis der Stand-alone-Unternehmenswerte zugewiesen, die zur Berechnung des Umtauschverhältnisses ohnehin vorliegen.

$$\sigma_j = \frac{W_j}{W^{nV}_{\ddot{U}T+\ddot{U}N}} \tag{27}$$

mit $W^{nV}_{\ddot{U}T+\ddot{U}N}$ Unternehmenswert nach der Verschmelzung von Überträgerin und Übernehmerin ohne Berücksichtigung eines Synergiepotenzials oder einer baren Zuzahlung

Bsp. 6: Aufteilung des Synergiepotenzials nach Unternehmenswerten

In der Fortsetzung des Beispiels 2 würde das Synergiepotenzial sich auf Überträgerin und Übernehmerin in folgendem Verhältnis aufteilen:

$$\sigma_{\ddot{U}T} = \frac{W_{\ddot{U}T}}{W^{nV}_{\ddot{U}T+\ddot{U}N}} = \frac{400.000\ €}{720.000\ €} = 0{,}55556 \text{ und}$$

$$\sigma_{\ddot{U}N} = \frac{W_{\ddot{U}N}}{W^{nV}_{\ddot{U}T+\ddot{U}N}} = \frac{320.000\ €}{720.000\ €} = 0{,}44444.$$

Von 100.000 € Synergiepotenzial entfällt auf die Überträgerin ein anteiliger Synergiebetrag von $AS_{\ddot{U}T} = \sigma_{\ddot{U}T} \cdot S = 0{,}55556 \cdot 100.000\ € = 55.556\ €$ und auf die Übernehmerin von $AS_{\ddot{U}N} = 44.444\ €$.

---

925 Vgl. zur Beurteilung auch: *Ossadnik*, Aufteilung, 1995, S. 97 f., 99.

926 In der Literatur wird diese Methode „Ertragswertanteilige Aufteilung" genannt. In dieser Arbeit wird jedoch von dem allgemeineren Begriff „Unternehmenswert" ausgegangen, um der Ermittlung von Unternehmenswerten nach dem Ertragswert- oder DCF-Verfahren gerecht zu werden.

927 Vgl. *Eisenführ*, Preisfindung, zfbf 1971, S. 475; noch: *Grewe*, WP-Handbuch, 2000, Bd. I, Teil Q, Rz. 833. *Bitzer*, Probleme, 1987, S. 98 f.

In der Folge berechnet sich das Umtauschverhältnis zu

$$UT = \frac{\frac{W_{ÜT} + AS_{ÜT}}{A_{ÜT}}}{\frac{W_{ÜN} + AS_{ÜN}}{A_{ÜN}}} = \frac{\frac{400.000\ € + 55.556\ €}{100.000}}{\frac{320.000\ € + 44.444\ €}{160.000}} = \frac{4{,}55556}{2{,}27778} = 2.$$

Bei dieser Aufteilung sind die Kriterien Partizipation, Nachprüfbarkeit und Praktikabilität unstrittig gegeben. Weil differenziert auf die Zukunftserfolgswerte Bezug genommen wird und das Ergebnis für die Anteilseigner leicht nachvollziehbar ist, findet das Verfahren breite Akzeptanz bei den Parteien.[928] *Ossadnik* hält die Zuordnung nur für den Fall verursachungsgerecht, dass sich aus der additiven Zusammenführung der Ist-Strukturen beider Partner das Synergiepotenzial ergibt.[929] Danach bleiben die Strukturen der Partner unverändert und Synergiepotenziale ergeben sich durch kostenbezogene Degressionseffekte.[930] In der Realität werden Synergiepotenziale jedoch eher durch neue Kombinationen von Erfolgspotenzialen nach der Verschmelzung verwirklicht, weshalb die Stand-alone-Unternehmenswerte vor der Verschmelzung nicht repräsentativ sind. Die „Verdienste" des jeweiligen Partners werden bei der Aufteilung des Synergiepotenzials nach Unternehmenswerten in diesem Fall nicht zutreffend berücksichtigt.[931] Trotz dieser berechtigten Bedenken von *Ossadnik* wird hier die Aufteilung nach Stand-alone-Unternehmenswerten favorisiert. Als Maßstab für die Aufteilung kann auf bekannte Unternehmenswerte zurückgegriffen werden. Diese werden mittels Ertragswert- oder DCF-Verfahren berechnet und bilden den Zukunftserfolg der Unternehmen ab. Zwar beruhen letztlich auch Zukunftserfolgswerte auf Schätzungen, dennoch ist positiv hervorzuheben, dass bei dieser Aufteilungsmethode keine Beurteilung einzelner Erfolgspotenziale und deren Einfluss auf einzelne Synergiekomponenten durch weitere Schätzungen, aus denen pseudogenaue Ergebnisse abgeleitet werden, erfolgen muss. Die Ermittlung der tatsächlichen Höhe des Synergiepotenzials erübrigt sich ebenso wie die von parteienspezifischen Grenz-Umtauschverhältnissen. Die Schwächen hinsichtlich der Verursachungsgerechtigkeit werden dadurch ausgeglichen, dass sich Schätzungsungenauigkeiten in Grenzen halten. Zwar beruhen bereits die Stand-alone-Unternehmenswerte auf geschätzten Zukunftserfolgen, eine weitere Schätzung des Synergiepotenzials kann aber unterbleiben bzw. wirkt sich nicht auf das Umtauschverhältnis aus. Notwendige Schätzungen bleiben auf den Rahmen der gewöhnlichen Unternehmensbewertung beschränkt. Sowohl die Anteilseigner der Überträgerin als auch die der Übernehmerin partizipieren an später durch die Verschmelzung tatsächlich eintretenden positiven Synergieeffekten. Diese Lösung führt auch bei *negativen* Synergieeffekten nicht zu unangemessener Benachteiligung einer Partei. Die Aufteilung nach den Unternehmenswerten ist für die Anteilseigner leicht nachvollziehbar und erreicht dadurch eher Akzeptanz. Der Nachteil der nicht immer vollständig verursachungsgerech-

928 Vgl. *Ossadnik*, Aufteilung, 1995, S. 59.
929 Vgl. *Ossadnik*, Aufteilung, 1995, S. 60.
930 Vgl. Abschnitt 2.5.
931 Vgl. *Ossadnik*, Aufteilung, 1995, S. 60.

ten Aufteilung ist m. E. hinsichtlich der Vorteile und der Gesamtbeurteilung des Verfahrens hinzunehmen.

Als Erweiterung des Unternehmenswertverfahrens wird in der Literatur eine Aufteilung des Synergiepotenzials nach dem Anteil an den Unternehmenswertzuwächsen des Partners vorgeschlagen.[932] Dazu müssen für alle Beteiligten vor und nach der Verschmelzung Unternehmenswerte auf Stand-alone-Basis ermittelt werden. Nach der Verschmelzung ist jedoch eine separate Unternehmensbewertung kaum noch möglich.[933] Bezüglich Partizipation, Synergieentstehungsrelevanz und Nachprüfbarkeit weist diese Aufteilung keinen Vorteil gegenüber der Aufteilung nach Unternehmenswerten auf, ist dem letztgenannten Verfahren aber hinsichtlich Praktikabilität deutlich unterlegen.

Tab. 11: Zusammenfassung der Aufteilungsmethoden

Kriterien erfüllt ✓ / Aufteilungsmethoden	Partizipation	Synergieentstehungsrelevanz	Nachprüfbarkeit	Praktikabilität
Hälftige/egalitäre Aufteilung und weitere einfache Methoden	✓		✓	✓
Börsenkurse und Börsenkursentwicklung	✓		✓	✓
Shapley-Wert	✓		✓	
Rekonstruktionswert	✓	✓	✓	
Analytischer Hierarchie Prozess	✓	✓	✓	
Aufteilung nach Stand-alone-Unternehmenswerten (entspricht der Nicht-Berücksichtigung des Synergiepotenzials)	✓	✓	✓	✓
Aufteilung nach Unternehmenswertzuwächsen	✓	✓	✓	

932 Vgl. *Eisenführ*, Preisfindung, zfbf 1971, S. 477.

933 Vgl. *Ossadnik*, Angemessenheit, DB 1985, S. 1956 f.

Zusammenfassend bleibt festzuhalten, dass bei der Aufteilung von echten Synergiepotenzialen ein Spielraum besteht. Dessen Ausübung unterliegt einer Angemessenheitskontrolle im Rahmen der Verschmelzungsprüfung,[934] wo neben dem Umtauschverhältnis der Wert des Synergiepotenzials und dessen Aufteilung überprüft wird.

In dieser Arbeit wird aufgrund der vorgenannten Argumente für Zwecke der Ermittlung des Umtauschverhältnisses der Zurechnung des echten Synergiepotenzials nach den Stand-alone-Unternehmenswerten der Vorzug gegeben (vgl. Tab. 11). Im Ergebnis entspricht diese Aufteilung des Synergiepotenzials der Nicht-Berücksichtigung eines Synergiepotenzials.[935] In beiden Fällen berechnet sich das Umtauschverhältnis letztlich nach dem Verhältnis der Stand-alone-Unternehmenswerte von Überträgerin und Übernehmerin zueinander und ist als angemessen zu beurteilen.[936]

4.4 Angemessenheit des Umtauschverhältnisses

Nachdem das Umtauschverhältnis auf der Grundlage der Unternehmensbewertung und der aufgeteilten Synergiepotenziale ermittelt wurde, werden die Anteile an der Überträgerin in solche der Übernehmerin umgetauscht.

Zwar verlangt das UmwG ein „angemessenes" Umtauschverhältnis, der Begriff wird im UmwG jedoch nicht definiert, wodurch Offenheit zur Berücksichtigung neuerer Entwicklungen in der Betriebswirtschaftslehre erreicht werden soll.[937] Von Angemessenheit kann ausgegangen werden, wenn sich Leistung (hier Übertragung des Reinvermögens der Überträgerin durch deren Anteilseigner) und Gegenleistung (Gewähr von Anteilen an der Übernehmerin) äquivalent gegenüber stehen. D. h. kein Anteilseigner darf nach der Verschmelzung schlechter gestellt sein als vorher, und es darf nicht zu Eigentumsverlusten kommen.[938] Obwohl die Angemessenheit das oberste Ziel der Berechnung des Umtauschverhältnisses ist, ist dieser Bereich für die Anteilseigner zugleich besonders fehleranfällig,[939] wie die bisherigen Ausführungen gezeigt haben. Ein wirklicher Interessenausgleich durch ein angemessenes Umtauschverhältnis kommt allenfalls in nicht dominierten Verschmelzungssituationen zustande. Beide Partner, die aus freien Stücken verhandeln, müssen in der Lage sein, die Verhandlungen jederzeit abbrechen zu können, ohne dass dies Auswirkungen auf den Status quo vor Verhandlungsbeginn

---

934 Vgl. *Pfitzer*, WP-Handbuch, 2002, Bd. II, Teil D, Rz. 58; *Dirrigl*, Angemessenheit, WPg 1989 S. 461 f.; a. A. *Bitzer*, Probleme, 1987, S. 99.

935 Vgl. Abschnitt 4.3.1.

936 Vgl. so auch *Dirrigl*, Rechtsprechung, WPg 1989 S. 620; *Pfitzer*, WP-Handbuch, 2002, Bd. II, Teil D, Rz. 62; *Heurung*, Anwendung, DB 1997, S. 841; *Bitzer*, Probleme, 1987, S. 98 f.; *Bula/Schlösser* in *SBB*, Umwandlungen, 2000, J, Rz. 36.

937 Vgl. *Lutter* in *Lutter*, UmwG, 2000, § 5 Rz. 5. In der Rechtsprechung werden – entgegen früheren Urteilen – vermehrt betriebswirtschaftlich untermauerte Methoden zur Unternehmensbewertung herangezogen. Vgl. z. B. BVerfG 27.04.1999, DB 1999, S. 1695; BayOLG 11.12.1995, NJW-RR 1996, S. 1126.

938 Argument aus Art. 14 GG. Vgl. *Bermel/Hannappel* in *Goutier*, Umwandlungsrecht, 1996, § 5 UmwG, Rz. 13; *Ränsch*, Bewertung, AG 1984, S. 204. Zu der vermögensmäßigen Äquivalenz tritt die rechtliche, nach der den Anteilseignern gleiche Verwaltungs- und Herrschaftsrechte zustehen. Vgl. dazu Abschnitt 2.9.1.

939 Vgl. *Sagasser/Ködderitzsch* in *SBB*, Umwandlungen, 2000, J, Rz. 28.

hat.[940] Dies ist in der Praxis nur selten gegeben, wenn bspw. keinerlei Kapitalverflechtungen oder andere wirtschaftliche Abhängigkeiten zwischen den Parteien bestehen. In der überwiegenden Anzahl der Fälle wird der stärkere Verschmelzungspartner durch Verhandlungen das Umtauschverhältnis zu seinen Gunsten beeinflussen können. Zudem ist der Rechtsschutz bei einem zu niedrigen Umtauschverhältnis eingeschränkt: Anteilseigner der Überträgerin können wegen eines zu niedrigen Umtauschverhältnisses nicht gem. § 14 Abs. 2 UmwG gegen den Verschmelzungsbeschluss klagen – wohl aber Anteilseigner der Übernehmerin. Lediglich im Spruchverfahren erfolgt eine gerichtliche Überprüfung des Umtauschverhältnisses mit der Aussicht auf bare Zuzahlungen.[941]

Zusätzlich zum Umtausch der Anteile kann eine Barabfindung nach §§ 29, 30 UmwG nötig sein, um ausscheidenden Anteilseignern der Überträgerin eine angemessene[942] Gegenleistung zu gewähren. Zur Ermittlung einer Barabfindung für ausscheidende Anteilseigner, die nicht mehr an den verschmolzenen Unternehmen beteiligt sind, sollten m. E. nur unechte Synergiepotenziale in die Unternehmensbewertung einbezogen werden.[943]

Im Folgenden gilt es, das nach Maßgabe der bisherigen Ausführungen ermittelte Umtauschverhältnis auf seine Angemessenheit hin zu überprüfen. Das Umtauschverhältnis ist nach *Ossadnik* angemessen, wenn folgende Postulate erfüllt sind:[944]

1. Die Vermögensposition der an der Verschmelzung beteiligten Anteilseigner darf sich nicht verschlechtern (Grundsatz der Entscheidungswertbezogenheit der Konfliktlösung).
2. Die Vermögenspositionen der beteiligten Anteilseigner werden aufgrund normierter Regeln ermittelt (Grundsatz der Berücksichtigung kollektiver typisierter Zielsystem- und Entscheidungsfeld-Informationen).
3. Keine an der Verschmelzung beteiligte Partei darf von der Partizipation am Synergiepotenzial ausgeschlossen werden (Grundsatz der Beteiligung aller Parteien am Synergiepotenzial).

Während das letzte Postulat bereits im Abschnitt 4.3.4 ausführlich erläutert wurde, werden die beiden erstgenannten Forderungen an dieser Stelle nur kurz betrachtet.

Das zweite Postulat verlangt, dass von subjektiven Zielen und Möglichkeiten abstrahiert werden muss. Nur dadurch kann über „objektivierte" und nachvollziehbare Unternehmenswerte ein angemessenes Umtauschverhältnis ermittelt werden.[945]

Ausführlicher untersucht werden soll die erste Forderung: Die Vermögensposition der an der Verschmelzung beteiligten Anteilseigner verschlechtert sich dann nicht, wenn ihr Anteil an der verschmolzenen Gesellschaft den gleichen Unternehmenswert repräsentiert wie zuvor ihr Anteil an der Überträgerin bzw. der Übernehmerin. In den beiden

---

940 Vgl. *Drukarczyk*, Unternehmensbewertung, 2001, S. 118.

941 Vgl. Abschnitt 3.10.

942 Für alle Rechtsformen ist nur eine vollwertige Barabfindung auch angemessen, vgl. *Schöne*, Aktienrecht, GmbHR 1995, S. 329 f.

943 Vgl. Abschnitt 4.3.1; *Bula/Schlösser* in *SBB*, Umwandlungen, 2000, J, Rz. 36; *Bayer*, Tage, ZIP 1997, S. 1617 f.

944 Vgl. *Ossadnik*, Aufteilung, 1995, S. 30 ff.

945 Vgl. *Ossadnik*, Aufteilung, 1995, S. 32 ff.

folgenden Abschnitten wird dieser Forderung sowohl für ein gerades als auch für ein ungerades Umtauschverhältnis nachgegangen.

4.4.1 Gerades Umtauschverhältnis

Die Vermögensposition der an der Verschmelzung beteiligten Anteilseigner verschlechtert sich dann nicht, wenn sowohl für die Überträgerin als auch für die Übernehmerin nach identischen Methoden Unternehmenswerte ermittelt werden, die über das Umtauschverhältnis zueinander ins Verhältnis gesetzt werden. Dazu wird zunächst von dem einfachen Fall ausgegangen, dass sämtliche Aktien der Überträgerin im Zuge der Verschmelzung umgetauscht werden und eine entsprechende Kapitalerhöhung bei der Übernehmerin erfolgt. Anschließend ist mittels einer Kontrollrechnung zu überprüfen, ob sich die Vermögenspositionen tatsächlich nicht verschlechtert haben. Ohne Einbezug von Synergiepotenzialen entspricht der Unternehmenswert nach der Verschmelzung ($W^{nV}_{ÜT+ÜN}$) den addierten Stand-alone-Werten (vgl. Formel (26)).

Der Gesamtwert nach Verschmelzung verteilt sich auf eine Anzahl von Anteilen nach Verschmelzung ($A^{nV}_{ÜT+ÜN}$), die sich aus den ursprünglichen Übernehmerin-Anteilen ($A_{ÜN}$) und den durch Kapitalerhöhung zu gewährenden Anteilen ($\Delta A_{ÜN}$) für die Überträgerin zusammensetzt:

$$A^{nV}_{ÜT+ÜN} = A_{ÜN} + \Delta A_{ÜN} \tag{28}$$

mit $A^{nV}_{ÜT+ÜN}$ Anzahl der Anteile nach der Verschmelzung von Überträgerin und Übernehmerin

Die Vermögensposition der an der Verschmelzung beteiligten Anteilseigner hat sich dann nicht verschlechtert, wenn für die Anteilseigner der Überträgerin gilt

$$W^{nV}_{ÜT} = W^{nV}_{ÜT+ÜN} \cdot \frac{\Delta A_{ÜN}}{A^{nV}_{ÜT+ÜN}} \overset{!}{=} W_{ÜT} \tag{29}$$

bzw. für die Anteilseigner der Übernehmerin

$$W^{nV}_{ÜN} = W^{nV}_{ÜT+ÜN} \cdot \frac{A_{ÜN}}{A^{nV}_{ÜT+ÜN}} \overset{!}{=} W_{ÜN}\,. \tag{30}$$

mit $W^{nV}_{ÜN}$ anteiliger Unternehmenswert, der nach der Verschmelzung auf die ursprünglichen Anteilseigner der Übernehmerin entfällt

$W^{nV}_{ÜT}$ anteiliger Unternehmenswert, der nach der Verschmelzung auf die Anteilseigner der Überträgerin entfällt

Sofern keine baren Zuzahlungen geleistet werden, stimmt der innere Wert eines Anteils am verschmolzenen Unternehmen (IW^{nV}) mit dem inneren Wert der Anteile an der Übernehmerin überein.

$$IW_{ÜT+ÜN}^{nV} = \frac{W_{ÜT+ÜN}^{nV}}{A_{ÜT+ÜN}^{nV}} = IW_{ÜN} \tag{31}$$

mit $IW_{ÜT+ÜN}^{nV}$ innerer Wert pro Anteil nach der Verschmelzung von Überträgerin und Übernehmerin

Bsp. 7: Überprüfung der Angemessenheit des Umtauschverhältnisses

Die Angemessenheit für das Umtauschverhältnis aus Beispiel 1 in Abschnitt 4.2 soll daraufhin überprüft werden, ob die Aktionäre wirklich vor und nach der Verschmelzung über gleich hohe Unternehmenswerte verfügen. Vor der Verschmelzung haben die Aktionäre der Überträgerin einen Unternehmenswert von 400.000 € inne, der sich auf 100.000 Aktien verteilt. Aufgrund des Umtauschverhältnisses von zwei werden diese in 200.000 Aktien an der verschmolzenen Gesellschaft umgetauscht:

$$\Delta A_{ÜN} = UT \cdot A_{ÜT} = 2 \cdot 100.000 = 200.000.$$

Die Aktionäre der Übernehmerin hatten vor der Verschmelzung einen Unternehmenswert von 320.000 €, verteilt auf 160.000 Aktien. Nach der Verschmelzung soll die neue Gesellschaft über einen Unternehmenswert verfügen, der den addierten Stand-alone-Werten beträgt:

$$W_{ÜT+ÜN}^{nV} = 400.000 + 320.000 = 720.000.$$

Die Anzahl der Aktien nach Verschmelzung beträgt

$$A_{ÜT+ÜN}^{nV} = 160.000 + 200.000 = 360.000.$$

Zunächst wird überprüft, ob sich die Vermögenspositionen der an der Verschmelzung beteiligten Anteilseigner der Überträgerin tatsächlich nicht verschlechtert haben.

$$W_{ÜT}^{nV} = W_{ÜT+ÜN}^{nV} \cdot \frac{\Delta A_{ÜN}}{A_{ÜT+ÜN}^{nV}} = 720.000\ € \cdot \frac{200.000}{360.000} = 400.000\ €$$

Tatsächlich verfügen die ehemaligen Aktionäre der Überträgerin nach der Verschmelzung über einen Unternehmenswert von 400.000 €, was dem gesamten Unternehmenswert der Überträgerin vor der Verschmelzung entspricht. Außerdem kann gezeigt werden, dass der innere Wert einer Aktie nach der Verschmelzung 2 € beträgt, da sich in der neuen Gesellschaft der Unternehmenswert von 720.000 € auf 360.000 Aktien verteilt.

$$IW_{ÜT+ÜN}^{nV} = \frac{720.000\ €}{360.000} = 2\ € = IW_{ÜN}$$

Damit haben sich auch die Aktionäre der Übernehmerin durch die Verschmelzung nicht schlechter gestellt.

Will man auch das aufgeteilte Synergiepotenzial in die Berechnungen einbeziehen, ändern sich die Parameter. Der Unternehmenswert nach Verschmelzung setzt sich nunmehr aus den jeweiligen Stand-alone-Unternehmenswerten und dem gesamten Synergiepotenzial zusammen:

$$W^{nV}_{ÜT+ÜN+S} = W_{ÜT} + W_{ÜN} + S \tag{32}$$

Die Anteilseigner der Überträgerin stellen sich dann nicht schlechter, wenn ihr Anteil an der verschmolzenen Gesellschaft zuzüglich ihres Synergieanteils dem Unternehmenswert der Überträgerin vor Verschmelzung entspricht, also gilt:

$$W^{nV}_{ÜT} = W^{nV}_{ÜT+ÜN+S} \cdot \frac{\Delta A_{ÜN}}{A^{nV}_{ÜT+ÜN}} \overset{!}{=} W_{ÜT} + AS_{ÜT} \tag{33}$$

mit $AS_{ÜT}$ absoluter Anteil der Überträgerin am gesamten Synergiepotenzial

Die Gültigkeit dieser Forderung soll anhand eines Beispiels gezeigt werden.

Bsp. 8: Überprüfung der Angemessenheit des Umtauschverhältnisses unter Berücksichtigung des Synergiepotenzials

Das Beispiel 7 wird erweitert um ein Synergiepotenzial von 100.000 €, das sich zu 55.556 € auf die Überträgerin und zu 44.444 € auf die Übernehmerin verteilt (vgl. Beispiel 6). Der Gesamtwert des verschmolzenen Gebildes beträgt demnach 820.000 €. Somit kann nachgewiesen werden, dass sich die Aktionäre der Überträgerin nicht verschlechtert haben:

$$W^{nV}_{ÜT} = 820.000 \text{ €} \cdot \frac{200.000}{360.000} = 455.556 \text{ €} \overset{!}{=} 400.000 \text{ €} + 55.556 \text{ €} .$$

Gleiches gilt analog für die Aktionäre der Übernehmerin.

4.4.2 Ungerades Umtauschverhältnis und bare Zuzahlung

Die Forderung nach Wahrung der Vermögenspositionen der Anteilseigner der beteiligten Gesellschaften muss auch erfüllt werden, wenn das angemessene Umtauschverhältnis zu einem Umtausch führt, nach dem für einen Anteil an der Überträgerin nur ein Bruchteil eines handelbaren Anteils an der Übernehmerin gewährt wird.

Bsp. 9: Gerades Umtauschverhältnis

Dies soll anhand des folgenden Beispiels – in Variation des Beispiels 1 erläutert werden: Die Überträgerin-AG verfügt über einen zutreffenden Unternehmenswert von nur 150.000 €, also $W_{ÜT}$ = 150.000 € (statt 400.000 €). Daher ermittelt sich das Umtauschverhältnis zu

$$UT = \frac{\frac{W_{ÜT}}{A_{ÜT}}}{\frac{W_{ÜN}}{A_{ÜN}}} = \frac{\frac{150.000\ €}{100.000}}{\frac{320.000\ €}{160.000}} = \frac{1,5}{2} = 0,75$$

Ein Aktionär der Überträgerin erhält demnach für eine Aktie an der Überträgerin genau 0,75 Aktien an der Übernehmerin durch die Verschmelzung. Da jedoch keine 0,75-Aktien herausgegeben werden, ist ein tatsächlicher Umtausch nur im Verhältnis vier Aktien der Überträgerin zu drei Aktien der Übernehmerin möglich.

Den Anteilseignern der Überträgerin, die keine Anzahl von Anteilen halten, die einen glatten Umtausch ermöglicht (im Beispiel 9 z. B. eine, zwei oder drei Überträgerin-Aktien), stehen verschiedene Möglichkeiten zum Umtausch offen:[946]

- Sie können so viele Anteile hinzuerwerben, bis sie die erforderliche Beteiligungsquote erreichen.
- Sie können ihre Anteile bei der Übernehmerin einreichen und dieser zur Verwertung zur Verfügung stellen, § 226 Abs. 1 AktG.
- Sie können die restlichen Anteile gegen bare Zuzahlung auf die Übernehmerin übertragen.
- Wenn sie nichts unternehmen, werden sämtlich Restanteile zusammengelegt und kraftlos erklärt, § 226 Abs. 2 AktG. Dennoch haben die Anteilseigner weiterhin Anspruch auf eine Gegenleistung.

Somit wird durch § 72 UmwG i. V. m. §§ 73, 226 AktG sichergestellt, dass sämtliche Anteile der Überträgerin entweder umgetauscht oder bar abgefunden werden. Eine bare Zuzahlung steht den Anteilseignern in diesem Fall nicht zur Verfügung.[947]

Das Umtauschverhältnis von 4 : 3 (wie im Beispiel 9) ist trotz der Einschränkungen bezüglich der Beteiligungsquote noch als „gerades" Umtauschverhältnis anzusehen. Wenn das rechnerische Umtauschergebnis jedoch bspw. 0,75492 beträgt, wird es als „ungerade" bezeichnet.

In der Praxis wird sich nur selten ein gerades Umtauschverhältnis ergeben. Regelmäßig wird das Umtauschverhältnis ungerade sein. Eine Kapitalgesellschaft kann versuchen, *vor* der Verschmelzung eigene Anteile zu erwerben, um die verbleibenden „gerade" umtauschen zu können. Da dies Personenhandelsgesellschaften nicht möglich ist, haben bare Zuzahlungen vor allem bei diesen praktische Bedeutung.[948]

---

946 Vgl. *Grunewald* in *Lutter*, UmwG, 2000, § 72, Rz. 3.
947 Vgl. *Hoffmann-Becking* in *Heidenhain*, Münchener Vertragshandbuch, 1996, Bd. 1 X. 1, Anm. 8; *Lutter* in *Zöllner*, Kölner Kommentar, 1995, § 224, Rz. 11 ff.
948 Vgl. *Widmann* in *Widmann/Mayer*, Umwandlungsrecht, 2002, § 24 UmwG, Rz. 342.

Verbleibt jedoch ein ungerades exaktes Umtauschverhältnis wird es auf ein gerades Umtauschverhältnis (UT^*) abgerundet, wobei gilt:

$$UT^* < UT \tag{34}$$

mit UT* abgerundetes gerades Umtauschverhältnis

Die Abrundung ist notwendig, weil die Übernehmerin zwar Barauszahlungen an die Anteilseigner vornimmt, nicht jedoch umgekehrt Rückzahlungen von den Anteilseignern fordern kann.[949] Der Anteilstausch erfolgt demnach mit dem geraden Umtauschverhältnis:

$$\Delta A_{ÜN} = UT^* \cdot A_{ÜT} \tag{35}$$

Zum Ausgleich des Nachteils, der sich durch das abgerundete gerade Umtauschverhältnis ergibt, sieht das UmwG bare Zuzahlungen pro Anteil an der Überträgerin (BZ) für deren Anteilseigner vor. Auch unter der Berücksichtigung von baren Zuzahlungen, um die verbleibenden Spitzenbeträge auszugleichen, gilt das Postulat, wonach die Anteilseigner nach der Verschmelzung nicht schlechter gestellt sein dürfen als zuvor.

Zudem verringert der Wert der Summe aller baren Zuzahlungen den Gesamtunternehmenswert nach Verschmelzung, so dass gilt:[950]

$$W^{nV}_{ÜT+ÜN+S-BZ} = W_{ÜT} + W_{ÜN} + S - A_{ÜT} \cdot BZ \tag{36}$$

mit $W^{nV}_{ÜT+ÜN+S-BZ}$ Unternehmenswert nach der Verschmelzung von Überträgerin und Übernehmerin unter Berücksichtigung des Synergiepotenzials und der baren Zuzahlung

Da die bare Zuzahlung die Differenz ausgleichen soll, die sich durch die Verwendung des geraden Umtauschverhältnisses anstelle des exakten ungeraden ergibt, lässt sich die bare Zuzahlung je Anteil der Überträgerin ermitteln, indem die Gleichung

$$\frac{(W_{ÜT} + W_{ÜN})}{(A_{ÜN} + UT \cdot A_{ÜT})} \cdot UT \overset{!}{=} \frac{(W_{ÜT} + W_{ÜN} - A_{ÜT} \cdot BZ)}{(A_{ÜN} + UT^* \cdot A_{ÜT})} \cdot UT^* + BZ \tag{37}$$

nach BZ aufgelöst wird, so dass

$$BZ = \frac{(W_{ÜT} + W_{ÜN}) \cdot (UT - UT^*)}{(A_{ÜN} + UT \cdot A_{ÜT})}.\text{[951]} \tag{38}$$

Die Vermögensposition der an der Verschmelzung beteiligten Anteilseigner der Überträgerin hat sich dann nicht verschlechtert, wenn der Unternehmenswert der Überträgerin vor der Verschmelzung dem Wert ihres Anteils an der verschmolzenen Gesellschaft zuzüglich dem Wert der baren Zuzahlungen entspricht. Es muss also gelten:

---

949 Letzteres ist im Gesetz nicht vorgesehen und dürfte auch in der Durchführung unrealistisch sein.

950 Vgl. *Nonnenmacher*, Umtauschverhältnis, AG 1982, S. 156; *Bermel/Hannappel* in *Goutier*, Umwandlungsrecht, 1996, § 5 UmwG, Rz. 39.

951 Vgl. ebenso Berechnungen bei *Nonnenmacher*, Umtauschverhältnis, AG 1982, S. 156.

$$W_{ÜT} \overset{!}{=} W_{ÜT}^{nV} + A_{ÜT} \cdot BZ = W_{ÜT+ÜN+S-BZ}^{nV} \cdot \frac{\Delta A_{ÜN}}{A_{ÜT+ÜN}^{nV}} + A_{ÜT} \cdot BZ \tag{39}$$

Unter Einsetzung der o. g. Formeln (28), (35) und (36) ergibt sich:

$$W_{ÜT} \overset{!}{=} (W_{ÜT} + W_{ÜN} + S - A_{ÜT} \cdot BZ) \cdot \frac{UT^{*} \cdot A_{ÜT}}{(A_{ÜN} + UT^{*} \cdot A_{ÜT})} + A_{ÜT} \cdot BZ \tag{40}$$

Wenn der anteilige Unternehmenswert, der nach der Verschmelzung auf die Anteilseigner der Überträgerin entfällt, ermittelt werden kann, lassen sich die baren Zuzahlungen pro Anteil berechnen als

$$BZ = \frac{W_{ÜT} - W_{ÜT}^{nV}}{A_{ÜT}}. \tag{41}$$

Schließlich ist noch die Restriktion des § 68 Abs. 3 bzw. § 54 Abs. 4 UmwG zu beachten, nach der die bare Zuzahlung 10 % des Gesamtnennbetrags der durch Kapitalerhöhung bei der Übernehmerin gewährten Gesellschaftsrechte nicht übersteigen darf,

$$A_{ÜT} \cdot BZ \leq 0{,}1 \cdot \Delta A_{ÜN} \cdot \text{Nennwert} = 0{,}1 \cdot A_{ÜT} \cdot UT^{*} \cdot \text{Nennwert}, \tag{42}$$

also gilt

$$BZ \leq 0{,}1 \cdot UT^{*} \cdot \text{Nennwert}, \tag{43}$$

wenn die zu gewährenden Übernehmerin-Anteile vollständig durch Kapitalerhöhung aufgebracht werden.

Bsp. 10: Ungerades Umtauschverhältnis

Zur Verdeutlichung wird das Beispiel 9 wie folgt angepasst: Der Unternehmenswert der Überträgerin ($W_{ÜT}$) wird zutreffend mit 152.452 € ermittelt, der der Übernehmerin-AG ($W_{ÜN}$) mit 323.112 €. Indem wiederum beide inneren Werte ins Verhältnis gesetzt werden, wird das (ungerade) Umtauschverhältnis (UT) berechnet:

$$UT = \frac{\frac{W_{ÜT}}{A_{ÜT}}}{\frac{W_{ÜN}}{A_{ÜN}}} = \frac{\frac{152.452\ €}{100.000}}{\frac{323.112\ €}{160.000}} = \frac{1{,}52452}{2{,}01945} = 0{,}754918418$$

Trotz des ungeraden Umtauschverhältnisses von UT = 0,754918418 muss der Aktientausch dennoch in der oben beschriebenen Weise mit dem geraden Umtauschverhältnis UT^{*} = 0,75 durchgeführt werden. Der Aktienumtausch erfolgt wie im Ausgangsbeispiel 4 : 3. Da wie oben ausgeführt sämtliche Aktien der Überträgerin gem. § 68 Abs. 1 S. 2 UmwG umgetauscht werden sollen, gilt:

$$\Delta A_{ÜN} = UT^{*} \cdot A_{ÜT} \cdot \text{Nennwert} = 0{,}75 \cdot 100.000 \cdot 1\ € = 75.000\ €.$$

Zum Ausgleich des zu niedrigen Umtauschverhältnisses wird eine bare Zuzahlung pro Überträgerin-Aktie unter Einsatz der Formel (38) berechnet zu

$$BZ = \frac{(W_{ÜT} + W_{ÜN}) \cdot (UT - UT^*)}{(A_{ÜN} + UT \cdot A_{ÜT})}$$

$$= \frac{(152.452\ € + 323.112\ €) \cdot (0{,}754918418 - 0{,}75)}{(160.000 + 0{,}754918418 \cdot 100.000)}$$

$$= 0{,}009932499\ €,$$

so dass die bare Zuzahlung für 100.000 Überträgerin-Aktien ca. 993,25 € beträgt ($BZ \cdot A_{ÜT} = 0{,}009932499\ € \cdot 100.000 = 993{,}2499\ €$).

Nachfolgend wird gezeigt, dass die Aktionäre der Überträgerin durch die Verschmelzung durch das gerade Umtauschverhältnis unter Berücksichtigung der baren Zuzahlung nicht schlechter gestellt werden als zuvor:

$$W_{ÜT} = (W_{ÜT} + W_{ÜN} - A_{ÜT} \cdot BZ) \cdot \frac{UT^* \cdot A_{ÜT}}{(A_{ÜN} + UT^* \cdot A_{ÜT})} + A_{ÜT} \cdot BZ$$

$$= (152.452\ € + 323.112\ € - 993{,}25\ €) \cdot \frac{75.000}{(160.000 + 75.000)} + 993{,}25\ €$$

$$= 152.452\ €$$

Ergäbe sich bei der Berechnung eines geraden Umtauschverhältnisses eine bare Zuzahlung von mehr als 10 % des Gesamtnennbetrags der gewährten Kapitalerhöhung, müssten andere Maßnahmen getroffen werden, um ein gängiges Umtauschverhältnis zu erreichen. Außerdem kann es aus Liquiditätsgesichtspunkten vorteilhaft sein, die bare Zuzahlung möglichst gering zu halten. Als Maßnahmen kommen in Betracht:

- Ausschüttungen an die Anteilseigner der Überträgerin bzw. der Übernehmerin,
- Kapitalverwässerung bei der Überträgerin bzw. bei der Übernehmerin durch Kapitalerhöhung aus Gesellschaftsmitteln oder
- Kapitalherabsetzung bei Überträgerin bzw. Übernehmerin.[952]

Ein nach den Kriterien der vorstehenden Abschnitte ermitteltes faires Umtauschverhältnis durch einen neutralen Gutachter ist als angemessen zu beurteilen. Das Umtausverhältnis hat eine zentrale Bedeutung im Verschmelzungsvertrag (§ 5 Abs. 1 Nr. 3 UmwG), im Verschmelzungsbericht (§ 8 Abs. 1 UmwG) und in der Verschmelzungsprüfung (§ 12 UmwG). In der Verschmelzungsprüfung wird auch die vorangegangene Unternehmensbewertung einer Prüfung unterzogen (vgl. Abb. 18).

---

[952] Vgl. *Widmann* in *Widmann/Mayer*, Umwandlungsrecht, 2002, § 5 UmwG, Rz. 128-130; *Bermel/Hannappel* in *Goutier*, Umwandlungsrecht, 1996, § 5 UmwG, Rz. 42.

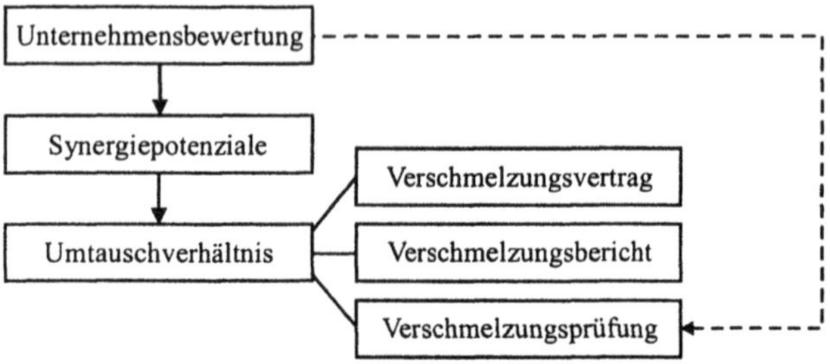

Abb. 18: Zusammenhänge zwischen Unternehmensbewertung, Synergiepotenzialen, Umtauschverhältnis, Verschmelzungsvertrag, -bericht und -prüfung

Mit dem „richtig" ermittelten und geprüften fairen Umtauschverhältnis kann der Umtausch von Anteilen der Überträgerin in solche der Übernehmerin vollzogen werden.

4.5 Parteienspezifisches Vorteilhaftigkeitskalkül und Einigungsbereich

Das wie oben ausgeführt ermittelte faire Umtauschverhältnis eines neutralen Gutachters darf jedoch nicht darüber hinwegtäuschen, dass in praxi das Umtauschverhältnis ein Verhandlungsergebnis widerspiegelt.[953] Zumindest stillschweigend haben die Anteilseigner von Überträgerin und Übernehmerin im Vorfeld bereits Grenz-Umtauschverhältnisse festgelegt, bei denen sie sich nicht schlechter stellen als ohne die geplante Verschmelzung.

Wie bereits in Abschnitt 4.1 ausgeführt, kann es sich bei der Verschmelzung um eine nicht dominierte oder dominierte[954] Entscheidungssituation handeln. In beiden Fällen legt der Unternehmensbewerter in seiner Beratungsfunktion parteienspezifische Grenz-Umtauschverhältnisse der potenziellen Verschmelzungspartner fest.

In diesem Abschnitt wird die Ermittlung von parteienspezifischen Grenz-Umtauschverhältnissen in einer nicht dominierten Entscheidungssituation erläutert. Die liegt bei einer Verschmelzung von voneinander unabhängigen Gesellschaften vor, deren Anteilseigner identische Voraussetzungen erfüllen und dieselbe Alternativen haben.[955] Beide Parteien treten mit ihren Grenzpreisen als Entscheidungshilfen in Verhandlungen ein, deren Abbruch durch alle Parteien jederzeit möglich ist.

---

953 Vgl. *Bitzer*, Probleme, 1987, S. 47.

954 Führen die Beteiligungsverhältnisse zu einer dominierten Entscheidungssituation, kann die dominierende Partei Unternehmenswerte und Umtauschverhältnis in ihrem Interesse durchsetzen. Sie ermittelt Grenzpreise zur Entscheidungshilfe für oder gegen die Verschmelzung. Hingegen hat der Grenzpreis für die dominierte Minderheit nur noch die Funktion eines Erfolgsmaßstabs.

955 Ansonsten werden typisierte parteienspezifische Umtauschverhältnisse, die subjektive Merkmale einzelner Gesellschafter unberücksichtigt lassen, ermittelt. Vgl. *Ossadnik*, Angemessenheit, 1985, S. 1954; *Moxter*, Grundsätze, 1991, S. 25.

Bereits auf der Stufe der Unternehmensbewertung berechnen die Verschmelzungspartner subjektive Unternehmenswerte nach originär ökonomischen Vorteilhaftigkeitsüberlegungen. Im Unterschied zur Ermittlung eines fairen Ausgleichswerts in Abschnitt 4.1 ist bei der Ermittlung subjektiver Unternehmenswerte *IDW* S1 nicht anzuwenden, keine Aufteilung des Synergiepotenzials nötig,[956] und das Risiko berücksichtigt individuelle Präferenzen. Der potenzielle Verschmelzungspartner vergleicht die Vorteilhaftigkeit der Verschmelzung rational ökonomisch mit seinen Alternativen. Dazu ermittelt er ein parteienspezifisches Grenz-Umtauschverhältnis.

So gibt das Grenz-Umtauschverhältnis der Anteilseigner der Überträgerin an, wie viele Anteile an der Übernehmerin sie mindestens für einen Anteil erhalten müssen, ohne ihre Vermögensposition zu verschlechtern, sog. Mindest-Umtauschverhältnis. Wird das Mindest-Umtauschverhältnis realisiert, bleibt der Wert eines Anteils an der Überträgerin vor und nach der Verschmelzung gleich; ein Synergiepotenzial wird ausschließlich den Anteilseignern der Übernehmerin zugerechnet.

Aus Sicht der Anteilseigner der Übernehmerin besteht analog ein Höchst-Umtauschverhältnis, das aussagt, wie viele Anteile die Übernehmerin höchstens für einen Anteil an der Überträgerin hingeben darf.[957] Wenn das Höchst-Umtauschverhältnis realisiert würde, messen die Anteilseigner der Übernehmerin ihren Anteilen genau den Wert zu, den sie auch ohne die Verschmelzung hätten. Demnach entfällt ein eventuell vorhandenes Synergiepotenzial vollständig auf die Anteilseigner der Überträgerin.

Bei erfolgreichen Verhandlungen kommt es zu der angestrebten Verschmelzung mit einem bestimmten Umtauschverhältnis. Fraglich ist, ob das Höchst-Umtauschverhältnis der Übernehmerin, das Mindest-Umtauschverhältnis der Überträgerin oder ein Zwischenwert als angemessen anzusehen ist. Angemessen ist das Umtauschverhältnis, bei dem der Anteilseigner der Überträgerin mit der besten Alternativrendite dem Umtausch in einer nicht dominierten Verhandlungssituation gerade noch zustimmt. Eine Einigung über die Verschmelzung kommt nur zustande, wenn das realisierte Umtauschverhältnis im Einigungsbereich zwischen den Grenz-Umtauschverhältnissen beider Verschmelzungspartner liegt und somit beide Parteien Anteil am Synergiepotenzial haben (vgl. Abb. 19). Dabei kann eine Gruppe ihren Anteil an der verschmolzenen Gesellschaft durch Verhandlungsgeschick erhöhen, indem das tatsächlich realisierte Umtauschverhältnis näher an das Grenz-Umtauschverhältnis der anderen Partei gebracht wird .

---

956 Jede Partei wird das gesamte Synergiepotenzial ihrem eigenen subjektiven Unternehmenswert zuschlagen. Vgl. *Siepe*, WP-Handbuch, 2002, Bd. II, Teil A, Rz. 138 f.; *Drykarczyk*, Problem, AG 1973, S. 360; *IDW*, Unternehmensbewertungen, WPg 2000, S. 831.

957 Vgl. *Nonnenmacher*, Umtauschverhältnis, AG 1982, S. 154 und *Pfitzer*, WP-Handbuch, 2002, Bd. II, Teil D, Rz. 60 f., die das Umtauschverhältnis jedoch aus Sicht der Übernehmerin berechnen und daher die Begriffe genau umgekehrt verwenden.

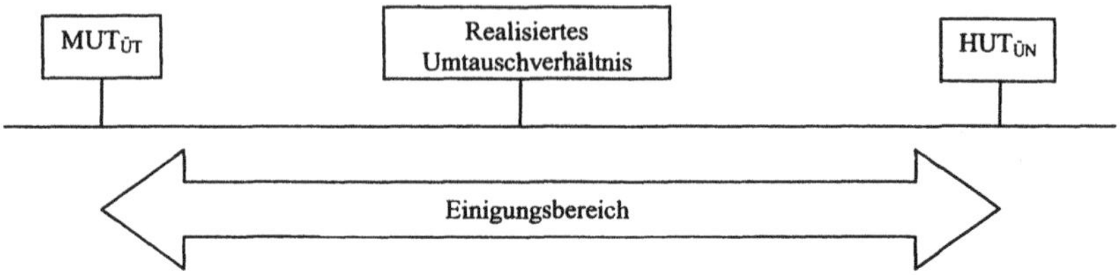

Abb. 19: Einigungsbereich zwischen Mindest-Umtauschverhältnis der Überträgerin und Höchst-Umtauschverhältnis der Übernehmerin

Das Vertrauen auf Verhandlungslösungen, die faire Umtauschverhältnisse erbringen, könnte durch Agency-Probleme oder das Winner's Curse-Phänomen beeinträchtigt sein. Agency-Probleme entstehen, wenn Manager ein Interesse am Zustandekommen der Verschmelzung haben, auch wenn das Umtauschverhältnis außerhalb des Grenz-Umtauschverhältnisses ihrer Anteilseigner liegt, oder wenn überhaupt keine Synergien zu realisieren sind. Nach dem Winner's Curse-Phänomen aus der Auktionstheorie kommt die Verschmelzung nach mehreren Verhandlungsrunden mit demjenigen Verhandlungspartner zustande, der das günstigste Umtauschverhältnis bietet, das regelmäßig über dem Marktdurchschnitt liegt. Die Diskussion dieser Probleme würde jedoch den Rahmen dieser Arbeit sprengen.[958]

Vereinfachend wird im Folgenden von der Annahme ausgegangen, dass die Höhe des Barwerts des gesamten positiven[959] Synergiepotenzials als sicher und von beiden Seiten identisch eingeschätzt wird. Das Mindest-Umtauschverhältnis der Überträgerin lässt sich dann durch folgende Formel ermitteln:

$$MUT_{ÜT} = \frac{\frac{W_{ÜT}}{A_{ÜT}}}{\frac{(W_{ÜN} + S)}{A_{ÜN}}} = \frac{W_{ÜT} \cdot A_{ÜN}}{(W_{ÜN} + S) \cdot A_{ÜT}} \quad (44)$$

mit $MUT_{ÜT}$ Mindest-Umtauschverhältnis der Überträgerin
S Wert des gesamten Synergiepotenzials

958 Vgl. zu Agency-Problemen *Wenger/Terberger*, Beziehung, WiSt 1988, S. 506 ff.; zum Winner's Curse-Phänomen *Kräkel*, Winner, WiSt 1996, S. 462 ff.; zu beidem im Zusammenhang mit Fusionen bei *Knoll*, Fusionen, FB 2001, S. 241, 245.

959 Falls negative Synergiepotenziale bestehen, liegt nur unter bestimmten Voraussetzungen ein Einigungsbereich vor. A. A. (kein Einigungsbereich) vgl. *Nonnenmacher*, Umtauschverhältnis, 1982, S. 156 f.

Das Höchst-Umtauschverhältnis der Übernehmerin ermittelt sich analog zu:

$$HUT_{ÜN} = \frac{\frac{(W_{ÜT} + S)}{A_{ÜT}}}{\frac{W_{ÜN}}{A_{ÜN}}} = \frac{(W_{ÜT} + S) \cdot A_{ÜN}}{W_{ÜN} \cdot A_{ÜT}} \qquad (45)$$

mit HUTÜN Höchst-Umtauschverhältnis der Übernehmerin

Nur in dem Fall $MUT_{ÜT} < HUT_{ÜN}$ liegt ein Einigungsbereich vor. Für das realisierte Umtauschverhältnis UT gilt dann: $MUT_{ÜT} \leq UT \leq HUT_{ÜN}$.

Falls jedoch ausnahmsweise $MUT_{ÜT} \geq HUT_{ÜN}$, wird es nicht zu einer Einigung kommen, da sich mindestens einer der Akteure schlechter stellen würde als im Fall des Verzichts auf die Verschmelzung.

Bsp. 11: Mindest- und Höchst-Umtauschverhältnis

Das Beispiel 1 wird um ein Synergiepotenzial von 100.000 € erweitert. Mit Hilfe der Formel (39) ergibt sich ein Mindest-Umtauschverhältnis der Überträgerin von 1,524, so dass die Aktionäre der Überträgerin für eine Aktie mindestens 1,524 Aktien der Übernehmerin verlangen werden. Dann würde das Synergiepotenzial vollständig der Übernehmerin zugerechnet.

$$MUT_{ÜT} = \frac{\frac{W_{ÜT}}{A_{ÜT}}}{\frac{(W_{ÜN} + S)}{A_{ÜN}}} = \frac{\frac{400.000\ €}{100.000}}{\frac{(320.000\ € + 100.000\ €)}{160.000}} = \frac{4}{2,625} = 1,524$$

Das Höchst-Umtauschverhältnis der Übernehmerin beträgt 2,5, d. h. die Anteilseigner der Übernehmerin werden höchstens 2,5 Aktien für eine Überträgerin-Aktie hingeben. Das würde bedeuten, dass sie das gesamte Synergiepotenzial der Überträgerin zurechnen.

$$HUT_{ÜN} = \frac{\frac{(W_{ÜT} + S)}{A_{ÜT}}}{\frac{W_{ÜN}}{A_{ÜN}}} = \frac{\frac{(400.000\ € + 100.000\ €)}{100.000}}{\frac{320.000\ €}{160.000}} = \frac{5}{2} = 2,5$$

Hier gilt $MUT_{ÜT} < HUT_{ÜN}$ mit $1,524 < 2,5$ und somit liegt ein Einigungsbereich vor. Das realisierte Umtauschverhältnis UT von 2 aus Beispiel 1 liegt im Einigungsbereich: $1,524 < 2 < 2,5$.

Im Folgenden lässt sich analog zu Abschnitt 4.4.2 für das Mindest-Umtauschverhältnis zeigen, dass der Unternehmenswert der Überträgerin vor Verschmelzung mit ihrem anteiligen Unternehmenswert nach der Verschmelzung genau übereinstimmt, weil das gesamte Synergiepotenzial der Übernehmerin zugerechnet würde. Es ist zu beachten, dass dann gilt:

$$\Delta A_{ÜN} = MUT_{ÜT} \cdot A_{ÜT} \text{ und} \tag{46}$$

$$A^{nV}_{ÜT+ÜN} = A_{ÜN} + MUT_{ÜT} \cdot A_{ÜT} \tag{47}$$

Bsp. 12: Überprüfung der Unternehmenswerte bei Mindest- und Höchst-Umtauschverhältnis

Dies soll am obigen Beispiel 11 gezeigt werden. Der anteilige Unternehmenswert der Überträgerin nach der Verschmelzung beträgt:

$$W^{nV}_{ÜT} = W^{nV}_{ÜT+ÜN+S} \cdot \frac{MUT_{ÜT} \cdot A_{ÜT}}{A^{nV}_{ÜT+ÜN}} = 820.000\ € \cdot \frac{152.400}{312.400} \approx 400.000\ € \overset{!}{=} W_{ÜT},$$

derjenige der Übernehmerin hingegen:

$$W^{nV}_{ÜN} = W^{nV}_{ÜT+ÜN+S} \cdot \frac{A_{ÜN}}{A^{nV}_{ÜT+ÜN}} = 820.000\ € \cdot \frac{160.000}{312.400} \approx 420.000\ €$$

$$\overset{!}{=} W_{ÜT} + S = 320.000\ € + 100.000\ €.$$

Auch bei Realisierung des Höchst-Umtauschverhältnisses lässt sich zeigen, dass $W^{nV}_{ÜT} = W_{ÜT} + S$ und $W^{nV}_{ÜN} = W_{ÜN}$.

Grenz-Umtauschverhältnisse werden in der Praxis nicht festgelegt bzw. nicht veröffentlicht. Sie äußern sich vielmehr indirekt in der Konzessionsbereitschaft der Parteien. Demnach muss davon ausgegangen werden, dass jedes realisierte Umtauschverhältnis in nicht dominierten Entscheidungssituationen zwischen gleichberechtigten Parteien in einem impliziten Einigungsbereich liegt[960] und als angemessen beurteilt werden kann.[961]

4.6 Umtausch und Kapitalerhöhung

Das nach den obigen Ausführungen ermittelte angemessene Umtauschverhältnis legt fest, in welchem Verhältnis die Anteilseigner der Überträgerin ihre alten Anteile an der Überträgerin in Anteile an der Übernehmerin tauschen können.

Der Anteilstausch vollzieht sich im Einzelnen je nach Unternehmensform nach folgenden Regeln, deren Einzelheiten im Verschmelzungsvertrag niederzulegen sind:

Bei Aktien ist der Austausch von Stammaktien gegen stimmrechtslose Vorzugsaktien[962] sowie die Gewährung von vinkulierten Aktien[963] unzulässig, Inhaber- können jedoch

---

960 Vgl. *Matschke*, Entscheidungswert, 1975, S. 327-336.

961 Vgl. *Nonnenmacher*, Umtauschverhältnis, AG 1982, S. 158; *Dirrigl*, Angemessenheit, WPg 1989, S. 455; *Pfitzer*, WP-Handbuch, 2002, Bd. II, Teil D, Rz. 59; *Piltz*, Börsenkurs, ZGR 2001, S. 207.

962 Vgl. *Priester* in *Lutter*, UmwG, 2000, § 5, Rz. 12.

963 Vgl. *Priester* in *Lutter*, UmwG, 2000, § 5, Rz. 10; *Bula/Schlösser* in *SBB*, Umwandlungen, 2000, J, Rz. 27; a. A. *Marsch-Barner* in *Kallmeyer*, UmwG, 2001, § 5, Rz. 6.

gegen Namensaktien und v. v. getauscht werden.[964] Wenn die Übernehmerin eigene Anteile hält (§§ 71 ff. AktG) oder durch die Verschmelzung erwirbt, weil die Überträgerin an der Übernehmerin beteiligt ist, kann die Übernehmerin diese eigenen Anteile für den Umtausch verwenden, § 68 Abs. 1 S. 2 UmwG. Für einen weiteren Umtausch ist i. d. R. eine Kapitalerhöhung erforderlich, die jedoch erleichterten Anforderungen unterliegt, § 69 UmwG i. V. m. §§ 182 ff. AktG. Der Aktientausch und die Entgegennahme von baren Zuzahlungen erfolgt nach § 71 Abs. 1 UmwG über einen Treuhänder. Außerdem sind unbekannte Aktionäre nach § 35 UmwG zu bezeichnen.

Die Anteilsübertragung bei der GmbH erfolgt entsprechend.[965] Im Verschmelzungsvertrag ist zusätzlich für jeden Anteilseigner der Überträgerin gem. § 46 UmwG der Nennbetrag der zu gewährenden Geschäftsanteile an der Übernehmerin sowie ggf. der Verlust einer besonderen Rechtsposition nach § 50 Abs. 2 UmwG aufzunehmen.

Im Fall der Verschmelzung von Personenhandelsgesellschaften ist im Verschmelzungsvertrag für Gesellschafter der Überträgerin die Einlage festzulegen. Ist die Übernehmerin eine KG, muss gem. § 40 Abs. 1 UmwG bestimmt werden, ob die ehemaligen Überträgerin-Anteilseigner Kommanditisten oder Komplementäre der KG werden.[966] Rechtsverluste für Anteilseigner der Überträgerin gem. § 40 Abs. 2, § 43 Abs. 2 UmwG sind stets im Vertrag zu erläutern.[967] Falls ein Gesellschafter vor der Verschmelzung sowohl an der Überträgerin als auch an der Personenhandelsgesellschaft-Übernehmerin beteiligt war, wird seine Beteiligung an der Personenhandelsgesellschaft erhöht.[968]

Die bisher aus Vereinfachungsgründen aufgestellte Prämisse, nach der sämtliche Überträgerin-Anteile umgetauscht werden und der Umtausch in voller Höhe durch eine Kapitalerhöhung bei der Übernehmerin erfolgt, wird in diesem Abschnitt aufgegeben. Zu klären bleibt daher,

1. welche Überträgerin-Anteile tatsächlich umgetauscht werden und
2. woher die zu gewährenden Übernehmerin-Anteile stammen.

Zunächst stellt sich für Kapitalgesellschaften die Frage, welche Anteile an der Überträgerin in Anteile an der Übernehmerin umgetauscht werden müssen. Nur diese umzutauschenden Anteile an der Überträgerin werden mit dem Umtauschverhältnis multipliziert, um die zu gewährenden Anteile an der Übernehmerin zu berechnen. Obwohl der Wortlaut in § 68 Abs. 1 S. 1 UmwG[969] lautet „die übernehmende (Aktien-) Gesellschaft darf ... ihr Grundkapital nicht erhöhen, soweit ...", wird an dieser Stelle geregelt, welche Anteile der Überträgerin zwingend nicht umgetauscht werden dürfen.

---

964 Vgl. *Sagasser/Ködderitzsch* in *SBB*, Umwandlungen, 2000, J, Rz. 27 m. w. N.; *Priester* in *Lutter*, UmwG, 2000, § 5, Rz. 11. Ein Abfindungsanspruch nach § 29 UmwG besteht dann nicht, vgl. Abschnitt 2.9.1. Nach a. A. ist grundsätzlich ein Umtausch in Anteile mit einer zulässigen Ausstattung möglich; vgl. *Marsch-Barner* in *Kallmeyer*, UmwG, 2001, § 5, Rz. 6.

965 Siehe § 33, §§ 55 ff. GmbHG und §§ 54-55 UmwG.

966 Ohne die Zustimmung eines bei der Überträgerin nicht persönlich haftenden Anteilseigners wird dieser stets Kommanditist; § 40 Abs. 1-2 UmwG.

967 Vgl. zur Mischverschmelzung *Sagasser/Ködderitzsch* in *SBB*, Umwandlungen, 2000, J, Rz. 61.

968 Vgl. *Sagasser/Ködderitzsch* in *SBB*, Umwandlungen, 2000, J, Rz. 27 m. w. N.

969 Analog für die GmbH § 54 Abs. 1 S. 1 UmwG. Für andere Unternehmensformen, insbesondere für Personenhandelsgesellschaften, existiert eine solche Vorschrift nicht.

Von dem gesamten Grundkapital der Überträgerin sind zunächst deren eigene Anteile abzuziehen, § 68 Abs. 1 S. 1 Nr. 2 UmwG, da diese bei der Verschmelzung untergehen. Nur das restliche Grundkapital ist abzulösen. Vom Umtausch ausgenommen bleibt der Anteil am Grundkapital der Überträgerin, den die Übernehmerin hält, § 68 Abs. 1 S. 1 Nr. 1 UmwG. Hier geht die Beteiligung der Übernehmerin an der Überträgerin durch die Verschmelzung unter. In beiden Fällen kommt es von vornherein nicht zu einer Anteilsgewährung, vgl. auch § 20 Abs. 1 Nr. 3 S. 1 Hs. 2 UmwG. Eine Anteilsgewährung hätte zur Folge, dass die Übernehmerin durch die Kapitalerhöhung über neue eigene Anteile verfügen würde, was gegen den Grundsatz der realen Kapitalerhaltung verstoßen würde. Schließlich darf das Überträgerin-Grundkapital nicht umgetauscht werden, sofern ihm Anteile an der Übernehmerin im Besitz der Überträgerin gegenüber stehen, für die die Einlagen nicht voll[970] erbracht sind, § 68 Abs. 1 S. 1 Nr. 3 UmwG. Dies soll verhindern, dass durch die Verschmelzung unzulässige nicht vollständig bezahlte eigene Anteile der Übernehmerin entstehen.[971] Solche nicht vollständig einbezahlten Anteile dürfte die Übernehmerin nicht erwerben, sondern müsste sie zum Anteilstausch verwenden. Dies ist aber nur in dem Ausnahmefall möglich, dass Anteilseigner der Überträgerin ihre Einlagen nicht voll geleistet haben und insofern auch nur Anspruch auf nicht voll eingezahlte Einlagen an der Übernehmerin haben. Im Regelfall wird wohl die ausstehende Einlage geleistet werden oder die nicht voll eingezahlten Anteile müssen an einen Dritten veräußert werden. Stehen die Einlagen im Verschmelzungszeitpunkt immer noch aus, ist die Verschmelzung nicht zulässig.[972]
Eine Kapitalerhöhung ist demnach unzulässig, soweit die Vermögensübertragung der Überträgerin zu keiner realen Sacheinlage bei der Übernehmerin führt. Der mit § 68 Abs. 1 S. 1 UmwG verfolgte Zweck, das Entstehen neuer eigener Anteile der Übernehmerin durch die Kapitalerhöhung aus Gründen der Kapitalaufbringung und -erhaltung zu verhindern,[973] wird dadurch erreicht, dass im Ergebnis nur Anteile an der Überträgerin umzutauschen sind, die von außenstehenden Anteilseignern gehalten werden.

Die Muss-Vorschriften des § 68 Abs. 1 S. 1 UmwG führen zusammenfassend zu folgendem umzutauschenden Grundkapital der Überträgerin:[974]

970 Voll erbracht heißt bei einer AG, dass Nennbetrag zuzüglich Agio (Ausgabebetrag) eingezahlt werden, bei einer GmbH reicht die Zahlung des Nennbetrags (Stammeinlage) aus; siehe § 36a AktG, § 7 Abs. 2 GmbHG; vgl. *Lutter* in *Lutter*, UmwG, 2000, § 5, Rz. 15; *Winter* in *Lutter*, UmwG, 2000, § 54 Rz. 8 f.; *Grunewald* in *Lutter*, UmwG, 2000, § 68, Rz. 4.

971 Siehe § 33 Abs. 1 GmbHG, § 17 Abs. 2 S. 3 AktG; vgl. *Winter* in *Lutter*, UmwG, 2000, § 54, Rz. 8.

972 Vgl. *Winter* in *Lutter*, UmwG, 2000, § 54 Rz. 9.

973 Vgl. *Winter* in *Lutter*, UmwG, 2000, § 54, Rz. 2, 5.

974 Für eine GmbH als Überträgerin gilt das oben Ausgeführte analog gem. § 54 Abs. 1 S. 1 UmwG; anstelle von Grundkapital und Aktien treten die Begriffe Stammkapital und GmbH-Anteile.

	Gesamtes Überträgerin-Nominalkapital[975]	
-	Eigenes Überträgerin-Nominalkapital gem. § 68 Abs. 1 S. 1 Nr. 2 UmwG	
=	Abzulösendes Überträgerin-Nominalkapital	
-	Überträgerin-Nominalkapital im Besitz der Übernehmerin gem. § 68 Abs. 1 S. 1 Nr. 1 UmwG	
-	Übernehmerin-Nominalkapital im Besitz der Überträgerin, sofern Einlagen nicht voll erbracht sind, gem. § 68 Abs. 1 S. 1 Nr. 3 UmwG	
=	Umzutauschendes Überträgerin-Nominalkapital	(48)

Vereinfachend kann anstatt von einem Euro anteiligem Grund- oder Stammkapital von einer Aktie bzw. Gesellschaftsanteil der Überträgerin ausgegangen werden. Von den gesamten Überträgerin-Anteilen ($A_{ÜT}$) ist somit nur ein bestimmter Anteil ($uA_{ÜT}$) umzutauschen, so dass

$$A_{ÜT} \neq uA_{ÜT} \tag{49}$$

sein kann,

mit $uA_{ÜT}$ ein bestimmter umzutauschender Anteil der gesamten Überträgerin-Anteile

Die umzutauschenden Anteile an der Überträgerin werden mit dem (geraden) Umtauschverhältnis (UT^*) multipliziert, um die zu gewährenden Anteile an der Übernehmerin ($\Delta A_{ÜN}$) zu berechnen:

$$uA_{ÜT} \cdot UT^* = \Delta A_{ÜN} \tag{50}$$

Daran schließt sich sofort die Frage an, woher das zu gewährende Übernehmerin-Grundkapital stammt. Grundsätzlich kann die Übernehmerin eine Kapitalerhöhung durchführen und damit die zu gewährenden Anteile neu schaffen. § 68 Abs. 1 S. 2 UmwG schafft hier jedoch Gestaltungsspielraum, in dem „die übernehmende Gesellschaft ... ihr Grundkapital nicht zu erhöhen (braucht), soweit ...". Wahlweise kann die Übernehmerin demnach die zu gewährenden Anteile aus anderen Quellen als der Kapitalerhöhung nehmen: Wenn die Übernehmerin über eigene Anteile verfügt, kann sie diese zum Umtausch verwenden, § 68 Abs. 1 S. 2 Nr. 1 UmwG. Anteile, die die Überträgerin an der Übernehmerin hält, werden, sofern die Einlagen mit Nennwert und Agio voll erbracht sind, durch die Verschmelzung zu eigenen Anteilen der Übernehmerin. Daher können auch diese Übernehmerin-Anteile den Anteilseignern der Überträgerin hingegeben werden, § 68 Abs. 1 S. 2 Nr. 2 UmwG. Diese Regelung erlaubt gleichzeitig, dass die Übernehmerin die neuen eigenen Anteile – vorbehaltlich gesellschaftsrechtlicher Vorschriften – auch in ihrem Bestand halten kann. Werden

975 Für AG gilt hier Grund-, für GmbH Stammkapital in €. Die Berechnung ist außerdem in Aktien bzw. Anteilen möglich. In der Zusammenfassung wurde bewusst eine allgemeine Darstellung verwendet.

diese neuen eigenen Anteile nicht für den Umtausch verwendet, ist ergebniswirksam eine Rücklage gem. § 272 Abs. 4 HGB zu bilden.[976]

Die Kann-Vorschriften des § 68 Abs. 1 S. 2 UmwG führen zusammenfassend zu folgender Mindest-Kapitalerhöhung bei der Übernehmerin:[977]

	Zu gewährendes Übernehmerin-Nominalkapital	
-	Eigenes Übernehmerin-Nominalkapital gem. § 68 Abs. 1 S. 2 Nr. 1 UmwG	
-	Übernehmerin-Nominalkapital im Besitz der Überträgerin, sofern Einlagen voll erbracht sind, gem. § 68 Abs. 1 S. 2 Nr. 2 UmwG	
=	Mindest-Kapitalerhöhung bei der Übernehmerin	(51)

Vereinfachend kann auch hier anstatt von einem Euro anteiligem Grund- oder Stammkapital von einer Aktie bzw. Gesellschaftsanteil der Überträgerin ausgegangen werden. Von den gesamten zu gewährenden Übernehmerin-Anteilen $\Delta A_{ÜN}$ ist somit nur eine Kapitalerhöhung – in Anteilen – $A_{KE(ÜN)}$ erforderlich, soweit keine eigenen Anteile der Übernehmerin $EA_{ÜN}$ oder eine voll eingezahlte Beteiligung der Überträgerin an der Übernehmerin $A_{BET(ÜN)}$ hingegeben werden.

Im Kapitalerhöhungsbeschluss kann neben der nominellen Kapitalerhöhung ein Agio bestimmt werden, so dass die neuen Anteile zu einem höheren Ausgabebetrag ausgegeben werden.[978]

$$\Delta A_{ÜN} = A_{KE(ÜN)} + EA_{ÜN} + A_{BET(ÜN)} \tag{52}$$

mit $A_{KE(ÜN)}$ Kapitalerhöhung bei der Übernehmerin in Anteilen
$EA_{ÜN}$ eigene Anteile der Übernehmerin
$A_{BET(ÜN)}$ Anteile, die die Überträgerin an der Übernehmerin hält und voll eingezahlt hat

Damit die neu geschaffenen Anteile an der Übernehmerin den bisherigen Anteilseignern der Überträgerin gewährt werden können, ist die Kapitalerhöhung mit Bezugsrechtsausschluss für Alt-Anteilseigner der Übernehmerin gem. § 186 Abs. 3 AktG, § 55 Abs. 2 GmbHG durchzuführen.

Anteile, die von Dritten treuhänderisch gehalten werden, werden gem. § 68 Abs. 2 UmwG eigenen Anteilen gleichgestellt. Diese Regelung soll die Umgehung der Kapitalerhöhungsverbote verhindern.

---

976 Vgl. *Widmann* in *Widmann/Mayer*, Umwandlungsrecht, 2002, § 24 UmwG, Rz. 348 f.

977 Für eine GmbH als Übernehmerin gilt das oben Ausgeführte analog gem. § 54 Abs. 1 S. 2 UmwG; anstelle von Grundkapital und Aktien treten die Begriffe Stammkapital und GmbH-Anteile. Die Ermittlung des umzutauschenden Nominal-Kapitals gilt für den Fall der aufnehmenden Kapitalgesellschaft, wobei es auf die Rechtsform der Überträgerin nicht ankommt.

978 Vgl. dazu Abschnitt 5.2.2.3.1.2.

Für die Kapitalerhöhung im Zuge der Verschmelzung gelten Vereinfachungen nach § 69 bzw. § 55 UmwG.

Die bisher identifizierte Kapitalerhöhung in Anteilen ($A_{KE(ÜN)}$) ist in einem weiteren Schritt in einen Eurobetrag zu transformieren. Vereinfachend kann in den obigen Formeln (50) und (52) anstatt von einem Anteil von einem Euro anteiligem Grund- oder Stammkapital der Übernehmerin ausgegangen werden. Verfügt die Übernehmerin über Anteile, die einen bestimmten Nennwert in Euro ($NW_{ÜN}$) repräsentieren, berechnet sich die Kapitalerhöhung in Euro ($K_{KE(ÜN)}$) folgendermaßen:

$$A_{KE(ÜN)} \cdot NW_{ÜN} = K_{KE(ÜN)} \tag{53}$$

mit KKE(ÜN) erforderliche Kapitalerhöhung bei der Übernehmerin in Euro
NWÜN Nennwert pro Anteil der Übernehmerin

Falls hingegen Stückaktien vorliegen, muss in die Berechnung der Kapitalerhöhung in Euro ($K_{KE(ÜN)}$) noch die absolute Höhe des Grundkapitals der Übernehmerin einbezogen werden. Dazu wird das Grundkapital vor und nach Verschmelzung ($K_{ÜN}$ bzw. $K^{nV}_{ÜT+ÜN}$) ins Verhältnis zur Anzahl der Stückaktien vor und nach Verschmelzung ($A_{ÜN}$ bzw. $A^{nV}_{ÜT+ÜN}$) gesetzt:

$$\frac{K_{ÜN}}{A_{ÜN}} = \frac{K^{nV}_{ÜT+ÜN}}{A^{nV}_{ÜT+ÜN}} \tag{54}$$

umgeformt zu

$$K^{nV}_{ÜT+ÜN} = \frac{K_{ÜN} \cdot A^{nV}_{ÜT+ÜN}}{A_{ÜN}} \tag{55}$$

mit

$$A^{nV}_{ÜT+ÜN} = A_{ÜN} + \Delta A_{ÜN} = A_{ÜN} + A_{KE(ÜN)} + EA_{ÜN} + A_{BET(ÜN)} \tag{56}$$

und analog

$$K^{nV}_{ÜT+ÜN} = K_{ÜN} + K_{KE(ÜN)} + K_{EA(ÜN)} + K_{BET(ÜN)}, \tag{57}$$

mit $A^{nV}_{ÜT+ÜN}$ Anzahl der Anteile nach der Verschmelzung von Überträgerin und Übernehmerin
$K^{nV}_{ÜT+ÜN}$ (Grund-)Kapital nach der Verschmelzung von Überträgerin und Übernehmerin
KÜN (Grund-)Kapital der Übernehmerin vor der Verschmelzung

Daraus ergibt sich die erforderliche Kapitalerhöhung in Euro als:

$$K_{KE(ÜN)} = K^{nV}_{ÜT+ÜN} - K_{ÜN} - K_{EA(ÜN)} - K_{BET(ÜN)} \tag{58}$$

bzw. zu

$$K_{KE(ÜN)} = \frac{K_{ÜN} \cdot A^{nV}_{ÜT+ÜN}}{A_{ÜN}} - K_{ÜN} - K_{EA(ÜN)} - K_{BET(ÜN)}. \tag{59}$$

Abschließend bleibt festzuhalten: Verschmelzungen erfolgen entweder gegen Ausgabe neuen Kapitals (bei der Verschmelzung durch Neugründung oder bei der Verschmelzung durch Aufnahme mittels Kapitalerhöhung), durch Hingabe eigener Anteile der Übernehmerin oder durch Untergang der Beteiligung der Übernehmerin an der Überträgerin.

Für Personenhandelsgesellschaften gelten die bisherigen Ausführungen weitgehend analog. Allerdings sind bei übertragenden Personenunternehmen weder eigene Anteile noch ausstehende Einlagen denkbar. Ist eine Personenhandelsgesellschaft an der Verschmelzung beteiligt, ist im Verschmelzungsvertrag genau festzusetzen, welches Kapital umzutauschen ist. Wenn die Personenhandelsgesellschaft als Übernehmerin in Erscheinung tritt, ist namentlich festzuhalten, in welcher Höhe und Art beitretende Gesellschafter Kapital übernehmen.[979] Eine Erhöhung des Kapitals ist nicht notwendig, allerdings sollte der Kapitalanteil die Beteiligung der jeweiligen Anteilseigner an der verschmolzenen Gesellschaft widerspiegeln.

---

979 Vgl. *Müller* in *Kallmeyer*, UmwG, 2001, § 5, Rz. 20.

5 Handelsbilanzen bei Verschmelzung

Insgesamt ist die handelsrechtliche Rechnungslegung bei Verschmelzungen nur sehr knapp in § 17 Abs. 2 S. 2 und § 24 UmwG geregelt. Diese Vorschriften gelten nicht nur für Verschmelzungen durch Aufnahme, sondern über § 36 Abs. 1 UmwG auch für Verschmelzungen durch Neugründung, und – dies ist besonders hervorzuheben – für alle Rechtsformen gleichermaßen.[980] Dennoch sind rechtsformspezifische Besonderheiten, die sich u. a. aus dem HGB ergeben, zu beachten. Es ist zu unterscheiden zwischen der Schlussbilanz der Überträgerin, die Grundlage und Ausgangspunkt der Verschmelzung bildet, und der Bilanzierung bei der Übernehmerin, in der der Verschmelzungsvorgang mit seinem Ergebnis Niederschlag findet (vgl. Tab. 12). Daneben sind reguläre Jahresabschlüsse zu erstellen.

Tab. 12: Überblick über Bilanzen der an der Verschmelzung beteiligten Rechtsträger

	Schlussbilanz der Überträgerin	**„Übernahmebilanz" der Übernehmerin**
Allgemeines	Grundlage, Ausgangspunkt	Ergebnis und Niederschlag des Verschmelzungsvorgangs
Verschmelzung durch Aufnahme	§ 17 Abs. 2 S. 2 UmwG: normale Jahresabschluss-Vorschriften gelten	Verschmelzung ist laufender Geschäftsvorfall, Verschmelzungsbilanz ist freiwillig, sonst Jahresabschluss-Bilanz
Verschmelzung durch Neugründung	beide Überträgerinnen stellen normale Jahresabschlüsse auf	Übernehmerin erstellt Gründungsbilanz zum Verschmelzungszeitpunkt (§ 242 Abs. 1 HGB)

Systematisch gehören Bilanzen i. R. d. Verschmelzungsvorgangs zu den Sonderbilanzen.[981] Zur Frage, ob die Bilanzen als außerordentliche Erfolgsbilanzen oder reine Vermögens-Status-Bilanzen einzuordnen sind, wird in den Abschnitten 5.1.1 und 5.2.1 kurz Stellung genommen.

Im Folgenden werden sowohl die Schlussbilanz der Überträgerin als auch die sog. Übernahmebilanz der Übernehmerin schwerpunktmäßig aus der Sicht von Kapitalgesellschaften betrachtet.

---

980 Vgl. *Bundesregierung*, Begründung, BR-Drs. 75/94, S. 90; *Bula/Schlösser* in *SBB*, Umwandlungen, 2000, E, Rz. 2 und K, Rz. 2.

981 Nicht zu verwechseln mit rein steuerlichen Sonderbilanzen bei Personenhandelsgesellschaften.

5.1 Schlussbilanz der Überträgerin

Die Schlussbilanz der Überträgerin stellt den Ausgangspunkt für die Rechnungslegung bei Verschmelzungen sowohl für die Überträgerin als auch für die Übernehmerin dar. Im folgenden Abschnitt werden für die Schlussbilanz der Überträgerin nach einer Begriffserläuterung die Bereiche Ansatz und Bewertung untersucht, bevor kurz auf Prüfungs- und Offenlegungspflicht eingegangen wird. Schließlich wird im Abschnitt 5.1.5 die Rechnungslegung der Überträgerin zwischen dem Verschmelzungsstichtag und der Eintragung ins Handelsregister untersucht (vgl. Abb. 20).

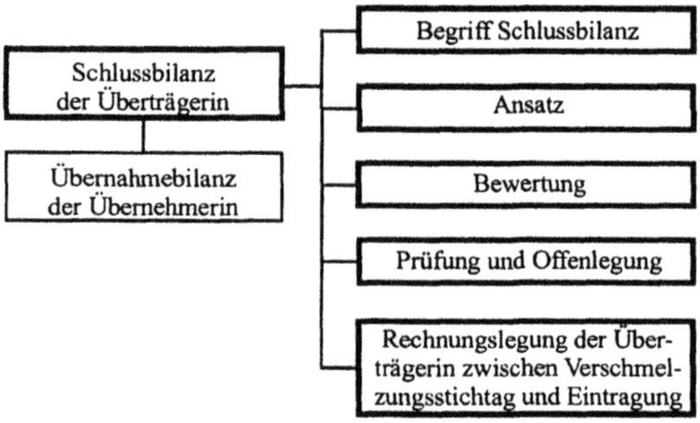

Abb. 20: Aufbau Abschnitt 5.1 Schlussbilanz der Überträgerin

5.1.1 Begriff „Schlussbilanz"

Jede Überträgerin muss nach § 17 Abs. 2 UmwG eine sog. „Schlussbilanz", die auf einen höchstens acht Monate vor der Anmeldung der Verschmelzung beim Handelsregister liegenden Stichtag aufgestellt worden ist, bei der Anmeldung zum Handelsregister der Überträgerin[982] einreichen. Regelmäßig ist der Stichtag der Schlussbilanz das Ende des dem Verschmelzungsstichtag vorangegangenen Tages.[983] Obwohl § 17 Abs. 2 UmwG für alle Rechtsformen gilt, wird dadurch keine eigenständige Bilanzierungspflicht begründet. Vielmehr knüpft § 17 Abs. 2 S. 2-3 UmwG an die Vorschriften des HGB (§§ 242 ff. und ggf. §§ 264 ff. HGB) an. Demnach müssen nur solche Überträgerinnen eine Schlussbilanz aufstellen, die auch nach HGB zur Buchführung und Rechnungslegung verpflichtet sind.[984]

---

982 Vgl. *Widmann* in *Widmann/Mayer*, Umwandlungsrecht, 2002, § 24 UmwG, Rz. 153 ff.

983 Auf den Zusammenhang von Verschmelzungsstichtag und Schlussbilanz der Überträgerin nach § 17 UmwG wurde bereits in Abschnitt 3.11 hingewiesen. Das gilt ebenso für zusätzlich aufzustellende Zwischen- und Jahresabschlussbilanzen. Kritisch hierzu: *Widmann* in *Widmann/Mayer*, Umwandlungsrecht, 2002, § 24 UmwG, Rz. 64.

984 Vgl. *Bula/Schlösser* in *SBB*, Umwandlungen, 2000, K, Rz. 4; *IDW*, Zweifelsfragen, FN-IDW 1997, S. 176; *Widmann* in *Widmann/Mayer*, Umwandlungsrecht, 2002, § 24 UmwG, Rz. 34; *Müller, W.*, Zweifelsfragen, WPg 1996, S. 858.

Die umwandlungsrechtliche Rechnungslegung der Überträgerin ist nur sehr knapp in § 17 Abs. 2 UmwG geregelt. Daher können Bestandteile und Inhalt in Form von Ansatz und Bewertung nur ausgehend von den Zwecken der Schlussbilanz und den handelsrechtlichen Rechnungslegungsvorschriften ermittelt werden.

In der Schlussbilanz wird kein Jahresergebnis der Überträgerin mit dem Ziel der Gewinnverwendung ermittelt.[985] Ebenso wird das Umtauschverhältnis anhand der Schlussbilanz weder festgelegt noch geprüft.[986] Als Funktionen der Schlussbilanz werden in der Literatur indes Bilanzkontinuität, Kapitalerhöhungskontrolle und Gläubigerschutz genannt.[987] Nach neuem Umwandlungsrecht hat der Zweck der Bilanzkontinuität zwischen der Bilanz der Überträgerin und der der Übernehmerin durch das Bewertungswahlrecht an Bedeutung verloren und greift nur noch in dem Fall, dass die Übernehmerin die Buchwerte aus der Schlussbilanz nach § 24 UmwG fortführt.[988] In diesem Fall bildet die Schlussbilanz jedoch die Grundlage für die Einbuchung von Vermögensgegenständen und Schulden bei der Übernehmerin.[989] Die Schlussbilanz soll zudem die Sacheinlagenprüfung ersetzen, sofern bei der Übernehmerin eine Kapitalerhöhung erforderlich ist.[990] Der Zweck der Schlussbilanz als Mittel der Kapitalerhöhungskontrolle wird zutreffend abgelehnt, weil eine solche auf Grundlage der Zeitwerte erfolgen müsste, die aber die Schlussbilanz nicht liefert.[991] Auch der Zweck Gläubigerschutz[992] ist nicht begründet, weil die Gläubiger die ihnen zustehende Sicherheitsleistung nach § 22 UmwG nicht aufgrund der Schlussbilanz der Überträgerin verlangen werden.[993] Die m. E. wichtigste Funktion der Schlussbilanz besteht in der Abgrenzung der Geschäftstätigkeit der Überträgerin für eigene Rechnung oder für Rechnung der Übernehmerin. Insofern sind sowohl Vermögen als auch Erfolgsbeiträge abzugrenzen.[994]

Da die Schlussbilanz nach § 17 Abs. 2 UmwG systematisch zu den Sonderbilanzen gehört, muss entschieden werden, ob sie den Charakter einer Vermögens-Status- oder einer Erfolgsbilanz besitzt. Ginge man von den Zwecken Kapitalerhöhungskontrolle und

---

985 Vgl. *Widmann* in *Widmann/Mayer*, Umwandlungsrecht, 2002, § 24 UmwG, Rz. 43 ff.; *Pfitzer*, WP-Handbuch, 2002, Bd. II, Teil E, Rz. 21, 22; *Bermel* in *Goutier*, Umwandlungsrecht, 1996, § 17 UmwG, Rz. 16.

986 Vgl. *Widmann* in *Widmann/Mayer*, Umwandlungsrecht, 2002, § 24 UmwG, Rz. 40, 45, aber, Rz. 192 f.; *Pfitzer*, WP-Handbuch, 2002, Bd. II, Teil E, Rz. 22.

987 Vgl. Überblick in *Bula/Schlösser* in *SBB*, Umwandlungen, 2000, K, Rz. 10; *Pfitzer*, WP-Handbuch, 2002, Bd. II, Teil E, Rz. 21; *Widmann* in *Widmann/Mayer*, Umwandlungsrecht, 2002, § 24 UmwG, Rz. 36 ff.

988 Vgl. *Bula/Schlösser* in *SBB*, Umwandlungen, 2000, K, Rz. 10.

989 Vgl. *IDW*, Zweifelsfragen, FN-IDW 1997, S. 176.

990 Vgl. *Budde/Zerwas* in *Budde/Förschle*, Sonderbilanzen, 2002, F, Rz. 82 f.; *Pohl*, Handelsbilanzen, 1995, S. 14; *Bermel* in *Goutier*, Umwandlungsrecht, 1996, § 17 UmwG, Rz. 11; *Schedlbauer*, Sonderprüfungen, WPg 1984, S. 39; *Widmann* in *Widmann/Mayer*, Umwandlungsrecht, 2002, § 24 UmwG, Rz. 175.

991 Vgl. *Bula/Schlösser* in *SBB*, Umwandlungen, 2000, K, Rz. 10; *Müller, W.*, Zweifelsfragen, WPg 1996, S. 858.

992 Vgl. so aber *Pohl*, Handelsbilanzen, 1995, S. 14; *Hörtnagl* in *SHS*, UmwG, 2001, § 17 UmwG, Rz. 11; LG Frankfurt, 19.12.1997, DB 1998, S. 410; *Bühner/Träger*, Verschmelzung, 2002, Sp. 2548.

993 Vgl. *Bula/Schlösser* in *SBB*, Umwandlungen, 2000, K, Rz. 10; *Müller, W.*, Zweifelsfragen, WPg 1996, S. 858.

994 Vgl. *Bula/Schlösser* in *SBB*, Umwandlungen, 2000, K, Rz. 10; *IDW*, Zweifelsfragen, FN-IDW 1997, S. 176; *Widmann* in *Widmann/Mayer*, Umwandlungsrecht, 2002, § 24 UmwG, Rz. 41.

Gläubigerschutz aus, wäre die Schlussbilanz eine reine Vermögens-Status-Bilanz. Nach dem hier vertretenen Zweck der Vermögens- und Erfolgsabgrenzung stellt sie jedoch eine außerordentliche Erfolgsbilanz dar.[995]

Ausgehend von dem vorrangigen Zweck – Abgrenzung der Geschäftstätigkeit der Überträgerin von dem der Übernehmerin – sind die Bestandteile der Schlussbilanz zu bestimmen. Das UmwG verwendet im Wortlaut des § 17 Abs. 2 S. 2 zwar nur den Begriff „Bilanz", regelt jedoch nicht explizit, ob weitere Bestandteile erforderlich sind. Daher wird vertreten, es sei lediglich eine Bilanz aufzustellen.[996] Diese Auffassung ist aber nur haltbar, wenn die Schlussbilanz als reine Vermögens-Status-Bilanz angesehen wird. Folgt man der hier vertretenen Meinung der Erfolgsbilanz, ist eine Gewinn- und Verlustrechnung ebenfalls aufzustellen.[997] Dafür spricht auch der Verweis des § 17 Abs. 2 S. 2 UmwG u. a. auf § 242 HGB, nach dem eine Gewinn- und Verlustrechnung zum Jahresabschluss gehört.

Ob für die Schlussbilanz einer übertragenden Kapitalgesellschaft ein Anhang aufzustellen und zu prüfen ist, ist ebenfalls umstritten. Dem Anhang kommt im Jahresabschluss eine Erläuterungs-, Ergänzungs-, Korrektur- und Entlastungsfunktion zu.[998] Daher erscheint ein Anhang auch für die Schlussbilanz m. E. empfehlenswert.[999] Diese Auffassung wird gestützt durch den sinngemäßen Verweis in § 17 Abs. 2 S. 2 UmwG u. a. auch auf § 264 Abs. 1 S. 1 HGB. Vertritt man hingegen die Auffassung, dass ein Anhang nicht erforderlich ist,[1000] müssen Wahlpflichtangaben, die entweder in der Bilanz oder im Anhang ersichtlich sein müssen, aus der Schlussbilanz hervorgehen oder nach Art eines Anhangs ergänzt werden.[1001] Das gilt ebenso für § 265 Abs. 2 HGB, wonach die Vorjahresbeträge in der Bilanz anzugeben und nicht vergleichbare oder angepasste Werte – wie sie durch eine Verschmelzung regelmäßig entstehen – im Anhang zu erläutern sind.[1002]

---

995 Vgl. *Eisele*, Technik, 2002, Seite 859; *Bermel* in *Goutier*, Umwandlungsrecht, 1996, § 17 UmwG, Rz. 16; *Bork* in *Lutter*, UmwG, 2000, § 17, Rz. 5; *Herzig*, Umwandlungsvorgängen, 1996, S. 28; *Widmann* in *Widmann/Mayer*, Umwandlungsrecht, 2002, § 24 UmwG, Rz. 44, 50; *Müller, W.*, Zweifelsfragen, WPg 1996, S. 859; *Bula/Schlösser* in *SBB*, Umwandlungen, 2000, K, Rz. 11; *Herzig*, Diagonale, FR 1997, S. 124.

996 Vgl. *Pfitzer*, WP-Handbuch, 2002, Bd. II, Teil E, Rz. 29; *Budde/Zerwas* in *Budde/Förschle*, Sonderbilanzen, 2002, F, Rz. 77; *IDW*, Zweifelsfragen, FN-IDW 1997, S. 176.

997 Vgl. *Bula/Schlösser* in *SBB*, Umwandlungen, 2000, K, Rz. 10; *Schedlbauer*, Sonderprüfungen, WPg 1984, S. 39; a. A. *Müller, W.*, Zweifelsfragen, WPg 1996, S. 860; *Widmann* in *Widmann/Mayer*, Umwandlungsrecht, 2002, § 24 UmwG, Rz. 35; *Budde/Zerwas* in *Budde/Förschle*, Sonderbilanzen, 2002, F, Rz. 77.

998 Vgl. *Baetge/Kirsch/Thiele*, Bilanzen, 2002, S. 665.

999 Für einen Anhang: *Bula/Schlösser* in *SBB*, Umwandlungen, 2000, K, Rz. 11; *Widmann* in *Widmann/Mayer*, Umwandlungsrecht, 2002, § 24 UmwG, Rz. 103; *Bork* in *Lutter*, UmwG, 2000, § 17, Rz. 5; *Hörtnagl* in *SHS*, UmwG, 2001, § 17 UmwG, Rz. 14; *Aha*, Zweifelsfragen, BB 1996, S. 2559; *Küting/Hayn/Hütten*, Abbildung, BB 1997, S. 567.

1000 Gegen einen Anhang: LG Stuttgart 29.03.1996, DNotZ 1996, S. 701; *IDW*, Zweifelsfragen, FN-IDW 1997, S. 176; *Müller, W.*, Zweifelsfragen, WPg 1996, S. 860; *Bermel* in *Goutier*, Umwandlungsrecht, 1996, § 17 UmwG, Rz. 17; *Fenske*, Besonderheiten, WPg 1997, S. 256; *Budde/Zerwas* in *Budde/Förschle*, Sonderbilanzen, 2002, F, Rz. 77.

1001 Vgl. *IDW*, Zweifelsfragen, FN-IDW 1997, S.176; *Müller, W.*, Zweifelsfragen, WPg 1996, S. 860 f.

1002 Vgl. *Pfitzer*, WP-Handbuch, 2002, Bd. II, Teil E, Rz. 16.

Einem möglicherweise aufzustellenden Lagebericht (§ 289 HGB) zur Schlussbilanz einer übertragenden nicht kleinen Kapitalgesellschaft wird in der Literatur keine Beachtung geschenkt. Der Lagebericht ist zwar nicht Bestandteil des Jahresabschlusses, er verdichtet und ergänzt diesen jedoch. Zudem kommt dem Lagebericht eine umfassende zukunftsbezogene Informationsvermittlungsfunktion zu.[1003] Aus denselben Gründen, die für einen Anhang sprechen, erscheint auch die Aufstellung eines Lageberichts m. E. empfehlenswert.[1004] Auf Angaben über die künftige Entwicklung gem. § 289 Abs. 1 Hs. 2 und Abs. 2 Nr. 2 HGB kann jedoch aufgrund der Natur der Verschmelzung verzichtet werden.

Die Aufstellung der Schlussbilanz muss durch die zuständigen Organe der Überträgerin erfolgen. Die allgemeinen Aufstellungsfristen des HGB werden durch die Acht-Monats-Frist des § 17 Abs. 2 UmwG irrelevant. Die Schlussbilanz ist zu datieren und von sämtlichen Organmitgliedern zu unterzeichnen.[1005] Sie muss hingegen weder festgestellt noch der Hauptversammlung vorgelegt werden.[1006]

Die Schlussbilanz als Sonderbilanz in Form einer Erfolgsbilanz steht in Kontinuität zu den Jahresabschlussbilanzen.[1007] Da § 17 Abs. 2 S. 2 UmwG an §§ 242 ff. HGB anknüpft, sind die dortigen rechtsformspezifischen Besonderheiten zu beachten, insbesondere die für Kapitalgesellschaften und bestimmte Personenhandelsgesellschaften, §§ 264 ff. HGB[1008] sowie §§ 150 ff. AktG und § 42 GmbHG. Für die Schlussbilanz der Überträgerin gelten die normalen Jahresabschluss-Vorschriften, insbesondere bspw. §§ 252 Abs. 1 und 264 Abs. 2 HGB.[1009] Sofern die regelmäßige Jahresabschlussbilanz zugleich Schlussbilanz ist, sind Abweichungen zwischen beiden unzulässig. Weder Anhang noch Lagebericht verursachen dann zusätzlichen Zusatzaufwand. Falls der Verschmelzungsvertrag erst nach Aufstellung der Jahresabschluss- und zugleich Schlussbilanz geschlossen wird, stellt dies einen angemessenen wirtschaftlichen Grund für eine Änderung der Bilanzen dar.[1010]

§ 17 Abs. 2 S. 2 UmwG erlangt jedoch dann konstitutive Bedeutung, wenn die Schlussbilanz nicht zugleich Jahresabschlussbilanz der Überträgerin ist.[1011] Die Schlussbilanz ist in diesem Fall aus der letzten Jahresabschlussbilanz unter Berücksichtigung der Grundsätze ordnungsmäßiger Buchführung fortzuentwickeln, wobei zwischenzeitlich ange-

---

1003 Vgl. *Baetge/Kirsch/Thiele*, Bilanzen, 2002, S. 687 f.; *Selch*, Lagebericht, 2001, S. 3, 347 ff.

1004 A. A. *Widmann* in *Widmann/Mayer*, Umwandlungsrecht, 2002, § 24 UmwG, Rz. 104.

1005 Vgl. *Pfitzer*, WP-Handbuch, 2002, Bd. II, Teil E, Rz. 23; *Widmann* in *Widmann/Mayer*, Umwandlungsrecht, 2002, § 24 UmwG, Rz. 83.

1006 Vgl. *Pfitzer*, WP-Handbuch, 2002, Bd. II, Teil E, Rz. 44; *Müller, W.*, Zweifelsfragen, WPg 1996, S. 861; *Müller* in *Kallmeyer*, UmwG, 2001, § 17, Rz. 36; *IDW*, Zweifelsfragen, FN-IDW 1997, S. 176; a. A. *Bermel* in *Goutier*, Umwandlungsrecht, 1996, § 17 UmwG, Rz. 23; *Widmann* in *Widmann/Mayer*, Umwandlungsrecht, 2002, § 24 UmwG, Rz. 51.

1007 Vgl. *IDW*, Zweifelsfragen, FN-IDW 1997, S. 176.

1008 Weitere Sondervorschriften für Banken, Versicherungen und Genossenschaften bleiben hier außer Betracht.

1009 Vgl. *Müller* in *Kallmeyer*, UmwG, 2001, § 17, Rz. 29; *Budde/Zerwas* in *Budde/Förschle*, Sonderbilanzen, 2002, F, Rz. 103.

1010 Vgl. *Budde/Zerwas* in *Budde/Förschle*, Sonderbilanzen, 2002, F, Rz. 106; *Gelhausen*, WP-Handbuch, 2000, Bd. I, Teil E Rz. 464; *Budde/Raff* in *Budde*, BBK, 1999, § 253 HGB, Rz. 735; a. A. *Pfitzer*, WP-Handbuch, 2002, Bd. II, Teil E Rz. 54.

1011 Vgl. *Widmann* in *Widmann/Mayer*, Umwandlungsrecht, 2002, § 24 UmwG, Rz. 49.

fallene Geschäftsvorfälle berücksichtigt werden müssen. Wenn der Bestand an Vermögensgegenständen auch ohne Inventur zutreffend ermittelt werden kann, darf auf eine solche verzichtet werden.[1012] Weiterhin sind Zuschreibungen nur im Rahmen der gesetzlichen Bestimmungen zulässig.

5.1.2 Ansatz in der Schlussbilanz der Überträgerin

Für die Bilanzierung dem Grunde nach muss die Überträgerin die allgemeinen Ansatzgebote, -verbote und -wahlrechte des HGB beachten. Folgende Vorschriften verdienen besondere Beachtung:[1013]

Der Verschmelzungsbeschluss stellt für die Schlussbilanz der Überträgerin ein wertbegründendes Ereignis nach § 252 Abs. 1 Nr. 4 HGB dar.[1014] Daher kann der Vermögensübergang durch die Verschmelzung im Regelfall nicht berücksichtigt werden, weil der Beschluss regelmäßig erst nach dem Bilanzstichtag gefasst wird.[1015]

Ebenso wie das Passivierungsverbot des § 249 Abs. 3 HGB zu beachten ist, gelten auch die Aktivierungsverbote aus § 248 HGB weiterhin, insbesondere darf die Überträgerin keinen originären Geschäfts- oder Firmenwert oder andere unentgeltlich erworbene immaterielle Vermögensgegenstände des Anlagevermögens aktivieren.[1016]

Bisher aktivierte Bilanzierungshilfen sind hingegen fortzuführen, §§ 269, 274 Abs. 2 HGB.

Im Umlaufvermögen auszuweisende eigene Anteile der Überträgerin (§ 265 Abs. 3 S. 2 HGB) und die korrespondierende Rücklage nach § 272 Abs. 4 HGB werden in der handelsrechtlichen Schlussbilanz weiterhin angesetzt.[1017]

Gegenseitige Forderungen und Verbindlichkeiten zwischen Überträgerin und Übernehmerin werden weiterhin bilanziert, denn sie erlöschen erst mit Eintragung durch Konfusion gem. § 20 Abs. 1 Nr. 1 UmwG.[1018]

Rechnungsabgrenzungsposten für Aufwendungen und Erträge für eine bestimmte Zeit nach dem Stichtag der Schlussbilanz sind nach § 250 HGB zu bilden, auch wenn die Aufwendungen und Erträge erst später bei der Übernehmerin entstehen.[1019]

1012 Vgl. *IDW*, Zweifelsfragen, FN-IDW 1997, S. 176; aber: *Widmann* in *Widmann/Mayer*, Umwandlungsrecht, 2002, § 24 UmwG, Rz. 84 ff.

1013 Vgl. zu weiteren Punkten *Widmann* in *Widmann/Mayer*, Umwandlungsrecht, 2002, § 24 UmwG, Rz. 87 ff.

1014 Vgl. *Pfitzer*, WP-Handbuch, 2002, Bd. II, Teil E Rz. 33 letzter Abs.

1015 Vgl. *Bula/Schlösser* in *SBB*, Umwandlungen, 2000, K, Rz. 21 Abs. 1.

1016 Vgl. *Bula/Schlösser* in *SBB*, Umwandlungen, 2000, K, Rz. 13; *Widmann* in *Widmann/Mayer*, Umwandlungsrecht, 2002, § 24 UmwG, Rz. 89, 92; *Budde/Zerwas* in *Budde/Förschle*, Sonderbilanzen, 2002, F, Rz. 97.

1017 Vgl. *Budde/Zerwas* in *Budde/Förschle*, Sonderbilanzen, 2002, F, Rz. 95; *Widmann* in *Widmann/Mayer*, Umwandlungsrecht, 2000, § 24 UmwG, Rz. 100, 108.

1018 Vgl. *Hörtnagl* in *SHS*, UmwG, 2001, § 17 UmwG, Rz. 26, 28; *Budde/Zerwas* in *Budde/Förschle*, Sonderbilanzen, 2002, F, Rz. 94; *Widmann* in *Widmann/Mayer*, Umwandlungsrecht, 2002, § 24 UmwG, Rz. 99.

1019 Vgl. *Widmann* in *Widmann/Mayer*, Umwandlungsrecht, 2002, § 24 UmwG, Rz. 94.

Falls die Überträgerin an der Übernehmerin beteiligt ist, wird diese Beteiligung weiterhin ausgewiesen, ungeachtet dessen, dass sie im Zuge der Verschmelzung untergehen wird. Diese Anteile werden erst mit Eintragung zu eigenen Anteilen der Übernehmerin.[1020]

Für den Fall, dass die Schlussbilanz gleichzeitig Jahresabschlussbilanz ist, gelten die Vorschriften des HGB zum Ausweis des Eigenkapitals ohne Besonderheiten. Das Ergebnis der Überträgerin, das zwischen dem letzten Jahresabschluss und der Schlussbilanz nach § 17 Abs. 2 UmwG entstanden ist, ist grundsätzlich in die Gewinnrücklagen einzustellen.[1021] Soll dieser Gewinn ausgeschüttet werden, können sich Probleme mit der bilanziellen Behandlung ergeben, weil die Vorschriften über die Verwendung des *Jahres*ergebnisses für die Schlussbilanz nicht in Betracht kommen.[1022] Wird die Gewinnausschüttung vor dem Verschmelzungsstichtag beschlossen, ist sie als Abfluss oder Verbindlichkeit (§ 268 Abs. 1 HGB) in der Schlussbilanz der Überträgerin zu berücksichtigen. Wird hingegen die Gewinnausschüttung erst nach dem Verschmelzungsstichtag, aber vor Eintragung beschlossen, ist sie erfolgsneutral als „Vorwegübertragung von Vermögen" der Überträgerin zu erfassen.[1023]

Für verschmelzungsbedingte Ertragsteuern und Kosten werden handelsrechtlich i. d. R. keine Rückstellungen gebildet, weil der Verschmelzungsbeschluss regelmäßig erst nach dem Stichtag der Schlussbilanz gefasst wird.[1024]

5.1.3 Bewertung in der Schlussbilanz der Überträgerin

Auch für die Bewertung in der Schlussbilanz nach § 17 Abs. 2 UmwG gelten die allgemeinen Vorschriften der §§ 252 ff., 279 ff. HGB. Von den Bewertungsgrundsätzen werden nur die für die Verschmelzung bedeutsamen herausgegriffen.[1025]

Trotz der bevorstehenden Verschmelzung ist weiterhin von der Fortführung der Unternehmenstätigkeit nach § 252 Abs. 1 Nr. 2 HGB auszugehen, wenn nicht ausdrücklich ein Unternehmensteil nicht fortgeführt werden soll.[1026]

1020 Vgl. *Bermel* in *Goutier*, Umwandlungsrecht, 1996, § 17 UmwG, Rz. 20; *Widmann* in *Widmann/Mayer*, Umwandlungsrecht, 2000, § 24 UmwG, Rz. 100; *Budde/Zerwas* in *Budde/Förschle*, Sonderbilanzen, 2002, F, Rz. 96.

1021 Vgl. *Widmann* in *Widmann/Mayer*, Umwandlungsrecht, 2002, § 24 UmwG, Rz. 115.

1022 Vgl. *Widmann* in *Widmann/Mayer*, Umwandlungsrecht, 2002, § 24 UmwG, Rz. 110, 113.

1023 Vgl. *Bula/Schlösser* in *SBB*, Umwandlungen, 2000, K, Rz. 15.

1024 Im Gegensatz dazu sind in der steuerlichen Schlussbilanz der Überträgerin Rückstellungen zu bilden. Vgl. *Pfitzer*, WP-Handbuch, 2002, Bd. II, Teil E Rz. 33; *Widmann* in *Widmann/Mayer*, Umwandlungsrecht, 2002, § 24 UmwG, Rz. 93; *Budde/Zerwas* in *Budde/Förschle*, Sonderbilanzen, 2002, F, Rz. 100 und zu Pensionsrückstellungen, Rz. 98; *Müller* in *Kallmeyer*, UmwG, 2001, § 17, Rz. 26.

1025 Vgl. zu weiteren Punkten *Widmann* in *Widmann/Mayer*, Umwandlungsrecht, 2002, § 24 UmwG, Rz. 87 ff.

1026 Vgl. *Pfitzer*, WP-Handbuch, 2002, Bd. II, Teil E, Rz. 34; *Widmann* in *Widmann/Mayer*, Umwandlungsrecht, 2002, § 24 UmwG, Rz. 96; *Bula/Schlösser* in *SBB*, Umwandlungen, 2000, K, Rz. 17; *Pohl*, Handelsbilanzen, 1995, S. 27; *Budde/Zerwas* in *Budde/Förschle*, Sonderbilanzen, 2002, F, Rz. 103.

Die Verschmelzung stellt grundsätzlich einen begründeten Ausnahmefall i. S. v. § 252 Abs. 2 HGB dar, mit der Folge, dass der Grundsatz der Bewertungsstetigkeit durchbrochen werden kann.[1027] Dies gilt aufgrund des Bewertungswahlrechts in § 24 UmwG jedoch nur, wenn die Übernehmerin die Buchwerte der Überträgerin fortführt.[1028] Dann wird der Überträgerin durch die Durchbrechung der Stetigkeit ermöglicht, bereits in ihrer Schlussbilanz die Werte an die Bewertungsmethoden der Übernehmerin anzupassen.[1029] Wenn die Jahresabschlussbilanz als Schlussbilanz verwendet wird, führen Bewertungsänderungen ggf. zu einem höheren Jahresüberschuss, einem höheren Ausschüttungspotenzial und zu einem höheren steuerpflichtigen Gewinn. Um dies zu vermeiden, kann die Bewertungsanpassung in einer separaten Schlussbilanz vorgenommen werden.[1030] Eigene Anteile im Umlaufvermögen der Überträgerin erlöschen wirtschaftlich zum Verschmelzungsstichtag, wodurch ein Abwertungswahlrecht nach § 253 Abs. 3 S. 3 HGB begründet wird, das analog auch für die Rücklage für eigene Anteile gilt.[1031]

Wertzuschreibungen sind nur i. R. v. § 280 Abs. 1 HGB zulässig, wobei die (fortgeführten) Anschaffungs- oder Herstellungskosten nicht überschritten werden dürfen.[1032] Darüber hinaus ist eine Aufdeckung stiller Reserven nicht zulässig; insbesondere dürfen Zeitwerte nicht angesetzt werden.[1033] Eine Aufstockung der Buchwerte auf die Zeitwerte, um die handelsrechtliche Schlussbilanz der steuerlichen anzupassen, ist als Einzelmeinung abzulehnen.[1034]

Die Verschmelzung an sich führt nicht zu einer Gewinnrealisierung bei der Überträgerin, weil die Gesellschaftsrechte an der Übernehmerin nicht der Überträgerin selbst, sondern deren Anteilseignern gewährt werden. Zwischen Überträgerin und Übernehmerin findet durch die Verschmelzung kein Umsatzakt statt.[1035]

1027 Vgl. *IDW*, Zweifelsfragen, FN-IDW 1997, S. 176; *Bula/Schlösser* in *SBB*, Umwandlungen, 2000, K, Rz. 19; *Bermel* in *Goutier*, Umwandlungsrecht, 1996, § 17 UmwG, Rz. 22; *Budde/Zerwas* in *Budde/Förschle*, Sonderbilanzen, 2002, F, Rz. 104; a. A. *Pohl*, Handelsbilanzen, 1995, S. 31.

1028 Vgl. *Bula/Schlösser* in *SBB*, Umwandlungen, 2000, K, Rz. 19; *Müller, W.*, Zweifelsfragen, WPg 1996, S. 860; *Widmann* in *Widmann/Mayer*, Umwandlungsrecht, 2002, § 24 UmwG, Rz. 97.

1029 Vgl. *IDW*, Zweifelsfragen, FN-IDW 1997, S. 176; *Priester* in *Lutter*, UmwG, 2000, § 24, Rz. 15-17.

1030 Vgl. *Müller* in *Kallmeyer*, UmwG, 2001, § 17, Rz. 31; *Pfitzer*, WP-Handbuch, 2002, Bd. II, Teil E, Rz. 36; ablehnend: *Bula/Schlösser* in *SBB*, Umwandlungen, 2000, K, Rz. 19.

1031 Vgl. *Budde/Zerwas* in *Budde/Förschle*, Sonderbilanzen, 2002, F, Rz. 107.

1032 Vgl. *Widmann* in *Widmann/Mayer*, Umwandlungsrecht, 2002, § 24 UmwG, Rz. 98; *Bermel* in *Goutier*, Umwandlungsrecht, 1996, § 17 UmwG, Rz. 22; *Bacmeister*, Bindung, DStR 1996, S. 122; *IDW*, Zweifelsfragen, FN-IDW 1997, S. 176; *Budde/Zerwas* in *Budde/Förschle*, Sonderbilanzen, 2002, F, Rz. 103.

1033 Vgl. *Bula/Schlösser* in *SBB*, Umwandlungen, 2000, K, Rz. 17. Ausnahmsweise können Zeitwerte angesetzt werden, wenn die Going-Concern-Prämisse aufgegeben wird.

1034 Vgl. *Müller, W.*, Zweifelsfragen, WPg 1996, S. 860.

1035 Vgl. *Bula/Schlösser* in *SBB*, Umwandlungen, 2000, K, Rz. 17. Zu der Behandlung der Verschmelzung in den Bilanzen der Gesellschafter der Überträgerin vgl. Abschnitt 5.3.

5.1.4 Prüfung und Offenlegung der Schlussbilanz der Überträgerin

Nach § 17 Abs. 2 S. 2 UmwG gelten die Vorschriften der §§ 316 ff. HGB zur Jahresabschlussrüfung entsprechend für die Schlussbilanz der Überträgerin.[1036] Mit der Prüfungspflicht wird der Schutz insbesondere von Anteilseignern der Überträgerin und der Übernehmerin verfolgt.

Die Prüfungspflicht für die Schlussbilanz besteht ebenso wie die für die Jahresabschlussbilanz gem. § 316 Abs. 1 HGB nur für große und mittelgroße Kapitalgesellschaften i. S. v. § 267 Abs. 2-3 HGB, für bestimmte Personenhandelsgesellschaften nach § 264a HGB und nach PublG.[1037] Zur Schlussbilanz ist ein Prüfungsbericht sowie ein Bestätigungsvermerk zu erteilen.[1038] Ein Verzicht darauf ist im Gegensatz zu § 12 Abs. 3 i. V. m. § 8 Abs. 3 UmwG nicht möglich. Da der Gegenstand der Prüfung auf die Schlussbilanz begrenzt ist, muss der Prüfungsbericht grundsätzlich keine Beurteilung der Lage enthalten.[1039]

Ist die Schlussbilanz mit der Jahresabschlussbilanz identisch, reicht die gesetzliche Prüfung nach § 316 Abs. 1 HGB aus. Wenn jedoch nur die Schlussbilanz beim Handelsregister eingereicht wird, ist der Bestätigungsvermerk zum Jahresabschluss in seiner Formulierung für die Schlussbilanz nach § 17 UmwG entsprechend anzupassen.[1040]

Die Verschmelzung wird gem. § 17 Abs. 2 S. 4 UmwG nur in das Handelsregister eingetragen, wenn eine Schlussbilanz *auf*gestellt worden ist. Die Prüfung nach §§ 316 ff. HGB ist ebenfalls explizit in § 17 Abs. 2 S. 2 UmwG vorgeschrieben, so dass diskutiert wird, ob für die Eintragung auch ein Prüfungsbericht sowie ein Bestätigungsvermerk verlangt wird. Das UmwG verlangt hingegen keine *Fest*stellung der Schlussbilanz nach vorangegangener Prüfung durch den Aufsichtsrat gem. §§ 171 ff. AktG.[1041] Daraus kann geschlossen werden, dass neben den Anteilseignern auch das Registergericht Adressat des Prüfungsberichts und des Bestätigungsvermerks ist. Ihrem Schutzzweck wird die Prüfung ebenfalls nur gerecht, wenn ein fehlender Prüfungsbericht oder Bestätigungsvermerk die Versagung der Eintragung der Verschmelzung zur Folge hat. M. E. ist

---

[1036] Vgl. *IDW*, Änderung, FN-IDW 2000, S. 156; *Pfitzer*, WP-Handbuch, 2002, Bd. II, Teil E, Rz. 38 ff. mit Formulierungsvorschlag für den Bestätigungsvermerk.

[1037] Vgl. *Pfitzer*, WP-Handbuch, 2002, Bd. II, Teil E, Rz. 38. Prüfungspflichten für Kreditinstitute, Versicherungsunternehmen und Genossenschaften bleiben hier außer Betracht. Freiwillige oder lediglich nach Satzung/Gesellschaftsvertrag vorgeschriebene Jahresabschlussprüfungen führen nicht zu einer Prüfungspflicht der Schlussbilanz.

[1038] Vgl. *Widmann* in *Widmann/Mayer*, Umwandlungsrecht, 2002, § 24 UmwG, Rz. 145; *Müller* in *Kallmeyer*, UmwG, 2001, § 17, Rz. 35; a. A. *Bermel* in *Goutier*, Umwandlungsrecht, 1996, § 17 UmwG, Rz. 24; LG Hagen 08.02.1994, GmbHR 1994, S. 714 f.; *Budde/Zerwas* in *Budde/Förschle*, Sonderbilanzen, 2002, F, Rz. 131 ff. Eine Musterformulierung wird vorgeschlagen in *IDW*, Änderung, FN-IDW 2000, S. 156; *Budde/Zerwas* in *Budde/Förschle*, Sonderbilanzen, 2002, F, Rz. 132.

[1039] Vgl. *IDW*, Änderung, FN-IDW 2000, S. 156.

[1040] Vgl. *IDW*, Änderung, FN-IDW 2000, S. 156 f.; a. A. *Widmann* in *Widmann/Mayer*, Umwandlungsrecht, 2002, § 24 UmwG, Rz. 143; *Aha*, Zweifelsfragen, BB 1996, S. 2559 f.

[1041] Vgl. *IDW*, Änderung, FN-IDW 2000, S. 156; *Müller, W.*, Zweifelsfragen, WPg 1996, S. 861.

daher sowohl der Prüfungsbericht[1042] als auch der Bestätigungsvermerk beim Handelsregister einzureichen. Einen uneingeschränkten Bestätigungsvermerk zu fordern[1043] erscheint jedoch zu streng, da auch ein eingeschränkter bzw. ergänzter Bestätigungsvermerk dem Zweck von § 322 HGB entspricht.[1044]

Publizitätspflicht besteht für die Schlussbilanz nach § 17 Abs. 2 S. 3 UmwG nicht. Mittelbar wird die Schlussbilanz jedoch durch ihre Einreichung beim Handelsregister (§ 9 Abs. 1 HGB) offen gelegt.[1045]

Die Aufbewahrungspflichten bezüglich der Schlussbilanz werden aufgrund der Gesamtrechtsnachfolge der Übernehmerin auferlegt.[1046]

5.1.5 Rechnungslegung der Überträgerin zwischen Verschmelzungsstichtag und Eintragung

Wie bereits in Abschnitt 3.11 erläutert, muss die Rechnungslegung der Überträgerin bis zum Wirksamwerden der Verschmelzung durch die Eintragung ins Handelsregister fortgeführt werden. Zwischen Schlussbilanz i. S. v. § 17 Abs. 2 UmwG und der Eintragung sind gewöhnliche Jahresabschlüsse aufzustellen.[1047]

Grundsätzlich gelten hierfür die allgemeinen Vorschriften – auch die für Kapitalgesellschaften und bestimmte Personenhandelsgesellschaften – des HGB.[1048] Dabei ist weiterhin vom Grundsatz des Going Concern gem. § 252 Abs. 1 Nr. 2 HGB auszugehen. Rechnungsabgrenzungsposten nach § 250 HGB sowie Rückstellungen für unterlassene Instandhaltungen gem. § 249 Abs. 1 S. 2 sind auch dann zu bilden, wenn Aufwand oder Ertrag bzw. die Nachholung erst bei der Übernehmerin anfällt. Ebenso müssen Steuerrückstellungen gebildet werden, die sich z. B. durch die Aufstockung der stillen Reserven in einer zurückliegenden Steuerbilanz ergeben.[1049] Kapitalerhöhungen und -herabsetzungen sind bis zur Eintragung weiterhin möglich[1050] und ggf. auch sinnvoll, um bare Zuzahlungen in den vorgeschriebenen Grenzen zu halten.[1051]

Probleme ergeben sich hinsichtlich Vermögens- und Ergebniszuordnung dadurch, dass mit der Eintragung ins Handelsregister die Wirkungen der Verschmelzung eintreten (§ 20 Abs. 1 Nr. 1 UmwG) und damit rückwirkend alle Handlungen der Überträgerin ab dem Verschmelzungsstichtag für Rechnung der Übernehmerin vorgenommen wurden (§ 5 Abs. 1 Nr. 6 UmwG).

1042 Vgl. so auch *Widmann* in *Widmann/Mayer*, Umwandlungsrecht, 2002, § 24 UmwG, Rz. 147; a. A. *Müller* in *Kallmeyer*, UmwG, 2001, § 17, Rz. 35.

1043 Vgl. aber *Widmann* in *Widmann/Mayer*, Umwandlungsrecht, 2002, § 24 UmwG, Rz. 156.

1044 Vgl. auch *Pfitzer*, WP-Handbuch, 2002, Bd. II, Teil E, Rz. 40; *Müller* in *Kallmeyer*, UmwG, 2001, § 17, Rz. 35.

1045 Vgl. *Pfitzer*, WP-Handbuch, 2002, Bd. II, Teil E, Rz. 45; *Budde/Zerwas* in *Budde/Förschle*, Sonderbilanzen, 2002, F, Rz. 149.

1046 Vgl. *Budde/Zerwas* in *Budde/Förschle*, Sonderbilanzen, 2002, F, Rz. 148.

1047 Vgl. *Widmann* in *Widmann/Mayer*, Umwandlungsrecht, 2002, § 24 UmwG, Rz. 5.

1048 Vgl. *Widmann* in *Widmann/Mayer*, Umwandlungsrecht, 2002, § 24 UmwG, Rz. 10, 14.

1049 Vgl. *Widmann* in *Widmann/Mayer*, Umwandlungsrecht, 2002, § 24 UmwG, Rz. 10.

1050 Vgl. *Widmann* in *Widmann/Mayer*, Umwandlungsrecht, 2002, § 24 UmwG, Rz. 12.

1051 Vgl. Abschnitt 4.4.2.

Fraglich ist, wem Vermögensgegenstände und Schulden der Überträgerin vor Eintragung der Verschmelzung zuzurechnen sind. Zwar verfügt die Überträgerin nach wie vor über das zivilrechtliche Eigentum, entscheidend für die Bilanzierung ist jedoch das wirtschaftliche Eigentum, das nicht rückwirkend begründet werden kann.[1052] Der Zeitpunkt des Übergangs des wirtschaftlichen Eigentums kann nicht vor dem wirksamen Abschluss des Verschmelzungsvertrags liegen. Wirtschaftliches Eigentum der Übernehmerin wird nach Auffassung des *IDW* begründet, wenn folgende vier Voraussetzungen kumulativ erfüllt sind:[1053]

1. Bis zum Abschlussstichtag der Übernehmerin müssen sowohl der Verschmelzungsvertrag formwirksam abgeschlossen sein als auch die Beschlüsse und Zustimmungserklärungen nach § 13 UmwG vorliegen.
2. Der Verschmelzungsstichtag muss vor dem Abschlussstichtag der Übernehmerin liegen oder mit diesem zusammenfallen.
3. Bis zum Ende der Aufstellung des Jahresabschlusses der Übernehmerin muss die Verschmelzung ins Handelsregister eingetragen worden sein oder mit an Sicherheit grenzender Wahrscheinlichkeit davon ausgegangen werden können, dass die Eintragung erfolgen wird, weil Eintragungshindernisse nicht bekannt sind.
4. Die Überträgerin darf nur im Rahmen eines ordentlichen Geschäftsgangs oder mit Zustimmung der Übernehmerin über die Vermögensgegenstände verfügen.

Fehlt es an einer Voraussetzung, bleibt die Überträgerin sowohl rechtliche als auch wirtschaftliche Eigentümerin und bilanziert wie gewohnt. Sind hingegen alle vier Voraussetzungen erfüllt, hält die Übernehmerin das wirtschaftliche Eigentum an den Vermögensgegenständen der Überträgerin. Sie bilanziert die Vermögensgegenstände der Überträgerin in ihrem Jahresabschluss so, als ob die Verschmelzung bereits erfolgt wäre. Analog sind Schulden demjenigen zuzurechnen, der mit ihnen wirtschaftlich belastet ist. Ist das die Übernehmerin, passiviert sie entweder die Schulden der Überträgerin unmittelbar oder eine Ausgleichsverpflichtung gegenüber der Überträgerin. Zusätzlich hat die Überträgerin die Schulden aus Gläubigerschutzgründen weiterhin zu passivieren. Ausnahmsweise muss die Überträgerin lediglich ein Haftungsverhältnis nach § 251 HGB ausweisen, wenn die Übernehmerin eine gesamtschuldnerische Mithaftung übernommen hat.[1054] Die Bilanz der Überträgerin reduziert sich auf unverzichtbare Positionen wie den Ausgleichsanspruch gegenüber der Übernehmerin und das Eigenkapital.[1055] Weil Bewertungsvorschriften des HGB anzuwenden sind, müssen Ausgleichsanspruch der Überträgerin und Ausgleichsverpflichtung der Übernehmerin nicht korrespondieren.

1052 Vgl. *Tischer*, Übergang, WPg 1996, S. 745 ff.; *Budde/Karig* in *Budde*, BBK, 1999, § 246 HGB, Rz. 4; *Müller* in *Kallmeyer*, UmwG, 2001, § 17, Rz. 21 und § 24, Rz. 46-48; *Müller, W.*, Zweifelsfragen, WPg 1996, S. 862.

1053 Vgl. *IDW*, Zweifelsfragen, FN-IDW 1997, S. 178.

1054 Vgl. *IDW*, Zweifelsfragen, FN-IDW 1997, S. 178; *Bula/Schlösser* in *SBB*, Umwandlungen, 2000, K, Rz. 23.

1055 Vgl. *Müller, W.*, Zweifelsfragen, WPg 1996, S. 862; *Budde/Zerwas* in *Budde/Förschle*, Sonderbilanzen, 2002, F, Rz. 51.

Abb. 21 erläutert die Aktivierung von Vermögensgegenständen und die Passivierung der Schulden in den Jahresabschlussbilanzen von Überträgerin und Übernehmerin zwischen Verschmelzungsstichtag und Eintragung nach Übergang des wirtschaftlichen Eigentums auf die Übernehmerin jedoch ohne eine gesamtschuldnerische Mithaftung.

Überträgerin

1. Ausgleichsanspruch gegenüber der Übernehmerin	1. Eigenkapital der Überträgerin 2. Verbindlichkeiten der Überträgerin

Übernehmerin

1. Eigenes Vermögen der Übernehmerin 2. Vermögen der Überträgerin im wirtschaftlichen Eigentum der Übernehmerin	1. Eigenkapital der Übernehmerin 2. Verbindlichkeiten der Übernehmerin 3. Verbindlichkeiten der Überträgerin 4. Ausgleichsverpflichtung gegenüber der Überträgerin

Abb. 21: Jahresabschlussbilanzen von Überträgerin und Übernehmerin zwischen Verschmelzungsstichtag und Eintragung

Vom Verschmelzungsstichtag an gelten die Handlungen der Überträgerin als für Rechnung der Übernehmerin vorgenommen, § 5 Abs. 1 Nr. 6 UmwG. Dennoch führt der Verschmelzungsstichtag nicht zu einer schuldrechtlichen Rückwirkung.[1056] Vielmehr sind auch Erfolgsbeiträge danach zu bilanzieren, wer am Abschlussstichtag wirtschaftlicher Eigentümer der zu übertragenden Vermögensgegenstände ist.[1057] Ist nach den o. g. Kriterien die Übernehmerin wirtschaftliche Eigentümerin, so werden Erfolgsbeiträge – erwirtschaftete Aufwendungen und Erträge sowie Wertänderungen, wie z. B. Abschreibungen – originär bei ihr erfasst und im Anhang erläutert.[1058]

Bleibt hingegen die Überträgerin wirtschaftliche Eigentümerin, hat sie neben Vermögensgegenständen und Schulden auch ihre originären Erfolgsbeiträge zu erfassen. Im Regelfall stimmt der Zeitpunkt des Wechsels der Gewinnberechtigung nach § 5 Abs. 1 Nr. 5 UmwG mit dem Verschmelzungsstichtag nach § 5 Abs. 1 Nr. 6 UmwG, ab dem die Überträgerin für Rechnung der Übernehmerin handelt, überein, so dass eine Gewinnausschüttung an die (alten) Anteilseigner der Überträgerin grundsätzlich ausgeschlossen ist.[1059] Der Gefahr einer Gewinnausschüttung soll durch die Erläuterung im

---

1056 Vgl. *Priester*, Bilanzierung, BB 1992, S. 1595.

1057 Vgl. *IDW*, Zweifelsfragen, FN-IDW 1997, S. 178; *Müller, W.*, Zweifelsfragen, WPg 1996, S. 862 f.; a. A. *Aha*, Zweifelsfragen, BB 1996, S. 2560 f.

1058 Vgl. *Müller, W.*, Zweifelsfragen, WPg 1996, S. 862; *IDW*, Zweifelsfragen, FN-IDW 1997, S. 178; *Förschle/Hoffmann* in *Budde/Förschle*, Sonderbilanzen, 2002, I, Rz. 15.

1059 Vgl. *IDW*, Zweifelsfragen, FN-IDW 1997, S. 179; *Widmann* in *Widmann/Mayer*, Umwandlungsrecht, 2002, § 24 UmwG, Rz. 11. Diese Gefahr besteht nicht, wenn sich alle Anteile an der Überträgerin in der Hand der Übernehmerin befinden; vgl. *Bula/Schlösser* in *SBB*, Umwandlungen, 2000, K, Rz. 26.

Anhang, dass die Erfolge der Überträgerin nach dem Verschmelzungsstichtag im Innenverhältnis für Rechnung der Übernehmerin erwirtschaftet wurden, begegnet werden.[1060] Analog zum Konzernabschluss wird weiterhin vorgeschlagen, einen Ausgleichsposten „Anderen Gesellschaftern zustehender Gewinn" unterhalb des Jahresergebnisses auszuweisen.[1061] Beide Maßnahmen können aber letztlich den Beschluss einer Gewinnausschüttung nicht wirksam verhindern.[1062] Nach anderer Auffassung soll der Gewinn der Überträgerin durch Bildung einer Rückstellung neutralisiert werden.[1063] Eine Drohverlustrückstellung kann schon deshalb nicht gebildet werden, weil die Verschmelzung kein (schwebendes) Geschäft zwischen der Überträgerin und der Übernehmerin darstellt. Auch eine Aufwandsrückstellung scheidet aus, weil bei der Überträgerin keine Innenverpflichtung vorliegt.[1064] M. E. kommt nur eine Rückstellung nach § 249 Abs. 1 S. 1 Alt. 1 HGB in Frage, sofern eine Verpflichtung der Überträgerin am Bilanzstichtag besteht, weil der Wechsel der Gewinnberechtigung nach § 5 Abs. 1 Nr. 5 UmwG rechtswirksam geworden ist. Die Übernehmerin darf einen korrespondierenden Ertrag aufgrund des Realisationsprinzips in § 252 Abs. 1 Nr. 4 HGB nicht ausweisen.

Hat die Überträgerin hingegen einen Verlust erwirtschaftet, soll die Übernehmerin hierfür eine Rückstellung gem. § 249 Abs. 1 S. 1 Alt. 1 HGB passivieren, sofern der Verlust nicht durch Verschmelzungsgewinne der Übernehmerin kompensiert wird.[1065] Aufgrund § 5 Abs. 1 Nr. 5 UmwG ist die Übernehmerin zur Verlustübernahme verpflichtet, wenn der Wechsel der Gewinnberechtigung rechtswirksam geworden ist. Die Überträgerin selbst darf wegen § 252 Abs. 1 Nr. 4 HGB keinen Anspruch auf Verlustausgleich ausweisen.

Unabhängig von der Behandlung bei der Überträgerin muss die Übernehmerin die Aufwendungen und Erträge der Überträgerin als eigene in ihrer Rechnungslegung erfassen, da sie für ihre Rechnung vorgenommen werden.[1066]

In in der Praxis wird auch bei wirtschaftlichem Eigentum der Übernehmerin als zulässig anerkannt, wenn die Überträgerin die Vermögensgegenstände, Schulden und Erfolgsbeiträge wie eigene erfasst und die Auswirkungen der Verschmelzung als Führung der Geschäfte für Rechnung der Übernehmerin im Anhang erläutert.[1067] Im Ergebnis entspricht diese Behandlung dem fortbestehenden wirtschaftlichen Eigentum der Überträgerin. Diese vermeintlich einfache Lösung verstößt jedoch gegen den Grundsatz der Bilanzierung wirtschaftlichen Eigentums und ist m. E. deshalb abzulehnen.

1060 Vgl. *Bula/Schlösser* in *SBB*, Umwandlungen, 2000, K, Rz. 26; *IDW*, Zweifelsfragen, FN-IDW 1997, S. 179.

1061 Vgl. *Bula/Schlösser* in *SBB*, Umwandlungen, 2000, K, Rz. 26; *Müller, W.*, Zweifelsfragen, WPg 1996, S. 862.

1062 Vgl. *IDW*, Zweifelsfragen, FN-IDW 1997, S. 179.

1063 Vgl. *Pfitzer*, WP-Handbuch, 2002, Bd. II, Teil E, Rz. 53; *IDW*, Zweifelsfragen, FN-IDW 1997, S. 179. Als korrespondierendes Aufwandskonto kommt z. B. „Für fremde Rechnung erwirtschaftetes Ergebnis" in Betracht.

1064 Vgl. *Bula/Schlösser* in *SBB*, Umwandlungen, 2000, K, Rz. 26.

1065 Vgl. *Pfitzer*, WP-Handbuch, 2002, Bd. II, Teil E, Rz. 53; *IDW*, Zweifelsfragen, FN-IDW 1997, S. 179.

1066 Vgl. *Müller, W.*, Zweifelsfragen, WPg 1996, S. 863.

1067 Vgl. *IDW*, Zweifelsfragen, FN-IDW 1997, S. 179.

Wird die Verschmelzung schließlich ins Handelsregister eingetragen, so hat dies keine Auswirkungen auf die zwischenzeitlich aufgestellten Jahresabschlüsse. Diese werden weder unwirksam noch ist eine Bilanzberichtigung oder -änderung zulässig.[1068]

5.2 „Übernahmebilanz" der Übernehmerin

Die sog. „Übernahmebilanz" wird im Folgenden für Kapitalgesellschaften untersucht. Nach einer Erläuterung des Begriffs erfolgen die weiteren Untersuchungen zur Übernahmebilanz – analog zum Wahlrecht in § 24 UmwG – getrennt für den Anschaffungskostenansatz (Abschnitt 5.2.2) und die Buchwertverknüpfung (Abschnitt 5.2.3). Anschließend werden die Ergebnisse aus diesen beiden Hauptabschnitten zusammengefasst (Abschnitt 5.2.4). Nach einer kurzen Erläuterung zur Prüfung und Offenlegung der Übernahmebilanz (Abschnitt 5.2.5) wird in Abschnitt 5.2.6 auf Besonderheiten für Personenhandelsgesellschaften und in Abschnitt 5.2.7 auf die Verschmelzung von Schwestergesellschaften eingegangen (vgl. Abb. 22).

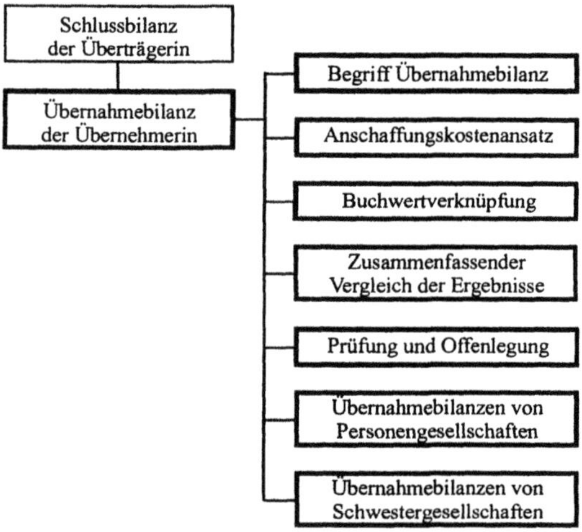

Abb. 22: Aufbau Abschnitt 5.2 Übernahmebilanz der Übernehmerin

---

1068 Vgl. OLG Hamm 11.12.1991, DB 1992, S. 417 f.; *Priester*, Bilanzierung, BB 1992, S. 1598; *Priester* in *Lutter*, UmwG, 2000, § 24, Rz. 30; *Müller* in *Kallmeyer*, UmwG, 2001, § 17, Rz. 23; *Budde/Zerwas* in *Budde/Förschle*, Sonderbilanzen, 2002, F, Rz. 63; *Widmann* in *Widmann/Mayer*, Umwandlungsrecht, 2002, § 24 UmwG, Rz. 8.

5.2.1 Begriff „Übernahmebilanz"

Der Begriff „Übernahmebilanz" ist kein Fachausdruck, sondern dient als plakative Überschrift zur Bilanzierung bei der Übernehmerin, bei der der eigentliche Verschmelzungsvorgang abgebildet wird.

Für die Übernehmerin findet sich mit § 24 UmwG nur eine einzige Bilanzierungsvorschrift für den Verschmelzungsfall im UmwG. Dort wird die Bilanzierung in den „Jahresbilanzen" der Übernehmerin angesprochen. Dies ist insoweit unverständlich, als einerseits das HGB den Ausdruck „Jahresbilanz" nicht kennt, und es andererseits nur auf den Jahresabschluss bzw. die Eröffnungsbilanz der Übernehmerin unmittelbar nach der Verschmelzung ankommt, so dass der Plural verfehlt wirkt.[1069]

Für die Bilanzierung des Vermögensübergangs bei der Übernehmerin ist zunächst nach Art der Verschmelzung zu unterscheiden. Bei der Verschmelzung durch Aufnahme kann die Übernehmerin eine separate „Übernahmebilanz" – in praxi regelmäßig als Proforma-Bilanz bezeichnet[1070] – aufstellen, wozu sie gesetzlich jedoch nicht verpflichtet ist. Alternativ kann sie den Vorgang als laufenden Geschäftsvorfall in ihrer Jahresabschlussbilanz behandeln, § 2 Nr. 1 UmwG.[1071] Der Stichtag für die Übernahmebilanz ist der Zeitpunkt des Übergangs des wirtschaftlichen Eigentums von der Überträgerin auf die Übernehmerin.[1072]

Für die Verschmelzung durch Neugründung gilt § 24 UmwG i. V. m. § 36 UmwG. Von der Übernehmerin ist zwingend eine Eröffnungsbilanz gem. § 2 Nr. 2 UmwG i. V. m. § 242 Abs. 1 HGB aufzustellen, in der die Vermögensgegenstände und Schulden der Überträgerinnen bilanziert werden.[1073] Die Eröffnungsbilanz wird von der Übernehmerin aufgestellt, wenn diese mit Übernahme des wirtschaftlichen Eigentums des Überträgerin-Vermögens ihren Geschäftsbetrieb aufnimmt. Besteht die Übernehmerin zivilrechtlich mangels Eintragung ins Handelsregister noch nicht, ist entsprechend die Vor-(gründungs)gesellschaft aufstellungspflichtig.[1074]

Eine Eröffnungsbilanz wird auch notwendig durch die Verschmelzung einer Kapitalgesellschaft auf ihren Alleingesellschafter, wenn dadurch ein vollkaufmännisches Handelsgewerbe entsteht.[1075]

Auf die Eröffnungsbilanz sind gem. § 242 Abs. 1 S. 2 HGB die für den Jahresabschluss geltenden Vorschriften entsprechend anzuwenden. Ein Inventar muss für die Eröff-

---

1069 Vgl. *Widmann* in *Widmann/Mayer*, Umwandlungsrecht, 2002, § 24 UmwG, Rz. 310.

1070 Vgl. statt vieler METRO, Verschmelzung, 1996, S. 51.

1071 Vgl. *Widmann* in *Widmann/Mayer*, Umwandlungsrecht, 2002, § 24 UmwG, Rz. 280; *IDW*, Zweifelsfragen, FN-IDW 1997, S. 179 f.; *Naumann*, Anwendung, 1996, S. 685; *Priester* in *Lutter*, UmwG, 2000, § 24, Rz. 21, 25. *Müller* in *Kallmeyer*, UmwG, 2001, § 24, Rz. 46-48 setzt am Übergang des wirtschaftlichen Eigentums an, das ggf. auch schon vorher übergehen kann; vgl. Abschnitt 5.1.5.

1072 Vgl. Abschnitt 5.1.5; *Förschle/Hoffmann* in *Budde/Förschle*, Sonderbilanzen, 2002, I, Rz. 12 f.

1073 Vgl. *Naumann*, Anwendung, 1996, S. 685 f.; *Förschle/Hoffmann* in *Budde/Förschle*, Sonderbilanzen, 2002, I, Rz. 1.

1074 Vgl. Abschnitte 2.2 und 5.1.5; *Förschle/Hoffmann* in *Budde/Förschle*, Sonderbilanzen, 2002, I, Rz. 12 f.; zum Stichtag der Eröffnungsbilanz ausführlich *Fischer K./Lenz*, Gründungsbilanzen, PdR 2000, S. 93 ff.

1075 Vgl. *Widmann* in *Widmann/Mayer*, Umwandlungsrecht, 2002, § 24 UmwG, Rz. 219.

nungsbilanz der Übernehmerin nicht aufgestellt werden. Die Eröffnungsbilanz stellt eine Vermögens-Status-Bilanz dar, so dass eine Gewinn- und Verlustrechnung nicht in Betracht kommt. Anhang und Lagebericht sind ebenfalls nicht aufzustellen.[1076]

§ 24 UmwG regelt jedoch nicht die Übernahmebilanz, sondern lediglich rudimentär die Bewertung[1077] und entpuppt sich bei näherer Betrachtung als reine Einräumung eines Wahlrechts.

Weil weitere Rechnungslegungsvorschriften für die Übernahmebilanz nicht bestehen, gelten die allgemeinen Grundsätze, z. B. zur Änderung[1078] und Berichtigung[1079] von (fehlerhaften) Jahresabschlüssen, zur Nichtigkeit[1080] oder zu Aufbewahrungsfristen.[1081] Nach Eintragung der Verschmelzung ins Handelsregister könnte sich zudem die Einordnung nach Größenklassen für Kapitalgesellschaften und bestimmte Personenhandelsgesellschaften ändern.[1082] Fehlende Rechnungslegungsvorschriften in § 24 UmwG führen durch die dadurch notwendige Auslegung „zu den Urgründen unserer Bilanzierungsgrundsätze: Anschaffungskostenprinzip, Realisationsprinzip, Vorsichtsprinzip usw."[1083]

Für eine Bilanzkontinuität zwischen der Schlussbilanz der Überträgerin nach § 17 Abs. 2 UmwG und der Übernahmebilanz nach § 24 UmwG i. S. v. § 252 Abs. 1 Nr. 1 HGB besteht kein Raum, da es sich um Rechenwerke verschiedener Rechtsträger handelt. Die Übernehmerin kann das Wahlrecht nach § 24 UmwG völlig unabhängig von Wertansätzen der Überträgerin ausüben.[1084]

Der Vermögensübergang stellt aus Sicht der Übernehmerin grundsätzlich einen Anschaffungsvorgang von den Anteilseignern der Überträgerin dar. Die Übernehmerin müsste gem. § 253 Abs. 1 S. 1 HGB das übernommene Vermögen mit den Anschaffungskosten bewerten, so dass sich in der Regel keine Erfolgsauswirkungen ergäben.[1085] Durch § 24 UmwG steht der Übernehmerin ein Wahlrecht bezüglich der Bemessung der Anschaffungskosten für die Vermögensgegenstände und Schulden der Überträgerin zu, unabhängig von ihrer Rechtsform.[1086] Sie hat nach § 24 UmwG die Möglichkeit, die Buchwerte aus dem Jahresabschluss der Überträgerin als fiktive Anschaffungskosten (Buchwertverknüpfung) anzusetzen. Wenn sie von dieser Wahlmöglichkeit jedoch keinen Gebrauch macht, trifft das UmwG keine Regelung. Daher müssen die tatsächlichen Anschaffungskosten, die durch den Erwerb der Übernehmerin entstehen, unter

---

1076 Vgl. *Widmann* in *Widmann/Mayer*, Umwandlungsrecht, 2002, § 24 UmwG, Rz. 250.

1077 Vgl. a. A: *Widmann* in *Widmann/Mayer*, Umwandlungsrecht, 2002, § 24 UmwG, Rz. 310, der in § 24 UmwG den Bilanzansatz geregelt sieht.

1078 Vgl. dazu *Widmann* in *Widmann/Mayer*, Umwandlungsrecht, 2002, § 24 UmwG, Rz. 425 ff.

1079 Vgl. dazu *Widmann* in *Widmann/Mayer*, Umwandlungsrecht, 2002, § 24 UmwG, Rz. 443 ff.

1080 Vgl. dazu *Widmann* in *Widmann/Mayer*, Umwandlungsrecht, 2002, § 24 UmwG, Rz. 450 ff.

1081 Vgl. dazu *Widmann* in *Widmann/Mayer*, Umwandlungsrecht, 2002, § 24 UmwG, Rz. 455 ff. (für Handelsrecht), 461 ff. (für Steuerrecht).

1082 Vgl. dazu *Widmann* in *Widmann/Mayer*, Umwandlungsrecht, 2002, § 24 UmwG, Rz. 464 ff.

1083 *Müller, W.*, Zweifelsfragen, WPg 1996, S. 858; vgl. auch *Bula/Schlösser* in *SBB*, Umwandlungen, 2000, K, Rz. 2.

1084 Vgl. *Haritz/Paetzold*, Verknüpfungen, FR 1998, S. 353; *Herzig*, Umwandlungsvorgängen, 1996, S. 26 ff.

1085 Vgl. *IDW*, Zweifelsfragen, FN-IDW 1997, S. 180.

1086 Vgl. *Priester* in *Lutter*, UmwG, 2000, § 24, Rz. 11.

Heranziehung allgemeiner Grundsätze zur Anschaffungskostenbestimmung ermittelt werden (Anschaffungskostenansatz). Das Bewertungswahlrecht sieht die Bilanzierung zu Zwischenwerten nicht vor, diese können sich allenfalls materiell durch Anpassung der Buchwerte der Überträgerin an Bilanzierungs- und Bewertungsgrundsätze der Übernehmerin oder durch Zuschreibungen ergeben.[1087]

Die Ausübung des Wahlrechts liegt im Ermessen des für die Aufstellung der Bilanz zuständigen Organs der Übernehmerin, kann aber ggf. von dem bilanzfeststellenden Organ geändert werden.[1088] Die Übernehmerin muss das Wahlrecht für jede Überträgerin einheitlich ausüben, d. h. sämtliche Vermögensgegenstände sind entweder mit dem Buchwert oder den Anschaffungskosten zu bewerten.[1089] Sind mehrere Überträgerinnen an der Verschmelzung beteiligt, kann das Wahlrecht – auch im Fall der Verschmelzung durch Neugründung – für jede Überträgerin unterschiedlich ausgeübt werden.[1090] Eine generelle Einschränkung des Wahlrechts in § 24 UmwG ergibt sich weder aus den Generalnormen (§§ 242 Abs. 1, 264 Abs. 2 S. 2 HGB) noch aus dem Grundsatz der Bewertungsstetigkeit (§ 252 Abs. 1 Nr. 6 HGB).[1091] Wird die Vermögens-, Finanz- und Ertragslage beeinträchtigt, sind erläuternde Angaben im Anhang notwendig, § 264 Abs. 2 S. 2 HGB. Zu beachten ist jedoch stets der Rechenschaftszweck[1092] des Jahresabschlusses, der das Wahlrecht in extremen Fällen eingeschränkt.[1093]

Außerdem schließt DRS 4 für den Konzernabschluss die Buchwertverknüpfung nach § 24 UmwG aus. Das Wahlrecht des § 24 UmwG wird jedoch m. E. für die Übernahmebilanz außerhalb eines Konzernabschlusses nicht durch DRS 4 eingeschränkt, zumal der DRS keine Rechtsnorm darstellt und nicht für den Einzelabschluss gilt.[1094]

Erwirbt die Übernehmerin Anteile an der Überträgerin von deren Anteilseignern, z. B. nach § 29 UmwG, liegt darin ein gewöhnlicher Anschaffungsvorgang, der weder eine Übernahmebilanz noch ein Wahlrecht nach § 24 UmwG auslöst. Die Anteile werden

---

1087 Vgl. *Hannappel* in *Goutier*, Umwandlungsrecht, 1996, § 24 UmwG, Rz. 39. Zwischenwerte können sich nach a. A. auch bei der Ermittlung der tatsächlichen Anschaffungskosten ergeben, vgl. *Pfitzer*, WP-Handbuch, 2002, Bd. II, Teil E, Rz. 86; *Naumann*, Anwendung, 1996, S. 710; *Priester* in *Lutter*, UmwG, 2000, § 24, Rz. 41 f. Korrekt ermittelte Anschaffungskosten und Zwischenwerte schließen sich m. E. jedoch aus. Zwischenwerte für zulässig hält dagegen *Hannappel* in *Goutier*, Umwandlungsrecht, 1996, § 24 UmwG, Rz. 39.

1088 Vgl. *Müller, W.*, Zweifelsfragen, WPg 1996, S. 863 f.; *Müller* in *Kallmeyer*, UmwG, 2001, § 24, Rz. 14, 43; *Widmann* in *Widmann/Mayer*, Umwandlungsrecht, 2002, § 24 UmwG, Rz. 399.

1089 Vgl. *Pohl*, Handelsbilanzen, 1995, S. 123-127; *Förschle/Hoffmann* in *Budde/Förschle*, Sonderbilanzen, 2002, I, Rz. 65 Abs. 2; a. A. *Widmann* in *Widmann/Mayer*, Umwandlungsrecht, 2002, § 24 UmwG, Rz. 339.

1090 Vgl. *Bula/Schlösser* in *SBB*, Umwandlungen, 2000, K, Rz. 30, 32; *IDW*, Zweifelsfragen, FN-IDW 1997, S. 180; *Rödder*, Fachliteratur, DStR 1997, S. 1355; *Naumann*, Anwendung, 1996, S. 709 f.; *Pohl*, Handelsbilanzen, 1995, S. 131 f., 139 f.; *Müller* in *Kallmeyer*, UmwG, 2001, § 24, Rz. 14; *Widmann* in *Widmann/Mayer*, Umwandlungsrecht, 2002, § 24 UmwG, Rz. 311.

1091 Vgl. ausführlich *Mujkanovic*, Bewertung, BB 1995, S. 1736 ff.; *Priester* in *Lutter*, UmwG, 2000, § 24, Rz. 78-85 *Pfitzer*, WP-Handbuch, 2002, Bd. II, Teil E, Rz. 89; *Priester*, Spaltungsvertrag, 1995, S. 151 f.; *Pohl*, Handelsbilanzen, 1995, S. 130 f.; a. A. *Schulze-Osterloh*, Bilanzierung, ZGR 1993, S. 440 f.; *Fischer, M.*, Verschmelzung, DB 1995, S. 486 f.

1092 Vgl. *Baetge/Kirsch/Thiele*, Bilanzen, 2002, S. 83 ff.

1093 Vgl. dazu Sonderfälle in Abschnitt 5.2.2.3.3.1.

1094 Vgl. ausführlich in Abschnitt 5.4.1; *Pfitzer*, WP-Handbuch, 2002, Bd. II, Teil E, Rz. 91; *IDW*, E-DRS 4, WPg 2000, S. 615-617.

vielmehr zu ihren Anschaffungskosten aktiviert, so dass weder Rücklagen noch Erträge ausgelöst werden.[1095]

5.2.2 Anschaffungskostenansatz

Als Gegenleistung für die Übertragung des unmittelbaren wirtschaftlichen Eigentums an den Vermögensgegenständen und Schulden der Überträgerin werden die Anteilseigner der Überträgerin an der Übernehmerin beteiligt. Die Übernehmerin kann das übernommene Vermögen der Überträgerin mit den Anschaffungskosten i. S. v. § 255 Abs. 1 HGB ansetzen, die ihr durch den Vermögensübergang entstanden sind, also mit dem Wert ihrer Gegenleistung. Anschaffungskosten können begrifflich nur bei Konzentrationsverschmelzungen, bei denen durch einen Interessengegensatz eine bestimmte Markttransaktion stattgefunden hat, vorliegen.[1096] Die Anschaffungskostenmethode wird in der Theorie gegenüber der Buchwertverknüpfung bevorzugt,[1097] weil der Anschaffungsvorgang erfolgsneutral abgebildet wird.[1098] In der Praxis hingegen wurden bislang selten Anschaffungskosten angesetzt und diese dann aus Buchwerten abgeleitet.[1099]

Im Unterabschnitt Anschaffungskostenansatz (vgl. Abb. 23) wird zunächst der Ansatz (5.2.2.1) und anschließend die Bewertung (5.2.2.2) betrachtet. Dabei sind zunächst die Anschaffungskosten zu bestimmen und nachfolgend auf die einzelnen Vermögensgegenstände und Schulden zu verteilen. Der Anschaffungskostenansatz ist gesondert für verschiedene Gegenleistungen zu untersuchen, denn die Übernehmerin muss für die Vermögensübertragung i. R. d. Verschmelzung den Anteilseignern der Überträgerin Gesellschaftsrechte gewähren. Folgende Fälle sind zu unterscheiden:

1. Hingabe neuer durch Kapitalerhöhung geschaffener Anteile,[1100]
2. Hingabe eigener Anteile,[1101]
3. Untergang der Anteile der Übernehmerin an der Überträgerin,[1102]
4. Auskehrung der Anteile der Überträgerin an der Übernehmerin.[1103]

1095 Vgl. *Widmann* in *Widmann/Mayer*, Umwandlungsrecht, 2002, § 24 UmwG, Rz. 352, 389.

1096 Vgl. *Fischer, M.*, Verschmelzung, DB 1995, S. 486.

1097 Vgl. *Hense*, Rechnungslegung, 1993, S. 189; *Mujkanovic*, Bewertung, BB 1995, S. 1739; *Schulze-Osterloh*, Bilanzierung, ZGR 1993, S. 440 f.; *Bundesregierung*, Begründung, BR-Drs. 75/94, S. 93; *Naumann*, Anwendung, 1996, S. 710; *Müller, W.*, Zweifelsfragen, WPg 1996, S. 863.

1098 Vgl. *Baetge/Kirsch/Thiele*, Bilanzen, 2002, S. 190 ff.; *Naumann*, Anwendung, 1996, S. 694; *Delmas*, Sacheinlagen, 1997, S. 139; *IDW*, Zweifelsfragen, FN-IDW 1997, S. 180; a. A. *Widmann* in *Widmann/Mayer*, Umwandlungsrecht, 2000, § 24 UmwG, Rz. 290. Differenziert: *Hörtnagl* in *SHS*, UmwG, 2001, § 24 UmwG, Rz. 16 geht von einem gesellschaftsrechtlichen Einlagevorgang aus; *Müller* in *Kallmeyer*, UmwG, 2001, § 24, Rz. 18 spricht von „anschaffungsähnlich“.

1099 Vgl. im Anhang Spalte „HB“. Bei der Verschmelzung auf die METRO AG bestimmen sich die Anschaffungskosten als Summe aus Beteiligungsbuchwert, Kapitalerhöhung und barer Zuzahlung, um die handelsbilanziellen Werte an die steuerlichen anzupassen, vgl. METRO, Verschmelzung, 1996, S. 52 f. Bei der Verschmelzung der HBAG auf die AGIV (neu) ermitteln sich die Anschaffungskosten als Summe aus Buchwerten und Verlustvorträgen, vgl. AGIV, Verschmelzungsbericht, 2002, S. 65.

1100 In nahezu allen im Anhang betrachteten Fällen wurde eine Kapitalerhöhung durchgeführt, vgl. im Anhang Spalte „KE“.

1101 Vgl. Daimler, AEG, 1996, S. 16; RWE, Lahmeyer, 1999, S. 47, 111.

1102 Vgl. Praxisfälle „Up-stream merger (> 75%) im Anhang Spalte „Konzern“.

1103 Vgl. RWE, VEW, 2000, S. 111 f.

Schließlich werden noch bare Zuzahlungen und Verschmelzungsaufwendungen beim Anschaffungskostenansatz diskutiert.

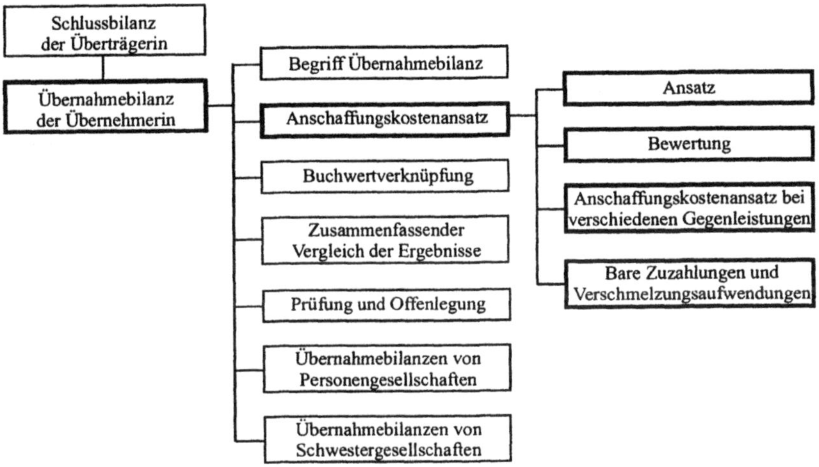

Abb. 23: Aufbau Abschnitt 5.2.2 Anschaffungskostenansatz

5.2.2.1 Ansatz beim Anschaffungskostenansatz

Die Vermögensübertragung durch die Verschmelzung stellt sich beim Anschaffungskostenansatz als entgeltlicher Anschaffungsvorgang dar. Insofern sind sämtliche Vermögensgegenstände, Verbindlichkeiten und Rechnungsabgrenzungsposten der Überträgerin auch bei der Übernehmerin zu bilanzieren. Aus Vereinfachungsgründen kann am Tag des Übergangs des wirtschaftlichen Eigentums das Vermögen laut Schlussbilanz der Überträgerin eingebucht werden.[1104]

Die Ansatzvorschriften des Jahresabschlusses gelten auch insoweit, dass Gründungsaufwendungen und Aufwendungen zur Beschaffung von Eigenkapital gem. § 248 Abs. 1 HGB nicht aktiviert werden dürfen.[1105] Zu den anzusetzenden Posten gehören indes immaterielle Vermögensgegenstände des Anlagevermögens, die die Überträgerin selbst erstellt hat und daher gem. § 248 Abs. 2 HGB nicht aktivieren durfte.[1106] Dafür spricht einerseits, dass die Übernehmerin diese entgeltlich – gegen eine Gegenleistung –

1104 Vgl. *Förschle/Hoffmann* in *Budde/Förschle*, Sonderbilanzen, 2002, I, Rz. 15.

1105 Vgl. *Freericks*, Gründungsbilanz, 1993, Sp. 855 f.; a. A. *Widmann* in *Widmann/Mayer*, Umwandlungsrecht, 2002, § 24 UmwG, Rz. 236.

1106 Vgl. bspw. *Priester* in *Lutter*, UmwG, 2000, § 24, Rz. 34; *Hörtnagl* in *SHS*, UmwG, 2001, § 24 UmwG, Rz. 26; *Widmann* in *Widmann/Mayer*, Umwandlungsrecht, 2002, § 24 UmwG, Rz. 367; *Bula/Schlösser* in *SBB*, Umwandlungen, 2000, K, Rz. 37; *IDW*, Zweifelsfragen, FN-IDW 1997, S. 180; *Förschle/Hoffmann* in *Budde/Förschle*, Sonderbilanzen, 2002, I, Rz. 23.

erworben hat, und andererseits das Vollständigkeitsgebot des § 246 Abs. 1 HGB.[1107] Ein bei der Überträgerin originärer Geschäfts- oder Firmenwert wird für die Übernehmerin zum derivativen und kann nach § 255 Abs. 4 HGB als Bilanzierungshilfe aktiviert werden.[1108] Bei der Überträgerin bereits aktivierte Geschäfts- oder Firmenwerte sind nicht einzeln ansetzbar, weil die Voraussetzungen des § 255 Abs. 4 HGB nicht erfüllt sind, sondern gehen im Gesamt-Geschäfts- oder Firmenwert auf.[1109] Andere Bilanzierungshilfen der Überträgerin können nicht einfach übernommen werden, sondern nur neu gebildet werden, wenn die Übernehmerin selbst die entsprechenden Voraussetzungen erfüllt.[1110] Von der Überträgerin bereits vollständig abgeschriebene geringwertige Wirtschaftsgüter müssen aktiviert werden, können jedoch wieder vollständig abgeschrieben werden.[1111] Aktive Steuerabgrenzungsposten nach § 274 Abs. 2 HGB können – im Gegensatz zu anderen aktiven Rechnungsabgrenzungsposten[1112] – nicht angesetzt werden,[1113]

Auf der Passivseite muss die Übernehmerin alle Schulden der Überträgerin passivieren, die sie selbst wirtschaftlich belasten. Dazu gehört auch eine Verbindlichkeit in Höhe einer beschlossenen, aber noch nicht ausgezahlten Gewinnausschüttung der Überträgerin an ihre alten Anteilseigner.[1114] Für Pensionszusagen besteht eine Passivierungspflicht nach § 249 S. 1 HGB, auch wenn die Überträgerin für sog. Altzusagen gem. § 28 EGHGB keine Rückstellung gebildet hat, denn für die Übernehmerin entsteht die Pensionsverpflichtung neu.[1115] Für Aufwandsrückstellungen hat auch die Übernehmerin ein Wahlrecht nach § 249 HGB.[1116] Für die Passivierung einer passiven Steuerabgrenzung nach § 274 Abs. 1 HGB besteht in der Übernahmebilanz kein Raum, weil die Übernehmerin die Voraussetzungen nicht erfüllt. Allerdings sind stille Reserven des übernommenen Vermögens bei steuerlicher Buchwertfortführung mit zukünftigen Ertragsteuern[1117] belastet. Diese künftigen Steuerlasten müssen passiviert oder bei der Bewer-

---

1107 Vgl. *Bula/Schlösser* in *SBB*, Umwandlungen, 2000, K, Rz. 37 f.

1108 Vgl *Hörtnagl* in *SHS*, UmwG, 2001, § 24 UmwG, Rz. 26; *Müller* in *Kallmeyer*, UmwG, 2001, § 24, Rz. 7 f.; *Hannappel* in *Goutier*, Umwandlungsrecht, 1996, § 24 UmwG, Rz. 42 f.

1109 Vgl. *Förschle/Hoffmann* in *Budde/Förschle*, Sonderbilanzen, 2002, I, Rz. 20; *Scherrer*, Bilanzierung, 1997, S. 759; *Müller* in *Kallmeyer*, UmwG, 2001, § 24, Rz. 6.

1110 Vgl. *Pfitzer*, WP-Handbuch, 2002, Bd. II, Teil E, Rz. 74; *Naumann*, Anwendung, 1996, S. 697; *IDW*, Zweifelsfragen, FN-IDW 1997, S. 181; *Rödder*, Fachliteratur, DStR 1997, S. 1355; *Müller* in *Kallmeyer*, UmwG, 2001, § 24, Rz. 6; a. A. *Widmann* in *Widmann/Mayer*, Umwandlungsrecht, 2002, § 24 UmwG, Rz. 368.

1111 Vgl. *Förschle/Hoffmann* in *Budde/Förschle*, Sonderbilanzen, 2002, K, Rz. 24.

1112 Vgl. *Förschle/Hoffmann* in *Budde/Förschle*, Sonderbilanzen, 2002, I, Rz. 27; *IDW*, Zweifelsfragen, FN-IDW 1997, S. 180; *Scherrer*, Bilanzierung, 1997, S. 759.

1113 Vgl. *Förschle/Hoffmann* in *Budde/Förschle*, Sonderbilanzen, 2002, I, Rz. 36; *Priester* in *Lutter*, UmwG, 2000, § 24 Rz. 33.

1114 Vgl. *Förschle/Hoffmann* in *Budde/Förschle*, Sonderbilanzen, 2002, I, Rz. 31; *Widmann* in *Widmann/Mayer*, Umwandlungsrecht, 2002, § 24 UmwG, Rz. 406.

1115 Vgl. *Naumann*, Anwendung, 1996, S. 697; *Pohl*, Handelsbilanzen, 1995, S. 41; *IDW*, Zweifelsfragen, FN-IDW 1997, S. 180 f.; *Müller* in *Kallmeyer*, UmwG, 2001, § 24, Rz. 9.

1116 Vgl. *Förschle/Hoffmann* in *Budde/Förschle*, Sonderbilanzen, 2002, I, Rz. 29; a. A. *Scherrer*, Bilanzierung, 1997, S. 759.

1117 Seit der Geltung des Halbeinkünfteverfahrens 25 % „Definitiv"-Körperschaftsteuer und Gewerbeertragsteuer. Vgl. Abschnitt 6.

tung der Vermögensgegenstände berücksichtigt werden.[1118] Ein Sonderposten mit Rücklageanteil ist von der Übernehmerin zu bilden, wenn sie steuerliche Passivposten der Überträgerin übernimmt.[1119] Passive Rechnungsabgrenzungsposten mit Verbindlichkeitscharakter müssen in die Übernahmebilanz aufgenommen werden.[1120]

Gegenseitige Forderungen und Verbindlichkeiten der beteiligten Rechtsträger erlöschen im Zuge der Verschmelzung durch Konfusion[1121] und können nicht als Forderungen bzw. Verbindlichkeiten gegenüber sich selbst im handelsbilanziellen Abschluss der Übernehmerin ausgewiesen werden. Gleiches gilt für Rückstellungen aus ungewissen Verbindlichkeiten gegenüber dem jeweils anderen Beteiligten. Diese Ansprüche bzw. Verpflichtungen werden, soweit sie sich gleichwertig gegenüber stehen, erfolgsneutral, in allen anderen Fällen erfolgswirksam ausgebucht.[1122] Desgleichen gehen eigene Anteile der Überträgerin durch die Verschmelzung unter und werden ebenso wie die entsprechende Rücklage bei der Übernehmerin nicht bilanziert.[1123]

5.2.2.2 Bewertung beim Anschaffungskostenansatz

Die Bewertung in der Übernahmebilanz erfolgt nach den allgemeinen Grundsätzen. Zwar ist der Grundsatz des Going concern nach § 252 Abs. 1 Nr. 2 HGB anzuwenden, die Beibehaltung der Bewertungsmethoden gem. § 252 Abs. 1 Nr. 6 HGB jedoch nicht.[1124]

5.2.2.2.1 Bestimmung der Anschaffungskosten

Durch die Bewertung der Vermögensgegenstände und Schulden der Überträgerin mit den tatsächlichen Anschaffungskosten der Übernehmerin verläuft die Verschmelzung erfolgsneutral. Erfolgsneutralität der Anschaffungskosten bedeutet, dass einerseits sämtliche Aufwendungen, die geleistet werden, um einen Vermögensgegenstand zu erwerben (§ 255 Abs. 1 HGB), auch berücksichtigt werden, und andererseits kein Ertrag aus dem Anschaffungsvorgang ausgewiesen wird.[1125] So darf durch den Ansatz von

---

1118 Vgl. *Förschle/Hoffmann* in *Budde/Förschle*, Sonderbilanzen, 2002, I, Rz. 37; *Priester* in *Lutter*, UmwG, 2000, § 24 Rz. 33.

1119 Vgl. *Widmann* in *Widmann/Mayer*, Umwandlungsrecht, 2002, § 24 UmwG, Rz. 235.

1120 Vgl. *Förschle/Hoffmann* in *Budde/Förschle*, Sonderbilanzen, 2002, I, Rz. 32; *IDW*, Zweifelsfragen, FN-IDW 1997, S. 180; *Scherrer*, Bilanzierung, 1997, S. 759.

1121 Vgl. *Widmann* in *Widmann/Mayer*, Umwandlungsrecht, 2002, § 24 UmwG, Rz. 392.

1122 Vgl. *Bula/Schlösser* in *SBB*, Umwandlungen, 2000, K, Rz. 41; a. A. (Erhöhung der Anschaffungskosten) *Förschle/Hoffmann* in *Budde/Förschle*, Sonderbilanzen, 2002, I, Rz. 42, 56.

1123 Vgl. *Förschle/Hoffmann* in *Budde/Förschle*, Sonderbilanzen, 2002, I, Rz. 25, 30, 42.

1124 Vgl. *Widmann* in *Widmann/Mayer*, Umwandlungsrecht, 2002, § 24 UmwG, Rz. 243 ff.

1125 Vgl. *Baetge/Kirsch/Thiele*, Bilanzen, 2002, S. 190 ff.; *Naumann*, Anwendung, 1996, S. 694; *Delmas*, Sacheinlagen, 1997, S. 139; *IDW*, Zweifelsfragen, FN-IDW 1997, S. 180; *Müller, W.*, Anschaffungskosten, 1996, S. 249 f.; *ADS*, Rechnungslegung, 1995, § 255 HGB, Rz. 5; *Knop/Küting* in *Küting/Weber*, HdR, 1995, § 255 HGB, Rz. 3; *Ellrott/Schmidt-Wendt* in *Budde*, BBK, 1999, § 255 HGB, Rz. 20; a. A. *Widmann* in *Widmann/Mayer*, Umwandlungsrecht, 2002, § 24 UmwG, Rz. 290. Differenziert: *Hörtnagl* in *SHS*, UmwG, 2001, § 24 UmwG, Rz. 16 geht von einem gesellschaftsrechtlichen Einlagevorgang aus; *Müller* in *Kallmeyer*, UmwG, 2001, § 24, Rz. 18 spricht von „anschaffungsähnlich".

Zeitwerten als Anschaffungskosten im Regelfall kein ausschüttungsfähiger Gewinn entstehen.[1126] Das Anschaffungswertprinzip dient der nominellen Kapitalerhaltung. Fraglich ist, was unter den tatsächlichen Anschaffungskosten zu verstehen ist. Gem. § 255 Abs. 1 HGB sind Anschaffungskosten „Aufwendungen, die geleistet werden, um einen Vermögensgegenstand zu erwerben". Dahinter steht der Gedanke, dass der Vermögensgegenstand den Wert hat, der für ihn zum Zweck des Erwerbs „bezahlt" wurde.[1127] Die Anschaffungskosten stellen gem. §§ 253 Abs. 1, 255 Abs. 1 HGB[1128] sowohl die Ober- als auch die Untergrenze der Bewertung dar; einen Bewertungsspielraum, wie bei Herstellungskosten gibt es nicht.[1129] Gesucht werden die Anschaffungskosten der Übernehmerin, mit denen die Vermögensgegenstände und Schulden der Überträgerin in der Übernahmebilanz bewertet werden. Keinesfalls ist der Ansicht von *Pohl* zu folgen, nach der die tatsächlichen Anschaffungskosten durch den Buchwert der Gegenleistung bestimmt werden.[1130] Teilweise wird bezweifelt, ob bei bestimmten Gegenleistungen im Verschmelzungsfall überhaupt ein Anschaffungsvorgang vorliegt.[1131] § 24 UmwG schränkt das Wahlrecht jedoch nicht ein und nimmt in der Begründung auf das Anschaffungswertprinzip – nicht auf den Anschaffungsvorgang – Bezug.[1132] Somit sind die Anschaffungskosten bei jeder Art von Gegenleistung als Bewertungsmaßstab möglich. Auf Anschaffungsnebenkosten im Zusammenhang mit Verschmelzungen geht Abschnitt 5.2.24 ein. Die Anschaffungskosten sollten m. E. auf den Verschmelzungsstichtag bezogen ermittelt werden.

Künftige Jahresüberschüsse der Übernehmerin werden umso geringer ausfallen, je höher die abzuschreibenden Werte der Überträgerin sind. Insofern können sich Interessenkonflikte zwischen verschiedenen Gesellschaftergruppen ergeben, wenn Minderheiten im Hinblick auf zukünftige Gewinnausschüttungen möglichst niedrige Anschaffungskosten ansetzen wollen.[1133]

5.2.2.2.2 Aufteilung der Anschaffungskosten auf einzelne Vermögensgegenstände und Schulden

Die gesamten Anschaffungskosten für das übernommene Vermögen der Überträgerin werden in einem zweiten Schritt auf die einzelnen anzusetzenden[1134] Vermögensgegen-

---

1126 Vgl. *Pohl*, Handelsbilanzen, 1995, S. 157, der aus diesem Grund Zeitwerte zugunsten von Buchwerten ablehnt.

1127 Vgl. *Bundesregierung*, Begründung, BR-Drs. 75/94, S. 93.

1128 Die Anwendung von §§ 253, 255 HGB wird von *Widmann* in *Widmann/Mayer*, Umwandlungsrecht, 2002, § 24 UmwG, Rz. 244, 246 verneint.

1129 Vgl. *Förschle/Kropp* in *Budde/Förschle*, Sonderbilanzen, 2002, D 188; *ADS*, Rechnungslegung, 1995, § 253 HGB, Rz. 35 ff.; Rat EG 25.07.1978, Jahresabschlussrichtlinie, Art. 35 Abs. 1 a), Abs. 2, Art. 39 Abs. 1 a).

1130 Vgl. *Pohl*, Handelsbilanzen, 1995, S. 80-86.

1131 Vgl. *Fischer, M.*, Verschmelzung, DB 1995, S. 486; *Widmann*, Verhältnis, 1988, S. 734 f.

1132 Vgl. *Bundesregierung*, Begründung, BR-Drs. 75/94, S. 93; *Angermayer*, Anschaffungskosten, DB 1998, S. 149; *Pohl*, Handelsbilanzen, 1995, S. 82.

1133 Vgl. *Widmann* in *Widmann/Mayer*, Umwandlungsrecht, 2002, § 24 UmwG, Rz. 400 f. Hingegen wirken sich höhere Anschaffungskosten positiv auf den sog. „safe haven" des § 8a KStG aus.

1134 Vgl. Abschnitt 5.2.2.1.

stände und Schulden verteilt.[1135] Bei der Aufteilung der anhand der verschiedenen Gegenleistungen ermittelten Gesamtanschaffungskosten wird nicht nach Art der Gegenleistung differenziert.[1136] Es zeigt sich, dass im Verschmelzungsfall das Anschaffungswertprinzip nur begrenzt tauglich ist, weil im Rahmen des Verschmelzungsvorgangs lediglich die Unternehmenswerte der Parteien bestimmt werden. Diese sind jedoch Ertragswerte, die sich nicht ohne weiteres auf Zeitwerte für einzelne Vermögenspositionen herunterbrechen lassen.

Die Aufteilung der Anschaffungskosten erfolgt analog zu der Aufteilung eines Gesamtkaufpreises nach dem Verhältnis der Zeitwerte der erworbenen Gegenstände.[1137] Dazu muss zusätzlich zur Unternehmensbewertung eine Schätzung der Zeitwerte der einzelnen – bilanzierten und nicht bilanzierten – Vermögensgegenstände und Schulden vorgenommen werden. Nur so kann dem Grundsatz der Einzelbewertung gem. § 252 Abs. 1 Nr. 3 HGB entsprochen werden. Hierbei stehen im Regelfall nicht ohne weiteres objektive Zeitwerte (z. B. Marktpreise) zur Verfügung.

Diese Vorgehensweise entspricht auch internationalen Rechnungslegungsvorschriften. Nach IAS 22 „Business Combinations" bzw. dem neuen ED 3 „Business Combinations", der auch Verschmelzungsfälle regelt,[1138] werden die Anschaffungskosten ebenfalls auf identifizierbare Vermögensgegenstände und Schulden verteilt.[1139] Gleiches gilt nach SFAS 141 par. 35.

Sofern die zugeteilten Anschaffungskosten den Zeitwerten der einzelnen anzusetzenden Vermögensgegenstände und Schulden entsprechen, lassen sich die gesamten Anschaffungskosten der Übernehmerin vollständig unter Aufdeckung aller stillen Reserven auf das übernommene Vermögen verteilen.

Überschreiten hingegen die Anschaffungskosten die Zeitwerte des bilanzierten und nicht bilanzierten Vermögens, ist zu beachten, dass bei der Bewertung die Zeitwerte der einzelnen Vermögensgegenstände bzw. Schulden keinesfalls über- bzw. unterschritten werden dürfen.[1140] Der positive Unterschiedsbetrag zwischen den Anschaffungskosten und dem Zeitwert ihres Vermögens bildet den originären Geschäfts- oder Firmenwert

---

1135 Vgl. *ADS*, Rechnungslegung, 1995, § 255 HGB, Rz. 104 ff.; *IDW*, Zweifelsfragen, FN-IDW 1997, S. 182. Da die Aufteilung unabhängig von der Ermittlungsmethode für die Anschaffungskosten und von den verschiedenen Gegenleistungen ist, wird dieser Abschnitt vorgezogen.

1136 Vgl. so aber *Förschle/Hoffmann* in *Budde/Förschle*, Sonderbilanzen, 2002, I, Rz. 66.

1137 Vgl. *ADS*, Rechnungslegung, 1995, § 253 HGB, Rz. 106; *Priester* in *Lutter*, UmwG, 2000, § 24, Rz. 50; *Hannappel* in *Goutier*, Umwandlungsrecht, 1996, § 24 UmwG, Rz. 34. Steuerlich werden die Anschaffungskosten nach der Divisonsmethode im Verhältnis der Teilwerte aufgeteilt; *Glanegger* in *Schmidt, L.*, EStG, 2002, § 6, Rz. 118; *Ellrott/Schmidt-Wendt* in *Budde*, BBK, 1999, § 255 HGB, Rz. 82 ff., 512.

1138 Vgl. IAS 22.5; *Baetge/Siefke/Siefke*, IAS 22, 2002, Rz. 6, 10 f., 15.

1139 Vgl. IAS 22.32 ff.; ED 3, par. 35 ff.; *Baetge/Siefke/Siefke*, IAS 22, 2002, Rz. 88 ff.

1140 Vgl. *ADS*, Rechnungslegung, 1995, § 255 HGB, Rz. 106; *Bula/Schlösser* in *SBB*, Umwandlungen, 2000, K, Rz. 46; *Gelhausen*, WP-Handbuch, 2000, Bd. I, Teil E, Rz. 250. Dies entspricht im Ergebnis auch der Aktivierung erhöhter Anschaffungskosten und der anschließenden (außerplanmäßigen) Abschreibung gem. § 253 Abs. 2 S. 3 und Abs. 3 S. 1-2 HGB; vgl. *ADS*, Rechnungslegung, 1995, § 255 HGB, Rz. 18; *Gelhausen*, WP-Handbuch, 2000, Bd. I, Teil E, Rz. 251. Steuerlich erfolgt eine Abschreibung auf den niedrigeren Teilwert gem. § 6 Abs. 1 Nr. 1 S. 2-3, Nr. 2 S. 2 EStG.

der Überträgerin.[1141] Bspw. ergibt sich aus dem Körperschaftsteuerguthaben nach § 37 KStG grundsätzlich ein Geschäfts- oder Firmenwert, weil die Gesellschaft keinen Aktivposten bilden darf, denn letztlich können nur die Anteilseigner über das Körperschaftsteuerguthaben durch ihre Ausschüttungspolitik verfügen.[1142] Um den Geschäfts- oder Firmenwert jedoch nicht überhöht auszuweisen, mindert das Körperschaftsteuerguthaben den Unternehmenswert der Überträgerin, was zu einem Verschmelzungsverlust führt.[1143] Der originäre Geschäfts- oder Firmenwerts der Überträgerin ermittelt sich zu:

	Anschaffungskosten für übernommenes Vermögen der Überträgerin	
-	Zeitwert des bilanzierten Vermögens der Überträgerin	
-	Zeitwert des nicht bilanzierten Vermögens der Überträgerin[1144]	
=	Geschäfts- oder Firmenwert der Überträgerin	(60)

Der Unterschiedsbetrag kann nach § 255 Abs. 4 S. 1 HGB als Geschäfts- oder Firmenwert aktiviert werden oder als außerordentlicher (a. o.) Aufwand sofort erfolgswirksam erfasst werden.[1145] Die erfolgswirksame Behandlung widerspricht zwar dem Anschaffungskostenprinzip, ist aber durch das ausdrückliche Wahlrecht des § 255 Abs. 4 S. 1 HGB gerechtfertigt.[1146] Die Aktivierung entspricht internationalen Rechnungslegungsvorschriften und dem DRS,[1147] sollte aber nur erfolgen, sofern der Geschäfts- oder Firmenwert werthaltig ist.[1148]

Wenn bei einer Konzentrationsverschmelzung die Anschaffungskosten zwar unter dem Zeitwert aber über dem Buchwert des übernommenen Überträgerin-Vermögens liegen, ergibt sich ein negativer Unterschiedsbetrag. Ursachen für diesen negativen Unterschiedsbetrag liegen entweder

- in stillen Reserven bei der Überträgerin,
- in negativen Zukunftsaussichten, wie erwarteten künftigen Verlusten („bad will") oder
- in einem günstigen Umtauschverhältnis („lucky buy").

1141 Vgl. *Hannappel* in *Goutier*, Umwandlungsrecht, 1996, § 24 UmwG, Rz. 44; *Förschle/Hoffmann* in *Budde/Förschle*, Sonderbilanzen, 2002, I, Rz. 21.

1142 Die Hauptversammlung beschließt – nach Einstellung eines Teils des Jahresüberschusses in die Gewinnrücklagen durch Vorstand, Aufsichtsrat – über die Gewinnausschüttung gem. § 174 I AktG.

1143 Vgl. *Förschle/Hoffmann* in *Budde/Förschle*, Sonderbilanzen, 2002, I, Rz. 21; *Müller* in *Kallmeyer*, UmwG, 2001, § 24, Rz. 8.

1144 Z. B. aufgrund von § 248 Abs. 2 HGB, § 28 EGHGB. Vgl. Abschnitt 5.2.2.1.

1145 Vgl. für ein Wahlrecht: *IDW*, Zweifelsfragen, FN-IDW 1997, S. 182; *Förschle/Hoffmann* in *Budde/Förschle*, Sonderbilanzen, 2002, I, Rz. 48; *Naumann*, Anwendung, 1996, S. 700; *Mujkanovic*, Bewertung, BB 1995, S. 1740; *Knop/Küting*, Anschaffungskosten, BB 1995, S. 1024; *Knop/Küting* in *Küting/Weber*, HdR, 1995, § 255 HGB, Rz. 500-502; *Pohl*, Handelsbilanzen, 1995, S. 169.

1146 Vgl. *Bula/Schlösser* in *SBB*, Umwandlungen, 2000, K, Rz. 66.

1147 Vgl. IAS 22.41 ff.; DRS 4 Tz. 27 ff.; SFAS No. 141 par. 43.

1148 Vgl. *IDW*, Zweifelsfragen, FN-IDW 1997, S. 182.

Die bilanzielle Behandlung des negativen Unterschiedsbetrags, der gesetzlich nicht geregelt ist, ist in der Literatur umstritten:

- Einerseits wird die Abstockung der Zeitwerte des Vermögens auf die anteiligen Anschaffungskosten vorgeschlagen.[1149]
- Andererseits wird – bei Bewertung des Vermögens zu Zeitwerten – die Bildung einer Aufwandsrückstellung,[1150]
- die Passivierung eines Ausgleichspostens bzw. eines negativen Geschäftswerts,[1151]
- die ertragswirksame Erfassung des negativen Unterschiedsbetrags[1152] oder
- die Einstellung in die Kapital-[1153] oder Gewinnrücklage[1154] vertreten.

Die Bildung einer Kapitalrücklage gem. § 272 Abs. 2 Nr. 1 oder Nr. 4 HGB setzt ein vereinbartes Aufgeld, das von den Anteilseignern der Überträgerin für den Erhalt der neuen Anteile gezahlt wird, oder eine freiwillige Zuzahlung ohne Gegenleistung in das Rücklagekapital der Gesellschaft voraus. Wenn Verlusterwartungen oder ein günstiges Umtauschverhältnis den negativen Unterschiedsbetrag verursacht haben, besteht kein Raum für die Bildung einer Kapitalrücklage.

Da der Anschaffungskostenansatz des § 24 UmwG gerade eine erfolgsneutrale Verschmelzung ermöglichen soll, ist die ertragswirksame Erfassung des negativen Unterschiedsbetrags ebenso abzulehnen[1155] wie die Bildung einer Aufwandsrückstellung.

Durch die Passivierung eines negativen Geschäfts- oder Firmenwerts würden ggf. bewusst stille Reserven gelegt, worin eindeutig ein Verstoß gegen das Anschaffungskostenprinzip des § 24 UmwG i. V. m. § 253 Abs. 1 S. 1 HGB läge.[1156] Aber auch im Fall künftiger Verlusterwartungen besteht keine passivierungsfähige Schuld.[1157] Die Passivierung eines negativen Geschäfts- oder Firmenwerts scheidet demnach aus, zumal

---

1149 Vgl. SFAS No. 141 par. 44-46; *Siegel/Bareis*, Geschäftswert, BB 1994, S. 317 ff.; *Knobbe-Keuk*, Bilanz, 1993, S. 97; *Ossadnik*, Diskussion, BB 1994, S. 747 ff.; *Pusecker/Schruff*, Anschaffungswertprinzip, BB 1996, S. 739; *Förschle/Hoffmann* in *Budde/Förschle*, Sonderbilanzen, 2002, I, Rz. 49; *Schildbach*, US-GAAP, 2002, S. 79.

1150 Vgl. *Förschle/Hoffmann* in *Budde/Förschle*, Sonderbilanzen, 2002, K, Rz. 49.

1151 Vgl. IAS 22.59, 22.64; DRS 4 Tz. 38 ff.; *Bachem*, Berücksichtigung, BB 1993, S. 969 ff.; *Geiger*, Interpretation, DB 1996, S. 1533 ff.; *Hartung*, Firmenwerte, 1997, S. 240 ff.; *Weilep*, „bad will", DB 1998, S. 2130 f.; *Naumann*, Anwendung, 1996, S. 703 f. Als negativer Geschäfts- oder Firmenwert wird die Differenz zwischen Substanz- und Ertragswert eines Unternehmens verstanden; vgl. *Auler*, Unternehmungswert, ZfB 1927, S. 57.

1152 Vgl. IAS 22.61-22.64, *Breidert*, Grundsätze, 1994, S. 197 f., 219; *Naumann*, Anwendung, 1996, S. 701 ff.; *Fischer, M.*, Verschmelzung, DB 1995, S. 489. Nach IAS 22.61-63 erfährt der negative Unterschiedsbetrag eine besondere Behandlung. ED 3.55-56 sieht eine sofortige erfolgswirksame Vereinnahmung vor.

1153 Vgl. *Bula/Schlösser* in *SBB*, Umwandlungen, 2000, K, Rz. 50. *Pickhardt*, Behandlung, 1998, S. 248.

1154 Vgl. *Kröninger*, Anschaffungswertprinzip, 1997, S. 154-157.

1155 Vgl. *Bula/Schlösser* in *SBB*, Umwandlungen, 2000, K, Rz. 70.

1156 Vgl. *Bula/Schlösser* in *SBB*, Umwandlungen, 2000, K, Rz. 73; *Naumann*, Anwendung, 1996, S. 701 f.

1157 Vgl. *Hüttemann, U.*, Grundsätze, 1976, S. 7 f.

auch keine ausdrückliche gesetzliche Passivierungsmöglichkeit besteht.[1158] Beim „lucky buy“ ist die Passivierung einer Schuld der Sache nach nicht gerechtfertigt.

Insofern ist der Abstockungslösung der Vorrang einzuräumen, d. h. die Zeitwerte sind auf die anteiligen Anschaffungskosten (niedrigeren beizulegenden Wert[1159]) *ab*zustocken bzw. die Buchwerte werden auf die anteiligen Anschaffungskosten *auf*gestockt. Bei der Bewertung des übernommenen Vermögens bilden die Zeitwerte lediglich die Wertobergrenze. Sofern die tatsächlichen Anschaffungskosten darunter liegen, sind diese nach § 24 UmwG i. V. m. § 253 Abs. 1 S. 1 HGB maximal anzusetzen. Reicht das Abstockungspotenzial nicht aus, weil z. B. eine Abstockung bei Geldvermögen nicht möglich ist, kann der restliche Unterschiedsbetrag als negativer Geschäfts- oder Firmenwert passiviert werden.[1160] Dies würde jedoch dem Anschaffungskostenprinzip und damit dem Zweck des § 24 UmwG widersprechen.

Die Abstockungslösung entspricht den US-GAAP, wonach zur Erhaltung des Anschaffungskostenprinzips die nicht monetären Vermögensgegenstände proportional zu reduzieren sind. Lediglich ein verbleibender Überschuss wird als negativer Goodwill passiviert und in der Folgezeit ertragswirksam aufgelöst.[1161]

Durch die Abstockungslösung entsteht ein Problem der Verteilung stiller Reserven. Die Anschaffungskosten liegen zwar über den Buchwerten aber unter den Zeitwerten, so dass nicht sämtliche vorhandenen stillen Reserven aufgedeckt werden können. Im Gegensatz zum Steuerrecht[1162] sieht das Handelsrecht kein bestimmtes Verteilungsverfahren vor. Allgemein als unzulässig wird die Restwertmethode angesehen,[1163] nach der nur bedeutende Vermögensgegenstände zu Zeitwerten angesetzt werden, andere hingegen in geringerem Umfang oder überhaupt nicht aufgestockt werden. Ebenfalls abzulehnen ist die Zuordnung der stillen Reserven auf die einzelnen Vermögensgegenstände nach ihrer Bedeutung, bei der zunächst die stillen Reserven der bedeutenden Vermögensgegenstände aufgedeckt werden.[1164] Andere Konzepte kommen aus dem Konzernabschluss und dem Unternehmenskauf.[1165] Danach sind alle übernommenen Vermögensgegenstände gleichrangig zu behandeln,[1166] auch wenn sie von der Überträgerin bisher nicht aktiviert waren.[1167] Die stillen Reserven können den einzelnen Vermögensgegenständen

---

1158 Vgl. *Bula/Schlösser* in *SBB*, Umwandlungen, 2000, K, Rz. 71; *Pusecker/Schruff*, Anschaffungswertprinzip, BB 1996, S. 739.

1159 Vgl. *Weilep*, „bad will“, DB 1998, S. 2130 f.

1160 Vgl. *Bula/Schlösser* in *SBB*, Umwandlungen, 2000, K, Rz. 72; *Weilep*, „bad will“, DB 1998, S. 2130 f.; *ADS*, Rechnungslegung, 1995, § 255 HGB, Rz. 294 f.; *Ellrott/Schmidt-Wendt* in *Budde*, BBK, 1999, § 255 HGB, Rz. 516; *Pusecker/Schruff*, Anschaffungswertprinzip, BB 1996, S. 741.

1161 Vgl. SFAS No. 141 par. 44-46; DRS 4 Tz. 24; *Pellens*, Internationale, 2001, S. 499.

1162 Sog. Stufentheorie, vgl. *Wacker* in *Schmidt, L.*, EStG, 2002, § 16 Rz. 487 ff.; *Hörger/Stobbe*, Zuordnung, DStR 1991, S. 1231 f. m. w. N.

1163 Vgl. *ADS*, Rechnungslegung, 1995, § 255 HGB, Rz. 105; *Naumann*, Anwendung, 1996, S. 698.

1164 Vgl. *Küting/Zündorf*, Zurechnungsmodalitäten, BB 1985, S. 1306.

1165 Vgl. *Mujkanovic*, Geschäftswert, WPg 1994, S. 524; *Dusemond/Weber/Zündorf* in *Küting/Weber*, Konzernrechnungslegung, 1998, Bd. II, § 301 HGB, Rz. 108 ff.

1166 Vgl. *Ellrott/Schmidt-Wendt* in *Budde*, BBK, 1999, § 255, Rz. 513; *Naumann*, Anwendung, 1996, S. 698.

1167 Vgl. *Bula/Schlösser* in *SBB*, Umwandlungen, 2000, K, Rz. 75.

- nach deren steigender oder abnehmender Liquidierbarkeit,[1168]
- proportional zu den stillen Reserven,[1169]
- proportional zu den Zeitwerten,[1170]
- proportional zu den Buchwerten[1171] oder
- nach der Rentabilität[1172] der Vermögensgegenstände

zugeordnet werden. Eine Aufteilung nach der Rentabilität entspricht zwar einer ertragswertorientierten Bewertung, widerspricht jedoch dem Einzelbewertungsgrundsatz des § 252 Abs. 1 Nr. 4 HGB und dürfte auch in der Praxis nicht durchführbar sein. Doch auch bei den anderen vorgestellten Methoden bestehen erhebliche Bewertungsspielräume, um stille Reserven kurzfristig oder möglichst spät zu realisieren.

Aus diesem Grund müssen Kapitalgesellschaften die Aufteilungsgrundsätze und die gewählte Methode zur Verteilung stiller Reserven nach § 284 Abs. 2 Nr. 1 HGB im Anhang erläutern.[1173]

Liegen die tatsächlichen Anschaffungskosten im Ausnahmefall sogar unter den Buchwerten des übertragenen Vermögens der Überträgerin, werden negative Zukunftsaussichten, wie künftige Verluste („bad will") erwartet. Aus den obigen Ausführungen ergibt sich auch in diesem Sonderfall die Abstockung der Buchwerte auf die tatsächlich gezahlten anteiligen Anschaffungskosten. Die Buchwerte stellen keinesfalls Mindest-Anschaffungskosten dar.[1174]

Die bei der erstmaligen Einbuchung festgelegten Anschaffungskosten der einzelnen Vermögensgegenstände bzw. Schulden bilden in folgenden Wirtschaftsjahren die Ober- bzw. Untergrenzen für künftige Bewertungen der Übernehmerin, wodurch spätere Zuschreibungen begrenzt werden.[1175]

Die so ermittelten Werte sind im Anlagespiegel als Zugänge zu erfassen.[1176]

1168 Vgl. *Küting/Zündorf*, Zurechnungsmodalitäten, BB 1985, S. 1307; *Dusemond/Weber/Zündorf* in *Küting/Weber*, Konzernrechnungslegung, 1998, Bd. II, § 301 HGB, Rz. 111.

1169 Vgl. *Dusemond/Weber/Zündorf* in *Küting/Weber*, Konzernrechnungslegung, 1998, Bd. II, § 301 HGB, Rz. 108, 109, 114.

1170 Vgl. *Naumann*, Anwendung, 1996, S. 698; *Priester* in *Lutter*, UmwG, 2000, § 24, Rz. 50; *Widmann* in *Widmann/Mayer*, Umwandlungsrecht, 2002, § 24 UmwG, Rz. 369 f.; *Dusemond/Weber/Zündorf* in *Küting/Weber*, Konzernrechnungslegung, 1998, Bd. II, § 301 HGB, Rz. 113; *Küting/Zündorf*, Zurechnungsmodalitäten, BB 1985, S. 1306 (Wiederbeschaffungskosten); *ADS*, Rechnungslegung, 1995, § 255 HGB, Rz. 107; *Hannappel* in *Goutier*, Umwandlungsrecht, 1996, § 24 UmwG, Rz. 34; *Ellrott/Schmidt-Wendt* in *Budde*, BBK, 1999, § 255 HGB, Rz. 85.

1171 Vgl. *Dusemond/Weber/Zündorf* in *Küting/Weber*, Konzernrechnungslegung, 1998, Bd. II, § 301 HGB, Rz. 112; *Küting/Zündorf*, Zurechnungsmodalitäten, BB 1985, S. 1307.

1172 Vgl. *Dusemond/Weber/Zündorf* in *Küting/Weber*, Konzernrechnungslegung, 1998, Bd. II, § 301 HGB, Rz. 110.

1173 Vgl. *IDW*, Zweifelsfragen, FN-IDW 1997, S. 182.

1174 Vgl. *Weilep*, „bad will", DB 1998, S. 2130 f.

1175 Vgl. *ADS*, Rechnungslegung, 1995, § 255 HGB, Rz. 106; *IDW*, Zweifelsfragen, FN-IDW 1997, S. 182; *Priester* in *Lutter*, UmwG, 2000, § 24, Rz. 9-10; *Hannappel* in *Goutier*, Umwandlungsrecht, 1996, § 24 UmwG, Rz. 7; *Hense*, Rechnungslegung, 1993, S. 182.

1176 Vgl. *IDW*, Zweifelsfragen, FN-IDW 1997, S. 182; *Müller* in *Kallmeyer*, UmwG, 2001, § 24, Rz. 33.

5.2.2.3 Anschaffungskostenansatz bei verschiedenen Gegenleistungen

Die Anschaffungskosten werden durch die Gegenleistungen der Übernehmerin für den Erhalt des Überträgerin-Vermögens gebildet und sind daher von deren Art abhängig. Daher werden die Anschaffungskosten i. S. v. § 24 UmwG im Folgenden anhand der verschiedenen Gegenleistungen

1. Hingabe neuer Anteile,
2. Hingabe eigener Anteile der Übernehmerin,
3. Untergang der Anteile der Übernehmerin an der Überträgerin und
4. Auskehrung der Anteile der Überträgerin an der Übernehmerin

untersucht. In der Praxis überwiegen sog. Mischfälle, d. h. die Übernehmerin gewährt mehrere Arten von Gegenleistungen für die Vermögensübertragung. Diese Fälle werden als Kombination der Behandlung verschiedener Gegenleistungen abgebildet.[1177] Dennoch muss für alle Formen der Gegenleistung m. E. einheitlich der Anschaffungskostenansatz oder die Buchwertverknüpfung gewählt werden.[1178]

5.2.2.3.1 Hingabe neuer Anteile beim Anschaffungskostenansatz

Soweit die Anteile an der Überträgerin nicht der Übernehmerin gehören, sondern fremden Anteilseignern, sind diesen Anteilseignern als Gegenleistung für ihre Vermögensübertragung Anteile an der Übernehmerin zu gewähren. Sofern die Übernehmerin nicht über eigene Anteile verfügt, sind neue Anteile zu schaffen. Dazu ist im Fall einer Verschmelzung durch Aufnahme bei der Übernehmerin eine Kapitalerhöhung mit Bezugsrechtsausschluss für Alt-Anteilseigner der Übernehmerin durchzuführen.[1179] Bei der Verschmelzung durch Neugründung werden alle Anteile neu geschaffen.

5.2.2.3.1.1 Besonderheiten bei Ermittlung der Anschaffungskosten

Der Fall einer Verschmelzung durch Aufnahme mit Kapitalerhöhung ist wirtschaftlich mit einer Sacheinlage, die Verschmelzung durch Neugründung mit einer Sachgründung vergleichbar:[1180] Bei der Verschmelzung erbringen die Anteilseigner der Überträgerin

---

1177 Vgl. *Bula/Schlösser* in *SBB*, Umwandlungen, 2000, K, Rz. 57; *IDW*, Zweifelsfragen, FN-IDW 1997, S. 182, 183; *Förschle/Hoffmann* in *Budde/Förschle*, Sonderbilanzen, 2002, I, Rz. 65; *Müller, W.*, Anschaffungskosten, 1996, S. 259.

1178 Eine Mischung von z. B. Anschaffungskosten für die Kapitalerhöhung und vom Buchwert für die Beteiligung hält jedoch für möglich: *Förschle/Hoffmann* in *Budde/Förschle*, Sonderbilanzen, 2002, I, Rz. 66.

1179 Vgl. Abschnitt 4.6 und siehe § 186 Abs. 3 AktG, § 55 Abs. 2 GmbHG.

1180 Vgl. *Förschle/Hoffmann* in *Budde/Förschle*, Sonderbilanzen, 2002, I, Rz. 41; *Angermayer*, Prüfung, WPg 1995, S. 683; *Hense*, Rechnungslegung, 1993, S. 184; *Knop/Küting* in *Küting/Weber*, HdR, 1995, § 255 HGB, Rz. 93; *Pfitzer*, WP-Handbuch, 2002, Bd. II, Teil E, Rz. 76, Fn. 193; *Knop/Küting*, Anschaffungskosten, BB 1995, S. 1024; *Schulze-Osterloh*, Bilanzierung, ZGR 1993, S. 428 f., 433; *IDW*, Zweifelsfragen, FN-IDW 1997, S. 181; *Hannappel* in *Goutier*, Umwandlungsrecht, 1996, § 24 UmwG, Rz. 27; *Priester* in *Lutter*, UmwG, 2000, § 24, Rz. 43. Vereinzelt wird auch ein Tauschvorgang angenommen, vgl. *ADS*, Rechnungslegung, 1995, § 253 HGB, Rz. 44. A. A. *Fischer, M.*, Verschmelzung, DB 1995, S. 486: Es liegen weder Tausch noch Sacheinlage vor, so dass grundsätzlich keine Anschaffungskosten gegeben sind. Die Konzentrations-

mit der mittelbaren Übertragung ihres Vermögens eine Leistung.[1181] Die Gegenleistung der Übernehmerin besteht in neuen durch Kapitalerhöhung geschaffenen Anteilen.

Gesetzliche Vorschriften zu Sacheinlagen finden sich in §§ 27, 183 AktG bzw. §§ 5, 56 GmbHG, die jedoch keine Aussage über deren Bewertung zulassen. In der Literatur haben sich Grundsätze zur Bewertung von Sacheinlagen herausgebildet.[1182] Das Spektrum reicht vom

- Nennwert der neuen Anteile,[1183]
- Ausgabebetrag[1184] der neuen Anteile,
- Zeitwert des übertragenen Vermögens der Überträgerin[1185] bis hin zum
- Zeitwert der neuen Anteile.[1186]

Im Regelfall wird im Kapitalerhöhungsbeschluss ein Ausgabebetrag festgesetzt, der dem Nennbetrag plus ggf. einem Aufgeld (Agio) entspricht. Das Aufgeld ist im Fall der Sacheinlage/-gründung bei der aufnehmenden Gesellschaft in die Kapitalrücklage gem. § 272 Abs. 2 Nr. 1 HGB einzustellen. Bei einer Kapitalerhöhung mit Sacheinlage ist Gegenstand der aktienrechtlichen Prüfung zur Kapitalaufbringung, ob der Zeitwert der Sacheinlage den geringsten Ausgabebetrag, also den Nennwert zuzüglich des vereinbarten Agios,[1187] erreicht. Durch die Sacheinlage kann es nicht zu einer „Unter-pari-Kapitalerhöhung" kommen.[1188] In seltenen Ausnahmefällen könnte jedoch eine Differenzhaftung der Anteilseigner gem. § 27 Abs. 3 S. 3, § 183 Abs. 2 S. 3 AktG bzw. § 9 GmbHG entstehen.[1189]

---

verschmelzung kann jedoch als „anschaffungsähnliches Geschäft" aufgrund ihres „Markttests" zu Anschaffungskosten führen.

1181 Die Übernehmerin erwirbt das Vermögen nicht unmittelbar von den Anteilseignern der Überträgerin, sondern es wird für deren Rechnung übertragen. Die Leistung kann jedoch zumindest wirtschaftlich den Anteilseignern der Überträgerin zugerechnet werden. Rein formal ist der Vermögensübergang eine gesetzliche Folge aus dem Verschmelzungsvertrag. Vgl. *Schulze-Osterloh*, Bilanzierung, ZGR 1993, S. 428; *Naumann*, Anwendung, 1996, S. 690; *Kremer*, Bilanzierung, DB 1989, S. 493 f.; *Hannappel* in *Goutier*, Umwandlungsrecht, 1996, § 24 UmwG, Rz. 27.

1182 Vgl. *Fischer K./Lenz*, Gründungsbilanzen, PdR 2000, S. 105 f., 108 ff.; *Hense*, Rechnungslegung, 1993, S. 184 f.; *Schulze-Osterloh*, Bilanzierung, ZGR 1993, S. 428 ff.; *Widmann* in *Widmann/ Mayer*, Umwandlungsrecht, 2000, § 24 UmwG, Rz. 286; *Förschle/Hoffmann* in *Budde/Förschle*, Sonderbilanzen, 2002, I, Rz. 41; *IDW*, Zweifelsfragen, FN-IDW 1997, S. 181; *ADS*, Rechnungslegung, 1995, § 253 HGB, Rz. 95 ff. Vgl. zu den verschiedenen Ansichten bezüglich der Bewertung ausführlich *Widmann* in *Widmann/Mayer*, Umwandlungsrecht, 2002, § 24 UmwG, Rz. 288.

1183 Vgl. *ADS*, Rechnungslegung, 1995, § 255 HGB, Rz. 96, 97.

1184 Vgl. *Müller, W.*, Zweifelsfragen, WPg 1996, S. 864; *Müller* in *Kallmeyer*, UmwG, 2001, § 24, Rz. 22; *IDW*, Zweifelsfragen, FN-IDW 1997, S. 181; *Bula/Schlösser* in *SBB*, Umwandlungen, 2000, K, Rz. 46; *Förschle/Hoffmann* in *Budde/Förschle*, Sonderbilanzen, 2002, I, Rz. 44; *Naumann*, Anwendung, 1996, S. 689-691; *Kröninger*, Anschaffungswertprinzip, 1997, S. 104 f.; *Gelhausen*, WP-Handbuch, 2000, Bd. I, Teil E, Rz. 250; *Pohl*, Handelsbilanzen, 1995, S. 85 f.

1185 Vgl. *Fischer, M.*, Verschmelzung, DB 1995, S. 486; *Widmann* in *Widmann/Mayer*, Umwandlungsrecht, 2002, § 24 UmwG, Rz. 289-303, 364-366; *Hörtnagl* in *SHS*, UmwG, 2001, § 24 UmwG, Rz. 31; *Angermayer*, Anschaffungskosten, DB 1998, S. 147.

1186 Vgl. *Pickhardt*, Behandlung, 1998, S. 241 f.; ablehnend: *Kröninger*, Anschaffungswertprinzip, 1997, S. 100 ff.

1187 Vgl. a. A. *Widmann* in *Widmann/Mayer*, Umwandlungsrecht, 2002, § 24 UmwG, Rz. 292.

1188 Siehe § 9 Abs. 1, § 27, § 34 Abs. 1 Nr. 2, § 36a Abs. 2, § 38 Abs. 2 S. 2, § 194 Abs. 4 AktG; § 9 Abs. 1, § 9c GmbHG. Vgl. *Grewe*, WP-Handbuch, 2000, Bd. I, Teil Q, Rz. 962; *Hüffer*, AktG, 2002, § 9, Rz. 4; *Förschle/Hoffmann* in *Budde/Förschle*, Sonderbilanzen, 2002, I, Rz. 3.

1189 Vgl. *Förschle/Hoffmann* in *Budde/Förschle*, Sonderbilanzen, 2002, I, Rz. 4 mit Bsp.

Der h. M., nach der der Ausgabebetrag für die Anschaffungskosten maßgebend ist, kann schon daher nicht zugestimmt werden, weil der Kapitalerhöhungsbeschluss nicht zwingend ein angemessenes Aufgeld und damit einen eindeutigen Ausgabebetrag festsetzen muss.[1190] Außerdem stellt der Ausgabebetrag zwar die buchmäßige Gegenleistung der Übernehmerin dar, jedoch nicht deren echten Wert. Bei einer Sacheinlage wird der Ausgabebetrag durch den Zeitwert des übertragenen Vermögens bestimmt.[1191] Der Zeitwert des übertragenen Vermögens kann jedoch nicht unreflektiert in der Bilanz der übernehmenden Kapitalgesellschaft als Anschaffungskosten angesetzt werden. Wenn der Ausgabebetrag – und damit die vermeintlichen Anschaffungskosten – aus gesellschaftsrechtlichen Gründen überhöht angesetzt werden, bilden die Zeitwerte des übertragenen Vermögens die Obergrenze der Anschaffungskosten, und die Differenz zum Ausgabebetrag ist als Rückgewähranspruch zu aktivieren.[1192]

Vielmehr müssen aus Sicht der übernehmenden Kapitalgesellschaft Sacheinlagen m. E. mit dem aktuellen Zeitwert der hingegebenen neuen Anteile bewertet werden. Dies ergibt sich schon aus der einfachen Überlegung, dass es keinen Unterschied machen kann, ob die Anteilseigner der Überträgerin Geld oder Sachvermögen einbringen, um die Anteile an der Übernehmerin zu erhalten. Wird die Gleichwertigkeit von einer Bareinlage und einer Sacheinlage vorausgesetzt,[1193] kann das eingebrachte Vermögen nicht anders als mit dem Zeitwert der neuen Anteile angesetzt werden. So wird die Bildung stiller Reserven in den neuen Anteilen vermieden, deren Nichtaufdeckung den Gläubigerschutz gefährden und die zu verfälschten Ertragsausweisen führen könnten. Wenn sich also Leistung und Gegenleistung entsprechen,[1194] stimmt der Zeitwert der neuen Anteile mit dem Ausgabebetrag und dem Zeitwert des eingebrachten Vermögens überein. Zudem muss der Ausgabebetrag stets durch die Zeitwerte der Sacheinlage gedeckt sein.[1195] Die hier vertretene Auffassung wird dadurch unterstützt, dass nach IAS bei einem entgeltlichen Erwerb (Monetary Transaction) eine Bewertung zum beizulegenden Zeitwert (Fair value[1196]) erfolgen muss.[1197] Zwar feht eine explizite Regelung für die Behandlung von Sacheinlagen in den IAS, es werden die Tauschgrundsätze jedoch analog heran gezogen.[1198] Gleiches gilt nach US-GAAP, wonach der Fair value der ausgegebenen Anteile beim Erwerb von Unternehmensanteilen die Anschaffungskosten bildet.[1199] Auch der für die Konzernrechnungslegung geltende DRS 4 stellt auf den beizulegenden

---

1190 Siehe § 182 Abs. 3 AktG, vgl. *Hüffer*, AktG, 2002, § 182, Rz. 22.

1191 Vgl. *Angermayer*, Anschaffungskosten, DB 1998, S. 147.

1192 Vgl. *Gelhausen*, WP-Handbuch, 2000, Bd. I, Teil E, Rz. 251.

1193 *Müller* will gar die Einlageverpflichtung in einer Geldschuld beziffern, die dann durch Einbringung der Sacheinlage erfüllt wird; vgl. *Müller, W.*, Anschaffungskosten, 1996, S. 250. Vgl. zur Definition einer Sacheinlage *Pfitzer*, WP-Handbuch, 2002, Bd. II, Teil C, Rz. 4-5.

1194 Davon ist zumindest unter fremden Dritten auszugehen.

1195 Vgl. *ADS*, Rechnungslegung, 1995, § 255 HGB, Rz. 96.

1196 Vgl. ausführlich zum Fair value *Pfitzer/Dutzi*, Fair Value, 2002, Sp. 749 ff. Der beizulegende Zeitwert ist danach als Oberbegriff für alle marktnahen Bewertungsmaßstäbe charakterisiert. Der Fair value kann bspw. in den Wiederbeschaffungskosten, im Börsen- oder Marktpreis liegen oder nach einem finanzmathematischen Bewertungsverfahren (DCF-Verfahren bzw. als unternehmensspezifischer Ertragswert) berechnet werden.

1197 Vgl. IAS No. 22.21; 22.24; IAS 16.6, 16.14; ED 3, par. 23, 26; *Baetge/Siefke/Siefke*, IAS 22, 2002, Rz. 22, 61 f.; *Schruff*, WP-Handbuch, 2000, Bd. I, Teil N, Rz. 94, 643 f.

1198 Vgl. *Ballwieser*, IAS 16, Rz. 23.

1199 Vgl. SFAS 141 Par. 20-23; *Schildbach*, US-GAAP, 2002, S. 78 f.

Zeitwert der hingegebenen Anteile ab.[1200] Der Begriff des Zeitwerts ist nicht im HGB definiert, sondern findet im beizulegenden Wert Ausdruck. So ist der Zeitwert der Betrag, der für den Einzelerwerb der Vermögensgegenstände, z. B. auf dem Beschaffungsmarkt, aufgewendet werden müsste.[1201]

Übertragen auf die Verschmelzung muss untersucht werden, welche Anschaffungskosten die Übernehmerin für das Vermögen der Überträgerin aufwendet. Nach den überwiegenden Meinungen in der Literatur[1202] liegen die Anschaffungskosten im Ausgabebetrag der neuen Übernehmerin-Anteile[1203] oder im Zeitwert des übertragenen Überträgerin-Vermögens.[1204] Beide Auffassungen sind aufgrund der bereits im Zusammenhang mit einer Sacheinlage vorgebrachten Argumente m. E. nicht zutreffend. Die Übernehmerin wendet die neuen durch Kapitalerhöhung geschaffenen Anteile als Anschaffungskosten auf. Diese können nur mit ihrem Zeitwert bewertet werden.[1205] Aus Sicht der Übernehmerin bestehen im Ergebnis die Anschaffungskosten für das Vermögen der Anteilseigner der Überträgerin in dem Zeitwert ihrer neuen Anteile, der im Regelfall dem Ausgabebetrag entspricht.

$$AK = ZW\ \Delta A_{ÜN} \tag{61}$$

mit $ZW\ \Delta A_{ÜN}$ Zeitwert der zu gewährenden Anteile an der Übernehmerin

Bei einer Verschmelzung mit ausschließlicher Kapitalerhöhung sind regelmäßig fremde Dritte Verschmelzungspartner.[1206] Zwischen fremden Dritten entsprechen sich die Anschaffungskosten aus Sicht der Überträgerin und aus Sicht der Übernehmerin, weil entgegengerichtete Interessen eine Benachteiligung einer Partei verhindern. Dieser Zusammenhang wurde bereits bei der Überprüfung der Angemessenheit des Umtauschverhältnisses angewandt, in dem das Produkt aus der nominellen Kapitalerhöhung und dem inneren Wert pro Anteil nach der Verschmelzung mit dem Unternehmenswert der Überträgerin übereinstimmen muss.

1200 Vgl. DRS 4 Rz. 13; Abschnitt 5.4.1.

1201 Vgl. *ADS*, Rechnungslegung, 1996, § 301 HGB, Rz. 63.

1202 Vgl. Übersicht bei *Widmann* in *Widmann/Mayer*, Umwandlungsrecht, 2002, § 24 UmwG, Rz. 374.

1203 Vgl. *Naumann*, Anwendung, 1996, S. 690; *Pohl*, Handelsbilanzen, 1995, S. 86; vgl. mit Obergrenze Zeitwert: *IDW*, Zweifelsfragen, FN-IDW 1997, S. 181; *Förschle/Hoffmann* in *Budde/Förschle*, Sonderbilanzen, 2002, I, Rz. 44, 46.

1204 Vgl. *Widmann* in *Widmann/Mayer*, Umwandlungsrecht, 2002, § 24 UmwG, Rz. 289-303, 364-366; *Schulze-Osterloh*, Bilanzierung, ZGR 1993, S. 428 ff., 435.
Ein Wahlrecht zwischen beiden befürworten *Angermayer*, Anschaffungskosten, DB 1998, S. 147; *Hörtnagl* in *SHS*, UmwG, 2001, § 24 UmwG, Rz. 31-33; *Bermel* in *Goutier*, Umwandlungsrecht, 1996, § 24 UmwG, Rz. 30; *Knop/Küting*, Anschaffungskosten, BB 1995, S. 1024; *Priester* in *Lutter*, UmwG, 2000, § 24, Rz. 44.
Steuerlich gilt der gemeine Wert der hingegebenen Sacheinlagen als Anschaffungskosten der neuen Anteile; siehe § 6 Abs. 6 EStG, der das Tauschgutachten (BFH 16.12.1958, BStBl. III 1959 S. 30 ff. mit Anwendungserlass BMF 09.02.1998, Tausch, BStBl. I 1998, S. 163 ff.) abgelöst hat.

1205 Vgl. auch *Fischer, M.*, Verschmelzung, DB 1995, S. 486. Unklar insoweit *Gelhausen*, WP-Handbuch, 2000, Bd. I, Teil E, Rz. 254, der als Anschaffungskosten den „Betrag" der gewährten Anteile ansetzt.

1206 Eine Ausnahme gilt für Übernehmerin-Nominalkapital im Besitz der Überträgerin, sofern Einlagen voll erbracht sind, gem. § 68 Abs. 1 S. 2 Nr. 2 UmwG.

$$W_{ÜT} = \Delta A_{ÜN} \cdot IW^{nV} \quad (62)$$

Zudem könnte nach h. M. der hier vorliegende Markttest sogar durch eine gerichtliche Kapitalaufbringungskontrolle ersetzt werden.[1207] Im Ergebnis muss zwischen Fremden von der Identität der Zeitwerte des eingebrachten Vermögens der Überträgerin einerseits und dem Zeitwert bzw. Ausgabebetrag der neuen Anteile an der Übernehmerin andererseits ausgegangen werden.

$$AK = ZW\ \Delta A_{ÜN} = AB\ \Delta A_{ÜN} = ZW_{ÜT} \quad (63)$$

mit AB ΔAÜN Ausgabebetrag der zu gewährenden Anteile an der Übernehmerin

Im Rahmen des Verschmelzungsvorgangs werden lediglich die Unternehmenswerte der Parteien bestimmt, anhand derer das angemessene Umtauschverhältnis berechnet wird. Bei Konzentrationsverschmelzungen zwischen fremden Gesellschaften muss davon ausgegangen werden, dass der Unternehmenswert der Überträgerin dem Zeitwert ihres (bilanzierten und nicht bilanzierten) Vermögens und zugleich dem Ausgabebetrag der neuen Anteile an der Übernehmerin entspricht.[1208]

$$AK = ZW\ \Delta A_{ÜN} = AB\ \Delta A_{ÜN} = ZW_{ÜT} = W_{ÜT} \quad (64)$$

Aus diesen Überlegungen ergibt sich m. E. im Ergebnis, dass die Anschaffungskosten der Übernehmerin i. S. v. § 24 UmwG für das eingebrachte Vermögen der Überträgerin im Verschmelzungsfall durch den Zeitwert der neuen durch Kapitalerhöhung geschaffenen Anteile an der Übernehmerin bestimmt werden. Dieser entspricht bei fremden Verschmelzungspartnern regelmäßig dem Unternehmens- und Zeitwert der Überträgerin und dem Ausgabebetrag der Anteile.

5.2.2.3.1.2 Abstimmung von Anschaffungskosten und Kapitalerhöhung

Nach der Ermittlung der Anschaffungskosten müssen diese mit der beschlossenen Kapitalerhöhung abgestimmt werden, um eine korrekte bilanzielle Abbildung zu gewährleisten.

Im Kapitalerhöhungsbeschluss wird idealerweise bestimmt, dass eine positive Differenz zwischen dem Zeitwert der neuen Anteile[1209] und der Nominalkapitalerhöhung in die Kapitalrücklage gem. § 272 Abs. 2 Nr. 1 HGB einzustellen ist. Das Agio wird dadurch variabel in Höhe der positiven Differenz festgeschrieben.[1210]

1207 Vgl. *Priester* in *Lutter*, UmwG, 2000, § 24, Rz. 55; *Fischer, M.*, Verschmelzung, DB 1995, S. 486.

1208 A. A. *Pohl*, Handelsbilanzen, 1995, S. 77.

1209 Dasselbe Ergebnis tritt m. E. ein, wenn die Differenz zum Zeitwert des übernommenen Vermögens bzw. zum Unternehmenswert als Agio beschlossen wird, da sich die Werte bei der Verschmelzung von fremden Gesellschaften entsprechen.

1210 Vgl. *Pfitzer*, WP-Handbuch, 2002, Bd. II, Teil E, Rz. 76; *IDW*, Zweifelsfragen, FN-IDW 1997, S. 181.

Bsp. 13: Ausgabebetrag lt. Kapitalerhöhungsbeschluss entspricht den Anschaffungskosten

Die Höhe des Agios soll an folgendem Beispiel veranschaulicht werden. Dazu werden aufbauend auf dem Beispiel 9 folgende Annahmen getroffen: Zwei AG sollen zum 01.01.01 im Wege der Verschmelzung durch Aufnahme verschmolzen werden. Die Überträgerin-AG verfügt über 100.000 Aktien ($A_{ÜT}$) sowie über einen zutreffenden Unternehmenswert von 150.000 €, also $W_{ÜT}$ = 150.000 €. Die Übernehmerin-AG hingegen besitzt 160.000 Aktien ($A_{ÜN}$); ihr Unternehmenswert ($W_{ÜN}$) wird zutreffend auf 320.000 € festgesetzt. Synergiepotenziale bestehen nicht. Das Umtauschverhältnis (UT) beträgt 0,75. Der Buchwert des Überträgerin-Vermögens beträgt 100.000 €, die Anschaffungskosten 150.000 €. Es wird eine Kapitalerhöhung im Nennwert von 75.000 € und ein Agio in Höhe der Differenz zu den Anschaffungskosten beschlossen, das in die Kapitalrücklage einzustellen ist. Die Einbuchung des Vermögens der Überträgerin und der Kapitalerhöhung erfolgt durch[1211]

Vermögen ÜT zu AK	150.000	an	GK (KE)	75.000
		an	KRL (Agio)	75.000.

Probleme können sich ergeben, wenn im Kapitalerhöhungsbeschluss neben der Nominalkapitalerhöhung eine betragsmäßig fixe Rücklagendotierung festgesetzt wird. Dadurch kann der fixe Ausgabebetrag der neuen Anteile die Anschaffungskosten entweder über- oder unterschreiten.[1212]

Wenn der fixe Ausgabebetrag der neuen Anteile *über* den Anschaffungskosten liegt, bilden die Anschaffungskosten die unstrittige Obergrenze für die Bewertung des übertragenen Vermögens.[1213] Nennkapital und Kapitalrücklage werden dennoch so bilanziert wie im Kapitalerhöhungsbeschluss vorgesehen. Die Differenz zwischen den Anschaffungskosten und dem fixen Ausgabebetrag soll nach überwiegender Literaturmeinung als Ausgleichsforderung gegenüber den Anteilseignern der Überträgerin aktiviert werden.[1214] Durch die entstehende Bareinzahlungsverpflichtung wird gemeinsam mit dem Zeitwert der Sacheinlage den Vorschriften zur Sicherung der Kapitalaufbringung Genüge getan, weil der höhere Ausgabebetrag erreicht wird. Keinesfalls dürfen die Vermögensgegenstände und Schulden der Überträgerin über ihre Zeitwerte hinaus bis zum Ausgabebetrag aufgestockt werden. Die resultierenden Überbewertungen würden Fehlschlüsse über eine zu gute Eigenkapitalausstattung nahe legen und somit mögliche

---

1211 Anschaffungskosten (AK), Gezeichnetes Kapital (GK), Kapitalrücklage (KRL), Kapitalerhöhung (KE).

1212 Aufgrund der Kapitalerhaltungsvorschriften ist eine Situation, in der die Anschaffungskosten den Nennwert der Anteile unterschreiten, nicht denkbar.

1213 Vgl. *Förschle/Kofahl* in *Budde*, BBK, 1999, § 247 HGB, Rz. 198; *ADS*, Rechnungslegung, 1995, § 255 HGB, Rz. 97; *Widmann* in *Widmann/Mayer*, Umwandlungsrecht, 2002, § 24 UmwG, Rz. 292; *Förschle/Hoffmann* in *Budde/Förschle*, Sonderbilanzen, 2002, K, Rz. 46.

1214 Vgl. *ADS*, Rechnungslegung, 1995, § 255 HGB, Rz. 96; *Knop/Küting* in *Küting/Weber*, HdR, 1995, § 255 HGB, Rz. 94; *Bula/Schlösser* in *SBB*, Umwandlungen, 2000, K, Rz. 49; *Angermayer*, Anschaffungskosten, DB 1998, S. 147; *Müller, W.*, Anschaffungskosten, 1996, S. 249.

Kreditgeber täuschen. Für eine Behandlung der Differenz zwischen den Anschaffungskosten und dem fixen Ausgabebetrag als Geschäfts- oder Firmenwert besteht kein Anlass. Da es in praxi schwierig sein wird, die Ansprüche gegenüber den Überträgerin-Anteilseignern durchzusetzen, ist eine Korrektur des Ausgabebetrags im Kapitalerhöhungsbeschluss m. E. die bessere Lösung.

Bsp. 14: Ausgabebetrag lt. Kapitalerhöhungsbeschluss ist größer als die Anschaffungskosten

In Abwandlung von Beispiel 13 beschließt die Hauptversammlung einen betragsmäßig fixen Ausgabebetrag von 160.000 € und somit ein Agio von 85.000 €. Die Einbuchung des Vermögens der Überträgerin und der Kapitalerhöhung erfolgt durch

Vermögen ÜT zu AK	150.000			
Ausgleichsforderung gegenüber den Aktionären	10.000	an	GK (KE)	75.000
		an	KRL (Agio)	85.000.

Denkbar ist auch, dass der fixe Ausgabebetrag *unter* den Anschaffungskosten liegt. Die hierzu vertretene Auffassung, dass der niedrigere Ausgabebetrag zur Bewertung des Vermögens der Überträgerin herangezogen wird,[1215] ist nicht zuzustimmen. Die Anschaffungskosten dürfen nicht unterschritten werden. Durch die Bewertung zum niedrigeren Ausgabebetrag werden stille Reserven im übernommenen Vermögen gelegt, die in Zeiten schlechter Ertragslage wieder (ggf. still) aufgelöst werden könnten.[1216] Aus Gläubigerschutzgründen ist zu bedenken, dass weniger vor Ausschüttungen geschütztes Eigenkapital ausgewiesen wird.[1217] Außerdem bleibt die beschlossene Kapitalrücklage hinter der angemessenen zurück.[1218] Ein derartiges „stilles Aufgeld“[1219] widerspricht dem Rechenschaftszweck und der willkürfreien Informationsvermittlung des handelsrechtlichen Jahresabschlusses.[1220] Daher sind m. E. auch in diesem Fall im Zeitwert der neuen Anteile bzw. im Unternehmenswert der Überträgerin die zutreffenden Anschaffungskosten zu sehen.[1221] Nennkapital und Kapitalrücklage werden so bilanziert wie im

---

1215 Vgl. dafür: *Müller, W.*, Zweifelsfragen, WPg 1996, S. 864; *Pfitzer*, WP-Handbuch, 2002, Bd. II, Teil E, Rz. 76.

1216 Vgl. *Freericks*, Gründungsbilanz, 1993, Sp. 856; *Angermayer*, Anschaffungskosten, DB 1998, S. 145; *Förschle/Kropp* in *Budde/Förschle*, Sonderbilanzen, 2002, D 198.

1217 Bei Bewertung zum Ausgabebetrag wird eine niedrigere Kapitalrücklage ausgewiesen. Andererseits führen zunächst geringere Abschreibungen und bei späterer Veräußerung des Vermögens c. p. ein höherer Erfolgsbeitrag zu vergleichsweise höheren Gewinnrücklagen. Vgl. *Naumann*, Anwendung, 1996, S. 690.

1218 Vgl. *Schulze-Osterloh*, Bilanzierung, ZGR 1993, S. 432.

1219 *Naumann*, Anwendung, 1996, S. 690.

1220 Vgl. *Naumann*, Anwendung, 1996, S. 691; *Angermayer*, Anschaffungskosten, DB 1998, S. 147; a. A. *ADS*, Rechnungslegung, 1995, § 255 HGB, Rz. 97.

1221 Vgl. auch *Bula/Schlösser* in *SBB*, Umwandlungen, 2000, K, Rz. 50; *Widmann* in *Widmann/Mayer*, Umwandlungsrecht, 2002, § 24 UmwG, Rz. 289 ff.; *Küting/Hayn/Hütten*, Abbildung, BB 1997, S. 569; *Schulze-Osterloh*, Bilanzierung, ZGR 1993, S. 429 f.; *Hannappel* in *Goutier*, Um-

Kapitalerhöhungsbeschluss vorgesehen (KRL 1). Die positive Differenz zwischen Anschaffungskosten und Ausgabebetrag stellt einen weiteren Teil der angemessenen und durch Gleichwertigkeit von Leistung und Gegenleistung auch vereinbarten Kapitalrücklage gem. § 272 Abs. 2 Nr. 1 HGB dar (KRL 2).[1222] Für ein Wahlrecht zwischen Nennwert, Ausgabebetrag und Zeitwert besteht in diesem Fall m. E. kein Raum.[1223]

Bsp. 15: Ausgabebetrag lt. Kapitalerhöhungsbeschluss ist kleiner als die Anschaffungskosten

In Abwandlung von obigem Beispiel 13 beschließt die Hauptversammlung einen betragsmäßig fixen Ausgabebetrag von nur 140.000 € und somit ein Agio von 65.000 €. Die Einbuchung des Vermögens der Überträgerin und der Kapitalerhöhung erfolgt durch

Vermögen ÜT zu AK	150.000	an	GK (KE)	75.000
		an	KRL 1 (Agio)	65.000
		an	KRL 2 (Agio)	10.000.

Problematisch wären Fälle, in denen der fixe Ausgabebetrag nicht nur unter den Anschaffungskosten, sondern sogar unter dem Buchwert des Vermögens der Überträgerin läge. M. E. besteht kein Anlass für eine Bewertung zum niedrigen Ausgabebetrag oder zu Buchwerten. Vielmehr erfolgt wie oben bereits erläutert die Bewertung des Vermögens der Überträgerin zu den anhand des Unternehmens- bzw. Zeitwerts gemessenen Anschaffungskosten, und gleichzeitig wird eine angemessene Kapitalrücklage gebildet.

Bsp. 16: Ausgabebetrag lt. Kapitalerhöhungsbeschluss ist kleiner als der Buchwert des Überträgerin-Vermögens

In Abwandlung von obigem Beispiel 13 beschließt die Hauptversammlung einen betragsmäßig fixen Ausgabebetrag von nur 90.000 € und somit ein Agio von nur 15.000 €. Die Einbuchung des Vermögens der Überträgerin und der Kapitalerhöhung erfolgt durch

Vermögen ÜT zu AK	150.000	an	GK (KE)	75.000
		an	KRL 1 (Agio)	15.000
		an	KRL 2 (Agio)	60.000.

wandlungsrecht, 1996, § 24 UmwG, Rz. 30; *Priester* in *Lutter*, UmwG, 2000, § 24, Rz. 44; *ADS*, Rechnungslegung, a. F. 1987, § 348 AktG, Rz. 26; *Naumann*, Anwendung, 1996, S. 690.

1222 Vgl. *ADS*, Rechnungslegung, 1997, § 272 HGB, Rz. 45, 95; *IDW*, Zweifelsfragen, FN-IDW 1997, S. 181; *Förschle/Hoffmann* in *Budde/Förschle*, Sonderbilanzen, 2002, I, Rz. 44; *Schulze-Osterloh*, Bilanzierung, ZGR 1993, S. 431 f.

1223 Vgl. so aber *ADS*, Rechnungslegung, 1995, § 255 HGB, Rz. 97; *Hense*, Rechnungslegung, 1993, S. 184 f.; *Knop/Küting*, Anschaffungskosten, BB 1995, S. 1024; *Angermayer*, Anschaffungskosten, DB 1998, S. 146.

Im Ergebnis sind m. E. weder Überbewertungen noch Unterbewertungen zulässig, wenn im Kapitalerhöhungsbeschluss ein abweichender fixer Ausgabebetrag festgelegt wurde.[1224]

Wenn im Kapitalerhöhungsbeschluss nur die Nominalkapitalerhöhung festgelegt ist, muss durch Auslegung ermittelt werden, ob ein Agio bis zur Höhe des Zeitwerts vereinbart wurde.[1225] Nach *Kremer* wird sowohl die Notwendigkeit der Vereinbarung als auch die Entstehung eines Aufgelds im Verschmelzungsfall mit den Argumenten verneint, dass einerseits dem Umtauschverhältnis die Unternehmenswerte der beteiligten Rechtsträger zugrunde liegen und andererseits das Vermögen nicht von den Anteilseignern, sondern von der Überträgerin selbst übertragen wird.[1226] Dennoch ist m. E. im Fall von Konzentrationsverschmelzungen zwischen fremden Gesellschaften davon auszugehen, dass ein Agio bis zur Höhe des Zeitwerts konkludent vereinbart wurde. Die Anschaffungskosten werden durch den Zeitwert der neuen Anteile – mit Einstellung einer Kapitalrücklage nach § 272 Abs. 2 Nr. 1 HGB – bestimmt.

Die Ausführungen zeigen, dass auch im Fall abweichender Kapitalerhöhungsbeschlüsse die Anschaffungskosten durch den Zeitwert der neu geschaffenen Übernehmerin-Anteile gebildet werden.

5.2.2.3.1.3 Verschmelzungsdifferenzen beim Anschaffungskostenansatz bei Hingabe neuer Anteile

In der Übernahmebilanz setzt die Übernehmerin das Reinvermögen der Überträgerin bewertet zu Anschaffungskosten an, die durch den Zeitwert der gewährten neuen Anteile bestimmt werden. Dieser stimmt mit dem Unternehmens- und Zeitwert des bilanzierten und nicht bilanzierten Vermögens der Überträgerin und deren Geschäfts- oder Firmenwert überein. Dem steht jedoch eine Kapitalerhöhung gegenüber, die häufig einen geringeren Nominalbetrag im Kapitalerhöhungsbeschluss festsetzt. Dadurch verbleibt in der Übernahmebilanz eine sog. Verschmelzungsdifferenz, die sich folgendermaßen berechnet:

	Übernommenes anteiliges Reinvermögen der Überträgerin zu Anschaffungskosten	
-	Nominalwert der Kapitalerhöhung als „Gegenleistung" der Übernehmerin	
=	Verschmelzungsgewinn/-verlust	(65)

[1224] Vgl. auch *Angermayer*, Anschaffungskosten, DB 1998, S. 147.

[1225] Vgl. *Pfitzer*, WP-Handbuch, 2002, Bd. II, Teil E, Rz. 76; *IDW*, Zweifelsfragen, FN-IDW 1997, S. 181; *Pohl*, Handelsbilanzen, 1995, S. 89 f.; *Förschle/Hoffmann* in *Budde/Förschle*, Sonderbilanzen, 2002, I, Rz. 44; *Schulze-Osterloh*, Bilanzierung, ZGR 1993, S. 436 f.

[1226] Vgl. *Kremer*, Bilanzierung, DB 1989, S. 493 f.

Vereinzelt wird in dem Verschmelzungsgewinn eine offene Reserve, jedoch kein Aufgeld gesehen, weil das Vermögen nicht von den Anteilseignern, sondern von der Überträgerin selbst übertragen wird.[1227] Nach der h. M. wird ein Verschmelzungsgewinn dennoch als vereinbartes Aufgeld behandelt, das von den Anteilseignern der Überträgerin für den Erhalt der neuen Anteile gezahlt wird. Dies gilt insbesondere für den Anschaffungskostenansatz des § 24 UmwG, bei dem die Verschmelzung wirtschaftlich mit einer Sacheinlage vergleichbar ist. Insofern ist ein Verschmelzungsgewinn entsprechend den Vorschriften zur Sacheinlage als Kapitalrücklage gem. § 272 Abs. 2 Nr. 1 HGB in die Übernahmebilanz einzustellen.[1228]

Ein Verschmelzungsverlust kann aufgrund der Kapitalerhaltungsvorschriften regelmäßig nicht entstehen. Sollte er sich dennoch ergeben und keine Einlageforderung der Übernehmerin auslösen, wäre ein a. o. Aufwand zu bilanzieren.[1229]

5.2.2.3.1.4 Abschließendes Beispiel zum Anschaffungskostenansatz bei Hingabe neuer Anteile

Bsp. 17: Anschaffungskostenansatz bei Hingabe neuer Anteile

Der Anschaffungskostenansatz bei Hingabe neuer Anteile soll an folgendem Beispiel veranschaulicht werden. Dazu wird das Beispiel 13 fortgeführt. Die AG verfügen über $A_{ÜT}$ = 100.000 und $A_{ÜN}$ = 160.000 Aktien, jeweils mit Nennwert von 1 € pro Stück, § 8 Abs. 1-2 AktG. Die Aktien an der Überträgerin werden zu 100 % von fremden Aktionären gehalten, jeweils in Paketen von vier Stück. Es bestehen keine gegenseitigen Beteiligungen. Die zutreffenden Unternehmenswerte betragen zum 01.01.01 (Verschmelzungsstichtag) $W_{ÜT}$ = 150.000 € und $W_{ÜN}$ = 320.000 €. Synergiepotenziale entstehen durch die Verschmelzung nicht.

Zum Verschmelzungszeitpunkt liegen folgende Bilanzen in € vor:[1230]

ÜT 01.01.01 in €			
AV	400.000	GK	100.000
UV	300.000	FK	600.000
	700.000		700.000

ÜN 01.01.01 in €			
AV	400.000	GK	160.000
UV	400.000	KRL	90.000
		FK	550.000
	800.000		800.000

Im Anlagevermögen der Überträgerin sind 30.000 € stille Reserven enthalten. Im Übrigen entsprechen die Zeitwerte den Buchwerten. Nicht bilanzierte immaterielle Vermögensgegenstände außer einem Geschäfts- oder Firmenwert liegen nicht vor.

1227 Vgl. *Kremer*, Bilanzierung, DB 1989, S. 493 f.

1228 Vgl. z. B. auch *Priester* in *Lutter*, UmwG, 2000, § 24, Rz. 53; *Widmann* in *Widmann/Mayer*, Umwandlungsrecht, 2002, § 24 UmwG, Rz. 376; *Förschle/Hoffmann* in *Budde/Förschle*, Sonderbilanzen, 2002, I, Rz. 92; *Bermel* in *Goutier*, Umwandlungsrecht, 1996, § 24 UmwG, Rz. 38; *Schulze-Osterloh*, Bilanzierung, ZGR 1993, S. 432.

1229 Vgl. *Widmann* in *Widmann/Mayer*, Umwandlungsrecht, 2002, § 24 UmwG, Rz. 377 f.

1230 Legende: Anlagevermögen (AV), Umlaufvermögen (UV), Fremdkapital (FK).

Wie bereits ermittelt wurde, beträgt das Umtauschverhältnis UT = 0,75. Das bedeutet, ein Anteilseigner der Überträgerin erhält für je ein Aktienpaket aus vier Aktien an der Überträgerin genau drei Aktien an der Übernehmerin durch die Verschmelzung. Die Überträgerin-Aktien sind gem. § 68 Abs. 1 S. 1 UmwG sämtlich in Übernehmerin-Aktien umzutauschen. Durch Anwendung der Formel $A_{ÜT} \cdot UT = \Delta A_{ÜN}$ ergeben sich die zu gewährenden Aktien an der Übernehmerin von $\Delta A_{ÜN}$ = 75.000. Für den Umtausch muss in voller Höhe von 75.000 € (75.000 neue Übernehmerin-Aktien zum Nennwert von je 1 €) eine Kapitalerhöhung durchgeführt werden. Der Kapitalerhöhungsbeschluss sieht ein variables Agio in Höhe der Differenz zwischen Nennwert und Anschaffungskosten vor. Wie bereits gezeigt, werden die Aktionäre der Überträgerin – ebenso wie die ursprünglichen Übernehmerin-Aktionäre – durch die Verschmelzung nicht schlechter gestellt.

In der Bilanz der Übernehmerin sollen nach § 24 UmwG die tatsächlichen Anschaffungskosten angesetzt werden. Diese betragen

$$AK = ZW\ \Delta AÜN = \Delta AÜN \cdot IWnV = 75.000 \cdot 2\ € = 150.000\ €,$$

(mit IWnV = IWÜN = 2 €[1231])

was dem Ausgabebetrag der neuen Anteile und dem Zeit- bzw. Unternehmenswert der Überträgerin entspricht.

Anschließend werden die Anschaffungskosten von 150.000 € auf die einzelnen Bilanzpositionen verteilt.

Anschaffungskosten für das Vermögen der Überträgerin	150.000 €
- Zeitwert des bilanzierten Vermögens	130.000 €
- Zeitwert des nicht bilanzierten Vermögens der Überträgerin[1232]	0 €
= Geschäfts- oder Firmenwert der Überträgerin	20.000 €

Somit setzt die Übernehmerin den Geschäfts- oder Firmenwert (GoF) mit 20.000 €, das Anlagevermögen der Überträgerin mit dem Zeitwert 430.000 € sowie das Umlaufvermögen und das Fremdkapital mit den Buchwerten an. Bilanziell übernimmt die Übernehmerin ein Reinvermögen der Überträgerin zum Wert von 150.000 €, dem jedoch nur eine Kapitalerhöhung von nominell 75.000 € gegenüber steht. Diese auf der Passivseite der Übernahmebilanz verbleibende Differenz stellt die sog. Verschmelzungsdifferenz dar, die sich folgendermaßen berechnet:

Übernommenes Reinvermögen der Überträgerin zu Anschaffungskosten	150.000 €
- Nominalwert der Kapitalerhöhung	- 75.000 €
= Verschmelzungsgewinn	75.000 €

Dieser Verschmelzungsgewinn ist als Kapitalrücklage gem. § 272 Abs. 2 Nr. 1 HGB in die Übernahmebilanz einzustellen, die sodann folgende Form hat:

1231 Vgl. Berechnung in Beispiel 7 in Abschnitt 4.4.1.

1232 Z. B. aufgrund von § 248 Abs. 2 HGB, § 28 EGHGB. Vgl. Abschnitt 5.2.2.1.

Übernahmebilanz 01.01.01 in € (AK)

GoF		20.000	GK	160.000 + 75.000	235.000
AV	400.000 + 430.000	830.000	KRL	90.000 + 75.000	165.000
UV	400.000 + 300.000	700.000	FK	550.000 + 600.000	1.150.000
		1.550.000			1.550.000

5.2.2.3.2 Hingabe eigener Anteile der Übernehmerin beim Anschaffungskostenansatz

Verfügt die Übernehmerin über eigene Anteile, kann sie diese nach § 68 Abs. 1 S. 2 Nr. 1 UmwG den Anteilseignern der Überträgerin als Gegenleistung gewähren und muss insofern ihr Kapital nicht erhöhen. Die Anteilseigner der Überträgerin erbringen mit der mittelbaren Übertragung ihres Vermögens eine Leistung. Die Gegenleistung der Übernehmerin besteht in der Hingabe eigener Aktien und ist maßgebend für die Bestimmung der Anschaffungskosten nach § 24 UmwG.[1233] Das zu gewährende Übernehmerin-Nominalkapital ermittelt sich wie folgt:

	gesamtes = umzutauschendes Überträgerin-Nominalkapital	
.	Umtauschverhältnis	
=	zu gewährendes Übernehmerin-Nominalkapital	
-	eigene Anteile der Übernehmerin gem. § 68 Abs. 1 S. 2 Nr. 1 UmwG (Kann-Vorschrift)	
=	Mindest-Kapitalerhöhung bei der Übernehmerin	(66)

5.2.2.3.2.1 Besonderheiten bei Ermittlung der Anschaffungskosten

In der Literatur wird dieser Verschmelzungsfall als tauschähnlicher Vorgang angesehen, so dass für die Ermittlung der Anschaffungskosten die Grundsätze für Tauschvorgänge anzuwenden sind.[1234] Die Vermögensübertragung gegen Hingabe eigener Anteile stellt einen Umsatzakt dar.[1235] Wenn auch zivilrechtliche Zweifel an der Vergleichbarkeit einer Verschmelzung mit einem Tausch gegeben sein könnten,[1236] so sind die Vorgänge

1233 Vgl. *IDW*, Zweifelsfragen, FN-IDW 1997, S. 181.

1234 Vgl. *Müller* in *Kallmeyer*, UmwG, 2001, § 24, Rz. 26; *Hense*, Rechnungslegung, 1993, S. 185 f.; *Priester* in *Lutter*, UmwG, 2000, § 24, Rz. 52 f.; *Pfitzer*, WP-Handbuch, 2002, Bd. II, Teil E, Rz. 79; *Hannappel* in *Goutier*, Umwandlungsrecht, 1996, § 24 UmwG, Rz. 31; *IDW*, Zweifelsfragen, FN-IDW 1997, S. 181; *Bula/Schlösser* in *SBB*, Umwandlungen, 2000, K, Rz. 54; *Schulze-Osterloh*, Bilanzierung, ZGR 1993, S. 435; *Förschle/Hoffmann* in *Budde/Förschle*, Sonderbilanzen, 2002, I, Rz. 53. A. A. *Pohl*, Handelsbilanzen, 1995, S. 72. *Angermayer*, Prüfung, WPg 1995, S. 683 f. sieht in diesem Verschmelzungsfall eine Sach*übernahme*.

1235 Vgl. *Bula/Schlösser* in *SBB*, Umwandlungen, 2000, K, Rz. 54.

1236 So *Pohl*, Handelsbilanzen, 1995, S. 72 ff., 168. Tausch ist ein gegenseitiger Vertrag, in dem sich beide Parteien verpflichten, eine Sache oder ein Recht gegen eine andere Sache oder ein Recht zu gewähren.

dennoch wirtschaftlich vergleichbar, so dass m. E. keine Bedenken bestehen, die Tauschgrundsätze für die Ermittlung der Anschaffungskosten heranzuziehen.[1237]

Die Ermittlung der Anschaffungskosten bei der Bewertung von Tauschgeschäften ist umstritten. Nach h. M. besteht folgendes Wahlrecht: [1238]

- Buchwert der hingegebenen eigenen Leistung (Buchwertfortführung),
- Buchwert der hingegebenen eigenen Leistung plus Ertragsteuerbelastung (ergebnisneutrale Behandlung) und
- Zeitwert der hingegebenen eigenen Leistung, jedoch höchstens bis zum Zeitwert der Gegenleistung (Gewinnrealisierung).

Zwischenwerte sind aufgrund der Methodenbestimmtheit unzulässig.[1239]

Für den Buchwert als Anschaffungskosten wird argumentiert, dass Erfolgsneutralität auf Seiten der Übernehmerin nur bei der Bewertung zum Buchwert der eigenen Anteile gegeben ist.[1240] Dennoch besteht m. E. kein Raum für die Bewertung der Vermögensübernahme zum Buchwert, der sich im Regelfall aus den historischen Anschaffungskosten, die die Übernehmerin zu irgendeinem früheren Zeitpunkt für ihre eigenen Anteile bezahlt hat, und eventuellen außerplanmäßigen Abschreibungen ergibt.

Die Bewertung zum Buchwert zuzüglich einer Ertragsteuerbelastung beruht darauf, dass Tauschvorgänge ggf. zu einer steuerlichen Gewinnrealisierung führen. Durch diesen Ansatz kann in der Handelsbilanz eine Auswirkung auf das Jahresergebnis vermieden werden.[1241] Betriebswirtschaftlich ist eine solche Bewertung jedoch nicht haltbar.

Einzig zutreffend für die Bestimmung der Anschaffungskosten ist m. E. der Zeitwert der hingegebenen eigenen Leistung. Zu diesem Wert werden die eigenen Vermögensgegenstände im Zeitpunkt der Verschmelzung gegen die Vermögensgegenstände des anderen eingetauscht. Im Tausch liegt ein Umsatzakt, mit dem ein Wertsprung zum Markt geschaffen wird. Insofern ist ein Erfolgsausweis gerechtfertigt, wenn die eingetauschten Gegenstände nicht gleichwertig sind i. S. v. einem ähnlichen beizulegenden Zeitwert und einer ähnlichen Nutzung im selben Unternehmensbereich. Diese Behandlung ist auch für ertragsteuerliche Zwecke in § 6 Abs. 6 S. 1 EStG[1242] vorgeschrieben, wonach die Anschaffungskosten eines Gegenstands sich nach dem gemeinen Wert des hingegebenen Gegenstands bestimmen, also nach dem Verkehrs- oder Zeitwert.

1237 Vgl. *Sagasser* in *SBB*, Umwandlungen, 2000, K, Rz. 54; a. A. (Einschränkung des Wahlrechts des § 24 UmwG und zwingende Buchwertverknüpfung): *Fischer, M.*, Verschmelzung, DB 1995, S. 487.

1238 Vgl. *IDW*, Zweifelsfragen, FN-IDW 1997, S. 181; *Förschle/Hoffmann* in *Budde/Förschle*, Sonderbilanzen, 2002, I, Rz. 54; *Priester* in *Lutter*, UmwG, 2000, § 24, Rz. 44; *Gelhausen*, WP-Handbuch, 2000, Bd. I, Teil E, Rz. 252; *ADS*, Rechnungslegung, 1995, § 255 HGB, Rz. 89 ff.; *Müller* in *Kallmeyer*, UmwG, 2001, § 24, Rz. 26-30; *Hannappel* in *Goutier*, Umwandlungsrecht, 1996, § 24 UmwG, Rz. 31-35; *Knop/Küting* in *Küting/Weber*, HdR, 1995, § 255 HGB, Rz. 115-121.

1239 Vgl. *Gelhausen*, WP-Handbuch, 2000, Bd. I, Teil E, Rz. 252; *Müller* in *Kallmeyer*, UmwG, 2001, § 24, Rz. 30.

1240 Vgl. *IDW*, Zweifelsfragen, FN-IDW 1997, S. 181.

1241 Vgl. *Förschle/Hoffmann* in *Budde/Förschle*, Sonderbilanzen, 2002, I, Rz. 60.

1242 Mit der Einführung des § 6 Abs. 5 S. 1 EStG wurde dem Tauschgutachten des BFH vom 16.12.1958 (BStBl. III 1959 S. 30 ff.) mit dem Anwendungserlass (BMF 09.02.1998, Tausch, BStBl. I 1998, S. 163 ff.) ab 1999 die Grundlage entzogen; vgl. auch R. 32a S. 2 EStR.

Internationale Vorschriften zur Rechnungslegung beim Tausch unterscheiden Monetary Transaction und Nonmonetary Transaction. Bei einem Anschaffungsgeschäft (Monetary Transaction), bei dem mehr als 25 % des Werts der hingegebenen Vermögenswerte an Barzuzahlungen geleistet werden, bestimmen sich die Anschaffungskosten an dem Zeitwert (Fair value) der hingegebenen Gegenleistung, so dass zwingend ein Erfolg auszuweisen ist.[1243] Beim reinen Tauschgeschäft (Nonmonetary Transaction) ist die Erfolgsrealisation davon abhängig, ob ein „similar" oder ein „dissimilar item/asset"[1244] eingetauscht wurde. Weist der eingetauschte ähnliche Gegenstand einen ähnlichen beizulegenden Zeitwert auf und ist zu einer ähnlichen Nutzung im selben Unternehmensbereich bestimmt, darf kein Erfolg ausgewiesen werden. Die Anschaffungskosten der eingetauschten Vermögensgegenstände liegen im Buchwert der hingegebenen Vermögensgegenstände. Liegt der Zeitwert des erworbenen Gegenstands unter dem Buchwert, kann dies ein Indiz für die Wertminderung des eigenen Vermögensgegenstands sein, der insofern zunächst auf den niedrigeren beizulegenden Wert abzuschreiben ist. Hingegen ist beim Tausch in einen unähnlichen Vermögenswert, der auch bei Einbeziehung weiterer Vermögenswerte, wie z. B. liquider Mittel, in den Tausch vorliegen kann, zwingend ein Erfolg auszuweisen. Die Anschaffungskosten der erworbenen Vermögensgegenstände liegen in dem beizulegenden Zeitwert des hingegebenen Gegenstands, korrigiert um Barzahlungen und sonstige Entgelte.[1245]

Die Diskussion zur Bestimmung der Anschaffungskosten lässt sich auch auf den Verschmelzungsfall, bei dem die Übernehmerin eigene Anteile nach § 68 Abs. 1 S. 2 Nr. 1 UmwG den Anteilseignern der Überträgerin als Gegenleistung für die mittelbare Übertragung ihres Vermögens gewährt, übertragen.

Für den Buchwert der eigenen Anteile als Anschaffungskosten[1246] wird argumentiert, dass Erfolgsneutralität auf Seiten der Übernehmerin nur bei der Bewertung zum Buchwert der eigenen Anteile gegeben ist.[1247] Zwar soll die Bewertung zu Anschaffungskosten nach § 24 UmwG gerade eine erfolgsneutrale Verschmelzung ermöglichen, dennoch besteht aufgrund der o. g. Argumente m. E. kein Raum für die Bewertung der Vermögensübernahme zum Buchwert der eigenen Anteile.

Einzig zutreffend für die Bestimmung der Anschaffungskosten nach § 24 UmwG ist m. E. der Zeitwert der hingegebenen eigenen Übernehmerin-Anteile.[1248] Zu diesem Wert werden die eigenen Anteile der Übernehmerin im Zeitpunkt der Verschmelzung gegen das unmittelbare Vermögen der Überträgerin eingetauscht. Die angestrebte Erfolgsneutralität der Anschaffungskosten spricht nicht *gegen* den Zeitwert, sondern *für* eine erfolgsneutrale Behandlung des buchhalterischen Ertrags. Wirtschaftlich ist die Hingabe

---

1243 Vgl. *Schruff*, WP-Handbuch, 2000, Bd. I, Teil N, Rz. 94, 103; *Schildbach*, US-GAAP, 2002, S. 110 f.

1244 Ein similar Item wird im Folgenden als ähnlicher Vermögenswert bezeichnet.

1245 Vgl. IAS 16.21 f., 38.34 f.; APB 29.18 ff.; *ADS*, Internationalen, 2002, Abschnitt 9, Rz. 61 ff.; *Ballwieser*, IAS 16, Rz. 23; *Schruff*, WP-Handbuch, 2000, Bd. I, Teil N, Rz. 102-104, 646; *Schildbach*, US-GAAP, 2002, S. 109 ff.

1246 Vgl. *Pohl*, Handelsbilanzen, 1995, S. 73 f., 168 f.; *Kröninger*, Anschaffungswertprinzip, 1997, S. 111 f.; *Widmann* in *Widmann/Mayer*, Umwandlungsrecht, 2002, § 24 UmwG, Rz. 385.

1247 Vgl. *IDW*, Zweifelsfragen, FN-IDW 1997, S. 181.

1248 Vgl. *Pickhardt*, Behandlung, 1998, S. 246.

eigener Anteile mit der Hingabe durch Kapitalerhöhung neu geschaffener Anteile vergleichbar, so dass sich keine Bewertungsunterschiede ergeben dürfen.

Da die Hingabe eigener Anteile nur bei einer Konzentrationsverschmelzungen zwischen fremden Gesellschaften in Frage kommt, muss davon ausgegangen werden, dass der Unternehmens- und Zeitwert der Überträgerin dem Zeitwert ihres (bilanzierten und nicht bilanzierten) Vermögens und zugleich dem Zeitwert der eigenen Anteile der Übernehmerin entspricht und somit eine Transaktion am Markt stattgefunden hat. Es besteht folgender Zusammenhang:

$$AK = ZW\ EA_{ÜN} = ZW_{ÜT} = W_{ÜT} \qquad (67)$$

Insofern steht die hier vertretene Auffassung nicht im Widerspruch zu der Meinung, dass als Anschaffungskosten der Zeitwert des übernommenen Vermögens anzusetzen ist, um das Kapital und die Beziehungen der Anteilseigner untereinander zutreffend auszuweisen.[1249] Das letzte Argument ist nur eingeschränkt zutreffend, denn das Verhältnis der Anteilseigner zueinander ergibt sich allein durch das Umtauschverhältnis; es erfährt nur eine bilanzielle Abbildung durch die Bewertung zu Anschaffungskosten.

Probleme wie Über- und Unterbewertungen des eingebrachten Vermögens treten bei der Gewährung eigener Anteile nicht auf, da kein dem Kapitalerhöhungsbeschluss vergleichbarer Ausgabebetrag festgesetzt wird.[1250]

Die Rücklage für eigene Anteile nach § 272 Abs. 4 HGB ist bei Hingabe der eigenen Anteile als Gegenleistung für die Vermögensübertragung in der Weise erfolgswirksam aufzulösen, in der sie ursprünglich gebildet wurde – also über die Gewinn- und Verlustrechnung bzw. über die Kapital- oder Gewinnrücklagen.[1251] Eine Verrechnung mit anderen Rücklagen nach § 158 AktG ist nicht zulässig.[1252]

5.2.2.3.2.2 Verschmelzungsdifferenzen beim Anschaffungskostenansatz bei Hingabe eigener Anteile

In der Übernahmebilanz setzt die Übernehmerin demnach das Reinvermögen der Überträgerin bewertet mit dem Unternehmenswert an, der im Regelfall dem Zeitwert des Vermögens der Überträgerin und dem der eigenen Anteile der Übernehmerin entspricht. Dem Reinvermögen der Überträgerin stehen jedoch bilanziell nur eigene Anteile gegenüber, die i. d. R. geringere Buchwerte[1253] ausweisen. Dadurch verbleibt in der Übernahmebilanz eine sog. Verschmelzungsdifferenz, die sich folgendermaßen berechnet:

1249 Vgl. *Bula/Schlösser* in *SBB*, Umwandlungen, 2000, K, Rz. 55; *Schulze-Osterloh*, Bilanzierung, ZGR 1993, S. 436; Zeitwerte wahlweise bei *Priester* in *Lutter*, UmwG, 2000, § 24, Rz. 53.

1250 Vgl. Abschnitt 5.2.2.2.1.

1251 Vgl. *Pfitzer*, WP-Handbuch, 2002, Bd. II, Teil E, Rz. 73, 80; *IDW*, Zweifelsfragen, FN-IDW 1997, S. 181; *Widmann* in *Widmann/Mayer*, Umwandlungsrecht, 2002, § 24 UmwG, Rz. 341; *Küting* in *Küting/Weber*, HdR, 1995, § 272 HGB, Rz. 136; *Förschle/Kofahl* in *Budde*, BBK, 1999, § 272 HGB, Rz. 125.

1252 Vgl. *IDW*, Zweifelsfragen, FN-IDW 1997, S. 181.

1253 Sowohl der Nominalwert als auch der Zeitwert der eigenen Anteile finden bei der Berechnung und Aufteilung der Verschmelzungsdifferenz keine Beachtung, weil sie sich buchmäßig nicht auswirken.

	Übernommenes anteiliges Reinvermögen der Überträgerin zu Anschaffungskosten	
-	Buchwert der eigenen Anteile als „Gegenleistung" der Übernehmerin	
=	Verschmelzungsgewinn/-verlust	(68)

Im Regelfall, in dem die Anschaffungskosten des übernommenen Vermögens höher sind als der Buchwert der eigenen Anteile, liegt eine andere Zuzahlung vor, die nach verschiedenen Literaturmeinungen

- gem. § 272 Abs. 2 Nr. 1 HGB in die Kapitalrücklage eingestellt,[1254]
- gem. § 272 Abs. 2 Nr. 4 HGB in die Kapitalrücklage eingestellt,[1255]
- in Gewinnrücklagen eingestellt[1256] oder
- erfolgswirksam behandelt werden soll.[1257]

Für eine erfolgswirksame Behandlung der Verschmelzungsdifferenz besteht keine Veranlassung, weil der Anschaffungskostenansatz gerade Erfolgsneutralität gewährleisten soll. Insofern ist stets eine Kapitalrücklage zu bilden. Sieht man in dem Verschmelzungsgewinn ein vereinbartes Aufgeld, das von den Anteilseignern der Überträgerin für den Erhalt der neuen Anteile gezahlt wird, muss eine Kapitalrücklage gem. § 272 Abs. 2 Nr. 1 HGB gebildet werden. Hingegen wird in die Kapitalrücklage nach § 272 Abs. 2 Nr. 4 HGB eine freiwillige Zuzahlung in das Rücklagekapital der Gesellschaft eingestellt, die ohne Gegenleistung seitens der Übernehmerin gezahlt wird.[1258] Bei einer Verschmelzung zwischen fremden Gesellschaften werden regelmäßig keine freiwilligen Zuzahlungen ohne Gegenleistung bezahlt. Durch das Umtauschverhältnis sind Leistung und Gegenleistung gleichwertig. Zudem besteht kein Zwang zur Verwendung der eigenen Anteile im Rahmen des Umtausches, stattdessen könnte eine höhere Kapitalerhöhung erfolgen. Aus diesen Argumenten folgt m. E., dass in der Verschmelzungsdifferenz ein vereinbartes Aufgeld zu sehen ist, welches in die Kapitalrücklage nach § 272 Abs. 2 Nr. 1 HGB einzustellen ist.

Ein eventueller Verschmelzungsverlust ist sofort als a. o. Aufwand zu erfassen.[1259]

1254 Vgl. *Priester* in *Lutter*, UmwG, 1996, § 24 Rz. 68 i. V. m. 53; *Kröninger*, Anschaffungswertprinzip, 1997, S. 141 ff.

1255 Vgl. *Schulze-Osterloh*, Bilanzierung, ZGR 1993, S. 437; *Bula/Schlösser* in *SBB*, Umwandlungen, 2000, K, Rz. 55; *Pohl*, Handelsbilanzen, 1995, S. 66.

1256 Vgl. *Kremer*, Bilanzierung, DB 1989, S. 492 ff.

1257 Vgl. *IDW*, Zweifelsfragen, FN-IDW 1997, S. 181; *Müller* in *Kallmeyer*, UmwG, 2001, § 24, Rz. 28; *Hense*, Rechnungslegung, 1993, S. 186; *Pfitzer*, WP-Handbuch, 2002, Bd. II, Teil E, Rz. 80.

1258 Vgl. *Gelhausen*, WP-Handbuch, 2000, Bd. I, Teil E, Rz. 265, 268; *ADS*, Rechnungslegung, 1997, § 272 HGB, Rz. 132 ff.

1259 Vgl. *IDW*, Zweifelsfragen, FN-IDW 1997, S. 181.

5.2.2.3.2.3 Abschließendes Beispiel zum Anschaffungskostenansatz bei Hingabe eigener Anteile

Bsp. 18: Anschaffungskostenansatz bei Hingabe eigener Anteile

Das Beispiel 17 soll abgewandelt werden: Die Übernehmerin hält von den gesamten Anteilen $A_{ÜN}$ = 160.000 Aktien selbst 5.000 eigene Anteile ($EA_{ÜN}$) zum Nennwert von je 1 €, die sie vor einigen Jahren für 6.000 € erworben und mit diesen (historischen) Anschaffungskosten aktiviert hat. Der Ertragswert der Übernehmerin beträgt in Abwandlung vom Ausgangsfall nur $W_{ÜN}$ = 310.000 €. Darüber hinaus ergeben sich keine weiteren Änderungen gegenüber dem Beispiel 17.

Zum Verschmelzungszeitpunkt liegen folgende Bilanzen in € vor:[1260]

ÜT 01.01.01 in €

AV	400.000	GK	100.000
UV	300.000	FK	600.000
	700.000		700.000

ÜN 01.01.01 in €

AV	400.000	GK	160.000
EA	6.000	RLEA	6.000
UV	400.000	KRL	90.000
		FK	550.000
	806.000		806.000

Der Ertragswert der Übernehmerin entfällt nur auf die Aktien, die von Dritten gehalten werden, nicht jedoch auf eigene Aktien. Es ergibt sich ebenfalls ein Umtauschverhältnis (UT) von 0,75.[1261] Für den Umtausch müssen ebenso wie im Ausgangsbeispiel 75.000 neue Übernehmerin-Aktien (zum Nennwert von je 1 €) bereitgestellt werden. Die zu gewährenden Anteile an der Übernehmerin sollen so aufgebracht werden, dass die Kapitalerhöhung minimal ist:

Zu gewährende $A_{ÜN}$	75.000
- $EA_{ÜN}$ gem. § 68 Abs. 1 S. 2 Nr. 1 UmwG	5.000
= $\Delta A_{ÜN}$	70.000

Weil die Übernehmerin über Aktien mit einem Nennwert von je 1 € verfügt, berechnet sich die Kapitalerhöhung zu 70.000 €.

In der Bilanz der Übernehmerin sollen nach § 24 UmwG die tatsächlichen Anschaffungskosten angesetzt werden:

$$AK = ZW\,(EA_{ÜN} + \Delta A_{ÜN}) = (EA_{ÜN} + \Delta A_{ÜN}) \cdot IW^{nV} = (5.000 + 70.000) \cdot 2\ €$$

$$= ZW_{ÜT} = W_{ÜT} = 150.000\ €.$$

Diese Anschaffungskosten werden wie im Beispiel 17 auf die einzelnen Bilanzpositionen der Überträgerin (Geschäfts- oder Firmenwert mit 20.000 €, Anlagevermögen Zeitwert 430.000 €, Umlaufvermögen und Fremdkapital zu Buchwerten) verteilt.

1260 Eigene Anteile (EA), Rücklage für Eigene Anteile (RLEA).

1261 $UT = \frac{W_{ÜT}/A_{ÜT}}{W_{ÜN}/A_{ÜN}} = \frac{150.000\ €/100.000}{310.000\ €/155.000} = \frac{1,5}{2} = 0,75.$

Bilanziell übernimmt die Übernehmerin ein Reinvermögen der Überträgerin zum Wert von 150.000 €, dem jedoch nur eine Kapitalerhöhung von nominell 70.000 € sowie eigene Anteile mit einem Buchwert von 6.000 € gegenüber stehen. Die dadurch auf der Passivseite der Übernahmebilanz verbleibende Differenz stellt die sog. Verschmelzungsdifferenz dar, die sich folgendermaßen berechnet:

Übernommenes Reinvermögen der Überträgerin zu Anschaffungskosten	150.000 €
- Nominalwert der Kapitalerhöhung	- 70.000 €
- Buchwert der eigenen Anteile (Nennwert = 5.000 €)	- 6.000 €
= Verschmelzungsgewinn	74.000 €

Die bilanzielle Behandlung dieses Verschmelzungsgewinns kann erst nach einer Analyse nach der Art der Gegenleistung, die den Anteilseignern der Überträgerin gewährt werden, beurteilt werden. Die auf die einzelne Gegenleistung entfallende Verschmelzungsdifferenz ermittelt sich im Verhältnis des Nennwerts dieser Gegenleistung zum Nennwert der gesamten Gegenleistung (hier Kapitalerhöhung + eigene Anteile = 70.000 € + 5.000 € = 75.000 €). Eine Verteilung nach dem Verhältnis der Buchwerte würde zu Verzerrungen führen. Nur die Nennwerte führen zu einer Gleichbehandlung der unterschiedlichen Gegenleistungen.

Zu 70/75 wird als Gegenleistung für das übernommene Reinvermögen der Überträgerin eine Kapitalerhöhung durchgeführt, zu 5/75 werden eigene Anteile hingegeben.

Übernommenes anteiliges Reinvermögen der ÜT= 150.000 € · 70/75	140.000 €
- Nominalwert der Kapitalerhöhung	- 70.000 €
= Verschmelzungsgewinn	70.000 €

Daher entfallen 70.000 € des Verschmelzungsgewinns auf die Gegenleistung Kapitalerhöhung und werden wie in Abschnitt 5.2.2.3.1.3 als Kapitalrücklage gem. § 272 Abs. 2 Nr. 1 HGB in die Übernahmebilanz eingestellt.

Übernommenes anteiliges Reinvermögen der ÜT= 150.000 € · 5/75	10.000 €
- Buchwert der eigenen Anteile (Nennwert = 5.000 €)	- 6.000 €
= Verschmelzungsgewinn	4.000 €

Entsprechend entfällt der übrige Teil des Verschmelzungsgewinns von 4.000 € auf die Gegenleistung eigener Anteile. Dieser Teil des Verschmelzungsgewinns soll nach der hier vertretenen Auffassung ebenfalls in die Kapitalrücklage nach § 272 Abs. 2 Nr. 1 HGB eingestellt werden.

Die Übernahmebilanz – unter Beachtung der erfolgswirksamen Auflösung der Rücklage für eigene Anteile – ergibt sich somit zu:

Übernahmebilanz 01.01.01 in € (AK)

GoF		20.000	GK	160.000 + 70.000	230.000
AV	400.000 + 430.000	830.000	KRL	90.000 + 70.000 + 4.000	164.000
			JÜ		6.000
UV	400.000 + 300.000	700.000	FK	550.000 + 600.000	1.150.000
		1.550.000			1.550.000

5.2.2.3.3 Untergang der Anteile der Übernehmerin an der Überträgerin beim Anschaffungskostenansatz

Besondere Ermittlungen der Anschaffungskosten verlangen Fälle, in denen die Übernehmerin bereits vor der Verschmelzung an der Überträgerin beteiligt ist. Falls die Voraussetzungen des § 290 HGB erfüllt sind, wird dies als sog. Up-stream Merger bezeichnet, bei dem das Tochterunternehmen auf das Mutterunternehmen verschmolzen wird. Auch in diesem Verschmelzungsfall erbringen die Anteilseigner der Überträgerin mit der mittelbaren Übertragung ihres Vermögens eine Leistung. Die Gegenleistung der Übernehmerin besteht in der Hingabe ihrer Beteiligung an der Überträgerin. Soweit die Übernehmerin bereits vor der Verschmelzung Anteile an der Überträgerin hält, ist eine Kapitalerhöhung nicht zulässig (§ 68 Abs. 1 S. 1 Nr. 1 UmwG[1262]), weil dies zur Gewährung von Gesellschaftsrechten an sich selbst führen würde. Die Gegenleistung in Form der hingegebenen Beteiligung der Übernehmerin an der Überträgerin ist maßgebend für die Bestimmung der Anschaffungskosten.

5.2.2.3.3.1 Besonderheiten bei Ermittlung der Anschaffungskosten

Fraglich ist zunächst, ob überhaupt ein Anschaffungs*vorgang* vorliegt. Das ist zu bejahen, weil ein Rechtsträgerwechsel stattfindet und die Übernehmerin ihre Beteiligung an der Überträgerin verliert.[1263]

Weiterhin ist bezüglich der Bestimmung der Anschaffungs*kosten* umstritten, ob in der Verschmelzung gegen Untergang der Beteiligung ein Tausch gesehen werden kann. Einerseits wird in der Literatur dieser Verschmelzungsfall als Leistungsaustausch bzw. tauschähnlicher Vorgang beurteilt, so dass für die Bewertung die Grundsätze für Tauschvorgänge anzuwenden sind.[1264] Andererseits wird die Bezugnahme auf den Tausch abgelehnt, weil kein Leistungsaustausch stattfindet, aus dem Anschaffungskosten entstehen können.[1265] Vielmehr sind die Anschaffungskosten in dem Buchwert bzw. den historischen Anschaffungskosten der Beteiligung zu suchen.[1266]

M. E. greifen indes beide Auffassungen zu kurz. Der Fall der Verschmelzung gegen Untergang der Beteiligung muss nach deren Höhe unterschieden werden. Hält die Übernehmerin mindestens 75 % der Anteile an der Überträgerin, kann sie die Ver-

---

1262 Bzw. § 54 Abs. 1 S. 1 Nr. 1 UmwG.

1263 Vgl. *Priester* in *Lutter*, UmwG, 2000, § 24, Rz. 54.

1264 Vgl. *IDW*, Zweifelsfragen, FN-IDW 1997, S. 181; *Müller, W.*, Zweifelsfragen, WPg 1996, S. 864; *Naumann*, Anwendung, 1996, S. 691 f.; *Pfitzer*, WP-Handbuch, 2002, Bd. II, Teil E, Rz. 81; *Förschle/Hoffmann* in *Budde/Förschle*, Sonderbilanzen, 2002, I, Rz. 52; *Hannappel* in *Goutier*, Umwandlungsrecht, 1996, § 24 UmwG, Rz. 36; *Weilep*, „bad will", DB 1998, S. 2130; *Schulze-Osterloh*, Bilanzierung, ZGR 1993, S. 438; *Förschle/Hoffmann* in *Budde/Förschle*, Sonderbilanzen, 2002, I, Rz. 52.

1265 Vgl. *Bula/Schlösser* in *SBB*, Umwandlungen, 2000, K, Rz. 53; *Priester* in *Lutter*, UmwG, 2000, § 24, Rz. 54-56; *Pohl*, Handelsbilanzen, 1995, S. 72 ff., der sogar zivilrechtlich einen Tausch zwischen Überträgerin und Übernehmerin verneint.

1266 Vgl. *Bula/Schlösser* in *SBB*, Umwandlungen, 2000, K, Rz. 53; *Schulze-Osterloh*, Bilanzierung, ZGR 1993, S. 438; *Priester* in *Lutter*, UmwG, 2000, § 24, Rz. 55 f.; *Pohl*, Handelsbilanzen, 1995, S. 168 f. A. A. (Einschränkung des Wahlrechts des § 24 UmwG und zwingende Buchwertverknüpfung): *Fischer, M.*, Verschmelzung, DB 1995, S. 486 f., 489.

schmelzung allein erzwingen. Insofern liegt kein Leistungsaustausch vor und an die Anschaffungskosten sind strengere Maßstäbe zu legen, um keine ungerechtfertigten ausschüttungsfähigen Erträge auszuweisen. Hält die Übernehmerin hingegen nur eine Beteiligung von unter 75 %, hat ein Leistungsaustausch stattgefunden, so dass die Anwendung der Tauschgrundsätze sachgerecht erscheint. Diese Auffassung wird im Folgenden getrennt für die jeweiligen Beteiligungshöhen vertiefend erläutert.

Beteiligungsquote unter 75 %

Kontrolliert die Übernehmerin weniger als 75 % der Stimmrechte der Überträgerin ($q < 75\ \%$), kann sie die Verschmelzung nicht allein durchsetzen. Daher kann dieser Fall wirtschaftlich mit einem Tausch verglichen werden: Die Anteilseigner der Überträgerin erbringen mit der mittelbaren Übertragung ihres Vermögens eine Leistung. Die Gegenleistung der Übernehmerin besteht in der Hingabe ihrer Beteiligung an der Überträgerin. Der Wert dieser Beteiligung ist maßgebend für die Bestimmung der (anteiligen) Anschaffungskosten nach § 24 UmwG. Keinesfalls bildet m. E. der Buchwert der Beteiligung die Anschaffungskosten. Einzig zutreffend für die Bestimmung der Anschaffungskosten ist m. E. der Zeitwert der hingegebenen Beteiligung, denn zu diesem Wert wird die Beteiligung im Zeitpunkt der Verschmelzung gegen das unmittelbare Vermögen der Überträgerin eingetauscht. Bereits im Abschnitt 5.2.2.3.2.1 wurde für den Tausch der Zeitwert der hingegebenen eigenen Übernehmerin-Anteile als zutreffende Anschaffungskosten identifiziert. Die dort vorgebrachten Argumente zur Bewertung beim Tausch im Rahmen einer Verschmelzung mit dem Zeitwert gelten auch bei Hingabe der Beteiligung der Übernehmerin an der Überträgerin (BET(ÜT)).[1267] Die durch den Zeitwert der Beteiligung bestimmten Anschaffungskosten stimmen, weil eine Markttransaktion stattgefunden hat, mit dem anteiligen Unternehmens- und Zeitwert des Vermögens der Überträgerin überein.

$$AK = ZW\ BET(\ddot{U}T) = q \cdot ZW_{\ddot{U}T} = q \cdot W_{\ddot{U}T}, \text{ wenn } q < 75\ \% \qquad (69)$$

mit ZW BET(ÜT) Zeitwert der Beteiligung der Übernehmerin an der Überträgerin
q Beteiligungsquote der Übernehmerin an der Überträgerin

Beteiligungsquote mindestens 75 %

Wenn die Übernehmerin über eine Stimmrechtsmehrheit von mindestens 75 % verfügt ($q \geq 75\ \%$), kann sie das Zustandekommen der Verschmelzung und mittelbar auch das Umtauschverhältnis stark beeinflussen. Die Verschmelzung kommt allein aufgrund des Willens der Übernehmerin zustande, deren Vermögenslage nahezu unverändert bleibt. Insbesondere ist in diesem Verschmelzungsfall kein Umsatzakt, mit dem ein Wertsprung zum Markt geschafft würde, zu sehen. Der Zeitwert der Beteiligung wurde durch die Verschmelzung unstrittig nicht am Markt bestätigt. Es wird kein Übernahmewert von fremden Dritten mit gegensätzlichen Interessen ausgehandelt.[1268] Diese Situation birgt die Gefahr einer Manipulation des Wertansatzes und des ausschüttungsfähigen

1267 Vgl. *Naumann*, Anwendung, 1996, S. 691 ff.
1268 Vgl. *Priester* in *Lutter*, UmwG, 2000, § 24, Rz. 55.

Jahresergebnisses, wodurch gegen das Realisationsprinzip in § 252 Abs. 1 Nr. 4 Hs. 2 HGB und den Gläubigerschutz verstoßen würde. Tatsächlich ersetzt die Übernehmerin ihre Beteiligung an der Überträgerin durch den unmittelbaren Besitz der Vermögensgegenstände und Schulden. Insofern ist abzulehnen, die Bewertungsgrundsätze für Tauschvorgänge auf den Fall der Verschmelzung gegen Untergang der Beteiligung überhaupt anzuwenden.[1269] Wenn die Übernehmerin 100 % an der Überträgerin hält, ändert sich durch die Verschmelzung ihre wirtschaftliche Situation nicht, sondern sie ersetzt den mittelbaren Besitz am Vermögen der Überträgerin durch den unmittelbaren. Zudem ist in diesem Fall gem. § 9 Abs. 2 UmwG keine Verschmelzungsprüfung erforderlich, so dass keine objektive Kontrolle der Bewertung erfolgt. Vielmehr liegt die Gegenleistung der Übernehmerin für das übernommene Vermögen der Überträgerin im Untergang ihrer Beteiligung.

M. E. stellt in diesem Fall ausnahmsweise der Buchwert der Beteiligung bei der Bewertung nach § 24 UmwG die Anschaffungskosten dar.[1270] Zwar ist grundsätzlich auch im Konzernverbund eine Gewinnrealisierung bei konzerninternen Umsatzgeschäften möglich,[1271] aber im Vordergrund steht in diesem Verschmelzungsfall die Vermeidung eines ungerechtfertigten Gewinnausweises und damit die Beachtung des Realisationsprinzips und des Gläubigerschutzes.[1272] Letztlich wird der Buchwert auf Grundlage der historischen Anschaffungskosten, die die Übernehmerin zum früheren Anschaffungszeitpunkt auf Basis des damaligen Unternehmenswerts für ihre Überträgerin-Anteile bezahlt hat, abzüglich eventueller späterer außerplanmäßiger Abschreibungen ermittelt und muss als werthaltig angesehen werden. Wirtschaftlich macht es keinen Unterschied, ob die Übernehmerin eine Beteiligung an der Überträgerin (Share deal) oder unmittelbar deren anteilige Vermögensgegenstände und Schulden (Asset deal) erwirbt. Zum ursprünglichen Erwerbszeitpunkt hätte die Übernehmerin dieselben Anschaffungskosten aufwenden müssen, um an Stelle der Beteiligung die anteiligen Vermögensgegenstände und Schulden zu erwerben. Insofern bleibt auch der Wechsel aus der Beteiligung in das unmittelbare anteilige Vermögen ohne wirtschaftliche Auswirkungen.

$$AK = BW\ BET(ÜT), \text{ wenn } q \geq 75\ \% \qquad (70)$$

Diese Lösung stimmt mit internationalen Rechnungslegungsvorschriften überein, wenn man davon ausgeht, dass es sich um sog. ähnliche Vermögenswerte handelt. Das nunmehr unmittelbar übernommene Vermögen des 100 %-Tochterunternehmens weist

1269 Vgl. *Bula/Schlösser* in *SBB*, Umwandlungen, 2000, K, Rz. 53; *Priester* in *Lutter*, UmwG, 2000, § 24, Rz. 54-56; *Pohl*, Handelsbilanzen, 1995, S. 72, der sogar zivilrechtlich einen Tausch zwischen Überträgerin und Übernehmerin verneint.

1270 Vgl. ebenso *Schulze-Osterloh*, Bilanzierung, ZGR 1993, S. 438; *Bula/Schlösser* in *SBB*, Umwandlungen, 2000, K, Rz. 53; *Hannappel* in *Goutier*, Umwandlungsrecht, 1996, § 24 UmwG, Rz. 36; *Naumann*, Anwendung, 1996, S. 693; *Mujkanovic*, Bewertung, BB 1995, S. 1738; *Fischer, M.*, Verschmelzung, DB 1995, S. 489. A. A. (Zeitwert) vgl. *Pickhardt*, Behandlung, 1998, S. 248; *Förschle/Hoffmann* in *Budde/Förschle*, Sonderbilanzen, 2002, I, Rz. 59; *IDW*, Zweifelsfragen, FN-IDW 1997, S. 181 f.; *Widmann* in *Widmann/Mayer*, Umwandlungsrecht, 2002, § 24 UmwG, Rz. 371, 381.

1271 Umkehrschluss aus § 304 HGB; vgl. *Priester* in *Lutter*, UmwG, 2000, § 24, Rz. 57.

1272 Dies fordern auch *Bula/Schlösser* in *SBB*, Umwandlungen, 2000, K, Rz. 53; *Schulze-Osterloh*, Bilanzierung, ZGR 1993, S. 437 ff.; *Fischer, M.*, Verschmelzung, DB 1995, S. 486 f., *Mujkanovic*, Bewertung, BB 1995, S. 1738.

einen ähnlichen wirtschaftlichen Wert aus wie die untergehenden Anteile und wird zu einer ähnlichen Nutzung herangezogen. Nach IAS 16.22 und APB 29 darf beim Tausch in einen ähnlichen Vermögenswert kein Erfolg ausgewiesen werden, sondern der Buchwert der untergehenden Anteile ist als Anschaffungskosten anzusetzen.[1273]

In einem Sonderfall erscheint ein Ansatz der durch den Zeitwert bzw. den Buchwert[1274] der Beteiligung repräsentierten Anschaffungskosten gem. § 24 UmwG nicht mit dem Rechenschaftszweck des handelsrechtlichen Jahresabschlusses vereinbar: Die Buchwerte des übertragenen Vermögens ($BW_{ÜT}$) *über*schreiten den Zeit- bzw. Buchwert der Beteiligung der Übernehmerin und damit die Anschaffungskosten. Dies kann der Fall sein, weil bspw. negative Zukunftsaussichten erwartet werden oder die Überträgerin nach Erwerb der Beteiligung Gewinne thesauriert hat.

Würde man in diesem Sonderfall den niedrigeren Zeit- bzw. Buchwert der Beteiligung ansetzen, müssten die Buchwerte des übertragenen Vermögens abgestockt werden, wodurch es unterbewertet würde und möglicherweise stille Reserven gelegt würden.[1275] Als weitere Lösungsmöglichkeiten werden diskutiert die Bildung einer Aufwands-Rückstellung[1276], einer Kapital-[1277] oder Gewinnrücklage[1278] oder eines passiven Ausgleichspostens bzw. negativen Geschäfts- oder Firmenwerts.[1279] Außerdem könnte eine Gewinnrealisierung eintreten.[1280] Zwar ist durch den Gesetzestext des § 24 UmwG der Anschaffungskostenansatz für diesen Fall nicht ausgeschlossen; er würde jedoch gegen die Generalnormen § 238 Abs. 1 S. 1, § 242 Abs. 1 und § 264 Abs. 2 S. 1 HGB verstoßen. Insofern ist m. E. das Wahlrecht des § 24 UmwG in diesem Fall nur im Sinne der Buchwertverknüpfung, also zu Buchwerten des übernommenen Vermögens, auszuüben.[1281]

Im Ergebnis lässt sich festhalten, dass die Anschaffungskosten im Fall der Beteiligung der Übernehmerin an der Überträgerin in Abhängigkeit von der Beteiligungsquote entweder durch den Buchwert oder den Zeitwert der Beteiligung bestimmt werden. Tab. 13 fasst die Ergebnisse dieses Abschnitts in schematischer Form zusammen.

1273 Vgl. *ADS*, Internationalen, 2002, Abschnitt 9, Rz. 63 ff.; *Ballwieser*, IAS 16, Rz. 23.

1274 Bei einer Beteiligungsquote von unter 75 % bildet der Zeitwert, bei einer Quote von mindestens 75 % der Buchwert der Beteiligung die Anschaffungskosten.

1275 Vgl. *Müller, W.*, Anschaffungskosten, 1996, S. 257 f.; *Förschle/Hoffmann* in *Budde/Förschle*, Sonderbilanzen, 2002, I, Rz. 49, 58; *Priester* in *Lutter*, UmwG, 2000, § 24, Rz. 81.

1276 Vgl. *Förschle/Hoffmann* in *Budde/Förschle*, Sonderbilanzen, 2002, I, Rz. 49, 58.

1277 Vgl. *Pickhardt*, Behandlung, 1998, S. 248.

1278 Vgl. *Kröninger*, Anschaffungswertprinzip, 1997, S. 154-157; *ADS*, Rechnungslegung, 1996, § 301 HGB, Rz. 131.

1279 Vgl. *Naumann*, Anwendung, 1996, S. 703 f.; *Weilep*, „bad will", DB 1998, S. 2130 f.

1280 Vgl. *Fischer, M.*, Verschmelzung, DB 1995, S. 489; *Widmann* in *Widmann/Mayer*, Umwandlungsrecht, 2002, § 24 UmwG, Rz. 380; *Knop/Küting* in *Küting/Weber*, HdR, 1995, § 255 HGB, Rz. 504.

1281 Vgl. *Bula/Schlösser* in *SBB*, Umwandlungen, 2000, K, Rz. 53 Abs. 3.

Tab. 13: Anschaffungskostenansatz nach § 24 UmwG bei Beteiligung der Übernehmerin an der Überträgerin

<table>
<tr><th colspan="2">BET(ÜT) < 75 %</th><th colspan="2">BET(ÜT) ≥ 75 %</th></tr>
<tr><th>Regelfall:
ZW BET(ÜT)
≥ $BW_{ÜT}$</th><th>Sonderfall:
ZW BET(ÜT)
< $BW_{ÜT}$</th><th>Regelfall:
BW BET(ÜT)
≥ $BW_{ÜT}$</th><th>Sonderfall:
BW BET(ÜT)
< $BW_{ÜT}$</th></tr>
<tr><td>Anschaffungs-kostenansatz zulässig</td><td rowspan="2">Anschaffungs-kostenansatz unzulässig

Nur Buchwert-verknüpfung</td><td>Anschaffungs-kostenansatz zulässig</td><td rowspan="2">Anschaffungs-kostenansatz unzulässig

Nur Buchwert-verknüpfung</td></tr>
<tr><td>AK = ZW BET(ÜT) = $q \cdot W_{ÜT}$</td><td>AK = BW BET(ÜT)</td></tr>
</table>

5.2.2.3.3.2 Verschmelzungsdifferenzen beim Anschaffungskostenansatz bei Beteiligung der Übernehmerin an der Überträgerin

In der Übernahmebilanz setzt die Übernehmerin das Reinvermögen der Überträgerin bewertet zu Anschaffungskosten an, die durch den Buchwert oder den Zeitwert der Beteiligung bestimmt werden. Dem steht jedoch nur eine Ausbuchung der Beteiligung zum Buchwert gegenüber.[1282] Solange die Anschaffungskosten durch den Buchwert der Beteiligung fixiert werden, weil die Beteiligungsquote mindestens 75 % beträgt, kann insofern keine Verschmelzungsdifferenz entstehen.[1283]

Bei einer Beteiligungsquote unter 75 % werden die Anschaffungskosten hingegen durch den Zeitwert der Beteiligung bestimmt, der i. d. R. mit dem anteiligen Unternehmens- und Zeitwert der Überträgerin übereinstimmt. Insofern verbleibt in der Übernahmebilanz eine sog. Verschmelzungsdifferenz, die sich folgendermaßen berechnet:

	Übernommenes anteiliges Reinvermögen der Überträgerin zu Anschaffungskosten	
-	Buchwert der Beteiligung der Übernehmerin an der Überträgerin	
=	Verschmelzungsgewinn/-verlust	(71)

Es entsteht ein positiver Unterschiedsbetrag, wenn der Zeitwert den Buchwert der Beteiligung übersteigt, z. B. weil die Beteiligung in der Vergangenheit außerplanmäßig abgeschrieben wurde oder der Wert der Beteiligung im Zeitablauf, bspw. durch

1282 Sowohl Nominalwert als auch Zeitwert der Beteiligung findet bei der Berechnung und Aufteilung der Verschmelzungsdifferenz keine Beachtung, weil sie sich buchmäßig nicht auswirken.

1283 Vgl. auch *Priester* in *Lutter*, UmwG, 2000, § 24, Rz. 56.

Gewinnthesaurierungen, gestiegen ist.[1284] Dieser Verschmelzungsgewinn kann nicht als Aufgeld angesehen werden, das von der Übernehmerin als Anteilseignerin der Überträgerin gezahlt wird. Für die Bildung einer Kapitalrücklage gem. § 272 Abs. 2 Nr. 1 HGB besteht keine Veranlassung. Auch eine freiwillige Zuzahlung aufgrund des Gesellschaftsverhältnisses i. S. v. § 272 Abs. 2 Nr. 4 HGB liegt nicht vor. Als Lösung verbleibt m. E. nur die erfolgswirksame Behandlung des Verschmelzungsgewinns.[1285] In einem Ausweis als a. o. Ertrag ist kein Verstoß gegen das Realisationsprinzip und das Prinzip der Einlagenrückgewähr zu sehen.[1286] Sofern der Verschmelzungsgewinn auf frühere Abschreibungen des Beteiligungsbuchwerts zurückzuführen ist, wird dies durch den Ertragsausweis neutralisiert. Beruht der Verschmelzungsgewinn auf einem höheren Unternehmenswert der Überträgerin, der am Markt bestätigt wurde, verstößt die erfolgswirksame Behandlung nicht gegen das Realisationsprinzip.

Soweit die Übernehmerin an der Überträgerin beteiligt ist, entsteht nur in dem seltenen Fall, dass der Buchwert den Zeitwert der Beteiligung übersteigt, ein negativer Unterschiedsbetrag. Liegt die Ursache dafür in negativen Zukunftserwartungen, ist ein Ausgleich durch Ansatz eines aktiven Ausgleichpostens oder eine Abstockung der Buchwerte[1287] nicht sachgerecht. Vielmehr ist der Verschmelzungsverlust aufwandswirksam zu erfassen, weil die Übernehmerin alternativ ihre Beteiligung an der Überträgerin außerplanmäßig abgeschrieben hätte.[1288]

Im Ergebnis ist sowohl ein Verschmelzungsgewinn als auch ein -verlust erfolgswirksam in der Übernahmebilanz zu behandeln.

Die bilanzielle Behandlung der Verschmelzungsdifferenz ist abhängig von der Art der Gegenleistung der Übernehmerin. Daher ist die gesamte Verschmelzungsdifferenz nach den verschiedenen Anteilseigner-Gruppen der Überträgerin, die auch jeweils eine andere Art der Gegenleistung erhalten, zu analysieren.[1289]

Die Verschmelzungsdifferenz einer Anteilseigner-Gruppe wird mit Hilfe nachfolgender Gleichung ermittelt:

	Übernommenes anteiliges Reinvermögen der Überträgerin zu Anschaffungskosten einer Anteilseigner-Gruppe (= $q \cdot AK$)	
-	Spezielle Gegenleistung dieser Anteilseigner-Gruppe	
=	Verschmelzungsgewinn/-verlust	(72)

1284 Siehe § 253 Abs. 2 S. 3 und § 279 Abs. 1 S. 2 HGB; vgl. *Naumann*, Anwendung, 1996, S. 702.

1285 Vgl. *Schulze-Osterloh*, Bilanzierung, ZGR 1993, S. 429 f.; *Widmann* in *Widmann/Mayer*, Umwandlungsrecht, 2002, § 24 UmwG, Rz. 380, 382; *IDW*, Zweifelsfragen, FN-IDW 1997, S. 181.

1286 Vgl. *Widmann* in *Widmann/Mayer*, Umwandlungsrecht, 2002, § 24 UmwG, Rz. 381; a. A. *Pohl*, Handelsbilanzen, 1995, S. 65 f.

1287 Vgl. so aber *Müller, W.*, Anschaffungskosten, 1996, S. 257 f.

1288 Vgl. *Fischer, M.*, Verschmelzung, DB 1995, S. 489; *IDW*, Zweifelsfragen, FN-IDW 1997, S. 181.

1289 Vgl. *Widmann* in *Widmann/Mayer*, Umwandlungsrecht, 2002, § 24 UmwG, Rz. 384.

5.2.2.3.3.3 Abschließende Beispiele zum Anschaffungskostenansatz bei Beteiligung der Übernehmerin an der Überträgerin

Zur Verdeutlichung der obigen Ausführungen werden zwei Alternativen vorgestellt, die der unterschiedlichen Ermittlung der Anschaffungskosten in Abhängigkeit von der Beteiligungshöhe Rechnung tragen. In Beispiel 19 hält die Übernehmerin nur eine Beteiligung von unter 75 %, so dass ein Leistungsaustausch stattgefunden hat und die Anwendung der Tauschgrundsätze sachgerecht erscheint. Beispiel 20 erläutert den Fall, in dem die Übernehmerin mindestens 75 % der Anteile an der Überträgerin hält und die Verschmelzung allein erzwingen kann.

Beteiligungsquote unter 75 %

Bsp. 19: Anschaffungskostenansatz bei Beteiligung der Übernehmerin an der Überträgerin unter 75 %

Zunächst wird der Fall betrachtet, dass die Beteiligungsquote unter 75 % liegt. Zusätzlich zu den bisherigen Angaben des Beispiels 17 hält die Übernehmerin im Nennwert von 30.000 € Überträgerin-Anteile, die sie mit ihren ursprünglichen Anschaffungskosten von 50.000 € bilanziert hat. Die Beteiligungsquote q, mit der die Übernehmerin an der Überträgerin beteiligt ist, beträgt demnach 0,3. Im Anlagevermögen der Überträgerin befinden sich stille Reserven i. H. v. 30.000 €.

Zum Verschmelzungszeitpunkt 01.01.01 liegen folgende Bilanzen in € vor:

ÜT 01.01.01 in €			
AV	400.000	GK	100.000
UV	300.000	FK	600.000
	700.000		700.000

ÜN 01.01.01 in €			
AV	400.000	GK	160.000
BET(ÜT)	50.000	KRL	90.000
UV	350.000	FK	550.000
	800.000		800.000

Die Unternehmenswerte betragen zum 01.01.01 für die Überträgerin 150.000 € und für die Übernehmerin ohne die Beteiligung an der Überträgerin 435.000 €.

Zur Berechnung des Umtauschverhältnisses ist zunächst der Unternehmenswert der Übernehmerin inklusive der Beteiligung an der Überträgerin zu ermitteln ($W_{ÜN+BET(ÜT)}$):

$W_{ÜN+BET(ÜT)} = W_{ÜN} + q \cdot W_{ÜT} = 435.000\ € + 0,3 \cdot 150.000\ € = 480.000\ €.$

Das Umtauschverhältnis berechnet sich dann zu:

$$UT = \frac{W_{ÜT} / A_{ÜT}}{W_{ÜN+BET(ÜT)} / A_{ÜN}} = \frac{150.000\ €/100.000}{480.000\ €/160.000} = \frac{IW_{ÜT}}{IW_{ÜN}} = \frac{1,5}{3} = 0,5$$

Von den gesamten 100.000 Aktien der Überträgerin sind nur umzutauschen:

Gesamte $A_{ÜT}$	100.000
- $A_{ÜT}$ im Besitz der ÜN gem. § 68 Abs. 1 S. 1 Nr. 1 UmwG	30.000
= Umzutauschende $A_{ÜT}$	70.000

Im Ergebnis werden nur die Anteile an der Überträgerin umgetauscht, die von Dritten gehalten werden. Der Umtausch erfolgt zu:

zu gewährende $A_{ÜN}$ = umzutauschende $A_{ÜT} \cdot UT = 70.000\ A_{ÜT} \cdot 0{,}5 = 35.000\ A_{ÜN}$.

Für den Umtausch muss in voller Höhe von 35.000 € (35.000 neue $A_{ÜN}$ zum Nennwert von je 1 €) eine Kapitalerhöhung (KE) durchgeführt werden.

In der Bilanz der Übernehmerin sollen nach § 24 UmwG die tatsächlichen Anschaffungskosten angesetzt werden. In diesem Fall ist eindeutig, dass das Umtauschverhältnis und damit die Unternehmenswerte zwischen fremden Dritten mit gegensätzlichen Interessen ausgehandelt wurden, denn die Übernehmerin hält nur eine Beteiligung von 30 %. Der Zeitwert dieser Beteiligung wurde am Markt bestätigt und beträgt 30 % vom Unternehmenswert der Überträgerin, $ZW\ BET(ÜT) = q \cdot W_{ÜT}$.

Die gesamten Anschaffungskosten betragen demnach

$$AK = ZW\ \Delta A_{ÜN} + ZW\ BET(ÜT) = (1\text{-}q) \cdot W_{ÜT} + q \cdot W_{ÜT} = W_{ÜT}$$

$$= 0{,}7 \cdot 150.000\ € + 0{,}3 \cdot 150.000\ € = 105.000\ € + 45.000\ € = 150.000\ €.$$

Im Beispiel betragen die gesamten Anschaffungskosten also 150.000 €, die zu 45.000 € ($q \cdot W_{ÜT}$) auf die Beteiligung der Übernehmerin an der Überträgerin und zu 105.000 € ($(1\text{-}q) \cdot W_{ÜT}$) auf die Kapitalerhöhung entfallen. Diese Anschaffungskosten von 150.000 € werden wie im Beispiel 17 auf die einzelnen Bilanzpositionen der Überträgerin (Geschäfts- oder Firmenwert mit 20.000 €, Anlagevermögen Zeitwert 430.000 €, Umlaufvermögen und Fremdkapital zu Buchwerten) verteilt.

Bilanziell steht dem übernommenen bilanziellen Reinvermögen der Überträgerin bewertet zu Anschaffungskosten von 150.000 € die Beteiligung der Übernehmerin an der Überträgerin mit einem Nennwert von 30.000 € und einem Buchwert von 50.000 € sowie eine Kapitalerhöhung von nominell 35.000 € gegenüber. Somit berechnet sich die gesamte Verschmelzungsdifferenz folgendermaßen:

	Übernommenes Reinvermögen der Überträgerin zu Anschaffungskosten	150.000 €
-	Buchwert der Beteiligung der Übernehmerin an Überträgerin (Nennwert 30.000 €)	- 50.000 €
-	Nominalwert der Kapitalerhöhung	- 35.000 €
=	Verschmelzungsgewinn	65.000 €

Für die bilanzielle Behandlung des Verschmelzungsgewinns ist der gesamte Verschmelzungsgewinn nach den verschiedenen Anteilseigner-Gruppen der Überträgerin, die auch jeweils eine andere Art der Gegenleistung erhalten, zu analysieren.[1290] 70 % an der Überträgerin werden von fremden Anteilseignern gehalten, die im Rahmen der Verschmelzung die durch Kapitalerhöhung neu geschaffenen Anteile an der Übernehmerin erhalten. Diese Anteilseigner-Gruppe gibt 70 % des Reinvermögens der Überträgerin von insgesamt 150.000 € und somit 105.000 € hin. Dafür erhält sie als Gegenleistung eine Kapitalerhöhung mit dem Nennwert von 35.000 €. Aus Sicht der Übernehmerin ermittelt sich daher die auf diese Gruppe der fremden Anteilseigner entfallende anteilige Verschmelzungsdifferenz mit:

1290 Vgl. *Widmann* in *Widmann/Mayer*, Umwandlungsrecht, 2002, § 24 UmwG, Rz. 384.

Übernommenes ant. Reinvermögen der ÜT zu AK = 150.000 € · 0,7	105.000 €
- Nominalwert der Kapitalerhöhung	- 35.000 €
= Verschmelzungsgewinn	70.000 €

Somit entfallen von dem gesamten Verschmelzungsgewinn auf die Gegenleistung Kapitalerhöhung 70.000 € und werden, wie in Abschnitt 5.2.2.3.1.3 erläutert, als Kapitalrücklage gem. § 272 Abs. 2 Nr. 1 HGB in die Übernahmebilanz eingestellt.

Soweit die Übernehmerin Anteilseignerin der Überträgerin ist, tauscht sie ein anteiliges Reinvermögen der Überträgerin von 30 % von insgesamt 150.000 € und somit 45.000 € gegen ihre Beteiligung mit dem Buchwert von 50.000 € und einem Nennwert von 30.000 €. Aus Sicht der Übernehmerin ermittelt sich daher die auf die Übernehmerin als Anteilseignerin der Überträgerin entfallende anteilige Verschmelzungsdifferenz zu:

Übernommenes ant. Reinvermögen der ÜT zu AK =150.000 € · 0,3	45.000 €
- Buchwert der Beteiligung der Übernehmerin an Überträgerin (Nennwert 30.000 €)	- 50.000 €
= Verschmelzungsverlust	5.000 €

Die restlichen -5.000 € der Verschmelzungsdifferenz entstehen durch den Untergang der Beteiligung an der Überträgerin zugunsten des unmittelbaren Reinvermögens der Überträgerin. Dieser Betrag stellt einen a. o. Aufwand dar.

Zu einem ähnlichen Ergebnis gelangt man durch Abschreibung des überbewerteten Beteiligungsbuchwerts auf den anteiligen Zeitwert. Allerdings fielen 5.000 € Aufwand anstelle in der Übernahmebilanz dann bereits im letztem Jahresabschluss der Übernehmerin an. Obwohl die bilanziellen Folgen weitgehend gleich sind, zeigt die hier bevorzugte Lösung eindeutig die Verbindung mit dem Verschmelzungsvorgang.

Die Übernahmebilanz der Übernehmerin zeigt sich wie folgt:

Übernahmebilanz 01.01.01 in € (AK)

GoF		20.000	GK	160.000 + 35.000	195.000
AV	400.000 + 430.000	830.000	KRL	90.000 + 70.000	160.000
UV	350.000 + 300.000	650.000	VV[1291]		- 5.000
			FK	550.000 + 600.000	1.150.000
		1.500.000			1.500.000

Beteiligungsquote mindestens 75 %

Bsp. 20: Anschaffungskostenansatz bei Beteiligung der Übernehmerin an der Überträgerin zu mindestens 75 %

Schließlich soll der Fall betrachtet werden, dass die Beteiligungsquote mindestens 75 % beträgt. Dazu wird vom Extremfall ausgegangen, in dem die Übernehmerin 100 % der Anteile an der Überträgerin hält.

1291 Verschmelzungsverlust (VV).

Ausgehend von den bisherigen Angaben des Beispiels 17 hält die Übernehmerin jetzt alle Überträgerin-Anteile im Nennwert von 100.000 €, die sie mit ihren ursprünglichen Anschaffungskosten von 140.000 € bilanziert hat. Im Anlagevermögen der Überträgerin befinden sich stille Reserven i. H. v. 30.000 €.

Zum Verschmelzungszeitpunkt 01.01.01 liegen folgende Bilanzen in € vor:

ÜT 01.01.01 in €

AV	400.000	GK	100.000
UV	300.000	FK	600.000
	700.000		700.000

ÜN 01.01.01 in €

AV	400.000	GK	160.000
BET(ÜT)	140.000	KRL	90.000
UV	350.000	FK	640.000
	890.000		890.000

Die Ermittlung eines Umtauschverhältnisses und eines Unternehmenswerts (in vorhergehenden Beispielen 150.000 €) erübrigt sich. Die Anteile der Überträgerin werden nicht umgetauscht, sondern gehen durch die Verschmelzung unter.

In der Bilanz der Übernehmerin sollen nach § 24 UmwG die tatsächlichen Anschaffungskosten angesetzt werden. In diesem Fall ist eindeutig, dass keine Markttransaktion stattgefunden hat, so dass die Anschaffungskosten in dem Buchwert der Beteiligung der Übernehmerin an der Überträgerin gesehen werden müssen und demzufolge 140.000 € betragen. Selbst wenn der Unternehmenswert für die Überträgerin mit 150.000 € zutreffend ermittelt worden wäre, wäre die Aufdeckung aller stillen Reserven (30.000 €) und des Geschäfts- oder Firmenwerts (20.000 €) nicht möglich, ohne die Anschaffungskosten der Übernehmerin für die Beteiligung an der Überträgerin zu überschreiten.

Diese Anschaffungskosten von 140.000 € werden analog zum Beispiel 17 auf die einzelnen Bilanzpositionen der Überträgerin verteilt:

Anschaffungskosten für das Vermögen der Überträgerin	140.000 €
- Zeitwert des bilanzierten Vermögens	130.000 €
- Zeitwert des nicht bilanzierten Vermögens der Überträgerin[1292]	0 €
= Geschäfts- oder Firmenwert der Überträgerin	10.000 €

Bilanziell steht dem übernommenen bilanziellen Reinvermögen der Überträgerin bewertet zu Anschaffungskosten von 140.000 € die Beteiligung der Übernehmerin an der Überträgerin mit einem Nennwert von 100.000 € und einem Buchwert von 140.000 € gegenüber. Somit berechnet sich die Verschmelzungsdifferenz:

Übernommenes Reinvermögen der Überträgerin zu Anschaffungskosten	140.000 €
- Buchwert der Beteiligung der Übernehmerin an Überträgerin (Nennwert 100.000 €)	- 140.000 €
= Verschmelzungsgewinn/-verlust	0 €

Eine Verschmelzungsdifferenz von Null ist das Ziel der Bewertung zu Anschaffungskosten, wenn die Beteiligungsquote mindestens 75 % beträgt. Ein Erfolgsausweis wird vermieden.

1292 Z. B. aufgrund von § 248 Abs. 2 HGB, § 28 EGHGB. Vgl. Abschnitt 5.2.2.1.

Die Übernahmebilanz der Übernehmerin zeigt sich wie folgt:

Übernahmebilanz 01.01.01 in € (AK)

GoF		10.000	GK	160.000	160.000
AV	400.000 + 430.000	830.000	KRL	90.000	90.000
UV	350.000 + 300.000	650.000	FK	640.000 + 600.000	1.240.000
		1.490.000			1.490.000

Hält die Übernehmerin eine Beteiligung an der Überträgerin von mindestens 75 % aber unter 100 %, muss für die Minderheitsgesellschafter i. d. R. eine Kapitalerhöhung durchgeführt werden. Insofern gelten die Ausführungen unter 5.2.2.3.1 entsprechend. Die Verschmelzungsdifferenz muss getrennt für die Anteilseigner-Gruppen Übernehmerin und Minderheiten der Überträgerin erfolgen.

Hält im Beispiel 20 die Übernehmerin 90 % der Anteile der Überträgerin (zum Nennwert von 90.000 € und einem Buchwert von angenommen 130.000 €) und Minderheiten 10 %, dann wird für diese Minderheiten eine Kapitalerhöhung erforderlich. Für die Minderheiten entstehen Anschaffungskosten von 150.000 € $W_{ÜT} \cdot 0{,}1$ = 15.000 €, die Kapitalerhöhung beträgt 5.000 € (10.000 $A_{ÜT} \cdot 0{,}5$ UT = 5.000 $A_{ÜN}$). Soweit die Übernehmerin beteiligt ist, entsteht im Ergebnis keine Verschmelzungsdifferenz. Die auf die Minderheiten entfallende Verschmelzungsdifferenz ist in die Kapitalrücklage einzustellen.

Die anteilige Verschmelzungsdifferenz für die Anteilseigner-Gruppen der Überträgerin berechnet sich zu

	Übernehmerin	Minderheitsgesellschafter
Anteiliges übernommenes Reinvermögen der Überträgerin zu Anschaffungskosten	130.000 €	15.000 €
- Gegenleistung (Beteiligung, Kapitalerhöhung)	- 130.000 €	- 5.000 €
= Verschmelzungsgewinn/-verlust	0 €	10.000 €

5.2.2.3.4 Auskehrung der Anteile der Überträgerin an der Übernehmerin beim Anschaffungskostenansatz

Im Gegensatz zu dem in Abschnitt 5.2.2.3.3 behandelten Fall hält im Folgenden die Überträgerin Anteile an der Übernehmerin. Liegt ein Konzernverbund vor, wird von einem Down-stream Merger gesprochen, bei dem das Mutterunternehmen Überträgerin und das Tochterunternehmen Übernehmerin ist. Die Verschmelzung vollzieht sich m. E. mittels Durchgangserwerb.[1293] Mit der mittelbaren Übertragung ihres gesamten Vermögens (inklusive der Beteiligung an der Übernehmerin) erbringen die Anteilseigner der Überträgerin eine Leistung. Zunächst übernimmt die Übernehmerin die Anteile der Überträgerin (für eine logische Sekunde) als eigene Anteile. Diese neu geschaffenen

---

1293 Vgl. Abschnitt 2.3.

eigenen Übernehmerin-Anteile kann sie anschließend als Gegenleistung den Anteilseignern der Übertrágerin hingeben, um diese an der Übernehmerin zu beteiligen.[1294]

Die Verschmelzung kann mit oder ohne Kapitalerhöhung erfolgen, soweit die Überträgerin (ggf. Mutterunternehmen) Anteile an der Übernehmerin (ggf. Tochterunternehmen) hält. Sind die Einlagen für die Übernehmerin-Anteile im Besitz der Überträgerin voll erbracht, können diese Anteile für den Umtausch verwendet werden und somit die erforderliche Kapitalerhöhung mindern.[1295] Diese Regelung erlaubt gleichzeitig, dass die Übernehmerin die neuen eigene Anteile – vorbehaltlich gesellschaftsrechtlicher Vorschriften – auch in ihrem Bestand halten kann, und unterstützt damit die Annahme eines Durchgangserwerbs. Werden die eigenen Anteile nicht für den Umtausch verwendet, ist ergebniswirksam eine Rücklage für eigene Anteile gem. § 272 Abs. 4 HGB zu bilden. Sind die Einlagen hingegen im Verschmelzungszeitpunkt nicht voll erbracht und die Anteile auch nicht veräußert, wird das Überträgerin-Nominalkapital insoweit nicht umgetauscht, die Anteile werden wertlos und gehen unter.[1296]

Die Vorschriften des § 68 Abs. 1 S. 1 und S. 2 UmwG führen, wie bereits in Abschnitt 4.6 erläutert, in diesem Spezialfall zu folgendem umzutauschenden Grundkapital der Überträgerin:

	gesamtes Überträgerin-Nominalkapital	
-	Übernehmerin-Nominalkapital im Besitz der Überträgerin, sofern Einlagen nicht voll erbracht sind, gem. § 68 Abs. 1 S. 1 Nr. 3 UmwG (Muss-Vorschrift)	
=	umzutauschendes Überträgerin-Nominalkapital	
·	Umtauschverhältnis	
=	zu gewährendes Übernehmerin-Nominalkapital	
-	Übernehmerin-Nominalkapital im Besitz der Überträgerin, sofern Einlagen voll erbracht sind, gem. § 68 Abs. 1 S. 2 Nr. 2 UmwG (Kann-Vorschrift)	
=	Mindest-Kapitalerhöhung bei der Übernehmerin	(73)

Im Folgenden wird vereinfachend davon ausgegangen, dass die Einlagen für alle Anteile, die die Überträgerin an der Übernehmerin hält, vollständig erbracht sind.

5.2.2.3.4.1 Besonderheiten bei Ermittlung der Anschaffungskosten

Maßgebend für die Bestimmung der Anschaffungskosten ist grundsätzlich die Gegenleistung.

[1294] Werden die Anteile nicht zur Abfindung von außenstehenden Anteilseignern verwendet, erfolgt eine Bilanzierung als eigene Anteile; vgl. *Widmann* in *Widmann/Mayer*, Umwandlungsrecht, 2002, § 24 UmwG, Rz. 388. § 33 Abs. 2 GmbHG gilt nicht im Umwandlungsfall; es ist eine Rücklage für eigene Anteile nach § 274 Abs. 4 HGB zu bilden.

[1295] Siehe § 68 S. 2 Nr. 2 und § 54 S. 2 Nr. 2 UmwG.

[1296] Siehe § 68 S. 1 Nr. 3 und § 54 S. 1 Nr. 3 UmwG. Vgl. dazu bereits Abschnitt 4.6.

Nach dem teilweise in der Literatur vertretenen Direkterwerb ist fraglich, ob überhaupt ein Anschaffungsvorgang vorliegt, denn der Übernehmerin entstehen zumindest direkt keine Aufwendungen zum Erwerb des anteiligen Vermögens der Überträgerin. Vielmehr liegt aus Sicht der Anteilseigner der Überträgerin ein reiner Tausch von Anteilen an der Überträgerin in Anteile an der Übernehmerin vor, wobei es sich unstrittig um den Tausch von ähnlichen Vermögenswerten handelt. Der Tausch vollzieht sich zudem zwischen den Anteilseignern der Überträgerin und der Überträgerin selbst, indem die Anteilseigner die Überträgerin-Anteile hingeben und dafür Übernehmerin-Anteile erhalten. Somit sind der Übernehmerin selbst keine Anschaffungskosten entstanden. Um das Vermögen der Überträgerin dennoch zu Anschaffungskosten in der Übernahmebilanz abbilden zu können, behilft man sich folgendermaßen: Allein zur Ermittlung der Anschaffungskosten wird die Übernehmerin so betrachtet, als hätte sie von den Anteilseignern der Überträgerin deren Anteile – quasi als eigene Anteile – übernommen.[1297] Diese Anteile an der Überträgerin gehen faktisch durch die Verschmelzung (ebenso wie die Überträgerin selbst) unter. Zur Abfindung erhalten die Anteilseigner der Überträgerin durch Direkterwerb von der Überträgerin deren Anteile an der Übernehmerin. Darin liegt aber insofern ein Verstoß gegen § 68 Abs. 1 S. 2 Nr. 2 UmwG, als ein Umtausch der Beteiligung nicht zwingend ist, sondern ebenso eigene Anteile oder neu durch eine Kapitalerhöhung geschaffene Anteile hingegeben werden können.

Vertreter des Direkterwerbs sehen die Anschaffungskosten in dem Zeitwert der übernommenen Verbindlichkeiten, maximal aber in dem Zeitwert des eingebrachten Vermögens.[1298] Dies entspricht nach der unten vertretenen Auffassung nicht den tatsächlichen Anschaffungskosten. Zudem verursacht diese Auffassung eine Reihe von Folgeproblemen: Ist der Zeitwert der Verbindlichkeiten kleiner als der Buchwert der Aktivposten, kommt deren Bewertung mit dem Zeitwert der übernommenen Verbindlichkeiten einer Abstockung gleich.[1299] Weitaus problematischer ist der Fall, in dem die Zeitwerte der Schulden die Buchwerte der restlichen Vermögensgegenstände überschreiten. Durch eine Bewertung mit dem Zeitwert der Schulden würden, falls eine Aufstockung auf Zeitwerte nicht möglich ist, in den Vermögensgegenständen stille Reserven gelegt oder ein Ertrag ausgewiesen.[1300] Dies widerspricht dem Rechenschaftszweck des handelsrechtlichen Jahresabschlusses (§ 242 Abs. 1 S. 1, § 264 Abs. 2 HGB).[1301] Verbleibt ein negatives Restvermögen der Überträgerin oder verfügt die Überträgerin über keine weiteren Aktivposten und hat sie die Beteiligung an der Übernehmerin überwiegend fremdfinanziert, entstehen die unten aufgeführten Probleme.

1297 Vgl. *Kahling*, Bilanzierung, 1999, S. 91.

1298 Vgl. *Bula/Schlösser* in *SBB*, Umwandlungen, 2000, K, Rz. 61; *Pfitzer,* WP-Handbuch, 2002, Bd. II, Teil E, Rz. 82. Teilweise wird diese Bewertung nur für das restliche Vermögen der Übernehmerin herangezogen, also nicht für die Beteiligung, die nach dieser Auffassung ohne Buchung untergeht. Vgl. *IDW*, Änderung, FN-IDW 2000, S. 157; *Müller, W.*, Zweifelsfragen, WPg 1996, S. 865; *Müller* in *Kallmeyer*, UmwG, 2001, § 24, Rz. 34; *Förschle/Hoffmann* in *Budde/Förschle*, Sonderbilanzen, 2002, I, Rz. 67; *Kahling*, Bilanzierung, 1999, S. 91.

1299 Vgl. *Förschle/Hoffmann* in *Budde/Förschle*, Sonderbilanzen, 2002, I, Rz. 67.

1300 Vgl. *Förschle/Hoffmann* in *Budde/Förschle*, Sonderbilanzen, 2002, I, Rz. 67.

1301 Vgl. *Bula/Schlösser* in *SBB*, Umwandlungen, 2000, K, Rz. 61 Abs. 2.

Diese Ausführungen zeigen, dass auch bei Annahme eines Direkterwerbs über den Umweg „eigene Anteile" gegangen werden muss, um die Anschaffungskosten ermitteln zu können.

Wirtschaftlich liegt aus Sicht der Anteilseigner der Überträgerin mehr als ein reiner Tausch von Anteilen vor: Die Anteile an der Überträgerin verkörpern wiederum eine Beteiligung, während die nach der Verschmelzung erlangten Anteile an der Übernehmerin deren unmittelbares Vermögen repräsentieren.

Bei dem hier favorisiertem Durchgangserwerb tauscht die Übernehmerin ihre neu erworbenen eigenen Anteile gegen das (übrige) Vermögen der Überträgerin. Ebenso wie bei Hingabe gewöhnlicher eigener Anteile sind die Tauschgrundsätze zur Ermittlung der Anschaffungskosten anzuwenden (vgl. Abschnitt 5.2.2.3.2.1). Gleichzeitig ist jedoch zu beachten, dass in diesem Fall nicht zwingend eine Konzentrationsverschmelzung zwischen fremden Gesellschaften stattfindet. Insofern ist auch hier (wie bereits in Abschnitt 5.2.2.3.3) zu unterscheiden, in welcher Höhe die Überträgerin über Stimmrechte an der Übernehmerin verfügt. Hält sie mindestens 75 % der Anteile an der Übernehmerin, kann sie die Verschmelzung allein erzwingen. So weit liegt kein Leistungsaustausch vor, und an die Ermittlung der Anschaffungskosten sind strengere Maßstäbe zu legen, um keine ungerechtfertigten ausschüttungsfähigen Erträge auszuweisen. Hält die Überträgerin hingegen eine Beteiligung von unter 75 %, hat ein Leistungsaustausch stattgefunden, so dass die Anwendung der Tauschgrundsätze sachgerecht erscheint. Diese Auffassung wird im Folgenden getrennt für die jeweiligen Beteiligungshöhen vertiefend erläutert.

Für die Anteile der Minderheiten gewährt die Übernehmerin weitere Gegenleistungen, deren Anschaffungskosten sich entsprechend den bisherigen Ausführungen nach dem Zeitwert der jeweils hingegebenen Gegenleistung bestimmen.[1302] Als Gegenleistungen kommen neben der Hingabe der neuen eigenen Anteile auch eine Kapitalerhöhung oder bereits bestehende eigene Anteile in Betracht.

Beteiligungsquote unter 75 %

Kontrolliert die Überträgerin weniger als 75 % der Stimmrechte ($p < 75\,\%$), kann die Verschmelzung wirtschaftlich mit einem Tausch verglichen werden: Die Anteilseigner der Überträgerin erbringen mit der mittelbaren Übertragung ihres Vermögens eine Leistung. Die Gegenleistung der Übernehmerin besteht (zumindest teilweise) in der Hingabe ihrer aus der Beteiligung hervorgegangenen neuen eigenen Anteile.[1303] Die in den Abschnitten 5.2.2.3.2 und 5.2.2.3.3 vorgebrachten Argumente zur Bewertung beim Tausch im Rahmen einer Verschmelzung mit dem Zeitwert gelten auch beim Untergang der Beteiligung der Überträgerin an der Übernehmerin (BET(ÜN)). Der Zeitwert dieser neuen eigenen Übernehmerin-Anteile ist m. E. maßgebend für die Bestimmung der anteiligen Anschaffungskosten nach § 24 UmwG. Dieser Wert stimmt mit dem Zeitwert der untergegangenen Beteiligung der Überträgerin an der Übernehmerin und damit mit

---

[1302] Vgl. auch *Bula/Schlösser* in *SBB*, Umwandlungen, 2000, K, Rz. 59 letzter Satz.

[1303] So auch *Kahling*, Bilanzierung, 1999, S. 91.

dem anteiligen Unternehmenswert der Übernehmerin überein, weil eine Markttransaktion stattgefunden hat. Folgende Formel drückt diesen Zusammenhang aus:

$$AK = ZW\ EA_{ÜN}^{neu} = ZW\ BET(ÜN) = p \cdot W_{ÜN}, \text{ wenn } p < 75\ \% \qquad (74)$$

mit $ZW\ EA_{ÜN}^{neu}$ Zeitwert der neuen eigene Anteilen der Übernehmerin
ZW BET(ÜN) Zeitwert der Beteiligung der Überträgerin an der Übernehmerin
p Beteiligungsquote der Überträgerin an der Übernehmerin

Dazu konform hätte bei einer aufgrund des Wahlrechts in § 68 Abs. 1 S. 2 Nr. 2 UmwG ebenfalls möglichen Kapitalerhöhung deren Zeitwert die Anschaffungskosten gebildet.

Als weitere Gegenleistungen kommen neben der Hingabe der neuen eigenen Anteile auch eine Kapitalerhöhung oder bereits bestehende eigene Anteile in Betracht. Soweit die Übernehmerin weitere Gegenleistungen gewährt, bestimmen sich deren Anschaffungskosten entsprechend den bisherigen Ausführungen nach dem Zeitwert der jeweils hingegebenen Gegenleistung.[1304]

Beteiligungsquote mindestens 75 %

Wenn die Überträgerin über eine Stimmrechtsmehrheit von mindestens 75 % an der Übernehmerin verfügt ($p \geq 75\ \%$), kann sie das Zustandekommen der Verschmelzung und mittelbar auch das Umtauschverhältnis beeinflussen. Die Verschmelzung kommt allein aufgrund des Willens der Anteilseigner der Überträgerin zustande. Aufgrund der beherrschenden Stellung der Überträgerin kann der Zeitwert der von der Übernehmerin erbrachten Gegenleistung nicht zur Bestimmung der Anschaffungskosten herangezogen werden. Die Zeitwerte der Gegenleistungen wurden durch die Verschmelzung unstrittig nicht durch einen Umsatzakt am Markt bestätigt. In Anlehnung an die in Abschnitt 5.2.2.3.3.1 vorgebrachten Argumente stellen m. E. in diesem Fall die Buchwerte der erbrachten Gegenleistung – also der hingegebenen neuen eigenen Anteile – bei der Bewertung nach § 24 UmwG die Anschaffungskosten der Übernehmerin dar. Zwar kommen als Gegenleistungen daneben auch eine Kapitalerhöhung oder bereits bestehende eigene Anteile in Frage. In praxi kann jedoch regelmäßig davon ausgegangen werden, dass lediglich die neuen eigenen Anteile – die vormalige Beteiligung der Überträgerin an der Übernehmerin – eingetauscht werden. Eine theoretisch mögliche Kapitalerhöhung zugunsten der Anteilseigner der Überträgerin wird in praxi nicht erfolgen.[1305] Notwendige Bedingung für den Verzicht auf eine Kapitalerhöhung ist, dass der Nominalwert der neuen eigenen Anteile bzw. der ursprünglichen Beteiligung mindestens dem Nominalwert der im Umtausch zu gewährenden Anteile an der Übernehmerin entspricht.[1306]

Der Buchwert der neuen eigenen Anteile stimmt mit dem Buchwert der ursprünglichen Beteiligung überein, weil ein Zeitwert nicht am Markt bestätigt wurde. Dieser Buchwert muss als werthaltig angesehen werden. Er wurde auf Grundlage der historischen An-

---

1304 Vgl. auch *Bula/Schlösser* in *SBB*, Umwandlungen, 2000, K, Rz. 59 letzter Satz.

1305 Vgl. *Förschle/Hoffmann* in *Budde/Förschle*, Sonderbilanzen, 2002, I, Rz. 67; *Kahling*, Bilanzierung, 1999, S. 82.

1306 Vgl. *Kahling*, Bilanzierung, 1999, S. 82 ff.

schaffungskosten, die die Überträgerin zum früheren Anschaffungszeitpunkt auf Basis des damaligen Unternehmenswerts für ihre Übernehmerin-Anteile bezahlt hat, abzüglich eventueller späterer außerplanmäßiger Abschreibungen, ermittelt. Der Buchwert der untergehenden Anteile ist als Anschaffungskosten anzusetzen,[1307] so dass

$$AK = BW\ EA_{ÜN}^{neu} = BW\ BET(ÜN), \text{ wenn } p \geq 75\ \%. \qquad (75)$$

mit $BW\ EA_{ÜN}^{neu}$ Buchwert der neuen eigene Anteilen der Übernehmerin
BW BET(ÜN) Buchwert der Beteiligung der Überträgerin an der Übernehmerin

Dies entspricht auch internationalen Rechnungslegungsvorschriften, denn nach IAS 16.22 darf beim Tausch in einen ähnlichen Vermögenswert kein Erfolg ausgewiesen werden.

Im Ergebnis werden nach der hier vertretenen Auffassung sämtliche Bilanzpositionen der Überträgerin zumindest kurzfristig in die Bilanz der Übernehmerin zu Buchwerten aufgenommen. Sogleich muss jedoch die Beteiligung und das gezeichnete Kapital wieder ausgebucht werden, um den Umtausch darzustellen. Wenn keine Kapitalerhöhung erfolgt, sind Leistung und Gegenleistung gegebenenfalls nicht ausgeglichen. Die durch die Ausbuchung entstehende Verschmelzungsdifferenz ist stets erfolgswirksam zu behandeln.[1308]

Verbleibt ein übernommenes negatives Restvermögen der Überträgerin, greifen bei Kapitalgesellschaften gesellschaftsrechtliche Einschränkungen,[1309] denn bei der Übernehmerin entsteht die Gefahr einer Unterbilanz. Dieses Problem verschärft sich, wenn die Überträgerin außer der Beteiligung an der Übernehmerin über keine weiteren Aktivposten verfügt und diese Beteiligung überwiegend fremdfinanziert hat. Es gehen letztlich durch die Verschmelzung nur die Verbindlichkeiten in die Übernahmebilanz des Tochterunternehmens ein, ohne dass ihnen Aktivposten gegenüber stehen. Das Tochterunternehmen finanziert sein eigenes Kapital mit den von dem Mutterunternehmen übernommenen Verbindlichkeiten, worin ein Verstoß gegen Kapitalaufbringungs- und -erhaltungsgrundsätze (§ 62 AktG, § 31 GmbHG) liegen könnte.[1310] Eine mögliche Bewertung des vorhandenen Aktivvermögens zu dem – vorsichtig geschätzten – Zeitwert der Vermögensgegenstände ist aufgrund der genannten Argumente abzulehnen. Auch eine Beschränkung des Wahlrechts aus § 24 UmwG auf die Buchwertverknüpfung löst das Problem nicht. M. E. ist in dem Spezialfall einer beherrschenden Stellung und gleichzeitig negativem Vermögen der Überträgerin eine Verschmelzung nicht zulässig.[1311]

1307 Vgl. *Naumann*, Anwendung, 1996, S. 693.

1308 Vgl. *Pfitzer*, WP-Handbuch, 2002, Bd. II, Teil E, Rz. 82; *Müller, W.*, Zweifelsfragen, WPg 1996, S. 865.

1309 Vgl. *Förschle/Hoffmann* in *Budde/Förschle*, Sonderbilanzen, 2002, I, Rz. 67.

1310 Vgl. *Bula/Schlösser* in *SBB*, Umwandlungen, 2000, K, Rz. 61 Abs. 3; *Müller, W.*, Zweifelsfragen, WPg 1996, S. 865; *Pfitzer*, WP-Handbuch, 2002, Bd. II, Teil E, Rz. 82 Abs. 2; *Förschle/Hoffmann* in *Budde/Förschle*, Sonderbilanzen, 2002, K, Rz. 67.

1311 Vgl. *Bula/Schlösser* in *SBB*, Umwandlungen, 2000, K, Rz. 61 Abs. 3; *Müller, W.*, Zweifelsfragen, WPg 1996, S. 865.

Wenn die Überträgerin an der Übernehmerin beteiligt ist, bemessen sich die Anschaffungskosten nach § 24 UmwG je nach Höhe der Beteiligungsquote nach dem Zeit- bzw. Buchwert der Beteiligung. Die Ergebnisse dieses Abschnitts werden in Tab. 14 zusammengefasst.

Tab. 14: Anschaffungskostenansatz nach § 24 UmwG bei Beteiligung der Überträgerin an der Übernehmerin

BET(ÜN) < 75 %	**BET(ÜN) ≥ 75 %**	
	Negatives Restvermögen der ÜT zu BW	**Positives Restvermögen der ÜT zu BW**
Anschaffungskosten-ansatz zulässig	Verschmelzung unzulässig	Anschaffungskosten-ansatz zulässig
$AK = ZW\ EA_{ÜT}^{neu}$ $= ZW\ BET(ÜN)$ $= p \cdot W_{ÜN}$		$AK = BW\ EA_{ÜN}^{neu}$ $= BW\ BET(ÜN)$

5.2.2.3.4.2 Verschmelzungsdifferenzen beim Anschaffungskostenansatz bei Beteiligung der Überträgerin an der Übernehmerin

Nach der hier vertretenen Meinung bildet der Buchwert der neuen eigenen Anteile die Anschaffungskosten, wenn die Beteiligung der Überträgerin an der Übernehmerin mindestens 75 % beträgt. In diesem Fall entsteht keine Verschmelzungsdifferenz, weil den Anschaffungskosten bilanziell – wie gezeigt – die neuen eigenen Anteile der Übernehmerin zum Buchwert gegenüber stehen.

Wenn die Überträgerin nicht über eine Stimmrechtsmehrheit bei der Übernehmerin und somit nur über eine Beteiligung von weniger als 75 % verfügt, bildet der Zeitwert der neu entstandenen Anteile die Anschaffungskosten. Dieser Zeitwert entspricht im Ergebnis dem Zeitwert der Beteiligung bzw. dem anteiligen Unternehmenswert der Übernehmerin. Den Anschaffungskosten des übernommenen bilanziellen Reinvermögens der Überträgerin stehen bilanziell lediglich die neuen eigenen Anteile der Übernehmerin, die aus der Beteiligung der Überträgerin an der Übernehmerin hervorgegangen sind, mit ihrem Buchwert gegenüber. Dieser Buchwert wird gebildet durch die Anschaffungskosten, die die Übernehmerin aufwenden musste, um die Beteiligung der Überträgerin an ihr als eigene Anteile zu erwerben und besteht demnach im Zeitwert der Beteiligung bzw. im anteiligen Unternehmenswert der Übernehmerin. Es lässt sich folgende Verschmelzungsdifferenz ermitteln:

	übernommenes anteiliges Reinvermögen der Überträgerin zu Anschaffungskosten	
-	Buchwert = Zeitwert der neuen eigenen Anteile der Übernehmerin (= Zeitwert der < 75%-Beteiligung der Überträgerin an der Übernehmerin)	
=	Verschmelzungsgewinn/-verlust	(76)

Nach der hier vertretenen Auffassung zur Ermittlung der Anschaffungskosten entstehen folglich auch bei einer Beteiligung unter 75 % weder ein Verschmelzungsgewinn noch ein -verlust.[1312] Dies ist sachgerecht, weil es keinen Unterschied machen kann, ob die Überträgerin ihre Beteiligung an der Übernehmerin zum aktuellen Zeitwert erwirbt oder durch Verschmelzung erlangt. Eine Analyse der Verschmelzungsdifferenz ist nur insofern notwendig, als dass die auf andere Gegenleistungen entfallende Verschmelzungsdifferenz ermittelt werden muss.

5.2.2.3.4.3 Abschließendes Beispiel zum Anschaffungskostenansatz bei Beteiligung der Überträgerin an der Übernehmerin

Bsp. 21: Anschaffungskostenansatz bei Beteiligung der Überträgerin an der Übernehmerin

Abwandlung des Beispiels 17: Zusätzlich zu den bisherigen Angaben hält die Überträgerin im Nennwert von 40.000 € Übernehmerin-Anteile, die sie mit ihren ursprünglichen Anschaffungskosten von 50.000 € bilanziert hat. Das gezeichnete Kapital der Übernehmerin von insgesamt 160.000 € wird i. H. v. 40.000 € von der Überträgerin und zu 120.000 € von fremden Anteilseignern gehalten. Die Beteiligungsquote p, mit der die Überträgerin an der Übernehmerin beteiligt ist, beträgt demnach 0,25. Die Einlagen sind voll erbracht.

Zum Verschmelzungszeitpunkt 01.01.01 liegen folgende Bilanzen in € vor:

ÜT 01.01.01 in €

AV	400.000	GK	100.000
UV	300.000	FK	650.000
BET(ÜN)	50.000		
	750.000		750.000

ÜN 01.01.01 in €

AV	400.000	GK	160.000
UV	400.000	KRL	90.000
		FK	550.000
	800.000		800.000

1312 Nach a. A. entstehen Verschmelzungsdifferenzen, deren Behandlung strittig ist; vgl. *Kröninger*, Anschaffungswertprinzip, 1997, S. 148. Ein Verschmelzungsgewinn soll entweder als außerordentlicher Ertrag (vgl. *Müller, W.*, Zweifelsfragen, WPg 1996, S. 865; *Kahling*, Bilanzierung, 1999, S. 84) oder als Kapitalrücklage nach § 272 Abs. 2 Nr. 4 HGB (vgl. *IDW*, Änderung, FN-IDW 2000, S. 157; *Fischer, M.*, Verschmelzung, DB 1995, S. 491) behandelt werden. Ein Verschmelzungsverlust wäre demnach sofort aufwandswirksam zu erfassen; vgl. *Müller, W.*, Zweifelsfragen, WPg 1996, S. 865; *Kahling*, Bilanzierung, 1999, S. 84. Zum Problem der Einlagenrückgewähr vgl. *IDW*, Änderung, FN-IDW 2000, S. 157.

Die Unternehmenswerte betragen zum 01.01.01 für die Überträgerin ohne die Beteiligung an der Übernehmerin 120.000 € und für die Übernehmerin 320.000 €. Im Anlagevermögen der Überträgerin sind 30.000 € stille Reserven enthalten.

Zur Berechnung des Umtauschverhältnisses ist zunächst der Unternehmenswert der Überträgerin inklusive der Beteiligung an der Übernehmerin zu ermitteln ($W_{ÜT+BET(ÜN)}$):

$W_{ÜT+BET(ÜN)} = W_{ÜT} + p \cdot W_{ÜN} = 120.000\text{ €} + 0{,}25 \cdot 320.000\text{ €} = 200.000\text{ €}.$

Das Umtauschverhältnis berechnet sich dann zu:

$$UT = \frac{\frac{W_{ÜT+BET(ÜN)}}{A_{ÜT}}}{\frac{W_{ÜN}}{A_{ÜN}}} = \frac{\frac{200.000\text{ €}}{100.00}}{\frac{320.000\text{ €}}{160.000}} = \frac{2}{2} = 1$$

Die gesamten 100.000 Aktien der Überträgerin sind mit dem Umtauschverhältnis von 1 umzutauschen, § 68 Abs. 1 S. 1 UmwG. Insbesondere greift § 68 Abs. 1 S. 1 Nr. 3 UmwG nicht. Der Umtausch erfolgt zu 100.000 $A_{ÜT} \cdot 1 = 100.000\ A_{ÜN}$.

Die zu gewährenden Anteile an der Übernehmerin werden so aufgebracht, dass die Kapitalerhöhung minimal ist:

zu gewährende $A_{ÜN}$	100.000
- $A_{ÜN}$ im Besitz der Überträgerin gem. § 68 Abs. 1 S. 2 Nr. 21 UmwG	40.000
= $\Delta A_{ÜN}$	60.000

Weil die Übernehmerin über Nennwertaktien zu je 1 € verfügt, berechnet sich die Kapitalerhöhung mit 60.000 € ($\Delta A_{ÜN} \cdot 1$ € mit $\Delta A_{ÜN} = 60.000$).

In der Bilanz der Übernehmerin sollen nach § 24 UmwG die tatsächlichen Anschaffungskosten angesetzt werden. In diesem Fall ist eindeutig, dass das Umtauschverhältnis und damit die Unternehmenswerte zwischen fremden Dritten mit gegensätzlichen Interessen ausgehandelt wurden, denn die Überträgerin hält nur eine Beteiligung von 25 % an der Übernehmerin. Der Zeitwert dieser Beteiligung wurde mit 25 % vom Unternehmenswert der Überträgerin am Markt bestätigt, so dass gilt

$ZW\ BET(ÜN) = p \cdot W_{ÜN}.$

Die gesamten Anschaffungskosten betragen demnach

$$AK = ZW\ \Delta A_{ÜN} + ZW\ BET(ÜN) = W_{ÜT} + p \cdot W_{ÜN}$$

$$= 120.000\text{ €} + 0{,}25 \cdot 320.000\text{ €} = 120.000\text{ €} + 80.000\text{ €} = 200.000\text{ €}.$$

Im Beispiel berechnen sich Anschaffungskosten von insgesamt 200.000 €.

Diese Anschaffungskosten werden entsprechend dem Ausgangsbeispiel auf die einzelnen Bilanzpositionen verteilt:

Unternehmens(ertrags)wert der Überträgerin inkl. Beteiligung	200.000 €
- Zeitwert des bilanzierten Vermögens (ohne Beteiligung)[1313]	- 80.000 €
- Zeitwert der Beteiligung der Überträgerin an der Übernehmerin	- 80.000 €
- Zeitwert des nicht bilanzierten Vermögens der Überträgerin	0 €
= Geschäfts- oder Firmenwert der Überträgerin	40.000 €

Somit setzt die Übernehmerin den Geschäfts- oder Firmenwert (GoF) mit 40.000 €, das Anlagevermögen der Überträgerin mit dem Zeitwert 430.000 € sowie das Umlaufvermögen und das Fremdkapital mit den Buchwerten an. Zumindest gedanklich wird für eine logische Sekunde die Beteiligung, die gleichzeitig zu eigenen Anteilen der Übernehmerin wird, mit ihren Anschaffungskosten von 80.000 € aktiviert.

Dem übernommenen bilanziellen Reinvermögen der Überträgerin von 200.000 € steht die Beteiligung der Überträgerin an der Übernehmerin mit einem Nennwert von 40.000 € und einem Buchwert von 50.000 € sowie eine Kapitalerhöhung von nominell 60.000 € gegenüber. Somit berechnet sich die Verschmelzungsdifferenz folgendermaßen:

Übernommenes Reinvermögen der Überträgerin zu Anschaffungskosten	200.000 €
- Buchwert der neuen eigenen Anteile der Übernehmerin (Nennwert 40.000 €)	- 80.000 €
- Nominalwert der Kapitalerhöhung	- 60.000 €
= Verschmelzungsgewinn	60.000 €

Für die bilanzielle Behandlung des Verschmelzungsgewinns ist der gesamte Verschmelzungsgewinn nach der Art der Gegenleistung zu analysieren, die die Anteilseigner der Überträgerin erhalten. Die auf die einzelne Gegenleistung entfallende Verschmelzungsdifferenz ermittelt sich im Verhältnis des Nennwerts dieser Gegenleistung zum Nennwert der gesamten Gegenleistung (hier Kapitalerhöhung + Beteiligung = 60.000 € + 40.000 € = 100.000 €). Nur die Nennwerte führen zu einer Gleichbehandlung der unterschiedlichen Gegenleistungen. Zu 60/100 wird als Gegenleistung für das übernommene Reinvermögen der Überträgerin eine Kapitalerhöhung durchgeführt, zu 40/100 geht die Beteiligung der Überträgerin an der Übernehmerin unter.

Übernommenes anteiliges Reinvermögen der ÜT= 200.000 € · 60/100	120.000 €
- Nominalwert der Kapitalerhöhung	- 60.000 €
= Verschmelzungsgewinn	60.000 €

Somit entfallen von dem gesamten Verschmelzungsgewinn 60.000 € auf die Gegenleistung Kapitalerhöhung und werden – wie in Abschnitt 5.2.2.3.1.3 – als Kapitalrücklage gem. § 272 Abs. 2 Nr. 1 HGB in die Übernahmebilanz eingestellt.

Übernommenes anteiliges Reinvermögen der ÜT = 200.000 € · 40/100	80.000 €
- Buchwert der neuen eigenen Anteile der Übernehmerin	- 80.000 €
= Verschmelzungsgewinn	0 €

[1313] Errechnet sich zu AV 430.000 € + UV 300.000 € - FK 650.000 € = 80.000 €.

Da kein anteiliger Verschmelzungsgewinn durch den Untergang der Beteiligung an der Übernehmerin entsteht, ist die gesamte Verschmelzungsdifferenz wie oben ausgeführt zu behandeln. Eine Aufteilung erfolgt im Ergebnis nicht.

Die Übernahmebilanz der Übernehmerin zeigt sich wie folgt:

Übernahmebilanz 01.01.01 in € (AK)

GoF		40.000	GK	160.000 + 60.000	220.000
AV	400.000 + 430.000	830.000	KRL	90.000 + 60.000	150.000
UV	400.000 + 300.000	700.000	FK	550.000 + 650.000	1.200.000
		1.570.000			1.570.000

Schließlich soll gezeigt werden, dass sich keine Anteilseigner-Gruppe durch die Verschmelzung schlechter gestellt hat, sondern dass Unternehmenswerte und Umtauschverhältnis zwischen fremden Dritten mit gegensätzlichen Interessen ausgehandelt wurden, und dadurch der Zeitwert der Beteiligung am Markt bestätigt wurde. Nach der Verschmelzung verfügt die Übernehmerin über einen Unternehmenswert von 120.000 € + 320.000 € = 440.000 €, so dass jede Aktie 2 € wert ist. Das neue gezeichnete Kapital der Übernehmerin wird i. H. v. 100.000 € von den alten Anteilseignern der Überträgerin gehalten. Damit verfügt die Anteilseigner-Gruppe nach der Verschmelzung über einen Wert von 100.000 · 2 € = 200.000 €, was dem Unternehmenswert der Überträgerin inklusive der Beteiligung an der Übernehmerin entspricht (120.000 € + 80.000 € = 200.000 €). Entsprechend verfügen die ursprünglichen Übernehmerin-Anteilseigner nach der Verschmelzung über ein Vermögen von 120.000 · 2 € = 240.000 €. Dieser Wert entspricht ihrem Anteil von 75 % an der Übernehmerin vor der Verschmelzung (75 % · 320.000 € = 240.000 €).

5.2.2.4 Bare Zuzahlungen und Verschmelzungsaufwendungen beim Anschaffungskostenansatz

Weiterhin können die Anschaffungskosten durch bare Zuzahlungen und Anschaffungsnebenkosten beeinflusst werden.[1314]

Bare Zuzahlungen erhalten außenstehende Anteilseigner der Überträgerin, wenn sie durch Bildung eines geraden Umtauschverhältnisses allein durch die Gewährung neuer oder eigener Anteile der Übernehmerin nicht den Wert ihrer Überträgerin-Anteile als Gegenleistung bekommen würden.[1315] Durch bare Zuzahlungen zum Ausgleich von Spitzenbeträgen erhöht sich die Gegenleistung der Übernehmerin und damit deren Anschaffungskosten.[1316] Die Höhe der Verschmelzungsdifferenz bleibt gegenüber einem

1314 Vgl. außerdem durch Konfusion nach Auffassung von *Förschle/Hoffmann* in *Budde/Förschle*, Sonderbilanzen, 2002, K, Rz. 42, 56.

1315 Vgl. Abschnitt 4.4.2.

1316 Vgl. *Gelhausen*, WP-Handbuch, 2000, Bd. I, Teil E, Rz. 254; *IDW*, Zweifelsfragen, FN-IDW 1997, S. 181; *Förschle/Hoffmann* in *Budde/Förschle*, Sonderbilanzen, 2002, I, Rz. 44; *Hörtnagl* in *SHS*, UmwG, 2001, § 24 UmwG, Rz. 56; *Priester* in *Lutter*, UmwG, 2000, § 24 Rz. 47; *Müller* in *Kallmeyer*, UmwG, 2001, § 24, Rz. 22. Wenn jedoch entgegen der hier vertretenen Auffassung vom Zeitwert des übertragenen Vermögens oder dem Ausgabebetrag der neuen Anteile als Anschaffungskosten ausgegangen wird, ändern bare Zuzahlungen die Anschaffungskosten nicht, vgl.

fiktiven Umtausch zum ungeraden Umtauschverhältnis unverändert.[1317] Indes ändert sich die Zusammensetzung der Verschmelzungsdifferenz, da sie teilweise auf die Gegenleistung bare Zuzahlung entfällt. Da bare Zuzahlungen stets im Zusammenhang mit der Gewährung neuer oder eigener Anteile entstehen,[1318] kann aus Vereinfachungsgründen die auf die Gegenleistung bare Zuzahlung entfallende Verschmelzungsdifferenz mit der Kapitalrücklage nach § 272 Abs. 2 Nr. 1 HGB verrechnet werden.[1319]

Bare Zuzahlungen nach einem Spruchverfahren führen sofort zu Aufwand bzw. zu einer Rückstellung.[1320]

Bsp. 22: Bare Zuzahlungen beim Anschaffungskostenansatz

Beispiel 22 ist zusammengesetzt aus Beispiel 10 und Beispiel 17. Die Daten werden kurz wiederholt: $W_{ÜT}$ = 152.452 €, $A_{ÜT}$ = 100.000 (vollständig umzutauschen), $W_{ÜN}$ = 323.112 €, $A_{ÜN}$ = 160.000, UT = 0,754918418, UT^* = 0,75, $\Delta A_{ÜT}$ = 75.000, KE = 75.000 €, BZ = 993,25 €.

Zum Verschmelzungszeitpunkt liegen folgende Bilanzen in € vor:

ÜT 01.01.01 in €

AV	400.000	GK	100.000
UV	300.000	FK	600.000
	700.000		700.000

ÜN 01.01.01 in €

AV	400.000	GK	160.000
UV	400.000	KRL	90.000
		FK	550.000
	800.000		800.000

Im Anlagevermögen der Überträgerin sind 30.000 € stille Reserven enthalten. Im Übrigen entsprechen die Zeitwerte den Buchwerten. Nicht bilanzierte immaterielle Vermögensgegenstände außer einem Geschäfts- oder Firmenwert liegen nicht vor.

In der Bilanz der Übernehmerin sollen nach § 24 UmwG die tatsächlichen Anschaffungskosten angesetzt werden. Diese betragen

$$AK = ZW \ \Delta A_{ÜN} + BZ = \Delta A_{ÜN} \cdot IW^{nV} + BZ = \Delta A_{ÜN} \cdot \frac{W_{ÜN}}{A_{ÜN}} + BZ$$

$$= 75.000 \cdot \frac{323.112 \ €}{160.000} + 993{,}25 \ € = 152.452 \ €$$

und entsprechen dem Zeit- bzw. Unternehmenswert der Überträgerin.

Schulze-Osterloh, Bilanzierung, ZGR 1993, S. 437; *Bula/Schlösser* in *SBB*, Umwandlungen, 2000, K, Rz. 46.

1317 Wenn jedoch entgegen der hier vertretenen Auffassung vom Zeitwert des übertragenen Vermögens oder dem Ausgabebetrag der neuen Anteile als Anschaffungskosten ausgegangen wird, vermindern bare Zuzahlungen den Verschmelzungsgewinn bzw. erhöhen den Verschmelzungsverlust. Vgl. *Widmann* in *Widmann/Mayer*, Umwandlungsrecht, 2002, § 24 UmwG, Rz. 343, 345 i. V. m. 387; *Hörtnagl* in *SHS*, UmwG, 2001, § 24 UmwG, Rz. 56.

1318 Vgl. *Widmann* in *Widmann/Mayer*, Umwandlungsrecht, 2002, § 24 UmwG, Rz. 345 i. V. m. 387.

1319 Vgl. Abschnitte 5.2.2.3.1.3 und 5.2.2.3.2.2.

1320 Vgl. *Widmann* in *Widmann/Mayer*, Umwandlungsrecht, 2002, § 24 UmwG, Rz. 344 i. V. m. 387.

Anschließend werden die Anschaffungskosten von 152.452 € auf die einzelnen Bilanzpositionen verteilt, so dass sich ein GoF von 22.452 € ergibt.

Bilanziell übernimmt die Übernehmerin ein Reinvermögen der Überträgerin zum Wert von 152.452 €, dem jedoch nur eine Kapitalerhöhung von nominell 75.000 € und eine bare Zuzahlung von 993,25 € gegenüber steht. Die Verschmelzungsdifferenz berechnet sich folgendermaßen:

	Übernommenes Reinvermögen der ÜT zu AK	152.452,00 €
-	Nominalwert der Kapitalerhöhung	- 75.000,00 €
-	Bare Zuzahlung	- 993,25 €
=	Verschmelzungsgewinn	76.458,75 €

Dieser Verschmelzungsgewinn ist in voller Höhe als Kapitalrücklage gem. § 272 Abs. 2 Nr. 1 HGB in die Übernahmebilanz einzustellen. Zusätzlich muss die bare Zuzahlung noch als sonstige Verbindlichkeit erfasst werden, so dass sich folgende Übernahmebilanz ergibt:

Übernahmebilanz 01.01.01 in € (AK)

GoF		22.452,00	GK	160' + 75'	235.000,00
AV	400' + 430'	830.000,00	KRL	90' + 76.458,75	166.458,75
UV	400' + 300'	700.000,00	FK	550' + 600'	1.150.000,00
			Verb.	BZ	993,25
		1.552.452,00			1.552.452,00

Durch die Verschmelzung entstehen sowohl objektbezogene als auch sonstige Aufwendungen.[1321] Sonstige Aufwendungen liegen insbesondere in Rechts- und Beratungskosten für die Erstellung des Verschmelzungsvertrags, in Gerichtskosten und in Kosten für die Erstellung und Prüfung der Schlussbilanz.[1322] Objektbezogene Aufwendungen sind bspw. Grunderwerbsteuer und ausländische Börsenumsatzsteuer. Die bilanzielle Behandlung[1323] beider Kostengruppen wird im Folgenden für den Anschaffungskostenansatz untersucht.

Bei einer Verschmelzung durch Neugründung ist bereits im Gesellschaftsvertrag geregelt, wer die Kosten der Gründung trägt, wohingegen bei der Verschmelzung durch Aufnahme der Kostenträger sich durch Auftragserteilung oder steuerliche Tatbestandsverwirklichung ergibt. Letztlich trägt zumindest wirtschaftlich die Übernehmerin sämtliche Kosten, wovon im Folgenden ausgegangen werden soll.[1324]

Zu den Anschaffungskosten der Vermögensgegenstände gehören gem. § 255 Abs. 1 S. 2 HGB auch Anschaffungsnebenkosten und nachträgliche Anschaffungskosten bzw. Anschaffungskostenänderungen. Vorgelagerte Kosten, die bereits im Rahmen der Ent-

---

1321 Eine Auflistung möglicher Kosten findet sich bei *Widmann* in *Widmann/Mayer*, Umwandlungsrecht, 2002, § 24 UmwG, Rz. 404. Weitere Unterteilungen der verschiedenen Kosten bei *Orth*, Umwandlungskosten, GmbHR 1998, S. 512.

1322 Vgl. *Widmann* in *Widmann/Mayer*, Umwandlungsrecht, 2002, § 24 UmwG, Rz. 404; *Neumann*, Übernahmeverpflichtungen, DStR 1997, S. 2041.

1323 Vgl. zur steuerlichen Behandlung *Orth*, Umwandlungskosten, GmbHR 1998, S. 515 ff.

1324 Vgl. *Priester* in *Lutter*, UmwG, 2000, § 5, Rz. 75.

scheidungsfindung und Planung entstehen, wie z. B. Bewertungsgutachten bei Erwerb von Beteiligungen und Ermittlung von Beschaffungsalternativen, gehören keinesfalls zu den Anschaffungskosten.[1325] Kosten der Beurkundung der Verschmelzungsbeschlüsse dienen der Beschaffung von Eigenkapital und dürfen gem. § 248 Abs. 1 HGB nicht aktiviert werden.[1326]

Unstrittig stellt die Verschmelzung beim Anschaffungskostenansatz des § 24 UmwG einen Anschaffungsvorgang für die Übernehmerin dar. In den Verschmelzungskosten könnten daher Anschaffungsnebenkosten gesehen werden. Sonstige Aufwendungen können indes nicht als Anschaffungsnebenkosten aktiviert werden, weil sie nicht einzeln zurechenbar sind (§ 255 Abs. 1 S. 1 HGB);[1327] sie sind vielmehr ergebniswirksam zu erfassen und mindern den Jahresüberschuss der Übernehmerin, soweit sie von dieser getragen wurden.[1328] Hingegen sind objektbezogene Aufwendungen als Anschaffungsnebenkosten bei dem Vermögensgegenstand zu aktivieren, dem sie einzeln zugeordnet werden können.[1329] Diese Anschaffungsnebenkosten müssen jedoch vom Unternehmenswert der Überträgerin und letztlich von den Zeitwerten der einzelnen Vermögensgegenstände gedeckt sein.[1330]

Nachträglich können sich die Anschaffungskosten bspw. durch Erschließungs-, Flächen- und Straßenanliegerbeiträge erhöhen, sofern diese Kosten einzeln zurechenbar sind.[1331]

Für verschmelzungsbedingte Steuern und Kosten, die Aufwand darstellen,[1332] sind Rückstellungen zu bilden, die bereits mit dem Stichtag der handelsrechtlichen und steuerlichen Schlussbilanz der Überträgerin entstehen.[1333]

Zusammenfassend kann für den Anschaffungskostenansatz gem. § 24 UmwG in der Übernahmebilanz der Übernehmerin festgehalten werden: Da in der Verschmelzung ein entgeltlicher Anschaffungsvorgang zu sehen ist, müssen aus Sicht der Übernehmerin sämtliche von der Überträgerin neu erworbenen Vermögensgegenstände und Schulden in der Übernahmebilanz angesetzt werden. Die Anschaffungskosten bemessen sich streng nach dem Wert der Gegenleistung i. S. v. § 255 Abs. 1 HGB. Sie liegen daher in Abhängigkeit von der Gegenleistung i. d. R. in dem Zeitwert der neuen oder eigenen

---

1325 Vgl. *Orth*, Umwandlungskosten, GmbHR 1998, S. 512.

1326 Vgl. *Förschle/Hoffmann* in *Budde/Förschle*, Sonderbilanzen, 2002, I, Rz. 43.

1327 Vgl. *Bula/Schlösser* in *SBB*, Umwandlungen, 2000, K, Rz. 64; *Widmann* in *Widmann/Mayer*, Umwandlungsrecht, 2002, § 24 UmwG, Rz. 406; *Orth*, Umwandlungskosten, GmbHR 1998, S. 512 f.; *Förschle/Hoffmann* in *Budde/Förschle*, Sonderbilanzen, 2002, I, Rz. 43; a. A. (für eine Aktivierung) *Müller* in *Kallmeyer*, UmwG, 2001, § 24, Rz. 10.

1328 Vgl. *Widmann* in *Widmann/Mayer*, Umwandlungsrecht, 2002, § 24 UmwG, Rz. 406.

1329 Vgl. *Widmann* in *Widmann/Mayer*, Umwandlungsrecht, 2002, § 24 UmwG, Rz. 406; *Förschle/Hoffmann* in *Budde/Förschle*, Sonderbilanzen, 2002, I, Rz. 55; *Angermayer*, Anschaffungskosten, DB 1998, S. 151; *Müller* in *Kallmeyer*, UmwG, 2001, § 24, Rz. 10; *Orth*, Umwandlungskosten, GmbHR 1998, S. 513.

1330 Vgl. *Orth*, Umwandlungskosten, GmbHR 1998, S. 514.

1331 Vgl. *Orth*, Umwandlungskosten, GmbHR 1998, S. 513.

1332 Daher keine Rückstellung z. B. für Grunderwerbsteuer; vgl. BFH 15.10.1997, DB 1998 S. 287.

1333 Vgl. *Pfitzer*, WP-Handbuch, 2002, Bd. II, Teil E, Rz. 33; *Hörtnagl* in *SHS*, UmwG, 2001, § 17 UmwG Rz. 29.

Anteile bzw. der Beteiligung. Diese Zeitwerte stimmen bei fremden Gesellschaften mit dem anteiligen Unternehmenswert der Überträgerin überein. Wenn die Übernehmerin an der Überträgerin jedoch zu mind. 75% beteiligt ist, bildet der Beteiligungsbuchwert die Anschaffungskosten. Der Anschaffungskostenansatz ist unzulässig, wenn der Zeitwert der Beteiligung an der Überträgerin geringer ist als deren Reinvermögen. Ist die Überträgerin zu mind. 75% an der Übernehmerin beteiligt, liegen die Anschaffungskosten im Buchwert der Beteiligung. Falls das Restvermögen der Überträgerin (ohne die Beteiligung an der Übernehmerin) negativ ist, ist eine Verschmelzung unzulässig.[1334] Die Anschaffungskosten sind anschließend auf die einzelnen Vermögensgegenstände und Schulden zu verteilen. Bare Zuzahlungen und objektbezogene Verschmelzungsaufwendungen erhöhen die Anschaffungskosten der Übernehmerin. Verschmelzungsgewinne sind, sofern die hingegebenen Anteile aus einer Kapitalerhöhung stammen oder eigene Anteile sind, in die Kapitalrücklage einzustellen. Wenn bei gegenseitiger Beteiligung überhaupt ein Verschmelzungsgewinn entsteht, stellt er einen a. o. Ertrag dar.[1335] Entstehende Verschmelzungsverluste sind stets als a. o. Aufwand zu behandeln.[1336]

5.2.3 Buchwertverknüpfung

Das Wahlrecht des § 24 UmwG ermöglicht der Übernehmerin auch, die Buchwerte der Überträgerin als fiktive Anschaffungskosten[1337] fortzuführen. Der Buchwertverknüpfung liegt der Gedanke der Gesamtrechtsnachfolge zugrunde,[1338] so dass die Übernehmerin als Rechtsnachfolgerin der Überträgerin auch deren Bilanzierung – in Ansatz und Bewertung – fortführt.[1339]

In diesem Abschnitt wird analog zur Gliederung für den Anschaffungskostenansatz zunächst der Ansatz (5.2.3.1) und anschließend die Bewertung (5.2.3.2) betrachtet. Auch bei der Buchwertverknüpfung sind die verschiedenen Gegenleistungen zu untersuchen, die die Übernehmerin für die Vermögensübertragung i. R. d. Verschmelzung den Anteilseignern der Überträgerin Gesellschaftsrechte gewähren muss. Schließlich werden noch bare Zuzahlungen und Verschmelzungsaufwendungen betrachtet (vgl. Abb. 24).

Im alten Recht war die Buchwertverknüpfung zwingend vorgeschrieben,[1340] um Bilanzkontinuität zu gewährleisten[1341] und willkürliche Neubewertungen zu verhindern.[1342] Ein

---

1334 Vgl. auch Tab. 16 in Abschnitt 5.2.4.

1335 Vgl. auch Tab. 17 in Abschnitt 5.2.4.

1336 Vgl. auch Tab. 18 in Abschnitt 5.2.4.

1337 Vgl. *Naumann*, Anwendung, 1996, S. 704 f.; *Pohl*, Handelsbilanzen, 1995, S. 95.

1338 Vgl. *Hense*, Rechnungslegung, 1993, S. 182, *Schulze-Osterloh*, Bilanzierung, ZGR 1993, S. 425; kritisch: *Pohl*, Handelsbilanzen, 1995, S. 158 f.

1339 Siehe § 17 Abs. 2 UmwG i. V. m. § 253 HGB. Vgl. *IDW*, Zweifelsfragen, FN-IDW 1997, S. 182.

1340 Siehe § 348 Abs. 1 AktG a. F., § 27 Abs. 1 KapErhG. Tatsächliche Anschaffungskosten konnten nur im Fall der Verschmelzung einer GmbH auf eine AG angesetzt werden; vgl. *ADS*, Rechnungslegung, a. F. 1987, § 348 AktG, Rz. 25; *Widmann* in *Widmann/Mayer*, Umwandlungsrecht, 2002, § 24 UmwG, Rz. 282 f.

1341 Vgl. *Pohl*, Handelsbilanzen, 1995, S. 96 f.; kritisch zur Bilanzkontinuität bereits Abschnitt 5.2; *Bula/Schlösser* in *SBB*, Umwandlungen, 2000, K, Rz. 10; *Haritz/Paetzold*, Verknüpfungen, FR 1998, S. 353; *Herzig*, Umwandlungsvorgängen, 1996, S. 26 ff.

1342 Vgl. *Schulze-Osterloh*, Bilanzierung, ZGR 1993, S. 424.

Vorteil der Buchwertverknüpfung wird in der Übereinstimmung mit der Steuerbilanz gesehen.[1343] Die Vorgehensweise ist zwar einfach, wirkte sich im alten Umwandlungsrecht jedoch als „Umwandlungsbremse" aus.[1344]

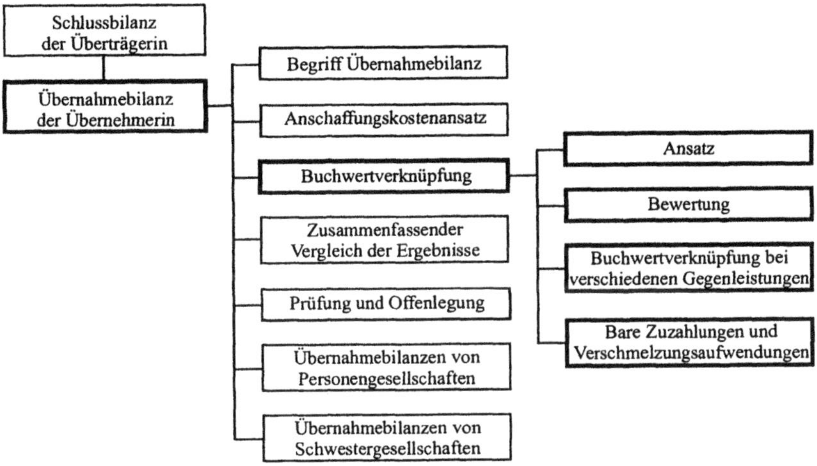

Abb. 24: Aufbau Abschnitt 5.2.3 Buchwertverknüpfung

Durch Bewertung zu Buchwerten wird die Vermögens-, Finanz- und Ertragslage der Übernehmerin beeinträchtigt[1345] und das Anschaffungskostenprinzip aus § 253 Abs. 1 S. 2 HGB durchbrochen.[1346] Insofern steht die Buchwertverknüpfung im Widerspruch zu allgemeinen Grundsätzen handelsrechtlicher Bilanzierung und Bewertung. Außerdem kommt es regelmäßig zu Verschmelzungsverlusten, die das Ausschüttungspotenzial vermindern.[1347] Schließlich ist die Vereinbarkeit der strengen Buchwertverknüpfung mit der 4. und 7. EG-Richtlinie fraglich.[1348] Diese Kritikpunkte gelten gleichermaßen für das

---

1343 Vgl. *Priester* in *Lutter*, UmwG, 2000, § 24, Rz. 80; *Pohl*, Handelsbilanzen, 1995, S. 159 f.; *IDW*, E-DRS 4, WPg 2000, S. 617.

1344 Vgl. *Hannappel* in *Goutier*, Umwandlungsrecht, 1996, § 24 UmwG, Rz. 21; *Hense*, Rechnungslegung, 1993, S. 181.

1345 Vgl. *Pfitzer*, WP-Handbuch, 2002, Bd. II, Teil E, Rz. 87.

1346 Vgl. *Bundesregierung*, Begründung, BR-Drs. 75/94, S. 93.

1347 Vgl. *Bula/Schlösser* in *SBB*, Umwandlungen, 2000, K, Rz. 29; *Pfitzer*, WP-Handbuch, 2002, Bd. II, Teil E, Rz. 57, 87; *IDW*, Zweifelsfragen, FN-IDW 1997, S. 180. Ausnahmsweise war im alten Recht im Fall der Verschmelzung mit Kapitalerhöhung zulässig (§ 348 Abs. 2 AktG a. F. bzw. § 27 Abs. 2 KapErhG), den Verschmelzungsverlust durch einen Ausgleichsposten (Verschmelzungsmehrwert, Bilanzierungshilfe) zu neutralisieren, der über maximal fünf Jahre aufzulösen war.

1348 Vgl. Rat EG 25.07.1978, Jahresabschlussrichtlinie, Art. 32, Art. 35 Abs. 1a, 2; Art. 39 Abs. 1a, 2; Rat EG 13.06.1983, Konzernbilanz, Art. 29 ff.; *Bundesregierung*, Begründung, BR-Drs. 75/94, S. 93; *Schulze-Osterloh*, Bilanzierung, ZGR 1993, S. 433.

neue Umwandlungsrecht, das die Buchwertverknüpfung als Ausnahmeregelung[1349] vom Grundprinzip der Bilanzierung zu tatsächlichen Anschaffungskosten zulässt. Heute verlangt nur eine Minderheit zwingende Buchwertverknüpfung zumindest so weit kein Wechsel von Anteilseignern stattfindet.[1350]

Bei der Buchwertverknüpfung hat die Übernehmerin die Bilanzierung der Überträgerin in Ansatz und Bewertung auch dann zu übernehmen, wenn diese nach den Rechnungslegungsvorschriften für sie selbst nicht zulässig wäre.[1351] Außerdem gilt es zu bedenken, dass bereits in der Schlussbilanz der Überträgerin nach § 17 UmwG i. V. m. § 252 Abs. 2 HGB Zuschreibungen bis zu den fortgeführten Anschaffungskosten zulässig sind.[1352] Selbstverständlich sind auch bei Buchwertverknüpfung bei übernehmenden Kapitalgesellschaften die Kapitalaufbringungsvorschriften einzuhalten.[1353]

5.2.3.1 Ansatz bei Buchwertverknüpfung

Bei der Buchwertverknüpfung wird die Vermögensübernahme nicht mehr als Anschaffungsvorgang angesehen[1354] mit der Folge, dass die Übernehmerin nur die Vermögensgegenstände dem Grunde nach ansetzen kann, die bereits von der Überträgerin bilanziert wurden. Am Tag des Übergangs des wirtschaftlichen Eigentums muss die Übernehmerin das Vermögen der Überträgerin laut Schlussbilanz einbuchen.[1355]

Insbesondere können Ansatzwahlrechte nicht neu ausgeübt werden.[1356] Bilanzierungshilfen, der derivative Geschäfts- oder Firmenwert der Überträgerin sowie Steuerabgrenzungen gem. § 274 HGB sind stets fortzuführen.[1357] Nicht bilanzierte Vermögensgegenstände und Schulden (z. B. originärer Geschäfts- oder Firmenwert, Pensionsrückstellungen für Altzusagen gem. § 28 Abs. 1 EGHGB) der Überträgerin dürfen weiterhin nicht angesetzt werden.[1358] Dies gilt jedoch nur bei der erstmaligen Einbuchung; in

---

1349 Vgl. *IDW*, Zweifelsfragen, FN-IDW 1997, S. 180; *Hense*, Rechnungslegung, 1993, S. 183; a. A. *Fischer, M.*, Verschmelzung, DB 1995, S. 485 ff.; *Pohl*, Handelsbilanzen, 1995, S. 86. *Müller* bezeichnet die Buchwertverknüpfung gar als „Fremdkörper", *Müller, W.*, Zweifelsfragen, WPg 1996, S. 863.

1350 Vgl. *Pickhardt*, Behandlung, 1998, S. 252 ff.

1351 Vgl. *Pfitzer*, WP-Handbuch, 2002, Bd. II, Teil E, Rz. 89 Abs. 2; *Hannappel* in *Goutier*, Umwandlungsrecht, 1996, § 24 UmwG, Rz. 15; *Naumann*, Anwendung, 1996, S. 706 f.; *IDW*, Zweifelsfragen, FN-IDW 1997, S. 182; *Förschle/Hoffmann* in *Budde/Förschle*, Sonderbilanzen, 2002, I, Rz. 85.

1352 Vgl. Abschnitt 5.1.3.

1353 Vgl. Verbot der Unter-pari-Emission § 9 Abs. 1, § 27, § 34 Abs. 1 Nr. 2, § 36a Abs. 2, § 38 Abs. 2 S. 2, § 194 Abs. 4 AktG; § 9 Abs. 1, § 9c GmbHG.

1354 Vgl. *Bula/Schlösser* in *SBB*, Umwandlungen, 2000, K, Rz. 79 Abs. 1.

1355 Vgl. *Förschle/Hoffmann* in *Budde/Förschle*, Sonderbilanzen, 2002, I, Rz. 70 Abs. 2; 85.

1356 Vgl. *IDW*, Zweifelsfragen, FN-IDW 1997, S. 182.

1357 Vgl. *Förschle/Hoffmann* in *Budde/Förschle*, Sonderbilanzen, 2002, I, Rz. 71-80; *IDW*, Zweifelsfragen, FN-IDW 1997, S. 182; *Widmann* in *Widmann/Mayer*, Umwandlungsrecht, 2002, § 24 UmwG, Rz. 320; *Müller* in *Kallmeyer*, UmwG, 2001, § 24, Rz. 37. Für eine wahlweise Fortführung: *Hannappel* in *Goutier*, Umwandlungsrecht, 1996, § 24 UmwG, Rz. 14; *Priester* in *Lutter*, UmwG, 2000, § 24, Rz. 38.

1358 Vgl. *Förschle/Hoffmann* in *Budde/Förschle*, Sonderbilanzen, 2002, I, Rz. 77; *Naumann*, Anwendung, 1996, S. 704, 706; *IDW*, Zweifelsfragen, FN-IDW 1997, S. 182; *Priester* in *Lutter*, UmwG,

folgenden Wirtschaftsjahren können z. B. Rückstellungen neu erfolgswirksam gebildet werden, sofern die Voraussetzungen erfüllt sind.[1359]

Unzulässige Bilanzansätze der Überträgerin müssen jedoch berichtigt werden.[1360] Eigene Anteile der Überträgerin gehen im Zuge der Verschmelzung unter und werden nicht angesetzt.[1361] Bei Sonderposten mit Rücklageanteil ist zu unterscheiden, ob sie Wertberichtigungen i. S. v. § 281 Abs. 1 HGB darstellen. In diesem Fall ist der Sonderposten mit Rücklageanteil nicht anzusetzen, sondern die entsprechenden Vermögensgegenstände werden niedriger bewertet. Ein Sonderposten für eine steuerliche Rücklage z. B. nach § 6b EStG wird hingegen übernommen.[1362] Außerdem muss für eine Gewinnausschüttung der Überträgerin an ihre alten Anteilseigner eine Verbindlichkeit passiviert werden, sofern dies in der Schlussbilanz der Überträgerin nicht bereits geschehen ist.[1363]

Für gegenseitige Forderungen und Verbindlichkeiten zwischen den beteiligten Rechtsträgern gelten die Ausführungen zum Anschaffungskostenansatz: Sie erlöschen im Zuge der Verschmelzung durch Konfusion und werden im handelsbilanziellen Abschluss der Übernehmerin nicht mehr ausgewiesen.[1364] Gleiches gilt für Rückstellungen aus ungewissen Verbindlichkeiten gegenüber den jeweils anderen Beteiligten. Diese Ansprüche bzw. Verpflichtungen werden, soweit sie sich gleichwertig gegenüber stehen, erfolgsneutral, in allen anderen Fällen erfolgswirksam ausgebucht.[1365]

Bezüglich Darstellung und Gliederung tritt die Übernehmerin nicht zwingend in die Positionen der Überträgerin ein.[1366] Die Zuordnung einzelner Bilanzpositionen kann sich ebenfalls ändern.[1367]

5.2.3.2 Bewertung bei Buchwertverknüpfung

Anstelle der tatsächlichen Anschaffungskosten lässt § 24 UmwG die in der Schlussbilanz der Überträgerin angesetzten Werte zu. Die Buchwerte der übernommenen Ver-

---

2000, § 24, Rz. 38; a. A. bzgl. Pensionsrückstellungen *Widmann* in *Widmann/Mayer*, Umwandlungsrecht, 2002, § 24 UmwG, Rz. 358.

1359 Vgl. *Pfitzer*, WP-Handbuch, 2002, Bd. II, Teil E, Rz. 65; *Müller* in *Kallmeyer*, UmwG, 2001, § 24, Rz. 37.

1360 Vgl. *Pfitzer*, WP-Handbuch, 2002, Bd. II, Teil E, Rz. 68; a. A. *ADS*, Rechnungslegung, a. F. 1987, § 348 AktG, Rz. 8.

1361 Vgl. *Förschle/Hoffmann* in *Budde/Förschle*, Sonderbilanzen, 2002, I, Rz. 75; a. A. *Scherrer*, Bilanzierung, 1997, S. 749.

1362 Vgl. *Förschle/Hoffmann* in *Budde/Förschle*, Sonderbilanzen, 2002, I, Rz. 76, 87 f.

1363 Vgl. *Förschle/Hoffmann* in *Budde/Förschle*, Sonderbilanzen, 2002, I, Rz. 79.

1364 Vgl. *Widmann* in *Widmann/Mayer*, Umwandlungsrecht, 2002, § 24 UmwG, Rz. 360.

1365 Vgl. *Bula/Schlösser* in *SBB*, Umwandlungen, 2000, K, Rz. 80; *Förschle/Hoffmann* in *Budde/Förschle*, Sonderbilanzen, 2002, I, Rz. 74, 78; *Widmann* in *Widmann/Mayer*, Umwandlungsrecht, 2002, § 24 UmwG, Rz. 360.

1366 Siehe § 265 Abs. 1 S. 2 HGB; *Widmann* in *Widmann/Mayer*, Umwandlungsrecht, 2002, § 24 UmwG, Rz. 358.

1367 Vgl. *Widmann* in *Widmann/Mayer*, Umwandlungsrecht, 2002, § 24 UmwG, Rz. 359.

mögensgegenstände und Schulden der Überträgerin bilden die (fiktiven) Anschaffungskosten der Übernehmerin.[1368] Anschaffungsnebenkosten sind nicht ansetzbar.[1369]

Diese fiktiven Anschaffungskosten werden völlig losgelöst von dem tatsächlichen Anschaffungsgeschäft ermittelt. In der Praxis interessieren den Käufer eines Unternehmens dessen Buchwerte nicht.[1370] Die Übernehmerin wendet zwar eine Gegenleistung für das gesamte Vermögen der Überträgerin auf, die in neuen oder eigenen Anteilen oder im Untergang einer Beteiligung bestehen kann. Es würde jedoch dem Wortlaut in § 24 UmwG widersprechen, die Buchwerte dieser Anteile oder Beteiligung als Wertmaßstab heranzuziehen. Insofern wird bei der Buchwertverknüpfung nicht von einem Anschaffungsvorgang, sondern vielmehr von einer Gesamtrechtsnachfolge ausgegangen.

Die Buchwerte der übernommenen Vermögensgegenstände und Schulden der Überträgerin bilden auch dann die (fiktiven) Anschaffungskosten der Übernehmerin i. S. v. § 24 UmwG, wenn sie durch rein steuerliche Abschreibungen gem. § 254, § 279 Abs. 2 HGB bzw. durch Wertberichtigungen nach § 281 Abs. 1 HGB gemindert wurden.[1371]

In den folgenden Wirtschaftsjahren sind die Bewertungsmethoden der Überträgerin indes nicht zwingend von der Übernehmerin fortzuführen.[1372] Vielmehr kann die Übernehmerin mit dem Argument eines begründeten Ausnahmefalls nach § 252 Abs. 2 HGB Bewertungswahlrechte neu ausüben und an die eigenen Methoden anpassen.[1373] Die übernehmende Kapitalgesellschaft darf Bewertungen einer übertragenden Personenhandelsgesellschaft auch dann beibehalten, wenn sie diese Bewertung selbst nicht hätte vornehmen dürfen.[1374] Stets bilden die Buchwerte die Obergrenze für künftige Bewertungen der Übernehmerin, wodurch spätere Zuschreibungen begrenzt werden.[1375] Die Übernehmerin darf auch Wertaufholungen, die bei der Überträgerin möglich gewesen wären, nicht vornehmen.[1376] Zu beachten ist jedoch, dass häufig bereits in der Schlussbilanz der Überträgerin die Werte an die Bewertungsmethoden der Übernehmerin angepasst werden.[1377] Eine doppelte Durchbrechung des Grundsatzes der Bewertungsstetig-

---

1368 Vgl. *Naumann*, Anwendung, 1996, S. 704 f.; *IDW*, Zweifelsfragen, FN-IDW 1997, S. 182; *Widmann* in *Widmann/Mayer*, Umwandlungsrecht, 2002, § 24 UmwG, Rz. 357.

1369 Vgl. *Pohl*, Handelsbilanzen, 1995, S. 99 f.

1370 Vgl. *Schulze-Osterloh*, Bilanzierung, ZGR 1993, S. 430.

1371 Vgl. *Förschle/Hoffmann* in *Budde/Förschle*, Sonderbilanzen, 2002, I, Rz. 87.

1372 Vgl. *IDW*, Zweifelsfragen, FN-IDW 1997, S. 182 f.; *Pfitzer*, WP-Handbuch, 2002, Bd. II, Teil E, Rz. 65, 70; *Widmann* in *Widmann/Mayer*, Umwandlungsrecht, 2002, § 24 UmwG, Rz. 357 f.; *Müller* in *Kallmeyer*, UmwG, 2001, § 24, Rz. 37; *Pohl*, Handelsbilanzen, 1995, S. 97.

1373 Vgl. *Hannappel* in *Goutier*, Umwandlungsrecht, 1996, § 24 UmwG, Rz. 13; *ADS*, Rechnungslegung, a. F. 1987, § 348 AktG, Rz. 7; *Schulze-Osterloh*, Bilanzierung, ZGR 1993. S. 424.

1374 Siehe § 253 IV, § 279 Abs. 1 S. 1 HGB. Vgl. *Widmann* in *Widmann/Mayer*, Umwandlungsrecht, 2002, § 24 UmwG, Rz. 359; *Naumann*, Anwendung, 1996, S. 706.

1375 Vgl. *IDW*, Zweifelsfragen, FN-IDW 1997, S. 183; *Müller* in *Kallmeyer*, UmwG, 2001, § 24, Rz. 37; *Priester* in *Lutter*, UmwG, 2000, § 24, Rz. 10; *Hense*, Rechnungslegung, 1993, S. 182; *Widmann* in *Widmann/Mayer*, Umwandlungsrecht, 2002, § 24 UmwG, Rz. 358; *Naumann*, Anwendung, 1996, S. 705; *Pohl*, Handelsbilanzen, 1995, S. 127; *Förschle/Hoffmann* in *Budde/Förschle*, Sonderbilanzen, 2002, I, Rz. 86. *Hannappel* in *Goutier*, Umwandlungsrecht, 1996, § 24 UmwG, Rz. 7, 23 sieht darin jedoch einen Widerspruch zur Gesamtrechtsnachfolge, weil der Überträgerin selbst Zuschreibungen bis zu ihren Anschaffungskosten möglich wären.

1376 Vgl. *Knop/Küting* in *Küting/Weber*, HdR, 1995, § 255 HGB, Rz. 90; *Angermayer*, Anschaffungskosten, DB 1998, S. 150.

1377 Vgl. Abschnitt 5.1.3.

keit (§ 252 Abs. 1 Nr. 6 HGB) wird abgelehnt, um willkürliche Gewinnbeeinflussungen zu vermeiden.[1378] Im Ergebnis darf sich die Übernehmerin nur dann auf § 252 Abs. 2 HGB berufen, wenn das die Überträgerin in ihrer Schlussbilanz noch nicht getan hat. Unzulässige Bewertungen der Überträgerin müssen jedoch von der Übernehmerin berichtigt werden.[1379] Die Buchwerte sind nach h. M. als Zugangswerte im Anlagespiegel der Übernehmerin zu erfassen.[1380]

Bei der Buchwertverknüpfung ist in aller Regel keine Erfolgsneutralität gegeben, sondern es ergeben sich bilanzielle Verschmelzungsdifferenzen, also Unterschiedsbeträge zwischen dem Wertansatz für die Gegenleistung der Übernehmerin und den Buchwerten der Überträgerin. Zur Ermittlung und Behandlung der Verschmelzungsdifferenzen ist wie bereits beim Anschaffungskostenansatz nach den Arten der Gegenleistung zu unterscheiden.

Teilweise wird in der Literatur vertreten, dass der Buchwertansatz nicht gewählt werden darf, wenn es zu Verschmelzungsverlusten kommt.[1381] Für eine derartige Einschränkung des gesetzlich verankerten Wahlrechts in § 24 UmwG besteht jedoch m. E. keine Veranlassung.[1382]

Aufteilungsprobleme der durch die Buchwerte verkörperten Anschaffungskosten auf die einzelnen Vermögensgegenstände und Schulden ergeben sich naturgemäß nicht.

Jedoch könnte die Buchwertverknüpfung durch die Obergrenze der Anschaffungskosten eingeschränkt sein, sofern der Buchwert über dem Zeitwert des übernommenen Vermögens liegt, weil bspw. Pensionsrückstellungen aufgrund von Art. 28 EGHGB nicht passiviert sind. Ein Ausweg besteht darin, die höheren Buchwerte beizubehalten und nach der Ursache des Minderbetrags zu unterscheiden: Hat der Unterschiedsbetrag Verpflichtungscharakter wie die genannten Pensionsverpflichtungen, ist eine Verbindlichkeit zu passivieren.[1383] Liegt jedoch ein negativer Geschäfts- oder Firmenwert[1384] vor, ist die bilanzielle Behandlung des negativen Unterschiedsbetrags, wie bereits in Abschnitt 5.2.2.2.2 ausgeführt, in der Literatur umstritten. Die Bildung einer zusätzlichen Kapitalrücklage gem. § 272 Abs. 2 Nr. 1 oder Nr. 4 HGB scheidet aus, da eine solche weder vereinbart noch geleistet wurde.[1385] Auch die Abstockungslösung ist

---

1378 Vgl. *Bula/Schlösser* in *SBB*, Umwandlungen, 2000, K, Rz. 81.

1379 Vgl. *Pfitzer*, WP-Handbuch, 2002, Bd. II, Teil E, Rz. 68, 69; *Priester* in *Lutter*, UmwG, 2000, § 24, Rz. 10.

1380 Das gilt trotz des Gedankens der Gesamtrechtsnachfolge und der Ablehnung des Anschaffungsvorgangs. Vgl. *Hannappel* in *Goutier*, Umwandlungsrecht, 1996, § 24 UmwG, Rz. 23; *Förschle/Hoffmann* in *Budde/Förschle*, Sonderbilanzen, 2002, I, Rz. 85; *Naumann*, Anwendung, 1996, S. 705; *IDW*, Zweifelsfragen, FN-IDW 1997, S. 183; *Müller, W.*, Zweifelsfragen, WPg 1996, S. 864; *Widmann* in *Widmann/Mayer*, Umwandlungsrecht, 2002, § 24 UmwG, Rz. 317.

1381 Vgl. *ADS*, Rechnungslegung, 1995, § 255 HGB, Rz. 99; *Fischer, M.*, Verschmelzung, DB 1995, S. 487.

1382 Vgl. *Förschle/Hoffmann* in *Budde/Förschle*, Sonderbilanzen, 2002, I, Rz. 96.

1383 Vgl. *Förschle/Hoffmann* in *Budde/Förschle*, Sonderbilanzen, 2002, I, Rz. 92; *Priester* in *Lutter*, UmwG, 2000, § 24, Rz. 82.

1384 Vgl. zum negativen Geschäfts- oder Firmenwert IAS 22.59 ff.; DRS 4 Tz. 38 ff.; *Bachem*, Berücksichtigung, BB 1993, S. 969 ff.; *Geiger*, Interpretation, DB 1996, S. 1533 ff.; *Hartung*, Firmenwerte, 1997, S. 240 ff.; *Weilep*, „bad will“, DB 1998, S. 2130 f.; *Naumann*, Anwendung, 1996, S. 703 f.

1385 Vgl. so aber *Förschle/Hoffmann* in *Budde/Förschle*, Sonderbilanzen, 2002, I, Rz. 92.

bei Buchwertverknüpfung abzulehnen, weil bereits im Jahresabschluss der Überträgerin höhere Buchwerte auf niedrigere Zeitwerte außerplanmäßig abgeschrieben wurden, § 253 Abs. 2-3, § 279 Abs. 1 HGB. Soll ein Erfolgsausweis vermieden werden, kommen weder die ertragswirksame Erfassung noch die Bildung einer Aufwandsrückstellung in Betracht. M. E. sollte daher ein negativer Geschäfts- oder Firmenwerts in der Übernahmebilanz passiviert werden. Die entstehenden stillen Reserven können bei ihrer Realisierung (vgl. „lucky buy“) oder bei Verlustentstehung (vgl. „bad will“) aufgelöst werden.

Bsp. 23: Buchwertverknüpfung bei niedrigerem Zeitwert des übernommenen Vermögens

Der Fall des den Zeitwert übersteigenden Buchwerts soll an der Variation des Beispiels 17 veranschaulicht werden. Der Buchwert des Reinvermögens der Überträgerin beträgt 100.000 €, der Zeitwert jedoch nur 90.000 €, weil 10.000 € Pensionsverpflichtungen aufgrund von Art. 28 EGHGB bei der Überträgerin nicht passiviert wurden. Daher wird auch nur eine Kapitalerhöhung im Nennwert von 75.000 € und ein Agio in Höhe von 15.000 € beschlossen. Dem Augabebetrag von 90.000 € steht somit ein Überträgerin-Vermögen zum Buchwert von 100.000 € gegenüber. Das Vermögen der Überträgerin wird zu Buchwerten bilanziert, Kapitalerhöhung und Aufgeld wie beschlossen. Die Differenz ist als Verbindlichkeit bzw. Rückstellung zu erfassen.

Vermögen ÜT zum BW	100.000	an	GK (KE)	75.000
		an	KRL (Agio)	15.000
		an	RST/Verb.	10.000.

5.2.3.3 Buchwertverknüpfung bei verschiedenen Gegenleistungen

Bei der Buchwertverknüpfung ergeben sich ebenso wie beim Anschaffungskostenansatz Unterschiede je nach Art der Gegenleistung, so dass auch für die Buchwertverknüpfung nach den verschiedenen Gegenleistungen

- Hingabe neuer Anteile,
- Hingabe eigener Anteile der Übernehmerin,
- Untergang der Anteile der Übernehmerin an der Überträgerin und
- Auskehrung der Anteile der Überträgerin an der Übernehmerin

untergliedert werden muss. Die in der Praxis überwiegenden Mischfälle, werden als Kombination der Behandlung verschiedener Gegenleistungen abgebildet, auch wenn einheitlich für alle Gegenleistungen die Buchwertverknüpfung gewählt werden muss.

5.2.3.3.1 Hingabe neuer Anteile bei Buchwertverknüpfung

Soweit die Anteile an der Überträgerin fremden Anteilseignern gehören, sind diesen als Gegenleistung grundsätzlich Anteile an der Übernehmerin zu gewähren, die – sofern die Übernehmerin nicht über eigene Anteile verfügt – durch Kapitalerhöhung neu geschaffen werden. Die Anteilseigner der Überträgerin übertragen ihre Vermögensgegenstände und Schulden. Dieses übernommene Vermögen wird von der Übernehmerin zu Buchwerten angesetzt, worin gleichzeitig ihre fiktiven Anschaffungskosten zu sehen sind.

Die Bewertung zu Buchwerten der Überträgerin darf nicht darüber hinwegtäuschen, dass bei übernehmenden Kapitalgesellschaften die Kapitalaufbringungsvorschriften einzuhalten sind.[1386] Dazu reicht es jedoch aus, wenn der *Zeit*wert des eingebrachten Vermögens den Ausgabebetrag der neuen Anteile erreicht.[1387] Das gilt im Extremfall sogar, wenn der Buchwert des Vermögens negativ ist, aber der Zeitwert den Ausgabebetrag der neuen Anteile erreicht.[1388]

5.2.3.3.1.1 Abstimmung von Buchwerten und Kapitalerhöhung

Sofern im Kapitalerhöhungsbeschluss die Nominalkapitalerhöhung und das Agio und damit die Kapitalrücklage gem. § 272 Abs. 2 Nr. 1 HGB in Höhe der Differenz zum Buchwert der Überträgerin festgesetzt wird, ergeben sich keine Probleme.

Wird hingegen eine betragsmäßig fixe Rücklagendotierung festgesetzt, kann der fixe Ausgabebetrag der neuen Anteile die Buchwerte entweder über- oder unterschreiten.

Wenn der im Kapitalerhöhungsbeschluss festgesetzte Ausgabebetrag der neuen Anteile *über* den Buchwerten liegt, bilden die Buchwerte die unstrittige Obergrenze für die Bewertung des übertragenen Vermögens im Rahmen der Buchwertverknüpfung nach § 24 UmwG. Davon ausgehend, dass die Kapitalaufbringungsvorschriften eingehalten sind, also der *Zeit*wert des eingebrachten Vermögens den Ausgabebetrag erreicht, sind stille Reserven und/oder ein Geschäfts- oder Firmenwert bei der Überträgerin vorhanden.[1389] Nennkapital und Kapitalrücklage werden stets so bilanziert wie im Kapitalerhöhungsbeschluss vorgesehen. Über die Behandlung der Differenz zwischen dem Buchwert und dem fixen Ausgabebetrag bestehen in der Literatur unterschiedliche Meinungen:[1390]

- Die Differenz soll als Ausgleichsforderung gegenüber den Anteilseignern der Überträgerin aktiviert[1391] oder
- sofort als a. o. Aufwand in der Gewinn- und Verlustrechnung erfasst[1392] oder im Anhang erläutert werden.[1393] Durch den Verlustausweis werden spätere Gewinnausschüttungen verhindert.

1386 Vgl. Verbot der Unter-pari-Emission § 9 Abs. 1, § 27, § 34 Abs. 1 Nr. 2, § 36a Abs. 2, § 38 Abs. 2 S. 2, § 194 Abs. 4 AktG; § 9 Abs. 1, § 9c GmbHG.

1387 A. A., nach der die Buchwerte den Nennbetrag erreichen müssen: *Pohl*, Handelsbilanzen, 1995, S. 128 f.

1388 Vgl. so auch *Förschle/Hoffmann* in *Budde/Förschle*, Sonderbilanzen, 2002, I, Rz. 93; *Widmann* in *Widmann/Mayer*, Umwandlungsrecht, 2002, § 24 UmwG, Rz. 322.

1389 Vgl. *Angermayer*, Anschaffungskosten, DB 1998, S. 150.

1390 Vgl. zum alten Umwandlungsrecht, in dem die Aktivierung eines sog. Verschmelzungsmehrwerts vorgesehen war, *Hense*, Rechnungslegung, 1993, S. 176 f.; *IDW*, Zweifelsfragen, FN-IDW 1997, S. 183; *Hannappel* in *Goutier*, Umwandlungsrecht, 1996, § 24 UmwG, Rz. 2.

1391 Vgl. *Bula/Schlösser* in *SBB*, Umwandlungen, 2000, K, Rz. 49.

1392 Vgl. *IDW*, Zweifelsfragen, FN-IDW 1997, S. 183; *Widmann* in *Widmann/Mayer*, Umwandlungsrecht, 2002, § 24 UmwG, Rz. 331; *Knop/Küting* in *Küting/Weber*, HdR, 1995, § 255 HGB, Rz. 498 f.; *Naumann*, Anwendung, 1996, S. 707; *Mujkanovic*, Bewertung, BB 1995, S. 1740; *Förschle/Hoffmann* in *Budde/Förschle*, Sonderbilanzen, 2002, I, Rz. 93.

- Teilweise wird die Buchwertverknüpfung in diesem Fall abgelehnt.[1394] Statt der Buchwerte bildet der feste Ausgabebetrag die fiktiven Anschaffungskosten i. S. v. § 24 UmwG.[1395] Das hat gleichzeitig die Aufstockung der Buchwerte der Überträgerin bis hin zum Ausgabebetrag zur Folge.[1396]

Für eine Ausgleichsforderung gegenüber den Anteilseignern besteht keine Veranlassung, da sie ihre Einlage zu Zeitwerten vollständig erbracht haben. Ein Verlustausweis würde ein falsches Bild der Vermögens-, Finanz- und Ertragslage hervorrufen. M. E. kommt daher nur die Einschränkung des Wahlrechts in § 24 UmwG in Betracht. Die Buchwertverknüpfung kann nicht gewählt werden, sondern die Buchwerte sind bis zum (anteiligen) Ausgabebetrag, der in diesem Sonderfall die fiktiven Anschaffungskosten nach § 24 UmwG bildet, aufzustocken. Sollte der Ausgabebetrag sogar die Zeitwerte übersteigen, gelten die Ausführungen zum Anschaffungskostenansatz in Abschnitt 5.2.2.3.1.2 entsprechend. Darüber hinaus bleibt es den Beteiligten unbenommen, den Ausgabebetrags im Kapitalerhöhungsbeschluss an die Buchwerte anzupassen und dadurch die geschilderten Probleme zu vermeiden.

Bsp. 24: Ausgabebetrag lt. Kapitalerhöhungsbeschluss ist größer als der Buchwert

Die Höhe des Agios soll an der Variation des Beispiels 17 veranschaulicht werden. Obwohl der Buchwert der Überträgerin nur 100.000 € beträgt, wird eine Kapitalerhöhung im Nennwert von 75.000 € und ein Agio in Höhe von 45.000 € beschlossen. Da dem Ausgabebetrag von 120.000 € nur ein Überträgerin-Vermögen zum Buchwert von 100.000 € gegenüber steht, müssen die Buchwerte auf den Ausgabebetrag, der in diesem Sonderfall die fiktiven Anschaffungskosten nach § 24 UmwG bildet, aufgestockt werden. Die Einbuchung des Vermögens der Überträgerin und der Kapitalerhöhung erfolgt durch

Vermögen ÜT zum AB	120.000	an	GK (KE)	75.000
		an	KRL (Agio)	45.000.

Die sich ergebenden Aufteilungsprobleme werden analog zu den Ausführungen in Abschnitt 5.2.2.2.2 gelöst.

Denkbar ist auch, dass der fixe Ausgabebetrag *unter* den Buchwerten liegt. Aus den bereits in Abschnitt 5.2.2.3.1.1 diskutierten Argumenten ergibt sich auch in diesem Fall eine eindeutige Bewertung zu Buchwerten. Nennkapital und Kapitalrücklage werden so bilanziert wie im Kapitalerhöhungsbeschluss vorgesehen. Die positive Differenz zwischen Anschaffungskosten und Ausgabebetrag stellt einen Teil der angemessenen und

---

1393 Vgl. *IDW*, Zweifelsfragen, FN-IDW 1997, S. 180; *Müller* in *Kallmeyer*, UmwG, 2001, § 24, Rz. 16.

1394 Vgl. *Priester* in *Lutter*, UmwG, 2000, § 24, Rz. 82.

1395 Vgl. *Müller, W.*, Zweifelsfragen, WPg 1996, S. 864; *Müller, W.*, Anschaffungskosten, 1996, S. 254; *Müller* in *Kallmeyer*, UmwG, 2001, § 24, Rz. 14 Abs. 2.

1396 Vgl. *Priester* in *Lutter*, UmwG, 2000, § 24, Rz. 82.

durch Gleichwertigkeit von Leistung und Gegenleistung auch vereinbarten Kapitalrücklage gem. § 272 Abs. 2 Nr. 1 HGB dar.[1397]

Bsp. 25: Ausgabebetrag lt. Kapitalerhöhungsbeschluss ist kleiner als der Buchwert

In Abwandlung zum obigen Beispiel 24 wird eine Kapitalerhöhung im Nennwert von 75.000 € und ein Agio in Höhe von 15.000 € beschlossen. Da dem Ausgabebetrag von 90.000 € ein Überträgerin-Vermögen zum Buchwert von 100.000 € gegenüber steht, wird die Differenz als zusätzliche Kapitalrücklage ausgewiesen. Die Einbuchung des Vermögens der Überträgerin und der Kapitalerhöhung erfolgt durch

Vermögen ÜT zu BW	100.000	an	GK (KE)	75.000
		an	KRL 1 (Agio)	15.000
		an	KRL 2	10.000.

Im Ergebnis erfolgt bei Überbewertungen (übernommener Kapitalanteil größer als Buchwert der Sacheinlage) eine Aufstockung der Buchwerte, bei Unterbewertungen (übernommener Kapitalanteil kleiner als Buchwert) eine zusätzliche Einstellung in die Kapitalrücklage.

Wenn im Kapitalerhöhungsbeschluss nur die Nominalkapitalerhöhung festgelegt ist, muss durch Auslegung ermittelt werden, ob ein Agio bis zur Höhe des Buchwerts des übernommenen Vermögens vereinbart wurde. Davon ist im Fall von Konzentrationsverschmelzungen zwischen fremden Gesellschaften auszugehen. Die Anschaffungskosten werden dann durch den Buchwert des übernommenen Vermögens – mit Einstellung einer Kapitalrücklage nach § 272 Abs. 2 Nr. 1 HGB – bestimmt.[1398]

5.2.3.3.1.2 Verschmelzungsdifferenzen bei Buchwertverknüpfung bei Hingabe neuer Anteile

Bei der Wahl der Buchwerte der Überträgerin als fiktive Anschaffungskosten ergeben sich regelmäßig buchmäßige Verschmelzungsdifferenzen, d. h. Unterschiedsbeträge zwischen Nennwert der Kapitalerhöhung und Buchwert des übertragenen Vermögens.[1399]

1397 Vgl. *ADS*, Rechnungslegung, 1997, § 272 HGB, Rz. 45, 95; *IDW*, Zweifelsfragen, FN-IDW 1997, S. 181; *Förschle/Hoffmann* in *Budde/Förschle*, Sonderbilanzen, 2002, I, Rz. 44; *Schulze-Osterloh*, Bilanzierung, ZGR 1993, S. 431 f.

1398 Vgl. *Pfitzer*, WP-Handbuch, 2002, Bd. II, Teil E, Rz. 76; *IDW*, Zweifelsfragen, FN-IDW 1997, S. 181; *Pohl*, Handelsbilanzen, 1995, S. 89 f.

1399 Ein Verschmelzungsgewinn oder -verlust ist nach Auffassung von *Hannappel* in *Goutier*, Umwandlungsrecht, 1996, § 24 UmwG, Rz. 18, 20 wirtschaftlich nicht gerechtfertigt.

	übernommenes anteiliges Reinvermögen der Überträgerin zu Buchwerten	
-	Nominalwert der Kapitalerhöhung als „Gegenleistung" der Übernehmerin	
=	Verschmelzungsgewinn/-verlust	(77)

Überschreiten die Buchwerte der Überträgerin den Nennwert der neuen Anteile, entsteht ein Verschmelzungsgewinn. Gründe könnten darin liegen, dass die Übernehmerin über höhere stille Reserven als die Überträgerin verfügt, stille Lasten bei der Überträgerin bestehen oder ein für die Übernehmerin günstiges Umtauschverhältnis erzielt wurde.[1400] Nach der h. M. wird ein Verschmelzungsgewinn als vereinbartes Aufgeld behandelt, das wirtschaftlich von den Anteilseignern der Überträgerin durch die höheren Buchwerte für den Erhalt der neuen Anteile gezahlt wird. Dieses Agio auf die neuen Anteile an der Übernehmerin ist nach § 272 Abs. 2 Nr. 1 HGB zusätzlich in die Kapitalrücklage einzustellen.[1401]

Falls die Buchwerte unter dem Nennwert der neuen Anteile liegen, entsteht ein Verschmelzungsverlust. Sofern die Vorschriften zur Kapitalaufbringung eingehalten werden, bestehen keine Bedenken gegen die Zulässigkeit der Buchwertverknüpfung.[1402] Eine Einschränkung des Wahlrechts des § 24 UmwG ist nicht gerechtfertigt. Der entstehende Verschmelzungsverlust ist im Gegensatz zum alten Umwandlungsrecht[1403] zwingend sofort aufwandswirksam zu erfassen.[1404] Im Regelfall wird er gesondert als a. o. Aufwand in der Gewinn- und Verlustrechnung erfasst oder im Anhang erläutert.[1405] Er führt zu einer Ausschüttungssperre bei den Anteilseignern der übernehmenden Kapitalgesellschaft. Den Anteilseignern wird somit zunächst ein Teil ihrer Gewinnausschüttung entzogen, obwohl der Verschmelzungsverlust nur rein buchmäßig entsteht.

1400 Vgl. *Widmann* in *Widmann/Mayer*, Umwandlungsrecht, 2002, § 24 UmwG, Rz. 330.

1401 Vgl. *Hannappel* in *Goutier*, Umwandlungsrecht, 1996, § 24 UmwG, Rz. 18; *Hense*, Rechnungslegung, 1993, S. 175 f.; *Förschle/Hoffmann* in *Budde/Förschle*, Sonderbilanzen, 2002, I, Rz. 92 f.; *IDW*, Zweifelsfragen, FN-IDW 1997, S. 183; *Widmann* in *Widmann/Mayer*, Umwandlungsrecht, 2002, § 24 UmwG, Rz. 329; *Bula/Schlösser* in *SBB*, Umwandlungen, 2000, K, Rz. 84; *Naumann*, Anwendung, 1996, S. 708; *Pohl*, Handelsbilanzen, 1995, S. 137. A. A. (Gewinnrücklagen) *Kremer*, Bilanzierung, DB 1989, S. 492 ff.

1402 Vgl. *Bula/Schlösser* in *SBB*, Umwandlungen, 2000, K, Rz. 83; *Winter* in *Scholz*, GmbHG, 2000, § 5, Rz. 59 m. w. N.; *Hense*, Rechnungslegung, 1993, S. 177; *Priester* in *Lutter*, UmwG, 2000, § 24, Rz. 84 f.; *Förschle/Hoffmann* in *Budde/Förschle*, Sonderbilanzen, 2002, I, Rz. 93. Gegen die Zulässigkeit: *Müller* in *Kallmeyer*, UmwG, 2001, § 24, Rz. 14 Abs. 2, 15, 45; *Müller, W.*, Zweifelsfragen, WPg 1996, S. 864; *Fischer, M.*, Verschmelzung, DB 1995, S. 487; *Pohl*, Handelsbilanzen, 1995, S. 137 f.

1403 Im alten Umwandlungsrecht war die Aktivierung eines sog. Verschmelzungsmehrwerts vorgesehen; § 348 Abs. 2 AktG a. F. Eine Verrechnung mit Rücklagen kommt ebenfalls nicht in Betracht. Vgl. *Angermayer*, Anschaffungskosten, DB 1998, S. 150; *IDW*, Zweifelsfragen, FN-IDW 1997, S. 183.

1404 Vgl. *IDW*, Zweifelsfragen, FN-IDW 1997, S. 183; *Widmann* in *Widmann/Mayer*, Umwandlungsrecht, 2002, § 24 UmwG, Rz. 331 f.; *Priester* in *Lutter*, UmwG, 2000, § 24, Rz. 85; *Knop/Küting* in *Küting/Weber*, HdR, 1995, § 255 HGB, Rz. 498 f.; *Naumann*, Anwendung, 1996, S. 707; *Mujkanovic*, Bewertung, BB 1995, S. 1740.

1405 Vgl. *IDW*, Zweifelsfragen, FN-IDW 1997, S. 180; *Müller* in *Kallmeyer*, UmwG, 2001, § 24, Rz. 16; *Förschle/Hoffmann* in *Budde/Förschle*, Sonderbilanzen, 2002, I, Rz. 93.

Wirtschaftlich tritt keine Vermögensminderung durch die Verschmelzung ein. Teilweise wird daher vorgeschlagen, die Vermögensgegenstände der Überträgerin zwangsweise bis zum Nennbetrag der neuen Anteile aufzustocken, um die Verschmelzung erfolgsneutral abbilden zu können und ein verfälschtes Bild der Vermögens-, Finanz- und Ertragslage zu vermeiden.[1406] Allerdings lässt sich der Ausweis eines Verschmelzungsverlusts durch Wahl des Anschaffungskostenansatzes leicht vermeiden,[1407] so dass keine Notwendigkeit für eine „bilanzschonende“ Behandlung besteht. Der Nachteil einer Gewinnminderung gleicht sich in den Folgeperioden bspw. durch niedrigere Abschreibungen und höhere Veräußerungsgewinne wieder aus. Zudem widerspricht eine andere Handhabung dem Wortlaut des § 24 UmwG und den Erkenntnissen zur alten Regelung.

5.2.3.3.1.3 Abschließendes Beispiel zur Buchwertverknüpfung bei Hingabe neuer Anteile

Bsp. 26: Buchwertverknüpfung bei Hingabe neuer Anteile

Das Beispiel 17 wird erneut betrachtet, jedoch wählt die Übernehmerin jetzt die Fortführung der Buchwerte gem. § 24 UmwG. Bis hin zum Umtausch und zur Kapitalerhöhung ändert sich der Fall gegenüber Beispiel 17 nicht. Die Aufteilung der fiktiven Anschaffungskosten auf die einzelnen Vermögensgegenstände und Schulden der Überträgerin entfällt. Bezüglich der Ermittlung der Verschmelzungsdifferenz und der Bilanzierung ergeben sich folgende Unterschiede:

In der Bilanz der Übernehmerin sollen nach § 24 UmwG die Buchwerte i. H. v. 100.000 € angesetzt werden. Bilanziell übernimmt die Übernehmerin ein Reinvermögen der Überträgerin zum Buchwert von 100.000 €, dem jedoch nur eine Kapitalerhöhung von nominell 75.000 € und ein Agio in Höhe der Differenz zum Buchwert gegenüber steht. Diese auf der Passivseite der Übernahmebilanz verbleibende Differenz stellt die sog. Verschmelzungsdifferenz dar, die sich folgendermaßen berechnet:

übernommenes Reinvermögen der Überträgerin	100.000 €
- Nominalwert der Kapitalerhöhung	- 75.000 €
= Verschmelzungsgewinn	25.000 €

Dieser Verschmelzungsgewinn ist als Kapitalrücklage gem. § 272 Abs. 2 Nr. 1 HGB in die Übernahmebilanz einzustellen, die sodann folgende Form hat:

Übernahmebilanz 01.01.01 in € (AK)

AV	400.000 + 400.000	800.000	GK	160.000 + 75.000	235.000
UV	400.000 + 300.000	700.000	KRL	90.000 + 25.000	115.000
			FK	550.000 + 600.000	1.150.000
		1.500.000			1.500.000

1406 Vgl. *Fischer, M.*, Verschmelzung, DB 1995, S. 487.

1407 Vgl. *Angermayer*, Anschaffungskosten, DB 1998, S. 150; *Bundesregierung*, Begründung, BR-Drs. 75/94, S. 93.

5.2.3.3.2 Hingabe eigener Anteile der Übernehmerin bei Buchwertverknüpfung

Verfügt die Übernehmerin über eigene Anteile, kann sie diese den Anteilseignern der Überträgerin als Gegenleistung für die Übertragung des Vermögens gewähren.

Die Rücklage für eigene Anteile nach § 272 Abs. 4 HGB ist ergebniswirksam aufzulösen.[1408]

5.2.3.3.2.1 Verschmelzungsdifferenzen bei Buchwertverknüpfung bei Hingabe eigener Anteile

Wählt die Übernehmerin als fiktive Anschaffungskosten nach § 24 UmwG die Buchwerte der Überträgerin, ergibt sich i. d. R. ein Unterschiedsbetrag zwischen dem Buchwert des übernommenen Vermögens und dem Buchwert der eigenen Anteile.[1409]

	übernommenes anteiliges Reinvermögen der Überträgerin zu Buchwerten	
-	Buchwert der eigenen Anteile als „Gegenleistung" der Übernehmerin	
=	Verschmelzungsgewinn/-verlust	(78)

Ein Verschmelzungsgewinn entsteht, wenn der Buchwert des übernommenen Vermögens höher ist als der Buchwert der untergehenden eigenen Anteile. Die bilanzielle Behandlung des Verschmelzungsgewinns ist strittig. Nach einer Auffassung soll der Verschmelzungsgewinn sofort als a. o. Ertrag erfasst werden.[1410] Ein Teil der Literatur vertritt hingegen die Auffassung, dass der Verschmelzungsgewinn als Agio in die Kapitalrücklage nach § 272 Abs. 2 Nr. 1 HGB[1411] eingestellt werden soll. Einerseits sind eigene Anteile veräußerbare Vermögensgegenstände, deren Veräußerung erfolgswirksam zu erfassen ist,[1412] andererseits stellen sie auch einen Korrekturposten zum Eigenkapital dar.[1413] Durch das Vorhandensein von eigenen Anteilen kann die Übernehmerin auf eine Kapitalerhöhung verzichten und stattdessen ihre eigenen Anteile als Gegenleistung hingeben. Wirtschaftlich sind beide Arten von Gegenleistungen vergleichbar. Die vormals eigenen Anteile werden durch die Verschmelzung mit Einlagen unterlegt und verlieren ihren Charakter als Korrekturposten zum Eigenkapital. Daher ist m. E. auch in

---

1408 Vgl. Abschnitt 5.2.2.3.2.1.

1409 Ein Verschmelzungsgewinn oder Verlust ist nach Auffassung von *Hannappel* in *Goutier*, Umwandlungsrecht, 1996, § 24 UmwG, Rz. 17, 20 wirtschaftlich nicht gerechtfertigt.

1410 Vgl. *Hense*, Rechnungslegung, 1993, S. 178 f., *IDW*, Zweifelsfragen, FN-IDW 1997, S. 183; *Pfitzer*, WP-Handbuch, 2002, Bd. II, Teil E, Rz. 73; *Hannappel* in *Goutier*, Umwandlungsrecht, 1996, § 24 UmwG, Rz. 17, *Müller* in *Kallmeyer*, UmwG, 2001, § 24, Rz. 41; *Naumann*, Anwendung, 1996, S. 708; *Förschle/Hoffmann* in *Budde/Förschle*, Sonderbilanzen, 2002, I, Rz. 95.

1411 Vgl. *Bula/Schlösser* in *SBB*, Umwandlungen, 2000, K, Rz. 91; *Priester* in *Lutter*, UmwG, 2000, § 24, Rz. 68.

1412 Vgl. *Hense*, Rechnungslegung, 1993, S. 178 f.

1413 Vgl. *ADS*, Rechnungslegung, 1997, § 266 HGB, Rz. 139. Eine ahnliche Auffassung zu eigene Anteile vertritt SIC 16.6, vgl. auch *Hense/Theile*, IAS, 2003, Rz. 1004. Die Rücklage für eigene Anteile gem. § 272 Abs. 4 HGB stellt lediglich eine Ausschüttungssperre dar.

diesem Fall ein Verschmelzungsgewinn in die Kapitalrücklage gem. § 272 Abs. 2 Nr. 1 HGB einzustellen.[1414]

Liegt der Buchwert der eigenen Anteile über dem Buchwert des übernommenen Vermögens, entsteht ein Verschmelzungsverlust. Dieser wird als außerordentlicher Aufwand in der Gewinn- und Verlustrechnung erfasst.[1415] Eine Ausnahme bildet nur der Teil der negativen Verschmelzungsdifferenz, der Verpflichtungscharakter hat und als Schuld zu passivieren ist.[1416]

5.2.3.3.2.2 Abschließendes Beispiel zur Buchwertverknüpfung bei Hingabe eigener Anteile

Bsp. 27: Buchwertverknüpfung bei Hingabe eigener Anteile

Das Beispiel 18 wird wiederholt, jedoch wählt die Übernehmerin jetzt die Fortführung der Buchwerte i. H. v. 100.000 € gem. § 24 UmwG. Unterschiede ergeben sich bezüglich der Ermittlung der Verschmelzungsdifferenz und der Bilanzierung:

Bilanziell übernimmt die Übernehmerin ein Reinvermögen der Überträgerin zum Wert von 100.000 €, dem jedoch nur eine Kapitalerhöhung von nominell 70.000 € sowie eigene Anteile mit einem Buchwert von 6.000 € gegenüber stehen. Die dadurch auf der Passivseite der Übernahmebilanz verbleibende Differenz stellt die sog. Verschmelzungsdifferenz dar, die sich folgendermaßen berechnet:

Übernommenes Reinvermögen der Überträgerin zu Buchwerten	100.000 €
- Nominalwert der Kapitalerhöhung	- 70.000 €
- Buchwert der eigenen Anteile (Nennwert = 5.000 €)	- 6.000 €
= Verschmelzungsgewinn	24.000 €

Die bilanzielle Behandlung dieses Verschmelzungsgewinns kann erst nach einer Analyse nach der Art der Gegenleistung, die den Anteilseignern der Überträgerin gewährt werden, beurteilt werden. Die auf die einzelne Gegenleistung entfallende Verschmelzungsdifferenz ermittelt sich im Verhältnis des Nennwerts dieser Gegenleistung zum Nennwert der gesamten Gegenleistung (hier Kapitalerhöhung + eigene Anteile = 70.000 € + 5.000 € = 75.000 €).

Zu 70/75 wird als Gegenleistung für das übernommene Reinvermögen der Überträgerin eine Kapitalerhöhung durchgeführt, zu 5/75 werden eigene Anteile hingegeben.

Übernommenes anteiliges Reinvermögen der ÜT = 100.000 € · 70/75	93.333 €
- Nominalwert der Kapitalerhöhung	- 70.000 €
= Verschmelzungsgewinn	23.333 €

1414 So auch *Bula/Schlösser* in *SBB*, Umwandlungen, 2000, K, Rz. 91.

1415 Vgl. bereits Abschnitt 5.2.2.3.1.2 und *IDW*, Zweifelsfragen, FN-IDW 1997, S. 183; *Bula/Schlösser* in *SBB*, Umwandlungen, 2000, K, Rz. 91; *Förschle/Hoffmann* in *Budde/Förschle*, Sonderbilanzen, 2002, I, Rz. 95; *Naumann*, Anwendung, 1996, S. 707.

1416 Vgl. *Förschle/Hoffmann* in *Budde/Förschle*, Sonderbilanzen, 2002, I, Rz. 95.

Daher entfallen 23.333 € des Verschmelzungsgewinns auf die Gegenleistung Kapitalerhöhung und werden wie in Abschnitt 5.2.3.3.1.3 als Kapitalrücklage gem. § 272 Abs. 2 Nr. 1 HGB in die Übernahmebilanz eingestellt.

Übernommenes anteiliges Reinvermögen der ÜT = 100.000 € · 5/75	6.667 €
- Buchwert der eigenen Anteile (Nennwert = 5.000 €)	- 6.000 €
= Verschmelzungsgewinn	667 €

Entsprechend entfällt der übrige Teil des Verschmelzungsgewinns von 667 € auf die Gegenleistung eigener Anteile. Dieser Teil des Verschmelzungsgewinns soll nach der hier vertretenen Meinung als Kapitalrücklage nach § 272 Abs. 2 Nr. 1 HGB eingestellt werden.

Die Übernahmebilanz – unter Beachtung der erfolgswirksamen Auflösung der Rücklage für eigene Anteile i. H. v. 6.000 € – ergibt sich somit zu:

Übernahmebilanz 01.01.01 in € (AK)

AV	400.000 + 400.000	800.000	GK	160.000 + 70.000	230.000
UV	400.000 + 300.000	700.000	KRL	90.000 + 23.333 + 667	114.000
			JÜ		6.000
			FK	550.000 + 600.000	1.150.000
		1.500.000			1.500.000

5.2.3.3.3 Untergang der Anteile der Übernehmerin an der Überträgerin bei Buchwertverknüpfung

Soweit die Übernehmerin an der Überträgerin beteiligt ist, darf eine Kapitalerhöhung nicht vorgenommen werden.[1417] Als Gegenleistung für die Vermögensübertragung gilt der Untergang der Beteiligung. Als fiktive Anschaffungskosten wählt die Übernehmerin die Buchwerte der erhaltenen Vermögensgegenstände und Schulden. Eine Unterscheidung nach der Beteiligungshöhe ist daher auch bei der Buchwertverknüpfung erforderlich.

Bei einer Beteiligungsquote von unter 75 % ist die Buchwertverknüpfung ebenso zulässig wie die Anschaffungskostenmethode. Zwingend ist die Buchwertverknüpfung nach den Ausführungen in Abschnitt 5.2.2.3.3 anzuwenden, wenn die Übernehmerin über mindestens 75 % der Anteile an der Überträgerin verfügt und der Buchwert der Beteiligung unter dem Buchwert des übernommenen Vermögens liegt. In dem Sonderfall, dass die übernehmende Aktiengesellschaft mindestens 90 % der Anteile an der Überträgerin hält und der Beteiligungsbuchwert über dem Buchwert des übernommenen Vermögens liegt, ist die Buchwertverknüpfung des § 24 UmwG i. d. R. als unzulässig abzulehnen. Die Anschaffungskosten bestimmen sich dann beim Anschaffungskostenansatz mit dem Buchwert der Beteiligung.[1418] Diese Auffassung findet ihre Begründung darin, dass die Aktionäre der Übernehmerin selbst der Verschmelzung gem. § 62 Abs. 1 S. 1 UmwG

[1417] Siehe § 68 Abs. 1 S. 1 Nr. 1 bzw. § 54 Abs. 1 S. 1 Nr. 1 UmwG.
[1418] Vgl. Abschnitt 5.2.2.3.3.1.

nicht zustimmen, ihr Gewinnanspruch jedoch durch den erheblichen – aufwandswirksam zu erfassenden – Verschmelzungsverlust verkürzt wird.[1419]

Wenn die Überträgerin an der Übernehmerin beteiligt ist, ist die Buchwertverknüpfung nach § 24 UmwG somit entweder zwingend, zulässig oder unzulässig (vgl. Tab. 15).

Tab. 15: Buchwertverknüpfung nach § 24 UmwG bei Beteiligung der Übernehmerin an der Überträgerin

BET(ÜT) < 75 %	**BET(ÜT) ≥ 75 %**		• **BET(ÜT) ≥ 90 %,** • **ÜN ist AG und** • **BW BET(ÜT) > BW$_{ÜT}$**
	BW BET(ÜT) < BW$_{ÜT}$	**BW BET(ÜT) ≥ BW$_{ÜT}$**	
Buchwert-verknüpfung zulässig AK = BW$_{ÜT}$	Buchwert-verknüpfung zwingend AK = BW$_{ÜT}$	Buchwert-verknüpfung zulässig AK = BW$_{ÜT}$	Buchwertverknüpfung unzulässig; Anschaffungskostenansatz zwingend (dort: AK = BW BET(ÜT))

5.2.3.3.3.1 Verschmelzungsdifferenzen bei Buchwertverknüpfung bei Beteiligung der Übernehmerin an der Überträgerin

Es ergibt sich in aller Regel eine Verschmelzungsdifferenz in Form eines Unterschiedsbetrags zwischen dem Buchwert des übernommenen Vermögens und dem Buchwert der untergehenden Beteiligung.[1420]

  übernommenes anteiliges Reinvermögen der Überträgerin zu Buchwerten
\- Buchwert der Anteile der Übernehmerin an der Überträgerin
= Verschmelzungsgewinn/-verlust (79)

Ein Verschmelzungsgewinn ergibt sich, wenn der Buchwert des übernommenen Vermögens höher ist als der Buchwert der untergehenden Beteiligung. Wie bereits in Abschnitt 5.2.2.3.3 ausgeführt, ersetzt die Übernehmerin ihre Beteiligung an der Überträgerin durch den unmittelbaren Besitz der Vermögensgegenstände und Schulden. Der Verschmelzungsgewinn erfüllt m. E. weder den Charakter einer Kapital- oder Gewinnrücklage noch besteht Raum für die Bildung eines negativen Geschäfts- oder Firmenwerts.[1421] Auch eine Abstockung der Buchwerte ist nur dann sachgerecht, wenn der

---

1419 Vgl. *Bula/Schlösser* in *SBB*, Umwandlungen, 2000, K, Rz. 34; *Naumann*, Anwendung, 1996, S. 711 ff.; BGH 25.02.1982, BGHZ 83, S. 122 ff.

1420 Ein Verschmelzungsgewinn oder Verlust ist nach Auffassung von *Hannappel* in *Goutier*, Umwandlungsrecht, 1996, § 24 UmwG, Rz. 17, 21 wirtschaftlich nicht gerechtfertigt.

1421 Vgl. *Bula/Schlösser* in *SBB*, Umwandlungen, 2000, K, Rz. 87; *Pfitzer*, WP-Handbuch, 2002, Bd. II, Teil E, Rz. 73 *Müller, W.*, Anschaffungskosten, 1996, S. 258. A. A. *Hörtnagl* in *SHS*, UmwG, 2001, § 24 UmwG, Rz. 76.

niedrigere Beteiligungsbuchwert mit einem geringeren Ertragswert begründet ist.[1422] Vielmehr ist der Verschmelzungsgewinn sofort als a. o. Ertrag zu erfassen, weil der Übernehmerin durch den unmittelbaren Besitz der Vermögensgegenstände und Schulden der Überträgerin ein Buchgewinn entsteht.[1423]

Liegt der Beteiligungsbuchwert über dem Buchwert des übernommenen Vermögens, entsteht ein Verschmelzungsverlust. Die Übernehmerin hat bei Erwerb der Beteiligung bereits stille Reserven mit bezahlt,[1424] die jedoch bei der Buchwertverknüpfung nicht aufgedeckt werden dürfen.[1425] Der Verschmelzungsverlust ist als a. o. Aufwand zu erfassen.[1426] Eine Ausnahme bildet nur der Teil der negativen Verschmelzungsdifferenz, der Verpflichtungscharakter hat und als Schuld zu passivieren ist.[1427] Die Buchwertverknüpfung ist auch bei erheblichem Verschmelzungsverlust zulässig, weil sich dem UmwG keine Einschränkung entnehmen lässt.[1428]

5.2.3.3.3.2 Abschließendes Beispiel zur Buchwertverknüpfung bei Beteiligung der Übernehmerin an der Überträgerin

Bsp. 28: Buchwertverknüpfung bei Beteiligung der Übernehmerin an der Überträgerin

Zur Veranschaulichung wird das Beispiel 19 erneut betrachtet, jedoch wählt die Übernehmerin jetzt die Fortführung der Buchwerte des übernommenen Reinvermögens von 100.000 € gem. § 24 UmwG. Bezüglich der Ermittlung der Verschmelzungsdifferenz und der Bilanzierung ergeben sich folgende Unterschiede:

Bilanziell steht dem übernommenen Reinvermögen der Überträgerin zu Buchwerten die Beteiligung der Übernehmerin an der Überträgerin mit einem Nennwert von 30.000 € und einem Buchwert von 50.000 € sowie eine Kapitalerhöhung von nominell 35.000 € gegenüber. Somit berechnet sich die gesamte Verschmelzungsdifferenz folgendermaßen:

1422 Vgl. *Müller, W.*, Anschaffungskosten, 1996, S. 258; *Bula/Schlösser* in *SBB*, Umwandlungen, 2000, K, Rz. 87; a. A. *Pfitzer*, WP-Handbuch, 2002, Bd. II, Teil E, Rz. 90.

1423 Vgl. *Naumann*, Anwendung, 1996, S. 708; *IDW*, Zweifelsfragen, FN-IDW 1997, S. 183; *Priester* in *Lutter*, UmwG, 2000, § 24, Rz. 68; *Widmann* in *Widmann/Mayer*, Umwandlungsrecht, 2002, § 24 UmwG, Rz. 336; *Bula/Schlösser* in *SBB*, Umwandlungen, 2000, K, Rz. 87.

1424 Vgl. *Widmann* in *Widmann/Mayer*, Umwandlungsrecht, 2002, § 24 UmwG, Rz. 338.

1425 Vgl. *Widmann* in *Widmann/Mayer*, Umwandlungsrecht, 2002, § 24 UmwG, Rz. 338. *Müller* in *Kallmeyer*, UmwG, 2001, § 24, Rz. 15 ist in diesem Fall gegen die Buchwertverknüpfung.

1426 Vgl. bereits Abschnitt 5.2.2.3.3.2 und *IDW*, Zweifelsfragen, FN-IDW 1997, S. 183; *Bula/Schlösser* in *SBB*, Umwandlungen, 2000, K, Rz. 87; *Hense*, Rechnungslegung, 1993, S. 179 f.; *Förschle/Hoffmann* in *Budde/Förschle*, Sonderbilanzen, 2002, I, Rz. 95; *Naumann*, Anwendung, 1996, S. 707; *Widmann* in *Widmann/Mayer*, Umwandlungsrecht, 2002, § 24 UmwG, Rz. 338.

1427 Vgl. *Förschle/Hoffmann* in *Budde/Förschle*, Sonderbilanzen, 2002, I, Rz. 95.

1428 Vgl. *Förschle/Hoffmann* in *Budde/Förschle*, Sonderbilanzen, 2002, I, Rz. 96.

	Übernommenes Reinvermögen der Überträgerin zu Buchwerten	100.000 €
-	Buchwert der Beteiligung der Übernehmerin an Überträgerin (Nennwert 30.000 €)	- 50.000 €
-	Nominalwert der Kapitalerhöhung	- 35.000 €
=	Verschmelzungsgewinn	15.000 €

Für die bilanzielle Behandlung des Verschmelzungsgewinns ist der gesamte Verschmelzungsgewinn nach den verschiedenen Anteilseigner-Gruppen der Überträgerin, die auch jeweils eine andere Art der Gegenleistung erhalten, zu analysieren.[1429] 70 % an der Überträgerin werden von fremden Anteilseignern gehalten, die im Rahmen der Verschmelzung die durch Kapitalerhöhung neu geschaffenen Anteile an der Übernehmerin erhalten. Auf diese Gruppe entfällt folgende anteilige Verschmelzungsdifferenz:

	Übernommenes anteiliges Reinvermögen der ÜT= 100.000 € · 0,7	70.000 €
-	Nominalwert der Kapitalerhöhung	- 35.000 €
=	Verschmelzungsgewinn	35.000 €

Somit entfallen 35.000 € von dem gesamten Verschmelzungsgewinn auf die Gegenleistung Kapitalerhöhung und werden wie in Abschnitt 5.2.3.3.1.2 als Kapitalrücklage gem. § 272 Abs. 2 Nr. 1 HGB in die Übernahmebilanz eingestellt.

Soweit die Übernehmerin Anteilseignerin der Überträgerin ist, tauscht sie ein anteiliges Reinvermögen der Überträgerin von 30 % von insgesamt 100.000 € und somit 30.000 € gegen ihre Beteiligung mit dem Buchwert von 50.000 € und einem Nennwert von 30.000 €. Aus Sicht der Übernehmerin ermittelt sich daher die auf die Übernehmerin als Anteilseignerin der Überträgerin entfallende anteilige Verschmelzungsdifferenz zu:

	Übernommenes anteiliges Reinvermögen der ÜT= 100.000 € · 0,3	30.000 €
-	Buchwert der Beteiligung der Übernehmerin an Überträgerin (Nennwert 30.000 €)	- 50.000 €
=	Verschmelzungsverlust	20.000 €

Die restlichen -20.000 € der Verschmelzungsdifferenz entstehen durch den Untergang der Beteiligung an der Überträgerin zugunsten des unmittelbaren Reinvermögens der Überträgerin. Dieser Betrag stellt einen a. o. Aufwand dar.

Die Übernahmebilanz der Übernehmerin zeigt sich wie folgt:

Übernahmebilanz 01.01.01 in € (AK)

AV	400.000 + 400.000	800.000	GK	160.000 + 35.000	195.000
UV	350.000 + 300.000	650.000	KRL	90.000 + 35.000	125.000
			VV		- 20.000
			FK	550.000 + 600.000	1.150.000
		1.450.000			1.450.000

[1429] Vgl. *Widmann* in *Widmann/Mayer*, Umwandlungsrecht, 2002, § 24 UmwG, Rz. 337.

5.2.3.3.4 Auskehrung der Anteile der Überträgerin an der Übernehmerin bei Buchwertverknüpfung

Wenn die Überträgerin Anteile an der Übernehmerin hält (im Konzernverbund sog. Down-stream Merger) kann die Verschmelzung ohne Kapitalerhöhung erfolgen, soweit die Überträgerin die Einlagen für die Anteile an der Überträgerin voll erbracht hat. Sie muss ohne Kapitalerhöhung auskommen, wenn die Einlagen nicht voll eingezahlt sind.[1430] Nach der hier vertretenen Auffassung eines Durchgangserwerbs werden aus den Anteilen der Überträgerin an der Übernehmerin vor dem Umtausch eigene Anteile der Übernehmerin. Diese werden dann als Gegenleistung für die Vermögensübertragung hingegeben.

Die fiktiven Anschaffungskosten bei Wahl der Buchwertverknüpfung nach § 24 UmwG werden durch die Buchwerte der Vermögensgegenstände inklusive der Beteiligung und der Schulden gebildet. Eine Unterscheidung nach der Beteiligungsquote ist nicht erforderlich; eine Einschränkung in der Wahl der Buchwertverknüpfung gibt es nicht.[1431] Allerdings bleibt die Verschmelzung auch hier unzulässig, wenn die Beteiligungsquote mindestens 75 % beträgt und die Überträgerin über ein negatives Restvermögen zu Buchwerten verfügt.

5.2.3.3.4.1 Verschmelzungsdifferenzen bei Buchwertverknüpfung bei Beteiligung der Überträgerin an der Übernehmerin

Übt die Übernehmerin das Wahlrecht des § 24 UmwG zugunsten der Buchwertverknüpfung aus, ergibt sich i. d. R. ein Unterschiedsbetrag:

	übernommenes anteiliges Reinvermögen der Überträgerin zu Buchwerten	
-	Buchwert der neuen eigenen Anteile der Übernehmerin[1432]	
=	Verschmelzungsgewinn/-verlust	(80)

Ist der Buchwert des Vermögens (Eigenkapitals) der Überträgerin größer als der Buchwert der Beteiligung der Überträgerin an der Übernehmerin entsteht ein Verschmelzungsgewinn; ist er hingegen kleiner, kommt es zu einem Verschmelzungsverlust. Beide Fälle sind sofort erfolgswirksam zu erfassen.[1433]

1430 Vgl. Abschnitt 5.2.2.3.4; siehe § 68 S. 2 Nr. 2 und 3 und § 54 S. 2 Nr. 2 und 3 UmwG.

1431 Vgl. aber *Widmann* in *Widmann/Mayer*, Umwandlungsrecht, 2002, § 24 UmwG, Rz. 388; der die Buchwertverknüpfung ablehnt, wenn die Überträgerin außer der Beteiligung über kein weiteres Vermögen verfügt.

1432 Dieser Buchwert wird durch die fiktiven Anschaffungskosten gebildet, die die Übernehmerin aufwenden musste, um die Beteiligung der Überträgerin an ihr als eigene Anteile zu erwerben, und besteht demnach im Buchwert der Beteiligung.

1433 Vgl. *Förschle/Hoffmann* in *Budde/Förschle*, Sonderbilanzen, 2002, I, Rz. 103; *Widmann* in *Widmann/Mayer*, Umwandlungsrecht, 2002, § 24 UmwG, Rz. 34 9. A. A. *Kremer*, Bilanzierung, DB 1989, S. 493 f. (Gewinnrücklage); *Kröninger*, Anschaffungswertprinzip, 1997, S. 161 (Kapitalrücklage § 272 Abs. 2 Nr. 4 HGB).

5.2.3.3.4.2 Abschließendes Beispiel zur Buchwertverknüpfung bei Beteiligung der Überträgerin an der Übernehmerin

Bsp. 29: Buchwertverknüpfung bei Beteiligung der Überträgerin an der Übernehmerin

Das Beispiel 21 soll insoweit abgewandelt werden, als die Übernehmerin jetzt die Fortführung der Buchwerte gem. § 24 UmwG wählt. Bezüglich der Ermittlung der Verschmelzungsdifferenz und der Bilanzierung ergeben sich folgende Unterschiede:

Dem übernommenen bilanziellen Reinvermögen der Überträgerin mit einem Buchwert von 100.000 € steht die Beteiligung der Überträgerin an der Übernehmerin mit einem Nennwert von 40.000 € und einem Buchwert von 50.000 € sowie eine Kapitalerhöhung von nominell 60.000 € gegenüber. Somit berechnet sich die Verschmelzungsdifferenz folgendermaßen:

Übernommenes Reinvermögen der Überträgerin zu Buchwerten	100.000 €
- Buchwert der neuen eigenen Anteile der Übernehmerin (Nennwert 40.000 €)	- 50.000 €
- Nominalwert der Kapitalerhöhung	- 60.000 €
= Verschmelzungsverlust	- 10.000 €

Für die bilanzielle Behandlung des Verschmelzungsverlusts ist der gesamte Verschmelzungsgewinn nach der Art der Gegenleistung zu analysieren, die die Anteilseigner der Überträgerin erhalten. Die auf die einzelne Gegenleistung entfallende Verschmelzungsdifferenz ermittelt sich im Verhältnis des Nennwerts dieser Gegenleistung zum Nennwert der gesamten Gegenleistung (hier Kapitalerhöhung + Beteiligung = 60.000 € + 40.000 € = 100.000 €). Nur die Nennwerte führen zu einer Gleichbehandlung der unterschiedlichen Gegenleistungen. Zu 60/100 wird als Gegenleistung für das übernommene Reinvermögen der Überträgerin eine Kapitalerhöhung durchgeführt, zu 40/100 geht die Beteiligung der Überträgerin an der Übernehmerin unter.

Übernommenes anteiliges Reinvermögen der ÜT = 100.000 € · 60/100	60.000 €
- Nominalwert der Kapitalerhöhung	- 60.000 €
= Verschmelzungsgewinn/-verlust	0 €

Übernommenes anteiliges Reinvermögen der ÜT = 100.000 € · 40/100	40.000 €
- Buchwert der neuen eigenen Anteile der Übernehmerin	- 50.000 €
= Verschmelzungsverlust	- 10.000 €

Der anteilige Verschmelzungsverlust ist als a. o. Aufwand sofort ergebniswirksam zu erfassen. Eine Aufteilung der Verschmelzungsdifferenz erfolgt im Ergebnis nicht, da sich aus der Kapitalerhöhung kein Verschmelzungsgewinn oder -verlust ergibt.

Die Übernahmebilanz der Übernehmerin zeigt sich wie folgt:

Übernahmebilanz 01.01.01 in € (BW)

AV	400.000 + 400.000	800.000	GK	160.000 + 60.000	220.000
UV	400.000 + 300.000	700.000	KRL	90.000	90.000
			VV		- 10.000
			FK	550.000 + 650.000	1.200.000
		1.500.000			1.500.000

5.2.3.4 Bare Zuzahlungen und Verschmelzungsaufwendungen bei Buchwertverknüpfung

Auch für die Buchwertverknüpfung ist die Behandlung von baren Zuzahlungen und Verschmelzungsaufwendungen zu untersuchen.

Durch bare Zuzahlungen zum Ausgleich von Spitzenbeträgen ergeben sich keine Änderung der Buchwerte der Überträgerin, so dass die Bewertung unverändert bleibt. Naturgemäß ändert sich jedoch sowohl die Höhe als auch die Zusammensetzung der Verschmelzungsdifferenz durch die bare Zuzahlung.[1434] Da bare Zuzahlungen stets im Zusammenhang mit der Gewährung neuer oder eigener Anteile entstehen, kann aus Vereinfachungsgründen die auf die Gegenleistung bare Zuzahlung entfallende Verschmelzungsdifferenz stets mit der Kapitalrücklage nach § 272 Abs. 2 Nr. 1 HGB verrechnet werden.[1435]

Bare Zuzahlungen nach einem Spruchverfahren führen auch bei der Buchwertverknüpfung sofort zu Aufwand bzw. zu einer Rückstellung.[1436]

Für die Buchwertverknüpfung wird vertreten, sämtliche Verschmelzungsaufwendungen – also objektbezogene, wie bspw. Grunderwerbsteuer und sonstige, wie z. B. Rechts- und Beratungskosten – erfolgswirksam zu erfassen.[1437] Dies entspricht dem Prinzip der Gesamtrechtsnachfolge, bei dem mangels Anschaffungsvorgang keine Anschaffungsnebenkosten entstehen können. In den fiktiven Anschaffungskosten der Buchwertverknüpfung sind die Kosten bereits enthalten und werden nicht gesondert aktiviert.[1438] Vereinzelt wird bei der Buchwertverknüpfung vertreten, zumindest objektbezogene Aufwendungen zu aktivieren, da in § 1 Abs. 1 Nr. 3 GrEStG von einer rechtsgeschäft-

---

1434 Verschmelzungsgewinne werden vermindert bzw. Verschmelzungsverluste erhöht. Vgl. *Widmann* in *Widmann/Mayer*, Umwandlungsrecht, 2002, § 24 UmwG, Rz. 343; *Hörtnagl* in *SHS*, UmwG, 2001, § 24 UmwG, Rz. 79.

1435 Vgl. Abschnitte 5.2.3.3.1.2 und 5.2.3.3.2.1.

1436 Vgl. *Widmann* in *Widmann/Mayer*, Umwandlungsrecht, 2002, § 24 UmwG, Rz. 344.

1437 Vgl. *IDW*, Zweifelsfragen, FN-IDW 1997, S. 183; *Orth*, Umwandlungskosten, GmbHR 1998, S. 513 f.; *Müller* in *Kallmeyer*, UmwG, 2001, § 24, Rz. 3, 13; *Hannappel* in *Goutier*, Umwandlungsrecht, 1996, § 24 UmwG, Rz. 14, 22; *Förschle/Hoffmann* in *Budde/Förschle*, Sonderbilanzen, 2002, I, Rz. 86; *Pfitzer*, WP-Handbuch, 2002, Bd. II, Teil E, Rz. 66; *Naumann*, Anwendung, 1996, S. 704; *Widmann* in *Widmann/Mayer*, Umwandlungsrecht, 2002, § 24 UmwG, Rz. 406.

1438 Vgl. *Angermayer*, Anschaffungskosten, DB 1998, S. 150; *Widmann* in *Widmann/Mayer*, Umwandlungsrecht, 2002, § 24 UmwG, Rz. 314; *Knop/Küting* in *Küting/Weber*, HdR, 1995, § 255 HGB, Rz. 89.

lichen Veräußerung ausgegangen wird.[1439] Diese Mindermeinung ist abzulehnen, weil eine rein steuerliche Fiktion sich nicht auf handelsrechtliche Grundsätze auswirken kann.

Zusammenfassend kann für die Buchwertverknüpfung gem. § 24 UmwG in der Übernahmebilanz der Übernehmerin festgehalten werden: Nur bereits bei der Überträgerin bilanzierte Vermögensgegenstände und Schulden müssen in der Übernahmebilanz angesetzt werden. Als fiktive Anschaffungskosten können nach § 24 UmwG die Buchwerte der Überträgerin angesetzt werden. Bare Zuzahlungen und objektbezogene Verschmelzungsaufwendungen verändern die Bilanzansätze der Übernehmerin nicht. Falls das Restvermögen der Überträgerin (ohne die Beteiligung an der Übernehmerin) negativ ist, ist eine Verschmelzung auch bei Buchwertverknüpfung unzulässig.[1440] Verschmelzungsgewinne sind, sofern die hingegebenen Anteile aus einer Kapitalerhöhung stammen oder eigene Anteile sind, in die Kapitalrücklage einzustellen. Regelmäßig entsteht bei gegenseitiger Beteiligung ein Verschmelzungsgewinn, der einen a. o. Ertrag darstellt.[1441] Entstehende Verschmelzungsverluste sind stets als a. o. Aufwand zu behandeln.[1442]

5.2.4 Zusammenfassender Vergleich der Ergebnisse zum Anschaffungskostenansatz und zur Buchwertverknüpfung

Nach einer kurzen Erläuterung des Begriffs „Übernahmebilanz" und einer intensiven Auseinandersetzung mit dem Wahlrecht in § 24 UmwG erfolgt ein Zwischenfazit. Aufgrund der Komplexität der vorstehenden Ausführungen zum Anschaffungskostenansatz und zur Buchwertverknüpfung ist es notwendig, die wichtigsten Ergebnisse der Abschnitte 5.2.2 und 5.2.3 im Folgenden kurz zusammenzufassen (vgl. Abb. 25).

Zunächst wird die Bewertung nach § 24 UmwG für die verschiedenen Arten der Gegenleistung wiederholt. Die bilanzielle Behandlung von entstehenden Verschmelzungsgewinnen und -verlusten wird sowohl für den Anschaffungskostenansatz als auch für die Buchwertverknüpfung dargestellt.

[1439] Vgl. BFH 15.10.1997, DB 1998, S. 287; *Bula/Schlösser* in *SBB*, Umwandlungen, 2000, K, Rz. 96 letzter Absatz; *Förschle/Hoffmann* in *Budde/Förschle*, Sonderbilanzen, a. F. 1994, F, Rz. 101; *Widmann* in *Widmann/Mayer*, Umwandlungsrecht, 2002, § 24 UmwG, Rz. 406.

[1440] Vgl. auch Tab. 16 in Abschnitt 5.2.4.

[1441] Vgl. auch Tab. 17 in Abschnitt 5.2.4.

[1442] Vgl. auch Tab. 18 in Abschnitt 5.2.4.

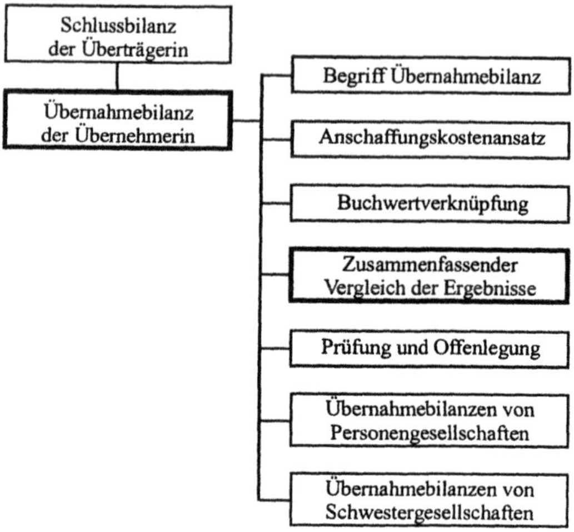

Abb. 25: Stellung des Unterabschnitts 5.2.4

Die Höhe der tatsächlichen Anschaffungskosten nach § 24 UmwG bemessen sich nach der Art der Gegenleistung. Werden den Anteilseignern der Überträgerin als Gegenleistung neue durch Kapitalerhöhung geschaffene oder eigene Anteile gewährt, liegen in deren Zeitwert die Anschaffungskosten. Ist die Übernehmerin zu weniger als 75 % an der Überträgerin beteiligt, bildet ebenfalls der Zeitwert dieser Beteiligung die Anschaffungskosten. Diese Zeitwerte stimmen i. d. R. mit dem anteiligen Unternehmenswert der Überträgerin überein. Bei einer Beteiligung von mindestens 75 % ist der Anschaffungskostenansatz nach § 24 UmwG nur zulässig, wenn der Buchwert der Beteiligung das Überträgerin-Vermögen zu Buchwerten übersteigt. Die Anschaffungskosten werden durch den Beteiligungs-Buchwert bestimmt. Unterschreitet der Beteiligungs-Buchwert das buchmäßige Überträgerin-Vermögen, ist der Anschaffungskostenansatz unzulässig, d. h. das Wahlrecht des § 24 UmwG darf nur im Sinne der Buchwertverknüpfung ausgeübt werden. Ist hingegen die Überträgerin mit weniger als 75 % an der Übernehmerin beteiligt, bildet der Zeitwert dieser Beteiligung, der i. d. R. mit dem anteiligen Unternehmenswert der Übernehmerin und den neu geschaffenen eigenen Anteilen der Übernehmerin übereinstimmt, die Anschaffungskosten. Bei einer Beteiligung von mindestens 75 % ist die Verschmelzung unzulässig, wenn das Restvermögen der Überträgerin zu Buchwerten negativ ist. Ist das Restvermögen jedoch positiv, werden die Anschaffungskosten durch den Buchwert der Beteiligung bzw. der neu geschaffenen eigenen Anteile repräsentiert (vgl. Tab. 16).

Bei der Buchwertverknüpfung des § 24 UmwG bilden stets die Buchwerte der Überträgerin die fiktiven Anschaffungskosten der Übernehmerin.

Die bilanzielle Behandlung eines Verschmelzungsgewinns ist ebenfalls von der Art der Gegenleistung abhängig. Erhalten die Anteilseigner der Überträgerin als Gegenleistung durch Kapitalerhöhung neu geschaffene oder eigene Anteile, ist ein Verschmelzungsgewinn sowohl beim Anschaffungskostenansatz als auch bei der Buchwertverknüpfung in die Kapitalrücklage nach § 272 Abs. 2 Nr. 1 HGB einzustellen. Soweit jedoch ein Verschmelzungsgewinn entsteht, wenn die Übernehmerin an der Überträgerin beteiligt ist, stellt dieser einen a. o. Ertrag dar, der sofort ergebniswirksam vereinnahmt wird. Ist hingegen die Überträgerin an der Übernehmerin beteiligt, hängt die bilanzielle Behandlung eines Verschmelzungsgewinns von der Ausübung des Wahlrechts nach § 24 UmwG ab. Wurde der Anschaffungskostenansatz gewählt, ist der Verschmelzungsgewinn in die Kapitalrücklage nach § 272 Abs. 2 Nr. 1 HGB einzustellen. Bei der Buchwertverknüpfung wird dagegen ein entstehender Verschmelzungsgewinn als a. o. Ertrag behandelt (vgl. Tab. 17).

Entsteht durch die (zulässige) Verschmelzung ein Verschmelzungsverlust, wird dieser unabhängig von der Art der Gegenleistung und unabhängig von der Ausübung des Wahlrechts nach § 24 UmwG stets sofort erfolgswirksam behandelt und als a. o. Aufwand erfasst (vgl. Tab. 18).

Tab. 16: Bewertung nach § 24 UmwG[1443]

		Gegenleistungen								
		Kapitalerhöhung	Eigene Anteile der Übernehmerin	Beteiligung der Übernehmerin an der Überträgerin				Beteiligung der Überträgerin an der Übernehmerin		
				q < 75 %		q ≥ 75 %		p < 75 %	p ≥ 75 %	
				Regelfall: ZW BET(ÜT) ≥ $BW_{ÜT}$	**Sonderfall:** ZW BET(ÜT) < $BW_{ÜT}$	**Regelfall:** BW BET(ÜT) ≥ $BW_{ÜT}$	**Sonderfall:** BW BET(ÜT) < $BW_{ÜT}$		**Neg. Restverm. der ÜT zu BW**	**Positives Restvermögen der ÜT zu BW**
Bewertung nach § 24 UmwG	**Anschaffungskostenansatz**	AK = ZW $\Delta A_{ÜN}$ = AB $\Delta A_{ÜN}$ = ant. $W_{ÜT}$	AK = ZW $EA_{ÜN}$ = ant. $W_{ÜT}$	AK = ZW BET(ÜT) = $q \cdot W_{ÜT}$	Anschaffungskostenansatz unzulässig Nur Buchwertverknüpfung	AK = BW BET(ÜT)	Anschaffungskostenansatz unzulässig Nur Buchwertverknüpfung	AK = ZW $EA_{ÜN}^{neu}$ = ZW BET(ÜN) = $p \cdot W_{ÜN}$	Verschmelzung unzulässig	AK = BW $EA_{ÜN}^{neu}$ = BW BET(ÜN)
	Buchwertverknüpfung	Fiktive AK = $BW_{ÜT}$								Fiktive AK = $BW_{ÜT}$

1443 Vereinfachende Darstellung. Wenn q ≥ 75 % vgl. Sonderfall in Abschnitt 5.2.3.3.3: BET(ÜT) ≥ 90 %, ÜN ist AG und BW BET(ÜT) > BWÜT. Die Buchwertverknüpfung ist unzulässig, der Anschaffungskostenansatz also zwingend. Die Anschaffungskosten betragen AK = BW BET(ÜT).

Tab. 17: Bilanzielle Behandlung von Verschmelzungsgewinnen[1444]

Bilanzielle Behandlung von Verschmelzungsgewinnen			Anschaffungskostenansatz	Buchwertverknüpfung
Gegenleistungen	Kapitalerhöhung		KRL nach § 272 Abs. 2 Nr. 1 HGB	KRL nach § 272 Abs. 2 Nr. 1 HGB
	Eigene Anteile der Übernehmerin		KRL nach § 272 Abs. 2 Nr. 1 HGB	KRL nach § 272 Abs. 2 Nr. 1 HGB
	Beteiligung der Übernehmerin an der Überträgerin	q < 75 %	a. o. Ertrag	a. o. Ertrag
		q ≥ 75 %	Verschmelzungs-differenz entsteht nicht	a. o. Ertrag
	Beteiligung der Überträgerin an der Übernehmerin	p < 75 %	Verschmelzungs-differenz entsteht nicht	a. o. Ertrag
		p ≥ 75 %	Verschmelzungs-differenz entsteht nicht	a. o. Ertrag

1444 Vereinfachende Darstellung, sofern Verschmelzung, Anschaffungskostenansatz bzw. Buchwertverknüpfung zulässig ist.

Tab. 18: Bilanzielle Behandlung von Verschmelzungsverlusten[1445]

Bilanzielle Behandlung von Verschmelzungsverlusten		Gegenleistungen					
		Kapitalerhöhung	**Eigene Anteile der Übernehmerin**	**Beteiligung der Übernehmerin an der Überträgerin**		**Beteiligung der Überträgerin an der Übernehmerin**	
				$q < 75\,\%$	$q \geq 75\,\%$	$p < 75\,\%$	$p \geq 75\,\%$
	Anschaffungskostenansatz	a. o. Aufwand	a. o. Aufwand	a. o. Aufwand	Verschmelzungsdifferenz entsteht nicht	Verschmelzungsdifferenz entsteht nicht	Verschmelzungsdifferenz entsteht nicht
	Buchwertverknüpfung	a. o. Aufwand	a. o. Aufwand	a. o. Aufwand	a. o. Aufwand	a. o. Aufwand	a. o. Aufwand

[1445] Vereinfachende Darstellung, sofern Verschmelzung, Anschaffungskostenansatz bzw. Buchwertverknüpfung zulässig ist.

5.2.5 Prüfung und Offenlegung der „Übernahmebilanz" der Übernehmerin

Analog zur Schlussbilanz der Überträgerin ist auch für die Übernahmebilanz der Übernehmerin kurz eine eventuelle Prüfungs- und Offenlegungspflicht zu erläutern (vgl. Abb. 26).

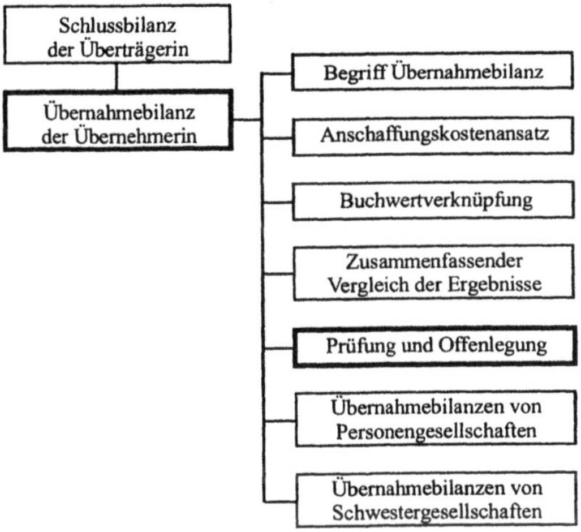

Abb. 26: Stellung des Unterabschnitts 5.2.5

Die Vorschriften §§ 316 ff. HGB zur Prüfung[1446] und §§ 325 ff. HGB zur Offenlegung gelten selbstverständlich auch für den Jahresabschluss, in dem die Verschmelzung durch Aufnahme gem. § 2 Nr. 1 UmwG als Geschäftsvorfall erfasst wurde. Die Prüfungspflicht besteht gem. § 316 Abs. 1 HGB nur für große und mittelgroße Kapitalgesellschaften i. S. v. § 267 Abs. 2-3 HGB sowie für bestimmte Personenhandelsgesellschaften nach § 264a HGB.[1447] Die Einteilung nach Größenklassen erfolgt auf der Wertbasis des abgelaufenen Geschäftsjahrs. Da sich die Werte des abgelaufenen Geschäftsjahrs nur auf die Übernehmerin beziehen, sind die Umsatzerlöse und die

---

[1446] Die Jahresabschlussprüfung nach HGB muss streng von der Gründungsprüfung nach AktG unterschieden werden.

[1447] Vgl. *Pfitzer*, WP-Handbuch, 2002, Bd. II, Teil E, Rz. 38. Prüfungspflichten für Kreditinstitute, Versicherungsunternehmen und Genossenschaften bleiben hier außer Betracht. Dasselbe gilt für Prüfungspflichten für Personenhandelsgesellschaften nach PublG. Freiwillige oder lediglich nach Satzung/Gesellschaftsvertrag vorgeschriebene Jahresabschlussprüfungen führen nicht zu einer Prüfungspflicht der Schlussbilanz.

Arbeitnehmer der Überträgerin zu addieren.[1448] Eine gesondert aufgestellte Übernahmebilanz ist jedoch wie die Eröffnungsbilanz weder prüfungs- noch offenlegungspflichtig.

Bei der Verschmelzung durch Neugründung stellt die Übernehmerin eine Eröffnungsbilanz gem. § 2 Nr. 2 UmwG i. V. m. § 242 Abs. 1 HGB auf. Diese Eröffnungsbilanz ist weder zu prüfen noch offen zu legen, denn beides erfolgt mit dem ersten folgenden Jahresabschluss.[1449] Davon unberührt bleibt eine Gründungsprüfung nach §§ 33, 34 AktG.[1450] Ausnahmsweise kann bei einer Verschmelzung durch Aufnahme durch § 67 UmwG i. V. m. § 52 AktG eine Nachgründungs-Prüfungspflicht ausgelöst werden, wenn die Übernehmerin nicht mehr als zwei Jahre vor dem Verschmelzungsbeschluss ins Handelsregister eingetragen wurde.[1451] Im Fall der Verschmelzung durch Neugründung löst § 75 UmwG ggf. eine Gründungs-, Sacheinlageprüfung bzw. Sachübernahmeprüfung aus.[1452] Für die Prüfung und Offenlegung des nachfolgenden Jahresabschlusses gelten die auf der Wertbasis des abgelaufenen Geschäftsjahrs bestimmten Größenklassen des § 267 Abs. 2-3 HGB. Hierbei werden die Umsatzerlöse und Arbeitnehmer nicht hochgerechnet.[1453]

5.2.6 Bilanzierung der Verschmelzung unter Beteiligung von Personenhandelsgesellschaften

Die bisherigen Ausführungen bezogen sich auf die Übernahmebilanz einer übernehmenden Kapitalgesellschaft. Nach § 3 Abs. 1 Nr. 1 UmwG ausdrücklich zugelassen sind jedoch auch Personenhandelsgesellschaften[1454] als übernehmende Rechtsträger. Für übernehmende Personenhandelsgesellschaften ergeben sich deutliche Unterschiede in der Bilanzierung nach § 24 UmwG, die im Folgenden in Abhängigkeit von der Gegenleistung untersucht werden (vgl. Abb. 27).

1448 Vgl. *Förschle/Hoffmann* in *Budde/Förschle*, Sonderbilanzen, 2002, I, Rz. 8; *Budde/Karig* in *Budde*, BBK, 1999, § 267 HGB, Rz. 27; *ADS*, Rechnungslegung, 1997, § 267 HGB, Rz. 22.

1449 Vgl. *Widmann* in *Widmann/Mayer*, Umwandlungsrecht, 2002, § 24 UmwG, Rz. 268, 269, 280; *Förschle/Kropp* in *Budde/Förschle*, Sonderbilanzen, 2002, D, Rz. 254, 261.

1450 Vgl. *Förschle/Kropp* in *Budde/Förschle*, Sonderbilanzen, 2002, D, Rz. 255-256.

1451 Vgl. *Angermayer*, Prüfung, WPg 1995, S. 683-685.

1452 Vgl. *Angermayer*, Prüfung, WPg 1995, S. 683 f., 686 f.

1453 Vgl. *Förschle/Hoffmann* in *Budde/Förschle*, Sonderbilanzen, 2002, I, Rz. 8; *Budde/Karig* in *Budde*, BBK, 1999, § 267 HGB, Rz. 28 Abs. 2; a. A. *ADS*, Rechnungslegung, 1997, § 267 HGB, Rz. 22.

1454 Außerdem PartG und EWIV, vgl. Abschnitt 2.2.

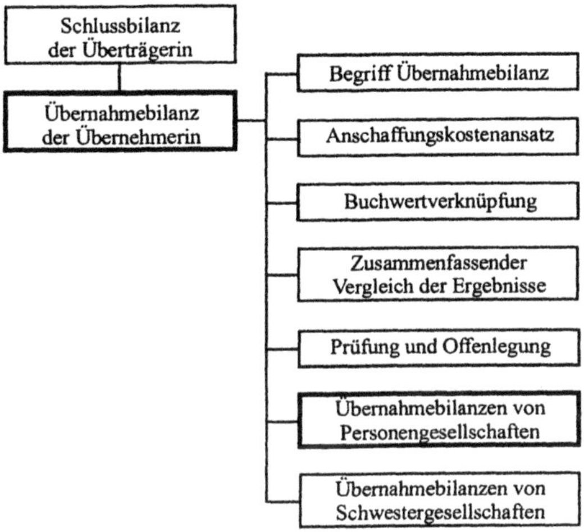

Abb. 27: Stellung des Unterabschnitts 5.2.6

Für bestimmte Personenhandelsgesellschaften nach § 264a HGB, bei denen nicht wenigstens eine natürliche Person persönlich haftet, gelten die strengeren Vorschriften zum Jahresabschluss für Kapitalgesellschaften entsprechend. Außerdem kann eine Prüfungs- und Offenlegungspflicht nach HGB bestehen. Für diese bestimmten Personenhandelsgesellschaften wird auf die vorangegangenen Ausführungen in den Abschnitten 5.2.2 bis 5.2.4 zur Übernahmebilanz der Übernehmerin verwiesen. Für diejenigen Personenhandelsgesellschaften, die zumindest nach der Verschmelzung die Größenmerkmale überschritten haben, gelten die Vorschriften des PublG, das ebenfalls eine Prüfungs- und Offenlegungspflicht auslösen kann.

Für andere übernehmende Personenhandelsgesellschaften, die nicht unter § 264a HGB fallen, gelten die nachfolgenden Ausführungen.

Sofern die übernehmende Personenhandelsgesellschaft den Anteilseignern neue Anteile gewährt und nach § 24 UmwG den Anschaffungskostenansatz wählt, gelten die Ausführungen in Abschnitt 5.2.2.3.1. entsprechend.[1455] Die Anschaffungskosten werden durch den Zeitwert der festgesetzten Kapitalanteile bestimmt, der im Regelfall dem Zeitwert des übertragenen Vermögens entspricht. Jedoch können die Anteilseigner den Einlagewert bis zur Obergrenze des Zeitwerts des übertragenen Vermögens frei vereinbaren,

---

[1455] Vgl. *Ellrott/Gutike* in *Budde*, BBK, 1999, § 255, Rz. 158. Vgl. zu Sacheinlagen bei Personenhandelsgesellschaften *IDW*, Bilanzierung, WPg 1991, S. 334. Zu beachten ist, dass steuerlich die Beteiligung an einer Personenhandelsgesellschaft kein eigenständiges Wirtschaftsgut ist, sondern die Verkörperung eines Anteils an sämtlichen zum Gesellschaftsvermögen gehörenden Wirtschaftsgütern; vgl. BFH 25.02.1991, BStBl. II 1991, S. 691 ff.; *Weber-Grellet* in *Schmidt, L.*, EStG, 2002, § 5 Rz. 270 „Beteiligung an PersGes" (1).

was für die Bilanzierung bindend ist.[1456] Überbewertungen von Sacheinlagen müssten in der Übernahmebilanz wegen des Niederstwertprinzips (§ 252 Abs. 1 Nr. 4, § 253 HGB) durch Abschreibungen rückgängig gemacht werden. Einlagen eines Kommanditisten werden maximal zum Zeitwert des eingebrachten Vermögens angesetzt, in Höhe der nicht erbrachten Einlage haftet er persönlich gem. § 171 Abs. 1 HGB.[1457] Unterbewertungen sind hingegen für Sacheinlagen in Personenhandelsgesellschaften möglich.[1458] Durch das Fehlen von Nennbeträgen müssen bereits im Verschmelzungsvertrag die Kapitalkonten der Anteilseigner entsprechend ihrer Beteiligungsquote an die Wertverhältnisse der Sacheinlage angepasst werden.[1459] Steuerliche Ergänzungsbilanzen sind im Handelsrecht nicht zulässig.[1460] Dadurch kann sich auch im Fall einer Verschmelzung auf Personenhandelsgesellschaften eine Verschmelzungsdifferenz zwischen den vereinbarten Anschaffungskosten und dem festgelegten Kapitalkonto ergeben. Die Behandlung einer solchen Verschmelzungsdifferenz erfolgt erfolgsneutral je nach Vereinbarung durch Einbuchung von festem oder variablem Kapital, gesamthänderisch gebundenen Rücklagen oder einer Verbindlichkeit der Gesellschaft gegenüber den Anteilseignern der Überträgerin.[1461] Nach a. A. entsteht in Höhe der Differenz ein ertragswirksamer Verschmelzungsgewinn.[1462] Die Ausführungen zur Aufteilung der Anschaffungskosten bei Kapitalgesellschaften auf die einzelnen Vermögensgegenstände und Schulden der Überträgerin gelten für Personenhandelsgesellschaften entsprechend.[1463]

Wählt die übernehmende Personenhandelsgesellschaft die Buchwertverknüpfung des § 24 UmwG, wird auf Abschnitt 5.2.3.3.1 verwiesen. Die Höhe von baren Zuzahlungen nach § 5 Abs. 1 Nr. 3 UmwG ist bei übernehmenden Personenhandelsgesellschaften nicht begrenzt, wodurch eine Regelung im Gesellschaftsvertrag erforderlich ist, die die Behandlung des übersteigenden Betrags bestimmt.[1464] Bei Personenhandelsgesellschaften wird das Agio den Kapitalkonten der Anteilseigner entsprechend ihrer Beteiligungsquote zugewiesen oder in eine gesamthänderisch gebundene Rücklage eingestellt.[1465]

Personenhandelsgesellschaften können von Natur aus keine eigenen Anteile an sich selber erwerben oder halten, so dass sie auch nicht als Gegenleistung im Verschmelzungsfall eingesetzt werden können.

1456 Vgl. *Müller* in *Kallmeyer*, UmwG, 2001, § 24, Rz. 21; *Pfitzer*, WP-Handbuch, 2002, Bd. II, Teil E, Rz. 77.

1457 Vgl. *Förschle/Hoffmann* in *Budde/Förschle*, Sonderbilanzen, 2002, I, Rz. 3.

1458 Hierfür spricht das Argument, dass § 253 Abs. 4 HGB für Personenunternehmen auch in anderen Fällen Abschreibungen im Rahmen vernünftiger kaufmännischer Beurteilung zulässt. Vgl. *Müller* in *Kallmeyer*, UmwG, 2001, § 24, Rz. 21.

1459 Vgl. *Bula/Schlösser* in *SBB*, Umwandlungen, 2000, K, Rz. 51.

1460 So aber *Bula/Schlösser* in *SBB*, Umwandlungen, 2000, K, Rz. 51.

1461 Vgl. *Förschle/Hoffmann* in *Budde/Förschle*, Sonderbilanzen, 2002, I, Rz. 45; *Widmann* in *Widmann/Mayer*, Umwandlungsrecht, 2002, § 24 UmwG, Rz. 379, 334.

1462 Vgl. *Pfitzer*, WP-Handbuch, 2002, Bd. II, Teil E, Rz. 77.

1463 Vgl. *Förschle/Hoffmann* in *Budde/Förschle*, Sonderbilanzen, 2002, I, Rz. 48 letzter Abs.

1464 Vgl. *IDW*, Zweifelsfragen, FN-IDW 1997, S. 183.

1465 Vgl. *Bula/Schlösser* in *SBB*, Umwandlungen, 2000, K, Rz. 84; *Widmann* in *Widmann/Mayer*, Umwandlungsrecht, 2002, § 24 UmwG, Rz. 379, 334.

Hält die übernehmende Personenhandelsgesellschaft eine Beteiligung an der Überträgerin, können insoweit Probleme bei Bestimmung der Anschaffungskosten auftreten, wenn jene den Anschaffungskostenansatz nach § 24 UmwG wählt. Da bei Verschmelzungen unter Beteiligung von Personenhandelsgesellschaften grundsätzlich einstimmige Beschlüsse gefasst werden müssen, zumindest aber eine Dreiviertelmehrheit erreicht werden muss,[1466] lassen sich die Ausführungen aus Abschnitt 5.2.2.3.3 sinngemäß übertragen: Hält die Übernehmerin 100 % der Anteile an der übertragenden Personenhandelsgesellschaft, liegt kein Leistungsaustausch vor. Die Anschaffungskosten werden durch den Buchwert der Beteiligung gebildet. Sofern die Beteiligung jedoch unter 100 % liegt, sind analog zum Tausch die Anschaffungskosten in dem Zeitwert der Beteiligung zu sehen.

Ist hingegen die Überträgerin an der übernehmenden Personenhandelsgesellschaft beteiligt, werden aus der Beteiligung der Überträgerin für eine logische Sekunde quasi-eigene Anteile, die sogleich zwingend in voller Höhe an die Anteilseigner der Überträgerin auszugeben sind. Im Ergebnis werden der Beteiligungsbuchwert und das der Beteiligungsquote entsprechende Kapital gegeneinander ausgebucht; eine Differenz wird erfolgswirksam behandelt. Dies gilt gleichermaßen für die Wahl des Anschaffungskostenansatzes oder der Buchwertverknüpfung.[1467] Der Betrag der Einlage eines jeden Anteilseigners ist im Verschmelzungsvertrag gem. § 40 Abs. 1 S. 2 UmwG festzusetzen.[1468]

5.2.7 Übernahmebilanz bei Verschmelzung von Schwestergesellschaften

Die bilanzielle Behandlung einer Konzernverschmelzung bei der Übernehmerin wurden für die Bereiche Up-stream Merger und Down-stream Merger bereits diskutiert.[1469] Der Betrachtung von Besonderheiten in der Übernahmebilanz bei einer Verschmelzung von Schwestergesellschaften ist der folgende Abschnitt (vgl. Abb. 28) gewidmet.[1470] Dabei wird gesondert auf den Anschaffungskostenansatz und die Buchwertverknüpfung eingegangen.

1466 Siehe § 43 Abs. 1-2 UmwG.

1467 Vgl. Abschnitt 5.2.2.3.4 und 5.2.3.3.4.

1468 Vgl. *Widmann* in *Widmann/Mayer*, Umwandlungsrecht, 2002, § 24 UmwG, Rz. 351.

1469 Vgl. hierzu Abschnitte 5.2.2.3.3, 5.2.2.3.4, 5.2.3.3.3 und 5.2.3.3.4. Wenn für Minderheiten eine Kapitalerhöhung notwendig wird oder eigene Anteile hingegeben werden, gelten die dortigen Ausführungen.

1470 In diesem Abschnitt wird lediglich der Einzelabschluss der übernehmenden Schwestergesellschaft betrachtet. Vgl. zu Konzernabschluss Abschnitt 5.4.

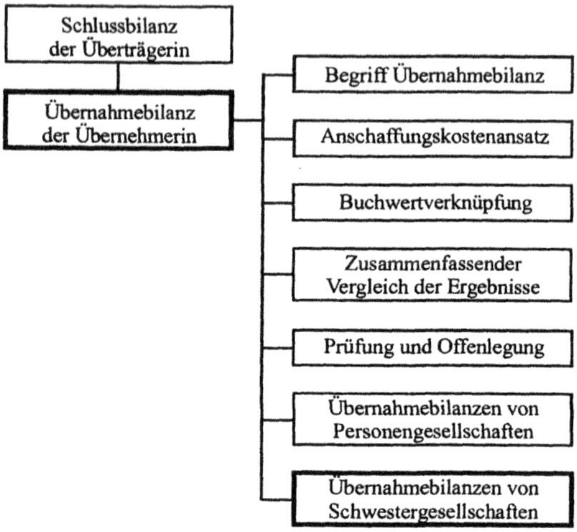

Abb. 28: Stellung des Unterabschnitts 5.2.7

Die Verschmelzung zwischen Schwestergesellschaften vollzieht sich nach allgemeinen Grundsätzen und wurde in ihrem Ablauf bereits in den Abschnitten 2.3 und 3.7 erläutert. Besonderes Gewicht ist auf die Angemessenheit des Umtauschverhältnisses zu legen, damit trotz der starken Stellung des Mutterunternehmens Minderheiten nicht benachteiligt werden. Grundsätzlich sind den Anteilseignern der Überträgerin (das sind neben dem Mutterunternehmen auch außenstehende Minderheiten des übertragenden Tochterunternehmens) Anteile an der Übernehmerin (also an dem übernehmenden Tochterunternehmen) zu gewähren.

Bei der Verschmelzung von Schwestergesellschaften ist umstritten, ob ein Anteilstausch und damit eine Kapitalerhöhung notwendig ist. Nach einer Auffassung ist die Kapitalerhöhung zumindest insoweit nicht erforderlich, als das Mutterunternehmen an dem übertragenden Tochterunternehmen beteiligt ist.[1471] Demnach ist die Verschmelzung von Schwestergesellschaften mit einer Einbringung der Beteiligung des Mutterunternehmens an dem übertragenden Tochterunternehmen in das übernehmende Tochterunternehmen vergleichbar. Dieser Auffassung kann indes nicht zugestimmt werden, denn die Verschmelzung von Schwestergesellschaften vollzieht sich wie jede andere Verschmelzung auch, ohne dass es eine Rolle spielt, wer die Anteilseigner der zu verschmelzenden Gesellschaften sind.

Die übernehmende Schwestergesellschaft muss vielmehr Anteile an die Anteilseigner (Mutterunternehmen und Mindereheiten) der übertragenden Schwestergesellschaft au-

---

[1471] Vgl. LG München I, 22.01.1998, BB 1998, S. 2331 f.; *Priester*, Kapitalerhöhung, BB 1985, S. 363 ff.; *Kahling*, Bilanzierung, 1999, S. 79 f.; *Bula/Schlösser* in *SBB*, Umwandlungen, 2000, K, Rz. 63; *Krieger*, Konzern, ZGR 1990, S. 522 f.

kehren, damit der Verschmelzungsvertrag nach § 5 Abs. 1 Nr. 2-5 UmwG wirksam ist. Diese Anteile können aus einer Kapitalerhöhung bzw. aus eigenen Anteilen der übernehmenden Schwestergesellschaft stammen. Sofern keine eigenen Anteile vorhanden sind, ist grundsätzlich eine Kapitalerhöhung erforderlich. §§ 54, 68 UmwG schaffen Ausnahmen von der Notwendigkeit der Kapitalerhöhung in bestimmten Fällen. Darunter fällt jedoch nicht die Verschmelzung von Schwestergesellschaften, weil die übernehmende Schwestergesellschaft selbst keine Anteile an der übertragenden hält. Die Bestimmungen der §§ 54, 68 UmwG dürfen auch bei der Verschmelzung von Schwestergesellschaften m. E. nicht vernachlässigt werden. Daher ist der Auffassung zuzustimmen, nach der unter Verweis auf § 5 Abs. 1 Nr. 2-5 UmwG und §§ 54, 68 UmwG eine Kapitalerhöhung als zwingend angesehen wird.[1472] Der Nennwert der Kapitalerhöhung bestimmt sich nach dem gezeichneten Kapital der Überträgerin und dem Umtauschverhältnis.[1473] Letztlich entsteht daraus für das Mutterunternehmen ein höheres Haftungsrisiko, da den Gläubigern der übernehmenden Schwestergesellschaft ein höheres Grund- oder Stammkapital zur Verfügung steht.[1474]

Es bleibt den Beteiligten unbenommen, die von der Literatur entwickelten Alternativen zur Vermeidung einer Kapitalerhöhung durchzuführen. Das Mutterunternehmen könnte seine Beteiligung an dem übertragenden Tochterunternehmen vor der Verschmelzung auf das übernehmende Tochterunternehmen übertragen und erst anschließend einen Upstream Merger durchführen.[1475] Dies führt i. d. R. steuerlich jedoch gem. § 20 UmwStG Umk. zur Aufdeckung stiller Reserven, wenn keine Anteile als Gegenleistung gewährt werden.[1476] Diese negative Wirkung könnte durch eine Einbringung zu Buchwerten gegen Gewährung neuer Anteile verhindert werden, so dass lediglich eine Kapitalerhöhung in Höhe der Buchwerte erforderlich wäre.[1477] Weiterhin wird vorgeschlagen, die Verschmelzung mit einem frei vereinbarten Umtauschverhältnis durchzuführen, das die geringstmögliche Kapitalerhöhung notwendig macht; sog. „nichtverhältniswahrende“[1478] Verschmelzung. Durch die beherrschende Stellung des Mutterunternehmens ist diese Methode jedoch sehr Willkür behaftet, weshalb sie m. E. ebenfalls unzulässig ist.

1472 Vgl. *Bundesregierung*, Begründung, BR-Drs. 75/94, S. 101; OLG Hamm 20.04.1988, GmbHR 1988, S. 395 f.; OLG Frankfurt 10.03.1998, DB 1998, S. 917; *Fischer, M.*, Verschmelzung, DB 1995, S. 490; *Kahling*, Bilanzierung, 1999, S. 34 ff.; Diskussion bei *Sagasser/Ködderitzsch* in *SBB*, Umwandlungen, 2000, J, Rz. 159 m. w. N.

1473 Vgl. ebenso: *Bundesregierung*, Begründung, BR-Drs. 75/94, S. 101; *Priester*, Neues, 1996, S. 133; a. A. (geringere Kapitalerhöhung) *Kowalski*, Kapitalerhöhung, GmbHR 1996, S. 159 f.; *Fischer, M.*, Verschmelzung, DB 1995, S. 490.

1474 Vgl. *Sagasser/Ködderitzsch* in *SBB*, Umwandlungen, 2000, J, Rz. 159.

1475 Vgl. *Kowalski*, Kapitalerhöhung, GmbHR 1996, S. 159, 161; *Priester*, Neues, 1996, S. 133.

1476 Vgl. kritisch *Sagasser/Ködderitzsch* in *SBB*, Umwandlungen, 2000, J, Rz. 160.

1477 Siehe § 20 UmwStG; vgl. *Sagasser/Ködderitzsch* in *SBB*, Umwandlungen, 2000, J, Rz. 160.

1478 *Sagasser/Ködderitzsch* in *SBB*, Umwandlungen, 2000, J, Rz. 161.

5.2.7.1 Anschaffungskostenansatz bei Verschmelzung von Schwestergesellschaften

Die Ermittlung der Anschaffungskosten nach § 24 UmwG für das übertragene Vermögen erfolgt grundsätzlich wie bereits für die Kapitalerhöhung in Abschnitt 5.2.2.3.1 beschrieben. Demnach liegen die Anschaffungskosten im Zeitwert der neu geschaffenen Anteile und stimmen mit dem anteiligen Unternehmenswert der übertragenden Schwestergesellschaft überein.

Hält das Mutterunternehmen mindestens 75 % der Anteile an der übertragenden Schwestergesellschaft, beeinflusst es das Zustandekommen der Verschmelzung und damit mittelbar auch das Umtauschverhältnis und die Wertfindung entscheidend. Aus Sicht der Minderheitsgesellschafter der übertragenden Schwestergesellschaft ist die Verschmelzung auf eine übernehmende Schwestergesellschaft mit der Verschmelzung auf das Mutterunternehmen vergleichbar. Daher sind die zur Beteiligung der Übernehmerin an der Überträgerin entwickelten Grundsätze analog anzuwenden, nach denen in bestimmten Sonderfällen nur die Buchwertverknüpfung zulässig ist.[1479] Der Buchwert der Beteiligung an der übertragenden Schwestergesellschaft, der i. d. R. mit den ursprünglichen Anschaffungskosten, die die das Mutterunternehmen gezahlt hat, überein stimmt, kann ersatzweise als anteilige Anschaffungskosten herangezogen werden.

Werden eigene Anteile der übernehmenden Schwestergesellschaft als Gegenleistung hingegeben,[1480] bildet grundsätzlich der Zeitwert der eigenen Anteile die Anschaffungskosten nach § 24 UmwG.

Sofern die Schwestergesellschaften untereinander Beteiligungen halten, kann davon ausgegangen werden, dass die gegenseitigen Beteiligungsquoten unter 75 % liegen, da das Mutterunternehmen zu mindestens 50 % an beiden Tochterunternehmen beteiligt ist. Für diesen Fall treten grundsätzlich die Folgen der Abschnitte 5.2.2.3.3 und 5.2.2.3.4 ein, wonach die Anschaffungskosten in den Zeitwerten der Beteiligung liegen.

Bei der Wahl des Anschaffungskostenansatzes entstehende bilanzielle Verschmelzungsdifferenzen werden nach den bisher entwickelten Grundsätzen beurteilt.

5.2.7.2 Buchwertverknüpfung bei Verschmelzung von Schwestergesellschaften

Die Buchwertverknüpfung des § 24 UmwG ist aus Gründen der Objektivität im Fall der Verschmelzung von Schwestergesellschaften m. E. vorzuziehen. Als fiktive Anschaffungskosten werden die Buchwerte der Vermögensgegenstände und Schulden der übertragenden Schwestergesellschaft angesetzt. Dies entspricht auch internationalen Rechnungslegungsvorschriften, wonach derartige Transactions under Common Control

---

[1479] Vgl. Abschnitt 5.2.2.3.3.

[1480] Vgl. dazu *Kahling*, Bilanzierung, 1999, S. 79.

– die gerade nicht unter Business Combinations fallen – nur zu Buchwerten angesetzt werden dürfen.[1481]

Bei Wahl der Buchwertverknüpfung verbleibt in der Übernahmebilanz regelmäßig eine sog. Verschmelzungsdifferenz:

	übernommenes anteiliges Reinvermögen der übertragenden Schwestergesellschaft zu Buchwerten	
-	Nennwert der Kapitalerhöhung	
-	Buchwert der eigenen Anteile der übernehmenden Schwestergesellschaft	
-	Buchwert der gegenseitigen Beteiligung	
=	Verschmelzungsgewinn/-verlust	(81)

Die Verschmelzungsdifferenz ist nach Art der Gegenleistung zu analysieren und nach den bereits entwickelten Grundsätzen in der Übernahmebilanz abzubilden.

Im Folgenden wird für die verschiedenen Arten von Gegenleistungen die Bewertung nach § 24 UmwG für den Fall der Verschmelzung von Schwestergesellschaften zusammenfassend dargestellt (vgl. Tab. 19).

Tab. 19: Bewertung nach § 24 UmwG bei Verschmelzung von Schwestergesellschaften

		Gegenleistungen				
		Kapitalerhöhung		**Eigene Anteile der übernehmenden Schwester**	**< 75 % Beteiligung der übernehmenden Schwester an der übertragenden Schwester**	**< 75 % Beteiligung der übertragenden Schwester an der übernehmenden Schwester**
		wenn Beteiligung der Mutter an der übertragenden Schwester < 75 %	**wenn Beteiligung der Mutter an der übertragenden Schwester ≥ 75 %**			
Bewertung nach § 24 UmwG	**Anschaffungskostenansatz**	AK $= ZW\ \Delta A_{ÜN}$ $= AB\ \Delta A_{ÜN}$ $=$ ant. $W_{ÜT}$	wie Abschnitt 5.2.2.3.3	AK $= ZW\ EA_{ÜN}$ $=$ ant. $W_{ÜT}$	wie Abschnitt 5.2.2.3.3	wie Abschnitt 5.2.2.3.4
	Buchwertverknüpfung	Fiktive AK $= BW_{ÜT}$				

1481 Vgl. SFAS 161 Appendix D11 ff.; IAS 22.7 (a); aber ED 3, par. 3 (b), 8 ff. Vgl. *Hannappel/ Kneisel*, Bilanzierung, WPg 2001, S. 705-708.

5.3 Bilanzierung beim Anteilseigner der Überträgerin

Außenstehende Anteilseigner erhalten anstelle ihrer Beteiligung an der Überträgerin durch die Verschmelzung eine Beteiligung an der Übernehmerin und ggf. eine bare Zuzahlung. Hält ein Anteilseigner die Anteile an der Überträgerin im Betriebsvermögen, muss die Verschmelzung und damit der Tausch von Anteilen in seinem Jahresabschluss abgebildet werden. Es gilt, aus Sicht des Anteilseignes der Überträgerin die Anschaffungskosten für die neuen Anteile an der Übernehmerin zu bestimmen. Soweit der Anteilseigner für den Erhalt der Übernehmerin-Anteile seine Überträgerin-Anteile hingegeben hat, sind für die Ermittlung der Anschaffungskosten die Grundsätze für Tauschvorgänge anzuwenden, wofür nach h. M. folgendes Wahlrecht besteht: [1482]

- Buchwert der eigenen Leistung (Buchwertfortführung),
- Buchwert der eigenen Leistung plus Ertragsteuerbelastung (ergebnisneutrale Behandlung) und
- Zeitwert der hingegebenen eigenen Leistung, jedoch höchstens bis zum Zeitwert der Gegenleistung (Gewinnrealisierung).

Einzig zutreffend für die Bestimmung der Anschaffungskosten ist m. E. der Zeitwert der hingegebenen Überträgerin-Anteile.[1483] Insgesamt ist der Tausch im Rahmen einer Verschmelzung aus der Sicht der Anteilseigner wirtschaftlich mit einem Verkauf der Überträgerin-Anteile zu vergleichen, so dass ein Gewinn tatsächlich realisiert wird.
Bare Zuzahlungen der Übernehmerin mindern diese Anschaffungskosten, da sie gerade dann bezahlt werden, wenn der Zeitwert der Übernehmerin-Anteile geringer ist als der der Überträgerin-Anteile.
Durch Ausbuchen der Beteiligung an der Überträgerin in Höhe des Buchwerts und Einbuchen der Beteiligung an der Übernehmerin zu den obigen Anschaffungskosten entsteht i. d. R. eine Differenz, die sofort erfolgswirksam zu behandeln ist.[1484]

Die Verschmelzung von Schwestergesellschaften führt im Einzelabschluss des gemeinsamen Mutterunternehmens zu einem Tausch der Beteiligung an der übertragenden Schwestergesellschaft gegen neue Anteile an der übernehmenden Schwestergesellschaft. Im Gegensatz zu den obigen Ausführungen lassen sich in diesem Fall die Zeitwerte der Beteiligung nicht objektiv bestimmen. Insofern liegen analog zu den Grundsätzen der internationalen Rechnungslegung beim Tausch eines ähnlichen Vermögenswerts die Anschaffungskosten des eingetauschten Vermögensgegenstands (neue Anteile an der übernehmenden Schwestergesellschaft) im Buchwert des hingegebenen (Beteiligung an der übertragenden Schwestergesellschaft).[1485]

1482 Vgl. *Bula/Schlösser* in *SBB*, Umwandlungen, 2000, K, Rz. 98; *Budde/Zerwas* in *Budde/Förschle*, Sonderbilanzen, 2002, F, Rz. 126 f.; *Pfitzer*, WP-Handbuch, 2002, Bd. II, Teil E, Rz. 92; *Gelhausen*, WP-Handbuch, 2000, Bd. I, Teil E, Rz. 252; *ADS*, Rechnungslegung, 1995, § 255 HGB, Rz. 89 ff.; *Ellrott/Schmidt-Wendt* in *Budde*, BBK, 1999, § 255 HGB, Rz. 131.

1483 Vgl. Argumente in Abschnitt 5.2.2.3.2.

1484 Vgl. *Budde/Zerwas* in *Budde/Förschle*, Sonderbilanzen, 2002, F, Rz. 125.

1485 Vgl. IAS 16.22.

Die Gegenmeinung, nach der das Mutterunternehmen seine Beteiligung an der übertragenden Schwestergesellschaft zum Buchwert an die übernehmende Schwestergesellschaft abtritt, und sich der Buchwert der Beteiligung an der übernehmenden Schwestergesellschaft um den der übertragenden Schwestergesellschaft erhöht,[1486] ist abzulehnen.

5.4 Abbildung der Verschmelzung im Konzernabschluss

Verschmelzungen können mit einem Konzernabschluss in vielfältiger Weise zusammenhängen: Einerseits kann entweder nur die Übernehmerin oder nur die Überträgerin einem Konsolidierungskreis angehören, dem der jeweils andere Verschmelzungspartner nicht angehört. Andererseits können Übernehmerin und Überträgerin auch demselben Konsolidierungskreis angehören, wobei entscheidend ist, welche Gesellschaft beherrschend ist. Im Folgenden werden in aller Kürze die grundsätzlichen Auswirkungen der Verschmelzung auf den Konzernabschluss vorgestellt.

Weiterhin muss beachtet werden, dass sich aufgrund neuer Eigentumsverhältnisse nach der Verschmelzung einerseits die Konzernzugehörigkeit an sich, andererseits aber auch die Beteiligungsstufe innerhalb der Konzernunternehmen verändern kann.

Im Konzernabschluss ist die Vermögens-, Finanz- und Ertragslage der einbezogenen Unternehmen gem. § 277 Abs. 3 S. 1 HGB so darzustellen, als ob sie ein einziges Unternehmen wären. Anstelle von Beteiligungen werden im Konzernabschluss die Vermögensgegenstände und Schulden der einbezogenen Unternehmen ausgewiesen, bereinigt um konzerninterne Beziehungen.

5.4.1 Übernehmerin ist Konzernunternehmen

Gehörte die Übernehmerin vor der Verschmelzung als Mutterunternehmen zu einem Konsolidierungskreis nach § 294 HGB, ändert sich hieran durch die Verschmelzung nichts. Grundlage für den Konzernabschluss bildet der nach der Verschmelzung aufgestellte umfangreichere Einzelabschluss der Übernehmerin.

Falls die Übernehmerin jedoch vor der Verschmelzung ein abhängiges Konzernunternehmen war, ist zunächst zu überprüfen, ob sich ihre Stellung aufgrund der neuen Eigentumsverhältnisse verändert hat. War die Übernehmerin bspw. vor der Verschmelzung ein 60 %iges Tochterunternehmen gem. § 290 Abs. 2 Nr. 1 HGB, könnte die Beteiligungsquote durch die Verschmelzung auf 40 % gesunken sein, so dass die Übernehmerin unter den Voraussetzungen der §§ 311 f. HGB lediglich als assoziiertes Unternehmen in den Konzernabschluss einzubeziehen wäre.[1487]

1486 Vgl. *Bula/Schlösser* in *SBB*, Umwandlungen, 2000, K, Rz. 99.

1487 Vgl. ausführlich zur Verschmelzung eines konzernfremden Unternehmens auf ein Konzernunternehmen *Griesar*, Verschmelzung, 1998, S. 65 ff.

5.4.2 Überträgerin ist Konzernunternehmen

Ist die Überträgerin Konzernunternehmen, so geht sie durch die Verschmelzung unter, und kann auch nicht mehr zu dem Konsolidierungskreis gehören, dem sie vor der Verschmelzung angehörte.

War die Überträgerin vorher beherrschendes Unternehmen, ist zu prüfen, ob die Übernehmerin an ihrer Stelle die Rolle des Mutterunternehmens einnimmt. Wird die Übernehmerin nicht Mutterunternehmen, entfällt die Aufstellung eines Konzernabschlusses mit der Überträgerin an der Spitze.

Wird die Übernehmerin hingegen neues Mutterunternehmen, ist neben den Vorschriften des HGB der DRS 4 bei der Bilanzierung von Unternehmenserwerben im Konzernabschluss zu beachten (vgl. Abb. 29), weil die Übernehmerin mit der Verschmelzung einen ganzen Konzern erwirbt. Durch die Verschmelzung ist bspw. das Tochterunternehmen[1488] des übertragenden Mutterunternehmens als neues Tochterunternehmen der Übernehmerin in deren Konzernabschluss einzubeziehen. Der DRS 4 schließt für den Konzernabschluss die Buchwertmethode als Variante der Erwerbsmethode des § 301 Abs. 1 S. 2 Nr. 1 HGB aus.[1489] Einzig zulässig bleibt demnach die Erwerbsmethode in Form der Neubewertungsmethode gem. § 301 Abs. 1 S. 2 Nr. 2 HGB. Lediglich die Interessenzusammenführungsmethode nach § 302 HGB ist noch uneingeschränkt möglich, weil diese vom DRS 4 unberührt bleibt.[1490] Außerdem schließt DRS 4 für den Konzernabschluss auch die Buchwertverknüpfung nach § 24 UmwG aus.[1491] Mit dem DRS 4 liegt indes keine Rechtsnorm vor, sondern die Standards bilden Grundsätze ordnungsmäßiger Buchführung der Konzernrechnungslegung ab.[1492] Bei der Aufstellung des Konzernabschlusses muss das übernehmende Mutterunternehmen die Anschaffungskostenmethode nach § 24 UmwG wählen, um den in DRS 4 verankerten Grundsätzen ordnungsmäßiger Buchführung der Konzernrechnungslegung zu genügen. Dadurch ergibt sich ggf. ein Unterschied zum Einzelabschluss, in dem die Übernehmerin die Buchwertverknüpfung nach § 24 UmwG uneingeschränkt wählen konnte.[1493] Zumindest für Konzernunternehmen erscheint es daher sinnvoll, das Wahlrecht des § 24 UmwG im Einzelabschluss zugunsten des Anschaffungskostenansatzes zu wählen.

[1488] Das in DRS 4 implizit geforderte Control-Verhältnis geht über § 290 Abs. 2 HGB hinaus. Vgl. *Fülbier*, Entwurf, DB 2000, S. 1342.

[1489] Vgl. DRS 4 Rz. 8, 23; *Focken/Lenz*, Spielräume, DB 2000, S. 2441; *Fülbier*, Entwurf, DB 2000, S. 1342 ff.; *Peemöller/Beckmann/Geiger*, Standardentwurf, BB 2000, S. 1081.

[1490] Vgl. DRS 4 Rz. 4; *Peemöller/Beckmann/Geiger*, Standardentwurf, BB 2000, S. 1080 f.; kritisch: *IDW*, E-DRS 4, WPg 2000, S. 618.

[1491] Vgl. kritisch: *IDW*, E-DRS 4, WPg 2000, S. 615-617.

[1492] Siehe § 342 Abs. 2 HGB; vgl. DRS 4 Grundsätzliche Anmerkung; *IDW*, E-DRS 4, WPg 2000, S. 615-617; *Pellens*, Internationale, 2001, S. 593; weiterführend: *Spanheimer*, Internationale, 2002, S. 330 ff. m. w. N.; *Spanheimer*, Problemfelder, WPg 2000, S. 997 ff., kritisch: *Großfeld*, Normschaffung, 2000, S. 49.

[1493] Vgl. zu den resultierenden Bilanzierungsproblemen *IDW*, E-DRS 4, WPg 2000, S. 617.

Die erworbenen Vermögensgegenstände und Schulden sind mit dem Fair value einzeln zu bewerten. Ein positiver Unterschiedsbetrag aus der Kapitalkonsolidierung ist als Goodwill zu aktivieren und über die voraussichtliche Nutzungsdauer abzuschreiben.[1494]

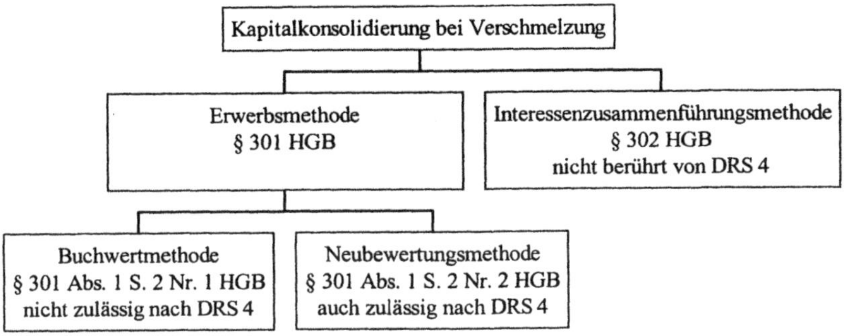

Abb. 29: Kapitalkonsolidierung bei Verschmelzung nach HGB und DRS 4

Falls die Überträgerin lediglich abhängiges Konzernunternehmen war, ist sie aus dem Konzernabschluss durch Endkonsolidierung zu eliminieren. Davon unberührt bleibt die Frage, ob die Übernehmerin nach der Verschmelzung in den Konzernabschluss einzubeziehen ist.

Wenn sowohl Überträgerin als auch Übernehmerin demselben Konsolidierungskreis nach § 294 HGB angehören, ist maßgebend, welche der beiden Gesellschaften Mutterunternehmen des Konzerns ist oder ob es sich um die Verschmelzung von Schwestergesellschaften handelt.

5.4.3 Übernehmerin ist Mutterunternehmen der Überträgerin

Nimmt die Übernehmerin die Stellung eines Mutterunternehmens ein, liegt ein sog. Upstream Merger vor. Die Auswirkung der Verschmelzung auf den Konzernabschluss sind abhängig von der Stufe, den die Überträgerin vor der Verschmelzung im Konzern inne hatte.[1495]

War die Überträgerin ein voll zu konsolidierendes Tochterunternehmen, kommt es durch die Verschmelzung nicht zu einer Endkonsolidierung, die i. d. R. bei Änderungen des Konsolidierungskreises erfolgt. Rechtlich ändert sich zwar der Konsolidierungskreis, wirtschaftlich bleibt der Umfang der einzubeziehenden Vermögensgegenstände

---

1494 Vgl. DRS 4, Rz. 12 ff., 23 ff., 27 ff. Vgl. weiterführend *Fülbier*, Entwurf, DB 2000, S. 1342, 1343; *Peemöller/Beckmann/Geiger*, Standardentwurf, BB 2000, S. 1081 ff.

1495 Vgl. ausführlich zur Behandlung von Up-stream Merger im Konzernabschluss: *Kahling*, Bilanzierung, 1999, S. 126 ff.

und Schulden jedoch unverändert.[1496] Das Reinvermögen aus Konzernsicht bleibt unverändert; es findet kein Anschaffungsvorgang statt. Der Konzernabschluss enthält bereits sämtliche Vermögensgegenstände und Schulden des Tochterunternehmens bzw. der Überträgerin mit den seit der Erstkonsolidierung fortgeführten Werten. Zur Aufstellung des Konzernabschlusses nach der Verschmelzung sind jedoch alle Auswirkungen der Verschmelzung auf den Einzelabschluss der Übernehmerin zu eliminieren. Wurde der Anschaffungskostenansatz des § 24 UmwG gewählt, sind sämtliche Anschaffungskosten der übernommenen Vermögensgegenstände und Schulden sowie ein Geschäfts- oder Firmenwert herauszurechnen. Erfolgte die Verschmelzung zu Buchwerten, sind die Erfolgsauswirkungen in der Handelsbilanz II rückgängig zu machen. Stattdessen werden die Werte aus der Erstkonsolidierung fortgeführt.[1497] Weil kein Anschaffungsvorgang angenommen wird, ist m. E. DRS 4 nicht zu beachten.

Falls der Konzern lediglich aus Übernehmerin und Überträgerin bestand, ist nach der Verschmelzung kein Konzernabschluss mehr aufzustellen.

Falls die Überträgerin bisher nur quotal gem. § 310 HGB konsolidiert wurde, ist zu beachten, dass nach der Verschmelzung die Vermögensgegenstände und Schulden nicht mehr nur anteilig, sondern in voller Höhe in den Konzernabschluss einzubeziehen sind. Die Auswirkungen im Konzernabschluss sind, bezogen auf den bisher nicht konsolidierten Teil, dieselben wie im Einzelabschluss des Mutterunternehmens. Weil insoweit ein Anschaffungsvorgang angenommen wird, muss DRS 4 beachtet werden. Die Behandlung des bisher konsolidierten Teils erfolgt analog zum vollkonsolidierten Tochterunternehmen.[1498]

Für ein assoziiertes Unternehmen, das bisher nach §§ 311 f. HGB at equity bewertet in den Konzernabschluss einbezogen wurde, ist der Equity-Wert als Anschaffungskosten i. S. v. § 24 UmwG heranzuziehen.[1499] Dieser muss m. E. zur korrekten Erfassung nach der Verschmelzung auf die einzelnen Vermögensgegenstände und Schulden des assoziierten Unternehmens aufgeteilt werden.

Auf die Eliminierung der o. g. Auswirkungen kann verzichtet werden, wenn die Verschmelzung für die Vermögens-, Finanz- und Ertragslage des Konzerns von untergeordneter Bedeutung ist.[1500]

5.4.4 Überträgerin ist Mutterunternehmen der Übernehmerin

Ist die Überträgerin Mutterunternehmen und die Übernehmerin abhängiges Unternehmen eines Konzerns, liegt ein sog. Down-stream Merger vor. Die Auswirkung der

---

1496 Vgl. *Widmann* in *Widmann/Mayer*, Umwandlungsrecht, 2002, § 24 UmwG, Rz. 409.

1497 Vgl. *Widmann* in *Widmann/Mayer*, Umwandlungsrecht, 2002, § 24 UmwG, Rz. 409; *Küting/Zündorf*, Verschmelzung, BB 1994, S. 1386 ff.; *Kahling*, Bilanzierung, 1999, S. 130 ff., 285 f.; *Bula/Schlösser* in *SBB*, Umwandlungen, 2000, K, Rz. 101.

1498 Vgl. *Bula/Schlösser* in *SBB*, Umwandlungen, 2000, K, Rz. 102.

1499 Vgl. *Bula/Schlösser* in *SBB*, Umwandlungen, 2000, K, Rz. 102.

1500 Vgl. *Küting/Zündorf*, Verschmelzung, BB 1994, S. 1389.

Verschmelzung auf den Konzernabschluss sind abhängig von der Stufe, den die Übernehmerin vor der Verschmelzung im Konzern inne hatte.[1501]

War die Übernehmerin vor der Verschmelzung einziges Tochterunternehmen der Überträgerin i. S. v. § 290 HGB, ist nach der Verschmelzung kein Konzernabschluss mehr aufzustellen.

Falls das übertragende Mutterunternehmen über weitere abhängige Unternehmen verfügt, muss nach der Verschmelzung ggf. die Übernehmerin als neues Mutterunternehmen den Konzernabschluss aufstellen. Dabei sind die Beteiligungsverhältnisse der abhängigen Unternehmen im Verhältnis zur Übernehmerin maßgebend, so dass sich Änderungen gegenüber der Einbeziehung vor der Verschmelzung ergeben können.

5.4.5 Übernehmerin und Überträgerin sind Schwestergesellschaften

Sind Überträgerin und Übernehmerin Schwestergesellschaften, ändert sich der Konzernabschluss nach der Verschmelzung im Ergebnis nicht gegenüber dem Konzernabschluss vor Verschmelzung. Die übernehmende Schwestergesellschaft bleibt nach der Verschmelzung weiterhin Tochterunternehmen des herrschenden Konzernunternehmens.[1502]

1501 Vgl. ausführlich zur Behandlung von Down-stream Merger im Konzernabschluss: *Kahling*, Bilanzierung, 1999, S. 207 ff.

1502 Vgl. ausführlich zur Behandlung von Side-step Merger im Konzernabschluss: *Kahling*, Bilanzierung, 1999, S. 244 ff.

6 Verschmelzung im Steuerrecht

Die steuerliche Behandlung der Verschmelzung an sich ist nicht Kern dieser Arbeit. Sollte jedoch das Maßgeblichkeitsprinzip Verknüpfungen zwischen den steuerlichen und handelsrechtlichen Bilanzen herstellen, ergäben sich Rückwirkungen auf die Handelsbilanzen im Verschmelzungsfall. Nach einer knappen Einführung in die Systematik des UmwStG wird daher der Maßgeblichkeitsgrundsatz bezogen auf die Verschmelzung untersucht. Abschließend werden kurz die steuerlichen Folgen einer Verschmelzung erörtert.

6.1 Konzeption des UmwStG

Parallel zum UmwG ist auch das UmwStG neu gefasst worden, weil sich das UmwStG a. F. als Umwandlungsbremse gezeigt hatte. Allerdings bleibt es bei der Terminologie und Systematik des alten UmwStG,[1503] eine Anpassung an die Systematik des UmwG ist nicht erfolgt. Dies findet seine Begründung darin, dass das UmwStG grundsätzlich nicht danach unterscheidet, ob die Umwandlung durch Einzel- oder Gesamtrechtnachfolge[1504] vollzogen wird und somit weiter reicht als das UmwG. Stattdessen knüpft das UmwStG aufgrund der unterschiedlichen Besteuerung von Kapitalgesellschaften und Personenunternehmen an die Rechtsform von Überträgerin und Übernehmerin an. Steuerlich ist nicht die Umwandlungsart, sondern ein eventueller steuerlicher Systemwechsel entscheidend.[1505]

Europarechtliche Vorgaben haben kaum Einfluss auf das UmwStG genommen, da einerseits der Vorschlag zur 10. EG-Richtlinie („Internationale Fusionsrichtlinie“) vom 08.01.1985[1506] noch nicht verabschiedet wurde und andererseits die Fusionsbesteuerungsrichtlinie vom 23.07.1990[1507] nur partiell in deutsches Recht umgesetzt wurde.[1508] Grenzüberschreitende Verschmelzungen werden vom UmwStG nicht geregelt.[1509]

Die Verschmelzung einer Kapitalgesellschaft als Überträgerin ist steuerlich als Verschmelzung bzw. als Vermögensübergang zu qualifizieren, die sich im Wege des Anteilstausches vollzieht. Hingegen liegt in der Verschmelzung einer Personenhandelsgesellschaft ein steuerlicher Einbringungsvorgang, der sich zivilrechtlich als Sacheinlage bzw. Sachgründung darstellt.

Die wichtigsten Vorschriften bezogen auf Verschmelzungsfälle werden kurz herausgegriffen: §§ 3-10 UmwStG regeln die steuerlichen Auswirkungen des Vermögensübergangs[1510] auf ein Personenunternehmen, §§ 11-13 UmwStG die Verschmelzung auf eine

---

1503 Vgl. *Meyer-Scharenberg*, Umwandlungsrecht, 1995, S. 11.

1504 Vgl. *Mertens, K.*, Umwandlung, 1993, S. 11.

1505 Vgl. *Budde/Klingberg* in *Budde/Förschle*, Sonderbilanzen, 2002, I, Rz. 105.

1506 Vgl. Rat EG 08.01.1985, Internationale; *Schaumburg*, Grundlagen, 1997, S. 2 f.; *Lutter*, Unternehmensrecht, 1996, S. 61 ff.

1507 Vgl. Rat EG 23.07.1990, Fusionsbesteuerungsrichtlinie; Abschnitt 7.

1508 Vgl. *Hörtnagl* in *SHS*, UmwG, 2001, Einf. UmwStG, Rz. 4.

1509 Vgl. BMF 25.03.1998, UmwSt-Erlass, Tz. 00.03.

1510 Nicht mit „Vermögensübertragung“ i. S. v. §§ 174 ff. UmwG zu verwechseln.

Körperschaft, § 20-23 UmwStG die Einbringung eines Betriebs in eine Kapitalgesellschaft und § 24 UmwStG die Einbringung eines Betriebs in eine Personenhandelsgesellschaft. Für die einzelnen hier betrachteten Verschmelzungsfälle[1511] lassen sich die relevanten Rechtsvorschriften folgendermaßen identifizieren (vgl. Tab. 20):

Tab. 20: Regelungen des UmwStG für Verschmelzungsfälle

Verschmelzung	**Regelung im UmwStG**
von Kapitalgesellschaft auf Kapitalgesellschaft	§§ 1 Abs. 2, 2, 11-13, 19
von Kapitalgesellschaft auf Personenhandelsgesellschaft	§§ 1 Abs. 2, 2, 3-8, 10, 18
von Personenhandelsgesellschaft auf Kapitalgesellschaft	§§ 20-23
von Personenhandelsgesellschaft auf Personenhandelsgesellschaft	§ 24

Das UmwStG regelt ausschließlich die Folgen der Umwandlung in Körperschaft-, Einkommen- und Gewerbesteuer. Dabei hat grundsätzlich das UmwStG als lex specialis Vorrang vor dem EStG, KStG und GewStG.[1512] Ertragsteuerliche Folgen können auf drei Ebenen ausgelöst werden: Auf Ebene der Überträgerin, der Übernehmerin und der Anteilseigner. Der Sinn des UmwStG liegt in der Beseitigung steuerlicher Hürden für betriebswirtschaftlich erwünschte und handelsrechtlich zulässige Strukturveränderungen.[1513] Umstrukturierungen der Organisationsformen von Unternehmen sollen grundsätzlich steuerneutral ermöglicht werden.[1514] Daher werden Ausnahmen für ansonsten regelmäßig steuerpflichtige[1515] Vorgänge formuliert, d. h. es wird so lange auf die Besteuerung der stillen Reserven verzichtet, bis diese endgültig der Besteuerung entzogen werden. Dies geschieht in den überwiegenden Fällen durch die Möglichkeit zur Fortführung der Buchwerte. Letztlich muss indes sichergestellt sein, dass das „richtige" Steuersubjekt am Ende besteuert wird.[1516] Dennoch muss keine wirtschaftliche Rechtfertigung der Verschmelzung erfolgen, um in den Genuss der Steuerneutralität zu kommen. Selbst rein steuerlich motivierte Verschmelzungen fallen unter das UmwStG, sofern dem nicht ausdrückliche Missbrauchsvorschriften im UmwStG entgegenstehen. Für die Anwendung des § 42 AO besteht – entgegen der Auffassung der Finanzverwaltung[1517] – nach h. M. kein Raum.[1518]

1511 Außer Acht gelassen werden soll hier der Ausnahmefall einer Verschmelzung von einer Kapitalgesellschaft auf den Alleingesellschafter gem. §§ 1 Abs. 2, 2, 9, 18 UmwStG.

1512 Vgl. *Patt/Rasche*, Buchwertverknüpfung, DStR 1994, S. 845; *Sauter/Heurung/Babel*, Reserven, DB 2002, S. 1179.

1513 Vgl. *Fraktionen*, Entwurf, BT-Drs. 12/6885, S. 14.

1514 Dies forderte bereits *Herzig*, Rechtsformneutralität, StuW 1988, S. 342.

1515 Veräußerung bzw. Aufgabe eines Betriebs nach § 16 EStG oder Liquidation bzw. Abwicklung nach § 11 KStG auf Seiten der Überträgerin bzw. deren Gesellschaftern.

1516 Vgl. *Bula/Schlösser* in *SBB*, Umwandlungen, 2000, E, Rz. 28; *Budde/Klingberg* in *Budde/Förschle*, Sonderbilanzen, 2002, I, Rz. 105.

1517 Vgl. BMF 25.03.1998, UmwSt-Erlass, Tz. 05.18 - 05.24.

6.2 Verhältnis von UmwG und UmwStG

Die steuerbilanzielle Abbildung einer Verschmelzung unterscheidet sich in zwei wesentlichen Punkten von der handelsrechtlichen: Das Bewertungswahlrecht greift weiter, indem es neben Buch- und Teilwerten auch Zwischenwerte zulässt, und Wahlmöglichkeiten sind von der Rechtsform abhängig. Bevor jedoch auf das Verhältnis von UmwG und UmwStG im Speziellen eingegangen wird, erscheint es notwendig, das allgemeine Maßgeblichkeitsprinzip zu würdigen.

6.2.1 Allgemeine Maßgeblichkeit

Ursprünglich wurde aus Vereinfachungsgründen eine Maßgeblichkeit eingeführt, damit der Kaufmann für seine steuerliche Gewinnermittlung auf die Handelsbilanz verweisen konnte.[1519] Tatsächlich sind die Ziele von Handels- und Steuerbilanz jedoch gegensätzlich: Die Funktion der Steuerbilanz besteht in der Ermittlung einer rein steuerlichen Bemessungsgrundlage für die vergangene Periode, in der sich die Leistungsfähigkeit des Steuersubjekts ausdrückt.[1520] Die Handelsbilanz ist durch Informations- und Ausschüttungsbemessungsfunktion gekennzeichnet und baut auf den Grundfesten des Gläubigerschutzes.[1521] Das Handelsbilanzrecht gerät unter wachsenden Einfluss der internationalen Rechnungslegung.[1522] Nach IAS und US-GAAP sollen Jahresabschlüsse über die Vermögens-, Finanz- und Ertragslage sowie indirekt über den Shareholder value informieren, die wirtschaftliche Leistungsfähigkeit des Unternehmens darstellen und dem Anteilseigner als Entscheidungsgrundlage dienen. Diese zukunftsbezogenen Funktionen werden erst durch Anhang, Lagebericht, Kapitalflussrechnung und Segmentberichterstattung ausreichend erfüllt. Aufgrund der Bilanz und der Gewinn- und Verlustrechnung nach IAS oder US-GAAP werden weder Steuern noch Gewinnausschüttungen bemessen.[1523] Das Maßgeblichkeitsprinzip spielt in der internationalen Rechungslegung kaum eine Rolle.[1524]

Bereits heute sind Tendenzen zur Internationalisierung des Steuerbilanzrechts – mittelbar über das Handels(bilanz)recht,[1525] rein faktisch und unmittelbar – erkennbar.[1526]

1518 Vgl. Diskussion bei *Sagasser* in *SBB*, Umwandlungen, 2000, D, Rz. 10-15; BFH 20.03.2002, BFH-NV 2002, S. 1197 ff.

1519 Vgl. zur geschichtlichen Entwicklung des Maßgeblichkeitsprinzips *Weber-Grellet*, Maßgeblichkeitsschutz, DB 1994, S. 288 m. w. N.; *Herzig*, Maßgeblichkeitsprinzip, 2000, S. 59, *Biener*, Bilanzierung, StbJb 1995/96, S. 30 ff.

1520 Vgl. *Weber-Grellet*, Maßgeblichkeitsschutz, DB 1994, S. 289 m. w. N.; *Tipke/Lang*, Steuerrecht, 2002, § 9, Rz. 309, § 4, Rz. 81 ff.; kritisch *Groh*, Kampf, 1998, S. 188 f.

1521 Vgl. *Baetge/Kirsch/Thiele*, Bilanzen, 2002, S. 82 ff.; *Weber-Grellet*, Maßgeblichkeitsschutz, DB 1994, S. 288 f. m. w. N.

1522 Vgl. bspw. § 292a HGB für den Konzernabschluss.

1523 Vgl. *Pellens*, Internationale, 2001, S. 437, 132 f.; *Herzig*, Maßgeblichkeitsprinzip, 2000, S. 72 f.

1524 Vgl. *Pellens*, Internationale, 2001, S. 27 f., 73 f.; *Herzig*, Maßgeblichkeit, 2002, Sp. 1537.

1525 Ob deutsche Rechnungslegungsnormen nur bezüglich des Konzernabschlusses oder auch des Einzelabschlusses an internationale Vorschriften angepasst werden, ist noch unklar. Sollten nur Konzernrechnungslegungsvorschriften berührt sein, hat dies keine Auswirkung auf Ausschüttungen und mangels Maßgeblichkeit auf Steuerzahlungen. Denkbar wäre auch eine Internationalisierung nur für börsennotierte Unternehmen. Vgl. *Pellens*, Internationale, 2001, S. 554 f.

Bilanzierungsvorschriften und Grundsätze ordnungsmäßiger Buchführung im HGB sind seit Einführung des BiRiLiG 1986 konform zur 4. EG-Richtlinie anzuwenden.[1527] Diese selbst erfährt zunehmend IAS-konforme Auslegung.[1528] Über den Grundsatz der Maßgeblichkeit halten somit internationale Rechnungslegungsgrundsätze mittelbar Einzug in das Steuerbilanzrecht.[1529] Eine rein faktische Annäherung kann sich durch ähnliche Fachtermini, „halb offizielle" Auslegung der Grundsätze ordnungsmäßiger Buchführung durch den DRSC[1530] und eine veränderte Bedeutung des Vorsichtsprinzips ergeben.[1531] Die Bundesregierung hat die Verbreiterung der steuerlichen Bemessungsgrundlage im Steuerentlastungsgesetz 1999/2000/2002 mit einer Anpassung an internationale Rechnungslegungsgrundsätze begründet,[1532] wodurch diese unmittelbar Einfluss auf das Steuerrecht nehmen.

Trotz der unterschiedlichen Zwecke der verschiedenen Rechenwerke wird teilweise vertreten, dass internationale Rechnungslegungsvorschriften die steuerliche Leistungsfähigkeit treffender abbilden als die Grundsätze ordnungsmäßiger Buchführung nach deutschem Handelsrecht.[1533] Dabei darf jedoch nicht außer Acht gelassen werden, dass dem Fiskus keine Entscheidungsgrundlage für ein Investment an die Hand gegeben werden muss, wie sie Internationale Rechnungslegungsvorschriften dem Anteilseigner zur Verfügung stellen.

Unzulässig wäre jedoch die formelle Beibehaltung des Maßgeblichkeitsgrundsatzes und damit ein materieller Verweis auf eine an internationalen Grundsätzen orientierte handelsrechtliche Rechnungslegung. Steuern dürfen nur aufgrund eines förmlichen Gesetzes erhoben werden (§ 3 Abs. 1 AO), weshalb Beschlüsse privater Standardsetter wie des DRSC oder des IASC nicht ausreichen, um die steuerliche Bemessungsgrundlage (mittelbar) zu verändern.

Künftige Entwicklungen in der internationalen Rechnungslegung könnten drei Bilanzen notwendig machen: eine internationale Informations-Bilanz, eine deutsche handelsrechtliche Ausschüttungs-Bilanz sowie eine deutsche Steuerbilanz.[1534]

Heute wird das Phänomen „Maßgeblichkeit" auch in Deutschland zunehmend kritischer betrachtet.[1535] Mit der zu erwartenden Internationalisierung des Handels(bilanz)rechts

---

1526 Vgl. *Herzig*, Maßgeblichkeitsprinzip, 2000, S. 63 ff.; *Tipke/Lang*, Steuerrecht, 2002, § 9, Rz. 310.

1527 Vgl. EuGH 27.06.1996, ZIP 1996, S. 1168 ff.; *Herzig*, Maßgeblichkeitsprinzip, 2000, S. 65 f.; Rat EG 25.07.1978, Jahresabschlussrichtlinie.

1528 Vgl. *Herzig*, Maßgeblichkeitsprinzip, 2000, S. 66 f.

1529 Vgl. *Herzig*, Maßgeblichkeitsprinzip, 2000, S. 67.

1530 Da es sich bei den Grundsätzen ordnungsgemäßer Buchführung um einen unbestimmten Rechtsbegriff handelt, ist auch eine Auslegung durch den DRSC denkbar.

1531 Vgl. *Herzig*, Maßgeblichkeitsprinzip, 2000, S. 70 ff.

1532 Vgl. *Bundesregierung*, Steuerentlastungsgesetz, BT-Drs. 14/265, S. 171; *Herzig*, Maßgeblichkeitsprinzip, 2000, S. 67 ff.

1533 Vgl. *Oestreicher/Spengel*, Replik, DB 1999, S. 1514 f.; kritisch-differenziert: *Herzig*, Maßgeblichkeitsprinzip, 2000, S. 74, 76 ff.; *Wagner*, Aufgabe, DB 1998, S. 2076 f.; ablehnend: *Fülbier/Gassen*, Maßgeblichkeit, DB 1999, S. 1511 ff. Zu den Auswirkungen einer Übernahme der IAS in das Steuerbilanzrecht vgl. *Oestreicher/Spengel*, Standards, DB 1999, S. 593 ff.

1534 Vgl. *Groh*, Kampf, 1998, S. 192.

1535 Vgl. *Weber-Grellet* in *Schmidt, L.*, EStG, 2002, § 5, Rz. 27 m. w. N.; *Herzig*, Maßgeblichkeitsprinzip, 2000, S. 82 ff.; *Wagner*, Aufgabe, DB 1998, S. 2073 ff.; *Groh*, Thesen, DB 1998, S. I.

wird künftig das Maßgeblichkeitsprinzip an Bedeutung verlieren.[1536] Vielmehr wird das Steuerbilanzrecht eine eigenständige gesetzliche Entwicklung gehen müssen.[1537]

In der Diskussion um Bilanzen im Zusammenhang mit Verschmelzungen hat die Maßgeblichkeit eine gewisse Beachtung erfahren. Dissonanzen bestehen einerseits in der Interpretation des Maßgeblichkeitsgrundsatzes allgemein und andererseits im Zusammenhang mit Verschmelzungen.

Nach dem in § 5 Abs. 1 S. 1 EStG normierten Grundsatz der (materiellen bzw. abstrakten) Maßgeblichkeit haben Gewerbetreibende „das Betriebsvermögen anzusetzen, das nach den handelsrechtlichen Grundsätzen ordnungsmäßiger Buchführung auszuweisen ist".[1538] Umstritten ist der Umfang dieser Vorschrift: Früher wurde in § 5 Abs. 1 S. 1 EStG eine konkrete Maßgeblichkeit dergestalt gesehen, dass in die Steuerbilanz zwingend die Werte aus der Handelsbilanz zu übernehmen sind.[1539] Weil das auch bei ausdrücklichen steuerlichen Wahlrechten gelten soll, würden diese ins Leere laufen.

Selbst der Bewertungsvorbehalt in § 5 Abs. 6 EStG verhindert nicht, dass handelsrechtliche Wertansätze auf die Steuerbilanz durchschlagen, wenn kein zwingender Wert für die Steuerbilanz vorgeschrieben ist, sondern lediglich ein steuerliches Wahlrecht vorliegt. Insofern beseitigt § 5 Abs. 6 EStG eine konkrete Maßgeblichkeit.[1540] Dem Wortlaut nach beinhaltet § 5 Abs. 1 S. 1 EStG jedoch keine konkrete Maßgeblichkeit, sondern fordert lediglich die Beachtung der Grundsätze ordnungsmäßiger Buchführung bei der Ausübung von handelsrechtlichen Wahlrechten,[1541] wenn das Wahlrecht den Zwecken der Rechenschaftslegung und Kapitalerhaltung des Jahresabschlusses dient. Tatsächlich fehlt für die konkrete Maßgeblichkeit nicht nur die Rechtsgrundlage, sondern auch das praktische Bedürfnis.[1542] Steuerliche Wahlrechte haben i. d. R. einen subventionierenden Charakter und werden keineswegs von den Grundsätzen ordnungsmäßiger Buchführung überlagert.[1543] Für eine konkrete Maßgeblichkeit besteht nach Kodifizierung des § 5 Abs. 1 S. 2 EStG kein Raum, insbesondere kann der dort nicht erfasste Rest der formellen Maßgeblichkeit nicht aus § 5 Abs. 1 S. 1 EStG abgeleitet werden.[1544]

1536 Vgl. *Herzig*, Maßgeblichkeit, 2002, Sp. 1544 f.; *Groh*, Kampf, 1998, S. 180; *Herzig*, Maßgeblichkeitsprinzip, 2000, S. 64. Vgl. ablehnend zu einer möglichen Maßgeblichkeit der IAS-Handelsbilanz für die Steuerbilanz *Fülbier/Gassen*, Maßgeblichkeit, DB 1999, S. 1511 ff. Eine Annäherung des Steuerrechts an internationale Prinzipien sehen bereits heute *Oestreicher/Spengel*, Replik, DB 1999, S. 1515. Gegen die Einschränkung oder Aufgabe der Maßgeblichkeit vgl. *Bundesregierung*, KapAEG, BR-Drs. 967/96, S. 12; *Biener*, Bilanzierung, StbJb 1995/96, S. 35 ff.

1537 Vgl. *Herzig*, Maßgeblichkeitsprinzip, 2000, S. 80 ff.; *Wagner*, Aufgabe, DB 1998, S. 2076 f.

1538 Vgl. ausführlich zur Maßgeblichkeit *Weber-Grellet* in *Schmidt, L.*, EStG, 2002, § 5, Rz. 26 ff. m. w. N.; *Freericks*, Bilanzierungsfähigkeit, 1976, S: 280 ff.

1539 Vgl. *Eigenstetter*, Verknüpfung, WPg 1993, S. 576; *Herzig* in *Küting/Weber*, HdR, 1995, I, Rz. 197.

1540 Vgl. *Weber-Grellet*, Bewertungswahlrechte, StbJb 1994/95, S. 102; *Weber-Grellet*, Unmaßgeblichkeit, BB 1997, S. 656; *Bula/Schlösser* in *SBB*, Umwandlungen, 2000, E, Rz. 19.

1541 Vgl. *Weber-Grellet*, Bewertungswahlrechte, StbJb 1994/95, S. 103.

1542 Vgl. auch *Weber-Grellet*, Steuerbilanzrecht, 1996, § 6, Rz. 7.

1543 Vgl. *Tipke/Lang*, Steuerrecht, 2002, § 9, Rz. 309; *Söffing*, Fragen, DB 1988, S. 243; *Bula/Schlösser* in *SBB*, Umwandlungen, 2000, E, Rz. 20.

1544 Vgl. auch *Weber-Grellet*, Steuerbilanzrecht, 1996, § 6, Rz. 7; *Weber-Grellet*, Unmaßgeblichkeit, BB 1997, S. 654 f.

Die umgekehrte bzw. formelle Maßgeblichkeit in § 5 Abs. 1 S. 2 EStG ordnet an, dass steuerliche Wahlrechte und Vergünstigungen bei der Gewinnermittlung in Übereinstimmung mit der Handelsbilanz ausgeübt werden müssen. Insofern hängt die Handelsbilanz von der Steuerbilanz ab. Diese 1990 ins EStG eingefügte Vorschrift soll verhindern, dass steuerliche Vergünstigungen zu Gewinnausschüttungen führen.[1545] Rechtliche Grundlagen finden sich mit sog. Öffnungsklauseln im HGB,[1546] die handelsrechtlich ein Wahlrecht begründen, nach dem ein steuerlicher Wert angesetzt werden kann. Im Ergebnis müssen für die umgekehrte Maßgeblichkeit korrespondierende Wahlrechte in Handels- und Steuerrecht bestehen, die übereinstimmend auszuüben sind.[1547] Besteht nur für die Handelsbilanz ein Bewertungswahlrecht, bleibt ein zwingender steuerlicher Wertansatz davon unberührt. Ein steuerliches Wahlrecht kann hingegen unabhängig von einer handelsrechtlich zwingenden Vorschrift ausgeübt werden.[1548]

Bezogen auf Verschmelzungsfälle weichen handels- und steuerrechtliche Bilanzierungsvorschriften bei der Verschmelzung von Kapitalgesellschaften auf Personenunternehmen oder andere Kapitalgesellschaften voneinander ab. Daher wird im Folgenden die Bedeutung der Maßgeblichkeit in Verschmelzungsfällen in Abhängigkeit von der Rechtsform untersucht.

6.2.2 Maßgeblichkeit bei der Verschmelzung von Kapitalgesellschaften

Bei der Verschmelzung von Kapitalgesellschaften auf Kapital- oder Personenhandelsgesellschaften wird die Frage einer Maßgeblichkeit sowohl für die Schlussbilanz der Überträgerin als auch für die Übernahmebilanz der Übernehmerin intensiv diskutiert.

6.2.2.1 Bilanzierung bei der übertragenden Kapitalgesellschaft

Während § 17 Abs. 2 UmwG die Buchwertfortführung für die Überträgerin zwingend vorschreibt, hat die übertragende Kapitalgesellschaft in ihrer Schlussbilanz nach §§ 3, 11 UmwStG steuerlich die Wahl zwischen Buchwert, Zwischenwert und Teilwert.[1549]

1545 Vgl. *Patt/Rasche*, Buchwertverknüpfung, DStR 1994, S. 843; *Biener*, Bilanzierung, StbJb 1995/96, S. 32 f. m. w. N.; BFH 24.04.1985, BStBl. II 1986, S. 326. Dieses Motiv greift jedoch nur bei Kapitalgesellschaften, vgl. *Herzig*, Maßgeblichkeit, 2002, Sp. 1543 f.

1546 Siehe §§ 247 Abs. 3, 254, 273, 279 Abs. 2, 280 Abs. 2, 281 HGB.

1547 Vgl. *Weber-Grellet* in *Schmidt, L.*, EStG, 2002, § 5, Rz. 43; BFH 21.10.1993, BStBl. II 1994, S. 178; *Bordewin*, Maßgeblichkeit, DB 1992, S. 291; *Bordewin*, Replik, DB 1992, S. 849; *Knobbe-Keuk*, Bilanz, 1993, § 2 III Nr. 3; *Söffing*, Fragen, DB 1988, S. 242; *Herzig*, Maßgeblichkeit, 2002, Sp. 1539; a. A. *Sarrazin*, Maßgeblichkeit, DB 1992, S. 849; *Dötsch/van Lishaut/Wochinger*, Umwandlungssteuererlaß, DB 1998, Beilage 7, S. 6.

1548 Vgl. *Thiel*, Maßgeblichkeit, GmbHR 1997, S. 147; *Bula/Schlösser* in *SBB*, Umwandlungen, 2000, E, Rz. 22; *Weber-Grellet*, Bewertungswahlrechte, StbJb 1994/95, S. 104

1549 Für die Verschmelzung einer Kapitalgesellschaft auf eine andere Kapitalgesellschaft gilt § 11 Abs. 2 UmwStG, wenn eine Gegenleistung nicht gewährt wird bzw. in Gesellschaftsrechten besteht. Eine Gegenleistung wird nicht gewährt, soweit die Übernehmerin an der Überträgerin beteiligt war. In diesem Fall ist gem. § 11 Abs. 2 S. 2 UmwStG der Teilwert gem. § 10 BewG für die Bewertung der Wirtschaftsgüter maßgebend. Besteht die Gegenleistung in neuen oder eigenen

Die Finanzverwaltung und eine Mindermeinung in der Literatur nimmt eine konkrete Maßgeblichkeit zwischen der Handelsbilanz nach § 17 Abs. 2 UmwG und der Steuerbilanz nach §§ 3, 11 UmwStG der Überträgerin an.[1550] Die konkrete Maßgeblichkeit ist m. E. auch in Verschmelzungsfällen strikt abzulehnen, weil die Wahlrechte in §§ 3, 11 UmwStG originär steuerlichen Zwecken dienen, nämlich der Ermöglichung einer steuerneutralen Umwandlung.[1551] Es lag offensichtlich im Willen des Gesetzgebers, ein steuerliches Wahlrecht – nicht jedoch einen Zwang zur Steuerneutralität – einzuräumen.[1552] Grundsätze ordnungsmäßiger Buchführung dürfen diese steuerliche Subvention nicht überlagern.[1553] Wäre hier die Handelsbilanz für die Steuerbilanz maßgebend, würde das Wahlrecht in §§ 3, 11 UmwStG – und damit die Möglichkeit zur ausnahmsweise vorteilhafteren Aufdeckung stiller Reserven – ins Leere laufen.[1554] Auch der steuerliche Bewertungsvorbehalt des § 5 Abs. 6 EStG spricht für die Unabhängigkeit der §§ 3, 11 UmwStG vom Handelsrecht.[1555] Nach heute h. M. wird die Maßgeblichkeit daher auch allgemein abgelehnt.[1556]

Für die umgekehrte Maßgeblichkeit auf Ebene der Schlussbilanz der Überträgerin dergestalt, dass die Ausübung des Wahlrechts aus §§ 3, 11 UmwStG von der tatsächlichen Bilanzierung in der Handelsbilanz nach § 17 Abs. 2 UmwG abhängt,[1557] besteht ebenfalls kein Raum. Zunächst ist umstritten, ob das umwandlungssteuerliche Wahlrecht unter § 5 Abs. 1 S. 2 EStG fällt bzw. mittels Analogie übertragen werden kann, oder ob nur einkommensteuerliche Wahlrechte erfasst sind.[1558] Weiterhin liegen die notwendigen Voraussetzungen – grundsätzliche Maßgeblichkeit und eine Öffnungsklausel in

Anteilen der Übernehmerin oder einer baren Zuzahlung, muss der gemeine Wert der Gegenleistung gem. § 9 Abs. 2 BewG angesetzt werden. Vgl. *Pohl*, Handelsbilanzen, 1995, S. 142 f.; *Widmann* in *Widmann/Mayer*, Umwandlungsrecht, 2002, § 11 UmwStG, Rz. 85 ff.

1550 Vgl. BMF 25.03.1998, UmwSt-Erlass, Tz. 03.01 und 11.01; *Wochinger/Dötsch*, UmwStG, DB 1994, Beilage 14, S. 6; *Dötsch/van Lishaut/Wochinger*, Umwandlungssteuererlaß, DB 1998, Beilage 7, S. 5 f.; *Müller-Gattermann*, Umwandlungssteuerrecht, WPg 1996, S. 869.

1551 Vgl. auch *Thiel*, Maßgeblichkeit, GmbHR 1997, S. 145 f., 147; *Herzig*, Umwandlungsvorgängen, 1996, S.34 f.

1552 Vgl. *Bula/Schlösser* in *SBB*, Umwandlungen, 2000, E, Rz. 21; *Herzig*, Diagonale, FR 1997, S. 127.

1553 Vgl. *Bula/Schlösser* in *SBB*, Umwandlungen, 2000, E, Rz. 20 f.

1554 Vgl. *Thiel*, Maßgeblichkeit, GmbHR 1997, S. 147; *Widmann*, Maßgeblichkeit, 1997, S. 572.

1555 Vgl. *Herzig*, Diagonale, FR 1997, S. 128 f.

1556 Vgl. *Müller, W.*, Zweifelsfragen, WPg 1996, S. 860; *Hörtnagl* in *SHS*, UmwG, 2001, § 17 UmwG, Rz. 66; *Schmitt* in *SHS*, UmwG, 2001, § 3 UmwStG, Rz. 37-39; *Schaumburg/Rödder*, UmwG, 1995, § 3 UmwStG, Rz. 17, § 11 UmwStG, Rz. 9; *Knop/Küting*, Anschaffungskosten, BB 1995, S. 1028 f.; *Mujkanovic*, Bewertung, BB 1995, S. 1739; *Fischer, M.*, Verschmelzung, DB 1995, S. 488; *Weber-Grellet* in *Schmidt, L.*, EStG, 2002, § 5, Rz. 46; *Thiel*, Maßgeblichkeit, GmbHR 1997, S. 147; *Bacmeister*, Bindung, DStR 1996, S. 126, 127; *Budde/Zerwas* in *Budde/Förschle*, Sonderbilanzen, 2002, I, Rz. 187; *Haritz/Paetzold*, Verknüpfungen, FR 1998, S. 353 f.; *Schaumburg*, Verschmelzung, FR 1995, S. 212 f.; *Sagasser/Pfaar* in *SBB*, Umwandlungen, 2000, L, Rz. 14; *Thiel*, Unternehmenssteuerreform, FR 2000, S. 494.

1557 Vgl. *Sarrazin*, Maßgeblichkeit, DB 1992, S. 849.

1558 Vgl. auch für UmwStG-Wahlrechte: *Hörtnagl* in *SHS*, UmwG, 2001, § 3 UmwStG, Rz. 37. Vgl. für reine EStG-Wahlrechte: *Weber-Grellet*, Unmaßgeblichkeit, BB 1997, S. 655; *Weber-Grellet* in *Schmidt, L.*, EStG, 2002, § 5, Rz. 43; BFH 21.10.1993, BStBl. II 1994, S. 178; *Bordewin*, Maßgeblichkeit, DB 1992, S. 291; *Bordewin*, Replik, DB 1992, S. 849; *Knobbe-Keuk*, Bilanz, 1993, § 2 III Nr. 3.

§ 17 UmwG – nicht vor. Schließlich fehlt es an korrespondierenden Wahlrechten in Handels- und Steuerbilanz.[1559]

Mit der h. M. ist eine Maßgeblichkeit daher abzulehnen. Vielmehr kann das Wahlrecht nach §§ 3, 11 UmwStG völlig unabhängig von der handelsrechtlich zwingenden Vorschrift des § 17 Abs. 2 UmwG ausgeübt werden.[1560]

6.2.2.2 Bilanzierung bei der die Kapitalgesellschaft aufnehmenden Übernehmerin

Der Übernehmerin lässt § 24 UmwG handelsrechtlich ein Wahlrecht in ihrer Übernahmebilanz zwischen der Buchwertverknüpfung und dem Anschaffungskostenansatz. Zwischen der handelsrechtlichen Übernahmebilanz nach § 24 UmwG und der handelsrechtlichen Schlussbilanz der Überträgerin nach § 17 Abs. 2 UmwG besteht keine Bilanzkontinuität i. S. v. § 252 Abs. 1 Nr. 1 HGB.[1561] Auch der Ansatz der Anschaffungskosten bei der Übernehmerin bedingt keinen Veräußerungsvorgang mit Gewinnrealisierung bei der Überträgerin. Vielmehr erhält gerade nicht die Überträgerin selbst eine Gegenleistung, sondern deren Anteilseigner. Weder ist die Übernahmebilanz an die Schlussbilanz gebunden, noch wirkt sie auf diese zurück.[1562]

Steuerlich ist die Übernehmerin gem. § 4 Abs. 1 bzw. § 12 Abs. 3 UmwStG an die Bilanzierung der Überträgerin in deren steuerlicher Schlussbilanz gebunden. Dieser rein steuerliche strenge Wertverknüpfungszwang entspricht der materiellen Steuerbilanz-Identität des § 4 Abs. 1 S. 1 EStG.[1563] Hierdurch lässt sich das steuerlich verfolgte Ziel einer sichergestellten späteren Besteuerung der stillen Reserven erreichen.

Ebenso wie im Handelsrecht ist die Übernehmerin steuerlich nicht zur Aufstellung einer gesonderten Übernahmebilanz verpflichtet, sondern kann – mit Ausnahme der Verschmelzung zur Neugründung – die Verschmelzung als laufenden Geschäftsvorfall behandeln.[1564]

Die steuerliche Wertverknüpfung sagt noch nichts über die Maßgeblichkeit aus, denn eine Verbindung zwischen Handels- und Steuerbilanz ließe sich trotzdem herstellen.[1565]

1559 Vgl. *Hörtnagl* in *SHS*, UmwG, 2001, § 17 UmwG, Rz. 66; *Schmitt* in *SHS*, UmwG, 2001, § 3 UmwStG, Rz. 35, 39; *Bacmeister*, Bindung, DStR 1996, S. 126; *Herzig*, Diagonale, FR 1997, S. 127; *Widmann*, Maßgeblichkeit, 1997, S. 572 f.; a. A. *Müller-Gattermann*, Umwandlungssteuerrecht, WPg 1996, S. 869; *Herzig*, Umwandlungsvorgängen, 1996, S. 33 f.

1560 Vgl. *Bula/Schlösser* in *SBB*, Umwandlungen, 2000, E, Rz. 23, 41, 49; *Rödder*, Maßgeblich-keitskonzeption, DB 1998, S. 998. Das Argument von *Müller, W.*, Zweifelsfragen, WPg 1996, S. 860, Steuer- und Handelsbilanz fallen „über Jahre hinweg" auseinander, greift nicht, weil die Überträgerin durch die Verschmelzung erlischt.

1561 Vgl. bereits Abschnitt 5.2 m. w. N.

1562 Vgl. *Herzig*, Diagonale, FR 1997, S. 124 ff.

1563 Vgl. *Weber-Grellet*, Unmaßgeblichkeit, BB 1997, S. 654; *Wochinger/Dötsch*, UmwStG, DB 1994, Beilage 14, S. 6 f.; *Budde/Klingberg* in *Budde/Förschle*, Sonderbilanzen, 2002, I, Rz. 125.

1564 Vgl. *Budde/Klingberg* in *Budde/Förschle*, Sonderbilanzen, 2002, I, Rz. 110.

1565 Vgl. *Weber-Grellet*, Unmaßgeblichkeit, BB 1997, S. 654. *Knop/Küting* bezeichnet den Wertverknüpfungszwang bereits als „Maßgeblichkeit", vgl. *Knop/Küting* Anschaffungskosten, BB 1995, S. 1026 f.

Dennoch ist eine einfache Maßgeblichkeit nach § 5 Abs. 1 S. 1 EStG abzulehnen.[1566] Diese Vorschrift regelt dem Wortlaut nach nur für die Schlussbilanz die Maßgeblichkeit. Die Übernahmebilanz nach § 24 UmwG ist jedoch eine Eröffnungsbilanz, für die zwar handelsrechtlich die Vorschriften für den Jahresabschluss entsprechend anzuwenden sind (§ 242 Abs. 1 S. 2 HGB), nicht jedoch steuerlich, da § 5 Abs. 1 EStG eine derartige Regelung nicht enthält.[1567] Die einfache Maßgeblichkeit besteht auch wegen § 5 Abs. 6 EStG nicht, da eine zwingende steuerliche Vorschrift besteht.[1568] Die umgekehrte Maßgeblichkeit kommt bei der Übernahmebilanz nicht zur Anwendung, weil keine korrespondierenden Wahlrechte in Handels- und Steuerrecht bestehen.[1569] Das handelsrechtliche Bewertungswahlrecht in § 24 UmwG lässt den zwingenden steuerlichen Wertansatz nach §§ 4, 12 UmwStG unberührt.

In dem überwiegenden Teil der Literatur wird die Frage der Maßgeblichkeit für die Übernehmerin jedoch nicht direkt über § 5 Abs. 1 EStG diskutiert. Stattdessen werden die Sonderfälle diagonale Maßgeblichkeit und phasenverschobene Wertaufhellung untersucht.

6.2.2.3 Diagonale Maßgeblichkeit

Aus der Konstellation, nach der einerseits die Überträgerin in ihrer Schlussbilanz und andererseits die Übernehmerin in ihrer Übernahmebilanz ein Bewertungswahlrecht hat, wurde in der Literatur und von der Finanzverwaltung teilweise eine sog. „diagonale Maßgeblichkeit“ abgeleitet. Danach soll die steuerliche Schlussbilanz der Überträgerin maßgeblich für die handelsrechtliche Übernahmebilanz der Übernehmerin sein.[1570] Begründet wird diese Ansicht mit § 3 S. 2 UmwStG, der § 20 Abs. 2 S. 2 UmwStG entspricht. Danach ist der Buchwertansatz „auch zulässig, wenn in der Handelsbilanz das eingebrachte Betriebsvermögen (...) mit einem höheren Wert angesetzt werden muss“. Dem Wortlaut nach könnte § 3 S. 2 UmwStG auf das ein*ge*brachte Betriebsvermögen der Übernehmerin abstellen, nicht aber auf das ein*zu*bringende der Überträgerin, und somit die diagonale Maßgeblichkeit im Ausnahmefall durchbrechen.[1571] Nach der Gegenmeinung wird § 3 S. 2 UmwStG als Rechtsirrtum angesehen.[1572] Außerdem wird eingewandt, dass in § 24 UmwG und §§ 3, 11 UmwStG keine übereinstimmenden

---

1566 Vgl. auch *Schaumburg/Rödder*, UmwG, 1995, § 4 UmwStG, Rz. 28.

1567 Vgl. *Weber-Grellet*, Unmaßgeblichkeit, BB 1997, S. 655; *Bacmeister*, Bindung, DStR 1996, S. 126.

1568 Vgl. auch *Mujkanovic*, Bewertung, BB 1995, S. 1739; *Schaumburg*, Verschmelzung, FR 1995, S. 214; *Herzig*, Diagonale, FR 1997, S. 129; *Herzig*, Umwandlungsvorgängen, 1996, S. 39 f.

1569 Vgl. *Hörtnagl* in *SHS*, UmwG, 2001, § 24 UmwG, Rz. 101; *Schmitt* in *SHS*, UmwG, 2001, § 4 UmwStG, Rz. 12; a. A. (für umgekehrte Maßgeblichkeit) *Widmann* in *Widmann/Mayer*, Umwandlungsrecht, 2002, § 24 UmwG, Rz. 365.

1570 Vgl. *Fischer, M.*, Verschmelzung, DB 1995, S. 488; *Müller-Gattermann*, Umwandlungssteuerrecht, WPg 1996, S. 869 f.; BMF 01.04.1997, Entwurf, Tz. 03.01-02, 11.01.

1571 Vgl. zur Argumentation *Herzig*, Diagonale, FR 1997, S. 128; *Widmann*, Maßgeblichkeit, 1997, S. 572.

1572 Vgl. *Rödder*, Maßgeblichkeitskonzeption, DB 1998, S. 998; vgl. Diskussion bei: *Widmann*, Maßgeblichkeit, 1997, S. 574; *Herzig*, Diagonale, FR 1997, S. 128; *Bula/Schlösser* in *SBB*, Umwandlungen, 2000, E, Rz. 25 f.

Wahlrechte vorliegen.[1573] Weil § 3 S. 2 UmwStG sich jedoch „auch“ auf handelsrechtliche „Muss“-Vorschriften bezieht, könnte darin auch die Überwindung der konkreten Maßgeblichkeit gesehen werden.[1574] M. E. eröffnet gerade § 3 S. 2 UmwStG unterschiedliche Bewertungen im Handels- und Steuerrecht.

Der Frage nach der diagonalen Maßgeblichkeit soll im Folgenden ausgehend von den in UmwG und UmwStG jeweils verfolgten Zielen beantwortet werden. Mit dem handelsrechtlichen Bewertungswahlrecht in § 24 UmwG werden wirtschaftlich ungerechtfertigte Nachteile einer Buchwertverknüpfung vermieden.[1575] Hingegen soll durch §§ 3, 11 UmwStG eine betriebswirtschaftlich sinnvolle Verschmelzung nicht durch steuerliche Belastungen erschwert werden. Bei Geltung einer diagonalen Maßgeblichkeit müssten, um Steuerneutralität zu erreichen, auch in der Handelsbilanz die Buchwerte gewählt werden, was einen wirtschaftlich nachteiligen Verschmelzungsverlust zur Folge haben könnte.[1576] Die Differenzierung scheint im Ergebnis vom Gesetzgeber gewollt, um einerseits wirtschaftliche Nachteile der Buchwertverknüpfung durch § 24 UmwG zu vermeiden und andererseits eine steuerneutrale Verschmelzung durch §§ 3, 11 UmwStG zu ermöglichen.[1577] Insofern kann den gesetzgeberischen Zielen nur dadurch entsprochen werden, dass die handelsrechtliche Übernahmebilanz und die steuerliche Schlussbilanz vollkommen unabhängig voneinander sind.

Eine Maßgeblichkeit zwischen verschiedenen Rechtsträgern und Steuersubjekten ist zudem m. E. als völlig abwegig anzusehen und nicht durch § 5 Abs. 1 EStG gedeckt. Eine subjektübergreifende Maßgeblichkeit bedürfte einer expliziten Regelung und überschreitet Wortlaut, Sinn und Zweck von § 5 Abs. 1 EStG.[1578] Inzwischen hat sich auch die h. M. gegen eine diagonale Maßgeblichkeit ausgesprochen.[1579] Auch die Finanzverwaltung hat die diagonale Maßgeblichkeit bereits in dem endgültigen BMF-Schreiben vom 25.03.1998, Tz. 03.01-02, 11.01 wieder aufgegeben.[1580]

1573 Vgl. *Schmitt* in *SHS*, UmwG, 2001, § 3 UmwStG, Rz. 41 f.; *Widmann* in *Widmann/Mayer*, Umwandlungsrecht, 2002, § 3 UmwStG, Rz. 304 ff.; *Rödder*, Umwandlungssteuergesetz, DStR 1995, S. 322; *Herzig*, Umwandlungsvorgängen, 1996, S. 37.

1574 Vgl. *Weber-Grellet*, Unmaßgeblichkeit, BB 1997, S. 655.

1575 Vgl. Abschnitt 5.2.1 und *Bundesregierung*, Begründung, BR-Drs. 75/94, S. 93; *Fraktionen*, Entwurf, BT-Drs. 12/6885, S. 14.

1576 Vgl. *Bula/Schlösser* in *SBB*, Umwandlungen, 2000, E, Rz. 28 f.

1577 Vgl. *Fraktionen*, Entwurf, BT-Drs. 12/6885, S. 15.

1578 Vgl. auch *Widmann*, Maßgeblichkeit, 1997, S. 575.

1579 Vgl. *Weber-Grellet*, Unmaßgeblichkeit, BB 1997, S. 656; *Herzig*, Diagonale, FR 1997, S. 128 f.; *Hörtnagl* in *SHS*, UmwG, 2001, § 24 UmwG, Rz. 101; *Schmitt* in *SHS*, UmwG, 2001, § 4 UmwStG, Rz. 38, 42; *Weber-Grellet* in *Schmidt, L.*, EStG, 2002, § 5, Rz. 46; *Bula/Schlösser* in *SBB*, Umwandlungen, 2000, E, Rz. 27, 30, 49; aufgegeben in BMF 25.03.1998, UmwSt-Erlass, Tz. 03.02; *Mujkanovic*, Bewertung, BB 1995, S. 1739; *Thiel*, Maßgeblichkeit, GmbHR 1997, S. 148; *Dötsch/van Lishaut/Wochinger*, Umwandlungssteuererlaß, DB 1998, Beilage 7, S. 6; *Herzig*, Umwandlungsvorgängen, 1996, S. 36 ff.

1580 Vgl. BMF 01.04.1997, Entwurf, Tz. 03.01-02, 11.01.

6.2.2.4 Phasenverschobene Wertaufholung

Zwar akzeptiert die Finanzverwaltung zunächst die „Unmaßgeblichkeit der (diagonalen) Maßgeblichkeit“,[1581] verlangt aber in der ersten Steuerbilanz der Übernehmerin *nach* der Verschmelzung eine „phasenverschobene Wertaufholung“.[1582] Denkbar ist, dass in der handelsrechtlichen Bilanz nach § 24 UmwG von der Übernehmerin der Anschaffungskostenansatz gewählt wird, steuerlich hingegen die Überträgerin die Buchwerte nach §§ 3, 11 UmwStG ansetzt, die von der Übernehmerin gem. §§ 4, 12 UmwStG übernommen werden müssen. In diesem Fall muss nach Auffassung der Finanzverwaltung die Übernehmerin in der ersten Steuerbilanz *nach* dem Verschmelzungsstichtag ihre Buchwerte gewinnerhöhend bis zu den (fortgeführten) steuerlichen Anschaffungskosten der Überträgerin nach § 4 Abs. 2 S. 1 UmwStG aufstocken.[1583] Die Handelsbilanz zum folgenden regulären Bilanzstichtag ist über die Bilanzkontinuität gem. § 252 Abs. 1 Nr. 1 HGB an die Übernahmebilanz nach § 24 UmwG gebunden. Ebenso wird die Steuerbilanz der Übernehmerin auf Grundlage der steuerlichen Übernahmebilanz fortgeschrieben. Die Finanzverwaltung geht offenbar davon aus, dass zwischen der Handels- und Steuerbilanz der Übernehmerin am ersten regulären Bilanzstichtag *nach* der Verschmelzung der Maßgeblichkeitsgrundsatz greift und Vorrang vor dem Grundsatz der Bilanzkontinuität hat. Damit kommt es zwar noch nicht im Verschmelzungszeitpunkt zu einer steuerlichen Aufstockung, diese wird indes phasenverschoben nachgeholt. Zwangsläufig führt die Aufstockung zur Realisierung eines steuerpflichtigen Gewinns. Dies wird damit begründet, dass die Übernehmerin zwar im Verschmelzungszeitpunkt gem. § 4 Abs. 1, § 12 Abs. 1 UmwStG die Buchwerte der Überträgerin fortführen muss, diese Vorschriften aber in der Steuerbilanz nach der Verschmelzung bereits nicht mehr gelten.[1584]

Für diese Auffassung der Finanzverwaltung findet sich in § 4 Abs. 2 S. 1, § 12 Abs. 3 S. 1 UmwStG keine Rechtsgrundlage, denn nicht die (fortgeführten) Anschaffungskosten der Überträgerin[1585] sondern deren Buchwerte im Verschmelzungszeitpunkt bilden die Wertobergrenze für die Übernehmerin.[1586] Zudem fehlt es an einer Rechtsgrundlage für das phasenverschobene Wertaufholungsgebot. Insbesondere kommt die Zuschreibungspflicht nach einer Teilwertabschreibung gem. § 6 Abs. 1 Nr. 1 S. 4 EStG nicht in Betracht.[1587] Schließlich besteht auch keine Rechtsgrundlage dafür, einen unter dem Handelsbilanzwert liegenden steuerlichen Wert durch Zuschreibung zum nächsten

---

1581 *Weber-Grellet*, Unmaßgeblichkeit, BB 1997, S. 653.

1582 *Mentel*, Maßgeblichkeitsgrundsatz, DStR Beilage 17/1998 S. 9; vgl. *Bula/Schlösser* in *SBB*, Umwandlungen, 2000, E, Rz. 15.

1583 Vgl. BMF 25.03.1998, UmwSt-Erlass, Tz. 03.02, 11.02. So auch *Widmann* in *Widmann/Mayer*, Umwandlungsrecht, 2002, § 24 UmwG, Rz. 503. Fraglich bleibt, wann der der Verschmelzung folgende Bilanzstichtag ist, wenn die Verschmelzung lediglich als laufender Geschäftsvorfall behandelt wird. Vgl. Diskussion bei *Haritz/Paetzold*, Verknüpfungen, FR 1998, S. 354 f.

1584 Vgl. *Müller-Gattermann*, Umwandlungssteuerrecht, WPg 1996, S. 870.

1585 So aber *Widmann* in *Widmann/Mayer*, Umwandlungsrecht, 2002, § 24 UmwG, Rz. 503.

1586 Vgl. *Bula/Schlösser* in *SBB*, Umwandlungen, 2000, E, Rz. 35-37; *Knop/Küting*, Anschaffungskosten, BB 1995, S. 1026; *Mentel*, Maßgeblichkeitsgrundsatz, DStR Beilage 17/1998, S. 9.

1587 Vgl. Diskussion bei *Bula/Schlösser* in *SBB*, Umwandlungen, 2000, E, Rz. 32-34; *Sagasser/Pfaar* in *SBB*, Umwandlungen, 2000, L, Rz. 20; *Rödder*, Maßgeblichkeitskonzeption, DB 1998, S. 999; *Sauter/Heurung/Babel*, Reserven, DB 2002, S. 1180.

Bilanzstichtag anzupassen.[1588] Offenbar meint die Finanzverwaltung, mit der phasenverschobenen Wertaufholung das Ziel des Gesetzgebers – Umstrukturierungen nicht durch steuerliche Folgen zu behindern[1589] – zu erfüllen, denn im Zeitpunkt der Aufstockung ist die Umwandlung bereits abgeschlossen. Diese zynische Interpretation durch die Finanzverwaltung dürfte nicht dem Willen des Gesetzgebers entsprechen und ist m. E. strikt abzulehnen.[1590] Eine phasenverschobene Maßgeblichkeit würde die bezweckten Steuervergünstigungen ad absurdum führen. Das Wahlrecht nach § 3 UmwStG durchbricht den Maßgeblichkeitsgrundsatz nicht nur für den Übertragungsstichtag, sondern auch für alle Folgebilanzen der Übernehmerin. Der Grundsatz der Bilanzkontinuität bzw. steuerlichen Wertverknüpfung ist vorrangig.[1591] Die voneinander abweichenden Handels- und Steuerbilanzen sind unabhängig voneinander weiterzuentwickeln.[1592]

6.2.2.5 Weitere Ansätze zur Maßgeblichkeit

Weil sich weder die einfache noch die umgekehrte oder gar eine diagonale Maßgeblichkeit für Verschmelzungen durchgesetzt haben, entwickelt eine Minderheit in der Literatur Konstruktionen, um doch noch die gewünschte Maßgeblichkeit zu erlangen:

Der Vorschlag von *Biener*, bereits in der Handelsbilanz nach § 17 Abs. 2 UmwG eine Zuschreibung über die Anschaffungskosten hinaus bis zum Verkehrs- bzw. Teilwert zuzulassen,[1593] wurde nicht weiter verfolgt. Damit sollte die Maßgeblichkeit, die Aufdeckung der Buchwerte in der steuerlichen Schlussbilanz sowie der Nachweis über das zur Verschmelzung erforderliche Kapital erreicht werden. Der Vorschlag ist schon wegen seines Verstoßes gegen das Realisations- und Anschaffungskostenprinzip des § 252 Abs. 1 Nr. 4 Hs. 2 bzw. § 253 Abs. 1 S. 1 HGB abzulehnen.[1594] Ebenfalls unbeachtet blieb *Bieners* Vorschlag, zunächst in Handels- und Steuerbilanz die Buchwerte fortzuführen, und sodann handelsrechtlich eine Neubewertung nach § 252 Abs. 2 HGB durchzuführen.[1595] Ebenso wenig realisiert wurde der Vorschlag, auch der Überträgerin in § 17 Abs. 2 UmwG ein Wahlrecht i. S. v. § 24 UmwG zuzubilligen.[1596] *Weber-Grellet* zeigt an der „gestuften" Maßgeblichkeit, nach der letztlich § 17 Abs. 2 UmwG sämtliche Werte bestimmen würde, dass der Maßgeblichkeitsgrundsatz im Umwandlungsrecht nicht angebracht ist.[1597]

1588 Vgl. *Rödder*, Maßgeblichkeitskonzeption, DB 1998, S. 999.

1589 Vgl. *Fraktionen*, Entwurf, BT-Drs. 12/6885, S. 14.

1590 Vgl. ebenso *Bula/Schlösser* in *SBB*, Umwandlungen, 2000, E, Rz. 49; *Budde/Klingberg* in *Budde/Förschle*, Sonderbilanzen, 2002, I, Rz. 130; *Haritz/Paetzold*, Verknüpfungen, FR 1998, S. 352 ff.

1591 Vgl. *Krebs*, Bewertungswahlrecht, BB 1998, S. 1772 f.

1592 Vgl. *Brinkhaus* in *Haritz/Benkert*, UmwStG, 2000, § 3, Rz. 62.

1593 Vgl. *Biener*, Bilanzierung, StbJb 1995/96, S. 49 ff.; ebenso: *Müller-Gattermann*, Umwandlungssteuerrecht, WPg 1996, S. 869.

1594 So auch *Thiel*, Maßgeblichkeit, GmbHR 1997, S. 148; *Herzig*, Diagonale, FR 1997, S. 124; vgl. ausführliche Diskussion bei *Bula/Schlösser* in *SBB*, Umwandlungen, 2000, E, Rz. 42-47.

1595 Vgl. *Biener*, Bilanzierung, StbJb 1995/96 S. 51.

1596 Vgl. *Wolff* in *Blümich*, EStG, § 3 UmwStG, Rz. 9.

1597 Vgl. *Weber-Grellet*, Unmaßgeblichkeit, BB 1997, S. 656.

Im Ergebnis bestehen bei Verschmelzungen von Kapitalgesellschaften weder eine einfache noch eine umgekehrte Maßgeblichkeit zwischen Handels- und Steuerbilanzen. Das gilt gleichermaßen für Überträgerin und Übernehmerin. Für eine diagonale Maßgeblichkeit zwischen verschiedenen Rechtsträgern besteht ebenso wenig Raum wie für eine phasenverschobene Wertaufholung. Auch besteht keine Wertverknüpfung zwischen den Handelsbilanzen von Überträgerin und Übernehmerin (vgl. Abb. 30).

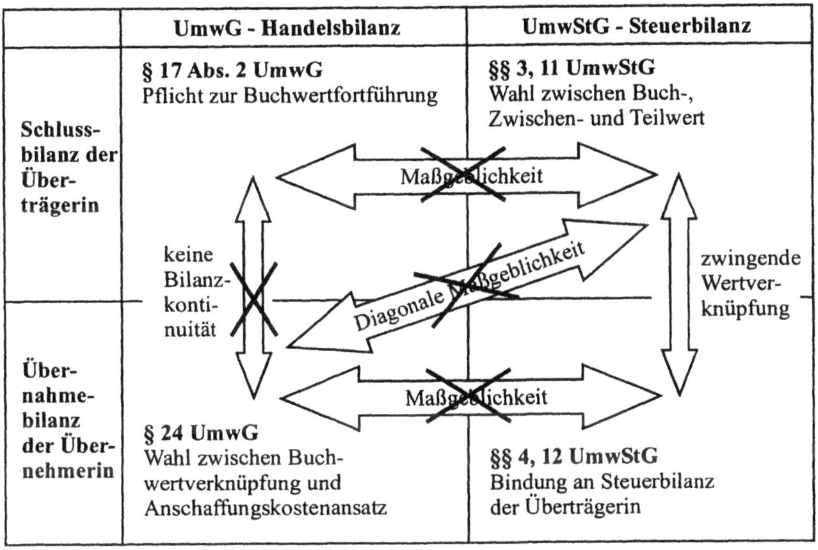

Abb. 30: Maßgeblichkeit bei Verschmelzungen von Kapitalgesellschaften auf Personenunternehmen oder andere Kapitalgesellschaften[1598]

6.2.3 Maßgeblichkeit bei der Verschmelzung von Personenhandelsgesellschaften

Auch bei der Verschmelzung von Personenhandelsgesellschaften auf Kapital- oder andere Personenhandelsgesellschaften führt die Maßgeblichkeit zu Problemen.

6.2.3.1 Bilanzierung bei der übertragenden Personenhandelsgesellschaft

Die Überträgerin hat handelsrechtlich gem. § 17 Abs. 2 UmwG die Pflicht zur Buchwertfortführung. Steuerlich gelten für ihre letzte Steuerbilanz die allgemeinen steuerlichen Vorschriften nach §§ 4 ff. EStG.[1599] Handels- und Steuerbilanz der Überträgerin

[1598] In Anlehnung an *Herzig*, Umwandlungsvorgängen, 1996, S. 40.

[1599] Vgl. *Widmann* in *Widmann/Mayer*, Umwandlungsrecht, 2002, § 24 UmwG, Rz. 205 f.

laufen demnach regelmäßig im Gleichklang, weil in beiden die Buchwerte fortgeführt werden.

6.2.3.2 Bilanzierung bei der die Personenhandelsgesellschaft aufnehmenden Übernehmerin

Nach § 24 UmwG hat die Übernehmerin die Wahl zwischen Buchwertverknüpfung und Anschaffungskostenansatz. Steuerrechtlich kann sie gem. § 20 Abs. 2 bzw. § 24 Abs. 2 UmwStG das eingebrachte Betriebsvermögen zum Buchwert, Zwischenwert oder Teilwert ansetzen. Der Maßgeblichkeitsgrundsatz nach § 5 Abs. 1 S. 1 EStG greift nicht.[1600] Allerdings könnten sowohl handelsrechtliche als auch steuerliche korrespondierende Wahlrechte vorliegen, für die die umgekehrte Maßgeblichkeit des § 5 Abs. 1 S. 2 EStG gelten könnte.[1601] Die Finanzverwaltung nimmt bei der Verschmelzung auf eine Kapitalgesellschaft die umgekehrte Maßgeblichkeit an, nicht jedoch bei der Verschmelzung auf eine andere Personenhandelsgesellschaft.[1602]

Die Untersuchung des Wortlauts in § 5 Abs. 1 S. 2 EStG wirft zwei Fragen auf: Sind nur einkommensteuerliche Wahlrechte erfasst oder auch solche des UmwStG?[1603] Folgt aus der Formulierung „bei der Gewinnermittlung" die Nichtanwendbarkeit auf die Übernahme- bzw. Eröffnungsbilanz?[1604] Selbst wenn man die erste Frage mit der Geltung für alle steuerlichen Wahlrechte beantwortet, ist zweifelhaft, ob die Wahlrechte deckungsgleich sind, weil handelsrechtlich kein Zwischenwert möglich ist und die Anschaffungskosten nicht mit den Teilwerten identisch sind.[1605] Bezogen auf die zweite Frage ist mit der Eröffnungsbilanz unstrittig keine Gewinnermittlung verbunden. Nach § 4 Abs. 1 S. 1 EStG scheiden Einlagen aus der Gewinnermittlung aus.

Den durch die Verschmelzung eventuell entstehenden Einbringungsgewinn versteuert gem. § 20 Abs. 4 bzw. § 24 Abs. 3 UmwStG der Einbringende.[1606] Durch § 20 Abs. 2 S. 2 UmwStG, der ausnahmsweise Buchwerte „auch" dann zulässt, wenn in der Handels-

---

1600 Vgl. *Patt/Rasche*, Buchwertverknüpfung, DStR 1994, S. 842 f.; a. A. *Budde/Klingberg* in *Budde/Förschle*, Sonderbilanzen, 2002, I, Rz. 197, 213, *Widmann* in *Widmann/Mayer*, Umwandlungsrecht, 2002, § 20 UmwStG Rz. 1194 ff.

1601 So *Hörtnagl* in *SHS*, UmwG, 2001, § 24 UmwG, Rz. Rz. 14 f., *Schmitt* in *SHS*, UmwG, 2001, § 20 UmwStG, Rz. 239 und § 24 UmwStG, Rz. 147; *Knop/Küting*, Anschaffungskosten, BB 1995, S. 1029; *Weber-Grellet* in *Schmidt, L.*, EStG, 2002, § 5, Rz. 46; *Patt/Rasche*, Buchwertverknüpfung, DStR 1994, S. 846 f.; *Budde/Klingberg* in *Budde/Förschle*, Sonderbilanzen, 2002, I, Rz. 197 f., 213 mit der Einschränkung, dass ein beliebiger Zwischenwert nicht zulässig sei.

1602 Vgl. BMF 25.03.1998, UmwSt-Erlass, Tz. 20.26 i.V.m. 24.04; bereits BMF 06.06.1978, BStBl. I 1978, S. 235, Rz. 20, 82.

1603 Vgl. für reine EStG-Wahlrechte: *Weber-Grellet*, Unmaßgeblichkeit, BB 1997, S. 655; *Weber-Grellet* in *Schmidt, L.*, EStG, 2002, § 5, Rz. 43; BFH 21.10.1993, BStBl. II 1994, S. 178; *Bordewin*, Maßgeblichkeit, DB 1992, S. 291; *Bordewin*, Replik, DB 1992, S. 849; *Knobbe-Keuk*, Bilanz, 1993, § 2 III Nr. 3. Vgl. auch für UmwStG-Wahlrechte: *Schmitt* in *SHS*, UmwG, 2001, § 3 UmwStG, Rz. 37; *Patt/Rasche*, Buchwertverknüpfung, DStR 1994, S. 846 f.

1604 So *Bacmeister*, Bindung, DStR 1996, S. 125.

1605 Vgl. *Bacmeister*, Bindung, DStR 1996, S. 125; *Bula/Schlösser* in *SBB*, Umwandlungen, 2000, E, Rz. 56 ff.; *Sagasser/Pfaar* in *SBB*, Umwandlungen, 2000, L, Rz. 132, 134; *Herzig*, Umwandlungsvorgängen, 1996, S. 41 ff.

1606 Vgl. *Bacmeister*, Bindung, DStR 1996, S. 125. Vgl. dazu nachstehende Ausführungen.

bilanz das Betriebsvermögen mit einem höheren Wert angesetzt werden „muss", wird die Ablehnung der umgekehrten Maßgeblichkeit gestärkt.[1607] Der Zweck der Vorschrift liegt darin, Unter-pari-Emissionen zu verhindern.[1608] Letztlich beseitigt § 20 Abs. 2 S. 2 UmwStG sowohl eine mögliche konkrete als auch eine formelle Maßgeblichkeit.[1609] Das entscheidende Argument gegen eine umgekehrte Maßgeblichkeit für die Übernehmerin liegt im Zweck von § 5 Abs. 1 S. 2 EStG, Gewinnausschüttungen aufgrund von steuerlichen Vergünstigungen zu verhindern. Der handelsrechtliche Gewinn der ersten Periode nach der Verschmelzung errechnet sich als Betriebsvermögen am Ende des Wirtschaftsjahrs abzüglich des Betriebsvermögens im Zeitpunkt der Einbringung. Somit ist das handelsrechtliche Ergebnis auch bei Wahl des Anschaffungskostenansatzes nicht höher als das steuerliche Ergebnis bei Buchwertfortführung, so dass die umgekehrte Maßgeblichkeit ihren Sinn verliert.[1610] Zwischen der Übernahmebilanz nach § 20 UmwStG und künftigen Steuerbilanzen besteht ein Bewertungszusammenhang; eine ergebniswirksame Aufstockung auf höhere handelsrechtliche Werte ist nicht vorzunehmen. § 20 Abs. 2 bzw. § 24 Abs. 2 UmwStG können als besondere steuerliche Bewertungsvorschriften angesehen werden, die nach § 5 Abs. 6 EStG nicht in Übereinstimmung mit der Handelsbilanz ausgeübt werden müssen.[1611]

Letztlich führen die unterschiedlichen Ziele, die mit dem UmwStG und dem UmwG verfolgt werden – Ermöglichung steuerneutraler Verschmelzungen bzw. Vermeidung handelsrechtlicher Nachteile bei Buchwertfortführung – zu der Ablehnung einer Maßgeblichkeit bei der Übernehmerin.[1612] Abweichende Bewertungen in Handels- und Steuerbilanz lassen sich im Bereich des § 24 UmwStG weitgehend über steuerliche Ergänzungsbilanzen lösen, auf die der Maßgeblichkeitsgrundsatz ohnehin nicht anwendbar ist.[1613]

Rein steuerlich besteht keine Wertverknüpfung zwischen der Schlussbilanz der Überträgerin und der Übernahmebilanz der Übernehmerin.[1614]

Im Ergebnis bestehen in Verschmelzungsfällen von übertragenden Personenhandelsgesellschaften weder eine Maßgeblichkeit noch eine Wertverknüpfung zwischen den Handels- und Steuerbilanzen von Überträgerin und Übernehmerin (vgl. Abb. 31).

1607 Vgl. dazu *Schmitt* in *SHS*, UmwG, 2001, § 20 UmwStG, Rz. 244, 247 und § 24 UmwStG, Rz. 147.

1608 Vgl. zur Entstehungsgeschichte des § 20 Abs. 2 S. 2 UmwStG im UmwStG 1977 *Patt/Rasche*, Buchwertverknüpfung, DStR 1994, S. 843 f.

1609 Vgl. *Weber-Grellet*, Unmaßgeblichkeit, BB 1997, S. 655; *Schmitt* in *SHS*, UmwG, 2001, § 20 UmwStG, Rz. 240, 244 ff.; *Patt/Rasche*, Buchwertverknüpfung, DStR 1994, S. 844; *Bula/Schlösser* in *SBB*, Umwandlungen, 2000, E, Rz. 61 f.; *Sagasser/Pfaar* in *SBB*, Umwandlungen, 2000, L, Rz. 135; *Budde/Klingberg* in *Budde/Förschle*, Sonderbilanzen, 2002, I, Rz. 199.

1610 Vgl. *Patt/Rasche*, Buchwertverknüpfung, DStR 1994, S. 843.

1611 Vgl. *Herzig*, Umwandlungsvorgängen, 1996, S. 43.

1612 Vgl. *Bula/Schlösser* in *SBB*, Umwandlungen, 2000, E, Rz. 59; *Sagasser/Pfaar* in *SBB*, Umwandlungen, 2000, L, Rz. 133; *Herzig*, Umwandlungsvorgängen, 1996, S. 42 f.; *Bermel* in *Goutier*, Umwandlungsrecht, 1996, § 20 UmwStG, Rz. 55.

1613 Vgl. *Sagasser/Pfaar* in *SBB*, Umwandlungen, 2000, L, Rz. 62; *Hörtnagl* in *SHS*, UmwG, 2001, § 24 UmwStG, Rz. 151.

1614 So aber *Bacmeister*, Bindung, DStR 1996, S. 125; *Bula/Schlösser* in *SBB*, Umwandlungen, 2000, E, Rz. 52 f., 63 f.

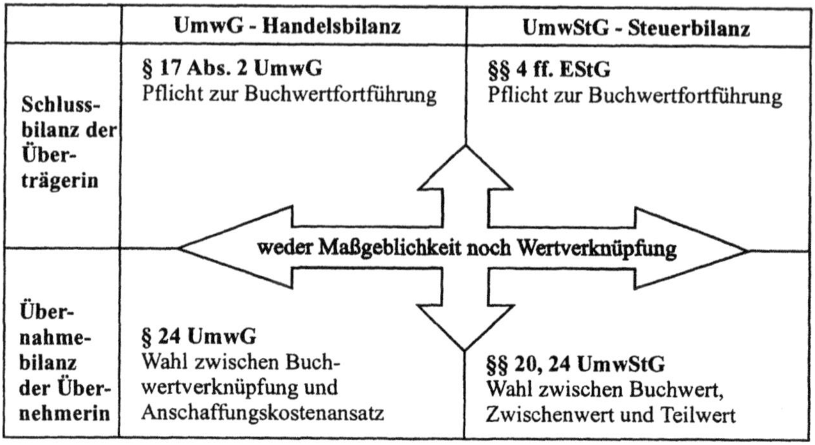

Abb. 31: Maßgeblichkeit bei Verschmelzungen von Personenhandelsgesellschaften auf Kapitalgesellschaften oder andere Personenhandelsgesellschaften[1615]

Die Untersuchung von übertragenden Kapital- und Personenhandelsgesellschaften hat ergeben, dass im Fall der Verschmelzung weder die einfache noch die umgekehrte oder gar eine diagonale Maßgeblichkeit zur Anwendung kommen. Die handels- und steuerlichen Bilanzen von Überträgerin und Übernehmerin sind voneinander unabhängig, so dass insbesondere Wahlrechte völlig frei ausgeübt werden können.

6.2.4 Latente Steuern

Die durch die fehlende Maßgeblichkeit[1616] im Zeitpunkt der Verschmelzung entstehenden unterschiedlichen Handels- und Steuerbilanzen bei der (Überträgerin und) Übernehmerin sind auch in der Folgezeit unabhängig voneinander weiterzuentwickeln. Dadurch könnte sich ein Problem latenter Steuern nach § 274 HGB ergeben, wenn die Übernehmerin eine Kapitalgesellschaft ist.[1617] Andererseits wird vertreten, unterschiedliche Wertansätze in handels- und steuerlicher Übernahmebilanz führen nicht zum Entstehen latenter Steuern nach § 274 HGB, weil die Bewertungsunterschiede von Dauer sind und sich nicht umkehren.[1618] Der Frage nach latenten Steuern wird im Folgenden nachgegangen.

1615 In Anlehnung an *Herzig*, Umwandlungsvorgängen, 1996, S. 44.

1616 Vgl. zum Maßgeblichkeitsprinzip Abschnitt 6.2.1 bis 6.2.3.

1617 Das Gleiche gilt für Verschmelzungen auf bestimmte Personenhandelsgesellschaften i. S. v. § 264a HGB.

1618 Vgl. *Pfitzer*, WP-Handbuch, 2002, Bd. II, Teil E, Rz. 14; *Herzig*, Verhältnis, 1996, S. 436.

Verschmelzung einer Kapitalgesellschaft auf eine andere Kapitalgesellschaft[1619]

Wenn in der steuerlichen Schlussbilanz der Überträgerin nach § 11 UmwStG die stillen Reserven aufgedeckt werden, hingegen in der handelsrechtlichen Schlussbilanz gem. § 17 Abs. 2 UmwG zwingend die Buchwerte fortzuführen sind, entsteht daraus ein zu hoher Steueraufwand. Dennoch kommt es in der Schlussbilanz der Überträgerin regelmäßig nicht zum Ansatz aktiver latenter Steuern, weil die Unterschiede sich nicht mehr in späteren Geschäftsjahren ausgleichen können, so dass die Voraussetzungen des § 274 Abs. 2 HGB nicht erfüllt sind.[1620]

Bei der Übernehmerin ergeben sich die Unterschiede zwischen Handels- und Steuerbilanz am Verschmelzungsstichtag bzw. Übertragungsstichtag im Regelfall durch Buchwertfortführung in der Steuerbilanz und Anschaffungskostenansatz in der Handelsbilanz. Die zu niedrige Steuer gleicht sich in späteren Geschäftsjahren durch höhere steuerliche Gewinne der Übernehmerin voraussichtlich wieder aus.[1621] Zu beachten ist, dass die Unterschiede allein aus der handelsrechtlichen Wahl des Anschaffungskostenansatzes resultiert. Dabei entstehende Verschmelzungsdifferenzen sind im Regelfall in die Kapitalrücklage einzustellen und wirken sich nur gelegentlich ergebniswirksam aus.[1622] Sofern Verschmelzungsdifferenzen in die Kapitalrücklage eingestellt wurden, besteht für die Passivierung einer Rückstellung für latente Steuern kein Anlass.[1623] Wenn die Verschmelzungsdifferenz erfolgswirksam ausgewiesen wird, könnte grundsätzlich die Bildung einer Rückstellung für latente Steuern gem. § 274 Abs. 1 HGB in der Übernahmebilanz in Frage kommen.[1624] Dem steht jedoch die Formulierung „der dem Geschäftsjahr oder einem früheren Geschäftsjahr zuzurechnende Steueraufwand" in § 274 Abs. 1 HGB entgegen, da mit der Übernahmebilanz kein Geschäftsjahr abgeschlossen wird. Die Aufstockung auf Anschaffungskosten in der handelsrechtlichen Übernahmebilanz steht in keinem Zusammenhang zu einem früheren Wirtschaftsjahr der Übernehmerin (oder gar der Überträgerin). Im Ergebnis sind auch in diesen Fällen keine latenten Steuern auszuweisen.

Ausnahmsweise könnte in der Übernahmebilanz steuerlich ein höherer Wert ausgewiesen werden als handelsrechtlich, wenn die Übernehmerin handelsrechtlich die Buchwertverknüpfung nach § 24 UmwG wählt, steuerlich aber nach § 12 UmwStG die von der Überträgerin aufgestockten Teilwerte fortführen muss. Auf der Ebene der Überträgerin entsteht aus der Aufstockung in der Handelsbilanz zwangsläufig ein zu hoher Steueraufwand, der sich in späteren Geschäftsjahren durch niedrigere steuerliche Gewinne bei der Übernehmerin voraussichtlich wieder ausgleicht. Der unterschiedliche Steueraufwand entsteht zwar in einem (früheren) Geschäftsjahr der Überträgerin, geht aber m. E. durch die Gesamtrechtsnachfolge auf die Übernehmerin über. Daher steht

---

1619 Das Gleiche gilt für Verschmelzungen auf bestimmte Personenhandelsgesellschaften i. S. v. § 264a HGB; siehe § 3 f. UmwStG.

1620 Vgl. *Bacmeister*, Bindung, DStR 1996, S. 126 f. Voraussetzung ist weiterhin, dass die Überträgerin eine Kapitalgesellschaft oder bestimmte Personenhandelsgesellschaft i. S. v. § 264a HGB ist.

1621 Der Ausgleich ist i. d. R. erst dann erfolgt, wenn sämtliche Wirtschaftsgüter sowohl in der Handels- als auch in der Steuerbilanz vollständig abgeschrieben sind.

1622 Vgl. Abschnitt 5.2.2.3.

1623 Vgl. *Widmann* in *Widmann/Mayer*, Umwandlungsrecht, 2002, § 24 UmwG, Rz. 353 f.

1624 Vgl. *Bacmeister*, Bindung, DStR 1996, S. 127.

m. E. der Wortlaut in § 274 Abs. 2 HGB einer wahlweisen Aktivierung von latenten Steuern in der Übernahmebilanz nicht entgegen. Teilweise wird die Aktivierung von latenten Steuern in der Übernahmebilanz nach § 274 Abs. 2 HGB empfohlen, weil sie eine Erhöhung des Gewinnausschüttungspotenzials verhindert.[1625]

Verschmelzung einer Personenhandelsgesellschaft auf eine Kapitalgesellschaft[1626]

Sowohl in der handelsrechtlichen als auch in der steuerlichen Schlussbilanz sind zwingend die Buchwerte fortzuführen, so dass aus Gründen der Verschmelzung keine latenten Steuern entstehen.

Bei der Übernehmerin ergeben sich die Unterschiede zwischen handels- und steuerrechtlicher Übernahmebilanz im Regelfall durch Buchwertfortführung in der Steuerbilanz gem. § 20 UmwStG und Anschaffungskostenansatz in der Handelsbilanz nach § 24 UmwG. Entsprechend der bereits zur Verschmelzung von Kapitalgesellschaften vorgebrachten Argumente ist die Bildung einer Rückstellung für latente Steuern abzulehnen.[1627]

Ausnahmsweise könnte in der Übernahmebilanz steuerlich ein höherer Wert ausgewiesen werden als handelsrechtlich, wenn die Übernehmerin bei handelsrechtlicher Buchwertverknüpfung nach § 24 UmwG steuerlich gem. § 20 UmwStG den Teilwertansatz wählt. Der sich durch die Aufdeckung stiller Reserven ergebende Gewinn wird jedoch von den Anteilseignern der Überträgerin versteuert. Eine Differenz zwischen Teilwerten und der nominellen Anteilsgewährung ist als Agio in die Kapitalrücklage einzustellen. In späteren Geschäftsjahren der Übernehmerin werden niedrigere steuerliche Gewinne auszuweisen sein. Dennoch entsteht weder bei der Überträgerin noch bei der Übernehmerin handelsbilanziell im Verschmelzungszeitpunkt ein zu hoher Steueraufwand. Daher ist die Aktivierung von latenten Steuern m. E. nicht veranlasst. Teilweise wird die wahlweise Aktivierung von latenten Steuern in der Übernahmebilanz nach § 274 Abs. 2 HGB empfohlen, weil sie eine Erhöhung des Gewinnausschüttungspotenzials verhindert.[1628]

Die hier entwickelten Lösungen zur Frage nach latenten Steuern bei Verschmelzung werden in der nachfolgenden Tab. 21 zusammengefasst:

[1625] Vgl. *Bacmeister*, Bindung, DStR 1996, S. 127.

[1626] Das Gleiche gilt für Verschmelzungen auf bestimmte Personenhandelsgesellschaften i. S. v. § 264a HGB; siehe § 24 UmwStG.

[1627] Vgl. auch *Widmann* in *Widmann/Mayer*, Umwandlungsrecht, 2002, § 24 UmwG, Rz. 356.

[1628] Vgl. *Bacmeister*, Bindung, DStR 1996, S. 127.

Tab. 21: Latente Steuern[1629]

Verschmelzung von Kapitalgesellschaft auf andere Kapitalgesellschaft			**Verschmelzung von Personenhandelsgesellschaft auf Kapitalgesellschaft**		
Schlussbilanz der Überträgerin	Übernahmebilanz der Übernehmerin		Schlussbilanz der Überträgerin	Übernahmebilanz der Übernehmerin	
	HB: AK, StB: BW	HB: BW, StB: TW		HB: AK, StB: BW	HB: BW, StB: TW
keine latenten Steuern	keine Rückstellung für latente Steuern	wahlweise Aktivierung latenter St.	keine latenten Steuern	keine Rückstellung für latente Steuern	keine Aktivierung latenter Steuern

6.3 Steuerliche Folgen

Zum besseren Verständnis werden hier knapp die Grundzüge der steuerlichen Behandlung von Verschmelzungen vorgestellt.[1630] Dabei verlangt der Dualismus in der Besteuerung von Personenunternehmen und Kapitalgesellschaften eine Untergliederung in Fallgruppen. Auf die Diskussion von Sonderfällen[1631] wird bewusst verzichtet.

6.3.1 Steuerlicher Übertragungsstichtag und Rückwirkung

Das steuerliche Vermögen und Einkommen von Übernehmerin und Überträgerin wird bei Verschmelzungen von Kapitalgesellschaften so ermittelt, als ob es am steuerlichen Übertragungsstichtag übergegangen wäre.[1632] Der steuerliche Übertragungsstichtag ist jedoch nicht mit dem handelsrechtlichen Verschmelzungsstichtag identisch. Steuerlich ist der Tag maßgebend, auf den die Überträgerin ihre letzte steuerliche Schlussbilanz aufzustellen hat. Ist als Verschmelzungsstichtag bspw. der 01.01.02 vereinbart, stellt die Überträgerin (i. d. R. auch handelsrechtlich) ihre Schlussbilanz zum 31.12.01 auf.[1633] Steuerlich entsteht sowohl der Übertragungs- als auch der Übernahmegewinn stets in dem Veranlagungszeitraum, in dem das Wirtschaftsjahr endet, im Beispiel demnach im

---

1629 Abkürzungen: Handelsbilanz (HB), Steuerbilanz (StB), Steuern (St.), Teilwerte (TW).

1630 Dabei wird der Gesetzesstand per 31.12.2002 berücksichtigt.

1631 Vgl. beispielhaft: Sperrbetrag § 50c EStG; einbringungsgeborene Anteile § 21 UmwStG; ausscheidende Gesellschafter; Verschmelzung auf Alleingesellschafter; Besonderheiten bei Konzernverschmelzungen; Verträge bzw. Gewinnausschüttungen im Rückwirkungszeitraum; Übernahmefolgegewinn §§ 6, 26 UmwStG; andere Körperschaften außer unbeschränkt steuerpflichtige Kapitalgesellschaften, deren Leistungen bei den Empfängern zu den Einnahmen i. S. v. § 20 Abs. 1 S. 1 Nr. 1 EStG gehören; Personenhandelsgesellschaften ohne Betriebsvermögen; gegenseitige Forderungen und Verbindlichkeiten.

1632 Siehe § 2 UmwStG, vgl. BMF 25.03.1998, UmwSt-Erlass, Tz. 02.04 Abs. 2.

1633 Vgl. BMF 25.03.1998, UmwSt-Erlass, Tz. 02.01-02.03.

Jahr 01.[1634] Die Steuerpflicht der Überträgerin endet am 31.12.01, die der Übernehmerin beginnt bei einer Verschmelzung durch Neugründung am 31.12.01. Geschäfte, die von der Überträgerin im sog. Rückwirkungszeitraum[1635] vom steuerlichen Übertragungsstichtag bis zum Tag der Eintragung ins Handelsregister vorgenommen werden, gelten als für Rechnung der Übernehmerin ausgeführt.

Gleiches gilt sinngemäß bei Verschmelzungen von Personenhandelsgesellschaften gem. § 20 Abs. 7-8, § 24 Abs. 4 UmwStG.

6.3.2 Verschmelzung einer Kapitalgesellschaft auf eine andere Kapitalgesellschaft

Die Verschmelzung von einer Kapitalgesellschaft ist auch steuerlich als Verschmelzung zu qualifizieren, die sich im Wege des Anteilstausches vollzieht[1636] und in §§ 1 Abs. 2, 2, 11-13, 19 UmwStG geregelt ist.[1637]

6.3.2.1 Steuerbilanz und ertragsteuerliche Folgen der Überträgerin bei der Verschmelzung von Kapitalgesellschaften

Die Überträgerin kann gem. § 11 Abs. 1 UmwStG grundsätzlich die Buchwerte fortführen, wenn die spätere Besteuerung der stillen Reserven sichergestellt ist und die Gegenleistung in Gesellschaftsrechten besteht. Ein steuerpflichtiger Übertragungsgewinn kann insofern in Körperschaft- und Gewerbesteuer (§ 19 Abs. 1 UmwStG) vermieden werden.

Wahlweise[1638] können die zu übertragenden Wirtschaftsgüter mit dem Wert der gewährten Gegenleistung bzw. dem Teilwert angesetzt werden. Freiwillig ist eine Aufstockung auf jeden beliebigen Zwischenwert bis maximal zum Teilwert möglich.[1639] Nach Auffassung der Finanzverwaltung soll das Wahlrecht nur für bereits in der steuerlichen Schlussbilanz erfasste Wirtschaftsgüter gelten, nicht jedoch für selbst geschaffene immaterielle Wirtschaftsgüter einschließlich eines originären Geschäfts- oder Firmenwerts, weil § 11 lediglich ein Bewertungs- aber kein Ansatzwahlrecht enthält.[1640] Falls die Besteuerung der stillen Reserven jedoch nicht sichergestellt ist, verlangt die Finanzverwaltung den Teilwertansatz allerdings auch für selbst geschaffene immaterielle Wirt-

---

[1634] Vgl. BMF 25.03.1998, UmwSt-Erlass, Tz. 02.05.

[1635] Vgl. BMF 25.03.1998, UmwSt-Erlass, Tz. 02.06 ff.; *Budde/Klingberg* in *Budde/Förschle*, Sonderbilanzen, 2002, I, Rz. 115 ff.

[1636] Vgl. BMF 25.03.1998, UmwSt-Erlass, Tz. 00.04.

[1637] Für Down-stream Merger greifen §§ 11 ff. UmwStG grundsätzlich nicht. Jedoch können sie auf Antrag entsprechend angewandt werden. Vgl. *Budde/Klingberg* in *Budde/Förschle*, Sonderbilanzen, 2002, I, Rz. 180 f.; BMF 25.03.1998, UmwSt-Erlass, Tz. 11.24.

[1638] Bzw. verpflichtend, wenn die Voraussetzungen des § 11 Abs. 1 UmwStG nicht erfüllt sind.

[1639] Siehe § 11 Abs. 2 UmwStG.

[1640] Vgl. BMF 25.03.1998, UmwSt-Erlass, Tz. 11.19; *Dehmer*, UmwG, 1996, § 11 UmwStG, Rz. 23, 33.

schaftsgüter.[1641] Dem Wortlaut nach umfasst § 11 Abs. 1 UmwStG alle „übergegangenen Wirtschaftsgüter", also auch nicht bilanzierte. Da in der Verschmelzung letztlich ein anschaffungsähnlicher Vorgang[1642] zu sehen ist, werden m. E. auch selbst geschaffene immaterielle Wirtschaftsgüter von dem Wahlrecht in § 11 Abs. 1 UmwStG erfasst.[1643] Diese systematisch zutreffende Lösung wird indes in der Praxis naturgemäß keine Berücksichtigung finden.

Der Übertragungsgewinn berechnet sich nach dem Wert, mit dem die Wirtschaftsgüter angesetzt werden, abzüglich des Eigenkapitals in der Schlussbilanz der Überträgerin. Der steuerpflichtige Gewinn entsteht bei der übertragenden Kapitalgesellschaft in dem Veranlagungszeitraum, in dem der steuerliche Übertragungsstichtag liegt, und unterliegt als laufender Gewinn der normalen Besteuerung.[1644] Der Übertragungsgewinn stellt in der Gewerbesteuer einen steuerpflichtigen Gewerbeertrag gem. § 19 Abs. 1 UmwStG dar.

6.3.2.2 Übernahmebilanz und ertragsteuerliche Folgen der Übernehmerin bei der Verschmelzung von Kapitalgesellschaften

Für die Übernehmerin besteht gem. § 12 Abs. 1 S. 1 i. V. m. § 4 Abs. 1 UmwStG eine strenge Wertverknüpfung mit der steuerlichen Schlussbilanz der Überträgerin.

Soweit die Übernehmerin an der Überträgerin beteiligt ist, entsteht in der Bilanz ggf. ein Übernahmegewinn oder -verlust, der sich als Unterschiedsbetrag zwischen dem anteiligen[1645] Übernahmewert und dem Buchwert der Überträgerin-Anteile[1646] berechnet. Ein Übernahmegewinn ist außerhalb der Bilanz zu neutralisieren, so dass im Ergebnis keine Besteuerung erfolgt, § 12 Abs. 2 UmwStG. Ein Übernahmeverlust ist allerdings steuerlich ebenfalls nicht verwertbar. Auch in der Gewerbesteuer bleibt ein Übernahmeerfolg außer Ansatz gem. § 19 Abs. 1 UmwStG.

Werden fremden Anteilseignern der Überträgerin als Gegenleistung neue oder eigene Anteile gewährt, ist die passive Differenz zwischen dem Übernahmewert und dem

---

1641 Vgl. BMF 25.03.1998, UmwSt-Erlass, Tz. 11.21.

1642 Vgl. Abschnitt 5.2.2.

1643 Vgl. auch *Schmitt* in *SHS*, UmwG, 2001, § 11 UmwStG, Rz. 18, 32; *Widmann* in *Widmann/Mayer*, Umwandlungsrecht, 2002, § 3 UmwStG, Rz. 390; *Schmalz* in *Goutier*, Umwandlungsrecht, 1996, § 11 UmwStG, Rz. 14; *Bärwald* in *Haritz/Benkert*, UmwStG, 2000, § 11, Rz. 13; *Sagasser/Pfaar* in *SBB*, Umwandlungen, 2000, L, Rz. 12.

1644 Dies wird insoweit für unzutreffend gehalten als der Übertragungsgewinn auf andere Kapitalgesellschaften als Anteilseigner entfällt, vgl. *Dötsch/Pung*, Reform, DB 2000, Beilage 4, S. 17 f.

1645 Vgl. so auch *Sagasser/Pfaar* in *SBB*, Umwandlungen, 2000, L Rz. 16; *Wisniewski* in *Haritz/Benkert*, UmwStG, 2000, § 12, Rz. 19; *Schäfer/Schlarb*, Leitfaden, 1999, S. 136. Nach a. A. berechnet sich der Übernahmegewinn als Unterschiedsbetrag zwischen dem gesamten Übernahmewert und dem Buchwert der Überträgerin-Anteile; vgl. *Dötsch*, Umwandlungssteuerrecht, 1998, Rz. 416-418; BMF 25.03.1998, UmwSt-Erlass, Tz. 12.04, 12.07.

1646 Falls der Buchwert unter den ursprünglichen Anschaffungskosten liegt, treten die Folgen des § 12 Abs. 2 S. 2 UmwStG ein. Ein Übernahmegewinn ist insoweit zu versteuern.

Nennwert der Anteile als Agio in die Kapitalrücklage einzustellen, weil auch steuerlich ein erfolgsneutraler Einlagevorgang vorliegt.[1647]

Die Übernehmerin tritt in die Rechtsstellung der Überträgerin gem. § 12 Abs. 3 UmwStG ein. Das gilt auch für einen Verlustabzug, falls der verlustverursachende Betrieb(steil) nach dem Verschmelzungsstichtag entsprechend dem Gesamtbild der wirtschaftlichen Verhältnisse im vergleichbaren Umfang von der Übernehmerin in den folgenden fünf Jahren fortgeführt wird, § 12 Abs. 3 S. 2 UmwStG. Ein Verlustabzug, den die Übernehmerin bereits vor der Verschmelzung ausweist, geht unter den Voraussetzungen des § 8 Abs. 4 KStG über.[1648] In den meisten Fällen empfiehlt sich daher eine Verschmelzung der Verlustgesellschaft auf die Gewinngesellschaft.[1649]

Das nach § 37 KStG verbleibende Körperschaftsteuerguthaben[1650] bzw. der unbelastete Teilbetrag des verwendbaren Eigenkapitals nach § 38 KStG[1651] sowie das steuerliche Einlagenkonto i. S. v. § 27 KStG der Überträgerin wird den entsprechenden Beträgen der Übernehmerin hinzugerechnet, §§ 40 Abs. 1, 29 Abs. 2 KStG.

6.3.2.3 Steuerliche Folgen für die Anteilseigner der Überträgerin bei der Verschmelzung von Kapitalgesellschaften

Unabhängig von der Bewertung bei der Überträgerin gelten aus Sicht der Anteilseigner der Überträgerin deren Anteile als veräußert. Als Veräußerungspreis wird der Buchwert angesetzt, sofern sich die Anteile in einem Betriebsvermögen befinden, oder die Anschaffungskosten bei Anteilen i. S. v. §§ 17, 23 EStG. Gleichzeitig gelten die (neuen) Anteile an der Übernehmerin als zu diesem Wert angeschafft, § 13 Abs. 1-2 UmwStG. Nach Auffassung der Finanzverwaltung beginnt eine neue Frist gem. § 23 Abs. 1 EStG.[1652] Steuerliche Folgen für den Anteilseigner in Körperschaft-, Gewerbe- und/oder Einkommensteuer werden dadurch vermieden. Soweit jedoch bare Zuzahlungen oder Barabfindungen an ausscheidende Anteilseigner geleistet werden, treten die allgemeinen steuerlichen Grundsätze in Kraft, und es kommt zu einer Gewinnrealisierung.[1653]

Im Ergebnis treten die in Tab. 22 vereinfacht dargestellten steuerlichen Folgen bei der Verschmelzung von Kapitalgesellschaften ein.

1647 Vgl. *Sagasser/Pfaar* in *SBB*, Umwandlungen, 2000, L, Rz. 20-22. Eine Unter-pari-Emission ist handelsrechtlich unzulässig. Ein daraus entstehender Verlust vermindert das steuerliche Einkommen nicht, vgl. *Sagasser/Pfaar* in *SBB*, Umwandlungen, 2000, L Rz. 53, S. 340 Abs. 1.

1648 Vgl. zum Verlustabzug *Sagasser/Pfaar* in *SBB*, Umwandlungen, 2000, L, Rz. 28 ff.; *Djanani/Brähler/Zölch*, Verlustfallen, BB 2000, S. 1497 ff.; *Dötsch*, Verlustabzug, DB 1999, Beilage 8, S. 16 ff.

1649 Vgl. *Schäfer/Schlarb*, Leitfaden, 1999, S. 136-140, 156.

1650 Sämtliches verwendbares Eigenkapital nach dem Anrechnungsverfahren ist aufzulösen. Das KSt-Guthaben beträgt 1/6 des zum 31.12.2000 mit 40 % KSt belasteten Eigenkapitals (EK40). Andere Anrechnungsguthaben wurden zuvor auf EK40 umgestellt.

1651 Unbelastetes Eigenkapital ist im sog. EK02 zu saldieren, das nach § 38 KStG fortgeführt wird und nach § 10 UmwStG zu einer KSt-Erhöhung von 3/7 seines Bestands führt.

1652 Vgl. BMF 25.03.1998, UmwSt-Erlass, Tz. 13.08.

1653 Vgl. BMF 25.03.1998, UmwSt-Erlass, Tz. 13.03; *Sagasser/Pfaar* in *SBB*, Umwandlungen, 2000, L, Rz. 48.

Tab. 22: Steuerliche Folgen bei der Verschmelzung von Kapitalgesellschaften

Überträgerin	**Anteilseigner der Überträgerin**	**Übernehmerin**
§ 11 UmwStG: Wahlrecht zwischen Buch- und Teilwert Übertragungsgewinn vermeidbar	§ 13 UmwStG: evtl. Veräußerungsgewinn beträgt i. d. R. Null	§ 12 UmwStG: Wertverknüpfung Übernahmegewinn oder -verlust bleibt i. d. R. außer Ansatz Verlustabzug und körperschaftsteuerliche Eigenkapitalpositionen gehen über

6.3.2.4 Abschließendes Beispiel zur Verschmelzung von Kapitalgesellschaften

Bsp. 30: Steuerbilanzen bei der Verschmelzung von Kapitalgesellschaften

An dieser Stelle wird lediglich die grundsätzliche Problematik steuerlicher Verschmelzungsbilanzen aufgezeigt, weshalb das Beispiel 19 herausgegriffen wird.

Die Ausgangsdaten werden kurz wiederholt: Zwei AG werden verschmolzen, wobei die Übernehmerin 30 % der Überträgerin-Anteile im Nennwert von 30.000 € hält, die sie mit ihren ursprünglichen Anschaffungskosten von 50.000 € bilanziert hat. Von den gesamten 100.000 $A_{ÜT}$ werden 70.000 von fremden Aktionären gehalten und sind zu einem Umtauschverhältnis von 0,5 umzutauschen. Dadurch wird eine Kapitalerhöhung i. H. v. 35.000 € notwendig.

Die steuerlichen Schlussbilanzen ohne Berücksichtigung der Verschmelzung sind mit den handelsrechtlichen Schlussbilanzen identisch und haben am 31.12.00 (steuerlicher Übertragungsstichtag) folgendes Bild:

vorl. StB ÜT 31.12.00 in €

AV	400.000	GK	100.000
UV	300.000	FK	600.000
	700.000		700.000

vorl. StB ÜN 31.12.00 in €

AV	400.000	GK	160.000
BET(ÜT)	50.000	KRL	90.000
UV	350.000	FK	550.000
	800.000		800.000

Die Teilwerte entsprechen den Zeitwerten und betragen demnach für das Anlagevermögen 430.000 € und für den Geschäfts- oder Firmenwert 20.000 €. Im Übrigen entsprechen die Teilwerte den Buchwerten.

Wie gezeigt wurde, ist es für die steuerlichen Bilanzen von Überträgerin und Übernehmerin völlig unerheblich, wie die Wahlrechte in den handelsrechtlichen Verschmelzungsbilanzen ausgeübt wurden. Die Steuerbilanzen nehmen also stets die unten aufgeführten Formen an, unabhängig davon, ob die Übernehmerin handelsrechtlich den Anschaffungskostenansatz (Abschnitt 5.2.2.3.3.3) oder die Buchwertverknüpfung (Abschnitt 5.2.3.3.3.2) wählt.

Steuerlich hat gem. § 11 Abs. 1 S. 1 UmwStG die Überträgerin – bei Erfüllung aller Voraussetzungen – das Wahlrecht, die oben abgebildeten Buchwerte anzusetzen, wodurch sich keine Änderungen in der steuerlichen Schlussbilanz ergeben. Die steuerliche Übernahmebilanz der Übernehmerin am 31.12.00 entspricht in diesem Fall exakt der handelsrechtlichen bei Buchwertverknüpfung am 01.01.01, die bereits im Beispiel 28 abgebildet wurde. Entsprechend den dortigen Ausführungen ist das Agio von 35.000 € in die Kapitalrücklage einzustellen, weil es sich auch steuerlich um einen Einlagevorgang handelt. Soweit die Übernehmerin an der Überträgerin beteiligt ist, ergibt sich ein Übernahmeverlust i. H. v. 20.000 €, der außerhalb der Bilanz zu neutralisieren ist. Die steuerliche Übernahmebilanz ist identisch mit der handelsrechtlichen im Beispiel 28:

steuerliche Übernahmebilanz 31.12.00 in €

AV	800.000	GK	160.000 + 35.000	195.000
UV	650.000	KRL	90.000 + 35.000	125.000
		Übernahmeverlust		- 20.000
		FK	550.000 + 600.000	1.150.000
	1.450.000			1.450.000

Allerdings kann die Überträgerin in ihrer steuerlichen Schlussbilanz nach § 11 Abs. 1 S. 2-3 UmwStG ihr Vermögen auch bis zu den Teilwerten aufstocken. Durch die Aufdeckung der stillen Reserven kommt es im Beispiel zu einem zu versteuernden Übertragungsgewinn i. H. v. 50.000 € im Veranlagungszeitraum 00. Aus Vereinfachungsgründen bleiben Steuerrückstellungen hier außer Betracht.

StB gem. § 11 UmwStG ÜT 31.12.00 in €

GoF	20.000	GK	100.000
AV	430.000	Gewinn	50.000
UV	300.000	FK	600.000
	750.000		750.000

Für die Übernehmerin besteht gem. § 12 Abs. 1 S. 1 i. V. m. § 4 Abs. 1 UmwStG eine strenge Wertverknüpfung mit der steuerlichen Schlussbilanz gem. § 11 UmwStG der Überträgerin. Sie führt demnach auf den steuerlichen Übertragungsstichtag 31.12.00 ihre vorläufige steuerliche Schlussbilanz und die aufgestockte steuerliche Schlussbilanz der Überträgerin zusammen. Bilanziell übernimmt die Übernehmerin von fremden Aktionären ein gezeichnetes Kapital der Überträgerin zum Wert von 70.000 €, dem jedoch nur eine Kapitalerhöhung von nominell 35.000 € gegenüber steht. Die dadurch verbleibende passive Verschmelzungsdifferenz i. H. v. 35.000 € ist in die Kapitalrücklage einzustellen, weil es sich auch steuerlich um einen Einlagevorgang handelt. Soweit die Übernehmerin Aktionärin der Überträgerin ist (30.000 €), entsteht ein durch die Hingabe der Beteiligung (Buchwert 50.000 €) ein Übernahmeverlust i. H. v. 20.000 €, der außerbilanziell zu neutralisieren ist. Der Übertragungsgewinn in der steuerlichen Schlussbilanz der Überträgerin geht als Gewinnvortrag auf die Übernehmerin über. Die steuerliche Übernahmebilanz hat in diesem vereinfachten Beispiel folgendes Bild:

steuerliche Übernahmebilanz 31.12.00 in € gem. § 12 UmwStG

GoF	20.000	GK	160.000 + 35.000	195.000
AV	830.000	KRL	90.000 + 35.000	125.000
UV	650.000	Gewinnvortrag		50.000
		Übernahmeverlust		- 20.000
		FK	550.000 + 600.000	1.150.000
	1.500.000			1.500.000

6.3.3 Verschmelzung einer Kapitalgesellschaft auf eine Personenhandelsgesellschaft

Nach dem UmwStG 1977 war eine steuerneutrale Verschmelzung von einer Kapitalgesellschaft auf eine Personenhandelsgesellschaft nicht möglich, was zu dem Schlagwort „steuerliche Einbahnstraße"[1654] in die Kapitalgesellschaft geführt hat. Diese gravierende Behinderung von Umwandlungen wurde durch das Wahlrecht in § 3 UmwStG beseitigt. Steuerlich ist der Vorgang als Vermögensübergang zu qualifizieren, der sich im Wege des Anteilstausches vollzieht und in §§ 1 Abs. 2, 2, 3-8, 10, 18 UmwStG geregelt ist. Auch nach heutigem Recht kann in der Einschränkung des Aufstockungspotenzials bei der Überträgerin und in dem Untergang von Verlustvorträgen noch eine Umwandlungsbremse liegen.[1655]

6.3.3.1 Steuerbilanz und ertragsteuerliche Folgen der Überträgerin-Kapitalgesellschaft

Die Überträgerin hat das Wahlrecht, ihr Vermögen zum Buchwert, Teilwert oder einem Zwischenwert gem. § 3 UmwStG zu bewerten. Ein Übertragungsgewinn kann durch den Buchwertansatz vermieden werden. Steuerliche Folgen treten dann weder in der Körperschaftsteuer noch in der Gewerbesteuer auf. Voraussetzung für den Buchwertansatz ist, dass das Vermögen der übertragenden Kapitalgesellschaft Betriebsvermögen bei der übernehmenden Personenhandelsgesellschaft wird und somit die Besteuerung der stillen Reserven gesichert ist. Zudem soll nach Auffassung der Finanzverwaltung das Wahlrecht nur für bereits in der steuerlichen Schlussbilanz erfasste Wirtschaftsgüter gelten.[1656]

Werden die Wirtschaftsgüter mit einem höheren Wert als dem Buchwert angesetzt, entsteht in Höhe der aufgedeckten stillen Reserven ein steuerpflichtiger laufender Übertragungsgewinn bei der übertragenden Kapitalgesellschaft in dem Veranlagungszeitraum, in dem der steuerliche Übertragungsstichtag liegt. Dieser Übertragungsgewinn unterliegt sowohl der Körperschaftsteuer mit einer Definitivbelastung von 25 %[1657] als

[1654] *Herzig*, Rechtsformneutralität, StuW 1988, S. 342; *Sagasser/Pfaar* in *SBB*, Umwandlungen, 2000, L, Rz. 73.

[1655] Vgl. *Sauter/Heurung/Babel*, Reserven, DB 2002, S. 1180.

[1656] Vgl. BMF 25.03.1998, UmwSt-Erlass, Tz. 03.03, 03.07.

[1657] Für 2003 erhöht sich der KSt-Satz auf 26,5% gem. § 34 XIa KStG.

auch nach § 18 Abs. 1 S. 1 UmwStG der Gewerbesteuer. Dennoch ist durch die Neufassung von § 4 Abs. 6 UmwStG mit einer steigenden Bedeutung der Aufstockung gem. § 3 S. 1 UmwStG zu rechnen, weil ansonsten Verlustvorträge endgültig untergehen.[1658] Die Auffassung der Finanzverwaltung, nach der ein originärer Geschäfts- oder Firmenwert ebenso wenig angesetzt werden darf wie von der Überträgerin selbst erstellte immaterielle Wirtschaftsgüter,[1659] ist abzulehnen.[1660]

Falls ein Verlustabzug der Überträgerin besteht, ist es regelmäßig vorteilhaft, die steuerlichen Wertansätze freiwillig aufzustocken, weil dadurch sowohl der körperschaft- als auch der gewerbesteuerliche Verlustvortrag verbraucht wird.[1661] Der entstehende Übertragungsgewinn wird mit dem Verlustvortrag verrechnet, so dass die Aufstockung steuerneutral gestaltet werden kann. Auf die Übernehmerin geht infolgedessen ein höherer Wert an Betriebsvermögen über.[1662]

Durch den Wechsel des Besteuerungssystems ist die Verschmelzung aus Sicht der Überträgerin wie eine fiktive Vollausschüttung der Rücklagen zu betrachten. Die Körperschaftsteuer des Veranlagungszeitraums der Verschmelzung vermindert sich gem. § 10 UmwStG i. V. m. § 40 Abs. 3 KStG um das gesamte Körperschaftsteuer-Guthaben nach § 37 KStG. Im Veranlagungszeitraum der Umwandlung ist das Körperschaftsteuer-Guthaben uno actu aufzulösen. In der Übertragungsbilanz wird ein entsprechender Anspruch aktiviert mit der Folge, dass auf die Übernehmerin ein höherer Wert übergeht. Ist hingegen noch unbelastetes verwendbares Eigenkapital i. S. v. § 38 KStG vorhanden, erfolgt eine Nachversteuerung des gesamten altes EK02-Bestands durch die Herstellung der fiktiven Ausschüttungsbelastung, § 10 UmwStG.[1663] Diese Lösung ist insofern konsequent, weil auch aus einer Vollausschüttung für die ausschüttende Gesellschaft eine Körperschaftsteuer-Erhöhung resultieren würde.[1664]

6.3.3.2 Übernahmebilanz und ertragsteuerliche Folgen der Übernehmerin-Personenhandelsgesellschaft

Für die Übernehmerin gilt gem. § 4 Abs. 1 UmwStG eine strenge Wertverknüpfung mit der steuerlichen Schlussbilanz der Überträgerin. Die Übernehmerin tritt nach der sog. „Fußstapfentheorie" in die Rechtsstellung der Überträgerin gem. § 4 Abs. 2-3 UmwStG ein.

Trotz der strengen Wertverknüpfung erfolgt die Verschmelzung durch den Systemwechsel von der Kapitalgesellschaft zur Personenhandelsgesellschaft nicht zwangs-

1658 Vgl. *Sauter/Heurung/Babel*, Reserven, DB 2002, S. 1181.

1659 Vgl. BMF 25.03.1998, UmwSt-Erlass, Tz. 03.07 i. V. m. § 5 Abs. 2 EStG; *Sauter/Heurung/Babel*, Reserven, DB 2002, S. 1180; *Brinkhaus* in *Haritz/Benkert*, UmwStG, 2000, § 3, Rz. 99 ff.

1660 Vgl. Argumente in Abschnitt 6.3.2.1; *Sagasser/Pfaar* in *SBB*, Umwandlungen, 2000, L, Rz. 78; *Widmann* in *Widmann/Mayer*, Umwandlungsrecht, 2002, § 3 UmwStG, Rz. 390, 367; *Thiel*, Unternehmenssteuerreform, FR 2000, S. 494.

1661 Vgl. *Sagasser/Pfaar* in *SBB*, Umwandlungen, 2000, L, Rz. 79; zur Höhe des Aufstockungsbetrags: *Sauter/Heurung/Babel*, Reserven, DB 2002, S. 1181 f.

1662 Vgl. *Thiel*, Unternehmenssteuerreform, FR 2000, S. 496.

1663 Vgl. *Schulze zur Wiesche*, Umwandlung, WPg 2001, S. 501.

1664 Vgl. *Dötsch/Pung*, Reform, DB 2000, Beilage 4, S. 17.

läufig erfolgsneutral. Vielmehr werden für „steuerverhaftete"[1665] Anteile alle offenen Reserven der Kapitalgesellschaft bei den Anteilseignern der übernehmenden Personenhandelsgesellschaft als Übernahmegewinn in der Einkommen- bzw. Körperschaftsteuer besteuert. Ein Übernahmeverlust der Übernehmerin wirkt sich steuerlich gem. § 4 Abs. 6 UmwStG weder bei der Übernehmerin noch bei deren Anteilseignern aus.

Die sog. „Fußstapfentheorie" findet ihre Grenze im Verlustabzug der Überträgerin, der gem. § 4 Abs. 2 S. 2 UmwStG i. V. m. § 10d Abs. 4 S. 2 EStG nicht auf die Übernehmerin bzw. deren Anteilseigner übergeht. Sofern die Übernehmerin jedoch an der Überträgerin beteiligt ist, kann sie über Teilwertabschreibungen der Beteiligung oder Einlagen, die die Anschaffungskosten erhöhen, eine Gewinnminderung erreichen. Der Verlust selbst wird regelmäßig durch Aufstockung noch bei der Überträgerin genutzt. Dadurch geht auf die Übernehmerin ein höheres Betriebsvermögen über, das zukünftig höhere Abschreibungen und niedrigere Veräußerungsgewinne ermöglicht.[1666]

Gewerbesteuerlich bleibt der Übernahmegewinn[1667] ebenso wie ein Übernahmeverlust gem. § 18 Abs. 2 UmwStG außer Ansatz. Auch ein Verlustvortrag nach § 10a GewStG geht nicht auf die Übernehmerin über, § 18 Abs. 1 S. 2 UmwStG. Um Missbrauch zu verhindern, regelt § 18 Abs. 4 UmwStG, dass ein Veräußerungs- oder Aufgabegewinn der Gewerbesteuer unterliegt, wenn der (Teil-)Betrieb oder Anteil der Übernehmerin innerhalb von fünf Jahren nach der Verschmelzung aufgegeben oder veräußert wird. Dabei werden auch stille Reserven erfasst, die erst nach der Verschmelzung erworben wurden, was über den Schutzbereich deutlich hinausgeht.[1668]

6.3.3.3 Steuerliche Folgen für die Gesellschafter der Übernehmerin-Personenhandelsgesellschaft

Auf der Ebene der Anteilseigner der Übernehmerin wird durch die Verschmelzung ein Gewinn in Höhe der offenen Rücklagen realisiert. Stille Reserven bleiben im Gegensatz dazu durch die Verschmelzung unversteuert.

Die Gesellschafter der Übernehmerin realisieren einen Übernahmegewinn, der für jeden Gesellschafter gesondert ermittelt wird.[1669] Auch nach dem Systemwechsel wird der Übernahmegewinn wie eine Ausschüttung behandelt,[1670] weil er offene Rücklagen der

---

1665 Siehe § 4 Abs. 4 S. 3, § 5 UmwStG.

1666 Vgl. *Thiel*, Unternehmenssteuerreform, FR 2000, S. 496.

1667 Mit der Neuregelung in § 35 EStG erübrigt sich die Diskussion darüber, ob der Übernahmegewinn zu einer Tarifbegrenzung nach § 32c EStG a. F. führt. Vgl. bspw. *Kahrs*, Behandlung, BB 1998, S. 349 ff.

1668 Vgl. BMF 25.03.1998, UmwSt-Erlass, Tz. 18.07; kritisch: *Sagasser/Pfaar* in *SBB*, Umwandlungen, 2000, L, Rz. 100 f.; *Schmitt* in *SHS*, UmwG, 2001, § 18 UmwStG, Rz. 40; *Söffing* in *Goutier*, Umwandlungsrecht, 1996, § 18 UmwStG, Rz. 19; *Schaumburg/Rödder*, UmwG, 1995, § 18 UmwStG, Rz. 4; *Rödder*, Unternehmenskauf, 1996, S. 204; *Schaumburg*, Besonderheiten, 1995, S. 348; *Benkert/Menner* in *Haritz/Benkert*, UmwStG, 2000, § 18, Rz. 49.

1669 Vgl. zur Ermittlung den nachfolgenden Absatz.

1670 Vgl. *Schulze zur Wiesche*, Umwandlung, WPg 2001, S. 501; *Dötsch/Pung*, Reform, DB 2000, Beilage 4, S.16 f.

Überträgerin enthält, die bereits einer Definitiv-Besteuerung von 25 % Körperschaftsteuer und der Gewerbesteuer unterlegen haben.

Das Übernahmeergebnis berechnet sich gem. § 4 Abs. 4 UmwStG als Differenz zwischen dem Wertansatz des von der Überträgerin übernommenen Vermögens abzüglich des Buchwerts der Anteile an der Kapitalgesellschaft in der Bilanz der Personenhandelsgesellschaft. Eine Aufstockung nach § 3 S. 1 UmwStG erhöht das Vermögen der Überträgerin und damit das Übernahmeergebnis, führt aber gleichzeitig zu höherem künftigen Abschreibungspotenzial bei der Übernehmerin.[1671] Ebenso führt ein Körperschaftsteuer-Guthaben bei der Überträgerin zu einer Erhöhung des Betriebsvermögens und damit zu einem höheren Übernahmegewinn; eine Körperschaftsteuer-Erhöhung führt hingegen zu einer entsprechenden Minderung.[1672] In die Berechnung des Übernahmeergebnisses sind außer den Werten der Gesamthandsbilanz auch die eventueller Ergänzungsbilanzen einzubeziehen.[1673]

Sofern Anteile nicht bereits am Übertragungsstichtag von der übernehmenden Personenhandelsgesellschaft gehalten werden, erfolgt eine fiktive Einlage zum Buchwert oder zu Anschaffungskosten gem. § 5 Abs. 2-4 UmwStG[1674] bzw. eine Fiktion der Anschaffung zum Übertragungsstichtag gem. § 5 Abs. 1 UmwStG.[1675]

Für die steuerliche Behandlung wird nach dem Status des Mitunternehmers der übernehmenden Personenhandelsgesellschaft unterschieden:

Ist Mitunternehmerin der übernehmenden Personenhandelsgesellschaft eine (unbeschränkt steuerpflichtige) Kapitalgesellschaft, bleibt der Übernahmegewinn außer Ansatz gem. § 4 Abs. 7 UmwStG. Diese Regelung entspricht § 8b Abs. 1 KStG, wonach Beteiligungserträge steuerfrei gestellt werden. § 37 Abs. 3 S. 2 KStG wirkt möglichen Gestaltungen zwischen Konzernunternehmen entgegen, indem i. H. der Körperschaftsteuer-Minderung bei der Überträgerin nach § 10 UmwStG eine Körperschaftsteuer-Erhöhung bei der Anteilseignerin erfolgt, die selber Kapitalgesellschaft ist.[1676]

Ist Mitunternehmer der Übernehmerin eine natürliche Person oder eine andere Personenhandelsgesellschaft, und ist die Beteiligung Betriebsvermögen, so ist der Übernahmegewinn gem. § 4 Abs. 7 S. 2 UmwStG nur zur Hälfte als Einkünfte aus Gewerbebetrieb anzusetzen. Diese Regelung entspricht dem Halbeinkünfteverfahren für die Veräußerung von Anteilen an Kapitalgesellschaften.[1677]

Gleiches gilt für Anteile, die eine natürliche Person im Privatvermögen hält, wenn sie zuvor an der Überträgerin „wesentlich" i. S. v. § 17 EStG, d. h. zu mindestens 1 %, beteiligt war, und für einbringungsgeborene Anteile gem. § 21 UmwStG.

1671 Vgl. *Sauter/Heurung/Babel*, Reserven, DB 2002, S. 1182.

1672 Vgl. *Schulze zur Wiesche*, Umwandlung, WPg 2001, S. 502.

1673 Vgl. *Sauter/Heurung/Babel*, Reserven, DB 2002, S. 1182.

1674 Darunter fallen Anteile im inländischen Betriebsvermögen eines Gesellschafters, wesentliche Beteiligungen gem. § 17 EStG sowie einbringungsgeborene Anteile nach § 21 UmwStG.

1675 Vgl. dazu *Sauter/Heurung/Babel*, Reserven, DB 2002, S. 1182 f.

1676 Vgl. *Schulze zur Wiesche*, Umwandlung, WPg 2001, S. 501.

1677 Siehe § 3 Nr. 40 a) bis c) EStG.

Bestimmte nicht steuerverhaftete Überträgerin-Anteile im Privatvermögen[1678] nehmen nicht an der Ermittlung des Übernahmeergebnisses teil. Stattdessen wird eine Vollausschüttung in Höhe der anteiligen offenen Rücklagen fingiert, die zu Einkünften aus Kapitalvermögen gem. § 7 UmwStG i. V. m. § 20 Abs. 1 Nr. 1 führt.[1679] Auch hier erfolgt die Besteuerung lediglich nach dem Halbeinkünfteverfahren, § 3 Nr. 40 d) EStG. Bei einer späteren Veräußerung des Mitunternehmeranteils durch den nicht wesentlich beteiligten Anteilseigner sollen nach Auffassung der Finanzverwaltung sämtliche stille Reserven besteuert werden.[1680] Aufgrund der steuerlichen Benachteiligung des nicht wesentlich im Privatvermögen beteiligten Anteilseigners wird dieser entweder seine Anteile an der Überträgerin vor der Verschmelzung veräußern oder gegen Barabfindung ausscheiden.[1681]

Ein Übernahmeverlust bleibt gem. § 4 Abs. 6 UmwStG beim Gesellschafter stets außer Ansatz, unabhängig davon, wer Gesellschafter der Übernehmerin ist.[1682] Dies soll die missbräuchliche Gestaltung durch das sog. Step-up-Modell verhindern.[1683]

In der Gewerbesteuer bleiben sowohl Übernahmegewinn als auch -verlust gem. § 18 Abs. 2 UmwG außer Ansatz.

Im Ergebnis treten die in Tab. 23 vereinfacht dargestellten steuerlichen Folgen bei der Verschmelzung von einer Kapitalgesellschaft auf eine Personenhandelsgesellschaft ein.

1678 Das gilt für eine nicht „wesentliche" Beteiligung im Privatvermögen gem. §§ 4 Abs. 4 S. 3, § 5, § 7 UmwStG und für eine Beteiligung i. S. v. § 17 Abs. 2 S. 4 EStG i.V. m. § 5 Abs. 2 S. 2 , § 7 S. 2 UmwStG.

1679 Zur Ermittlung wird auf das handelsrechtliche Eigenkapital nach § 266 Abs. 3 Abschnitt A HGB zurückgegriffen; vgl. *Dötsch/Pung*, Reform, DB 2000, Beilage 4, S. 17.

1680 Vgl. BMF 25.03.1998, UmwSt-Erlass, Tz. 05.11; ablehnend: *Sagasser/Pfaar* in *SBB*, Umwandlungen, 2000, L, Rz. 104; *Benkert/Menner Brinkhaus* in *Haritz/Benkert*, UmwStG, 2000, § 18, Rz. 49.

1681 Vgl. *Sagasser/Pfaar* in *SBB*, Umwandlungen, 2000, L, Rz. 85; *Haritz*, Übernahmegewinn, BB 1996, S. 1414. Eine Einlage zum Teilwert in ein Betriebsvermögen vor der Verschmelzung schützt gem. § 5 Abs. 3 S. 3 UmwStG nicht vor den steuerlichen Folgen des § 7 UmwStG.

1682 Dies ist inkonsequent, soweit der Gesellschafter im Fall eines Übernahmegewinns zu einer Besteuerung nach dem Halbeinkünfteverfahren herangezogen würde; vgl. *Dötsch/Pung*, Reform, DB 2000, Beilage 4, S. 17. Eine Aufstockung zur Vermeidung eines Übernahmeverlustes wie nach dem § 4 Abs. 6 UmwStG a. F. ist nicht mehr möglich.

1683 Vgl. *Fraktionen*, StSenkG, BT-Drs. 14/2684, S. 128; *Thiel*, Unternehmenssteuerreform, FR 2000, S. 496; *Rödder/Schumacher*, Unternehmensteuerreform, DStR 2000, S. 1458; *Schulze zur Wiesche*, Umwandlung, WPg 2001, S. 502; *Dötsch/Pung*, Reform, DB 2000, Beilage 4, S. 17; *Sauter/Heurung/Babel*, Reserven, DB 2002, S. 1177. Nach dem Step-up-Modell wird ein Personenunternehmen zunächst in eine Kapitalgesellschaft umgewandelt. Die Anteile an der Kapitalgesellschaft werden veräußert, und der Veräußerungsgewinn unterliegt nur dem Halbeinkünfteverfahren. Wandelt der Käufer die Kapitalgesellschaft wieder in ein Personenunternehmen um, hat er in Höhe der bezahlten stillen Reserven einen Übernahmeverlust. Dieser konnte durch eine Aufstockung nach dem § 4 Abs. 6 UmwStG a. F. vermieden werden und hat zu neuem Abschreibungspotenzial des Käufers geführt.

Tab. 23: Steuerliche Folgen bei der Verschmelzung von Kapitalgesellschaften auf Personenhandelsgesellschaften

Überträgerin	Übernehmerin	Anteilseigner der Übernehmerin
§ 3 UmwStG: Wahlrecht zwischen Buch- und Teilwert Übertragungsgewinn vermeidbar	§ 4 Abs. 1-3 UmwStG: Wertverknüpfung keine steuerlichen Folgen Verlustabzug geht nicht über	• falls Kapitalgesellschaft: steuerfreier Übernahmegewinn § 4 Abs. 7 S. 1 UmwStG • falls natürliche Person: zur Hälfte steuerpflichtig § 4 Abs. 7 S. 1 UmwStG • Übernahmeverlust nicht abzugsfähig

6.3.3.4 Abschließendes Beispiel der Verschmelzung einer Kapitalgesellschaft auf eine Personenhandelsgesellschaft

Bsp. 31: Steuerbilanzen bei der Verschmelzung einer Kapitalgesellschaft auf eine Personenhandelsgesellschaft

Eine Überträgerin-GmbH soll auf eine Übernehmerin-OHG verschmolzen werden. Die Anteile an der GmbH werden von den Gründungsgesellschaftern gehalten, deren Anschaffungskosten bzw. Buchwerte für die GmbH-Anteile dem anteiligen Nennkapital entsprechen:

GmbH-Gesellschafter	Nennkapital (%)	Art der Beteiligung
A (natürliche Person)	40.000 € (40 %)	im Betriebsvermögen seines Einzelunternehmens
AB-OHG	54.000 € (54 %)	im Betriebsvermögen
C (natürliche Person)	5.500 € (5,5 %)	wesentliche Beteiligung im Privatvermögen i. S. v. § 17 EStG
X (natürliche Person)	500 € (0,5 %)	nicht wesentliche Beteiligung im Privatvermögen

An der übernehmenden AB-OHG sind die natürliche Person A und die B-GmbH zu jeweils 50 % beteiligt.

Die zutreffenden Unternehmenswerte betragen zum 01.01.01 (Verschmelzungsstichtag) $W_{ÜT}$ = 150.000 € und $W_{ÜN}$ = 320.000 €. Die steuerlichen Schlussbilanzen ohne Berücksichtigung der Verschmelzung sind mit den handelsrechtlichen Schlussbilanzen identisch und haben am 31.12.00 folgendes Bild: [1684]

vorl. StB ÜT-GmbH 31.12.00 in €

AV	400.000	GK	100.000
UV	350.000	JÜ	50.000
		FK	600.000
	750.000		750.000

vorl. StB ÜN-OHG 31.12.00 in €

AV	400.000	EK	250.000
UV	400.000	FK	550.000
	800.000		800.000

[1684] EK = Eigenkapital, JÜ = Jahresüberschuss.

Die Teilwerte entsprechen den Zeitwerten und betragen demnach für das Anlagevermögen 430.000 € und für den Geschäfts- oder Firmenwert 20.000 €. Im Übrigen entsprechen die Teilwerte den Buchwerten. Im Umlaufvermögen der ÜT-GmbH sind 50.000 € Körperschaftsteuer-Guthaben aktiviert, die gleichzeitig den Jahresüberschuss bilden. Das steuerliche Eigenkapital beträgt ebenfalls 150.000 €.

Wie gezeigt wurde, ist es für die steuerlichen Bilanzen von Überträgerin und Übernehmerin völlig unerheblich, wie die Wahlrechte in den handelsrechtlichen Verschmelzungsbilanzen ausgeübt wurden. Die Steuerbilanzen nehmen also stets die unten aufgeführten Formen an, unabhängig davon, ob die Übernehmerin handelsrechtlich den Anschaffungskostenansatz oder die Buchwertverknüpfung wählt.

Steuerlich hat gem. § 3 UmwStG die Überträgerin – bei Erfüllung aller Voraussetzungen – das Wahlrecht, die oben abgebildeten Buchwerte anzusetzen, wodurch sich keine Änderungen in der steuerlichen Schlussbilanz ergeben. Die steuerliche Übernahmebilanz der Übernehmerin am 31.12.00 entspricht in diesem Fall exakt der handelsrechtlichen bei Buchwertverknüpfung am 01.01.01:

steuerliche Übernahmebilanz 31.12.00 in €

AV	800.000	EK	400.000
UV	750.000	FK	1.150.000
	1.550.000		1.550.000

Das Eigenkapital der verschmolzenen Gesellschaft von insgesamt 400.000 € ist entsprechend der Unternehmenswerte auf die Gesellschafter zu verteilen:

Gesellschafter	Berechnung[1685]	Anteil
A als GmbH-Gesellschafter	$40\% \cdot 400.000\ € \cdot \frac{150.000\ €}{470.000\ €}$	≈ 51.065 €
AB-OHG als GmbH-Gesellschafterin	$54\% \cdot 400.000\ € \cdot \frac{150.000\ €}{470.000\ €}$	≈ 68.936 €
C als GmbH-Gesellschafter	$5{,}5\% \cdot 400.000\ € \cdot \frac{150.000\ €}{470.000\ €}$	≈ 7.021 €
X als GmbH-Gesellschafter	$0{,}5\% \cdot 400.000\ € \cdot \frac{150.000\ €}{470.000\ €}$	≈ 638 €
A als ursprünglicher OHG-Gesellschafter	$50\% \cdot 400.000\ € \cdot \frac{320.000\ €}{470.000\ €}$	≈ 136.170 €

1685 Für die Gesellschafter A, AB-OHG, C und X wird ihre Beteiligungsquote an der Überträgerin-GmbH mit dem zu verteilenden Eigenkapital von 400.000 € und dem auf die GmbH entfallenden Unternehmenswert (150.000 €) multipliziert und durch den Unternehmenswert nach Verschmelzung (470.000 €) dividiert. Für die Gesellschafter A und B-GmbH als Gesellschafter der Übernehmerin-OHG wird ihre Beteiligungsquote an der OHG (jeweils 50 %) mit dem zu verteilenden Eigenkapital von 400.000 € und dem auf die OHG entfallenden Unternehmenswert (320.000 €) multipliziert und durch den Unternehmenswert nach Verschmelzung (470.000 €) dividiert.

Gesellschafter	Berechnung[1686]	Anteil
B-GmbH als ursprünglicher OHG-Gesellschafter	$50\% \cdot 400.000\ € \cdot \frac{320.000\ €}{470.000\ €}$	≈ 136.170 €
Summe		400.000 €

Die steuerlichen Folgen für die einzelnen Gesellschafter ermitteln sich wie folgt:

GmbH-Gesellschafter	Nennkapital (%)	Art der Beteiligung
A (natürliche Person)	40.000 € (40 %)	im Betriebsvermögen seines Einzelunternehmens
AB-OHG	54.000 € (54 %)	im Betriebsvermögen
C (natürliche Person)	5.500 € (5,5 %)	im Privatvermögen, wesentliche Beteiligung i. S. v. § 17 EStG
X (natürliche Person)	500 € (0,5 %)	im Privatvermögen, nicht wesentliche Beteiligung i. S. v. § 17 EStG

Die GmbH-Anteile von A, die er im Betriebsvermögen seines Einzelunternehmens hält, gelten gem. § 5 Abs. 3 UmwStG als zum Buchwert in die OHG überführt. Der Übernahmegewinn berechnet sich gem. § 4 Abs. 4 S. 3 UmwStG als anteiliges übernommenes GmbH-Vermögen abzüglich des Buchwerts der Anteile. Nach § 4 Abs. 7 S. 2 UmwStG ist der Übernahmegewinn nur zur Hälfte als Einkünfte aus Gewerbebetrieb steuerpflichtig.

Soweit die GmbH-Anteile von der AB-OHG im Betriebsvermögen gehalten werden, berechnet sich der Übernahmegewinn gem. § 4 Abs. 4 S. 1 UmwStG als anteiliges übernommenes GmbH-Vermögen abzüglich des Buchwerts der Anteile. Der Übernahmegewinn ist anschließend je zur Hälfte auf A und B aufzuteilen. Soweit der Übernahmegewinn auf A entfällt, ist er nach § 4 Abs. 7 S. 2 UmwStG zur Hälfte als Einkünfte aus Gewerbebetrieb steuerpflichtig. Soweit er jedoch auf die B-GmbH entfällt, bleibt er gem. § 4 Abs. 7 S. 1 UmwStG außer Ansatz.

Die GmbH-Anteile von C, die er als wesentliche Beteiligung i. S. v. § 17 EStG im Privatvermögen hält, gelten gem. § 5 Abs. 2 UmwStG als zu seinen Anschaffungskosten in die OHG eingelegt. Der Übernahmegewinn berechnet sich gem. § 4 Abs. 4 S. 3 UmwStG als anteiliges übernommenes GmbH-Vermögen abzüglich der Anschaffungskosten der Anteile. Nach § 4 Abs. 7 S. 2 UmwStG ist der Übernahmegewinn nur zur Hälfte als Einkünfte aus Gewerbebetrieb steuerpflichtig.

1686 Für die Gesellschafter A, AB-OHG, C und X wird ihre Beteiligungsquote an der Überträgerin-GmbH mit dem zu verteilenden Eigenkapital von 400.000 € und dem auf die GmbH entfallenden Unternehmenswert (150.000 €) multipliziert und durch den Unternehmenswert nach Verschmelzung (470.000 €) dividiert. Für die Gesellschafter A und B-GmbH als Gesellschafter der Übernehmerin-OHG wird ihre Beteiligungsquote an der OHG (jeweils 50 %) mit dem zu verteilenden Eigenkapital von 400.000 € und dem auf die OHG entfallenden Unternehmenswert (320.000 €) multipliziert und durch den Unternehmenswert nach Verschmelzung (470.000 €) dividiert.

	A	OHG		C
anteiliges von der ÜT-GmbH übernommenes Vermögen (150.000 €)	60.000 €	81.000 €		8.250 €
- Buchwert/Anschaffungskosten der GmbH-Anteile	- 40.000 €	- 54.000 €		- 5.500 €
= Übernahmegewinn	= 20.000 €	= 27.000 €		= 2.750 €
Aufteilung auf OHG- Gesellschafter		A: 50 % = 13.500 €	B-GmbH: 50 % = 13.500 €	
steuerpflichtig	10.000 €	13.500 €	0 €	1.375 €

Für die GmbH-Anteile von X, die er als nicht-wesentliche Beteiligung i. S. v. § 17 EStG im Privatvermögen hält, wird der Übernahmegewinn gem. § 7 UmwStG ermittelt, indem das steuerliche Eigenkapital um das anteilige gezeichnete Kapital gemindert wird.[1687] Der Gewinn ist nur zur Hälfte als Einkünfte aus Kapitalvermögen steuerpflichtig.

	anteiliges steuerliches Eigenkapital (0,5 % von 150.000 €)	750 €
-	anteiliges gezeichnetes Kapital (0,5 % von 100.000 €)	- 500 €
=	Gewinn i. S. v. § 7 UmwStG	250 €
	davon steuerpflichtig als Einkünfte aus Kapitalvermögen	125 €

Allerdings kann die Überträgerin in ihrer steuerlichen Schlussbilanz nach § 3 UmwStG ihr Vermögen auch bis zu den Teilwerten aufstocken. Durch die Aufdeckung der stillen Reserven kommt es im Beispiel zu einem zu versteuernden Übertragungsgewinn i. H. v. 50.000 € im Veranlagungszeitraum 00. Aus Vereinfachungsgründen bleiben Steuerrückstellungen hier außer Betracht.

StB gem. § 3 UmwStG ÜT-GmbH 31.12.00 in €

GoF	20.000	GK	100.000
AV	430.000	JÜ	100.000
UV	350.000	FK	600.000
	800.000		800.000

Für die Übernehmerin besteht gem. § 4 Abs. 1 UmwStG eine strenge Wertverknüpfung mit der steuerlichen Schlussbilanz gem. § 3 UmwStG der Überträgerin. Sie führt demnach auf den steuerlichen Übertragungsstichtag 31.12.00 ihre vorläufige steuerliche Schlussbilanz und die aufgestockte steuerliche Schlussbilanz der Überträgerin zusammen.

1687 Ein steuerliches Einlagekonto gem. § 27 KStG besteht im Beispielfall nicht.

steuerliche Übernahmebilanz 31.12.00 in €

GoF	20.000	EK	450.000
AV	830.000	FK	1.150.000
UV	750.000		
	1.600.000		1.600.000

Das Eigenkapital der verschmolzenen Gesellschaft von insgesamt 450.000 € ist entsprechend den obigen Ausführungen auf die Gesellschafter zu verteilen. Die steuerlichen Folgen treten ebenfalls nach den o. g. Grundsätzen ein. Der Gewinn bei den Gesellschaftern ist jedoch um ihren Anteil an den aufgedeckten stillen Reserven von insgesamt 50.000 € höher.

6.3.4 Verschmelzung einer Personenhandelsgesellschaft auf eine Kapitalgesellschaft

In der Verschmelzung einer Personenhandelsgesellschaft auf eine Kapitalgesellschaft ist ein steuerlicher Einbringungsvorgang des gesamten Betriebsvermögens der Überträgerin gegen Gewährung von Gesellschaftsanteilen nach §§ 20-23 UmwStG zu sehen, der sich zivilrechtlich als Sacheinlage bzw. Sachgründung darstellt.

6.3.4.1 Steuerbilanz und ertragsteuerliche Folgen der Überträgerin-Personenhandelsgesellschaft

Bei der Überträgerin gelten weder Besonderheiten für ihre letzte Schlussbilanz noch entstehen besondere steuerliche Folgen. Insbesondere entsteht kein in der steuerlichen Schlussbilanz auszuweisender Übertragungsgewinn, so dass die steuerliche Schlussbilanz der Überträgerin selbst unberührt bleibt.

Der bei den Anteilseignern entstehende Veräußerungsgewinn unterliegt bei der Überträgerin nicht der Gewerbesteuer.[1688]

6.3.4.2 Steuerliche Folgen für die Gesellschafter der Überträgerin-Personenhandelsgesellschaft

Einbringende sind bei der Verschmelzung die Gesellschafter der übertragenden Personenhandelsgesellschaft.[1689] Der Auffassung, nach der die Personenhandelsgesellschaft

---

1688 Vgl. A. 38 Abs. 3, A. 39 Abs. 1 Nr. 1 GewStR; *Widmann* in *Widmann/Mayer*, Umwandlungsrecht, 2002, § 20 UmwStG, Rz. 1139; *Schmitt* in *SHS*, UmwG, 2001, § 20 UmwStG, Rz. 414 f.

1689 Vgl. BMF 25.03.1998, UmwSt-Erlass, Tz. 20.05 und 24.04; *Schaumburg/Rödder*, UmwG, 1995, § 20 UmwStG, Rz. 44; *Budde/Klingberg* in *Budde/Förschle*, Sonderbilanzen, 2002, I, Rz. 192; *Widmann* in *Widmann/Mayer*, Umwandlungsrecht, 2002, § 20 UmwStG, Rz. 427; BFH 16.02.1996, BStBl. II 1996 S. 344.

selbst Einbringende ist,[1690] kann trotz der inzwischen weitgehend anerkannten Rechtsfähigkeit der Personenhandelsgesellschaft nicht zugestimmt werden, weil bei einer Verschmelzung nicht die Überträgerin, sondern deren Gesellschafter als Gegenleistung Anteile an der Übernehmerin erhalten.[1691] Gegenstand der steuerbegünstigten Einbringung sind gem. § 20 Abs. 1 S. 1 UmwStG deren Mitunternehmeranteile.[1692] Insofern spricht man von der „Fiktion der Verschmelzung als Übertragung verschiedener Mitunternehmeranteile".[1693] Zu beachten ist, dass das Sonderbetriebsvermögen der Gesellschafter, das eine wesentliche Betriebsgrundlage der Überträgerin darstellt, ebenfalls übertragen werden muss.[1694]

Die Besteuerung der Gesellschafter richtet sich zwingend nach der Ausübung des Wahlrechts in § 20 Abs. 2 UmwStG durch die Übernehmerin. Faktisch regeln jedoch zivilrechtlich die Gesellschafter von Überträgerin und Übernehmerin die Ausübung des Wahlrechts.[1695] Für die Gesellschafter der Überträgerin bildet der Wert, mit dem die Übernehmerin das übernommene Vermögen ansetzt, den Veräußerungspreis für die alten Überträgerin-Anteile und gleichzeitig die Anschaffungskosten für die neuen Übernehmerin-Anteile, § 20 Abs. 4 UmwStG.

Bezüglich der Überträgerin-Anteile liegt demnach ein normales Veräußerungsgeschäft von Mitunternehmer-Anteilen vor. Der sich daraus ergebende steuerliche Einbringungsgewinn der Gesellschafter berechnet sich nach dem Veräußerungspreis gem. § 20 Abs. 4 UmwStG abzüglich der Anschaffungskosten, die sich nach der allgemeinen Vorschrift zur Veräußerung in § 16 EStG nach dem Buchwert des Eigenkapitals des Gesellschafters in der Schlussbilanz der Überträgerin bestimmen.[1696] Der Einbringungsgewinn ist ggf. begünstigt nach § 20 Abs. 5 UmwStG i.V.m. § 16 Abs. 4, § 34 EStG[1697] und entsteht in dem Veranlagungszeitraum, in dem der steuerliche Übertragungsstichtag liegt, § 20 Abs. 7-8 UmwStG.

1690 Vgl. *Sagasser/Pfaar* in *SBB*, Umwandlungen, 2000, L, Rz. 146; *Patt*, Selbstständigkeit, DStR 1995, S. 1081 ff.; *Schmitt* in *SHS*, UmwG, 2001, § 20 UmwStG, Rz. 192; *Friederichs/Brinkhaus* in *Haritz/Benkert*, UmwStG, 2000, § 20, Rz. 14 f.; *Tulloch* in *Goutier*, Umwandlungsrecht, 1996, § 20 UmwStG, Rz. 15.

1691 Vgl. Abschnitt 2.1.

1692 Vgl. *Budde/Klingberg* in *Budde/Förschle*, Sonderbilanzen, 2002, I, Rz. 193, 210; BFH 16.02.1996, BStBl. II 1996, S. 344; a. A. (Einbringung eines „Betriebs"): *Sagasser/Pfaar* in *SBB*, Umwandlungen, 2000, L, Rz. 141.

1693 *Sagasser/Pfaar* in *SBB*, Umwandlungen, 2000, L, Rz. 143.

1694 Vgl. BFH 16.02.1996, BStBl. II 1996 S. 342 ff.; BMF 25.03.1998, UmwSt-Erlass, Tz. 20.08; *Widmann* in *Widmann/Mayer*, Umwandlungsrecht, 2002, § 20 UmwStG, Rz. 30; *Friederichs/Brinkhaus* in *Haritz/Benkert*, UmwStG, 2000, § 20, Rz. 111 ff. Nach anderer Auffassung soll eine langfristige Nutzungsüberlassung ausreichen: *Sagasser/Pfaar* in *SBB*, Umwandlungen, 2000, L, Rz. 143; *Schmitt* in *SHS*, UmwG, 2001, § 20 UmwStG, Rz. 51.

1695 Vgl. BMF 16.06.1978, UmwStG 1977, Rz. 17; *Sagasser/Pfaar* in *SBB*, Umwandlungen, 2000, L, Rz. 127.

1696 Vgl. BMF 25.03.1998, UmwSt-Erlass, Tz. 20.37 und 24.04.

1697 Vgl. *Sagasser/Pfaar* in *SBB*, Umwandlungen, 2000, L, Rz. 147. Dies gilt jedoch gem. § 20 Abs. 5 S. 2 UmwStG nicht, soweit im Vermögen der übertragenden Personenhandelsgesellschaft Beteiligungen an Kapitalgesellschaften enthalten sind, deren Veräußerungsgewinn bereits nach § 3 Nr. 40 b-c) i.V. m. § 3c Abs. 2 EStG teilweise steuerfrei bleibt. Voraussetzung für die Steuervergünstigung ist, dass ein vollständiger Mitunternehmeranteil eingebracht wird, § 20 Abs. 5 S. 3 UmwStG.

Als Anschaffungskosten der neuen Anteile an der übernehmenden Kapitalgesellschaft wird der Wert nach § 20 Abs. 4 S. 1 UmwStG abzüglich anderer Gegenleistungen angesetzt. Bei Ansatz unter dem Teilwert entstehen i. d. R. beim Gesellschafter steuerverhaftete einbringungsgeborene Anteile nach § 21 UmwStG.[1698]

6.3.4.3 Übernahmebilanz und ertragsteuerliche Folgen der Übernehmerin-Kapitalgesellschaft

Zwar hat die Übernehmerin gem. § 20 Abs. 2 UmwStG das Wahlrecht bezüglich der Bewertung der übernommenen Wirtschaftsgüter, sie trägt jedoch keine direkten steuerlichen Folgen. Das Bewertungswahlrecht für das eingebrachte Betriebsvermögen reicht vom Buchwert über einen Zwischenwert bis zum Teilwert der einzelnen Wirtschaftsgüter. Wie bereits nach altem Recht schließt der Teilwertansatz den Ansatz selbst geschaffener immaterieller Wirtschaftsgüter einschließlich eines originären Geschäfts- oder Firmenwerts ein.[1699] Hatte ein Gesellschafter der übertragenden Personenhandelsgesellschaft ein negatives Eigenkapital,[1700] müssen die Wirtschaftsgüter so weit aufgestockt werden, dass sich Aktiv- und Passivposten ausgleichen, § 20 Abs. 2 S. 4 UmwStG. Weiterhin ist das Wahlrecht eingeschränkt, soweit andere Gegenleistungen neben Gesellschaftsrechten hingegeben werden. Die eingebrachten Wirtschaftsgüter müssen dann mindestens mit dem Wert dieser Gegenleistungen angesetzt werden, jedoch maximal bis zum Teilwert der Wirtschaftsgüter, § 20 Abs. 2 S. 5 UmwStG. Ein den Nennbetrag übersteigender Wertansatz der übernommenen Wirtschaftsgüter ist ein Agio, das handelsrechtlich in die Kapitalrücklage einzustellen ist. Steuerlich wird der Betrag dem Einlagekonto gem. § 27 KStG gutgeschrieben.

Die Übernehmerin tritt – je nach Ausübung des Bewertungswahlrechts mit Einschränkungen – in die Rechtsstellung der Überträgerin ein, § 22 UmwStG.[1701]

Verlustvorträge der übertragenden Personenhandelsgesellschaften werden dem Gesellschafter zugerechnet und gehen nicht auf die Übernehmerin über.[1702] Auch ein gewerbesteuerlicher Verlustvortrag der Überträgerin wirkt sich bei der Übernehmerin nicht mindernd aus, § 22 Abs. 4 UmwStG i. V. m. § 10a GewStG.

Im Ergebnis treten die in Tab. 24 vereinfacht dargestellten steuerlichen Folgen bei der Verschmelzung von Personen- auf Kapitalgesellschaften ein.

1698 Vgl. zu den Folgen u. a. *Sagasser/Pfaar* in *SBB*, Umwandlungen, 2000, L, Rz. 148 f.

1699 Vgl. Diskussion in Abschnitt 6.3.2.1; *Widmann* in *Widmann/Mayer*, Umwandlungsrecht, 2002, § 20 UmwStG, Rz. 967.

1700 Vgl. Diskussion bei *Sagasser/Pfaar* in *SBB*, Umwandlungen, 2000, L, Rz. 130.

1701 Vgl. *Sagasser/Pfaar* in *SBB*, Umwandlungen, 2000, L, Rz. 136 ff.

1702 Vgl. fehlender Verweis in § 22 Abs. 1-2 UmwStG auf § 12 Abs. 3 S. 2 UmwStG; BMF 25.03.1998, UmwSt-Erlass, Tz. 22.02.

Tab. 24: Steuerliche Folgen bei der Verschmelzung von Personenhandelsgesellschaften auf Kapitalgesellschaften

Überträgerin	Anteilseigner der Überträgerin	Übernehmerin
§§ 4 ff. EStG: Buchwertfortführung	§ 20 Abs. 4-8 UmwStG: Veräußerungsgewinn	§ 20 Abs. 2 UmwStG: Wahlrecht zwischen Buch- und Zeitwert keine steuerlichen Folgen

Zur Abbildung der Steuerbilanzen bei einer Verschmelzung von einer Personenhandelsgesellschaft auf eine Kapitalgesellschaft können die Beispiele in den Abschnitten 5.2.2.3.1.4 und 5.2.3.3.1.3 herangezogen werden. Sowohl steuerlich als auch handelsrechtlich hat die Übernehmerin das Wahlrecht. Unter der Annahme, dass die Ausgangsbilanzen steuer- und handelsrechtlich identisch sind, entsprechen die steuerlichen Schlussbilanzen von Überträgerin und Übernehmerin den handelsrechtlichen. Vereinfachend wird weiter davon ausgegangen, dass die Teilwerte den Zeitwerten entsprechen, und dass die Übernehmerin ihre Wahlrechte gleichmäßig in Handels- und Steuerbilanz ausübt. Wählt sie die Buchwertverknüpfung, ist die steuerliche Übernahmebilanz mit der handelsrechtlichen in Abschnitt 5.2.3.3.1.3 identisch. Wird beim handelsrechtlichen Anschaffungskostenansatz und bei der steuerlichen Teilwertaufstockung gleichermaßen aufgestockt, hat die steuerliche Übernahmebilanz das gleiche Bild wie die handelsrechtlich in Abschnitt 5.2.2.3.1.4. Lediglich Besonderheiten für Personenhandelsgesellschaften sind bei der Bilanzierung der Überträgerin zu berücksichtigen.

6.3.5 Verschmelzung einer Personenhandelsgesellschaft auf eine andere Personenhandelsgesellschaft

In der Verschmelzung einer Personenhandelsgesellschaft ist ein steuerlicher Einbringungsvorgang nach § 24 UmwStG zu sehen, der sich zivilrechtlich als Sacheinlage bzw. Sachgründung darstellt.

6.3.5.1 Steuerbilanz und ertragsteuerliche Folgen der Überträgerin bei der Verschmelzung von Personenhandelsgesellschaften

Bei der Überträgerin gelten weder Besonderheiten für ihre letzte Schlussbilanz noch entstehen besondere steuerliche Folgen. Insbesondere entsteht kein Übertragungsgewinn und die Schlussbilanz der Überträgerin selbst bleibt unberührt.

In der Gewerbesteuer ist der Veräußerungsgewinn der Gesellschafter nach h. M. steuerbefreit.[1703] Umstritten ist, ob ein gewerbesteuerpflichtiger laufender Gewinn vorliegt,

---

1703 Vgl. A. 38 Abs. 3 GewStR; *Schmitt* in *SHS*, UmwG, 2001, § 24 UmwStG, Rz. 270; *Sagasser/Pfaar* in *SBB*, Umwandlungen, 2000, L, Rz. 58 m. w. N. Das soll auch für den Veräußerungs-

wenn die Übernehmerin Teilwerte ansetzt und der einbringende Gesellschafter Mitunternehmer der Übernehmerin wird gem. § 24 Abs. 3 S. 3 UmwStG i. V. m. § 16 Abs. 2 S. 3 EStG.[1704] Insoweit „gilt" der Veräußerungsgewinn für einkommensteuerliche Zwecke „als laufender Gewinn".[1705] Vom Charakter her handelt es sich jedoch um einen Veräußerungsgewinn, so dass die Fiktion des § 16 Abs. 2 S. 3 EStG m. E. nicht auf die Gewerbesteuer durchgreift.

6.3.5.2 Steuerliche Folgen für die Gesellschafter der Überträgerin bei der Verschmelzung von Personenhandelsgesellschaften

Einbringende sind im Verschmelzungsfall die Gesellschafter der übertragenden Personenhandelsgesellschaft.[1706] Gegenstand der steuerbegünstigten Einbringung sind gem. § 24 Abs. 1 UmwStG deren Mitunternehmeranteile.[1707] Für die Gesellschafter der Überträgerin bildet der Wert, mit dem die Übernehmerin das übernommene Vermögen ansetzt, den Veräußerungspreis für die alten Überträgerin-Anteile und gleichzeitig die Anschaffungskosten für die neuen Übernehmerin-Anteile, § 24 Abs. 3 UmwStG. In die Berechnung des Werts sind die Ergänzungsbilanzen der einzelnen Gesellschafter einzubeziehen.[1708]

Bezüglich der Überträgerin-Anteile liegt demnach ein normales Veräußerungsgeschäft vor. Der steuerliche Einbringungsgewinn der Gesellschafter berechnet sich nach dem Veräußerungspreis gem. § 24 Abs. 3 S. 1 UmwStG abzüglich der Anschaffungskosten, die sich nach der allgemeinen Vorschrift zur Veräußerung in § 16 EStG nach dem Buchwert des Eigenkapitals des Gesellschafters in der Schlussbilanz der Überträgerin bestimmen.[1709] Der Einbringungsgewinn ist ggf. begünstigt nach § 24 Abs. 3 S. 2-3 UmwStG i. V. m. § 16 Abs. 4 und § 34 EStG, wenn das eingebrachte Betriebsvermögen

---

gewinn gelten, der gem. § 16 Abs. 2 S. 3 EStG als laufender Gewinn gilt; vgl. *Sagasser/Pfaar* in *SBB*, Umwandlungen, 2000, L, Rz. 59; *Schultz*, Gewerbesteuerpflicht, DStR 1994, S. 522 ff.; *Schiffers*, Änderung, BB 1994, S. 1470 f.; *Wacker* in *Schmidt, L.*, EStG, 2002, § 16, Rz. 8; a. A. BMF 25.03.1998, UmwSt-Erlass, Tz. 24.17.

1704 Vgl. für Gewerbesteuerpflicht BMF 25.03.1998, UmwSt-Erlass, Tz. 24.17; gegen Gewerbesteuerpflicht *Sagasser/Pfaar* in *SBB*, Umwandlungen, 2000, L, Rz. 59.

1705 § 16 Abs. 2 S. 3 EStG.

1706 Dies ergibt sich zweifelsfrei aus dem Wortlaut des § 24 Abs. 1 UmwStG. Vgl. Diskussion in Abschnitt 6.3.4; BMF 25.03.1998, UmwSt-Erlass, Tz. 20.05 und 24.04; *Schaumburg/Rödder*, UmwG, 1995, § 20 UmwStG, Rz. 44 bzw. § 24, Rz. 9; *Budde/Klingberg* in *Budde/Förschle*, Sonderbilanzen, 2002, I, Rz. 192; *Widmann* in *Widmann/Mayer*, Umwandlungsrecht, 2002, § 24 UmwStG, Rz. 92 ff.; BFH 21.06.1994, NJW 1995, S. 479 f. A. A., nach der die Überträgerin selbst Einbringende ist: *Sagasser/Pfaar* in *SBB*, Umwandlungen, 2000, L, Rz. 56; *Schmitt* in *SHS*, UmwG, 2001, § 24 UmwStG, Rz. 93.

1707 Vgl. *Budde/Klingberg* in *Budde/Förschle*, Sonderbilanzen, 2002, I, Rz. 193, 210. Zu beachten ist, dass auch das Sonderbetriebsvermögen der Gesellschafter, das eine wesentliche Betriebsgrundlage der Überträgerin darstellt, ebenfalls übertragen wird.

1708 Vgl. *Sagasser/Pfaar* in *SBB*, Umwandlungen, 2000, L, Rz. 65; *Schmitt* in *SHS*, UmwG, 2001, § 24 UmwStG, Rz. 192 ff.; *Widmann* in *Widmann/Mayer*, Umwandlungsrecht, 2002, § 24 UmwStG, Rz. 144.

1709 Vgl. BMF 25.03.1998, UmwSt-Erlass, Tz. 20.37 und 24.04.

inkl. Sonderbetriebsvermögen mit dem Teilwert abgesetzt wird.[1710] Der steuerpflichtige Gewinn entsteht in dem Veranlagungszeitraum, in dem der steuerliche Übertragungsstichtag liegt, § 24 Abs. 4 Hs. 2 i. V. m. § 20 Abs. 7-8 UmwStG. Soweit der Gesellschafter Mitunternehmer der Übernehmerin wird, liegt gem. § 24 Abs. 3 S. 3 UmwStG i. V. m. § 16 Abs. 2 S. 3 EStG ein nicht begünstigter laufender Gewinn vor.

6.3.5.3 Übernahmebilanz und ertragsteuerliche Folgen der Übernehmerin bei der Verschmelzung von Personenhandelsgesellschaften

Zwar hat die Übernehmerin gem. § 24 Abs. 2 UmwStG das Wahlrecht bezüglich der Bewertung der übernommenen Wirtschaftsgüter, sie trägt jedoch keine direkten steuerlichen Folgen. Lediglich der Eintritt in die Rechtsstellung der Überträgerin ist eingeschränkt, wenn nicht die Buchwerte der Überträgerin fortgeführt werden, § 24 Abs. 4 UmwStG. Sofern die übernehmende an der übertragenden Personenhandelsgesellschaft beteiligt ist, kann sich ein Übernahmegewinn aufgrund der spiegelbildlichen Bilanzierung von Anteilen an Personenhandelsgesellschaften nicht ergeben, da der Wert des Vermögens der Überträgerin stets mit dem Buchwert der Anteile übereinstimmt.

Verlustvorträge der übertragenden Personenhandelsgesellschaften werden dem Gesellschafter zugerechnet und gehen somit nicht auf die Übernehmerin über.[1711] Der Übergang des gewerbesteuerlichen Verlustvortrags der Überträgerin nach § 10a GewStG hängt davon ab, ob die Voraussetzungen der Unternehmens- und Unternehmeridentität gegeben sind.[1712]

Zentrales Problem bei Verschmelzungen von Personenhandelsgesellschaften ist jedoch die Festlegung der Beteiligungsverhältnisse und des ggf. erforderlichen Wertausgleichs zwischen den Gesellschaftern. Das Umtauschverhältnis bemisst sich nach den Unternehmenswerten, die hier vereinfachend mit den Teilwerten übereinstimmen sollen. Die Höhe der Kapitalkonten sämtlicher Gesellschafter wird auch bei einer Verschmelzung zu Buchwerten anhand des Verhältnisses der Teilwerte bestimmt. Die Korrektur zum Buchwert des eingebrachten Vermögens erfolgt über positive und negative Ergänzungsbilanzen. So entsteht zwar im Zeitpunkt der Verschmelzung kein steuerpflichtiger Einbringungsgewinn, jedoch führt die Auflösung der stillen Reserven in den Ergänzungsbilanzen zu einer Nachversteuerung.[1713] Diese Folge tritt auch ein, wenn zum Ausgleich Bareinlagen in die übernehmende Personenhandelsgesellschaft geleistet werden. Lediglich bei Ausgleichszahlungen in das Privatvermögen der anderen Gesellschafter sind keine Ergänzungsbilanzen zu bilden. Der Vorgang stellt für die empfangenden Gesell-

---

1710 Voraussetzung für die Steuervergünstigung ist, dass ein vollständiger Mitunternehmeranteil eingebracht wird, § 20 Abs. 5 S. 3 UmwStG.

1711 Vgl. fehlender Verweis in § 24 Abs. 4 Hs. 1 i. V. m. § 22 Abs. 1-2 UmwStG auf § 12 Abs. 3 S. 2 UmwStG; *Budde/Klingberg* in *Budde/Förschle*, Sonderbilanzen, 2002, I, Rz. 214.

1712 Die Gesellschafter der Überträgerin müssen solche der Übernehmerin werden. Vgl. BFH 27.01.1994, BStBl. II 1994, S. 477 ff.; BFH 14.09.1993, BStBl. II 1994, S. 764 ff.; *Bordewin*, Abzug, DStR 1995, S. 317 f.; *Budde/Klingberg* in *Budde/Förschle*, Sonderbilanzen, 2002, I, Rz. 214.

1713 Vgl. *Pfalzgraf/Meyer*, Eintritt, DStR 1995, S. 1291; vgl. auch *Sagasser/Pfaar* in *SBB*, Umwandlungen, 2000, L, Rz. 70; *Schmitt* in *SHS*, UmwG, 2001, § 24 UmwStG, Rz. 217 ff.; BFH 28.09.1995, DStR 1996, S. 16 ff.

schafter jedoch die Veräußerung eines Teils ihres Mitunternehmeranteils dar, der nach § 16 Abs. 1 S. 2 EStG laufenden, steuerlich nicht begünstigten Gewinn darstellt.[1714]

Im Ergebnis treten die in Tab. 25 vereinfacht dargestellten steuerlichen Folgen bei der Verschmelzung von Personenhandelsgesellschaften ein.

Tab. 25: Steuerliche Folgen bei der Verschmelzung von Personenhandelsgesellschaften

Überträgerin	**Anteilseigner der Überträgerin**	**Übernehmerin**
§§ 4 ff. EStG: Buchwertfortführung	§ 24 Abs. 3 UmwStG: Veräußerungsgewinn	§ 24 Abs. 2 UmwStG: Wahlrecht zwischen Buch- und Zeitwert keine steuerlichen Folgen

Wie bereits in Abschnitt 6.3.4 ausgeführt, ergeben sich unter den genannten Voraussetzungen keine wesentlichen Unterschiede zu den Beispielen in den Abschnitten 5.2.2.3.1.4 und 5.2.3.3.1.3. Lediglich der unterschiedliche Ausweis des Eigenkapitals bei den Personenhandelsgesellschaften ist zu beachten.

6.3.6 Verkehrssteuern

Weitere steuerliche Auswirkungen ergeben sich auf die Verkehrssteuern Umsatz- und Grunderwerbsteuer sowie auf die Erbschafts- und Schenkungsteuer, die auch Elemente einer Substanzsteuer enthält. Diese drei Steuerarten werden im Folgenden kurz betrachtet.

6.3.6.1 Umsatzsteuer

Umsatzsteuerliche Folgen der Verschmelzung treten losgelöst von den Rechtsformen der Überträgerin und Übernehmerin ein. Die Überträgerin bleibt bis zu ihrem letzten Tätigwerden bzw. bis zur späteren Eintragung der Verschmelzung ins Handelsregister Unternehmerin i. S. v. § 2 UStG.[1715] Die Unternehmereigenschaft der Übernehmerin beginnt im Fall der Verschmelzung durch Neugründung mit der Aufnahme der ersten Geschäftstätigkeit.[1716] Zeitpunkt der umsatzsteuerlichen Leistung im Zusammenhang mit einer Verschmelzung ist die Eintragung der Verschmelzung ins Handelsregister, weil die Rückwirkung des § 2 UmwStG nicht anwendbar ist.[1717] Solange Überträgerin und Übernehmerin parallel bestehen, müssen zwei Umsatzsteuererklärungen abgegeben werden. Für die Zurechnung der Umsätze kommt es darauf an, wer Leistender ist.[1718]

1714 Vgl. *Sagasser/Pfaar* in *SBB*, Umwandlungen, 2000, L, Rz. 71.

1715 Vgl. A. 19 Abs. 7 UStR. Eine frühere Eintragung der Verschmelzung ins Handelsregister führt nicht zur Beendigung der Unternehmereigenschaft. Die Überträgerin muss demnach noch eine Umsatzsteuererklärung abgeben.

1716 Vgl. A. 19 Abs. 1 UStR. Umsatzsteuerlich ist eine Rückwirkung nicht zulässig; vgl. OFD Erfurt 21.07.1997, Unternehmereigenschaft, Tz. I. 2. d).

1717 Vgl. *Knoll* in *Widmann/Mayer*, Umwandlungsrecht, 2002, Anh. 11, Rz. 12.

1718 Vgl. OFD Erfurt 21.07.1997, Unternehmereigenschaft, Tz. I. 2. d).

Bezüglich der Verschmelzung können Leistungen von der Überträgerin, von deren Gesellschaftern sowie von der Übernehmerin vorliegen:

Umstritten ist, ob die Überträgerin mit der Verschmelzung einen entgeltlichen Leistungsaustausch erbringt.[1719] Dies wird in dieser Arbeit bejaht: die Überträgerin erbringt mit der Übertragung ihres gesamten Vermögens eine Leistung und erhält als Gegenleistung Anteile von der Übernehmerin, die sie unverzüglich an ihre Gesellschafter (ohne Leistungsaustausch) weiterleitet. Der Leistungsaustausch beruht auf einer willentlichen Handlung der Organe der Überträgerin, lediglich der Erfolg tritt kraft Gesetzes ein. Dennoch ist der Leistungsaustausch als Geschäftsveräußerung im Ganzen gem. § 1 Abs. 1a UStG nicht steuerbar.[1720] Eine Geschäftsveräußerung im Ganzen wird auch angenommen, wenn die einzelnen Gesellschafter ihre Mitunternehmeranteile einbringen, weil dies in einem einheitlichen wirtschaftlichen und zeitlichen Zusammenhang steht, A. 5 Abs. 2 S. 4 UStR. Damit berechtigen Leistungsbezüge im Zusammenhang mit der Verschmelzung zum Vorsteuerabzug.[1721]

Die Gesellschafter der Überträgerin erbringen, selbst wenn sie Unternehmer sind, keine Leistung durch die Aufgabe ihrer Anteile an der Überträgerin.[1722]

Die Übernehmerin erbringt mit der Übernahme von Schulden der Überträgerin keine umsatzsteuerliche Leistung.[1723] Hingegen liegt in der Gewährung von Anteilsrechten nach h. M. ein Leistungsaustausch.[1724] Somit liegt unter den übrigen Voraussetzungen des § 1 Abs. 1 Nr. 1 UStG ein steuerbarer tauschähnlicher Umsatz gem. § 3 Abs. 12 S. 2 UStG vor. Dieser ist jedoch nach § 4 Nr. 8 e) bzw. f) UStG umsatzsteuerfrei und berechtigt gem. § 15 Abs. 2 Nr. 1 UStG nicht zum Vorsteuerabzug. Um diese Folge zu vermeiden, kann zur Umsatzsteuer gem. § 9 Abs. 1 UStG optiert werden.[1725]

Die Verschmelzung selbst führt nicht zu einer Vorsteuerberichtigung nach § 15a UStG, jedoch muss die Übernehmerin den Berichtigungszeitraum der Überträgerin gem. § 15a Abs. 6a UStG fortführen.[1726]

1719 Siehe 1 Abs. 1 Nr. 1 UStG; vgl. dafür: *Budde/Zerwas* in *Budde/Förschle*, Sonderbilanzen, 2002, F, Rz. 247; ausführlich: *Reiß*, Sacheinlagen, UR 1996, S. 366 ff.; dagegen: *Stadie* in *Rau*, UStG, 2002, § 2, Rz. 600 ff.; *Schwarz, B.*, Umsätze, UR 1994, S. 186.

1720 Umsatzsteuerlich wird ein Betrieb entgeltlich in eine Gesellschaft eingebracht. Vgl. auch A. 5 Abs. 1 S. 8 UStR; *Reiß*, Sacheinlagen, UR 1996, S. 366 ff.; *Husmann* in *Rau*, UStG, 2002, § 1, Rz. 286.

1721 Siehe § 15 Abs. 1 Nr. 1 S. 1 UStG; kritisch: *Schwarz, B.*, Umsätze, UR 1994, S. 186 f.; *Knoll* in *Widmann/Mayer*, Umwandlungsrecht, 2000, Anh. 11, Rz. 34 f.; a. A. FinMin Sachsen-Anhalt 11.03.1997, Vorsteuerabzug, DStR 1997, S. 662 f. Der Vorsteuerabzug ist hingegen ausgeschlossen, wenn kein Leistungsaustausch angenommen wird.

1722 Vgl. *Reiß*, Sacheinlagen, UR 1996, S. 371.

1723 Vgl. BFH 01.02.1973, BStBl. II 1973, S. 173; *Husmann* in *Rau*, UStG, 2002, § 1, Rz. 81 f.

1724 Vgl. *Flückiger/Georgi* in *Plückbaum/Malitzky*, UStG, 2002, § 1 Abs. 1, Rz. 580 ff. m. w. N., 589 f.; a. A. *Reiß*, Sacheinlagen, UR 1996, S. 370 f.

1725 Vgl. noch *Budde/Zerwas* in *Budde/Förschle*, Sonderbilanzen, 1999, F, Rz. 251.

1726 Vgl. *Budde/Zerwas* in *Budde/Förschle*, Sonderbilanzen, 2002, F, Rz. 252.

6.3.6.2 Grunderwerbsteuer

Sofern im Rahmen der Verschmelzung inländisches Grundvermögen der Überträgerin auf die Übernehmerin und damit kraft Gesetzes auf eine neue Eigentümerin übergeht, fällt gem. § 1 Abs. 1 Nr. 3 GrEStG Grunderwerbsteuer an.[1727] Die Grunderwerbsteuer entsteht zeitlich mit der Eintragung der Verschmelzung ins Handelsregister der Übernehmerin.[1728] Bemessungsgrundlage für die 3,5 %ige (§ 11 Abs. 1 GrEStG) Grunderwerbsteuer ist gem. § 8 Abs. 2 Nr. 2 GrEStG der Grundbesitzwert nach § 138 Abs. 3 BewG.[1729] Bei der Verschmelzung einer Personenhandelsgesellschaft auf eine andere Personenhandelsgesellschaft liegt insoweit kein grunderwerbsteuerpflichtiger Vorgang vor, als ein einbringender Gesellschafter bzw. dessen Ehegatte oder in gerader Linie verwandte Person auch an der Übernehmerin beteiligt ist, § 6 Abs. 3, § 3 Nr. 4, 6 GrEStG.[1730] Weitere Ausnahmen können sich durch Gesellschafterwechsel in einer Personenhandelsgesellschaft oder der Vereinigung von Anteilen ergeben.[1731]

Verfügt die Überträgerin über umfangreichen Grundbesitz, die Übernehmerin jedoch nicht, lässt sich aus Gründen der Steuerersparnis überlegen, die Rollen zu tauschen und auf die grundbesitzende Gesellschaft zu verschmelzen. Allerdings kann es aus betriebswirtschaftlicher oder rechtlicher Sicht sinnvoll sein, Grunderwerbsteuer in Kauf zu nehmen.[1732] Früher entwickelte weitere Gestaltungsempfehlungen zur Vermeidung von Grunderwerbsteuer[1733] werden durch Missbrauchsvorschriften im GrEStG hinfällig.[1734]

Die Grunderwerbsteuer ist in Verschmelzungsfällen regelmäßig als Anschaffungsnebenkosten zu aktivieren, so dass es zu keiner Belastungsminderung in der Ertragsteuer kommt.[1735]

6.3.6.3 Erbschaft- und Schenkungsteuer

Obwohl die Erbschaft- und Schenkungsteuer sowohl Elemente einer Verkehrs- als auch einer Substanzsteuer enthält, soll sie an dieser Stelle kurz betrachtet werden. BFH und die Finanzverwaltung lehnen eine steuerliche Rückwirkung im Verschmelzungsfall

---

1727 Vgl. *Fischer, P.* in *Boruttau*, GrEStG, 2002, § 1, Rz. 559, 562 ff.; BFH 28.07.1970, BStBl. II 1970, S. 818; BFH 18.07.1979, BStBl. II 1979, S. 683 ff.

1728 Vgl. FinMin Baden-Württemberg 19.12.1997, Übertragung, Tz. A I. 2.; *Pahlke* in *Widmann /Mayer*, Umwandlungsrecht, 2002, Anh. 12, Rz. 41.

1729 Vgl. noch *Budde/Zerwas* in *Budde/Förschle*, Sonderbilanzen, 1999, H, Rz. 262. Nach a. A. ist der anteilig auf die übertragenen Grundstücke entfallende Wert der Gegenleistung bzw. deren Teilwert die Bemessungsgrundlage nach § 8 Abs. 1 GrEStG; vgl. *Schmitt* in *SHS*, UmwG, 2001, Anh., Rz. 47; *Grotherr*, Probleme, BB 1994, S. 1980 f. m. w. N.

1730 Vgl. *Schmitt* in *SHS*, UmwG, 2001, Anh., Rz. 48.

1731 Siehe § 1 Abs. 2a-3 GrEStG; vgl. *Budde/Zerwas* in *Budde/Förschle*, Sonderbilanzen, 2002, F, Rz. 263 ff.

1732 Vgl. bspw. Degussa, Merger, 2000, S. 70, 78;

1733 Vgl. bspw. *Fleischer*, Vermeidung, DStR 1996, S. 1390 ff.

1734 Vgl. *Gottwald*, Grunderwerbsteuerbelastungen, BB 2000, S. 69 ff.; *Götz*, Fragen, GmbHR 2001, S. 277 ff. Teilweise wurden bereits vor der Verschmelzung Maßnahmen zur Einsparung von GrESt veranlasst, vgl. z. B. AGIV, Verschmelzungsbericht, 2002, S. 69; ENBW, Unterlagen, 1997, 1 S. 125.

1735 Vgl. bereits Abschnitt 5.2.2.4; *Hörtnagl* in *SHS*, UmwG, 2001, § 4 UmwStG, Rz. 35.

ab.[1736] Dies entspricht der Systematik des Erbschaft- und Schenkungsteuerrechts, das übergehende Vermögen am Übertragungsstichtag zu besteuern.

Bsp. 32: Erbschaftsteuer

GmbH-Anteile von weniger als 25 % des Stammkapitals werden vererbt. Nach dem Todestag des Erblassers wird diese GmbH in eine Personenhandelsgesellschaft umgewandelt. Für Zwecke der Erbschaftsteuer werden GmbH-Anteile vererbt, die nach § 12 Abs. 2 ErbStG i. V. m. § 11 Abs. 2 BewG mit dem gemeinen Wert (geschätzt nach dem sog. Stuttgarter Verfahren) anzusetzen sind, nicht jedoch mit dem steuerlichen Anteilswert der Personenhandelsgesellschaft (§ 12 Abs. 5 ErbStG i. V. m. § 97 Abs. 1a BewG). Auch gilt die steuerliche Begünstigung für Betriebsvermögen nicht gem. § 13a Abs. 4 Nr. 3 ErbStG.

1736 Vgl. BFH 04.07.1984, BStBl. II 1984, S. 772.

7 Internationale „Verschmelzung“[1737]

In Abschnitt 2.4.3 wurde bereits auf die Binnenorientierung des UmwG hingewiesen. Das UmwG und das UmwStG verfügen über deckungsgleiche Anwendungsbereiche (§ 1 Abs. 1 UmwG und § 1 Abs. 1 UmwStG), nach denen Überträgerin und Übernehmerin ihren Sitz im Inland haben müssen.[1738]

„Aber Deutschland ist keine Insel und das Internationale (...) brandet zu uns hinein.“[1739] So bedeutet die Beschränkung auf das „Inland“ auch kein generelles Verbot[1740] grenzüberschreitender Unternehmensverbindungen in der Zukunft, sondern stellt lediglich klar, dass das UmwG diese nicht regelt.[1741] Europarechtlichen Vorschriften soll einerseits nicht vorgegriffen werden, andererseits fehlt Deutschland allein die Gesetzgebungskompetenz für grenzüberschreitende gesellschaftsrechtliche Vorgänge, die durch bilaterale Gesetze oder europäische Harmonisierungen vereinbart werden müssen.[1742] Die Beschränkung des UmwG auf inländische Rechtsträger wird in der Literatur häufig abgelehnt[1743] und begründet die „Gefahr einer europarechtswidrigen Gesetzgebung“.[1744] Neben der Beschränkung auf inländische Rechtsträger in § 1 UmwG werden internationalen „Verschmelzungen“ von deutscher Seite mit der unvollständigen Umsetzung der Fusionsbesteuerungsrichtlinie im UmwStG sowie dem Konflikt um Sitz- oder Gründungstheorie im deutschen Internationalen Privat- und Gesellschaftsrecht weitere Hürden entgegengestellt.[1745] Scheinbar soll sich die wirtschaftliche Realität an die juristischen Vorgaben anpassen, anstatt dass das Recht den Rahmen für Lebenswirklichkeiten schafft.

Die für den Bereich internationale „Verschmelzungen“ geltenden Rechtsnormen lassen sich nach ihren Quellen in nationales und internationales Recht unterscheiden. Fraglich ist bereits, welches Recht anzuwenden ist. Vorschriften zum deutschen Internationalen Privatrecht finden sich im EGBGB und in Staatsverträgen. Das Kollisionsrecht soll Brücken zwischen den Rechtssystemen verschiedener Staaten schlagen, hilft für grenz-

---

1737 Der Begriff „Verschmelzung“ ist im Abschnitt 7 nicht i. S. d. UmwG, sondern rein wirtschaftlich zu verstehen. Der englische Begriff „merger“ stimmt nicht mit der „Verschmelzung“ i. S. d. UmwG überein. Im Englischen steht „merger“ für die Verschmelzung durch Aufnahme und „consolidation“ u. a. für Verschmelzung durch Neugründung. Ein „stock merger“ mit Aktientausch ist eher mit einer Verschmelzung zu vergleichen als ein „cash merger“ mit Barabfindungsangebot für Anteilseigner der Überträgerin. Vgl. *Mertens, K.*, Umwandlung, 1993, S. 100, 299 ff.; *Clark*, Corporate, 1986, S. 425 ff.

1738 Vgl. BMF 25.03.1998, UmwSt-Erlass, Tz. 00.03 und 01.03.

1739 *Großfeld*, Deutsches, 1997, S. 18.

1740 Vgl. *Meyer*, Besteuerung, 1995, S. 39 f.

1741 Vgl. für die Beschränkung des UmwG auf das Inland: *Sagasser* in *SBB*, Umwandlungen, 2000, B, Rz. 27; a. A.: *Kronke*, Gesellschaftsrecht, ZGR 1994, S. 32.

1742 Vgl. *Bundesregierung*, Begründung, BR-Drs. 75/94, S. 80; *Neye*, Umwandlungsrecht, ZIP 1994, S. 920; *Bungert*, Entwicklungen, AG 1995, S. 502.

1743 Vgl. *Geck*, Spaltung, 1995, S. 416; *Kronke*, Gesellschaftsrecht, ZGR 1994, S. 32, 35 f.; *Lutter*, Umstrukturierung, ZGR 1994, S. 87 f., 91; bereits *Schaub*, Verkaufniederlassung, 1972, S. 540; *Kallmeyer*, Verschmelzungen, ZIP 1996, S. 535 ff. Befürwortet wird die Beschränkung auf inländische Rechtsträger aber von: *Ganske*, Umwandlungsrecht, WM 1993, S. 1120.

1744 *Bolk/Reiß*, Überblick, SteuerStud 1995, S. 248. Vgl. dazu auch *Kallmeyer*, Neue, ZIP 1994, S. 1752, der darin einen Widerspruch zu Art 5 Abs. 2, 52, 58 EGV sieht.

1745 Vgl. *Lutter*, Umstrukturierung, ZGR 1994, S. 87 f.

überschreitende „Verschmelzungen“ indes nicht weiter. Stattdessen gelten für jeden Verschmelzungspartner Regeln nach dem jeweiligen Personalstatut, wodurch es ggf. zu Überschneidungen kommt.[1746] Probleme liegen indes im Bereich des internen Rechts des jeweils beteiligten Staates.[1747]

Nach den steuerlichen Zielen differenziert man weiterhin Doppelbesteuerungsrecht und Außensteuerrecht. Zum Außensteuerrecht finden sich Vorschriften in § 23 UmwStG, § 12 Abs. 2 KStG und in der Fusionsbesteuerungsrichtlinie vom 23.07.1990. Das Doppelbesteuerungsrecht kann unilateral (z. B. § 26, § 8b Abs. 2 KStG, § 34c EStG) sein oder in bilateralen Doppelbesteuerungsabkommen bestehen.[1748]

Auf europäischer Ebene wurden bereits einige Bemühungen unternommen, die allerdings bisher nur von geringem Erfolg gekrönt sind:

Bereits mit der 3. EG-Richtlinie wurde in Europa einheitlich die Gesamtrechtsnachfolge für Fusionen von Aktiengesellschaften eingeführt.[1749] In dem Vorschlag zur 10. EG-Richtlinie („Internationale Fusionsrichtlinie“) vom 08.01.1985 finden sich bereits Regelungen über die internationale Verschmelzung von Aktiengesellschaften.[1750] Sie wurde jedoch insbesondere wegen Uneinigkeit bezüglich der Mitbestimmung von Arbeitnehmern in Unternehmensorganen immer noch nicht verabschiedet.

Die Fusionsbesteuerungsrichtlinie vom 23.07.1990[1751] fordert steuerneutrale grenzüberschreitende Umstrukturierungsmöglichkeiten, schafft aber keine gesellschaftsrechtlichen Grundlagen. Sie wurde partiell umgesetzt in § 23 UmwStG;[1752] andere Regelungen wurden nicht in deutsches Recht übernommen und entfalten mangels unmittelbarer Anwendbarkeit der Fusionsbesteuerungsrichtlinie keine Wirkung.[1753]

Um künftig in den Genuss von einfachen internationalen Umwandlungen zu kommen, müssen zunächst wichtige Voraussetzungen, wie z. B. die Harmonisierung der Steuer- und Währungssysteme geschaffen werden.[1754] Fortschritte beim Abbau steuerlicher Hemmnisse von internationalen „Verschmelzungen“ sind nur durch internationale Vereinbarungen zu erwarten.

1746 Vgl. *Meyer*, Besteuerung, 1995, S. 40 ff.; *Großfeld*, Internationales, 1998, Rz. 683.

1747 Vgl. *Großfeld*, Internationales, 1998, Rz. 689.

1748 Vgl. *Schaumburg*, Grundlagen, 1997, S. 1 f.

1749 Vgl. Rat EG 09.10.1978, Fusionsrichtlinie, Art. 3, Art. 19 Abs. 1 a).

1750 Vgl. Rat EG 08.01.1985, Internationale; *Schaumburg*, Grundlagen, 1997, S. 2 f.; *Lutter*, Unternehmensrecht, 1996, S. 61 ff.

1751 Vgl. Rat EG 23.07.1990, Fusionsbesteuerungsrichtlinie; ausführlich dazu: *Lutter*, Unternehmensrecht, 1996, S. 149 ff.; *Meyer*, Besteuerung, 1995, S. 54 ff.; *Sarrazin*, Fusionsrichtlinie, ZGR 1994, S. 66 ff.

1752 Vgl. *Sagasser* in *SBB*, Umwandlungen, 2000, H Rz. 16. Zur Umsetzung in anderen EU-Staaten vgl. *Grotherr*, Überblick, 1997, S. 157, 173, 180; *Meyer*, Besteuerung, 1995, S. 71; *Saß*, Probleme, DB 1993, S. 1892 ff.; *Schmitt* in *SHS*, UmwG, 2001, § 23 UmwStG, Rz. 1, 9 ff.

1753 Vgl. *Schaumburg*, Grundlagen, 1997, S. 2 f., *Schaumburg*, Grenzüberschreitende, GmbHR 1996, S. 503; *Klingberg/van Lishaut*, Ausländische, FR 1999, S. 1213; *Kaminski*, Umwandlungen, SteuerStud 1999, S. 256 f.; differenziert: *Meyer*, Besteuerung, 1995, S. 71 ff.

1754 Vgl. *Schwarz, H.-D.*, Umwandlungsrecht, DStR 1994, S. 1698; bereits *Schaub*, Verkaufsniederlassung, 1972, S. 540.

Internationale „Verschmelzungen" finden ungeachtet aller juristischen Hürden in der Realität bereits statt, um betriebswirtschaftliche Vorteile zu erzielen. Da sie verschiedene gesellschafts- und steuerrechtliche Systeme berühren, müssen Lösungen gefunden werden, die von der Verschmelzung nach UmwG abweichen. Häufig finden grenzüberschreitende Unternehmenszusammenschlüsse daher in Form einer Konzernbildung statt.[1755] Die Ergebnisse einer internationalen „Verschmelzung" werden durch eine sog. „unechte Fusion" erreicht, die grenzüberschreitend durch Einzelrechtsnachfolge, Liquidation und Sacheinlagen bzw. Gewährung von Gesellschaftsrechten durchgeführt wird.[1756] Aus betriebswirtschaftlicher Sicht entscheidend für das Zustandekommen einer internationalen „Verschmelzung" ist die Möglichkeit, die Aufdeckung und Versteuerung stiller Reserven zu vermeiden.[1757]

Möglichkeiten für internationale „Verschmelzungen" bestehen nur nach allgemeinen gesellschaftsrechtlichen, sachenrechtlichen und international-privatrechtlichen Vorschriften,[1758] nicht jedoch nach UmwG und UmwStG. Es sind folgende Fallgruppen denkbar, bei denen eine ausländische Beteiligung gegeben ist:[1759]

- Bei der Verschmelzung von inländischen Gesellschaften kann insofern ein Auslandsbezug vorliegen, als dass die Anteilseigner der Überträgerin Ausländer sind und/oder die Überträgerin über ausländisches Vermögen verfügt. Das ausländische Vermögen kann bspw. in einer Betriebsstätte, einer Kapitalbeteiligung oder in Grundstücken bestehen.[1760] Der ausländische Anteilseigner wird i. d. R. nur beschränkt steuerpflichtig im Inland sein. Zu unterscheiden ist jedoch, ob Anteilseigner eine natürliche Person, Personenhandelsgesellschaft oder Kapitalgesellschaft ist.[1761]
- Im umgekehrten Fall der ausländischen Verschmelzung mit Inlandsbezug sind Überträgerin und Übernehmerin ausländische Rechtsträger, allerdings sind an der Überträgerin inländische Anteilseigner beteiligt bzw. die Überträgerin verfügt über inländisches Vermögen.
- Grenzüberschreitende Verschmelzungen können in zwei Ausprägungen vorliegen: Bei einer Herausverschmelzung wird eine deutsche Überträgerin auf eine ausländische Übernehmerin „verschmolzen", bei der Hineinverschmelzung eine ausländische Überträgerin auf eine deutsche Übernehmerin.

Diese Fallgruppen, deren kurze Vorstellung in den Abschnitten 7.2 bis 7.5 erfolgt, werden durch die nachstehende Tab. 26 veranschaulicht:

1755 So ist die DaimlerChrysler AG Mutterunternehmen der Chrysler Corp.; eine Verschmelzung hat nur als Up-stream Merger von der Daimler-Benz AG auf die DaimlerChrysler AG stattgefunden. Ebenso ist Aventis S. A. Mutterunternehmen zur Hoechst AG. Vgl. Daimler, Chrysler, 1998, S. 34 ff.; Hoechst, Bericht, 1999, S. 77.

1756 Vgl. *Hohner*, Gesellschaftsrecht, 1972, S. 236.

1757 Vgl. *Hense*, WP-Handbuch 1998, Bd. II, Teil K Rz. 157; bereits: *Schaub*, Verkaufsniederlassung, 1972, S. 540 ff.

1758 Vgl. *Schaumburg*, Grundlagen, 1997, S. 6-8; *Schwarz, H.-D.*, Umwandlungsrecht, DStR 1994, S. 1698; *Kallmeyer*, Neue, ZIP 1994, S. 1752 f.

1759 Vgl. bspw. *Herzig*, Grenzüberschreitende, 1997, S. 146 ff.

1760 Vgl. *Engl*, Umwandlung, 1997, S. 77-80.

1761 Vgl. *Klingberg/van Lishaut*, Ausländische, FR 1999, S. 1210.

Tab. 26: Fallgruppen internationaler „Verschmelzungen“[1762]

<table>
<tr><th></th><th>Überträgerin</th><th>übertragenes Vermögen</th><th>Anteilseigner der Überträgerin</th><th>Übernehmerin</th></tr>
<tr><td>inländische Verschmelzung mit Auslandsbezug</td><td>Inland</td><td rowspan="4">im In- und/oder Ausland</td><td rowspan="4">In- und/oder Ausländer</td><td>Inland</td></tr>
<tr><td>ausländische Verschmelzung mit Inlandsbezug</td><td>Ausland</td><td>Ausland</td></tr>
<tr><td>Herausverschmelzung</td><td>Inland</td><td>Ausland</td></tr>
<tr><td>Hineinverschmelzung</td><td>Ausland</td><td>Inland</td></tr>
</table>

Der weitaus überwiegende Teil der Literatur, der sich mit internationalen „Verschmelzungen“ befasst, diskutiert die daraus resultierenden steuerlichen Probleme. Das hat seine Berechtigung insofern, als in praxi wirtschaftlich sinnvolle Verschmelzungen durch steuerliche Folgen behindert werden. Korrespondierend zum Ziel dieser Arbeit werden im Folgenden gesellschaftsrechtliche Aspekte und steuerliche Konsequenzen in der gebotenen Kürze betrachtet.

7.1 Verschmelzungsfähigkeit und Sitztheorie

Im Bereich „Internationale Verschmelzungen“ ist zunächst einmal von Bedeutung, zu welchem Rechtssystem die beteiligten Rechtsträger gehören. Dabei bestimmt das Gesellschaftsstatut über die Zugehörigkeit einer Gesellschaft zum in- oder ausländischen Rechtskreis, bzw. „unter welchen Voraussetzungen die juristische Person entsteht, lebt oder vergeht“.[1763] Zur Ermittlung des Gesellschaftsstatuts stehen sich – bei Schweigen des Gesetzes – zwei gegensätzliche Theorien, die Sitz- und die Gründungstheorie, gegenüber. Nach der in Deutschland herrschenden Sitztheorie hat ein Rechtsträger dann seinen „Sitz“ im Inland, wenn sich der (einzige) tatsächliche Verwaltungssitz in Deutschland befindet.[1764] Nach der Sitztheorie kommt das Recht des Staats zur Anwendung, in dem die Gesellschaft ihre Tätigkeiten betreibt. Eine nach ausländischem

---

1762 In Anlehnung an *Herzig/Förster*, Verschmelzung, DB 1994, S. 1.

1763 BGH 11.07.1957, BGHZ 25, S. 144.

1764 Vgl. *Frotscher*, Verschmelzung, 1998, Rz. 35 m. w. N.; *Sagasser* in *SBB*, Umwandlungen, 2000, B, Rz. 28 ff. m. w. N.; *Großfeld*, Deutsches, 1997, S. 14-18; BFH 13.11.1991, BStBl. II 1992, S. 264; OLG Düsseldorf 15.12.1994, WM 1995, S. 808 ff.; *Berndt*, Rechtsfähigkeit, JZ 1996, S. 187 ff.; *Bungert*, Entwicklungen, AG 1995, S. 490 m. w. N.; *Großfeld*, Internationales, 1998, Rz. 20 f., 38 ff.; kritisch: *Großfeld*, Normschaffung, 2000, S. 50.

Recht gegründete Gesellschaft mit dem Verwaltungssitz in Deutschland muss demnach zunächst liquidiert und nach deutschem Recht neu errichtet werden.[1765] Nach der bspw. in den USA herrschenden und auch vom EuGH eröffneten[1766] Gründungstheorie hingegen bestimmt sich der Sitz nach dem Ort der Unternehmensgründung.[1767] Der Gründungsstaat bestimmt die Rechtsfähigkeit der Gesellschaft und das anzuwendende Gesellschaftsrecht unabhängig von dem Ort der tatsächlichen Geschäftsausübung. Das heißt für grenzüberschreitend tätige europäische Gesellschaften, dass sie ihre Rechtszugehörigkeit nach dem Gründungsstaat bestimmen können, auch wenn sie in Deutschland ihren Verwaltungssitz inne haben und ihre wirtschaftliche Tätigkeit ausüben.[1768]

Zwischen der Bundesrepublik Deutschland und den USA verdrängt ein bilateraler Staatsvertrag von 1954 als lex specialis nationales Kollisionsrecht und die Sitztheorie.[1769] Der deutsch-amerikanische Freundschafts-, Handels- und Schiffahrtsvertrag knüpft die Rechtsfähigkeit einer Gesellschaft ausschließlich an den Gründungsakt; der tatsächliche Sitz hingegen ist bedeutungslos. In dem bilateralen Vertrag heißt es: „Gesellschaften, die gemäß den Gesetzen (...) des einen Vertragsteils in dessen Gebiet errichtet sind, gelten als Gesellschaften dieses Vertragsteils; ihr rechtlicher Status wird in dem Gebiet des anderen Vertragsteils anerkannt.“[1770] Die Bundesrepublik Deutschland erkennt demnach US-amerikanische Gesellschaften auch dann als rechtsfähig an, wenn sich deren tatsächlicher Verwaltungssitz in Deutschland befindet. Für diese Gesellschaften gelten weder deutsches Gesellschaftsrecht noch US-amerikanisches Fremdenrecht, so dass Geschäftspartner „mit leeren Händen“ [1771] dastehen. „Anerkennen“ ist hier kollisionsrechtlich zu verstehen, d. h. einerseits ist für die betroffene Gesellschaft US-amerikanisches Recht auch in Deutschland anzuwenden,[1772] andererseits ist sie in Deutschland u. a. prozessfähig.[1773]

Grenzen der Anerkennungspflicht bestehen im Genuine link und im Ordre public. Unter Genuine link versteht man den völkerrechtlichen Grundsatz, dass zwischen dem Staat und der dessen Recht unterworfenen Gesellschaft eine tatsächliche Beziehung bestehen muss.[1774] Danach ist die Rechtsfähigkeit der US-Gesellschaft in Deutschland zu versagen, wenn diese Gesellschaft keine tatsächlichen Beziehungen zu den USA unterhält, wie es z. B. bei reinen Briefkastenfirmen der Fall ist.[1775] Nach dem Ordre public-Vorbe-

---

1765 Vgl. *Ebenroth/Bippus*, Anerkennungsproblematik, NJW 1988, S. 2146 m. w. N.

1766 Vgl. EuGH 09.03.1999, DB 1999, S. 625 ff.

1767 Vgl. *Lutter/Hommelhoff*, GmbHG, 1991, Einl., Rz. 20.

1768 Vgl. EuGH 09.03.1999, DB 1999, S. 625 ff.

1769 Vgl. *Ebenroth/Bippus*, Anerkennung, DB 1988, S. 842.

1770 Art. XXV Abs. 5 S. 2 Freundschaftsvertrag, BGBl. II 1956, S. 500; vgl. *Ebenroth/Bippus*, Anerkennung, DB 1988, S. 843; *Bungert*, Rechtsfähigkeit, WM 1995, S. 2126, 2128; a. A. (für die Sitztheorie durch Betonung der Worte „in dessen Gebiet“ und mit ausführlicher Begründung) *Berndt*, Rechtsfähigkeit, JZ 1996, S. 188 ff.

1771 *Ebenroth/Bippus*, Anerkennung, DB 1988, S. 844.

1772 Vgl. *Ebenroth/Bippus*, Anerkennungsproblematik, NJW 1988, S. 2138-2141 m. w. N.; *Ebenroth/Auer*, Verlagerung, RIW 1992, Beilage 1, Rz. 16 f.

1773 Vgl. *Ebenroth/Bippus*, Anerkennungsproblematik, NJW 1988, S. 2145 m. w. N.

1774 Vgl. OLG Düsseldorf 15.12.1994, WM 1995, S. 811; *Ebenroth/Kemmer/Willburger*, Auswirkungen, ZIP 1995, S. 972 ff.; *Ebenroth/Bippus*, Anerkennung, DB 1988, S. 844 f.

1775 Vgl. *Ebenroth/Bippus*, Anerkennung, DB 1988, S. 844-846; *Ebenroth/Kemmer/Willburger*, Auswirkungen, ZIP 1995, S. 974 Fn. 24; a. A. *Bungert*, Rechtsfähigkeit, WM 1995, S. 2128 ff.

halt erkennt Deutschland eine US-Gesellschaft nur dann als rechtsfähig an, wenn sie in den USA selbst als wirksam gegründet gilt. Ein spezieller Ordre public-Vorbehalt ist jedoch nicht explizit im deutsch-amerikanischen Freundschafts-, Handels- und Schiffahrtsvertrag vereinbart,[1776] so dass er nur insoweit gilt, als der amerikanische und der deutsche Ordre public-Vorbehalt in Art. 6 EGBGB übereinstimmen. Der kleinste gemeinsame Nenner liegt im Verbot des Rechtsmissbrauchs. Darunter fallen rechtsmissbräuchliche Umgehungsgründungen, bei denen die Gründung in einem US-Bundesstaat mit liberalem Gesellschaftsrecht, wie z. B. in Delaware[1777] erfolgt, die Gesellschaft ihre gesellschaftlichen und geschäftlichen Aktivitäten jedoch ausschließlich in Deutschland entfaltet. Einer solchen US-Gesellschaft kann in Deutschland die Anerkennung trotz des in Deutschland liegenden Verwaltungssitzes verweigert werden.[1778] Eine US-amerikanische Rechtsnorm ist daher in Deutschland nicht anzuwenden, wenn dies zu einem Ergebnis führt, das mit wesentlichen deutschen Rechtsgrundsätzen unvereinbar ist.

Bsp. 33: Sitz- und Gründungstheorie

Die vorgenannten Grundsätze sollen kurz an dem Beispiel[1779] einer amerikanischen Corporation, die im US-Bundesstaat Delaware gegründet wird, aber in Deutschland ihren (Verwaltungs-)Sitz hat, erläutert werden. Nach der Gründungstheorie müsste sie in Deutschland als rechtsfähig anerkannt werden, hätte aber die strengen Vorschriften des deutschen GmbHG bzw. AktG nicht zu befolgen. Nach der Sitztheorie würde hingegen vor Eintragung einer GmbH oder AG ins Handelsregister noch keine Kapitalgesellschaft bestehen, so dass die Anteilseigner persönlich nach § 11 Abs. 2 GmbHG bzw. § 41 Abs. 1 S. 2 AktG haften würden.[1780] Der deutsch-amerikanische Freundschafts-, Handels- und Schiffahrtsvertrag bestimmt die Anwendung der Gründungstheorie, sofern dem nicht das Genuine link-Erfordernis[1781] oder der Ordre public-Vorbehalt entgegenstehen. Im Ergebnis ist die US-amerikanische Corporation als rechtsfähig anzuerkennen. Nach Auffassung von *Bungert* bleibt es jedoch bezogen auf das gesellschaftsrechtliche *Innen*verhältnis bei der Sitztheorie, so dass im Innen-

---

1776 Vgl. *Ebenroth/Bippus*, Anerkennung, DB 1988, S. 846; *Ebenroth/Kemmer/Willburger*, Auswirkungen, ZIP 1995, S. 974; *Ebenroth/Auer*, Verlagerung, RIW 1992, Beilage 1, Rz. 22; *Bungert*, Rechtsfähigkeit, WM 1995, S. 2126 ff.; OLG Düsseldorf 15.12.1994, WM 1995, S. 810 f.

1777 Der US-Bundesstaat Delaware ist bekannt für sein besonders regelungsarmes bzw. managerfreundliches Gesellschaftsrecht, vgl. nur *Bungert*, Rechtsfähigkeit, WM 1995, S. 2127 m. w. N.

1778 Vgl. *Ebenroth/Bippus*, Anerkennung, DB 1988, S. 846 f.; *Ebenroth/Kemmer/Willburger*, Auswirkungen, ZIP 1995, S. 974 f.; *Ebenroth/Auer*, Verlagerung, RIW 1992, Beilage 1, Rz. 22; a. A. *Bungert*, Rechtsfähigkeit, WM 1995, S. 2126 ff.

1779 In Anlehnung an den zugrunde liegenden Fall beim OLG Düsseldorf 15.12.1994, WM 1995 S. 808 ff.

1780 Vgl. OLG Düsseldorf 15.12.1994, WM 1995, S. 809; OLG Oldenburg 04.04.1989, NJW 1990, S. 1422 f.

1781 Die Anwendung des Genuine link-Erfordernisses bezogen auf den Urteilsfall des OLG Düsseldorf 15.12.1994, WM 1995, S. 811 wird jedoch weitgehend abgelehnt. Vgl. *Bungert*, Rechtsfähigkeit, WM 1995, S. 2128 ff.; *Berndt*, Rechtsfähigkeit, JZ 1996, S. 188; *Ebenroth/Kemmer/Willburger*, Auswirkungen, ZIP 1995, S. 973 f.

verhältnis bei deutschem Verwaltungssitz auch deutsches Gesellschaftsrecht anzuwenden ist.[1782]

Aus den obigen Ausführungen zur Rechtsfähigkeit ergeben sich Auswirkungen auf die Verschmelzungsfähigkeit von Gesellschaften.

Gesellschaften mit ausländischer Rechtsform aber Verwaltungssitz in Deutschland fallen schon aufgrund ihrer Rechtsform nicht unter § 3 UmwG, so dass für sie eine Verschmelzung nicht möglich ist.[1783]

Hat eine Gesellschaft deutscher Rechtsform ihren Verwaltungssitz im außereuropäischen Ausland, ist die deutsche Rechtsform nach der Sitztheorie aufzulösen. Eine Verschmelzung ist grundsätzlich nicht möglich.[1784] Nur in dem Ausnahmefall, dass sich der Satzungssitz in Deutschland befindet, könnte eine Fortsetzung beschlossen werden, so dass nach § 3 Abs. 3 UmwG auch eine Verschmelzung möglich wäre.[1785] Eine Gesellschaft deutscher Rechtsform mit Verwaltungssitz in der EU behält seine Rechts- und damit auch seine Verschmelzungsfähigkeit.[1786]

Aktuelle Entwicklungen zeigen zudem, dass sich mit zunehmender Internationalisierung der Kapitalmärkte sowohl das Kapitalmarktrecht als auch das Gesellschaftsrecht anpassen. „Märkte schaffen Recht“.[1787] So enthält das WPHG bereits mit § 12 Abs. 1 WPHG das Börsenstatut.[1788] Internationale Verschmelzungen sind stets auch im internationalen Rechtsumfeld zu sehen. In praxi wird sich die Frage stellen, ob bspw. die SEC die deutschen Verschmelzungsbilanzen, -berichte und -prüfungen akzeptieren wird.[1789]

Eine grenzüberschreitende Verschmelzung hat jedoch für die Übernehmerin keine Änderung ihres Gesellschaftsstatuts zur Folge. Auch bei der Überträgerin kommt es nicht zu einem Statutenwechsel, denn die Überträgerin erlischt durch die Verschmelzung.[1790] Allerdings können sich durch einen unterschiedlichen Gesellschaftsstatus materiellrechtliche Probleme bspw. in Voraussetzungen und im Verfahren der Verschmelzung ergeben. Die Einhaltung sämtlicher Verschmelzungsvoraussetzungen nach ihrem Gesellschaftsstatut ist von jeder der verschmelzungswilligen Gesellschaften zu verlangen. Zwar wird das Verfahren ggf. komplizierter, aber die Verschmelzung kann vollzogen werden. Unterscheiden sich hingegen die Wirkungen der Verschmelzung in den betreffenden Rechtssystemen gravierend und ist eine Anpassung ausgeschlossen, ist

---

1782 Vgl. *Bungert*, Rechtsfähigkeit, WM 1995, S. 2133.
1783 Vgl. *Sagasser* in *SBB*, Umwandlungen, 2000, B, Rz. 22.
1784 Vgl. *Sagasser* in *SBB*, Umwandlungen, 2000, B, Rz. 31, 33.
1785 Vgl. *Sagasser* in *SBB*, Umwandlungen, 2000, B, Rz. 33.
1786 Vgl. EuGH 09.03.1999, DB 1999, S. 625 ff.; *Sagasser* in *SBB*, Umwandlungen, 2000, B, Rz. 29, 35.
1787 *Großfeld*, Deutsches, 1997, S. 18.
1788 Vgl. *Großfeld*, Deutsches, 1997, S. 19 f.
1789 Vgl. *Großfeld*, Deutsches, 1997, S. 20 f.
1790 Vgl. *Behrens*, Umstrukturierung, ZGR 1994, S. 13.

eine Verschmelzung unmöglich.[1791] Insbesondere die deutsche Mitbestimmung wirkt als Hemmnis für internationale Verschmelzungen.[1792]

7.2 Inländische „Verschmelzung“ mit Auslandsbezug

Bei der Verschmelzung von inländischen Gesellschaften kann insofern ein Auslandsbezug vorliegen, als dass Anteilseigner der Überträgerin Ausländer[1793] sind und/oder die Überträgerin über ausländisches Vermögen verfügt. Diese Art der Verschmelzung wird sowohl vom deutschen UmwG als auch vom UmwStG erfasst, wenngleich keine normative Differenzierung nach in- und ausländischen Anteilseignern oder Vermögen erfolgt.[1794]

Verfügt die inländische Überträgerin über ausländisches Vermögen,[1795] so stellen sich folgende Probleme: Akzeptiert der ausländische Staat die Übernehmerin als rechtsfähiges Gebilde?[1796] Ist der Erwerb von ausländischen Grundstücken durch die inländische Übernehmerin vom ausländischen Staat reglementiert oder von staatlichen Genehmigungen abhängig?[1797] Erlaubt das ausländische Recht die Veränderung des Anteilseigners, wenn das Vermögen in Beteiligungen an ausländischen Gesellschaften besteht?[1798] Zudem beeinflussen ausländisches Arbeits-, Kartell- und Wirtschaftsverwaltungsrecht sowie Vorschriften zum Gläubigerschutz die Verschmelzung.[1799] Der Personalvertretung einer ausländischen Betriebsstätte stehen keine Informationsrechte i. S. v. § 17 Abs. 1 UmwG zu.[1800]

Ein ausländischer Anteilseigner der Überträgerin genießt durch die Anwendung der Sitztheorie und damit des deutschen UmwG auch dessen Schutzrechte, z. B. §§ 15, 25, 27 und 29 UmwG.[1801] Eventuell weitergehende Schutzrechte nach ausländischem Recht bleiben ihm jedoch grundsätzlich verwehrt. Konflikte können immer dann auftreten, wenn das Ausland, wie bspw. die USA, von der Gründungstheorie ausgeht bzw. weitergehend danach fragt, welches Land das stärkste berechtigte Interesse an der Durchsetzung seines Rechts hat.[1802] Ein ausländischer Anteilseigner der Überträgerin unterliegt i. d. R. in Deutschland der beschränkten Steuerpflicht.

[1791] Vgl. *Behrens*, Umstrukturierung, ZGR 1994, S. 13 f.

[1792] Vgl. *Behrens*, Umstrukturierung, ZGR 1994, S. 14; *Bungert*, Entwicklungen, AG 1995, S. 502.

[1793] Gemeint sind Gesellschaften mit Sitz und natürliche Personen mit Wohnsitz im Ausland.

[1794] Vgl. *Schaumburg*, Grundlagen, 1997, S. 4; *Herzig/Förster*, Verschmelzung, DB 1994, S. 2, 3.

[1795] Verschiedene Arten von ausländischem Vermögen differenziert *Engl*, Umwandlung, 1997, S. 77-80.

[1796] Grundsätzlich wird das Gesellschaftsstatut und die Gesamtrechtsnachfolge vom Ausland anerkannt. Vgl. *Sagasser* in *SBB*, Umwandlungen, 2000, B Rz. 36.

[1797] Grundstücke unterliegen regelmäßig Sonderrechten und speziellen Übertragungsvorschriften. Vgl. *Sagasser* in *SBB*, Umwandlungen, 2000, B Rz. 39.

[1798] Vgl. *Großfeld*, Deutsches, 1997, S. 22; *Großfeld*, Internationales, 1998, Rz. 303 ff.

[1799] Vgl. *Sagasser* in *SBB*, Umwandlungen, 2000, B Rz. 37 f.

[1800] Vgl. *Sagasser* in *SBB*, Umwandlungen, 2000, B Rz. 38.

[1801] Vgl. *Großfeld*, Deutsches, 1997, S. 16.

[1802] Vgl. *Großfeld*, Deutsches, 1997, S. 16 f., BVerfG 07.12.1994, JZ 1995, S. 716 ff.; BGH 04.06.1992, RIW 1993, S. 132 ff.

Die steuerlichen Folgen sind danach zu unterscheiden, ob Überträgerin und Übernehmerin Kapital- oder Personenhandelsgesellschaften sind, ausländisches Betriebsstättenvermögen übertragen wird und ausländische Anteilseigner beteiligt sind.[1803]
Für die Verschmelzung einer Kapitalgesellschaft, an der ausländische Anteilseigner beteiligt sind oder die über ausländisches Vermögen verfügt, auf eine andere Kapitalgesellschaft gelten §§ 11-13 UmwStG, insbesondere ist die Buchwertfortführung möglich.[1804] Falls die Überträgerin jedoch auf Teilwerte aufstockt, unterliegt der Übertragungsgewinn deutscher Körperschaftsteuer, wenn Deutschland das Besteuerungsrecht zusteht. Soweit der Übertragungsgewinn auf ausländisches Vermögen in Form einer Beteiligung entfällt, wird er nicht nach § 8b Abs. 2 KStG steuerfrei gestellt. Der durch Teilwertaufstockung beim ausländischen Anteilseigner entstehende Veräußerungsgewinn unterliegt ohne DBA der beschränkten Steuerpflicht, ist aber bei Bestehen eines DBA regelmäßig der deutschen Besteuerung entzogen.[1805]

Die Buchwertfortführung ist auch bei Verschmelzung von einer Kapitalgesellschaft mit ausländischem Vermögen auf eine Personenhandelsgesellschaft möglich.[1806] Eine Aufstockung auf Teilwerte führt zu einem höheren steuerpflichtigen Übernahmegewinn bei den Anteilseignern. Dieser ist weder nach DBA noch nach § 8b Abs. 1-2 KStG steuerfrei[1807] und erfasst auch Gewinnrealisierungen, die bei der Überträgerin selbst aufgrund eines DBA steuerfrei zu realisieren wären.[1808] Ist an der übertragenden Kapitalgesellschaft ein ausländischer Anteilseigner beteiligt, so ist nach Art der Anteile zu unterscheiden.[1809] Für beschränkt steuerpflichtige Anteilseigner gilt § 5 Abs. 2 UmwStG nur, wenn es sich um eine wesentliche Beteiligung i. S. v. § 17 EStG handelt. Anteilseigner aus einem Nicht-DBA-Staat unterliegen mit ihrem Übernahmegewinn wegen seines tauschähnlichen Charakters der beschränkten Steuerpflicht in Deutschland.[1810] Nach DBA-Recht können Übernahmegewinne jedoch nur im (ausländischen) Wohnsitzstaat besteuert werden.[1811] Eine nicht wesentliche Beteiligung unterliegt nicht der deutschen Besteuerung, weil § 7 UmwStG nicht greift.[1812] Das Halbeinkünfteverfah-

---

1803 Vgl. ausführlich zu steuerlichen Folgen der verschiedenen Alternativen *Schaumburg*, Inländische, GmbHR 1996, S. 414 ff.

1804 Vgl. BMF 25.03.1998, UmwSt-Erlass, Tz. 11.04; *Herzig*, Grenzüberschreitende, 1997, S. 148; ausführlich: *Schaumburg*, Inländische, GmbHR 1996, S. 420 ff.; *Dötsch*, Inländische, BB 1998, S. 1037.

1805 Siehe § 49 Abs. 1 Nr. 2 e) EStG; vgl. *Schaumburg*, Inländische, GmbHR 1996, S. 421 f.

1806 Siehe § 3 UmwStG; vgl. BMF 25.03.1998, UmwSt-Erlass, Tz. 03.05 und 03.11 i. V. m. § 8b Abs. 2 KStG; *Dötsch*, Inländische, BB 1998, S. 1030, 1031 f.; *Dötsch*, Umwandlungssteuerrecht, 1998, Rz. 101; kritisch: *Brinkhaus* in *Haritz/Benkert*, UmwStG, 2000, § 3 Rz. 78 ff.; *Engl*, Umwandlung, 1997, S. 88-91, 95; ausführlich: *Schaumburg*, Inländische, GmbHR 1996, S. 414 ff.

1807 Vgl. *Dötsch*, Inländische, BB 1998, S. 1031 f.

1808 Vgl. *Engl*, Umwandlung, 1997, S. 98.

1809 Vgl. ausführlich *Thiel*, Umwandlung, 1997, S. 28 ff.; *Rödder*, Ausländische, 1997, S. 55 ff.; *Bredow*, Besteuerung, WiB 1996, S. 329 ff.

1810 Siehe § 49 Abs. 1 Nr. 2 e) EStG; vgl. BMF 25.03.1998, UmwSt-Erlass, Tz. 05.12; *Bredow*, Besteuerung, WiB 1996, S. 329; *Dötsch*, Inländische, BB 1998, S. 1035; *Schaumburg*, Inländische, GmbHR 1996, S. 417 ff.

1811 Vgl. Art. 13 Abs. 2 oder 4 OECD-MA; *Bredow*, Besteuerung, WiB 1996, S. 329 ff.; *Dötsch*, Inländische, BB 1998, S. 1036; *Thiel*, Umwandlung, 1997, S. 33 f.

1812 Vgl. *Bredow*, Besteuerung, WiB 1996, S. 331 f.; *Dötsch*, Inländische, BB 1998, S. 1036.

ren gilt grundsätzlich auch für beschränkt Steuerpflichtige. Allerdings hat die Kapitalertragsteuer für ausländische Anteilseigner eine Abgeltungswirkung.

Für die Verschmelzung einer Personenhandelsgesellschaft mit ausländischem Vermögen oder mit ausländischem beschränkt steuerpflichtigen Anteilseigner auf eine Kapitalgesellschaft bzw. auf eine andere Personenhandelsgesellschaft gilt § 20 bzw. § 24 UmwStG.[1813] Lediglich durch die Entstrickungsklausel des § 20 Abs. 3 UmwStG ist das Bewertungswahlrecht eingeschränkt.[1814]

7.3 Ausländische „Verschmelzung" mit Inlandsbezug

Im umgekehrten Fall der ausländischen Verschmelzung mit Inlandsbezug sind Überträgerin und Übernehmerin ausländische Rechtsträger, allerdings sind an der Überträgerin inländische Anteilseigner beteiligt bzw. die Überträgerin verfügt über inländisches Vermögen. Diese Verschmelzung vollzieht sich stets nach ausländischem Handels- und Steuerrecht.[1815] Das ausländische Steuerrecht sieht wie das UmwStG i. d. R. Steuerneutralität bei Verschmelzungen vor.[1816]

Die steuerliche Einordnung der Verschmelzung in Deutschland erfolgt unabhängig davon, ob die ausländische Überträgerin oder Übernehmerin im Ausland als Kapital- oder Personenhandelsgesellschaft angesehen wird. Vielmehr ist anhand eines Typenvergleichs zu ermitteln, ob die Gesellschaft Merkmale einer Kapital- oder Personenhandelsgesellschaft nach deutschem Rechtsverständnis aufweist.[1817]

Wenn eine ausländische Kapitalgesellschaft mit inländischem Betriebsstättenvermögen auf eine andere ausländische Kapitalgesellschaft verschmolzen wird, bleibt der Vorgang im Inland gem. § 23 Abs. 2 UmwStG steuerneutral, soweit die beteiligten Rechtsträger innerhalb der EU ihren Sitz haben. Andernfalls erfolgt eine Schlussbesteuerung gem. § 12 Abs. 2 KStG.[1818] Ist an der ausländischen Überträgerin ein inländischer Anteilseigner beteiligt, wird durch die Verschmelzung im Inland ein steuerlicher Gewinn realisiert, wenn die Beteiligung in einem Betriebsvermögen gehalten wird oder nach § 17 EStG der Besteuerung unterliegt.[1819] Innerhalb der EU kann ein Anteilstausch zwischen Kapitalgesellschaften steuerneutral gem. § 23 Abs. 4 UmwStG erfolgen.[1820] Falls der inländische Anteilseigner eine Kapitalgesellschaft ist, bleibt ein Veräußerungsgewinn steuerfrei gem. § 8b Abs. 2 KStG.[1821] Die steuerlichen Folgen einer

---

1813 Vgl. *Dötsch*, Inländische, BB 1998, S. 1038 f.; *Schaumburg*, Inländische, GmbHR 1996, S. 422 ff.; *Thiel*, Umwandlung, 1997, S. 42 ff.

1814 Vgl. *Dötsch*, Inländische, BB 1998, S. 1038 f.

1815 Vgl. *Schaumburg*, Grundlagen, 1997, S. 11 f.

1816 Vgl. *Schaumburg*, Grundlagen, 1997, S. 11; Einzelheiten zu ausgewählten Staaten bei *Grotherr*, Überblick, 1997, S. 152 ff.

1817 Vgl. *Klingberg/van Lishaut*, Ausländische, FR 1999, S. 1222 f.

1818 Vgl. *Schaumburg*, Grundlagen, 1997, S. 12; *Schaumburg*, Ausländische, GmbHR 1996, S. 669; *Herzig*, Grenzüberschreitende, 1997, S. 150.

1819 Vgl. *Schaumburg*, Grundlagen, 1997, S. 12.

1820 Vgl. *Schaumburg*, Grundlagen, 1997, S. 12.

1821 Vgl. *Schaumburg/Rödder*, UmwG, 1995, § 20 UmwStG, Rz. 48 ff.

ausländischen Verschmelzung von Kapitalgesellschaften mit Inlandsbezug sollen kurz anhand eines Beispiels dargestellt werden:

Bsp. 34: Steuerliche Folgen einer ausländischen Verschmelzung von Kapitalgesellschaften mit Inlandsbezug[1822]

Eine ÜT-US-Corp. wird auf die ÜN-US-Corp. verschmolzen. Die ÜT-US-Corp. verfügt über eine Betriebsstätte in Deutschland und unterliegt somit der beschränkten Steuerpflicht im Inland.[1823] Durch die Übertragung der Betriebsstätte auf die ÜN-US-Corp. ist in Deutschland zwingend die Schlussbesteuerung nach § 12 Abs. 2 i. V. m. § 11 KStG vorzunehmen, d. h. inländische stille Reserven werden vollständig aufgedeckt.

An der ÜT-US-Corp. ist zudem die natürliche Person D als inländischer Anteilseigner wesentlich beteiligt. Aus Sicht des D führt die Verschmelzung zu einem Anteilstausch. Die Besteuerung des dadurch realisierten Gewinns in Deutschland lässt sich i. d. R. weder durch DBA, noch durch § 23 UmwStG analog, noch durch Art. 8 Abs. 1 der Fusionsbesteuerungsrichtlinie vermeiden.[1824]

Abwandlung: Anstelle von US-Corp. werden österreichische Kapitalgesellschaften verschmolzen, die ÜT-öGmbH auf die ÜN-öGmbH. Die Besteuerung der inländischen stillen Reserven lässt sich durch § 23 Abs. 2 UmwStG vermeiden.[1825] Der durch den Anteilstausch realisierte Gewinn von D ist nach § 23 Abs. 4 UmwStG[1826] steuerneutral möglich.

Wenn sowohl inländisches Vermögen vorliegt als auch ein inländischer Anteilseigner (d) beteiligt ist, muss aus steuerlicher Sicht die Verschmelzung als dreistufige Umwandlung umgedeutet werden:

1. Einbringung der ÜT-Anteile in die ÜN nach § 23 Abs. 4 UmwStG gegen Gewährung von Gesellschaftsrechten an der ÜN,
2. Einbringung des Betriebsvermögens der ÜT in die ÜN gem. § 23 Abs. 2 UmwStG gegen Gewährung von Gesellschaftsrechten der ÜN an die ÜT, so dass kurzzeitig eine wechselseitige Beteiligung entsteht,
3. Up-stream Verschmelzung von der ÜT-öGmbH auf die ÜN-öGmbH, die zum Untergang der wechselseitigen Beteiligung führt.

1822 In Anlehnung an *Klingberg/van Lishaut*, Ausländische, FR 1999, S. 1210 ff. Vgl. dort auch eine detaillierte Diskussion.

1823 Siehe § 2 Nr. 1 KStG, § 49 Abs. 1 Nr. 2a EStG.

1824 Vgl. Rat EG 23.07.1990, Fusionsbesteuerungsrichtlinie.

1825 Vgl. auch BMF 25.03.1998, UmwSt-Erlass, Tz. 23.06 und § 26 Abs. 2 S. 2 UmwStG.

1826 I. V. m. § 26 Abs. 2 S. 1 UmwStG.

Diese dreistufige Umwandlung wird anhand der Bilanzen in Abb. 32 nach jedem Schritt veranschaulicht:

Ausgangslage[1827]

ÜT-öGmbH		ÜN-öGmbH	
BV(ÜT)	GK(t)	BV(ÜN)	GK(n)
	GK(d)		

1. Schritt

ÜT-öGmbH		ÜN-öGmbH	
BV(ÜT)	GK(ÜN)	BV(ÜN)	GK(n)
		BET(ÜT)	GK(t)
			GK(d)

2. Schritt

ÜT-öGmbH		ÜN-öGmbH	
BET(ÜN)	GK(ÜN)	BV(ÜN)	GK(n)
		BV(ÜT)	GK(t)
		BET(ÜT)	GK(d)
			GK(ÜT)

3. Schritt

ÜT-öGmbH		ÜN-öGmbH	
-	-	BV(ÜN)	GK(n)
		BV(ÜT)	GK(t)
			GK(d)

Abb. 32: Dreistufige „Verschmelzung“ zweier österreichischen GmbH mit Inlandsbezug

Kommt es durch die Verschmelzung zu einem Systemwechsel, weil entweder eine ausländische Kapitalgesellschaft auf eine ausländische Personenhandelsgesellschaft oder umgekehrt eine ausländische Personenhandelsgesellschaft auf eine ausländische Kapitalgesellschaft verschmolzen wird, werden regelmäßig stille Reserven aufgedeckt und der Besteuerung in Deutschland unterworfen.[1828] Die steuerlichen Folgen sind danach zu unterscheiden, ob Überträgerin und Übernehmerin Kapital- oder Personenhandelsgesellschaften sind, inländisches Betriebsstättenvermögen übertragen wird und inländische Anteilseigner beteiligt sind.[1829]

Bei der Verschmelzung einer ausländischen Kapitalgesellschaft mit inländischem Betriebsstättenvermögen auf eine ausländische Personenhandelsgesellschaft entsteht ein nach §§ 16, 17 EStG steuerpflichtiger Übernahmegewinn, der ggf. nach DBA mit Pro-

---

1827 BV(ÜT) = Betriebsvermögen der Überträgerin, BV(ÜN) analog; GK(d) = anteiliges Grundkapital des inländischen Anteilseigners d, analog: GK(t) ... der Anteilseigner der Überträgerin, GK(n) ... der Anteilseigner der Übernehmerin, GK(ÜN) und GK(ÜT).

1828 Vgl. *Schaumburg*, Ausländische, GmbHR 1996, S. 668 ff.; ausführlich zur Verschmelzung einer Kapitalgesellschaft auf eine Personenhandelsgesellschaft *Klingberg/van Lishaut*, Ausländische, FR 1999, S. 1222 f. bzw. zum umgekehrten Fall der Verschmelzung einer Personenhandelsgesellschaft auf eine Kapitalgesellschaft *Klingberg/van Lishaut*, Ausländische, FR 1999, S. 1225 f.

1829 Vgl. ausführlich zu steuerlichen Folgen der verschiedenen Alternativen *Schaumburg*, Ausländische, GmbHR 1996, S. 668 ff.

gressionsvorbehalt freigestellt ist.[1830] Ist an der ausländischen Kapitalgesellschaft eine inländische natürliche Person oder Personenhandelsgesellschaft als Anteilseigner beteiligt, unterliegt der Auslandsgewinn der deutschen Steuer.[1831] Geht inländisches Betriebsstättenvermögen über, sind die stillen Reserven der Schlussbesteuerung nach § 12 Abs. 2 KStG zuzuführen.[1832]

Geht bei der Verschmelzung einer ausländischen Personenhandelsgesellschaft auf eine ausländische Personenhandelsgesellschaft inländisches Betriebsstättenvermögen über, unterliegen die stillen Reserven der (un)beschränkten Steuerpflicht in Deutschland.[1833] Ist an einer ausländischen Personenhandelsgesellschaft eine inländische natürliche Person oder Personenhandelsgesellschaft als Anteilseigner beteiligt, unterliegt der Auslandsgewinn entweder unter (beschränkter) Anrechnung ausländischer Steuern (§ 34c Abs. 1 EStG) der deutschen Steuer oder der Auslandsgewinn einer Betriebsstätte ist aufgrund eines DBA unter Progressionsvorbehalt freigestellt.[1834]

Für die Verschmelzung ausländischer Personenhandelsgesellschaften untereinander mit Inlandsbezug ist durch § 24 UmwStG sowohl für inländisches Vermögen als auch für inländische Anteilseigner eine steuerneutrale Verschmelzung zu Buchwerten möglich.[1835]

7.4 Grenzüberschreitende „Verschmelzung“

Grenzüberschreitende Verschmelzungen können als Herausverschmelzung einer inländischen Überträgerin auf eine ausländische Übernehmerin oder als Hineinverschmelzung einer ausländischen Überträgerin auf eine inländische Übernehmerin vorliegen. Eine grenzüberschreitende Verschmelzung im rechtstechnischen Sinn des UmwG und des UmwStG ist aufgrund deren Binnenorientierung ausgeschlossen.[1836] Bei der Herausverschmelzung können Schutzrechte der Anteilseigner, Gläubiger und Arbeitnehmer der inländischen Überträgerin beeinträchtigt sein.[1837] Die Herausverschmelzung wird daher – trotz ihrer Parallelen zu Veräußerungen oder Sitzverlegungen über die Grenze – überwiegend für unzulässig gehalten.[1838] Obwohl der Hinheinverschmelzung aus deutscher Sicht keine gravierenden Bedenken entgegenstehen, sofern

---

1830 Vgl. *Greif*, Umwandlung, 1997, S. 220-227.

1831 Vgl. *Greif*, Umwandlung, 1997, S. 216 f.

1832 Vgl. *Schaumburg*, Ausländische, GmbHR 1996, S. 668 f.

1833 Vgl. *Schaumburg*, Ausländische, GmbHR 1996, S. 670.

1834 Vgl. *Greif*, Umwandlung, 1997, S. 217.

1835 Vgl. *Schaumburg*, Ausländische, GmbHR 1996, S. 670; ausführlich: *Klingberg/van Lishaut*, Ausländische, FR 1999, S. 1227.

1836 Eine Herausverschmelzung hat rechtstechnisch stets die Liquidation der Überträgerin zur Folge, wohingegen eine Hineinverschmelzung als rechtstechnisch unzulässig im Sinne des UmwG angesehen wird. Vgl. *Schaumburg*, Grundlagen, 1997, S. 7; *Schaumburg*, Grenzüberschreitende, GmbHR 1996, S. 502; OLG Zweibrücken 27.06.1990, WM 1990, S. 1298 f.; OLG Oldenburg 04.04.1989, NJW 1990, S. 1422 f.; BayOLG 07.05.1992, GmbHR 1992, S. 529 ff.

1837 Vgl. *Meyer*, Besteuerung, 1995, S. 44 ff.; *Großfeld*, Internationales, 1998, Rz. 690-696.

1838 Vgl. *Großfeld*, Internationales, 1998, Rz. 697, 701; *Bermel* in *Goutier*, Umwandlungsrecht, 1996, § 1 UmwG, Rz. 10 ff.; a. A. *Behrens*, Umstrukturierung, ZGR 1994, S. 11 ff.

die Bewertung und Verschmelzungsprüfung inländischen Maßstäben genügt,[1839] ist sie juristisch unzulässig.[1840] Indes sind grenzüberschreitende verschmelzungsähnliche Vorgänge zulässig, weshalb sowohl die Heraus- als auch die Hineinverschmelzung nur über Umweggestaltungen erfolgen können. Mangels gesellschaftsrechtlicher Regelungen kann eine grenzüberschreitende Umweggestaltung nur im Wege der Einzelrechtsnachfolge durchgeführt werden.[1841] Das UmwStG enthält in §§ 20 ff. die Möglichkeit, grenzüberschreitende verschmelzungsähnliche Vorgänge unter bestimmten Voraussetzungen steuerneutral durchzuführen.

Als Umweggestaltungen sowohl für die Heraus- als auch die Hineinverschmelzung wird eine Betriebs- oder Anteilsübertragung im Wege der Einzelrechtsnachfolge durchgeführt (vgl. Tab. 27).

Tab. 27: Umweggestaltungen für grenzüberschreitende Verschmelzungen

	Herausverschmelzung ...	**Hineinverschmelzung ...**
... durch Betriebs-über-tragung	1. Die inländische Überträgerin bringt ihren Betrieb gegen Gewährung von Gesellschaftsrechten in die ausländische Übernehmerin ein. 2. Die inländische Überträgerin wird liquidiert und ihr Vermögen, d. h. die Anteile an der ausländischen Übernehmerin, auf die Anteilseigner verteilt.	1. Die ausländische Überträgerin bringt ihren Betrieb gegen Gewährung von Gesellschaftsrechten in die inländische Übernehmerin ein. 2. Die ausländische Überträgerin wird liquidiert und ihr Vermögen, d. h. die Anteile an der inländischen Übernehmerin, auf die Anteilseigner verteilt.
... durch Anteils-über-tragung	1. Die Anteilseigner der inländischen Überträgerin bringen ihre Überträgerin-Anteile gegen Gewährung von Gesellschaftsrechten in die ausländische Übernehmerin ein. 2. Die inländische Überträgerin wird liquidiert, und die ausländische Übernehmerin erhält das Vermögen der inländischen Überträgerin.	1. Die Anteilseigner der ausländischen Überträgerin bringen ihre Überträgerin-Anteile gegen Gewährung von Gesellschaftsrechten in die inländische Übernehmerin ein. 2. Die ausländische Überträgerin wird liquidiert, und die inländische Übernehmerin erhält das Vermögen der ausländischen Überträgerin.

[1839] Vgl. *Großfeld*, Internationales, Rz. 697.

[1840] Vgl. *Bermel* in *Goutier*, Umwandlungsrecht, 1996, § 17 UmwG, Rz. 8; *Großfeld*, Internationales, 1998, Rz. 697 ff.; a. A. *Herzig/Förster*, Verschmelzung, DB 1994, S. 3; *Kallmeyer*, Verschmelzungen, ZIP 1996, S. 535 ff.; *Lutter*, Umstrukturierung, ZGR 1994, S. 90 ff.

[1841] Rat EG 23.07.1990, Fusionsbesteuerungsrichtlinie Art. 2 a) verlangt die Gesamtrechtsnachfolge als Voraussetzung für ihre Anwendung. Diese Voraussetzung wurde bisher jedoch nicht in deutsches Zivilrecht umgesetzt. Im Ergebnis ist daher zivilrechtlich nur eine „Verschmelzung" durch Einzelrechtsnachfolge möglich. Vgl. *Kaminski*, Umwandlungen, SteuerStud 1999, S. 256 f.

Bei der Betriebsübertragung bringt die Überträgerin ihren Betrieb in die Übernehmerin ein. Als Gegenleistung erhält die Überträgerin Anteile an der ausländischen Übernehmerin. Anschließend wird die Überträgerin liquidiert und ihr Vermögen, das nur noch in Anteilen an der ausländischen Übernehmerin besteht, auf die Anteilseigner verteilt. Vgl. Abb. 33 zu den Bilanzen nach Vollzug der einzelnen Schritte:

	ÜT		ÜN	
Betriebsübertragung	BV(ÜT)	GK(t)	BV(ÜN)	GK(n)
1. Schritt	BET(ÜN)	GK(t)	BV(ÜN) BV(ÜT)	GK(n) GK(ÜT)
2. Schritt	liquidiert		BV(ÜN) BV(ÜT)	GK(n) GK(t)

Abb. 33: Bilanzen bei grenzüberschreitender Betriebsübertragung

Bei der Anteilsübertragung hingegen bringen die Anteilseigner der Überträgerin ihre Anteile an der Überträgerin in die ausländische Übernehmerin ein. Die Gegenleistung für die Anteilseigner der Überträgerin besteht in Gesellschaftsrechten an der ausländischen Übernehmerin. Danach wird die Überträgerin liquidiert und die ausländische Übernehmerin erhält das Vermögen der Überträgerin. Vgl. Abb. 34 zu den Bilanzen nach Vollzug der einzelnen Schritte:

	ÜT		ÜN	
Anteilsübertragung	BV(ÜT)	GK(t)	BV(ÜN)	GK(n)
1. Schritt	BV(ÜT)	GK(ÜN)	BV(ÜN) BET(ÜT)	GK(n) GK(t)
2. Schritt	liquidiert		BV(ÜN) BV(ÜT)	GK(n) GK(t)

Abb. 34: Bilanzen bei grenzüberschreitender Anteilsübertragung

Im Ergebnis verfügt die Übernehmerin nach der Transaktion über das Vermögen der Überträgerin und die Anteilseigner der Überträgerin halten Anteile an der Übernehmerin.[1842]

Die steuerlichen Folgen sind danach zu unterscheiden, ob

- eine Hinein- oder Herausverschmelzung vorliegt,
- Überträgerin und Übernehmerin Kapital- oder Personenhandelsgesellschaften sind,
- Betriebs- oder Anteilsübertragung erfolgt,
- inländische oder ausländische Betriebsstätten übertragen werden,
- inländische oder ausländische Anteilseigner beteiligt sind und ob
- Doppelbesteuerungsabkommen zwischen den betreffenden Staaten bestehen oder nicht.

Im Folgenden soll in groben Zügen lediglich auf die Verschmelzung von zwei Kapitalgesellschaften eingegangen werden.[1843]

Eine *Hinein*verschmelzung durch Betriebseinbringung ist steuerneutral, wenn die Überträgerin eine EU-Kapitalgesellschaft ist und gem. § 23 Abs. 2 UmwStG Buchwerte fortgeführt werden.[1844] Die Übernehmerin-Anteile im Besitz der Überträgerin sind steuerverhaftet, und die spätere Auskehrung an die Anteilseigner der Überträgerin könnte Steuern auslösen.[1845] Auch eine Hineinverschmelzung durch Anteilseinbringung ist steuerneutral möglich, wenn die Überträgerin eine EU-Kapitalgesellschaft ist und gem. § 23 Abs. 4 UmwStG die Buchwerte fortgeführt werden.[1846] Ist die Voraussetzung „EU-Kapitalgesellschaft“ i. S. v. § 23 UmwStG[1847] nicht erfüllt, kann sowohl die Übertragung des Betriebs als auch der Anteile unter den Voraussetzungen des § 20 Abs. 1 S. 1-2 und Abs. 3 UmwStG steuerneutral zu Buchwerten erfolgen.[1848] Sofern die ausländische Überträgerin über inländisches Betriebsstättenvermögen verfügt, kommt es im 2. Schritt der Hineinverschmelzung (Liquidation) stets zu einer Aufdeckung der stillen Reserven gem. § 12 Abs. 2 KStG. Anteilseigner der ausländischen Überträgerin sind bei

---

[1842] Vgl. *Schaumburg*, Grundlagen, 1997, S. 7 f.; *Herzig*, Grenzüberschreitende, 1997, S. 146 f.; *Herzig/Förster*, Verschmelzung, DB 1994, S. 1-3; *Schaumburg*, Grenzüberschreitende, GmbHR 1996, S. 503.

[1843] Vgl. ausführlich zu steuerlichen Folgen der verschiedenen Alternativen *Schaumburg*, Grenzüberschreitende, GmbHR 1996, S. 503 ff.

[1844] Der Vorgang ist steuerneutral, wenn die Übernehmerin eine EU-Kapitalgesellschaft ist und Buchwerte fortgeführt werden. Vgl. *Herzig/Förster*, Verschmelzung, DB 1994, S. 5.

[1845] Steuern werden ausgelöst, wenn die Auskehrung als Veräußerung i. S. v. § 26 Abs. 2 S. 2 UmwStG angesehen wird. Vgl. *Schmidt-Ott/Albrecht* in *Haritz/Benkert*, UmwStG, 2000, § 26 Rz. 36. Nach wohl h. M. ist ein Veräußerungsvorgang nicht anzunehmen, vgl. *Herzig/Förster*, Verschmelzung, DB 1994, S. 5; *Kaminski*, Umwandlungen, SteuerStud 1999, S. 263.

[1846] Vgl. *Herzig/Förster*, Verschmelzung, DB 1994, S. 5; *Kaminski*, Umwandlungen, SteuerStud 1999, S. 263.

[1847] Die Anlage zu § 23 UmwStG enthält eine abschließende Aufzählung der sog. EU-Kapitalgesellschaften.

[1848] Vgl. *Herzig*, Grenzüberschreitende, 1997, S. 150; *Schaumburg*, Grenzüberschreitende, GmbHR 1996, S. 509 ff.

der Hineinverschmelzung benachteiligt, weil ihnen ein Spruchverfahren und damit eine finanzielle Verbesserung nicht offen steht.[1849]

Bei der *Heraus*verschmelzung durch Betriebsübertragung kann unter den Voraussetzungen des § 23 Abs. 1 S. 1 UmwStG eine Buchwertfortführung über die Grenze erfolgen, wodurch stille Reserven weder aufgedeckt noch versteuert werden. Die Anteile an der ausländischen Übernehmerin im Besitz der Überträgerin sind grundsätzlich steuerverhaftet.[1850] Erfolgt die Herausverschmelzung durch Anteilsübertragung, werden durch den Tauschvorgang stille Reserven realisiert. Der Vorgang kann jedoch unter den Voraussetzungen des § 23 Abs. 4 UmwStG steuerneutral durch Buchwertfortführung erfolgen. Ist die Voraussetzung „EU-Kapitalgesellschaft" i. S. v. § 23 UmwStG nicht erfüllt, können weder die Übertragung des Betriebs noch der Anteile steuerneutral zu Buchwerten erfolgen. Die im 2. Schritt der Herausverschmelzung erfolgende Liquidation der inländischen Überträgerin unterliegt der allgemeinen Schlussbesteuerung nach §§ 11, 12 KStG.[1851]

Will man dennoch in den Genuss einer steuerneutralen Verschmelzung kommen, bietet sich als Ausweg an, den (Verwaltungs-)Sitz des ausländischen Rechtsträgers *vor* der Verschmelzung ins Inland zu verlegen. Dies setzt neben der Zulässigkeit des Wegzugs aus dem Ausland die Statthaftigkeit des Zuzugs ins Inland voraus. Im Inland verlangt jedoch die h. M. eine neu erworbene Rechtsfähigkeit, so dass eine reine Anpassung der ausländischen Gesellschaft an eine inländische Rechtsform nicht genügt.[1852] Da zudem noch Schwierigkeiten im ausländischen Recht hinzukommen können, ist dieser Ausweg zumindest als risikobehaftet abzulehnen.

Im Ergebnis sind grenzüberschreitende Verschmelzungen zwar wirtschaftlich wünschenswert, bergen jedoch erhebliche (zivil- und steuer-)rechtliche Risiken.[1853]

1849 Vgl. *Schiessl*, Aktienrecht, AG 1999, S. 446 f.

1850 Ausnahmen bestehen gem. § 8b Abs. 2 KStG oder DBA-Schachtelprivileg. Ansonsten kommt es zu einer Verdopplung der stillen Reserven: einerseits durch Buchwertfortführung in Betriebsvermögen der Übernehmerin, die bezüglich ihres inländischen Vermögens der beschränkten Steuerpflicht unterliegt, und andererseits in den Anteilen der steuerpflichtigen Anteilseigner.

1851 Vgl. *Ebenroth/Auer*, Verlagerung, RIW 1992 S. 19 f.; *Herzig/Förster*, Verschmelzung, DB 1994, S. 3 f.; *Schaumburg*, Grundlagen, 1997, S. 8; *Schaumburg*, Grenzüberschreitende, GmbHR 1996, S. 507 ff.; *Herzig*, Grenzüberschreitende, 1997, S. 148 f.

1852 Vgl. *Großfeld*, Deutsches, 1997, S. 23; BGH 21.03.1986, BGHZ 97, S. 269 ff.; OLG Zweibrücken 27.06.1990, WM 1990, S. 1298 f.; *Großfeld*, Internationales, Rz. 20 f., 38 ff.; Rz. 641 f.; a. A. *Bungert*, Entwicklungen, AG 1995, S. 499 ff.

1853 Vgl. *Großfeld*, Deutsches, 1997, S. 27.

8 Gesamtwürdigung

Wie im Laufe dieser Arbeit deutlich geworden ist, kann das Thema Verschmelzung nur aus fachübergreifender Sicht sinnvoll untersucht werden. Die betriebswirtschaftliche Bedeutung der Verschmelzung ist unbestritten. In den handels- und gesellschaftsrechtlichen Rahmenbedingungen bestehen auch acht Jahre nach der Einführung des neuen UmwG noch Unklarheiten. Probleme bei der Berechnung eines angemessenen Umtauschverhältnisses lassen sich durch unabhängige Sachverständige und einen wirksamen Schutz von (Minderheits-)Anteilseignern zwar nicht vollständig vermeiden aber zumindest einschränken.

Der Schwerpunkt der Arbeit liegt in der bilanziellen Abbildung des Verschmelzungsvorgangs. Die grundsätzlichen Behandlungen in Handels-, Steuer- und Konzernbilanzen für Überträgerin und Übernehmerin werden in der folgenden Tab. 28 kurz wiederholt.

Tab. 28: Handels-, Steuer- und Konzernbilanzen für Überträgerin und Übernehmerin bei Verschmelzungen

	Handelsbilanz	**Steuerbilanz**	**Konzernbilanz**
Überträgerin	Schlussbilanz § 17 UmwG wie Jahresabschlussbilanz	Kapitalgesellschaft: Wahlrecht §§ 3, 11 UmwStG (BW bis TW) Personenhandelsgesellschaft: zwingend BW	Überträgerin verlässt als Mutter- oder Tochterunternehmen den Konzernkreis
Übernehmerin	Übernahmebilanz § 24 UmwG Wahlrecht (BW oder AK)	Kapitalgesellschaft: an Steuerbilanz der Überträgerin gebunden §§ 4, 12 UmwStG Personenhandelsgesellschaft: Wahlrecht §§ 20, 24 UmwStG (BW bis TW)	Übernehmerin ist oder wird durch Verschmelzung Mutterunternehmen: zwingend AK nach DRS 4

Wenngleich die lange in der Praxis vorherrschende „Einheitsbilanz", in der durch Ausübung von Wahlrechten Steuer- und Handelsbilanz identisch sind, inzwischen an Bedeutung verloren hat, soll an dieser Stelle ein ganzheitlicher Blick auf Handels-, Steuer- und Konzernbilanzen bei Verschmelzungen gewagt werden. Handelsbilanzielle Aspekte sind im Abschnitt 5.2 ausführlich untersucht worden. Zwischen der handelsbilanziellen und steuerlichen Abbildung der Verschmelzung besteht weder für die Überträgerin noch für die Übernehmerin eine Maßgeblichkeit, wie in Abschnitt 6.2. gezeigt wurde. Im Verschmelzungsfall sind demnach Handels- und Steuerbilanz völlig unabhängig voneinander, so dass sich jede Anpassung der Regelungen erübrigt. Hingegen ist die Konzernbilanz eng mit der Handelsbilanz verwoben, weil sie auf der Handelsbilanz aufbaut. Wie in Abschnitt 5.4 bereits dargelegt worden ist, muss das übernehmende Mutterunternehmen die Anschaffungskostenmethode nach § 24 UmwG bei der Aufstellung des Konzernabschlusses wählen, um den in DRS 4 verankerten Grundsätzen ordnungsmäßiger Buchführung der Konzernrechnungslegung zu genügen. Hat die Übernehmerin in der Handelsbilanz indes die Buchwertverknüpfung nach § 24 UmwG gewählt, ergeben sich praktische Probleme bei der Aufstellung des Konzernabschlusses, weil die Handelsbilanz die Grundlage für den Konzernabschluss bildet. Letztlich wird die Übernehmerin – zumindest als interne Vorstufe in der Konzernrechnungslegung – eine Handelsbilanz zu Anschaffungskosten aufstellen müssen. Um diese Doppelarbeit zu vermeiden, erscheint es für die Übernehmerin sinnvoll, das Wahlrecht des § 24 UmwG im Einzelabschluss zugunsten des Anschaffungskostenansatzes auszuüben. Mit zunehmender Akzeptanz des DRS 4 in der Rechnungslegung könnte das Wahlrecht nach § 24 UmwG zumindest für Konzernunternehmen abgeschafft werden.[1854]

Steuerliche Folgen der Verschmelzung hängen von den Rechtsformen von Überträgerin und Übernehmerin ab und lassen sich, was betriebswirtschaftlich wünschenswert wäre, nicht immer ganz vermeiden.

Internationale „Verschmelzungen" werden einerseits durch zivilrechtliche Probleme und andererseits durch steuerliche Belastungen erschwert, weshalb sich in der Praxis Umweggestaltungen etabliert haben. Bestrebungen zur Lösung dieser Probleme, die auf EU-Ebene bereits seit Jahren verfolgt werden, sollten sowohl in der EU als auch international umgesetzt und fortgeführt werden.

Das Bedürfnis der Wirtschaft, die Rechtsformen ihrer Unternehmen an im Laufe einer dynamischen Entwicklung veränderte wirtschaftliche Rahmenbedingungen anzupassen, wird auch in Zukunft bestehen bleiben. Es bleibt zu hoffen, dass sowohl steuerliche Belastungen als auch juristische Hürden – vor allem bei internationalen „Verschmelzungen" – abgebaut werden, um betriebswirtschaftlich sinnvolle Umstrukturierungen einfach und steuerneutral durchführen zu können.

1854 Vgl. *Focken/Lenz*, Spielräume, DB 2000, S. 2442.

Anhang: Ausgewählte Verschmelzungsfälle von AG seit 1995[1855]

Spalte	Erläuterung, verwendete Abkürzungen
Art	V.d.A. = Verschmelzung durch Aufnahme, V.d.N. = Verschmelzung durch Neugründung
ÜT	Überträgerin
HV ÜT	Datum des Hauptversammlungsbeschlusses der Überträgerin, n. b. = nicht bekannt
ÜN	Übernehmerin
HV ÜN	Datum des Hauptversammlungsbeschlusses der Übernehmerin, n. b. = nicht bekannt
Holding	Überträgerin und/oder Übernehmerin sind Holdinggesellschaften
Konzern	Überträgerin und Übernehmerin stehen in Konzernverbund, > 50% bzw. > 75% der Stimmrechte
Stichtag	Verschmelzungsstichtag
V.Bericht	Verschmelzungsbericht, gemeinsam von Vorständen der Überträgerin und Übernehmerin erstellt
SY	bezifferte angestrebte Synergiepotenziale, o. A. = ohne Angaben
Kosten	Kosten der Verschmelzung, die sich aus Kosten der Umstrukturierung und GrESt zusammensetzen
VV	Verlustvorträge in KSt und GewSt vorhanden
V.Prüfer	Verschmelzungsprüfer, gemeinsame Verschmelzungsprüfung von Überträgerin und Übernehmerin, gerichtlich bestellter Verschmelzungsprüfer
UN-Bew	Unternehmensbewertung, gemeinsames Unternehmensbewertungsgutachten, EW-Methode: Ertragswert nach der Phasenmethode des *IDW*, ohne Berücksichtigung von Synergiepotenzialen
Zins	niedrigster und höchster Kapitalisierungszinsfuß, der bei der Unternehmensbewertung verwendet wurde
UT	Umtauschverhältnis von Überträgerin-Aktien in Übernehmerin-Aktien, unabhängig vom Nennwert
BZ	Bare Zuzahlung i. d. R. für eine Überträgerin-Stammaktie
KE	✓ Kapitalerhöhung durchgeführt
HB	Handelsbilanz, Ausübung des Wahlrechts der Übernehmerin gem. § 24 UmwG, BW = Buchwertverknüpfung, AK = Anschaffungskostenansatz
StB	Steuerbilanz, Ausübung des Wahlrechts der Überträgerin gem. § 11 UmwStG, BW = Buchwertverknüpfung

[1855] Vgl. als Datenquelle die einzelnen Verschmelzungsberichte lt. Literaturverzeichnis.

lfd. Nr.	1	2	3		
Art	V.d.A.	V.d.A.	V.d.A.	V.d.A.	V.d.A.
ÜT	Deutsche Centralbodenkredit AG	AEG AG	Asko Deutsche Kaufhaus AG	Kaufhof Holding AG	Deutsche SB-Kauf AG
HV ÜT	10.05.1995	05.06.1996	24.05.1996	30.05.1996	28.05.1996
ÜN	Frankfurter Hypotheken-bank AG (umbenannt in Frankfurter Hypotheken-bank Centralboden AG)	Daimler Benz AG	Metro AG		
HV ÜN	16.05.1995	22.05.1996	n. b.		
Holding			alle		
Konzern	Schwesterges. (> 75%)	Up-stream merger (> 75%)	Up-stream merger (> 50%?)		
Stichtag	01.01.1995	01.01.1996	01.01.1996		
V.Bericht	gemeinsam	gemein-sam	gleichlautend		
V.Prüfer	gemeinsam gerichtlich bestellt	gemeins. gerichtlich bestellt	gemeinsam gerichtlich bestellt		
SY	47 Mio. DM in ersten 3 J., anschl. 17 Mio. DM p.a.	o. A.	100 Mio. DM p.a.		
Kosten	16 Mio. DM	o. A.	ca. 53 Mio. DM		
VV	ÜT	ÜT	ÜT		ÜT
UN-Bew	gemeins. Gutachten, EW-Methode	EW-Methode	gemeins. Gutachten, EW-Methode		
Zins	8%-9%	8%-10%	8%-10%		
Basiszins	7,5%	7,5%	7,5%		
Inflations-abschlag	0%-1%	0%	0%-0,5%		
Risikozu-schlag	1,5%	0,5%-2,5%	1%-2,5%		
UT	10 : 93	7 : 10	10 : 81	1 : 4	8 : 1
BZ	1,18 DM		1,73 DM	0,91 DM	0,25 DM /Metro
KE	✓	keine	✓		
HB	BW	BW	AK	AK	AK
StB	BW	BW	BW	BW	BW

lfd. Nr.	4		5	6	
Art	V.d.A.	V.d.A.	V.d.A.	V.d.N.	V.d.N.
ÜT	Rheinelektra AG	Lahmeyer AG für Energiewirtschaft	Linotype - Hell AG	Badenwerk Holding AG	Energie Vesorgung Schwaben (EVS) Holding AG
HV ÜT	24.02.1997	25.02.1997	29.08.1997	20.08.1997	20.08.1997
ÜN	HfB Holding für Beteiligungswerte AG (umbenannt in Lahmeyer AG)		Heidelberger Druckmaschinen AG	Energie Baden-Württemberg AG	
HV ÜN	26.02.1997		n. b.	entfällt	
Holding	ÜN			beide	
Konzern	Schwesterges. (> 50%/> 75%)		Up-stream merger (> 75%)	nein	
Stichtag	01.07.1996		01.04.1997	01.01.1997	
V.Bericht	gemeinsam		gemeinsam	gemeinsam	
V.Prüfer	gemeinsam gerichtlich bestellt		gemeins. gerichtlich bestellt	gemeinsam gerichtlich bestellt	
SY	Ergebnisverbesserung 30-50 Mio. DM p.a.		o. A.	o. A.	
Kosten	25-30 Mio. DM		6 Mio. DM	15,1 Mio. €	
VV			ÜT		
UN-Bew	gemeins. Gutachten, EW-Methode		gemeins. Gutachten, EW-Methode	gemeins. Gutachten, EW-Methode	
Zins	5,2%-6,5%		5,25%-5,85%	4,55%-6,17%	
Basiszins	7,5%		7%	7%	
Inflationsabschlag	0%		0%	0%-2,5%	
Risikozuschlag	0,5%-1%		1,5%-2%	2,5%	
UT	3 : 64	3 : 32	5 : 2	1 : 10	1 : 78 bzw. 1: 315
BZ	0,34 DM	0,49 DM			46,83 DM bzw. 23,01 DM
KE	✓		✓	keine	
HB	BW	BW	BW	BW	BW
StB	BW	BW	BW	BW	BW

lfd. Nr.	7	8	9
Art	V.d.A.	V.d.A.	V.d.A.
ÜT	Victoria Holding AG	Bayerische Hypotheken- und Wechselbank AG	Lübecker Hypotheken-bank AG
HV ÜT	01.12.1997	19.05.1998	05.06.1998
ÜN	Hamburg Mann-heimer AG (umbe-nannt in ERGO Ver-sicherungsgruppe AG)	Bayerische Vereinsbank AG (umbenannt in Baye-rische Hypo- und Vereinsbank AG)	Frankfurter Hypotheken-bank Centralboden AG (umbenannt in EUROHYP AG)
HV ÜN	01.12.1997	26.05.1998	25.05.1998
Holding	beide		
Konzern	nein		Schwester-ges. (> 75%)
Stichtag	01.08.1997	01.01.1998	01.01.1998
V.Bericht	gemeinsam	gemeinsam	gemeinsam
V.Prüfer	gemeinsam gerichtlich bestellt	gemeinsam gerichtlich bestellt	gemeinsam gerichtlich bestellt
SY	15 Mio. DM in ersten 2 J.	1 Mrd. DM Kosten p.a. nach 5 Jahren	63 Mio. DM in ersten 5 J., anschl. 17 Mio. DM p.a.
Kosten	o. A.	o. A.	24 Mio. DM
VV			
UN-Bew	gemeins. Gut-achten, EW-Methode	gemeins. Gut-achten, EW-Methode	gemeins. UN-Bew, EW-Methode
Zins	4,71%-6,83%	5,5%-5,85%	4,85%-5,85%
Basiszins	7%	7%	7%
Inflations-abschlag	0%	0%-1%	1%
Risikozu-schlag	0,25%-3%	2%-3%	2%
UT	1 : 10	4 : 3	1 : 13,994
BZ		0,26 DM	
KE	vor V.	✓	✓
HB	BW	BW	BW
StB	BW	BW	BW

lfd. Nr.	10		11	12	
Art	V.d.A.	V.d.A.	V.d.A.	V.d.N.	
ÜT	Deutsche Hypothekenbank Frankfurt AG	Hypotheken-bank in Hamburg AG	Daimler Benz AG	Thyssen AG	Friedr. Krupp AG Hoesch-Krupp
HV ÜT	12.06.1998	18.06.1998	18.09.1998	03.12.1998	30.11.1998
ÜN	Norddeutsche Hypotheken- und Wechselbank AG (umbenannt in Deutsche Hypothekenbank Frankfurt-Hamburg AG)		Daimler Chrysler AG	Thyssen Krupp AG	
HV ÜN	22.06.1998		n. b.	entfällt	
Holding				beide	
Konzern	Schwesterges. (> 75%)		Up-stream Merger (> 75%)		
Stichtag	01.01.1998		01.07.1998	01.10.1998	
V.Bericht	gemeinsam		gemein-sam	gemeinsam	
V.Prüfer	gemeinsam gerichtlich bestellt		gemeins. gerichtlich bestellt	gemeinsam gerichtlich bestellt	
SY	20 Mio. DM p.a.		o. A.	495 Mio. DM p.a.	
Kosten	8 Mio. DM		40 Mio DM	400 Mio DM	
VV			ÜT		
UN-Bew	gemeins. Gutachten, EW-Methode		gemeins. Gut-achten, EW-Methode	gemeins. Gutachten, EW-Methode	
Zins	5,175%-5,85%		5,5%-6,5%	5%-6,5%	
Basiszins	7%		6,5%	6,5%	
Inflations-abschlag	1%		0%-1%	0%	
Risikozu-schlag	2%-5,5%		3,5%	3,5%-5,5%	
UT	3 : 50	5 : 105	1 : 1,005	1 : 10	1 : 7,88
BZ	0,63 DM	0,05 DM			0,03 DM
KE	✓		✓	keine	
HB	BW	BW	BW	BW	BW
StB	BW	BW	BW	BW	BW

lfd. Nr.	13	14	15	16	17	
Art	V.d.A.	V.d.A.	V.d.A.	V.d.A.	V.d.A.	V.d.A.
ÜT	Nordstern Lebensver-sicherungs-AG	Lahmeyer AG	VIAG AG	Heilit + Woerner Bau-AG	SKW Trostberg AG	Degussa Hüls AG
HV ÜT	04.05.1999	15.12.1999	14.02.2000	31.05.2000	24.10.2000	20.10.2000
ÜN	AXA Colonia Lebensver-sicherungs AG	RWE AG	VEBA AG (umbenannt in E.ON AG)	Walter Bau-AG	Degussa AG	
HV ÜN	06.05.1999		10.02.2000	05.07.2000	n. b.	
Holding	beide		beide			
Konzern	Schwester-ges. (> 75%)	Up-stream Merger (> 75%)		Schwester-ges. (> 75%)	Schwesterges. (> 50%)	
Stichtag	01.01.1999	01.07.1999	01.01.2000	01.01.2000	01.07.2000	
V.Bericht	gemein-sam	gemein-sam	gemein-sam	gemein-sam	gemein-sam	
V.Prüfer	gemeins. gerichtlich bestellt	gemeins. gerichtlich bestellt	gemeins. gerichtlich bestellt	o. A.	gemeinsam gerichtlich bestellt	
SY	o. A.	o. A.	700 Mio. € p.a.	40 Mio. € p.a.	50 Mio. € p.a. und Ergebnis-verbesserung 250 Mio. € p.a.	
Kosten	6 Mio. DM	13 Mio. DM	75 Mio. €	1,957 Mio. €	85 Mio. €	
VV			ÜT	ÜT	ÜT	
UN-Bew	gemeins. Gutachten, EW-Methode	gemeins. Gutachten, EW-Methode	gemeins. Gutachten, EW-Methode	gemeins. Gutachten, EW-Methode	gemeins. Gut-achten, EW-Methode	
Zins	5,36%	6,325%-6,825%	4,2%-8,45%	6,325%-6,825%	6,15%-7,15%	
Basiszins	6%	6%	6,5%	6,5%	6,5%	
Inflations-abschlag	0%	0,5%	1%	0%-0,5%	0%-1%	
Risikozu-schlag	1,5%	4,5%	5%	4%	4,5%	
UT	1 : 33	1 : 1	5 : 2	10 : 7	22 : 5	1 : 1
BZ	2,00 DM	2,00 DM		0,02 €		
KE	✓	✓	✓	✓	✓	
HB	BW	BW	BW	BW	BW	BW
StB	BW	BW	BW	BW	BW	BW

lfd. Nr.	18		19	20	
Art	V.d.A.		V.d.A.	V.d.A.	V.d.A.
ÜT	RWE AG	VEW AG	Dyckerhoff & Widmann AG (DYWIDAG)	HBAG Real Estate AG	AGIV Real Estate AG (alt)
HV ÜT	29.06.2000	27.06.2000	22.06.2001	16.07.2002	18.07.2002
ÜN	RWE Gesellschaft für Beteiligungen m.b.H. (Formwechsel und umbenannt in RWE AG für Beteiligungen)		Walter Bau-AG	AGIV Real Estate AG (neu)	
HV ÜN			29.06.2001	n. b.	
Holding				alle	
Konzern	Down-stream Merger (> 75%)		Schwester-ges. (> 50%/ > 75%)	AGIV alt Tochter (> 50%) von HBAG	
Stichtag	01.07.2000		01.01.2001	01.01.2002	
V.Bericht	gemeinsam		gemein-sam	gemeinsam	
V.Prüfer	gemeinsam gerichtlich bestellt		o. A.	gemeinsam gerichtlich bestellt	
SY	75 Mio. € Kosten p.a. und 250 Mio. € Investitionen		75 Mio. € p.a.	2 Mio. € p.a.Kosten, 2 Mio. € Investitionen	
Kosten	558 Mio. €		o. A.	3,2 Mio. €	
VV	bei Konzern-gesellschaften		ÜT	ÜT	
UN-Bew	gemeins. Gut-achten, EW-Methode		gemeins. Gut-achten, EW-Methode	getrennte Gutachten, EW-Methode	
Zins	5,5%-6,5%		6,325%-6,825%	4,9%-5,9%	
Basiszins	6%		6,5%	6%	
Inflations-abschlag	1%		0%-0,5%	0%-1%	
Risikozu-schlag	4%		4%	3,05%	
UT	1 : 5, 10 bzw. 100	1 : 1	10 : 9	9 : 11	7 : 3
BZ			0,03 €		
KE	✓		✓	✓	
HB	BW	BW	BW	AK	BW
StB	BW	BW	BW	BW	BW

Quellenverzeichnis

Adler, Hans / Düring, Walther / Schmaltz, Kurt, zitiert *ADS,* (Rechnungslegung), Rechnungslegung und Prüfung der Unternehmen, Stuttgart a. F. 1987, und 1995, 1996, 1997, 1998.

Adler, Hans / Düring, Walther / Schmaltz, Kurt, zitiert *ADS,* (Internationalen), Rechnungslegung nach Internationalen Standards, CD-Rom, Stuttgart 2002.

AGIV Real Estate AG, zitiert AGIV, (Verschmelzungsbericht), Gemeinsamer Verschmelzungsbericht der Vorstände (...) zur Verschmelzung der HBAG und der AGIV (alt) auf die AGIV (neu), 2002.

Aha, Christoph, (Zweifelsfragen), Ausgewählte Zweifelsfragen zur Rechnungslegung bei Verschmelzungen, BB 1996, S. 2559-2561.

Ahlers, Martin, (Verschmelzung), Verschmelzung deutscher börsennotierter Kapitalgesellschaften – eine empirische Analyse –, eingereichte Dissertation Würzburg 2001.

Altmeppen, Holger, (Neutralitätspflicht), Neutralitätspflicht und Pflichtangebot nach dem neuen Übernahmerecht, ZIP 2001, S. 1073-1084.

Angermayer, Birgit, (Prüfung), Die Prüfung von Sacheinlage im neuen Umwandlungsrecht – Analyse und kritische Würdigung der Umwandlungsmöglichkeiten als Anlässe einer Sacheinlagenprüfung –, WPg 1995, S. 681-691.

Angermayer, Birgit, (Anschaffungskosten), Handelsrechtliche Anschaffungskosten von Sacheinlagen, DB 1998, S. 145-151.

ank, (Krupp), Krupp-Thyssen-Konflikt, FAZ vom 13.12.1997, S. 23.

Ansoff, Igor, (Management-Strategie), Management-Strategie, München 1966.

App, B. / Hörtnagl, R. / Stratz, R.-Chr., (Überblick), Überblick über die Neuregelung des Umwandlungsrechts, NWB 1995, S. Fach 18, S. 3371-3382.

Arbeitskreis Hax ("Die Unternehmung im Markt" der Schmalenbach Gesellschaft), (Synergie), Synergie als Bestimmungsfaktor des Tätigkeitsbereiches (Geschäftsfelder und Funktionen) von Unternehmungen, zfbf 1992, S. 963-973.

Arbeitskreis Umwandlungsrecht, (Vorschläge), Vorschläge zum Referentenentwurf eines Umwandlungsgesetzes, ZGR 1993, S. 321-333.

Auler, Wilhelm, (Unternehmungswert), Der Unternehmungsmehr- und -minderwert in der Bilanz, ZfB 1927, S. 653-659.

AXA Colonia Lebensversicherungs AG, zitiert AXA, (Verschmelzung), Verschmelzung AXA Colonia Versicherung AG und Nordstern Allgemeine Versicherungs-AG, 1999.

Bachem, Rolf Georg, (Berücksichtigung), Berücksichtigung negativer Geschäftswerte in Handels-, Steuer- und Ergänzungsbilanz, BB 1993, S. 967-973.

Bachner, Michael, (Auswirkungen), Individualarbeits- und kollektivrechtliche Auswirkungen des neuen Umwandlungsgesetzes, NJW 1995, S. 2881-2887.

Bacmeister, Friedrich, (Bindung), § 24 UmwG und die Bindung zwischen Handels- und Steuerbilanz (Maßgeblichkeit) bei der Verschmelzung, DStR 1996, S. 121-128.

Baetge, Jörg / Kirsch, Hans-Jürgen / Thiele, Stefan, (Bilanzen), Bilanzen, Düsseldorf 2002.

Baetge, Jörg / Kirsch, Hans-Jürgen / Thiele, Stefan, (Konzernbilanzen), Konzernbilanzen, Düsseldorf 2002.

Baetge, Jörg / Siefke, Kirsten / Siefke, Michael, (IAS 22), IAS 22 Unternehmenszusammenschlüsse (Business Combinations), in: *Baetge, Jörg* u. a., Rechnungslegung nach International Accounting Standards (IAS), Stuttgart 2002.

Ballwieser, Wolfgang, (Unternehmensbewertung), Unternehmensbewertung und Komplexitätsreduktion, Wiesbaden Nachdruck 1993 (1990).

Ballwieser, Wolfgang, (Methoden), Methoden der Unternehmensbewertung, München 1993, S. 151-176.

Ballwieser, Wolfgang, (Steuern), Unternehmensbewertung und Steuern, in: *Elschen, Rainer* u. a., Unternehmenstheorie und Besteuerung, Dieter Schenider zum 60. Geburtstag, Wiesbaden 1995, S. 15-37.

Ballwieser, Wolfgang, (DCFV), Unternehmensbewertung mit Discounted Cash-Flow-Verfahren, WPg 1998, S. 81-92.

Ballwieser, Wolfgang, (IAS 16), IAS 16 Sachanlagen, in: *Baetge, Jörg* u. a., Rechnungslegung nach International Accounting Standards (IAS), Stuttgart 2002.

Bartodziej, Peter, (Reform), Reform des Umwandlungsrechts und Mitbestimmung, ZIP 1994, S. 580-585.

Bärwaldt, R. / Schabacker, J., (Dauerbrenner), Ein Dauerbrenner: Die Verschmelzung einer Kapitalgesellschaft mit dem Vermögen ihres Alleingesellschafters, NJW 1997, S. 93-98.

Barz, Carl Hans, (Gesellschaftsrecht), Gesellschaftsrecht und Umwandlungsrecht – Übrige Rechtsnormen, München 1972, S. 247-266.

Baumann, Thomas, (Aspekte), Arbeitsrechtliche Aspekte des neuen Umwandlungsrechts, DStR 1995, S. 888-893.

Baums, Theodor, (Prozeßkosten), Die Prozeßkosten der aktienrechtlichen Anfechtungsklage, in: *Schneider Uwe H.* u. a., Festschrift für Marcus Lutter, Köln 2000, S. 283-299.

Bayer, Walter, (Informationsrechte), Informationsrechte bei der Verschmelzung von Aktiengesellschaften, AG 1988, S. 323-331.

Bayer, Walter, (Abschied), Kein Abschied vom Minderheitenschutz durch Information, ZGR 1995, S. 613-625.

Bayer, Walter, (Tage), 1000 Tage neues Umwandlungsrecht – eine Zwischenbilanz, ZIP 1997, S. 1613-1626.

Bayerische Hypo- und Vereinsbank AG, Verschmelzung der Bayerische Hypotheken- und Wechselbank AG mit der Bayerische Vereinsbank AG zur Bayerische Hypo- und Vereinsbank AG, 1998.

Bechtold, Rainer, (Entwicklung), Die Entwicklung des deutschen Kartellrechts 1995-1997, NJW 1997, S. 1959-1965.

Beckmann, Liesel / Pausenberger, Ehrenfried, (Gründungen), Gründungen, Umwandlungen, Fusionen, Sanierungen, Wiesbaden 1961.

Behrens, Peter, (Umstrukturierung), Die Umstrukturierung von Unternehmen durch Sitzverlegung oder Fusion über die Grenze im Lichte der Niederlassungsfreiheit im Europäischen Binnenmarkt (Art. 52 und 58 EWGV), ZGR 1994, S. 1-25.

Benisch, Werner, (Kooperationen), Kooperationen, München 1972, S. 149-168.

Berndt, Joachim, (Rechtsfähigkeit), Die Rechtsfähigkeit US-amerikanischer Kapitalgesellschaften im Inland, JZ 1996, S. 187-191.

Biener, Herbert, (Bilanzierung), Bilanzierung im Spannungsfeld von Europa-, Umwandlungs- und Steuerrecht, StBJB 1995/96, S. 29-52.

Bitzer, Klaus, (Probleme), Probleme der Prüfung des Umtauschverhältnisses bei aktienrechtlichen Verschmelzungen, Pfaffenweiler 1987.

Blümich / Ebling, Klaus (Hrsg.), zitiert *Autor* in *Blümich,* (EStG), Blümich EStG KStG GewStG Kommentar, München Stand: Juli 2002.

BMF-Schreiben vom 16.06.1978, (UmwStG 1977), Aktenzeichen IV B 2 – S 1909 – 8/78, Gesetz über steuerliche Maßnahmen bei Änderung der Unternehmensform (UmwStG 1977); hier: Zweifelsfragen zum Sechsten und Siebenten Teil des Gesetzes, BStBl. I 1978, S. 235-247.

BMF-Schreiben vom 01.04.1997, (Entwurf), Aktenzeichen IV B 7 – S 1978 – 0/96, Entwurf zum Schreiben betr. Umwandlungssteuergesetz 1995 (UmwStG 1995); Zweifels- und Auslegungsfragen; Umwandlungssteuererlaß, zitiert nach *Rödder*, Maßgeblichkeitskonzeption, DB 1998, S. 998.

BMF-Schreiben vom 09.02.1998, (Tausch), Aktenzeichen IV B 2 – S 1909 – 5/98, Tausch von Anteilen an Kapitalgesellschaften - Grundsätze für die Anwendung des sog. Tauschgutachtens des BFH vom 16.12.1958, BStBl. I 1998, S. 163-165.

BMF-Schreiben vom 25.03.1998, (UmwSt-Erlass), Aktenzeichen IV B 7 - S 1978 21/98 und IV B 2 - S 1909 - 33/98, Umwandlungssteuergesetz 1995 (UmwStG 1995); Zweifels- und Auslegungsfragen; Umwandlungssteuererlass, BStBl. I 1998, S. 267-344 einschließlich Änderungen bis Dezember 2002.

BMF-Verordnung vom 27.12.2001, (WpÜG-Angebotsverordnung), Verordnung über den Inhalt der Angebotsunterlage, die Gegenleistung bei Übernahmeangeboten und Pflichtangeboten und die Befreiung von der Verpflichtung zur Veröffentlichung und zur Abgabe eines Angebots, BGBl. I 2001, S. 4263-4266.

Boecken, Winfried, (Unternehmensumwandlungen), Unternehmensumwandlungen und Arbeitsrecht, Köln 1996.

Bolk Wolfgang / Reiß Wolfram, (Überblick), Überblick zum Umwandlungsbereinigungsgesetz 1995, SteuerStud 1995, S. 247-257.

Bordewin, Arno, (Replik), Replik zu: Umgekehrte Maßgeblichkeit bei ausschließlich steuerlichem Bilanzierungswahlrecht, DB 1992, S. 849-850.

Bordewin, Arno, (Maßgeblichkeit), Umgekehrte Maßgeblichkeit bei ausschließlich steuerlichem Bilanzierungswahlrecht?, DB 1992, S. 291.

Bordewin, Arno, (Abzug), Abzug des Gewerbeverlustes bei Personengesellschaften, DStR 1995, S. 313-318.

Börsig, Clemens, (Unternehmenswert), Unternehmenswert und Unternehmensbewertung, zfbf 1993, S. 79-91.

Boruttau, Ernst Paul u. a., (GrEStG), Grunderwerbsteuergesetz, München 2002.

Boßmann, Otto, (Fragen), Arbeitsrechtliche Fragen bei der Umwandlung von Unternehmen, INF 1996, S. 431-437.

Böttcher, Conrad / Meilicke, Wienand, (Umwandlung), Umwandlung und Verschmelzung von Kapitalgesellschaften, Berlin 1958.

Bredow, Günther, (Besteuerung), Besteuerung von Umwandlungsgewinnen bei Beteiligung ausländischer Anteilseigner, WiB 1996, S. 329-332.

Breidert, Ulrike, (Grundsätze), Grundsätze ordnungsgemäßer Abschreibungen auf abnutzbare Anlagegegenstände, Düsseldorf 1994.

Brönner, Herbert, (Umwandlungsrecht), Neues Umwandlungsrecht – Die Personengesellschaft in handels- und steuerrechtlicher Sicht anhand ausgewählter Probleme, in: *Baetge, Jörg,* Rechnungslegung, Prüfung und Beratung; Festschrift zum 70. Geburtstag von Professor Dr. Rainer Ludewig, Düsseldorf 1996, S. 191-215.

Brönner, Herbert / Miller, Frank, (Fusionsbilanz), Fusionsbilanz, in: *Chmielewicz, Klaus / Schweitzer, Marcell,* Stuttgart 1993, Spalte 688-698.

Budde, Wolfgang Dieter / Förschle, Gerhart, zitiert *Autor* in *Budde/Förschle,* (Sonderbilanzen), Sonderbilanzen: Von der Gründungsbilanz zur Liquidationsbilanz, München 2002 und a. F. 1994.

Budde, Wolfgang u. a. (Bearb.), zitiert *Autor* in *Budde,* (BBK), Beck'scher Bilanz-Kommentar, München 1999.

Bühner, Rolf, (Reaktionen), Reaktionen des Aktienmarktes auf Unternehmenszusammenschlüsse, zfbf 1990, S. 295-316.

Bühner, Rolf, (Strategie), Strategie und Organisation, Wiesbaden 1993.

Bühner, Rolf / Träger, Thomas, (Verschmelzung), Verschmelzung, Stuttgart 2002, Sp. 2546-2555.

Bundesregierung, (Begründung), Begründung zum Entwurf eines Gesetzes zur Bereinigung des Umwandlungsrechts (UmwBerG), BR-Drs. 75/94, S. 71-175.

Bundesregierung, (KapAEG), Begründung zum Entwurf eines Gesetzes zur Verbesserung der Wettbewerbsfähigkeit deutscher Konzerne an internationalen Kapitalmärkten und zur Erleichterung der Aufnahme von Gesellschafterdarlehen (Kapitalaufnahmeerleichterungsgesetz - KapAEG), BR-Drs. 967/96, S. 8-25.

Bundesregierung, (Steuerentlastungsgesetz), Begründung II. zum Steuerentlastungsgesetz 1999/2000/2002, Besonderer Teil, BT-Drs. 14/265, S. 167-205.

Bundesregierung, (WpÜG), Begründung zum Entwurf eines Gesetzes zur Regelung von öffentlichen Angeboten zum Erwerb von Wertpapieren und von Unternehmensübernahmen, A. Allgemeiner Teil, BT-Drs. 14/7034, S. 27-33.

Bungert, Hartwin, (Entwicklungen), Entwicklungen im internationalen Gesellschaftsrecht Deutschlands, AG 1995, S. 489-509.

Bungert, Hartwin, (Rechtsfähigkeit), Zur Rechtsfähigkeit US-amerikanischer Kapitalgesellschaften ohne geschäftlichen Schwerpunkt in den USA – Zugleich Anmerkung zu OLG Düsseldorf, Urt. V. 15.12.1994 = WM 1995, 808 –, WM 1995, S. 2125-2133.

Bungert, Hartwin, (Unternehmensvertragsbericht), Unternehmensvertragsbericht und Unternehmensvertragsprüfung gemäß §§ 293a ff. AktG (Teil I und II), DB 1995, S. 1384-1392 und 1449-1461.

Bungert, Hartwin, (Darstellungsweise), Darstellungsweise und Überprüfbarkeit der Angaben über Arbeitnehmerfolgen im Umwandlungsvertrag, DB 1997, S. 2209-2215.

Bungert, Hartwin, (DAT/Atlanta), DAT/Atlanta: Der BGH gibt der Praxis Rätsel auf, BB 2001, S. 1163-1166.

Bungert, Hartwin / Eckert, Jan, (Unternehmensbewertung), Unternehmensbewertung nach Börsenwert: Zivilgerichtliche Umsetzung der BVerfG-Rechtsprechung, BB 2000, S. 1845-1849.

Bungert, Hartwin / Hentzen, Matthias, (Kapitalerhöhung), Kapitalerhöhung zur Durchführung von Verschmelzung oder Abspaltung bei parallelem Rückkauf eigener Aktien durch die übertragende Aktiengesellschaft, DB 1999, S. 2501-2504.

Busse von Colbe, Walther, (Berücksichtigung), Berücksichtigung von Synergien versus Stand-alone-Prinzip bei der Unternehmensbewertung, ZGR 1994, S. 595-609.

Busse von Colbe, Walther, (Vernunft), Der Vernunft eine Gasse: Abfindungen von Minderheitsaktionären nicht unter dem Börsenkurs ihrer Aktien, in: *Schneider Uwe H.* u. a., Festschrift für Marcus Lutter, Köln 2000, S. 1053-1067.

Castan, Edgar u. a., zitiert *Autor* in *Castan,* (Beck'sches HdR), Beck'sches Handbuch der Rechnungslegung, München Stand Februar 2002.

Clark, Robert Charles, (Corporate), Coporate Law, Boston, Toronto 1986.

Coenenberg, Adolf G. / Sautter, Michael T., (Bewertung), Strategische und finanzielle Bewertung von Unternehmensakqusitionen, DBW 1988, S. 691-710.

Crezelius, Georg, (Grundsätzliches), Grundsätzliches und Zweifelsfragen zum Umwandlungsrecht, Teil I und II, Stbg 1995, S. 438-444 und 497-503.

Daimler-Benz AG, zitiert Daimler, (AEG), Ausgliederung des Vermögens der AEG AG auf die EHG Elektroholding GmbH und Verschmelzung der AEG AG mit der Daimler-Benz AG, 1996.

DaimlerChrysler AG, zitiert Daimler, (Chrysler), Zusammenschluss Daimler-Benz / Chrysler, 1998.

Däubler, Wolfgang, (Arbeitsrecht), Das Arbeitsrecht im neuen Umwandlungsgesetz, RdA 1995, S. 136-147.

Degussa AG, (Merger), Merger Report Degussa-Hüls AG and SKW Trostberg AG into Degussa AG, 2000.

Dehmer, Hans, (UmwG), Umwandlungsgesetz, Umwandlungssteuergesetz, München 1996.

Delmas, Britta, (Sacheinlagen), Die Bewertung von Sacheinlagen in der Handelsbilanz von AG und GmbH, Köln 1997.

Dirrigl, Hans, (Angemessenheit), Die Angemessenheit des Umtauschverhältnisses bei einer Verschmelzung als Problem der Verschmelzungsprüfung und der gerichtlichen Überprüfung (Teil I und II), WPg 1989, S. 413-421 und 454-462.

Dirrigl, Hans, (Rechtsprechung), Neue Rechtsprechung zur Verschmelzung und die Verschmelzungsprüfung – Zugleich Stellungnahme zum Beitrag von Lösebeck –, WPg 1989, S. 617-620.

Dirrigl, Hans, (Synergieeffekte), Synergieeffekte beim Unternehmenszusammenschluß und Bestimmung des Umtauschverhältnisses, DB 1990, S. 185-192.

Djanani, Christiana / Brähler, Gernot / Zölch, Sandra, (Verlustfallen), § 8 Abs. 4 KStG und § 12 Abs. 3 Satz 2 UmwStG: Die Verlustfallen bei Umstrukturierung von Konzernen?, BB 2000, S. 1497-1504.

Dörner, Dietrich, (WP-Handbuch), Wirtschaftsprüfer-Handbuch, Band II, Teil D (Prüfung in Umwandlungsfällen), Düsseldorf 1998.

Dötsch, Ewald, (Inländische), Inländische Umwandlungsvorgänge mit Auslandsberührung, BB 1998, S. 1029-1039.

Dötsch, Ewald, (Umwandlungssteuerrecht), Umwandlungssteuerrecht, Stuttgart 1998.

Dötsch, Ewald, (Verlustabzug), Körperschaftsteuerlicher Verlustabzug – Anwendung von § 8 Abs. 4 KStG und § 12 Abs. 3 Satz 2 UmwStG, DB 1999, S. 1-27.

Dötsch, Ewald / Lishaut, Ingo van / Wochinger, Peter, (Umwandlungssteuererlaß), Der neue Umwandlungssteuererlaß, DB Beilage Nr. 7/98 1998, S. 1-47.

Dötsch, Ewald / Pung, Alexandra, (Reform), Die geplante Reform der Unternehmensbesteuerung, DB 2000, Beilage Nr. 4, S. 1-19.

Drukarczyk, Jochen, (Problem), Zum Problem der angemessenen Barabfindung bei zwangsweise ausgeschiedenen Anteilseignern, AG 1973, S. 357-365.

Drukarczyk, Jochen, (Unternehmensbewertung), Unternehmensbewertung, München 2001.

Drygala, Anja, (Reichweite), Die Reichweite der arbeitsrechtlichen Angaben im Verschmelzungsvertrag, ZIP 1996, S. 1365-1371.

E.ON AG, (Verschmelzung), Verschmelzung von VEBA AG und VIAG AG, 2000.

Ebenroth, Carsten Thomas / Auer, Thomas, (Verlagerung), Grenzüberschreitende Verlagerung von unternehmerischen Leitungsfunktionen im Zivil- und Steuerrecht, RIW 1992, S. Beilage 1, S. 1-30.

Ebenroth, Carsten Thomas / Bippus, Birgit, (Anerkennung), Die staatsvertragliche Anerkennung ausländischer Gesellschaften in Abkehr von der Sitztheorie, DB 1988, S. 842-850.

Ebenroth, Carsten Thomas / Bippus, Birgit, (Anerkennungsproblematik), Die Anerkennungsproblematik im Internationalen Gesellschaftsrecht, NJW 1988, S. 2137-2146.

Ebenroth, Carsten Thomas / Kenner, Matthew J. / Willburger, Andreas, (Auswirkungen), Die Auswirkungen des genuine-link-Grundsatzes auf die Anerkennung US-amerikasischer Gesellschaften in Deutschland, ZIP 1995, S. 972-975.

Eigenstetter, Hans, (Verknüpfung), Die Verknüpfung von Handels- und Steuerbilanz, WPg 1993, S. 575-582.

Eisele, Wolfgang, (Technik), Technik des betrieblichen Rechnungswesen, München 2002.

Eisele, Wolfgang / Renner W., (Grundzüge), Grundzüge des neuen Umwandlungsrechts und Umwandlungssteuerrechts, Teil I+II, WiSt 1996, S. 170-174 und 222-226.

Eisenführ, Franz, (Preisfindung), Preisfindung für Beteiligungen mit Verbundeffekt, zfbf 1971, S. 467-479.

Emmerich, Volker, (Fusionskontrolle), Fusionskontrolle 1999/2000, AG 2000, S. 529-538.

Energie Baden-Württemberg AG, zitiert ENBW, (Unterlagen), Unterlagen für die Hauptversammlung der Badenwerk Holding AG am 20. August 1997.

Engelmeyer, Cäcilie, (Spaltung), Die Spaltung von Aktiengesellschaften nach dem neuem Umwandlungsrecht, Köln 1995.

Engelmeyer, Cäcilie, (Informationsrechte), Die Informationsrechte des betriebsrats und der Arbeitnehmer bei Strukturänderungen, DB 1996, S. 2542-2546.

Engl, Richard L., (Umwandlung), Umwandlung inländischer Gesellschaften mit Auslandsvermögen, in: *Schaumburg, Harald / Piltz, Detlev J.,* Internationales Umwandlungssteuerrecht, Köln 1997, S. 75-110.

Erb, Günther, (Börsenkurs), Der Börsenkurs als Untergrenze der Abfindung auch in Verschmelzungsfällen, DB 2001, S. 523-524.

Erdmann, Ernst-Gerhard, (Aspekte), Arbeitsrechtliche Aspekte und Vorschriften, München 1972, S. 497-519.

ERGO Versicherungsgruppe AG, zitiert ERGO AG, (Verschmelzung), Verschmelzung der Victoria Holding AG mit der Hamburg-Mannheimer AG: künftig ERGO Versicherungsgruppe AG, 1997.

Fabricius, Fritz / Kraft, Alfons / Wiese, Günther /Kreutz, Peter / Oetker, Hartmut, (BetrVG), Betriebsverfassungsgesetz, Neuwied 2002.

Felix, Günther, (Fusion), Fusion von Einzelunternehmen nach neuem Umwandlungs(steuer)recht, BB 1995, S. 1509-1510.

Felix, Günther, (Umwandlungssperre), Umwandlungssperre für die Einpersonen-Steuerberatungs-GmbH?, DStR 1996, S. 658-660.

Fenske, Ralf, (Besonderheiten), Besonderheiten bei der Rechnungslegung der ausgegliederten Kapitalgesellschaft, WPg 1997, S. 256-262.

FinMin Baden-Württemberg, Erlass vom 19.12.1997, (Übertragung), Aktenzeichen S 4520/2, Übertragung von Grundstücken bei Umwandlungen, Einbringungen und anderen Erwerbsvorgängen auf gesellschaftsvertraglicher Grundlage, DB 1998, S. 166-167.

FinMin Sachsen-Anhalt, Erlass vom 11.03.1997, (Vorsteuerabzug), Aktenzeichen 44 - S 7300 - 49, Vorsteuerabzug aus den Veräußerungskosten bei einer Geschäftsveräußerung, DStR 1997, S. 662-663.

Fischer, Karin / Lenz, Hansrudi, (Gründungsbilanzen), Gründungsbilanzen, PdR 2000, Gruppe 7, S. 91-116.

Fischer, Michael, (Verschmelzung), Verschmelzung von GmbH in der Handels- und Steuerbilanz, DB 1995, S. 485-491.

Fitting, Karl u. a., (BetrVG), Betriebsverfassungsgesetz, München 2000.

Fleischer, Heinrich, (Vermeidung), Die Vermeidung von Grunderwerbsteuer durch steuergünstige Gestaltung bei der Umstrukturierung von Unternehmen, DStR 1996, S. 1390-1397.

Focken, Elke / Lenz, Hansrudi, (Spielräume), Spielräume der Kapitalkonsolidierung nach der Erwerbsmethode bei Beteiligungserwerb durch Anteilstausch, DB 2000, S. 2437-2442.

Fraktionen der CDU/CSU und F.D.P., (Entwurf), Begründung zum Entwurf eines Gesetzes zur Änderung des Umwandlungssteuerrechts, BT-Drs. 12/6885, S. 14-26.

Fraktionen SPD und Bündnis 90/Die Grünen, (StSenkG), Begründung II. Besonderer Teil zum Entwurf eines Gesetzes zur Senkung der Steuersätze und zur Reform der Unternehmensbesteuerung (Steuersenkungsgesetz – StSenkG) BT-Drs. 14/2683 vom 15.02.2000, S. 113-135.

Franke, Günter / Hax, Herbert, (Finanzwirtschaft), Finanzwirtschaft, Berlin u. a. 1999.

Frankfurter Hypothekenbank Centralboden AG, Gemeinsamer Verschmelzungsbericht der Vorstände der Frankfurter Hypothekenbank Centralboden AG (...) und der Lübecker Hypothekenbank AG (...), 1998.

Frankfurter Hypothekenbank AG, zitiert Frankfurter, (Verschmelzung), Verschmelzung der Deutsche Centralbodenkredit-AG und der Frankfurter Hypothekenbank AG, 1995.

Freericks, Wolfgang, (Bilanzierungsfähigkeit), Bilanzierungsfähigkeit und Bilanzierungspflicht in Handels- und Steuerbilanz, Köln 1976.

Freericks, Wolfgang, (Gründungsbilanz), Gründungsbilanz, in: *Chmielewicz, Klaus / Schweitzer, Marcell,* Handwörterbuch des Rechnungswesen, Stuttgart 1993.

Frotscher, Gerrit, (Umwandlung), Umwandlung, Beitrag 134b, in: *Gnam, Arnulf / Federmann, Rudolf,* Handbuch der Bilanzierung, Freiburg i. Br. September 1997, S. 1-41.

Frotscher, Gerrit, (Verschmelzung), Verschmelzung, Beitrag 138, in: *Gnam, Arnulf / Federmann, Rudolf,* Handbuch der Bilanzierung, Freiburg i. Br. Februar 1998, S. 1-51.

Fülbier, Rolf Uwe, (Entwurf), Entwurf eines DRS 4 zur Bilanzierung von Unternehmenserwerben im Konzernabschluss, DB 2000, S. 1341-1346.

Fülbier, Rolf Uwe / Gassen, Joachim, (Maßgeblichkeit), Wider die Maßgeblichkeit der International Accounting Standards für die steuerliche Gewinnermittlung, DB 1999, S. 1511-1513.

Ganske, Joachim, (Umwandlung), Umwandlung von Unternehmen, DB 1992, S. 125-126.

Ganske, Joachim, (Einführung), Einführung zum RefE Gesetz zur Bereinigung des Umwandlungsrechts, Bundesanzeiger 1992, S. VII-XIX.

Ganske, Joachim, (Weg), Der Weg vom Diskussionsentwurf zum Referentenentwurf eines Gesetzes zur Bereinigung des Umwandlungsrechts, in: *IDW,* Reform des Umwandlungsrechts, Düsseldorf 1993, S. 15-32.

Ganske, Joachim, (Umwandlungsrecht), Reform des Umwandlungsrechts, WM 1993, S. 1117-1129.

Ganske, Joachim, (Reform), Die Reform des Umwandlungsrechts, DStJG 1994, S. 43-67.

Ganske, Joachim, (Regelungen), Berufsrelevante Regelungen für Wirtschaftsprüfer im neuen Umwandlungsrecht, WPg 1994, S. 157-162.

Gaul, Björn, (Beteiligungsrechte), Beteiligungsrechte von Wirtschaftsausschuß und Betriebsrat bei Umwandlung und Betriebsübergang, DB 1995, S. 2265-2270.

Geck, Reinhard, (Spaltung), Die Spaltung von Unternehmen nach dem neuen Umwandlungsrecht, DStR 1995, S. 416-424.

Geiger, Andreas, (Interpretation), Interpretation des negativen Geschäftswerts im Rahmen einer ökonomischen Analyse, DB 1996, S. 1533-1535.

Gelhausen, Hans Friedrich, (WP-Handbuch), Wirtschaftsprüfer-Handbuch, Band I, Teile E (Erläuterungen zu den für alle Kaufleute geltenden Vorschriften zum Jahresabschluß) und F (Erläuterungen zu den für Kapitalgesellschaften sowie bestimmte Personenhandelsgesellschaften geltenden ergänzenden Vorschriften zum Jahresabschluß und zum Lagebericht sowie Erläuterungen zum Abhängigkeitsbericht), Düsseldorf 2000.

Geßler, Ernst / Hefermehl, Wolfgang u. a., zitiert *Autor* in *Geßler*, (AktG), Aktiengesetz, München 1991.

Godin, Freiherr von / Wilhelmi, Hans, (AktG), Aktiengesetz, Berlin 1971.

Goette, Wulf, (Auslandsbeurkundungen), Auslandsbeurkundungen im Kapitalgesellschaftsrecht, DStR 1996, S. 709-713.

Gottwald, Stefan, (Grunderwerbsteuerbelastungen), Verstärkte Grunderwerbsteuerbelastungen bei Unternehmensumstrukturierungen – Auswirkungen des Steuerentlastungsgesetzes 1999/200/2001, BB 2000, S. 69-78.

Götz, Hellmut, (Fragen), Grunderwerbsteuerliche und organschaftliche Fragen bei Umwandlungen im Konzern, GmbHR 2001, S. 277-282.

Goutier, Klaus / Knopf, Rüdiger / Tulloch, Anthony (Hrsg.), zitiert *Autor* in *Goutier*, (Umwandlungsrecht), Kommentar zum Umwandlungsrecht, Heidelberg 1996.

Greif, Martin, (Umwandlung), Umwandlung ausländischer Kapitalgesellschaften und Personengesellschaften - Ein Praxisbericht, in: *Schaumburg, Harald / Piltz, Detlev J.*, Internationales Umwandlungssteuerrecht, Köln 1997, S. 214-232.

Grewe, Wolfgang, (WP-Handbuch), Wirtschaftsprüfer-Handbuch, Band I, Teil Q (Das Prüfungsergebnis), Düsseldorf 2000.

Griesar, Patrick, (Verschmelzung), Verschmelzung und Konzernabschluß, Düsseldorf 1998.

Groh, Manfred, (Kampf), Der Kampf um das Maßgeblichkeitsprinzip, in: *Meffert, Manfred / Krawitz, Norbert*, Unternehmensrechnung und -besteuerung. Grundfragen und Entwicklungen. Festschrift für Dietrich Börner zum 65. Geburtstag, Wiesbaden 1998, S. 177-196.

Groh, Manfred, (Thesen), Sechs Thesen und ein Nachwort zum Maßgeblichkeitsprinzip, DB 1998, S. I.

Groß, Wolfgang, (Delisting), Rechtsprobleme des Delisting, ZHR 2001, S. 141-166.

Großfeld, Bernhard, (Deutsches), Deutsches Umwandlungsrecht bei Auslandsbeziehungen, in: *Schaumburg, Harald / Piltz, Detlev J.*, Internationales Umwandlungssteuerrecht, Köln 1997, S. 13-27.

Großfeld, Bernhard, (Internationales), Internationales Gesellschaftsrecht, in: *Staudinger/Strätz*, BGB, Berlin 1998.

Großfeld, Bernhard, (Normschaffung), Normschaffung und Normvermittlung im Internationalen Unternehmensrecht, in: *Schneider Uwe H.* u. a., Festschrift für Marcus Lutter, Köln 2000, S. 47-60.

Großfeld, Bernhard, (Börsenkurs), Börsenkurs und Unternehmenswert, BB 2000, S. 261-266.

Grote, Birgit, (Messung), Zur Messung von Synergiepotential und Synergieeffekten, WiSt 1991, S. 261-263.

Grotherr, Siegfried, (Probleme), Grunderwerbsteuerliche Probleme bei der Umstrukturierung von Unternehmen und Konzernen, BB 1994, S. 1970-1982.

Grotherr, Siegfried, (Überblick), Überblick über ausländische Umwandlungs- und Umwandlungssteuerrechte, in: *Schaumburg, Harald / Piltz, Detlev J.*, Internationales Umwandlungssteuerrecht, Köln 1997, S. 152-213.

Grunewald, Barbara, (Verschmelzung), Die Verschmelzung von Kapitalgesellschaften, in: *Lutter, Marcus,* Verschmelzung – Spaltung – Formwechsel nach neuem Umwandlungsrecht und Umwandlungsteuerrecht, Köln 1995, S. 19-57.

Hachenburg, Max / Ulmer, Peter, zitiert *Autor* in *Hachenburg/Ulmer,* (GmbHG), Gesetz betreffend die Gesellschaften mit beschränkter Haftung, Berlin 1997.

Hanau, Peter, (Arbeitsrecht), Arbeitsrecht und Mitbestimmung in Umwandlung und Fusion, ZGR 1990, S. 548-559.

Hannappel, Hans-Albrecht / Kneisel, Holger, (Bilanzierung), Bilanzierung einer Verschmelzung under common control nach HGB, US-GAAP und IAS, WPg 2001, S. 703-709.

Hannemann, Susanne, (Merger), Down-Stream Merger einer Kapitalgesellschaft auf eine Personengesellschaft, DB 2000, S. 2497-2500.

Haritz, Detelf, (Übernahmegewinn), Übernahmegewinn und -verlust bei der Umwandlung von Kapitalgesellschaften in Personengesellschaften, BB 1996, S. 1409-1414.

Haritz, Detlef / Benkert, Manfred, zitiert *Autor* in *Haritz/Benkert,* (UmwStG), UmwStG Kommentar, München 2000.

Haritz, Detlef / Paetzold, Harald, (Verknüpfungen), Bilanzielle Verknüpfungen und der Maßgeblichkeitsgrundsatz bei Verschmelzungen, FR 1998, S. 352-358.

Harker, Patrik T. / Vargas Luis G., (Theory), The Theory of Ratio Scale Estimation: Saaty's Analytic Hierarchy Process, Management Science 1987, S. 1383-1403.

Hartel, Ulrich M., (Umwandlung), Umwandlung einer GmbH&Co.KG in eine KG auf Aktien, DB 1992, S. 2329-2335.

Hartung, Werner, (Firmenwerte), Negative Firmenwerte als Verlustrückstellungen, Düsseldorf 1997.

Hax, Herbert, (Entscheidungsmodelle), Entscheidungsmodelle in der Unternehmung/ Einführung in Operations Research, Reinbek 1974.

Hecker, Renate / Wenger, Ekkehard, (Schutz), Der Schutz von Minderheiten im Vertragskonzern, ZBB 1995, S. 321-341.

Hecker, Renate, (Regulierung I), Regulierung von Unternehmensübernahmen und Konzernrecht. Teil I: Empirische Analyse des aktienrechtlichen Minderheitenschutzes im Vertragskonzern, Wiesbaden 2000.

Heckschen, Heribert, (Verschmelzung), Verschmelzung von Kapitalgesellschaften, Schriftenreihe der Betrieb, Stuttgart 1989, S. 1-10 + 139-141.

Heckschen, Heribert, (Fusion), Fusion von Kapitalgesellschaften im Spiegel der Rechtsprechung, WM 1990, S. 377-389.

Heckschen, Heribert, (Alleingesellschafter), Die Verschmelzung auf den Alleingesellschafter – eine mißglückte gesetzliche Regelung, ZIP 1996, S. 450-454.

Heckschen, Heribert, (Entwicklung), Die Entwicklung des Umwandlungsrechts aus Sicht der Rechtsprechung und Praxis, DB 1998, S. 1385-1399.

Heidelberger Druckmaschinen AG, zitiert Heidelberger, (Verschmelzung), Verschmelzung Heidelberger Druckmaschinen AG und Linotype-Hell AG, 1997.

Heidemann, Otto, (Möglichkeiten), Möglichkeiten und Verfahrensweisen bei der Rechtsformumwandlung in eine Aktiengesellschaft, BB 1996, S. 558-565.

Heidenhain, Martin / Meister, Burkhardt W. (Hrsg.), zitiert *Autor* in *Heidenhain,* (Münchener Vertragshandbuch), Münchener Vertragshandbuch Band 1, München 1996.

Heidinger, Andreas, (Gutachten), Gutachten Umwandlungsrecht, Würzburg 1998.

Helbling, Carl, (Unternehmensbewertung), Unternehmensbewertung und Steuern, Düsseldorf 1998.

Hennrichs, Joachim, (Formwechsel), Formwechsel und Gesamtrechtsnachfolge bei Umwandlungen einschließlich Verschmelzung und Spaltung, Berlin 1995.

Hense, Burkhard, (Rechnungslegung), Die Rechnungslegung im Umwandlungsfall, in: *IDW,* Reform des Umwandlungsrechts, Düsseldorf 1993, S. 171-195.

Hense, Burkhard, (WP-Handbuch), Wirtschaftsprüfer-Handbuch, Band II, Teil K (Kartellrecht), Düsseldorf 2002.

Hense, Paul J. / Theile, Carsten, (IAS), IAS-Handbuch, Köln 2003.

Henselmann, Klaus, (Economic), Economic Value Added – Königsweg zur Integration des Rechnungswesens?, Modifizierte Fassung des Vortrags vor der Kommission Rechnungswesen im Verband der Hochschullehrer für Betriebswirtschaftslehre am 18. Februar in Mainz. 2000

Hertlein, Adolf, (Fusion), Fusion von Unternehmungen, Handbuch der Sozialwissenschaften (HdS), Stuttgart-Tübingen, Göttingen 1965, S. 196-199.

Herzig, Norbert, (Rechtsformneutralität), Rechtsformneutralität der Besteuerung bei Rechtsformwahl, StuW 1988, S. 342-348.

Herzig, Norbert, (Verhältnis), Verhältnis von handels- und steuerbilanzieller Rechnungslegung bei Umwandlungsvorgängen mit übertragenden Kapitalgesellschaften, in: *Baetge, Jörg,* Rechnungslegung, Prüfung und Beratung; Festschrift zum 70. Geburtstag von Professor Dr. Rainer Ludewig, Düsseldorf 1996, S. 414-440.

Herzig, Norbert, (Umwandlungsvorgängen), Maßgeblichkeitsgrundsatz bei Umwandlungsvorgängen?, Köln 1996, S. 23-44.

Herzig, Norbert, (Grenzüberschreitende), Grenzüberschreitende Umwandlungen im deutschen Ertragsteuerrecht, in: *Schaumburg, Harald / Piltz, Detlev J.,* Internationales Umwandlungssteuerrecht, Köln 1997, S. 127-151.

Herzig, Norbert, (Diagonale), Diagonale Maßgeblichkeit bei Umwandlungsvorgängen, FR 1997, S. 123-129.

Herzig, Norbert, (Maßgeblichkeitsprinzip), Das Maßgeblichkeitsprinzip – eine zukunftsträchtige Konzeption?, Stuttgart 2000, S. 57-89.

Herzig, Norbert, (Maßgeblichkeit), Maßgeblichkeit und Umkehrmaßgeblichkeit, Stuttgart 2002, Sp. 1536-1546.

Herzig, Norbert / Förster, Guido, (Verschmelzung), Grenzüberschreitende Verschmelzung von Kapitalgesellschaften, DB 1994, S. 1-8.

Heurung, Rainer, (Anwendung), Zur Anwendung und Angemessenheit verschiedener Unternehmenswertverfahren im Rahmen von Umwandlungsfällen (Teil I und II), DB 1997, S. 837-843 und 888-892.

him, (Kleinaktionäre), Kleinaktionäre sehen noch großen Klärungsbedarf, FAZ 18.12.1999, S. 16.

Hoechst AG, (Bericht), Bericht über den Zusammenschluß von Hoechst und Rhône-Poulenc, 1999.

Hockemeier, Hartmut, (Auswirkung), Die Auswirkung der Verschmelzung von Kapitalgesellschaften auf die Anstellungsverhältnisse der Geschäftsleiter, Berlin 1990.

Hoffmann-Becking, Michael, (Verschmelzungsrecht), Das neue Verschmelzungsrecht in der Praxis, Berlin 1988, S. 105-124.

Hoffmann-Becking, Michael, (Gesellschafterschutz), Der materielle Gesellschafterschutz: Abfindung und Spruchverfahren, ZGR 1990, S. 482-502.

Höflacher, Stefan / Wendlandt, K., (Überlegungen), Überlegungen zur Umwandlung von Kapitalgesellschaften in Personenunternehmen, DStR 1996, S. 530-534.

Hohner, Georg, (Gesellschaftsrecht), Gesellschaftsrecht und Umwandlungsrecht – Aktienrecht, in: *Sölter, Arno / Zimmerer, Carl,* Handbuch der Unternehmenszusammenschlüsse, München 1972, S. 215-245

Hommelhoff, Peter, (Kontrolle), Zur Kontrolle strukturändernder Gesellschafterbeschlüsse, ZGR 1990, S. 447-476.

Hommelhoff, Peter, (Minderheitenschutz), Minderheitenschutz bei Umstrukturierungen, ZGR 1993, S. 452-473.

Hörger, Helmut / Endres, Norbert, (Verlustnutzung), Verlustnutzung bei der Verschmelzung von Kapitalgesellschaften, DB 1998, S. 388-392.

Hörger, Helmut / Stobbe, Thomas, (Zuordnung), Die Zurodnung stiller Reserven beim Ausscheiden eines Gesellschafters einer Personengesellschaft – Modifizierte Stufentheorie, DStR 1991, S. 1230-1235.

Hörger, Helmut / Neumayer, Jochen, (Übergang), Der Übergang eines verbleibenden Verlustabzugs gemäß § 12 Abs. 3 UmwStG bei der Verschmelzung von Kapitalgesellschaften, DStR 1996, S. 41-48.

Hueck, Alfred, (Einfluß), Einfluß der Umwandlung von Kapitalgesellschaften auf die Stellung von Vorstandmitgliedern und Geschäftsführern, DB 1957, S. 1259-1262.

Hüffer, Uwe, (AktG), Aktiengesetz, München 2002.

Hüfner, Bernd: Fundamentale Aktienbewertung und Rechnungslegung – Eine konzeptionelle Eignungsanalyse, Frankfurt a.M. 2000.

Hüttemann, Rainer, (Börsenkurs), Börsenkurs und Unternehmensbewertung, ZGR 2001, S. 454-478.

Hüttemann, Ulrich, (Grundsätze), Grundsätze ordnungsgemäßer Bilanzierung für Verbindlichkeiten, Düsseldorf 1976.

IDW, (Grundsätze), Stellungnahme HFA 2/1983: Grundsätze zur Durchführung von Unternehmensbewertungen, WPg 1983, S. 468-480.

IDW, HFA, (Verschmelzungsprüfung), Stellungnahme HFA 6/1988: Zur Verschmelzungsprüfung nach § 340b Abs.4 AktG, WPg 1989, S. 42-44.

IDW, (Diskussionsentwurf), Stellungnahme zum Diskussionsentwurf eines Gesetzes zur Bereinigung des Umwandlungsrechts (gegenüber dem BJM am 28.4.1989), WPg 1989, S. 340-346.

IDW, HFA, (Bilanzierung), Stellungnahme 1/1991: Zur Bilanzierung von Anteilen an Personenhandelsgesellschaften im Jahresabschluß der Kapitalgesellschaft, WPg 1991, S. 334-335.

IDW, HFA, (Zweifelsfragen), Stellungnahme HFA 2/1997: Zweifelsfragen der Rechnungslegung bei Verschmelzungen, FN-IDW 1997, S. 175-183.

IDW, HFA, (Änderung), Änderung der Stellungnahme HFA 2/1997: Zweifelsfragen der Rechnungslegung bei Verschmelzungen, FN-IDW 2000, S. 156-157.

IDW, (E-DRS 4), Stellungnahme zu dem Entwurf des Deutschen Rechnungslegungsstandards Nr. 4 (E-DRS 4): Unternehmenserwerbe im Konzernabschluß, WPg 2000, S. 615-626.

IDW, (Unternehmensbewertungen), IDW-Standard: Grundsätze zur Durchführung von Unternehmensbewertungen (IDW S 1), WPg 2000, S. 825-842.

Ihrig, Hans-Christoph, (Gläubigerschutz), Gläubigerschutz durch Kapitalaufbringung bei Verschmelzung und Spaltung nach neuem Umwandlungsrecht, GmbHR 1995, S. 622-643.

Impelmann, Norbert, (Verschmelzung), Die Verschmelzung und der Formwechsel von Unternehmen nach dem neuen Umwandlungsrecht, DStR 1995, S. 769-774.

Jansen, Stephan A. / Körner, Klaus, (Fusionsmanagement), Fusionsmanagement in Deutschland. Eine empirische Analyse von 103 Zusammenschlüssen mit deutscher Beteiligung zwischen 1994 und 1998 unter spezifischer Auswertung der Erfolgswirkungen des Typus Fusion, der (Inter-)Nationalität, der Branche und der Unternehmensgröße. Ausgesuchte Ergebnisse., o. J., o. O.

Joost, Detlev, (Umwandlungsrecht), Umwandlungsrecht und Arbeitsrecht, in: *Lutter, Marcus,* Verschmelzung – Spaltung – Formwechsel nach neuem Umwandlungsrecht und Umwandlungsteuerrecht, Köln 1995, S. 297-328.

Joost, Detlev, (Angaben), Arbeitsrechtliche Angaben im Umwandlungsvertrag, ZIP 1995, S. 976-986.

Kahlenberg, Harald, (Kartellrecht), Novelliertes deutsches Kartellrecht, BB 1998, S. 1593-1599.

Kahling, Dieter, (Bilanzierung), Bilanzierung von konzerninternen Verschmelzungen, Düsseldorf 1999.

Kahrs, Werner, (Behandlung), Nochmals: Gewerbesteuerrechtliche Behandlung des Übernahmegewinns und Tarifbegrenzung nach § 32a EStG, BB 1998, S. 349-353.

Kallmeyer, Harald, (Neue), Das neue Umwandlungsgesetz, ZIP 1994, S. 1746-1759.

Kallmeyer, Harald, (Verschmelzungen), Grenzüberschreitende Verschmelzungen und Spaltungen?, ZIP 1996, S. 535-537.

Kallmeyer, Harald (Hrsg.), zitiert *Autor* in *Kallmeyer,* (UmwG), Umwandlungsgesetz: Kommentar, Köln 2001.

Kalss, Susanne / Winner, Martin, (Übernahmerecht), Umgründungs- und Übernahmerecht – Versuch einer Synthese, ÖBA 2000, S. 51-65.

Kaminski, Bert, (Umwandlungen), Grenzüberschreitende Umwandlungen von Kapitalgesellschaften, SteuerStud 1999, S. 255-266.

Kaminski, Horst, (WP-Handbuch), Wirtschaftsprüfer-Handbuch, Band I, Teil (Der beruf des Wirtschaftsprüfers), Düsseldorf 2000.

Karl, Matthias, (Zusammenschlußbegriff), Der Zusammenschlußbegriff in der europäischen Fusionskontrollverordnung, Baden-Baden 1996.

Karollus, Martin / Geist, Reinhard, (Übernahmegesetz), Das österreichische Übernahmegesetz – (k)ein Papiertiger?! – eine Fallstudie, NZG 2000, S. 1145-1150.

Kiem, Roger, (Stellung), Die Stellung der Vorzugsaktionäre bei Umwandlungsmaßnahmen, ZIP 1997, S. 1627-1635.

Kitching, John, (Mergers), Why do mergers miscarry?, Harvard Business Review 1967, S. 84-101.

Klingberg, Dietgard / Lishaut, Ingo van, (Ausländische), Ausländische Umwandlungen im deutschen Steuerrecht, FR 1999, S. 1209-1227.

Knobbe-Keuk, Brigitte, (Bilanz), Bilanz- und Unternehmenssteuerrecht, Köln 1993.

Knoll, Leonhard, (Merger), The Merger Takes it All? Kritische Anmerkungen zum Übernahme- und Fusionsfieber, Münster 2000, S. 31-38.

Knoll, Leonhard, (Fusionen), Fusionen und Managerbezüge: Schaffung oder Vernichtung von Shareholder Value?, FB 2001, S. 239-246.

Knop, Wolfgang / Küting, Karlheinz, (Anschaffungskosten), Anschaffungskosten im Umwandlungsrecht, BB 1995, S. 1023-1030.

Knott, Hermann J., (Gläubigerschutz), Gläubigerschutz bei horizontaler und vertikaler Konzernverschmelzung, DB 1996, S. 2423-2425.

Kögel, Steffen, (Besonderheiten), Firmenrechtliche Besonderheiten des neuen Umwandlungsrechts, GmbHR 1996, S. 168-175.

Kohl, Thorsten / Schulte, Jörn, (Ertragswertverfahren), Ertragswertverfahren und DCF-Verfahren – Ein Überblick vor dem Hintergrund der Anforderungen des IDW S 1, WPg 2000, S. 1147-1164.

König, Wolfgang / Zeidler, Gernot. W., (Behandlung), Die Behandlung von Steuern in der Unternehmensbewertung, DStR 1996, S. 1098-1103.

Körber, Torsten, (Drittschutz), Gerichtlicher Drittschutz im deutschen Fusionskontrollrecht, BB 2000, S. 1532-1538.

Kowalski, André, (Kapitalerhöhung), Kapitalerhöhung bei horizontaler Verschmelzung, GmbHR 1996, S. 158-161.

Kraft, Ernst-Thomas, (WP-Handbuch), Wirtschaftsprüfer-Handbuch, Band II, Teil M (Sonstige wichtige Bestimmungen aus dem Wirtschaftsrecht), Düsseldorf 2002.

Kräkel, Matthias, (Winner), Winner's curse-Effekt, WiSt 1996, S. 462-464.

Krebs, Hans-Joachim, (Bewertungswahlrecht), Steuerorientierte Umstrukturierung – Bewertungswahlrecht im Umwandlungssteuergesetz und steuerliche Maßgeblichkeit, BB 1998, S. 1771-1774.

Kremer, Arnold, (Bilanzierung), Zur Bilanzierung von Verschmelzungsgewinnen, DB 1989, S. 492-494.

Kreßel, Eckhard, (Aspekte), Arbeitsrechtliche Aspekte des neuen Umwandlungsbereinigungsgesetzes, BB 1995, S. 925-930.

Krieger, Gerd, (Konzern), Der Konzern in Umwandlung und Fusion, ZGR 1990, S. 517-543.

Krieger, Gerd, (Spruchverfahren), Spruchverfahren (§§ 305-312 UmwG), in: *Lutter, Marcus,* Verschmelzung – Spaltung – Formwechsel nach neuem Umwandlungsrecht und Umwandlungsteuerrecht, Köln 1995, S. 275-296.

Kröner, Michael, (Verlustverwertung), Verlustverwertung bei der Verschmelzung von Kapitalgesellschaften, GmbHR 1996, S. 256-262.

Kröninger, Monika Theresa, (Anschaffungswertprinzip), Das Anschaffungswertprinzip bei Verschmelzung durch Aufnahme – Eine kritische Analyse, Regensburg 1997.

Kronke, Herbert, (Gesellschaftsrecht), Deutsches Gesellschaftsrecht und grenzüberschreitende Strukturänderungen, ZGR 1994, S. 26-46.

Küller, Hans-Detlev, (Mitbestimmung), Mitbestimmung im Umwandlungsfall, in: *IDW,* Reform des Umwandlungsrechts, Düsseldorf 1993, S. 133-152.

Küting, Karlheinz, (Bedeutung), Zur Bedeutung und Analyse von Verbundeffekten im Rahmen der Unternehmensbewertung, BFuP 1981, S. 175-189.

Küting, Karlheinz, (Fusion), Fusion, in: *Wittmann, Waldemar,* StuttgartEnzyklopädie der Betriebswirtschaftslehre. Bd. 1. Handwörterbuch der Betriebswirtschaft. Teilband. 1 1993, Spalte 1341-1353.

Küting, Karlheinz / Hayn, Benita / Hütten, Christoph, (Abbildung), Die Abbildung konzerninterner Spaltungen im Einzel- und Konzernabschluß, BB 1997, S. 565-574.

Küting, Karlheinz / Weber, Claus-Peter, zitiert *Autor* in *Küting/Weber,* (HdR), Handbuch der Rechnungslegung Einzelabschluss, Stuttgart 1995.[1856]

Küting, Karlheinz / Weber, Claus-Peter, (Konzernrechnungslegung), Handbuch der Konzernrechnungslegung, Band II, Stuttgart 1998.

Küting, Karlheinz / Zündorf, Horst, (Zurechnungsmodalitäten), Zurechnungsmodalitäten stiller Reserven im Rahmen der Kapitalkonsolidierung nach künftigem Konzernbilanzrecht, BB 1985, S. 1302-1311.

Küting, Karlheinz / Zündorf, Horst, (Verschmelzung), Die konzerninterne Verschmelzung und ihre Abbildung im konsolidierten Abschluß, BB 1994, S. 1383-1390.

Lahmeyer AG, (Verschmelzung), Verschmelzung Lahmeyer / Rheinelektra und Ausgliederung der EVU-Bereiche, 1997.

Lenz, Hansrudi, (Low-balling-Effekt), Der Low-balling-Effekt und die Unabhängigkeit des handelsrechtlichen Abschlußprüfers, WiSt 1991, S. 181-184.

Lenz, Hansrudi, (Unabhängigkeit), Unabhängigkeit des Abschlussprüfers und Non-Audit Services – Neue Vorschriften der SEC, BB 2001, S. 299-304.

Limmer, Peter / Frenz, Norbert / Harnacke, Ulrich M., (Handbuch), Handbuch der Unternehmensumwandlung (Vorauflage: *Neye, Hans-Werner,* Handbuch der Unternehmensumwandlung, 1996), Herne u.a. 2001.

Löhr, Dirk, (Unternehmensbewertung), Unternehmensbewertung: Ausschüttungspolitik und Vollausschüttungshypothese, WPg 1992, S. 525-531.

Lüke, Wolfgang, (Verhältnis), Das Verhältnis von Auskunfts-, Anfechtungs- und Registerverfahren im Aktienrecht, ZGR 1990, S. 657 ff.

Lutter, Marcus, (Abwehr), Zur Abwehr räuberischer Aktionäre, Stuttgart 1988, S. 193-211.

Lutter, Marcus, (Reform), Zur Reform von Umwandlung und Fusion, ZGR 1990, S. 392-415.

Lutter, Marcus, (Umstrukturierung), Umstrukturierung von Unternehmen über die Grenze: Versuch eines Resumees, ZGR 1994, S. 87 ff.

1856 Der in dieser Arbeit zitierte § 255 HGB wurde in der Neuauflage 2002 noch nicht kommentiert.

Lutter, Marcus, (Unternehmensrecht), Europäisches Unternehmensrecht, ZGR Sonderheft, Berlin 1996.

Lutter, Marcus (Hrsg.), zitiert *Autor* in *Lutter,* (UmwG), Umwandlungsgesetz: Kommentar, Köln 2000.

Lutter, Marcus / Bezzenberger, Tilman, (Spruchverfahren), Für eine Reform des Spruchverfahrens im Aktien- und Umwandlungsrecht, AG 2000, S. 433-447.

Lutter, Marcus / Hommelhoff, Peter, (GmbHG), GmbH-Gesetz – Kommentar, Köln 2000.

Luttermann, Claus, (Börsenkurs), Zum Börsenkurs als gesellschaftsrechtliche Bewertungsgrundlage, ZIP 1999, S. 45-52.

Lüttge, Jörg W., (Umwandlung), Das neue Umwandlungs- und Umwandlungssteuerrecht, NJW 1995, S. 417-424.

Lutz, Harald, (Wert), Zum Wert körperschaftssteuerlicher Verlustvorträge bei der Ertragswertermittlung, BFuP 1993, S. 66-78.

Marsch-Barner, Reinhard / Mackenthun, Thomas, (Schicksal), Das Schicksal gespeicherter Daten bei Verschmelzung und Spaltung von Unternehmen, ZHR 2001, S. 426-439.

Matschke, Manfred J., (Entscheidungswert), Der Entscheidungswert der Unternehmung, Wiesbaden 1975.

Meilicke, Wienand, (Stichtag), Auf welchen Stichtag ist bei übertragender Umwandlung ein Jahresabschluß aufzustellen?, BB 1986, S. 1958-1959.

Mentel, Thomas, (Maßgeblichkeitsgrundsatz), Der Maßgeblichkeitsgrundsatz in Umwandlungsfällen, DStR 1998, Beilage 17, S. 8-12.

Mertens, Hans-Joachim, (Geltung), Zur Geltung des Stand-alone-Prinzips für die Unternehmensbewertung bei der Zusammenführung von Unternehmen, AG 1992, S. 321-335.

Mertens, Kai, (Umwandlung), Umwandlung und Universalsukzession, Heidelberg 1993.

METRO AG, (Verschmelzung), Verschmelzung ASKO Kaufhaus AG auf METRO AG, 1996.

Meyer, Oliver, (Besteuerung), Die Besteuerung grenzüberschreitender Verschmelzungen, Berlin 1995.

Meyer-Scharenberg, Dirk E., (Umwandlungsrecht), Umwandlungsrecht: Einführung, Gesetze, Materialien zum neuen Handels- und Steuerrecht, Herne, Berlin 1995.

Ministerrat der DDR, Verordnung vom 01.03.1990, (Umwandlung), zur Umwandlung von volkseigenen Kombinaten, Betrieben und Einrichtungen in Kapitalgesellschaften, GBl. DDR I 1990, S. 107.

Montag, Frank / Leibenath, Christoph, (Rechtsschutzmöglichkeiten), Die Rechtsschutzmöglichkeiten Dritter in der europäischen Fusionskontrolle, ZHR 2000, S. 176-196.

Moxter, Adolf, (Grundsätze), Grundsätze ordnungsmäßiger Unternehmensbewertung, Wiesbaden 1991 (Nachdruck) und a. F. 1976.

Moxter, Adolf, (Methode), Multi-Ertragswert-Methode, Die Unternehmung, Schweizerische Zeitschrift für Betriebswirtschaft 1976, S. 189-201.

Mujkanovic, Robin, (Geschäftswert), Der negative Geschäftswert in der Steuerbilanz des Erwerbers eines Betriebes oder Mitunternehmeranteils, WPg 1994, S. 522-528.

Mujkanovic, Robin, (Bewertung), Zur Bewertung bei Verschmelzung am Beispiel von AG und GmbH, BB 1995, S. 1735-1740.

Müller, Welf, (Anschaffungskosten), Anschaffungskosten und Buchwertverknüpfung bei der Verschmelzung – Freiräume und Grenzen bei der Bewertung, in: *Ballwieser, Wolfgang,* Rechnungslegung – warum und wie: Festschrift für Herrmann Clemm zum 70. Geburtstag, München 1996, S. 243-260.

Müller, Welf, (Zweifelsfragen), Zweifelsfragen zum Umwandlungsrecht, WPg 1996, S. 857-868.

Müller-Gattermann, Gerd, (Umwandlungssteuerrecht), Umwandlungssteuerrecht, WPg 1996, S. 868-874.

Nagel, Ernest, (Aussage), Über die Aussage: „Das Ganze ist mehr als die Summe seiner Teile“, Königstein 1980, S. 241-251.

Naraschewski, Alexander, (Gläubigerschutz), Gläubigerschutz bei der Verschmelzung von GmbH, GmbHR 1998, S. 356-361.

Naumann, Klaus-Peter, (Anwendung), Zur Anwendung von § 24 UmwG in Verschmelzungsfällen, Rechnungslegung und Prüfung; in: *Baetge, Jörg,* Rechnungslegung, Prüfung und Beratung; Festschrift zum 70. Geburtstag von Professor Dr. Rainer Ludewig, Düsseldorf 1996, S. 684-723.

Neflin, Hermann, (Anstellungsvertrag), Der Anstellungsvertrag des Geschäftsführers einer GmbH nach deren Umwandlung in eine AG, AG 1960, S. 216-218.

Neumann, Kirsten, (Übernahmeverpflichtungen), Übernahmeverpflichtungen von Umwandlungskosten, DStR 1997, S. 2041-2048.

Neye, Hans-Werner, (Regierungsentwurf), Der Regierungsentwurf zur Reform des Umwandlungsrechts, ZIP 1994, S. 165-169.

Neye, Hans-Werner, (Umwandlungsrecht), Das neue Umwandlungsrecht vor der Verabschiedung im Bundestag, ZIP 1994, S. 917-920.

Neye, Hans-Werner, (Reform), Die Reform des Umwandlungsrechts, DB 1994, S. 2069-2072.

Neye, Hans-Werner, (Partnerschaft), Partnerschaft und Umwandlung, ZIP 1997, S. 722-726.

Nirk, Rudolf, (Verschmelzungsbericht), Der Verschmelzungsbericht nach § 340a AktG – Gedanken zur Harmonisierung des Gesellschaftsrechts in Europa, Berlin 1990, S. 187-200.

Norddeutsche Hypotheken- und Wechselbank AG, Verschmelzung der Deutsche Hypothekenbank Frankfurt AG und der Hypothekenbank in Hamburg AG auf die Norddeutsche Hypotheken- und Wechselbank AG, 1998.

Nonnenmacher, Rolf, (Umtauschverhältnis), Das Umtauschverhältnis bei der Verschmelzung von Kapitalgesellschaften, AG 1982, S. 153-158.

o. V., (Fusion), Fusion von Lahmeyer und Rheinelektra beschlossen, FAZ vom 26.02.1997, S. 16.

o. V., (Festnahme), Festnahme im Fall Hypo-Bank, FASZ vom 21.03.1999, S. 33.

Oelmann, Hermann-Josef, (Bilanzierungsprobleme), Handels- und steuerrechtliche Bilanzierungsprobleme bei Verschmelzungen, Köln 1993.

Oesterle, Berthold, (Verlustvorträge), Steuerliche Verlustvorträge in der Unternehmensbewertung, BB 1998, S. 835-840.

Oestreicher, Andreas / Spengel, Christoph, (Standards), International Accounting Standards, Maßgeblichkeitsprinzip und Besteuerung, DB 1999, S. 593-600.

Oestreicher, Andreas / Spengel, Christoph, (Replik), Replik, DB 1999, S. 1513-1516.

OFD Erfurt, Erlass vom 21.07.1997, (Unternehmereigenschaft), Aktenzeichen S 7104 A – 11 – St 34, Unternehmereigenschaft bei Kapitalgesellschaften, Unternehmereigenschaft bei Umwandlung eines Einzelunternehmens bzw. einer Personengesellschaft in eine GmbH, DStR 1997, S. 1810-1812.

Olfert, Klaus / Körner, Werbner / Langenbeck, Jochen, (Sonderbilanzen), Sonderbilanzen, Ludwigshafen 1994.

Orth, Manfred, (Umwandlungskosten), Umwandlungskosten – Bilanzielle und steuerliche Behandlung, GmbHR 1998, S. 511-521.

Ossadnik, Wolfgang, (Angemessenheit), Zur Angemessenheit des Umtauschverhältnisses bei der Verschmelzung von Aktiengesellschaften, DB 1985, S. 1953-1957.

Ossadnik, Wolfgang, (Verschmelzungsprüfung), Die Verschmelzungsprüfung nach § 340 b AktG, BFuP 1985, S. 153-161.

Ossadnik, Wolfgang, (Zurechnung), Die Zurechnung von Synergieeffekten bei der Verschmelzung von Kapitalgesellschaften – Anmerkungen zur Bestimmung eines „angemessenen“ Umtauschverhältnisses der Gesellschaftsanteile, BFuP 1990, S. 457-471.

Ossadnik, Wolfgang, (Diskussion), Zur Diskussion um den „negativen Geschäftswert“, BB 1994, S. 747-752.

Ossadnik, Wolfgang, (Aufteilung), Die Aufteilung von Synergieeffekten bei Fusionen, Stuttgart 1995.

Ossadnik, Wolfgang, (Synergieverteilung), Die „angemessene“ Synergieverteilung bei der Verschmelzung, DB 1997, S. 885-887.

Ossadnik, Wolfgang / Maus, Stefan, (Verschmelzung), Die Verschmelzung im neuen Umwandlungsrecht aus betriebswirtschaftlicher Sicht, DB 1995, S. 105-109.

Österreichische Notariatskammer, Brief mit Betreff „Maximalgebühr für beurkundung einer Verschmelzung“ vom 31. Jänner 2003, Wien.

Ostrowski, Markus, (Verlustvorträge), Körperschaftsteuerliche Verlustvorträge und EK 45-Bestände in der Unternehmensbewertung, BB 2000, S. 87-93.

Ostrowski, Markus / Söder, Björn H., (Einfluß), Der Einfluß von Beratungsaufträgen auf die Unabhängigkeit des Jahresabschlußprüfers, BFuP 1999, S. 554-564.

Ott, Hans, (Verschmelzung), Verschmelzung von Kapitalgesellschaften nach neuem Umwandlungs- und Umwandlungssteuerrecht – Teil und II, INF 1995, S. 557-561 und 589-593.

Ott, Hans, (Bilanzierung), Bilanzierung bei Umwandlungen, Bonner Handbuch der Rechnungslegung, 12. Aktualisierung Dezember 1997, S. 1-56.

Patt, Joachim, (Selbständigkeit), Die Selbständigkeit der Mitunternehmerschaft bei der Einbringung in eine Kapitalgesellschaft gemäß § 20 UmwStG, DStR 1995, S. 1081-1090.

Patt, Joachim / Rasche, Ralf, (Buchwertverknüpfung), Steuerrechtliche Buchwertverknüpfung für Sacheinlagen im Sinne des § 20 Abs. 1 UmwStG in Abweichung von der Handelsbilanz, DStR 1994, S. 841-848.

Pausenberger, Ehrenfried, (Unternehmenszusammenschlüsse), Unternehmenszusammenschlüsse, in: *Wittmann, Waldemar* u. a., Enzyklopädie der Betriebswirtschaftslehre. Bd. 1. Handwörterbuch der Betriebswirtschaft. Teilbd. 1, Stuttgart 1993, Spalte 4436-4448.

Peemöller, Volker / Bömelburg, Peter / Denkmann, Andreas, (Unternehmensbewertung), Unternehmensbewertung, WPg 1994, S. 741-749.

Peemöller, Volker H. / Beckmann, Christoph / Geiger, Thomas, (Standardentwurf), Standardentwurf E-DRS 4 zu Unternehmenserwerben im Konzernabschluss, BB 2000, S. 1080-1085.

Peemöller, Volker H. / Popp, Matthias, (Unternehmensbewertung), Unternehmensbewertung bei ertragsteuerlichen Verlustvorträgen, BB 1997, S. 303-309.

Pellens, Bernhard, (Internationale), Internationale Rechnungslegung, Stuttgart 2001.

Penman, Stephen H., (Financial), Financial Statement Anaysis an Security Valuation, Boston 2001.

Peter, Karl / Crezelius, Georg / Borggreve, Carlo H., (Gesellschaftsverträge), Gesellschaftsverträge und Unternehmensformen, Herne 1995.

Peter-Schärer, Monique, (Synergien), Synergien bei Fusionen – Erwartungen und Realität, io Management Zeitschrift 1992, S. 35-37, Heft 61.

Pfalzgraf, Heinrich / Meyer, Bernd, (Eintritt), Eintritt neuer Gesellschafter in eine Personengesellschaft, DStR 1995, S. 1289-1296.

Pfitzer, Norbert, (WP-Handbuch), Wirtschaftsprüfer-Handbuch, Band II, Teile C (Gründungsprüfung und Prüfung von Sacheinlagen bei Kapitalerhöhungen), D

(Prüfung in Umwandlungsfällen) und E (Rechnungslegung in Umwandlungsfällen), Düsseldorf 2002.

Pfitzer, Norbert / Dutzi, Andreas, (Fair Value), Fair Value, Stuttgart 2002, Sp. 749-764.

Pickhardt, Natalie, (Behandlung), Die handels- und steuerrechtliche Behandlung von Umwandlungen gewerblicher Unternehmen nach dem neuen Umwandlungsrecht, 1998.

Picot, Gerhard / Lange, Bernd, (Synoptische), Synoptische versus inkrementale Gestaltung des strategischen Planungsprozesses – Theoretische Grundlagen und Ergebnisse einer Laborstudie, zfbf 1979, S. 569-596.

Piltz, Detlev J., (Börsenkurs), Unternehmensbewertung und Börsenkurs im aktienrechtlichen Spruchstellenverfahren, ZGR 2001, S. 185-213.

Plückbaum, Konrad / Malitzky, Heinz, (UStG), Umsatzsteuergesetz, Stand September 2002.

Poeche, Jürgen, (Zielsetzungen), Allgemeine unternehmenspolitische und betriebswirtschaftliche Zielsetzungen, München 1972, S. 13-47.

Pohl, Herbert, (Handelsbilanzen), Handelsbilanzen bei der Verschmelzung von Kapitalgesellschaften, Düsseldorf 1995.

Popp, Matthias, (Unternehmensbewertung), Unternehmensbewertung bei Verlustvorträgen vs. Bewertung von Verlustvorträgen, BB 1999, S. 1154-1159.

Priester, Hans-Joachim, (Verschmelzungsrecht), Das neue Verschmelzungsrecht, NJW 1983, S. 1459-1467.

Priester, Hans-Joachim, (Kapitalerhöhung), Notwendige Kapitalerhöhung bei Verschmelzung von Schwestergesellschaften?, BB 1985, S. 363-366.

Priester, Hans-Joachim, (Bildung), Bildung und Auflösung des GmbH-Vertragskonzerns, ZGR Sonderheft 6 1986, S. 151-186.

Priester, Hans-Joachim, (Bilanzierung), Bilanzierung bei schwebender Verschmelzung, BB 1992, S. 1594-1598.

Priester, Hans-Joachim, (Spaltungsvertrag), Spaltungsvertrag/Spaltungsplan, Köln 1995.

Priester, Hans-Joachim, (Umwandlung), Die „Umwandlung" einer GmbH auf ihren nicht-vollkaufmännischen Alleingesellschafter, DB 1996, S. 413-415.

Priester, Hans-Joachim, (Neues), Neues Umwandlungs- und Umwandlungssteuerrecht, StB Fachkongress 1996, S. 129-143.

Pusecker, Dagmar / Schruff, Lothar, (Anschaffungswertprinzip), Anschaffungswertprinzip und „negativer Geschäftswert", BB 1996, S. 735-742.

Randenborgh van, W. / Kallmeyer H., (Beurkundung), Pro und Contra: Beurkundung gesellschaftsrechtlicher Rechtsgeschäfte durch ausländische Notare?, GmbHR 1996, S. 908-911.

Ränsch, Ulrich, (Bewertung), Die Bewertung von Unternehmen als Problem der Rechtswissenschaften, AG 1984, S. 202-212.

Rat EG vom 16.01.1969, (Vorschlag), Vorschlag einer Richtlinie des Rates über das gemeinsame Steuersystem für Fusionen, Spaltungen und die Einbringung von Unternehmensteilen, die Gesellschaften verschiedener Mitgliedstaaten betreffen, ABl. EG 1969, Nr. C 39, S. 1-6.

Rat EG vom 25.07.1978, (Jahresabschlussrichtlinie), 4. Richtlinie, RL 78/660/EWG, abgedruckt in *Lutter*, Unternehmensrecht, 1996, S. 147-170.

Rat EG vom 09.10.1978, (Fusionsrichtlinie), 3. gesellschaftsrechtliche EG-Richtlinie, RL 78/855/EWG, abgedruckt in *Lutter, Marcus*, Europäisches Unternehmensrecht, Berlin 1996, S. 131-138.

Rat EG vom 17.12.1982, (Spaltung), 6. gesellschaftsrechtliche EG-Richtlinie betreffend die Spaltung von Aktiengesellschaften, RL 82/891/EWG, abgedruckt in *Lutter, Marcus*, Europäisches Unternehmensrecht, ZGR Sonderheft, Berlin 1996, S. 199-206.

Rat EG vom 13.06.1983, (Konzernbilanz), 7. EG-Richtlinie über den konsolidierten Abschluß, abgedruckt in *Lutter, Marcus*, Europäisches Unternehmensrecht, ZGR Sonderheft, Berlin 1996, S. 211-228.

Rat EG vom 08.01.1985, (Internationale), Vorschlag einer 10. EG-Richtlinie (Internationale Fusionsrichtlinie), abgedruckt in *Lutter, Marcus*, Europäisches Unternehmensrecht, Berlin 1996, S. 261-265.

Rat EG vom 23.07.1990, (Fusionsbesteuerungsrichtlinie), Richtlinie vom 23.07.1990 (Fusionsbesteuerungsrichtlinie), 90/434/EWG, abgedruckt in *Lutter, Marcus*, Europäisches Unternehmensrecht, Berlin 1996, S. 810-815.

Rau, Günter u. a., zitiert *Autor* in *Rau,* (UStG), Umsatzsteuergesetz, Köln Stand: Dezember 2002.

Reiß, Wolfram, (Sacheinlagen), Sacheinlagen, Geschäftseinbringungen, Umwandlungen von Unternehmensträgern und steuerfreie Umsätze von Gesellschaftsanteilen, UR 1996, S. 357-377.

Reißner, Stefan, (Synergiemanagement), Synergiemanagement und Akquisitionserfolg, Wiesbaden 1992.

Rieble, Volker, (Verschmelzung), Verschmelzung und Spaltung von Unternehmen und ihre Folgen für Schuldverhältnisse mit Dritten, ZIP 1997, S. 301-314.

Riegger, Bodo, (Börsenkurs), Der Börsenkurs als Untergrenze der Abfindung?, DB 1999, S. 1889-1891.

Rödder, Thomas, (Umwandlungssteuergesetz), DStR-Fachliteratur-Auswertung: Umwandlungssteuergesetz, DStR 1995, S. 322-325.

Rödder, Thomas, (Unternehmenskauf), Unternehmenskauf im Lichte des neuen Umwandlungssteuergesetzes, Köln 1996, S. 175-214.

Rödder, Thomas, (Neues), Neues Umwandlungs- und Umwandlungssteuerrecht, Steuerberaterkongress-Report, München 1996, S. 145-200.

Rödder, Thomas, (Ausländische), Ausländische Gesellschafter bei Umwandlungen von Kapital- in bzw. auf Personengesellschaften, in: *Schaumburg, Harald / Piltz, Detlev J.*, Internationales Umwandlungssteuerrecht, Köln 1997, S. 47-74.

Rödder, Thomas, (Fachliteratur), DStR-Fachliteratur-Auswertung: Umwandlungssteuergesetz, DStR 1997, S. 1353-1358.

Rödder, Thomas, (Maßgeblichkeitskonzeption), Anmerkungen zur neuen Maßgeblichkeitskonzeption des UmwSt.-Erlasses für die Umwandlung von Kapitalgesellschaften, DB 1998, S. 998-999.

Rödder, Thomas / Schumacher, Andreas, (Unternehmensteuerreform), Unternehmenssteuerreform 2001: Wesentliche Änderungen des Steuersenkungsgesetzes gegenüber dem Regierungsentwurf und Regeln seiner erstmaligen Anwendung, DStR 2000, S. 1453-1460.

Röder, Gerhard / Lingemann, Stefan, (Schicksal), Schicksal von Vorstand und Geschäftsführer bei Unternehmensumwandlungen und Unternehmensveräußerungen, DB 1993, S. 1341-1350.

Rodolff, Frank, (Börsenkurs), Börsenkurs statt Unternehmensbewertung – Zur Ermittlung der Abfindung in Spruchstellenverfahren, DB 1999, S. 1149-1153.

RWE AG, (Lahmeyer),Verschmelzung RWE AG und Lahmeyer AG, 1999.

RWE AG für Beteiligungen, zitiert RWE, (VEW), Verschmelzung der RWE AG, der VEW AG und der RWE Gesellschaft für Beteiligungen mbH, 2000.

Saaty, Thomas L., (Decision), How to make a decision: The Analytic Hierarchy Process, EJOR 1990, S. Vol 48, 9-26.

Sagasser, Bernd / Bula, Thomas / Brünger, Thomas R. zitiert *Autor* in *SBB,* (Umwandlungen), Umwandlungen; Verschmelzung – Spaltung – Formwechsel – Vermögensübertragung, München 2000.

Sarrazin, Viktor, (Maßgeblichkeit), Umgekehrte Maßgeblichkeit bei ausschließlich steuerlichem Bilanzierungswahlrecht, DB 1992, S. 849.

Sarrazin, Viktor, (Fusionsrichtlinie), Die steuerliche Fusionsrichtlinie – Was ist erreicht?, ZGR 1994, S. 66-74.

Saß, Gert, (Probleme), Probleme der Umsetzung der steuerlichen EG-Fusionsrichtlinie in Deutschland, Frankreich, Belgien, Niederlande, Großbritannien, DB 1993, S. 1892-1898.

Sauter, Thomas / Heurung, Rainer / Babel, Mathias, (Reserven), Stille Reserven und Verlustvorträge bei der Verschmelzung von Kapitalgesellschaften auf eine Personenhandelsgesellschaft, DB 2002, S. 1177-1194.

Schaal, Christoph, (Wirtschaftsprüfer), Der Wirtschaftsprüfer als Umwandlungsprüfer, Düsseldorf 2001.

Schäfer, Harald J. / Schlarb, Eberhard, (Leitfaden), Leitfaden zu Umwandlungssteuerrecht, Neuwied 1999.

Schaub, Dieter, (Verkaufsniederlassung), Verkaufsniederlassung, Fertigungsstätte, Beteiligung, München 1972, S. 529-546.

Schaumburg, Harald, (Besonderheiten), Steuerliche Besonderheiten der Umwandlung von Kapitalgesellschaften und Personengesellschaften, in: *Lutter, Marcus,* Verschmelzung – Spaltung – Formwechsel nach neuem Umwandlungsrecht und Umwandlungsteuerrecht; Kölner Umwandlungsrechtstage, Köln 1995, S. 329-380.

Schaumburg, Harald, (Verschmelzung), Die Verschmelzung von Kapitalgesellschaften und Personenhandelsgesellschaften nach neuem Umwandlungssteuerrecht, FR 1995, S. 211-224.

Schaumburg, Harald, (Ausländische), Ausländische Umwandlungen mit Inlandsbezug, GmbHR 1996, S. 668-671.

Schaumburg, Harald, (Grenzüberschreitende), Grenzüberschreitende Umwandlungen (I) und (II), GmbHR 1996, S. 501-514 und 585-594.

Schaumburg, Harald, (Inländische), Inländische Umwandlungen mit Auslandsbezug, GmbHR 1996, S. 414-424.

Schaumburg, Harald, (Grundlagen), Grundlagen des internationalen Umwandlungssteuerrechts, in: *Schaumburg, Harald / Piltz, Detlev J.,* Internationales Umwandlungssteuerrecht, Köln 1997, S. 1-12.

Schaumburg, Harald / Rödder, Thomas, (UmwG), Umwandlungsgesetz, Umwandlungssteuergesetz, Köln 1995.

Schedlbauer, Hans, (Sonderprüfungen), Sonderprüfungen im Zusammenhang mit Verschmelzungen, WPg 1984, S. 33-43 und 70-74.

Scherrer, Gerhard, (Bilanzierung), Bilanzierung der Verschmelzung durch Aufnahme beim übernehmenden Rechtsträger, in: *Martens, Klaus-Peter / Westermann, Harm Peter / Zöllner, Wolfgang,* Festschrift für Carsten Peter Claussen, Köln 1997, S. 743-768.

Schewe, Gerhard / Gerds, Johannes, (Erfolgsfaktoren), Erfolgsfaktoren von Post Merger Integration: Ergebnisse einer pfadanalytischen Untersuchung, ZfB 2001, S. 75-103.

Schiessl, Maximilian, (Aktienrecht), Ist das deutsche Aktienrecht kapialmarkttauglich?, AG 1999, S. 442-452.

Schiffers, Joachim, (Änderung), Änderung der §§ 16 EStG und § 24 UmwStG durch das Mißbrauchsbekämpfungs- und Steuerbereinigungsgesetz, BB 1994, S. 1469-1473.

Schildbach, Thomas, (Kölner), Kölner versus phasenorientierte Funktionenlehre der Unternehmensbewertung, BFuP 1993, S. 25-38.

Schildbach, Thomas, (US-GAAP), US-GAAP Amerikanische Rechnungslegung und ihre Grundlagen, München 2002.

Schmalenbach, Eugen, (Aktiengesellschaft), Die Aktiengesellschaft, Köln, 1950.

Schmalz-Brüggemann, Gernot, (Auswirkungen), Die Auswirkungen der Umwandlung von Kapitalgesellschaften auf die Rechtsverhältnisse zwischen der Gesellschaft und den Gesellschaftsorganen, Frankfurt 1993.

Schmidt, Harry, (Verschmelzung), Verschmelzung von Personengesellschaften, in: *Lutter, Marcus,* Verschmelzung – Spaltung – Formwechsel nach neuem Umwandlungsrecht und Umwandlungsteuerrecht; Kölner Umwandlungsrechtstage, Köln 1995, S. 59-87.

Schmidt, Johannes G., (DCF-Methode), Die Discounted Cash-flow-Methode – nur eine kleine Abwandlung der Ertragswertmethode?, zfbf 1995, S. 1088-1118.

Schmidt, Karsten, (Gestaltung), Gesetzliche Gestaltung und dogmatisches Konzept eines neuen Umwandlungsgesetzes – Überlegungen zur legislatorischen Praxis und Theorie, ZGR 1990, S. 580-606.

Schmidt, Karsten, (Gesellschaftsrecht), Gesellschaftsrecht, Köln, u.a. 1991.

Schmidt, Karsten, (Universalsukzession), Universalsukzession kraft Rechtsgeschäfts, AcP 1991, S. 495-525.

Schmidt, Karsten, (Anforderungen), Anforderungen an die Reform des Umwandlungsrechts, in: *IDW,* Reform des Umwandlungsrechts, Düsseldorf 1993, S. 35-54.

Schmidt, Karsten, (Gläubigerschutz), Gläubigerschutz bei Umstrukturierungen, ZGR 1993, S. 366-395.

Schmidt, Karsten, (Einschränkung), Einschränkung der umwandlungsrechtlichen Eintragungswirkungen durch den umwandlungsrechtlichen numerus clausus?, ZIP 1998, S. 181-189.

Schmidt, Karsten, (Dienstleistungsunternehmen), § 673 BGB bei Verschmelzungsvorgängen in Dienstleistungsunternehmen – oder: Geisterstunde im Umwandlungsrecht, DB 2001, S. 1019-1023.

Schmidt, Karsten, (Gesellschaftsrecht), Gesellschaftsrecht, Köln, u.a. 2002.

Schmidt, Ludwig, zitiert *Autor* in *Schmidt, L.,* (EStG), Einkommensteuergesetz Kommentar, München 2002.

Schmitt, Joachim / Hörtnagl, Robert / Stratz, Rolf-Christian, zitiert *Autor* in *SHS,* (UmwG), Umwandlungsgesetz, Umwandlungssteuergesetz, begründet von *Dehmer, Hans,* München 2001.

Scholz, Franz / Crezelius, Georg, zitiert *Autor* in *Scholz,* (GmbHG), Scholz Kommentar zum GmbH-Gesetz, Köln 1988 bzw. 2000.

Schöne, Torsten, (Aktienrecht), Das Aktienrecht als „Maß aller Dinge" im neuen Umwandlungsrecht?, GmbHR 1995, S. 325-335.

Schruff, Wienand, (WP-Handbuch), Wirtschaftsprüfer-Handbuch, Band I, Teil N (Befreiende Konzernabschlüsse nach internationalen Grundsätzen), Düsseldorf 2000.

Schultz, Florian, (Gewerbesteuerpflicht), Gewerbesteuerpflicht beim Aufstockungsmodell nach dem StBMG?, DStR 1994, S. 521-524.

Schulze zur Wiesche, Dieter, (Umwandlung), Die Umwandlung von Gesellschaften nach dem Steuersenkungsgesetz, WPg 2001, S. 500-506.

Schulze-Osterloh, Joachim, (Vorbelastungsbilanz), Die Vorbelastungsbilanz der GmbH auf den Eintragungszeitpunkt und der Ausweis des Anspruchs aus der Vorbelastungshaftung im Jahresabschluß, Düsseldorf 1987, S. 531-549.

Schulze-Osterloh, Joachim, (Bilanzierung), Bilanzierung nach dem Referentenentwurf eines Gesetzes zur Bereinigung des Umwandlungsrechts, ZGR 1993, S. 420-451.

Schwarz, Bernhard, (Umsätze), Nichtsteuerbare Umsätze im Rahmen von Geschäftsveräußerungen – ein Fortschritt?, UR 1994, S. 185-189.

Schwarz, Hans-Detlef, (Umwandlungsrecht), Das neue Umwandlungsrecht, DStR 1994, S. 1694-1702.

Seetzen, Uwe, (Bestimmung), Die Bestimmung des Verschmelzungswertverhältnisses im Spruchstellenverfahren, WM 1994, S. 45-51.

Seibert, Ulrich, (Partnerschaft), Die Partnerschaft für die Freien Berufe, DB 1994, S. 2381-2384.

Seibt, Christoph H. / Heiser, Kristian J., (Regelungskonkurrenz), Regelungskonkurrenz zwischen neuem Übernahmerecht und Umwandlungsrecht, ZHR 2001, S. 466-494.

Seiter, Hugo, (Betriebsinhaberwechsel), Betriebsinhaberwechsel, Stuttgart, Wiesbaden 1980.

Selch, Barbara, (Lagebericht), Der Lagebericht – Die Lageberichtspublizität von Kapitalgesellschaften nach § 289 HGB unter besonderer Berücksichtigung der Risikoberichterstattung sowie der IDW Stellungnahme zur Rechnungslegung: Aufstellung des Lageberichts (IDW RS HFA 1), Würzburg, eingereichte Dissertation 2002.

Shapley, L. S., (Value), A Value for n-Person-Games, Princeton 1953, S. 307-317.

Sieben, Günter, (Substanzwert), Der Substanzwert der Unternehmung, Wiesbaden 1963.

Sieben, Günter, (Unternehmensbewertung), Unternehmensbewertung: Discounted Cash Flow-Verfahren und Ertragswertverfahren – Zwei völlig unterschiedliche Ansätze?, Düsseldorf 1995, S. 713-737.

Siegel, Theodor, (Grundlagen), Grundlagen der Unternehmensbewertung, WiSt 1991, S. 31-237.

Siegel, Theodor / Bareis, Peter, (Geschäftswert), Zum „negativen Geschäftswert" in Realität und Bilanz, BB 1994, S. 317-322.

Siepe, Günter, (Berücksichtigung), Die Berücksichtigung von Ertragsteuern bei der Unternehmensbewertung, WPg 1997, S. 1-10 und 37-44.

Siepe, Günter, (Kapitalisierungszinssatz), Kapitalisierungszinssatz und Unternehmensbewertung, WPg 1998, S. 325-338.

Siepe, Günter, (WP-Handbuch), Wirtschaftsprüfer-Handbuch, Band II, Teil A (Unternehmensbewertung), Düsseldorf 2002.

Siepe, Günter / Dörschell, Andreas / Schulte, Jörn, (Standard), Der neue IDW Standard: Grundsätze zur Durchführung von Unternehmensbewertungen (IDW S 1), WPg 2000, S. 946-960.

Simitis, Spiros, (Umwandlungen), Umwandlungen: ein blinder Fleck im Datenschutz?, ZHR 2001, S. 453-461.

Söder, Björn, (Unternehmensbewertung), Unternehmensbewertung aus Sicht des neutralen Gutachters und des Aktienmarktes, Dissertation Würzburg 1998.

Söffing, Günter, (Fragen), Offene Fragen beim umgekehrten Maßgeblichkeitsgrundsatz (Teil I und II), DB 1988, S. 241-247 und 297-301.

Spanheimer, Jürgen, (Problemfelder), Spezifische Problemfelder des gesetzlichen Standardisierungsauftrages an den DSR gemäß § 342 Abs. 1 Nr. 1 HGB, WPg 2000, S. 997-1007.

Spanheimer, Jürgen, (Internationale), Internationale Rechnungslegung, Düsseldorf 2002.

Staudinger, Julius von / Strätz, Hans-Wolfgang, zitiert *Autor* in *Staudinger/Strätz,* (BGB), J. v. Staudingers Kommentar zum Bürgerlichen Gesetzbuch mit Einführungsgesetzen und Nebengesetzen, Berlin 1999.

Steck, Kai-Uwe, (Going Private), „Going Private" über das UmwG, AG 1998, S. 460-466.

Streck, Michael / Mack, Alexandra / Schwedhelm, Rolf, (Verschmelzung), Verschmelzung und Formwechsel nach dem neuen UmwG, GmbHR 1995, S. 161-176.

Teichmann, Arndt, (Spaltung), Die Spaltung einer Aktiengesellschaft als gesetzgeberische Aufgabe, AG 1980, S. 85-93.

Thiel, Jochen, (Umwandlung), Umwandlung inländischer Gesellschaften mit ausländischen Gesellschaftern, in: *Schaumburg, Harald / Piltz, Detlev J.,* Internationales Umwandlungssteuerrecht, Köln 1997, S. 28-46.

Thiel, Jochen, (Maßgeblichkeit), Die Maßgeblichkeit im Umwandlungssteuerrecht, GmbHR 1997, S. 145-150.

Thiel, Jochen, (Unternehmenssteuerreform), Unternehmenssteuerreform: Auswirkungen auf das Umwandlungssteuerrecht – Geplante Änderungen und Ausblick, FR 2000, S. 493-500.

Thyssen AG, (Verschmelzung), Verschmelzung der Thyssen Aktiengesellschaft und der Friedr. Krupp AG Hoesch-Krupp zur Thyssen Krupp AG, 1998.

Timm, Wolfram, (Zweifelsfragen), Einige Zweifelsfragen zum neuen Umwandlungsrecht, ZGR 1996, S. 247-271.

Tipke, Klaus / Lang, Joachim, (Steuerrecht), Steuerrecht, Köln 2002.

Tischer, Frank, (Übergang), Der Übergang des wirtschaftlichen Eigentums bei schwebender Verschmelzung, WPg 1996, S. 745-751.

Treptow, Harald, (Wertermittlung), Die Wertermittlung im Umwandlungsfall, Düsseldorf 1993, S. 155-170.

Trölitzsch, Thomas, (Anmerkung), Anmerkung zum OLG Saarbrücken, Beschluß vom 27.12.1995 – 3 W 263-95, WiB 1996, S. 527-528.

Übernahmekommission, (Übernahmekodex), Übernahmekodex der Börsensachverständigenkommission beim Bundesministerium der Finanzen vom 04.07.1995, geändert durch Bekanntmachung vom 28.11.1997 mit Wirkung vom 01.01.1998, Frankfurt/M.

Walter Bau AG, (Heilit), Verschmelzungsbericht Heilit + Woerner Bau-AG Walter Bau-AG, 2000.

Walter Bau AG, Verschmelzungsbericht Dyckerhoff & Widmann AG Walter Bau-AG, 2000.

Wagner, Franz W., (Einfluß), Der Einfluß der Einkommensteuer auf die Entscheidung über den Verkauf einer Unternehmung, DB 1972, S. 1637-1642.

Wagner, Franz W., (Aufgabe), Aufgabe der Maßgeblichkeit bei einer Internationalisierung der Rechnungslegung?, DB 1998, S. 2073-2077.

Warneke, Heinz, (Frage), Zur Frage der Ermittlung der ausscheidenden Aktionären zu gewährenden angemessenen Abfindung, WPg 1964, S. 446-454.

Weber, Eberhard, (Berücksichtigung), Berücksichtigung von Synergieeffekten bei der Unternehmensbewertung, Düsseldorf 1991, S. 97-115.

Weber-Grellet, Heinrich, (Maßgeblichkeitsschutz), Maßgeblichkeitsschutz und eigenständige Zielsetzung der Steuerbilanz, DB 1994, S. 288-291.

Weber-Grellet, Heinrich, (Bewertungswahlrechte), Handelsrechtliche Bewertungswahlrechte in der Steuerbilanz – Reichweite des steuerrechtlichen Bewertungsvorbehalts, StbJb 1994/95, S. 97-130.

Weber-Grellet, Heinrich, (Steuerbilanzrecht), Steuerbilanzrecht, München 1996.

Weber-Grellet, Heinrich, (Unmaßgeblichkeit), Die Unmaßgeblichkeit der Maßgeblichkeit im Umwandlungsrecht, BB 1997, S. 653-658.

Weber-Rey, Daniela / Schütz, Bernhard G., (Verhältnis), Zum Verhältnis von Übernahmerecht und Umwandlungsrecht, AG 2001, S. 325-330.

Weilep, Volker, („bad will"), „bad will" bei Verschmelzungen – alle Zweifelsfragen geklärt?, DB 1998, S. 2130-2132.

Wenger, Ekkehard / Terberger, Eva, (Beziehung), Die Beziehung zwischen Agent und Prinzipal als Baustein einer ökonomischen Theorie der Organisation, WiSt 1988, S. 506-514.

Wenger, Ekkehard, (Universalbankensystem), Universalbankensystem und Depotstimmrecht, in: *Gröner, Helmut* (Hrsg.), Der Markt für Unternehmenskontrollen, Berlin 1992, S. 73-118.

Werner, Winfried, (Behandlung), Die Behandlung von Verbundeffekten bei Abfindungen nach den §§ 305 und 320 AktG, Berlin 1990, S. 303-320.

Werner, Winfried / Kindermann, Elmar, (Umwandlung), Umwandlung mittelständischer Unternehmen in eine Aktiengesellschaft: Gesellschaftsrechtliche Vor- und Nachteile und Verfahren, ZGR 1981, S. 17-57.

Wertenbruch, Johannes, (Partnerschaftsgesellschaft), Partnerschaftsgesellschaft und neues Umwandlungsrecht, ZIP 1995, S. 712-716.

Weston, J. Fred, (Determination), The Determination of Share Exchange Ratios in Mergers, Chicago 1969, S. 117-138.

Widmann, Siegfried, (Maßgeblichkeit), Der Grundsatz der Maßgeblichkeit und das Umwandlungssteuerrecht, in: *Budde, Wolfgang Dieter,* Handelsbilanzen und Steuerbilanzen: Festschrift zum 70. Geburtstag von Prof. Dr. h.c. Heinrich Beisse, Düsseldorf 1997, S. 571-579.

Widmann, Siegfried, (Verhältnis), Das Verhältnis von Handels- und Steuerrecht beim Wechsel der Rechtsform eines Unternehmens, Düsseldorf 1988, S. 721-740.

Widmann, Siegfried / Mayer, Robert, zitiert *Autor* in *Widmann/Mayer,* (Umwandlungsrecht), Umwandlungsrecht – Umwandlungsgesetz, Umwandlungssteuergesetz, Bonn Stand: Juni 2002.

Wiesen, Heinrich, (Gesellschafterschutz), Der materielle Gesellschafterschutz: Abfindung und Spruchverfahren, ZGR 1990, S. 503-510.

Willemsen, Heinz-Josef, (Arbeitsrecht), Arbeitsrecht um Umwandlungsgesetz – zehn Fragen aus der Sicht der Praxis, NZA 1996, S. 791-803.

Willemsen, Heinz-Josef, (Anforderungen), Arbeitsrechtliche Anforderungen an die Reform des Umwandlungsrechts, in: *IDW,* Reform des Umwandlungsrechts, Düsseldorf 1993, S. 105-132.

Wilsing, Hans-Ulrich / Kruse, Tobias, (Maßgeblichkeit), Maßgeblichkeit der Börsenkurse bei umwandlungsrechtlichen Verschmelzungen?, DStR 2001, S. 991-997.

Winter, Martin, (Verschmelzung), Die Verschmelzung von Kapitalgesellschaften, in: *Lutter, Marcus,* Verschmelzung – Spaltung – Formwechsel nach neuem Umwandlungsrecht und Umwandlungssteuerrecht; Kölner Umwandlungsrechtstage, Köln 1995, S. 19-57.

Wlotzke, Otfried, (Aspekte), Arbeitsrechtliche Aspekte des neuen Umwandlungsrechts, DB 1995, S. 40-48.

Wochinger, Peter / Dötsch, Ewald, (UmwStG), Das neue Umwandlungssteuergesetz und seine Folgeänderungen bzw. Auswirkungen bei der Einkommen- , Körperschaft- und Gewerbesteuer, DB Beilage Nr. 14/1994, S. 1-35.

Wöhe, Günter, (Einführung), Einführung in die Allgemeine Betriebswirtschaftslehre, München 2000.

Wrenger, Jens, (Verschmelzung), Verschmelzung von Kapitalgesellschaften mit dem Vermögen eines Alleingesellschafters bei fehlender Eintragungsfähigkeit in das Handelsregister, BB 1997, S. 1905-1909.

Zöllner, Wolfgang, (Datenschutz), Umwandlung und Datenschutz, ZHR 2001, S. 440-452.

Zöllner, Wolfgang, (Bemerkungen), Bemerkungen zu allgemeinen Fragen des Referentenentwurfs eines Umwandlungsgesetzes, ZGR 1993, S. 334-342.

Zöllner, Wolfgang (Hrsg.), zitiert *Autor* in *Zöllner,* Kölner Kommentar, Kölner Kommentar zum Aktiengesetz, Köln, Stand der Bearbeitung 1987 bzw. 1995.

Gerichtsurteile und -beschlüsse

Entscheidungen des Europäischen Gerichtshofs (EuGH)

Datum	Aktenzeichen	Fundstelle
16.12.1992	Rs. C-132/91, 138/91, 139/91	NZA 1993, S. 169-171
27.06.1996	Rs. C-234/94	ZIP 1996, S. 1168-1170
09.03.1999	Rs. C-212/97	DB 1999, S. 625-627

Entscheidungen des Bundesverfassungsgerichts (BVerfG)

Datum	Aktenzeichen	Fundstelle
07.08.1962	1 BvL 16/60	BVerfGE 1962, S. 263-288
07.12.1994	1 BvR 1279/94	JZ 1995, S. 716-718
02.03.1999	1 BvL 2/91	BVerfGE 1999, S. 367-401
27.04.1999	1 BvR 1613/94	DB 1999, S. 1693-1697

Entscheidungen des Bundesgerichtshofs (BGH)

Datum	Aktenzeichen	Fundstelle
11.07.1957	II ZR 318/55	BGHZ 25, S. 134-154
09.12.1968	II ZR 57/67	BGHZ 51, S. 209-219
17.01.1973	IV ZR 142/70	DB 1973, S. 563-567
09.02.1978	II ZR 189/76	WM 1978, S. 319-320
13.03.1978	II ZR 142/76	AG 1978, S. 196-200
16.02.1981	II ZB 8/80	BGHZ Band 80, S. 76-80
30.09.1981	IVa ZR 127/80	DB 1982, S. 106-108
25.02.1982	II ZR 174/80	BGHZ Band 83, S.122-144
21.03.1986	V ZR 10/85	BGHZ 97, S. 269-273
22.05.1989	II ZR 206/88	BGHZ Band 107, S. 296-315
18.12.1989	II ZR 254/88	AG 1990, S. 259-263
02.07.1990	II ZB 1/90	BGHZ Band 112, S. 9-30
29.10.1990	II ZR 146/89	AG 1991, S. 102-104
16.12.1991	II ZR 58/91	WM 1992, S. 264-272
04.06.1992	IX ZR 149/91	RIW 1993, S. S. 132-139
13.12.1995	II ZR 15/94	ZIP 1995, S. 460-462
07.11.1997	BLw 26/97	ZIP 1998, S. 1245-1246
07.11.1997	LwZR 1/97	ZIP 1997, S. 2134-2137
04.05.1998	II ZB 18/97	BB 1998, S. 1602-1603
18.12.2000	II ZR 1/99	BB 2001, S. 275-278
12.03.2001	II ZB 15/00	ZIP 2001, S. 734-739

Entscheidungen der Oberlandesgerichte (OLG)

Ort	Datum	Aktenzeichen	Fundstelle
Düsseldorf	27.11.1962	6 Spruchverf. 1/60	WPg 1963, S. 447-451
Hamburg	17.08.1979	11 W 2/79	AG 1980, S. 163-165
Celle	01.07.1980	9 Wx 9/79	AG 1981, S. 234-235

Entscheidungen der Oberlandesgerichte (OLG) Forts.

Ort	Datum	Aktenzeichen	Fundstelle
Düsseldorf	17.02.1984	19 W 1/81	DB 1984, S. 817-821
Düsseldorf	11.04.1988	19 W 32/86	WM 1988, S. 1052-1061
Hamm	20.04.1988	15 W 84/87	GmbHR 1988, S. 395-396
Hamm	20.06.1988	8 U 329/87	WM 1988, S. 1164-1171
Oldenburg	04.04.1989	12 U 13/89	NJW 1990, S. 1422-1423
Karlsruhe	30.06.1989	15 U 76/88	ZIP 1989, S. 988-995
Zweibrücken	27.06.1990	3 W 43/90	WM 1990, S. 1298-1299
Karlsruhe	09.08.1991	15 U 127/90	ZIP 1991, S. 1145-1149
Hamm	11.12.1991	8 U 135/91	DB 1992, S. 417-418
BayOLG	07.05.1992	3 Z BR 14/92	GmbHR 1992, S. 529-531
Düsseldorf	12.02.1992	19 W 3/91	WM 1992, S. 986-994
Düsseldorf	02.08.1994	19 W 1/93	WM 1995, S. 756-765
Zweibrücken	09.03.1995	3 W 133 und 145/92	WM 1995, S. 980-986
BayOLG	19.10.1995	3 Z BR 17/90	AG 1996, S. 127-131
BayOLG	11.12.1995	3 Z BR 36/91	NJW-RR 1996, S. 1125-30
Düsseldorf	15.12.1994	6 U 59/94	WM 1995, S. 808-812
Frankfurt/M.	22.12.1995	5 W 42, 43/95	ZIP 1996, S. 379-381
Zweibrücken	27.12.1995	3 W 263/95	DB 1996, S. 418-419
BayOLG	05.07.1996	3 Z BR 114/96	AG 1996, S. 468-469
Stuttgart	17.12.1996	12 W 44/96	ZIP 1997, S. 75-78
Naumburg	06.02.1997	7 U 236/96	DB 1997, S. 466-467
Frankfurt/M.	09.06.1997	10 W 12/97	ZIP 1997, S. 1291
Frankfurt/M.	17.02.1998	5 W 32/97	DB 1998, S. 1222
Karlsruhe	18.02.1998	14 W 4/98	EWiR 1998, S. 469
Frankfurt/M.	10.03.1998	20 W 60/98	DB 1998, S. 917-918
BayOLG	29.09.1998	3Z BR 159/94	DB 1998, S. 2315-2316
Hamm	04.03.1999	8 W 11/99	BB 1999, S. 1234-1236
Stuttgart	04.02.2000	4 W 15/98	DB 2000, S. 709-713
Düsseldorf	25.05.2000	19 W 1/93 AktE	ZIP 2000, S. 1525-1529

Entscheidungen der Landgerichte (LG)

Ort	Datum	Aktenzeichen	Fundstelle
Frankfurt/M.	01.10.1986	3/3 O 145/83	WM 1987, S. 559-562
Köln	14.12.1987	91 AktE 123/87	AG 1988, S. 145-146
Mannheim	03.03.1988	24 O 75/87	AG 1988, S. 248-252
Hagen	08.02.1994	21 T 4/93	GmbHR 1994, S. 714-715
Hanau	05.10.1995	5 O 183/95	AG 1996, S. 90-91
Koblenz	07.11.1995	4 HT 2/95	DB 1996, S. 267-268
Hamburg	05.03.1996	402 O 167/95	AG 1996, S. 281-282
Stuttgart	29.03.1996	4 KfH T 1/96	DNotZ 1996, S. 701-702
Augsburg	04.06.1996	2 HK T 2093/96	ZIP 1996, S. 1872-1873
Heilbronn	02.08.1996	1 KfH O 295/96	EWiR 1997, S. 43-44
Mühlhausen	15.08.1996	1 HKO 3071/96	DB 1996, S. 1967-1968
Dresden	14.11.1996	45 T 60/96	DB 1997, S. 88-89

Entscheidungen der Landgerichte (LG) Forts.

Ort	Datum	Aktenzeichen	Fundstelle
Hamburg	21.01.1997	402 O 122/96	DB 1997 S. 516-517
Kiel	25.04.1997	3 T 143/97	DB 1997, S. 1223-1224
Tübingen	17.07.1997	2 KfHT 8/96	GmbHR 1997, S. 849-850
Frankfurt/M.	29.07.1997	3/5 O 162/95	BB 1998, S. 179-181
Frankfurt/M.	19.12.1997	3-11 T 81/97	DB 1998, S. 410
München I	22.01.1998	17 HKT 623/98	BB 1998, S. 2331-2332

Entscheidungen der Amtsgerichte

Ort	Datum	Aktenzeichen	Fundstelle
Dresden	26.07.1996	HRB 8297	DB 1996, S. 1813-1814
Erfurt	25.10.1995	HRB 1870	FN-IDW 1996, S. 338
Duisburg	04.01.1996	23 HRB 4942, 5935	GmbHR 1996, S. 372

Entscheidungen des Bundesarbeitsgerichts (BAG)

Datum	Aktenzeichen	Fundstelle
12.03.1987	2 AZR 336/86	ZIP 1988, S. 91-96
08.11.1988	3 AZR 85/87	DB 1989, S. 1526 - 1527
21.02.1994	2 AZB 28/93	ZIP 1994, S. 1044-1047

Entscheidungen des Bundesfinanzhofs (BFH)

Datum	Aktenzeichen	Fundstelle
16.12.1958	I D 1/57 S	BStBl. III 1959, S. 30-39
08.04.1964	IV 205/61 S	BStBl. III 1964, S. 306-307
28.07.1970	II 105/64	BStBl. II 1970, S. 816-819
01.02.1973	V R 2/70	BStBl. II 1973, S. 172-173
25.04.1978	VIII R 96/75	BStBl. II 1978, S. 525-526
18.07.1979	II R 59/73	BStBl. II 1979, S. 683-685
28.10.1981	I R 115/78	BStBl. II 1982, S. 485-488
04.07.1984	II R 73/81	BStBl. II 1984, S. 772-773
24.04.1985	I R 65/80	BStBl. II 1986, S. 324-327
25.02.1991	GrS 7/89	BStBl. II 1991, S. 691-703
17.07.1991	I R 74, 75/90	BStBl. II 1991, S. 899-901
13.11.1991	I B 72/91	BStBl. II 1992, S. 263-264
14.09.1993	VIII R 84/90	BStBl. II 1994, S. 764-768
21.10.1993	IV R 87/92	BStBl. II 1994, S. 176-179
27.01.1994	IV R 137/91	BStBl. II 1994, S. 477-479
21.06.1994	VIII R 5/92	NJW 1995, S. 478-480
28.09.1995	IV R 57/94	DStR 1996, S. 16-18
16.02.1996	I R 183/94	BStBl. II 1996, S. 342-345
15.10.1997	I R 22/96	DB 1998, S. 287-288
20.03.2002	I R 63/99	BFH/NV 2002, S. 1997-1200

Sonstige Quellen und besondere Gesetzesmaterialien

APB, Accounting Principles Board Opinion, Original Pronouncements, Accounting Standards of June1, 2000, FASB (Hrsg.), Norwalk 2000.

Aktiengesetz vom 24.06.1937, (AktG 1937), RGBl. I 1937, S. 107-170 mit späteren Änderungen.

Aktiengesetz vom 06.09.1965, (AktG 1965), BGBl. I 1965, S. 1089-1184 mit späteren Änderungen.

Diskussionsentwurf eines Gesetzes zur Bereinigung des Umwandlungsrechts vom 03.08.1988, Anlage 214a zum Bundesanzeiger vom 15.11.1988.

DRS 4, Deutscher Rechnungslegungs Standard Nr. 4 Unternehmenserwerbe im Konzernabschluss, DRSC e. V. (Hrsg.), Berlin 29.08.2000.

ED 3, Exposure Draft 3 Business Combinations, IASB (Hrsg.), London 16.12.2002.

EGV, Vertrag zur Gründung der Europäischen Gemeinschaft vom 25. März 1957, abgedruckt in: *Matjeka, Manfred* (Hrsg.), Vorschriftensammlung für die Verwaltung – Europarecht, Stuttgart u. a. 1996, S. 111-229.

Freundschaftsvertrag, Gesetz zu dem Freundschafts-, Handels- und Schiffahrtsvertrag vom 29.10.1954 zwischen der Bundesrepublik Deutschland und den Vereinigten Staaten von Amerika vom 07.05.1956, BGBl. II 1956, S. 487-504.

Gesetz über die Spaltung der von der Treuhandanstalt verwalteten Unternehmen (SpTrUG) vom 05.04.1991, BGBl I 1991 S. 854-858.

Gesetz zur Regelung offener Vermögensfragen (Vermögensgesetz) vom 23.09.1990, Neufassung vom 18.04.1991, BGBl I 1991 S. 957-970.

Handelsrechtsreformgesetz, Gesetz zur Neuregelung des Kaufmanns- und Firmenrechts und zur Änderung anderer handels- und gesellschaftsrechtlicher Vorschriften vom 22.06.1998, BGBl. 1998 I, S. 1474 ff.

IAS, International Accounting Standards 2001, IASB (Hrsg.), London 2001.

KapErhG, Gesetz über die Kapitalerhöhung aus Gesellschaftsmitteln und über die Gewinn- und Verlustrechnung vom 23.12.1959 (umbenannt in Gesetz über die Kapitalerhöhung aus Gesellschaftsmitteln und über die Verschmelzung von Gesellschaften mit beschränkter Haftung), BGBl. I 1959, S. 789-795 mit späteren Änderungen.

Landwirtschaftsanpassungsgesetz, Gesetz über die strukturelle Anpassung der Landwirtschaft an die soziale und ökologische Marktwirtschaft in der DDR vom 29.06.1990, Neufassung vom 03.07.1991, BGBl. I 1991, S. 1418-1429.

Referentenentwurf eines Gesetzes zur Bereinigung des Umwandlungsrechts vom 14.4.1994, Anlage 112a zum Bundesanzeiger vom 20.06.1992.

SFAS, Statement of Financial Accounting Standards, Original Pronouncements, Accounting Standards, FASB (Hrsg.), Norwalk 2000 bzw. 2001.

UmwBerG, Gesetz zur Bereinigung des Umwandlungsrechts vom 28.10.1994, BGBl. I 1994, S. 3210-3266.

UmwG 1934, Gesetz über die Umwandlung von Kapitalgesellschaften vom 05.07.1934, RStBl. I 1934, S. 801-803.

UmwG 1956, Gesetz über die Umwandlung von Kapitalgesellschaften und bergrechtlichen Gewerkschaften vom 12.11.1956, BGBl. 1956, S. 844-850.

UmwG 1969, Umwandlungsgesetz vom 06.11.1969, BGBl. I 1969, S. 2081-2092.

UmwStG 1977, Gesetz über steuerliche Maßnahmen bei Änderung der Unternehmensform vom 06.09.1976, BStBl. I 1976, S. 476 ff.

Verschmelzungsrichtliniengesetz, Gesetz zur Durchführung der 3. Richtlinie des Rates der Europäischen Gemeinschaft zur Koordinierung des Gesellschaftsrechts vom 25.10.1982, BGBl. I 1982, S. 1425-1435.

WpÜG, Wertpapiererwerbs- und Übernahmegesetz Art. 1 im Gesetz zur Regelung von öffentlichen Angeboten zum Erwerb von Wertpapieren und von Unternehmensübernahmen vom 20.12.2001, BGBl. I 2001, S. 3822-3837.

Schriften zu Theorie und Praxis der Rechnungslegung und Wirtschaftsprüfung

Herausgegeben von Hansrudi Lenz

Band 1 Markus Ostrowski: Kapitalmarkt und Wirtschaftsprüfer. Eine empirische Analyse der Wahl des Prüfers bei IPO-Unternehmen und der Kapitalmarktreaktionen auf die Prüferwahl. 2003.

Band 2 Karin Fischer-Böhnlein: Verschmelzungen aus handelsbilanzieller Sicht unter Berücksichtigung betriebswirtschaftlicher und steuerlicher Aspekte. 2004.

www.ingramcontent.com/pod-product-compliance
Ingram Content Group UK Ltd.
Pitfield, Milton Keynes, MK11 3LW, UK
UKHW021924290926
8980IPUK00016B/1448

9 783631 528860